El manuscrito carmesí

Colección Autores Españoles
e Hispanoamericanos

Esta novela obtuvo el Premio Planeta 1990,
concedido por el siguiente jurado:
Alberto Blecua, Ricardo Fernández de la Reguera,
José Manuel Lara Hernández, Antonio Prieto,
Carlos Pujol, Martín de Riquer y José María Valverde.

Antonio Gala

El manuscrito carmesí

Premio Planeta
1990

PLANETA

© Antonio Gala, 1990
© Editorial Planeta, S. A., 1999
Córcega, 273-279, 08008 Barcelona (España)

Realización de la sobrecubierta: Departamento de Diseño de Editorial
Planeta

Ilustración de la sobrecubierta: Torre de Las Infantas, Alhambra de
Granada

Primera edición en esta presentación: febrero de 1998
Segunda edición: abril de 1999

Depósito Legal: B. 19.627-1999

ISBN 84-08-02454-X

Impresión y encuadernación: Printer Industria Gráfica, S. A.

Printed in Spain - Impreso en España

Ediciones anteriores con otra presentación:

1.ª a 25.ª ediciones: de octubre de 1990 a setiembre de 1996
Especiales para Planeta Crédito:
1.ª a 6.ª ediciones: de noviembre de 1990 a mayo de 1992
Especiales para Club Planeta:
1.ª y 2.ª ediciones: noviembre de 1990 y abril de 1991

La conquista del reino de Granada por los Reyes Católicos. 1481-1492.

INTRODUCCIÓN

—

En 1931, *Francia encargó a una comisión de técnicos y de eruditos el estudio, en el Protectorado de Marruecos, de las construcciones y la historia de Fez. De ellos, dos arquitectos se dedicaron a uno de los más trascendentales edificios de la ciudad: la mezquita la Karauín. Es el mayor templo de Marruecos y de todo el Magreb. Su origen fue un pequeño santuario que, en los inicios del siglo IX, construyó Fatima, la rica heredera de Mohamed Fihri, fugitiva de Kairuán en una de las habituales conmociones de entonces. En la primera mitad del siglo XII, el almorávide Alí Ibn Yusuf construyó la actual mezquita, que tiene diez mil metros cuadrados, y que durante varios siglos fue la sede de la Universidad de Fez, el centro intelectual más prestigioso de Marruecos. Su biblioteca, fundada en el XIII, conserva valiosísimos e irrepetibles ejemplares.*

Los dos jóvenes arquitectos franceses comenzaron su trabajo con el levantamiento de los planos de la Karauín. Después de meticulosos cálculos, al plasmar en el papel las dimensiones perfectamente comprobadas, no cuadraban en cierto lugar las medidas externas con las interiores, aun descontando el grosor importante de los muros. Repitieron sus mediciones, y volvió a producirse el mismo desajuste. Esto les hizo pensar que aquella diferencia de superficie debía de corresponder a un espacio que, con el tiempo, se clausuró por alguna razón ya olvidada. Por medio de tanteos y prudentes perforaciones lograron hallar la cámara prevista. En ella se encontraba un cúmulo de manuscritos y libros

7

preciosos, los más recientes con cerca de cinco siglos de existencia, en un estado de conservación mejor de lo imaginable, gracias a la virtual ausencia de agentes erosivos, si se exceptúan algunos insectos y alguna humedad acaso anterior al siglo XVI.

Entre ellos estaban —y hago alusión porque la Historia es muy amiga de las simetrías— las memorias de Abdalá, el último rey zirí de Granada, destronado por el almorávide Yusuf —predecesor del constructor de la Karauín—, y muerto en Agmat en circunstancias semejantes a las del rey de Sevilla Almutamid. Hubo algo, sin embargo, que llamó especialmente la atención de los arquitectos, personas curiosas, pero no expertas en materia de paleografía. Se trataba de unos manuscritos que destacaban de los demás por dos razones: por estar encuadernados a la perfección, como si una mano cuidadosa los hubiese depositado allí con esmero, y por su color carmesí, que el tiempo no había apenas empalidecido.

La ordenación de los hallazgos de la Karauín duró mucho, y no todas las manos que en ella intervinieron fueron tan honradas como habría sido de desear. Desaparecieron numerosos manuscritos de valor histórico incalculable. Algunos de ellos han reaparecido, con los años, en bibliotecas públicas o privadas europeas, e incluso en poder de anticuarios y libreros más o menos desaprensivos. El manuscrito carmesí, que formaba un tomo de grosor considerable, había sido hurtado ya antes de la segunda visita de los arquitectos. Por avatares que el hombre no es quién no sólo para descifrar, sino ni siquiera para plantearse, llegó a mi conocimiento su paradero en una conocida biblioteca de Rabat. Cuando lo tuve en mis manos, admiré primero su elegante caligrafía, que variaba con morosidad como si quien escribió todas sus páginas lo hubiese hecho a través de una vida entera, y me sobrecogió una extraña impresión que, al conocer su contenido, comprendí. El manuscrito reúne las memorias de otro último rey; pero éste, definitivamente último. Son las memorias de Boabdil, el sultán en cuyo tiempo se extingue de hecho el Islam en España: el que entregó Granada a los Reyes Católicos el 2 de enero de 1492.

Con la ayuda de numerosos peritos tanto marroquíes como españo-

les, a quienes doy desde aquí las gracias en conjunto, he procurado transcribir el –bellísimo de color– manuscrito carmesí. *(Carmesíes fueron los papeles de la cancillería de la Alhambra.)* Ha sido precisa, para llegar a una tolerable confirmación, la consulta de numerosos textos, archivos, crónicas, referencias e historias. Al final de todos, para completarlos o para contradecirlos, se hallaba este relato, frío a veces, y a veces lleno de ardor.

He optado por trasladar la cronología, los nombres de personas y lugares, las fechas y otras remisiones a un lenguaje más inteligible para los lectores occidentales de hoy. La traducción, por mi culpa, no es todo lo fiel que los estudiosos habrían demandado; a cambio de tal sacrificio, creo que el texto resultará más asequible a nuestros ojos y a nuestros oídos. Así y todo, a pesar de mis apasionadas investigaciones, no he obtenido una conclusión taxativa en cuanto a la veracidad del manuscrito. Ignoro si lo que cuenta Boabdil es todo cierto, o se desvía a su favor. No sé si lo escribió íntegramente él, o lo dictó a uno o a varios secretarios –lo que parece improbable por la similitud de la grafía–; ni siquiera si se trata de una obra apócrifa, aunque contemporánea suya. Sorprende en ocasiones la madurez de sus testimonios, hasta provocar la duda de si Boabdil redactó todas estas memorias en Fez, después de cumplir los treinta años, y es una ficción atribuirlas a épocas distintas; se oponen, sin embargo, a esta opinión la persistencia y la mudanza que coexisten en el transcurso de la caligrafía, así como algunas reiteraciones, y el cambio del estilo a medida que pasa el tiempo, y las incoherencias existentes entre las decisiones expresas y la realidad. En cualquier caso, del manuscrito se desprende una no pequeña aptitud para la reflexión y una mejor memoria de la que su autor afirma poseer.

Sobrepuestos al apretado cuerpo del manuscrito se hallaron unos cuantos papeles, carmesíes también, y uno solo bajo él, como si fuesen el prólogo y el epílogo de los que constituyen las memorias en sí; memorias que me he atrevido a dividir en cuatro partes para facilitar su lectura. Hay además unos cuantos apuntes marginales, agregados evidentemente con posterioridad, que he incorporado al texto situándolos entre corchetes.

9

A cuantos historiadores y escritores han tratado, de cerca o de lejos, este triste y evocador asunto, comenzando por el propio Boabdil el Zogoibi, les doy fraternales gracias. Ellos lo amaron como yo lo he amado. Ojalá haya conseguido yo, igual que ellos, que mi amor sea correspondido. Al fin y al cabo, la Historia, como viene a decir el autor del manuscrito carmesí, no es más que una larga carrera de relevos: sabemos de dónde viene y por dónde transcurre, pero, en último término, no adónde se dirige, ni cuándo concluirá.

PAPELES HALLADOS AL PRINCIPIO
DEL MANUSCRITO
—

Escribo en los últimos papeles carmesíes de cuantos saqué de la cancillería de la Alhambra. Quizá sea un buen motivo para no escribir más. No estoy seguro —no lo estoy ya de nada—, pero creo que hoy cumplo sesenta y cuatro años. Desde que llegué a Fez mi vida ha transcurrido como un único día largo y soñoliento. Y además nunca supe con exactitud la hora en que nací; de ahí que los astrólogos no pudiesen establecer sin errores mi horóscopo. (Para un rey, eso tal vez sea deseable.) Por tanto, cuanto se ha dicho sobre mi destino trazado en las estrellas son imaginaciones. A veces he pensado que de ahí vino todo: andar a tientas nunca conduce a buenos resultados. Aunque quizá, por otra parte, la vida sea precisamente andar a tientas. En la mía, las certidumbres —y no he tenido más que dos o tres— me han llevado en general a lo peor.

He despertado temprano —ahora duermo muy poco—, y no he llamado a nadie. Amín y Amina se retiraron pronto anoche al notarme cansado. Amina había estado cantando una canción que quería ser liviana y divertida.

—¿Dónde la has aprendido? —le pregunté.

Me contestó riendo:

—Tú me la has enseñado.

Se conoce que pierdo la memoria. Para evitar que volviera

a olvidárseme, aunque no va a darme el tiempo la oportunidad, la anoté, mientras miraba a Amina, maliciosa, sonreír y tañer. Se trataba de una canción de adivinanzas.

Soy un fruto lascivo y redondeado
que alimentan las aguas del jardín.
Ceñido por un cáliz rugoso,
parezco el corazón de un cordero en las garras de un buitre.

Amín soltó una risotada.
—La berenjena —dijo.
Estábamos bebiendo el vino oscuro y denso, lleno de madres, de esta tierra. Sin darme cuenta, yo llevaba el ritmo de la canción con mi copa. Pensaba en otra cosa, como suelo, y en otras circunstancias.

Crezco o decrezco entre los comensales,
y, en mitad de la sombra, las lágrimas resbalan por mi cuello.
Si me duermo, alguien corta mi cabellera,
y permanezco insomne hasta mi muerte.

—Insomne hasta mi muerte —repetí.
No lo adivinábamos. Acaricié el rostro de Amina, idéntico al de Amín.
—La vela —gritó ella, y tomó un sorbo de mi copa.
Volvió a cantar:

Soy delgado, y tan pálido y frágil
que me dejo acuchillar fácilmente.
De vez en cuando bebo,
y de mis ojos luego brota el llanto.

Qué desgarradoras sonaban todas las letras. Era el cálamo; tampoco lo adivinamos. Amina palmoteaba.

Lo mismo que la espada nos portamos.
Inseparables somos.
Si algo entre las dos gemelas se interpone,
de común acuerdo lo despedazaremos.

Esta vez fui yo el que acerté. Veía a Amín y a Amina, gemelos, ante mí. Si algo se interpusiese...
—Las tijeras.
Amina me besó entre halagos. Quizá habíamos bebido suficiente, pero continuamos. Las velas de la sala, como las del acertijo, parpadeaban y se desperezaban. En los rincones se amontonaban las sombras como animales dispuestos a saltar contra nosotros. «La noche es mi enemiga», pensé. He aprendido a temer a las sombras. Seguros frente a ellas, mis gemelos me protegían con su sola presencia. Son demasiado jóvenes —¿es que eso es un defecto?— para temerle a nada.
Amina continuó:

Soy el traidor a las palomas.
Antes, cuando fui su amigo, las sostuve temblando.
Ahora, vibrante, las acoso
y les doy muerte con mi lengua.

Recordé el momento en que escribí esa letra. Casi recién casados, había ido con Moraima a pasar unos días al Cenete. Por las mañanas salía con mi arco y mi aljaba para tirar a las torcaces.
—Es el arco —murmuré.
«¿Dónde estarán aquellos días, la luz de aquellos días?», me preguntaba. Los dos hermanos me abrazaron, cada cual por un lado. Amina besó mi barba; Amín, mi mano derecha.
—La última —dijo Amina—. Es muy alegre.

Soy el dueño de la brisa.
si quiero, sopla el céfiro; si quiero, el viento Sur.

13

Pero lo que prefiero es acariciar el rostro
del más hermoso de los nazaríes.

La cantó sin laúd, mientras me abanicaba.

–El abanico –dije–; pero el resto es mentira.

Me aplaudieron los dos, al unísono como hacen casi todo.

Me sirvieron una última copa, y se retiraron, convencidos de que el más hermoso de los beni nazar –no el más hermoso, pero sí el más desdichado; el que estaba allí, lejos de todos los demás, vivos o muertos; el que había perdido hasta su derecho al nombre de la estirpe; el que acababa de cerrar los ojos para ocultar las lágrimas– necesitaba descansar. Sentí como una arcada, y se me llenó de amargura la boca. Le eché la culpa a la aspereza del vino.

He dormido muy mal. Hace ya un largo rato que me levanté. Abrí las vidrieras del mirador, y vi cómo se disponía despacio a amanecer sobre la ciudad. Esta ciudad podría decirse que es la mía: he vivido en ella más tiempo que en ninguna; pero algo dentro de mí lo contradice. Fez no será nunca mi ciudad, ni yo seré suyo, porque mis huesos no conciliarán en su tierra definitivamente el sueño... ¿Escribo sólo para retrasar el adiós?

Aún era noche cerrada. La voz del muecín se alzó como quien rompe de repente un cacharro, y recoge luego los añicos, y los recompone con torpeza, y lo deja caer de nuevo, sin remedio esta vez. Digo se alzó, pero también descendía, y jugaba en el aire igual que un pájaro, y se posaba de repente, y se enroscaba y se desenroscaba. Parecía acabarse ya, y continuaba con más ímpetu. Infinidad de veces habré oído la llamada a la oración, y recordaba ahora algunas de ellas: la del imán de la Alhambra por ejemplo, que era igual que un rebuzno y nos hacía reír, de niños, a Yusuf y a mí; pero era como si esta de hoy fuese distinta. Flotaba sobre la ciudad, que yo veía a mis pies, presintiendo más que viendo, a mi izquierda, el cementerio de los mariníes. Flotaba sobre la noche, como si no formase parte de ella, y fuese su mejor parte, sin embargo. Era un llanto; pero no lo era, sino un reproche para provocar el llanto. Sus palabras resultaban, como las de las canciones de Amina, indescifrables. Y, no obstante, cualquiera podría descifrarlas. Hablaban de la obsesión más antigua del hombre: la de ser amparado; la de adorar a algo superior, a alguien superior, que a él le conviene que exista para no quedarse absolutamente solo en medio de la noche, perdido sin asidero en el universo, sin que nadie más alto se tome el trabajo ni de reírse de él y de su soledad. El hombre infeliz necesita a su Dios como el rebuzno de su asno, y sus palomas, y su arco, y su abanico, y el calor de su mujer, y la pesadilla de sus hijos que lo despiertan cuando lloriquean allá cerca de la madre, y el olor nauseabundo y caliente de la bosta aún húmeda... Todo eso, amenazadora y suplicante, repetía la voz. Las voces, porque eran muchas ya. De pronto, muchas: trenzadas y hostiles, sustituyéndose y aliándose como un humo agrio y suave y paciente y urgente que se elevara desde los alminares recordando a los que dormían descuidados que el hombre no es nada: una chispa que cruza y que se extingue sin haber compartido su calor. Nada, si no se pone de acuerdo con las otras chispas en aquello que debe ser creído. Nada, sino lo que él mismo se proponga: ahora, un ser perezoso que acaso hizo el amor al principio de la noche, y se echa agua en la cara, y se moja la garganta y los brazos, y va en busca de su trabajo, sin gusto ni esperanza, bajo el peso de un Dios inventado y afortunadamente inasequible... ¿Inasequible e inventado? ¿No lo hizo el hombre a su imagen y semejanza para tenerlo más a su alcance? Las voces, casi a centenares, lejos o cerca, eran sólo una queja. ¿Por quién? ¿Por los hombres que abandonan al Dios que construyeron? ¿Por el Dios que, desde el comienzo, abandonó a los hombres? ¿Qué recurso queda? Una queja que parecía que jamás iba a terminarse. Y, de improviso, terminó. Como si no hubiese existido. Es la mejor manera.

La queja compartía la noche con la luna menguante, indiferente y terca; con el canto de los gallos sucesivos; con la anárquica geometría de la medina, no dibujada aún del todo, pero que imperceptiblemente aparecía; con el alborotado ruido de las aguas que el río comprime al pie de las casas humildes... Ignoro por qué cuento esto. He visto amanecer miles de veces en mi vida. Y, no obstante, hoy... ¿A qué le digo adiós? Detrás de las colinas se anaranja el cielo; ya no es negra la ciudad, sino de un azul oscuro, o acaso del color de la antracita. Si la dejo de mirar un instante, la veo luego líquida, teñida por una aguada inconsistente. Parece imposible que de esa masa informe pueda brotar de pronto tanta vida reconfortante, hiriente, taxativa. Azulea y se aclara el cielo por el Sur; el Oeste aún permanece hermético; verdea el Levante. La ciudad nace, renace. Líneas visibles marcan lo inconcreto. Si me fijo bien, adivino un minarete, una suave palidez escurriéndose sobre un tejado de cerámica, entre el estentóreo diálogo de los gallos lejanos.

Con lentitud se amplía el naranja del horizonte. El extremo Norte se acerca, verdeando también con implacable delicadeza. Pero el Occidente continúa opaco, mientras el púrpura asciende al amarillo. A partir de un punto muy concreto empieza a dorarse la última raya de este mundo. Trina un pájaro solo, y oigo un chorro de agua muy próximo, un chapoteo en el agua, y el desgarro del aire por un vuelo. Mi alma se entristece o se alegra, desconcertada y fría. El hacinamiento de la medina es ya de un gris tenue, no como el agua, sino como un espeso vaho detenido, aguardando una orden para seguir y liberarse. Como si un débil aire fuese capaz de trasladarlo, deformarlo, abatirlo. En un amanecer lo primero que se percibe es siempre lo más oscuro: los más hondos callejones, los huecos de las casas, el lado en sombra de un minarete, un ciprés, unas puertas; pero es porque la leve luz roza ya con sus dedos en algunas fachadas, en algunas esquinas, en algún plano ávido que mira hacia el Oriente. La llamada a la oración ha dejado paso a un roznido estirado y vital, a más agua, quiquiriquíes, trinos. Ruidos incomprensibles amasan, unos con otros, una sonoridad confusa. El limón del horizonte se convierte en un verdor muy tierno con breves y difusas pinceladas de malva. Y ahora es el Sur el que, entre el rosa y el violeta, se incorpora a la vida. No parece que la luz sobrevenga, ni que sea la ciudad alumbrada desde fuera de sí misma. Es como cuando el amor llega, y en su interior transforma el mundo entero; como si la luz fuese brotando de su propio centro, haciéndose ella sola, despertando como el rebuzno que aún se prolonga sin saber por qué. Los barrios opuestos al Levante son los que primero comparecen; los otros, recortados contra el cielo verde y rosa como un rosal enhiesto, aún están silueteados. Unas voces por fin, unas risas por fin... Desde la Alhambra veía el Albayzín –sus tapias y sus huertos–, y, a mis espaldas, la sierra siempre nevada se mantenía de incógnito. Aquí veo a la vez el trasunto del Albayzín y un monte blanco tras de él, como si yo hubiese perdido la cabeza, o hubiese girado la geografía de Granada para jugar conmigo al escondite o a ese juego de las adivinanzas que Amina anoche planteaba. Siento una punzada en el costado, que me sube a la garganta y a los ojos... Debo olvidar aquello. Debo mirar atentamente este mundo de aquí, esta mañana de hoy, que es mi última mañana. Los pájaros arrecian su jolgorio, incontenible ya. Y los hombres, el suyo. Un perro, tres, diez, ladran. La medina, inmóvil, se debate por surgir de la noche, por romper la indecisa e inexorable placenta de la noche. Parece que, dentro de su manto, la ciudad ha persistido luminosa, y se desnuda ahora de las telas sombrías; pero muy poco a poco, no dejándolas caer, ni desgarrándolas, sino asimilándolas, introduciéndolas en sí misma con un amor tranquilo, para volver a usarlas dentro de no mucho, cuando yo ya no esté en este mirador de cristal coloreado, tan semejante a mi vida y tan falso como ella... La luna, erguida y sola, atenúa su poderío. Todo el cielo bajo es ya verde y se aleja; sólo el alto es azul. Hacia el Norte, una mínima nube tenebrosa, una equivocación, una mancha de tinta sobre este paisaje pintado por un niño. Aún queda un gallo, sólo uno, y un millar de pájaros resucitados y enloquecidos. Las colinas del fondo se distinguen unas de otras, se separan, se acercan o se alejan según su oficio diario. El caserío del Este se concreta; el del Oeste, trepa definido y exacto, azoteas sobre azoteas, aún no quietas como habrán de fingirse durante el dominio de la luz, sino temblorosas, ateridas acaso, o desentumeciéndose. La luz creciente, apoyada sobre la ladera o sobre los más elevados edificios, hace crecer las casas ruines, y vacilar y entrechocarse...

Y, como cada amanecer, un infinito bando de zorzales brotado del olivar negrea de repente en el cielo: una red espesa que se abate para alcanzar en silencio y por sorpresa a la ciudad. Serpea, seguro y borbotante; traza formas distintas en lo azul; se abandera, se expande, se concentra en el gozo del alba; se abre y se cierra como una palmera aventada. Oigo el rumor difuso de su vuelo. Y en un instante, lo mismo que llegó, se aleja de nuevo al olivar. Vienen a mi memoria aquellos versos:

> *Cuando más necesita su venida,*
> *se van del olivar los estorninos...*

El cielo queda más puro, más destelleante. El verde se diluye en el predominio de un azul casi blanco. Los ocres, los grises, los pardos de la medina recuperan su peso. Unos cuervos –las aves de la misericordia, según el desterrado Almutamid, tan despojado de ella como yo– cruzan muy cerca de mi frente. Al percibirme, frenan, o me parece así, su prisa... Ya identifico mezquitas, madrazas, mausoleos. Han roto a zurear las palomas, y oigo, sin verlas, los arrullos de las tórtolas. Se aleja la luna por su propio agujero de luz. Un par de cigüeñas atraviesa muy bajo sobre las terrazas. Han brotado de la noche las rosas del jardín entre los mirtos. El calor de la vida se derrama despacio sobre el mundo, aunque no sobre mi corazón. Y también el escalofrío de la vida, que es lo que en mí siento esta mañana... Llora un niño sin consuelo posible. Aún no ha salido el sol, y es todo luz; no hay sombras todavía, y todo yace bajo una leve sombra. Cuando el sol, frente a mí, irrumpa violento, todo caerá en la sombra otra vez: en la sombra del sol –de eso el que mandó sabe–, en el humo y la niebla. Salvo los airones de las palmeras, que se levanten y lo reten, y los agudos alminares; salvo lo que mantenga la soberbia de aspirar y elevarse: de eso el que estuvo por encima sabe... Hasta que suba el sol y se entronice y reine, la vida será bella... Entretanto, me temo que ha llegado mi hora: de ahí que me demore sobre estos papeles carmesíes que me traen al recuerdo tantas cosas.

En los últimos meses los asuntos del califa de Fez, Hamet al Benimarín, no han ido bien. Se han estado tramando intrigas y partidos. Yo revivo los días postreros de Granada. Hoy estoy convocado por él a su palacio. Creo que pronto va a tener que salir al campo a defenderse; el olfato de la traición es lo único que los desterrados no perdemos. Y yo sé lo que defenderse –no atacar– significa. Adonde vaya –y también sé dónde va– yo lo acompañaré. Los mariníes, una familia que es un poco la nuestra, son ambiciosos, y presionan los acontecimientos; nunca usaron de la paciencia. La tribu de los jarifes le disputa al califa su trono; yo, a estas alturas, no cambiaré de rey. He perdido a mis súbditos, y acaso también os he perdido a vosotros: es bastante perder.

Durante mucho tiempo deseé remitiros estos papeles míos. Considero útil que conozcáis la historia cognoscible de vuestra sangre, si es que la sangre puede conocerse. Afirman que toda historia se repite, y no es cierto: los que se repiten son los historiadores. Cuando se escribe a la orden de alguien, siempre se acaba por escribir lo mismo: a los hombres los guían intereses monótonos. La Historia la suelen contar siempre los vencedores –los vencidos, o no viven, o prefieren olvidar–, y en consecuencia la alinean siempre entre sus aliados. Supongo que, si la contaran los vencidos, sucedería igual; pero ellos la usarían para mantener su esperanza. En todo caso, cualquier historia tiene que reducirse, antes o después, al tamaño de un libro: simplificarse, allanarse, decolorarse, es decir, en el fondo, dejar de ser. Por eso os advierto que no hago aquí –o no lo hice mientras escribía– mi panegírico, ni siquiera mi alegato. No es una historia de reyes la que os cuento, sino la de un testigo que, por ser el último, tuvo mayor valor. Por otra parte, no es mi intención, ni lo fue nunca, corregir estas notas apiladas, cuyas fechas y cuyas procedencias son tan distintas como acrónicas. En ocasiones escribí, y volví sobre lo escrito; en otras escribí de pasada, como quien suda o vomita a su pesar.

Los personajes que pueblan todos estos papeles, menos Amín y Amina, han muerto ya; acaso yo también. Y acaso también vosotros dos, de quienes ignoro casi todo, o uno de vosotros. Sólo tengo noticias vagas, probablemente inciertas. Lo último que supe del mayor de vosotros, hijos míos, es que había estado en Tremecén, y que salió de allí con sus mujeres y sus hijos. No sé más. Procuraré que alguien con mayores bríos que yo –no con mayor interés– os busque y os encuentre, y lleve a vuestras manos este manuscrito carmesí –el color es lo más persistente de él–, que es lo único que os lego. Al califa, en pago a su generosidad, le ofrendaré, si hay lugar, esta casa. El resto de mis bienes es ya vuestro: os lo cedí cuando la muerte, hace ya años, pareció no rechazarme más. A partir de entonces no os he visto.

La pasada semana proyecté releer este penoso testamento, refundirlo, exponer con mayor orden y mayor detención mi testimonio; pero se me ha hecho tarde. Os lo envío como está, amontonado sin concierto alguno, o con el desatinado concierto con el que fue fluyendo. Quizá si todo hubiese sido de otro modo –y yo también– lo habría redactado con meticulosidad y pormenores; pero pertenezco a una época y a una cultura –que es la vuestra– en que los más esplendorosos palacios se construyeron con unos cuantos maderos y un poco de escayola. Ahí dejo, pues, los elementos necesarios para que alguien, si quiere, los mezcle y los transforme. Ni tengo tiempo ya, ni ganas, ni la certeza de que haya algo en este mundo que merezca la pena. El valor que conservan es el de haber sido escritos más o menos en la hora en que lo que narran ocurría. Yo fui educado como un príncipe, y, por lo tanto, no fui un buen gobernante. Me atrajo la lectura; tuve curiosidad; pude haber sido más o menos sabio. No me lo permitieron; me obligaron, en cambio, a luchar por la supervivencia de mi pueblo. No desempeñé un papel airoso, ni pudo ser de otra manera. Pero ¿por qué volver –acaso me lo pregunto por la comodidad de no revisar estos papeles– sobre lo que ya queda lejos? Lejos para vosotros, porque para mí, no: hay circunstancias en que la vida se detiene, se paraliza sobre un momento concreto, como una mula que se niega a avanzar, como una vieja ebria que se desploma y se adormece ante los lugares en que le dieron de beber...

No, no quiero pensar en que haya habido jamás acontecimientos más importantes que éste de hoy. No el que sucederá en la batalla del califa contra sus enemigos, sino el de haber visto amanecer en Fez el día en que cumplo quizá sesenta y cuatro años... Mi memoria no es buena: Amina me lo probó anoche; podría añadir algo a estos papeles, pero con el aroma del

21

recuerdo perdido, y ya sin ton ni son. Permanece el perfume de la rosa cuando la rosa se marchita; sin embargo, ¿qué es el perfume sin la rosa? Prefiero que los recojáis con la misma espontaneidad con que nacieron. Y además, ¿quién sabe si llegarán hasta vosotros, o si os interesará siquiera echarles un vistazo?

Hernando de Baeza –que formaba parte del cuerpo de mis traductores en la Alhambra, y que fue amigo mío y mi cronista– siempre aprobó que yo escribiera. Pero me conminaba –ésa es la palabra– a escribir lo que sólo yo sabía. Y me sublevaba que fuese el hecho de ser yo rey lo que a él le atraía; no mi corazón, ni los sentimientos provocados por nacer en un trono en el ocaso, ni los resentimientos que el entorno, marchito como la rosa de antes, producía en mí. Se me ha injuriado como perdedor del Reino; sin embargo, nadie se ha ocupado de averiguar cómo fui de veras, ni si luché con todas mis fuerzas, que no eran muchas ciertamente. A nadie se le ha ocurrido que acaso fuese yo –y no por rey– la mejor personificación de un pueblo condenado a abandonar el Paraíso... He sido más tiempo súbdito que rey, exiliado más que coronado. Hace más de treinta años que entregué las llaves de mi casa: una reproducción, porque las verdaderas acompañarán, para vosotros, este manuscrito, cuyo prestigio consiste en provenir de alguien que, cuando os llegue, no será, y de que apenas es mientras os lo dedica.

Acaso contenga lo que jamás un hijo debe saber de un padre; pero he ejercido tan poco tiempo de ello... El mayor de vosotros aún no tenía dos años cuando fue empleado como rescate mío. Apenas hemos vivido juntos. Os fuisteis en seguida de Fez. Para vosotros, como para los demás, seré el traidor tan sólo. Por otra parte, ¿quién dice lo que un hijo debe saber o no de un padre? ¿No os han contado ya, y de peor modo, lo peor? ¿No han sido inicuos conmigo, en favor suyo, los cronistas? No intento defenderme; también es tarde para eso. Soy un viejo, y a los viejos se nos niega la épica tanto como la lírica. En la batalla próxima estaré al lado de quien me acogió (ni ahora ni nunca fui yo el que decidió las batallas): ya no queda en el mundo nadie al que le deba más que a este sultán de Fez, si no es quizá a vosotros, a quienes, imposibilitado de devolveros lo perdido, os obsequio con el relato de su pérdida. No intento siquiera con él poner el punto sobre las íes. Sólo que esta arca, donde guardo lo que aún permanece del jardín –el arca de la novia:

Si tú quisieras, Granada,
contigo me casaría,

como cantó el romance de los castellanos–, logre alcanzar, ya que yo no, manos andaluzas. Y, de ellas, siguen las vuestras siendo las más significativas y las menos manchadas. No espero nada de vosotros: ni un retorno, ni una correspondencia, ni la reivindicación; pero lleváis aún sangre nazarí, la única sangre nazarí incontaminada que hay ya sobre la tierra. Mis antepasados hicieron Granada, y la deshice yo; leed sin prisa estos papeles para que sepáis cómo. Pero si os cogen desganados, arrojadlos al mar, o arrojadlos al fuego: dará igual; no se perderá nada. Aunque debéis saber que en ellos sólo relato lo que fue; de lo que será, nada sabemos. El Todopoderoso dirá a su hora la palabra que quiera. Una historia –no lo echéis en olvido– no puede contarse bien hasta que concluye. Comienza, por lo tanto, el turno vuestro. El mío se agotó:

lo que temí perder ya lo he perdido;
lo que esperé ganar ya no lo espero.

Mi esperanza se ha muerto antes que yo; la que me queda es muy humilde: que este legado no testifique contra mí.

No te levantes tú, corazón, en mi contra también.
Una vez muerto, no te levantes, corazón: descansa.

23

Debo irme ya. He de armarme –procuraré hacerlo solo–
para acudir a la batalla. No retornaré de ella: ni vivo, ni muerto. Deseo entregarme a las aguas del río, como Aliatar en la derrota de Lucena; que no pueda encontrar nadie los restos del
que fui, ni mis armas reales. Saldré sin despertar a Amín ni a
Amina. Estarán juntos, idénticos y amantes, rezumantes de vida
sobre la misma cama. ¿Para qué despedirme de nada ni de nadie? Todo está concluido. Dios a sí mismo se interpreta; pero yo
dudo que le haya dado a ningún rey un salario peor que el que
me ha dado a mí.

EL MANUSCRITO CARMESÍ

—

Me encomiendo, antes de comenzar, a Dios –honrado y ensalzado sea–, si nos mira y si nuestra vida no es en vano. Y a Mahoma, el Profeta, Sello de los profetas anteriores y Señor de la estirpe de Adnam.

Alabado sea Dios, Señor del Universo, el Clemente, el Misericordioso, el Dueño del Día del Juicio. A Ti te adoramos, a Ti te suplicamos. Guíanos por el camino recto. Por el camino de aquellos a quienes concediste gracia, y no por el de los que te airaron, ni por el de los que se extraviaron.

I. A SALVO EN EL JARDÍN

—

Mi nombre y tú ya estáis
a salvo en el jardín:
fuera del tiempo, su maleficio no os perturbará.

BOABDIL

De lo poco que aprendo en la madraza, fundada por mi antecesor Yusuf I, y de los encanecidos maestros, fríos y desdeñosos con los jóvenes, una sola cosa es la base de todas las demás: no somos libres. Nuestro destino se nos adjudica al nacer; se nos entrega, igual que la tablilla en que estudiamos de niños las primeras letras y sus combinaciones. Puede borrarse lo que en ella dibujamos, pero la tablilla permanece imperturbable; luego, cuando aprendamos a escribir y a leer, se nos regalará como recuerdo, y la conservaremos, enternecidos y altaneros, toda la vida. El texto de nuestro destino está desde el principio escrito; lo único que podemos hacer, si somos bastante osados, es transcribirlo con nuestra mano y nuestra letra, es decir, aportar la caligrafía que alguien nos enseñó.

Yo de mí puedo jurar que jamás he elegido. Sólo lo secundario o lo accesorio: una comida, un color, la manera de pasar una tarde. La libertad no existe. Representamos un papel ya inventa-

27

do y concreto, al que nunca añadimos nada que sorprenda esencialmente al resto de los representantes. En mí nadie se fijaría si no fuese el primogénito de Abul Hasán, rey de Granada. Aquí lo primero que aprende un príncipe a decir –antes aún que «padre» o «madre»– es «no abdicaré», para saberlo repetir con naturalidad desde el día de su coronación. A pesar de eso, nunca se está seguro de que la abdicación no se producirá, aun en el caso de que la coronación sí se produzca.

Somos distintos unos de otros, y eso nos induce a creer que somos libres; pero estamos prefigurados de antemano: nuestras determinaciones dimanan de nuestros jugos gástricos y de nuestros razonamientos, o sea, de nuestro estómago y de nuestro cerebro, que son intransformables. Nos parece, por ejemplo, que elegimos a la persona amada; no es cierto: sólo dos o tres posibilidades nos son –y apenas– ofrecidas. No la elegimos: nos resignamos a ella; nuestro sexo, que con el estómago y la cabeza nos perfila, es otro portavoz. El destino es quien manda; por eso respeto y comprendo a quienes lo cumplen sin rebelarse. Ellos son los que están más próximos a alcanzar la felicidad, si existe, que no creo: quienes se desenvuelven y se acaban en el lugar y en la dirección en que nacieron. Pero no comprendo ni respeto a quienes se rebelan. Pienso en Almanzor, el suplantador de los omeyas, que –con la ambición del que quiere reinar sin haber nacido en las gradas del trono, con su desastrosa ambición de rábula que no repara en barras– trastornó las páginas del libro de su vida al probar a los súbditos que contra el poder cabe el desprecio. Está escrito el destino: la dificultad reside en saberlo leer. Hay quienes, mientras aspiran a superar el suyo, son sólo el arma del de los otros: se erigen en dueños del azar, y, a fuerza de combatir desde su vulgar sino, se transforman en los apoderados del ajeno, y juegan al ajedrez en nombre de la Historia, derrocándolo todo, pieza a pieza, hasta inundar de sangre los tableros. Qué irreversible consternación para un hombre comprobar, al final, a la entrada de su Medinaceli, que, cuando resolvía en aparente libertad, estaba siendo utilizado. Porque nadie sobrevive a la tarea para la que nació: todo fue enrasado y medido previamente. Cumplida su misión, solo ya el poderoso sobre el tablero que fue desalojando, el destino –su destino esta vez– le lanza el jaque mate. La vida es una inapelable partida en la que todos los jugadores acaban por perder...

El discurso anterior era demasiado juvenil. Hoy me parece tópico y pedante; pero fue lo que estrenó estos papeles. Antes de que lo terminara, mi madre me llamó a sus habitaciones. Entraba la mañana por el ajimez como una llamarada, y encharcaba de oro el pavimento. Miraba yo, distraído de su plática, las dos clases de losas. En la primera, una figura femenina se enfrenta a otra masculina, con unos escudos entre ellas; visten trajes cristianos: él, calzas altas; ella, unas mangas ajustadas más oscuras bajo otras amplias claras, y el largo pelo partido en dos y unido en una trenza; el dibujo es azul, en varios tonos. En el otro modelo también se enfrentan, y también con distintos azules, un ciervo y un caballo, esbeltos y rampantes...

Mi madre acaba de trasladarse a la Alhambra desde su palacio del Albayzín, donde se había retirado, en señal de disgusto, cuando el rey comenzó sus relaciones con Soraya. Pero, al ver aumentar el poder de ésta, ha creído prudente recuperar su sitio de sultana y sus habitaciones oficiales.

Yo la escuchaba con los ojos en el suelo, sin prestarle demasiada atención. Suponía que se trataba de algo que yo había hecho mal, o de algún proyecto político de los que no me apasionan: era para lo único que mi madre podía convocarme. No obstante, percibí en sus palabras un tono nuevo, dulcificado, muy insólito en ella. La miré. Reclinada, no me miraba a mí, sino un paño bordado que, entre las manos, doblaba y desdoblaba. Había ordenado retirarse a todas sus sirvientas, y, sorprendentemente, nos hallábamos solos. Cuando me decidí a atender, llevaba hablando un rato. Yo estoy acostumbrado a oír a rachas sus peroratas, en las que da rodeos interminables, y aborda los temas desde un lejano principio que sólo ella relaciona con el final. Se refiere, por ejemplo, a su primo el rey Mohamed X, o a su padre Mohamed IX, antes de comunicar a quien sea que es necesario hacer obras en la planta de arriba, o modificar el trazado de un jardín, o celebrar la Fiesta de los Sacrificios de este año con especial suntuosidad.

Su monólogo estaba en marcha. Yo puse los ojos en la delicada figura masculina de la solería, que tenía junto a mi pie derecho.

–Si lo que fragua tu padre es atentar contra mis privilegios en favor de una esclava cristiana, le pararé los pies. Soy reina por los cuatro costados. No dependo de él ni por mi sangre, ni por mi economía, ni por mi inteligencia. Soy una mujer horra en todos los sentidos. No necesito nada; pero, puesto que tú has sido designado heredero, quiero contar contigo. Y te advierto que las trapacerías de Isabel de Solís te alcanzan tanto a ti como a mí.

Ella nunca la llama Soraya porque opina que su conversión [en lo cual acertaba] es una táctica.

–No olvides que tu padre tiene tres hijos de ella. Y que, aunque sean más jóvenes que tú, o precisamente por serlo, los preferirá. El poder de la lujuria (tú aún no lo sabes, aunque también de eso quiero hablarte) es muy grande.

Yo, sin comprender muy bien, trasladé mi mirada a la figura femenina del azulejo. Ya estaba hecho a lo sorprendente de los monólogos maternos.

–Y el de la vanidad. Tu padre, siempre engreído, nombrará

30

heredero, aunque sea volviendo sobre sus actos, a alguien más joven, como si eso le asegurara una más larga vida. Así se verá menos acuciado a dejarle el trono a nadie; ya sabes qué poco partidaria es Granada de los sultanes niños, y cuánto daño le ha venido por ellos.

Ignoraba adónde conduciría tal conversación. El trayecto era habitual. No valía la pena que hubiese interrumpido mis ejercicios para eso: ni los de equitación, según ella creía, ni los de poesía, por los que los había sustituido esa mañana, que me gustaban más.

–Yo tengo que defender mi fortuna; tengo que defender mis derechos, y, por desgracia, ya que tú no lo haces, tengo que defender los tuyos. Eres mi prolongación y, dado el cariz de los acontecimientos, mi único medio de seguir en el trono, si hablamos claramente. Quizá con otro hijo me habría ido mejor... Mírame cuando te hablo, Boabdil.

Lo hice. Levanté los ojos desde el ciervo azul, ahogado en el remanso de sol; pero ella tampoco me miraba. Fue entonces cuando levantó sus ojos. Son espléndidos. Lo único espléndido que hay en su rostro no hermoso: oscuro, demasiado largo, con un ligero bozo sobre el labio superior; un rostro adusto y poco grato. Se puso de pie sin darme tiempo a ayudarla. Ahora estábamos muy cerca y frente a frente. Continuó:

–Sin embargo, no tengo más hijos que Yusuf y tú, y tú eres el mayor, qué le vamos a hacer. Es hora de casarte –añadió de repente.

Percibí en su mirada la alarma que ella debió de percibir en la mía. Me puse, en efecto, tenso como quien acusa una amenaza, o una llamada brusca o en exceso sonora.

–He llegado a la conclusión de que ninguna de tus primas nos conviene. Seguir mezclando sangres en una familia como la nuestra es arriesgarse a tener descendientes aún más débiles que tú. Ya ves cómo nació tu hermano –se refería a la mano inválida de Yusuf; fui a protestar, pero me interrumpió con un gesto irrebatible–. Déjame proseguir. Por añadidura, una esposa de sangre nazarí metería en casa la ocasión y el peligro. No quiero que se susciten pretensiones al trono en contra de la tuya, ni que nadie se haga ilusiones de gobernar a tu través. Las ramas familiares deben quedarse en donde están. Bastante tenemos con la pasión de mando de los abencerrajes y con los disturbios de los Voluntarios de la Fe (estoy convencida de que la única fe que tienen es en ellos mismos y en su propia fuerza). Ya ves que trato el tema sin rodeos. No sé, ni me importa, cuáles hayan sido tus escarceos amorosos, aunque tengo noticias contradictorias, no todas de mi agrado –ahora sí me miraba–. Tampoco eso va a pesar en contra ni a favor de lo que voy a proponerte. (Y digo proponerte por emplear una palabra amable.) Espero que mi elección de esposa te parezca plausible.

Fui a interrumpirla, pero me interrumpió ella a mí.

–Tu prima Jadicha sería la última que querría a tu lado. Primero, porque no estoy segura de que no sea un muchacho –continuaba mirándome–. Y, si es una mujer, porque es de las que, para que el mundo entero sepa que son libres, le restriegan su libertad por la cara a todo el que se encuentran. Es excéntrica, llamativa y necia. Ninguna mujer inteligente desafía a nadie si no es imprescindible. Me recuerda a aquella princesa Walada de los omeya: mucha estola blanca con versos de amor bordados en negro, mucha estola negra con versos de amor bordados en blanco; pero ni le sirvieron de nada, ni la acercaron un ápice a su meta. Tu prima Jadicha se tiñe el pelo de verde, y tiñe del mismo verde el pelo del caballo que monta: un despilfarro y una estupidez. Acabará por quedarse calva y por dejar calvo al caballo, lo que sería peor. Y todo para pasear y trotar por el Generalife. Tales excesos me parecerían bien en el alcázar de Segovia, por ejemplo, para reírse de los cristianos, tan torvos y tan pusilánimes; pero, para andar por una huerta, sólo son ganas de llamar la atención.

Yo iba, en efecto, a referirme a mi prima Jadicha, de la que creía estar enamorado. Quedaba claro que mi madre, a pesar de ser mandona y distante, sabe todo de todos.

–El Alcaide Mayor de la Alhambra es un hombre que empezó de la nada; menos que de la nada: vendía especias en el zoco de Loja. Es valiente, fuerte, leal y viejo; uno de los dos brazos de tu padre. Mi intención no sólo es que deje de apoyarlo, sino que te apoye a ti. Los granadinos lo veneran; forma parte de los escasos indiscutibles de este Reino. Después de los sucesos más recientes, me atrevo a decir que es más indiscutible que yo y que tú. Si se lo arrebatamos, cuanto tu padre pierda tú lo ganas (o nosotros, si quieres) haciendo lo que yo he planeado.

Por fin iba a oír el resumen.

–Tiene una hija muy guapa. Se llama Moraima. La he tratado estos días. Puede darte hijos con rapidez y sin melindres. No tiene sangre real, pero tiene sangre en las venas, y de eso no andamos muy sobrados. A Aliatar le complacerá entroncar con la estirpe de los beni nazar, y se pondrá de parte de quien pueda otorgarle un nieto sultán. Es el mejor general con que cuenta el Reino, y te asesorará sin que tengas la duda de con qué fin lo hace, o de si rematará su buena carrera de especiero destronándote y sustituyéndote. Como carece de imaginación, le satisfará más ver a su hija en el trono por las buenas que sentarse él mismo mediante un alzamiento. Sé que, si yo te dejara, me dirías que tienes poca afición a gobernar, y que tus anhelos se limitan a mirar el paisaje, beber un poco de vino, y escribir lo que el vino y el paisaje te dicten; pero me temo que no hayas nacido para escribir al dictado, hijo mío, a no ser que quien te dicte sea yo. Una vez instalado en el trono, si deseas descansar en mi experiencia, te estará permitido seguir la vocación que crees tener; entretanto, no. Ya estudiarás después; ya escribirás después. Granada, aunque no siempre, ha tenido sultanes sumamente cultos; recuerda a Mohamed *el Faquí*. Sin embargo, nosotros no somos los dueños de nuestra vida, ¿o no te lo han enseñado en la madraza? Tú te debes a tu destino y a tu pueblo. Y, para tal deber, ningún matrimonio más conveniente que el que te recomiendo, aunque sea quizá poco vistoso. Si no te gusta Moraima –eso era lo que, sin conocimiento de causa, le iba a oponer–, puedes luego hacer lo que te plazca. Ten un hijo con ella; o un par de hijos, mejor. Son dos o tres contactos, nada más: no es pedir demasiado. Más tarde, toma una o dos concubinas: más no es aconsejable. Ni necesario, creo. Para ti, por lo menos; tu padre es otra cosa. Tú, por lo que observo, te inclinas más por el amor udrí, ese que siempre parece hacerse de perfil. Me pregunto si es un puedo y no quiero, o es un quiero y no puedo, y no sé qué será más desgraciado. Yo, ni entiendo de tales conjeturas, ni querría entender –concluyó–. Me alegra que estés de acuerdo con mi propuesta. Enhorabuena.

Dio una palmada para llamar a su servicio, y me señaló la puerta al mismo tiempo. Yo salí, recordando sin querer un hadiz de Bujari. Cuando un fiel le preguntó al Profeta quién merecía, de todos los vivientes, el mejor de los tratos, le contestó: «Tu madre, después tu madre, a continuación tu madre, y ya luego tu padre y los otros miembros de tu familia por orden de proximidad.»

Conocí a Moraima en el palacio del Albayzín. La vi cruzar el patio desde la galería superior, el lugar reservado a las mujeres, donde me había apostado. Vestía de blanco y amarillo. Alguien le debió de advertir que yo estaría espiando, porque, levantando los ojos, me miró. Los bajó a continuación de un modo muy gracioso. Adiviné que sonreía debajo de su velo y, sin saber por qué, me descubrí sonriendo yo también. Era alta y no muy delgada. Se movía con una lenta majestad. Tenía –tiene– más aspecto de reina que yo de rey.

Las bodas se celebraron –con diecisiete años yo, y ella con quince– a finales de 1479. Semanas atrás Rodrigo Ponce de León, el hijo del conde de Arcos, había conquistado el castillo de Montecorto. Dos días antes, la noche de la Navidad cristiana, mientras los castellanos se hallaban en los cultos de medianoche, los musulmanes de Ronda habían reconquistado aquel castillo. Todo era, por ello y por mi boda, alegría en Granada. Yo iba de blanco y azul. Moraima llevaba una saya y un chal de paño negro bordados en seda azul, y una toca blanca le cubría la cara y los hombros. Cuando dejé de mirar su figura, no pude ya separar mis ojos de los suyos, que me atraían como si fuesen de piedra imán y yo un pequeño hierro. Unos ojos inocentes y pícaros, negros y claros a la vez, igual que dos almendras dulces o amargas; unos ojos absoluta, rigurosa e irresistiblemente sinceros.

Sobre la diadema del trono de la novia habían grabado un poema de Ibn al Yayab:

A la vista encanta la belleza de esta diadema,
que parece un tejido de brocado.
Sobre su trono la novia es como el sol
brillando en lo más alto de las constelaciones.
Dos astros se han reunido en este asiento
y rivalizan sus deslumbrantes resplandores.

No era cierto que rivalizaran: aquel día, junto a Moraima, cualquiera habría salido perdedor.

Como recién casados asistimos a los festejos populares que regaló mi madre. (Mi padre se mantuvo casi al margen de la boda, a pesar de que su consuegro era el jeque de Loja, señor de la Sagra, alguacil mayor del reino y su mejor lanza. Supongo que intuía que todo era una treta de la sultana, a la que –por las no menos oscuras tretas de su amante Soraya– pretendía destituir.) En la segunda tarde concurrimos a una fiesta taurina. Se habían soltado en el coso unos cuantos toros bravos de los que pastan en los cercados de la Vega sólo para tal fin, y después, una muta de perros alanos, bravos también. A los granadinos les encanta ver la línea y el ímpetu de los animales cuando luchan con nobleza y arranque unos con otros. Aguardaban que los toros, cansados ante el acoso de los perros –los cuales, más ágiles, esquivan las embestidas, y se cuelgan de sus orejas como zarcillos–, permitiesen salir a los caballistas, rejón en mano, para terminarlos. Iba a correr mi tío Mohamed Abu Abdalá con otros caballeros, y mi ansiedad por verlo me mantenía en vilo. Pero Moraima no gustaba de un juego tan sangriento y, aunque mi madre se oponía, me rogó que saliéramos del estrado. El que desobedeciera la orden de mi madre me compensó de no ver a mi tío, y me la hizo más deseable aún.

Por las confabulaciones que se despliegan a mi alrededor, y que no pocas veces me involucran, tengo muchas prevenciones contra la mujer. No he entendido bien nunca a quienes afirman que el hombre posee tanto la naturaleza masculina cuanto la femenina, puesto que ambas componen su totalidad, creada a imagen y semejanza de Dios; la mujer, según ellos, es para el hombre como un espejo de sí mismo, que le da a conocer la parte de su esencia que le está oculta (la facultad del ojo consiste en ver, pero no puede contemplarse a sí mismo). Y menos aún entiendo la consecuencia de que, al ser el hombre en su primigenia integridad el símbolo más perfecto de Dios, y al encontrarse tal integridad en el complemento femenino, la mujer se transforme para el hombre en el símbolo más perfecto de Dios. Hay quien asegura que ahí reside la médula del amor; pero la verdad es que nada más lejano a nuestro concepto de él que el compañerismo entre hombre y mujer: sus ámbitos son tan divergentes que es imposible conjugarlos. De la mujer es la casa, donde el hombre es un huésped; del hombre es el exterior, donde la mujer no aparece. Oscilamos así entre el harén y la veneración caballeresca –el amor udrí al que mi madre aludió–; en ninguno de los dos extremos existe la mujer: ya por gastada y disponible, ya por ausente. No obstante, de mis lecturas deduzco que el descuido y el menosprecio de la mujer es una secuela de la vida ciudadana, porque en el mundo beduino, donde aparecen los sexos como los dos polos de una esfera, el hombre admira a la mujer, y ella lo respeta como a su señor. Sin embargo, en ningún caso –ni aun en ése– se produce el acercamiento necesario para la convivencia y lo que ella supone. Lo máximo es un hadiz de Tirmidhi, según el cual el Profeta aconsejó: «Recordaos mutuamente tratar con amabilidad a las mujeres, porque ellas son vuestros depósitos, de los que habréis de rendir cuentas. A menos que sean culpables de una manifiesta mala conducta, no les impongáis vuestra sanción. A las culpables, dejadlas solas en su lecho y castigadlas, aunque no con excesiva severidad; a las obedientes, no las tratéis con dureza. Vosotros tenéis ciertos derechos sobre vuestras mujeres, y ellas sobre vosotros: ellas han de llevar vidas castas, e impedir la entrada en vuestro hogar de las personas que desaprobéis; a cambio, vosotros sois responsables de su subsistencia.»

Pero ¿qué representaban para mí tales ideas en mis relaciones con Moraima?

Desde el primer momento ella se me manifestó como es: respetuosa y confiada, pero también respetable y confiable; necesitada de protección, y protectora al tiempo. Obra conmigo como una esposa, pero también como una madre, o una amiga, o una hija, según las circunstancias; goza además del raro privilegio de saber sin error cuándo ha de desempeñar uno u otro cometido. Y, por añadidura, no aspira, como mi madre, a reinar, sino que se halla conforme, orgullosa y humildemente a la vez, con lo que el destino le ha deparado: ser mi mujer. La mujer de alguien como yo soy en realidad, no como ella se hubiese imaginado antes de conocerme que podría ser yo, ni como se imagine que podría llegar mañana a ser por ella.

Antes de estar con Moraima había yo envidiado a los campesinos de sexo grande y contundente, de manos poderosas y anchos hombros, que dominan la tierra a la que aman, y aseguran sin aspavientos la vida de sus hijos. Y había envidiado también a las mujeres de tales campesinos, penetradas por ellos –sin pudor en verano, y casi cubiertas en invierno cuando anochece– una y otra vez; las campesinas que mordisquean los gritos de placer para no distraer ni molestar a quien se lo provoca. Antes de estar con ella, yo era un masturbador, porque el deseo de no sé qué cuerpos me asaltaba de pronto en mitad de un jardín, o en mitad de una lección, como una ola a la que me tenía que abandonar. [La sola presencia de Moraima, sin que mediase siquiera su intención, me transformó desde el principio. Aun antes de que los hechos nos quitaran en parte nuestra hermosa y mutua razón de vida, y en parte nos la fortificaran.]

Cuando esto escribo ella está embarazada. Será nuestro primer hijo. A media mañana nos hemos amado de una forma pausada y deliciosa. Hace cuatro meses, en los primeros encuentros, todo era apresurado y torpe. Moraima permanecía, después de derramarme yo, mirando los almocárabes del techo como si hubiese esperado algo más. Poco a poco, mi satisfacción ha conducido a la suya. Ahora me presento a ella coronado de flores –sólo de flores–, como a una cita en la que podría ser sustituido, pero ella y yo preferimos que no lo sea. Entro en la alcoba como un copero que ha de servir a su joven ama, que lo espera, impaciente y ávida, sobre el lecho. Y la miro despacio, casi extraviado el deseo de tanto desearla. No soy ya hijo de rey; no lo necesito. Ni ella es la esposa de un príncipe, ni de ningún otro hombre de este mundo: es sólo una muchacha que ve a un muchacho semidesnudo, desatacados los nudos del cinturón, acercarse a su lecho. Y yo soy un hombre que besa la boca que en ese instante quiere; que desliza su mano, despojada de anillos, por el cuerpo que anhela, tembloroso de lascivia igual que quien al amanecer se destapa entre sueños; que llega hasta el lugar propicio, entre los largos muslos, y moja sus dedos en el inconfundible testimonio del ansia. Y estoy allí sin obligación que me lo exija. Y el cuerpo junto a mí, o bajo el mío, se entrega y se abre, dulce y maduro lo mismo que una fruta, flexible y dócil, generoso de sí y hambriento de mi cuerpo, emanador de placer y placentero sólo con que se rocen su piel y la mía, bienoliente y no perfumado, como un pan recién cocido dispuesto para saciar un apetito.

A media mañana nos hemos amado con tan solemne lentitud que parecía que cumpliéramos una ceremonia religiosa, y sin duda lo era. He pasado mi lengua perezosa por los rincones de su cuerpo, y cubierto de saliva su ombligo, en el centro de su vientre, que guarece la promesa de nuestro hijo.

–Así de pausadas dicen que se aparean las tortugas.

–Y las serpientes –ha añadido ella, mientras yo trataba de tocar con la mano derecha el cedro de la tarima, tan oculta por sedas y cojines que he resbalado, entre las carcajadas de Moraima.

–No vuelvas a decir semejante palabra, o te arrastraré al caerme de la cama, y malparirás.

Moraima, montada sobre mí, me ha devuelto todas las caricias. Ha recorrido los misteriosos triángulos de mi cuerpo, excitándome y aniquilándome. Poseído por esa embriaguez, en que se deja de vivir por vivir más, o en que uno deja de ser uno mismo para confundirse con todo lo que goza, con todo lo que vibra, con todo lo que palpita en este mundo, he pensado a ráfagas qué breve y sucedáneo es el deleite de la masturbación comparado con este otro, tan inducido como compartido, donde la crueldad y la generosidad, el egoísmo y la largueza se enredan y confunden.

Debilitada la cabeza por las largas caricias, agitada con los ojos en blanco sobre los almohadones, ignoro por qué me ha venido a las mientes una escena de mi adolescencia. Fue en una de las huertas del Generalife, en la más grande. Tenía entre las manos el libro de un maestro sufí, y veía –como antes y después tantas tardes– ponerse el sol. Era en verano. La humedad, y el ruido de las aguas que vienen y se alejan, y la luz resistiéndose a morir en la cañada que separa la colina de la Alhambra y la del Albayzín, suscitaban una gustosa melancolía. Debajo de mí, que me hallaba sentado y silencioso, apareció por la ladera un muchacho de los que cuidan la huerta. Sin notar mi presencia, se dejó caer en un ribazo lleno de hierba a punto de agostarse. Estaba frente al sol poniente con la cabeza erguida, abiertas las piernas, las manos entre ellas. Y, sin prisa, con la parsimonia de quien obedece una sagrada rúbrica, se levantó la túnica, aflojó sus zaragüelles, y se masturbó como en un íntimo y total sacrificio al sol que se moría. O así lo entendí yo. El corazón me latía con fuerza, no sé si por el deleite al que estaba asistiendo, o por el temor de que el muchacho, concluido su acto, me descubriese. Caído sobre la hierba, se contrajo su rostro en un gesto que podría haber sido de un dolor insufrible, hasta que el crispamiento se suavizó, y se apaciguaron sus labios. El muchacho era tan esbelto, tan rústico y delicado a la vez que, excitado yo mismo, sacrifiqué también al sol, y me derramé sobre la tierra. El libro de amor místico había caído desde mis rodillas, y aquel día ya no leí más.

A Moraima le conté, concluido nuestro rito, la visión que me había asaltado mientras la amaba. Ella me interrogó sobre el pastor.

–No era un pastor, sino un hortelano.

–Es lo mismo...

–No, no es lo mismo. Y además no recuerdo cómo era. Sólo la contracción de su boca y de su frente, como si fuese a gritar, y la mitigación después. Pienso si será eso lo que le sucede a quienes están a punto de morir: los convulsiona la agonía, y la muerte luego suaviza las facciones. Sólo me acuerdo de eso.

–¿Nada más? –preguntó Moraima con malicia.

Yo me eché a reír.

–Recuerdo también algo muy ostensible: su sexo enhiesto y moreno, como los troncos que, según he leído, idolatran algunos africanos.

–¿Enhiesto y moreno? –repitió mientras retiraba el cobertor con el que nos habíamos tapado.

Me besó, riendo, la risa de mi boca, y recomenzamos, era pasado el mediodía, otra morosa tanda de recíprocos tactos.

–Este jazmín –dijo Moraima– no cesa de dar flores.

–Y aun entre una y otra floración –le repliqué–, no le falta el perfume.

Y le besé los pechos.

La comprensión y el afecto que descubrí en Moraima los había buscado siempre; pero los había buscado mal: en mi padre, en mi madre, en mis maestros, en todos aquellos que la vida oficial ponía a mi alcance. Sin embargo, el cariño y el mundo real se alejan de los príncipes; si no fuese por unas cuantas personas, no estaría seguro de haber sido niño alguna vez. Por si algún día Moraima desea leer estos papeles para conocerme mejor, debo escribir en ellos cómo –o más bien, entre qué manos– transcurrió mi infancia. Para Moraima, y también por evocar a quienes estoy agradecido, dejo estampados hoy sus nombres aquí. Hoy, el día más feliz, porque ha nacido mi hijo. Ahmad será su nombre.

Para que tenga la voz fuerte y clara, su madre, que alardea de no ser supersticiosa, le ha restregado la boquita con un antiguo florín de oro; para que tenga gracia –como yo, dice– le ha puesto un grano de sal entre los labios. Sus nodrizas, para que el pelo le crezca recio, han traído, antes de que el sol terminara de salir, agua de la fuente del camino que se desvía al pie de la Sabica, y le han frotado con ella la cabeza, ante la alarma de la madre, temerosa de que con el masaje no se le cierre bien la fontanela. Para que sea fuerte, yo le he puesto sobre los puñitos la espada de Al Hamar, el Fundador de nuestra Dinastía. Y he mandado venir al imán de la Gran Mezquita y al de la Alhambra –que, por cierto, se odian– para que recen sobre la cuna a fin de que las fuerzas del alma se unan a las del cuerpo, si es que no son las dos la misma cosa.

Quisiera que la infancia de mi hijo fuese más alegre y más acompañada que la mía. Imagino que la niñez es un tesoro del que se nos va desposeyendo poco a poco. Por eso le deseo, y procuraré que encuentre, personas como las que, casi a escondidas, yo encontré. Fueron ellas quienes me acercaron el mundo y, lo mismo que un puente, me permitieron llegar con suavidad a él. Sin ellas, nada o muy poco habría sabido de la vida verdadera; sólo de las fúnebres ambiciones de los gobernantes y de quienes aspiran a serlo. De ellas aprendí el lenguaje de la sinceridad, el variado y significativo espacio que rodea a cada hombre, el que disfrutan juntos en la fiesta de la fraternidad, y la palpitación de los sentimientos elementales, que son los más puros, sin el disfraz de la cortesía que los desfigura hasta desarraigarlos. Dentro de mí, continúo dándoles las gracias, y llevo sus rostros grabados en mi corazón. Son los que siguen.

La nodriza Subh.

Sus hijos, incluido el que entonces amamantaba, murieron cuando yo nací. Fue en un ataque que el condestable de Jaén, Miguel Lucas de Iranzo, llevó a sangre y fuego contra Lacalahorra para vengar su fracaso en el castillo de Arenas. Ella se ocultó, con el niño más pequeño en brazos, entre unas zarzas, no lejos de la casa donde quedaron su marido y sus otros dos hijos. Oía el griterío de los acuchillados, las broncas amenazas y las risotadas de la soldadesca, que se aprestaba a adueñarse de cualquier botín. En manos de un peón vio sus enseres, los humildes aperos de su cocina, las ya inservibles ropas de sus hijos. Rebotó sobre el umbral la cabeza del mayor, y la sangre salpicó el alto zócalo. Subh comprendió que todo había acabado allí para ella. Huyó por el camino de Guadix, cayendo y levantándose, mientras la tropa concluía de arrasar la aldea y de degollar a sus habitantes. Cuando llegó a Guadix, el niño estaba muerto: era en julio y, entre el sudor y el llanto, ella se había secado.

Subh era fuerte, grande y hermosa a su manera. Tenía unas manos maltratadas, pero de trazo fino, como si perteneciesen a un cuerpo diferente. Sus pechos, de los que yo mamé durante años, pues la prefería a las otras nodrizas, estaban siempre llenos. (Pienso que de leche muy sabrosa, porque, según me decía, yo me abrochaba a ellos con una insaciable avidez.) No odiaba a nadie: ni al condestable Iranzo, ni a mi padre (que era quien había roto la tregua por abril con la batalla del Madroño, cerca de Estepa, contra el alcaide de Osuna, soliviantando la frontera. No odiaba nada, sino la guerra sólo).

–Dios no es bueno –decía–, puesto que yo le temo.

Era devota y cumplidora de la ley, también a su manera. Rezaba con fervor y, cuando se postraba, lo único que pedía era que no hubiese guerras. (Supongo que eso era precisamente lo que Dios no estaba dispuesto a concederle.) Con el tiempo comenzó a salirle un ligero bigote que, cuando me besaba, me pinchaba un poquito y, como lo hacía casi de continuo, me irritaba la piel. Yo la veía muy vieja, pero no lo era: los niños se equivocan al calcular las medidas de los objetos, de las habitaciones, del porvenir que los aguarda, de la edad; quizá del cariño, no.

Subh justificó su vida con la mía. Me hacía, con sus manos enormes, extraños sortilegios para preservarme de todo mal, y musitaba oraciones inaudibles con los ojos en alto. No confiando en la bondad de Dios, debía precavernos a los dos hasta de Él. Era una criatura misericordiosa, que se encontraba sola y acorralada en la mitad del mundo, como si cualquier conflagración, que jamás llegaría a comprender, se dirigiese contra ella y contra mí. Me colgaba una gran variedad de amuletos, de azoras que le proporcionaban los hechiceros del zoco, y de hierbas benéficas. Cuando mi madre iba a verme –lo que no era a menudo– procuraba quitármelos; pero se descuidaba en ocasiones, y mi madre armaba grandes alborotos quejándose de la incultura del bajo pueblo. (Imagino que tampoco creía que me perjudicaran; en el fondo, descansaba en el afecto, ciego y arrebatado, de la nodriza Subh.)

–Mi leche llegará a ser sultana –repetía mientras me comía a besos, pues era una de las escasas servidoras que me anteponía a mi hermano Yusuf–. Tú me recuerdas a todos mis hijitos juntos. Eres un espejito donde los tres se reflejan. De Alí tienes la cara redonda y asustadiza; de Mohamed, los ojos tiernos; de Malik, ay, mi Malik, al que no alcancé a ver andar, de Malik tienes la boca mamoncilla y redonda... Vas a vivir la vida más bonita del mundo. Las mujeres se van a volver locas por tus huesecitos y por otras cositas que no puedo decirte. Los hombres te van a obedecer tanto que sólo les vas a ver la espalda, porque siempre estarán boca abajo ante ti.

En tanto me recitaba la buenaventura, me prendía de aquí y de allí sus ineficaces y no siempre limpios amuletos.

–No los pierdas. Si los pierdes, se volverán antes o después en contra tuya. Tú, de cuando en cuando, en medio de las lecciones o de los juegos, tócalos para asegurarte que los tienes todavía. Y que no te los vean, porque te los quitarán. Tienes muchos enemigos, niño mío, pero tú no hagas caso: saldrás triunfante de ellos. Porque a Dios le conviene; Él te va a utilizar. Yo se lo pido a todas horas: que tú seas el que acabe con la guerra; y sé que me lo va a conceder. A ti te quiere mucho más que a mí: ¿es que no lo notas? ¿No hueles tú a rosas, vida mía? Es el olor de rosas que te sale del cuerpo la prueba de que tú acabarás de una vez con las guerras.

Lo que más me unía a ella es que, al no fiarse de los mayores, ni poder expresar ante ellos sus creencias ni sus intimidades, me hablaba a mí, en quien sí confiaba, como si fuese mayor y la entendiera. Y, quién sabe de qué modo, sí la entendía, porque aún hoy recuerdo en gran parte sus confidencias, que supongo que desgranaba en mi oído como si hablara sola. Mezclaba unas con otras. Me contaba los chismes del serrallo: las tiranteces de las concubinas de mi padre con los eunucos y con los que, aparentándolo, no lo eran del todo; sus pavorosas peleas de palabra y de obra; cuáles de ellas mantenían entre sí profundas y ruidosas relaciones de amor... No las quería, pero respetaba a las esclavas madres (princesas madres no había, porque mi madre no lo hubiera consentido); quizá era la maternidad lo único del mundo que aún la emocionaba y la ganaba. Y a todas las esclavas madres las atendía dentro de sus límites; menos a Soraya, por la que sentía un especial despego.

–Tiene dos hijos [luego tuvo otro más] muy guapos; pero me

escama su perpetua sonrisa. Una esclava digna no tiene ningún motivo para sonreír, a no ser que prepare una jugada sucia.

Aparte de la maternidad, le apasionaba el tema de los cuernos. «Los cuernos son la moneda más corriente en la Alhambra. Todo el mundo los pone, todo el mundo los lleva; con ellos se compra casi todo, y de ellos come la mayoría.» Para dormirme, me cantaba coplas alusivas:

> *El cuerno de Al Hawzani creció tanto*
> *que ya no lo deja ni embestir;*
> *cuando enrojece el cielo por las tardes*
> *es que él le ha dado una cornada.*

O esta otra, cuyo sentido yo no alcanzaba bien:

> *Le dijeron a Hasán que su mujer*
> *era la mujer de todo el pueblo.*
> *«Calumnias», contestó, «no me lo creeré*
> *hasta que vea la espada dentro de la vaina».*

Y antes de terminar la copla con la que pretendía adormecerme, ya comenzaba a soltar una carcajada que me despabilaba. Sus carcajadas le salían del ombligo, y se le repartían por el cuerpo entero con una resonancia de cántaro vaciándose.

—Un mediodía vino una vecina, niñito mío, allá en Lacalahorra, cuando todavía no había sucedido nada de lo que iba a suceder y yo creía en Dios, y me dijo: «A tu marido lo traen uncido a un carro. Por la calle abajo viene; no cabrá por la puerta.» «Ay, gran puta», le respondí, «esta mañana mi marido no quería salir al campo a trabajar porque, cada vez que ve los cuernos del tuyo, se caga en los calzones».

Recitaba ensalmos, tomaba bebedizos y manejaba aliños para conseguir unos novios, que luego despreciaba sin probarlos. Le divertía la conquista, pero no aprovecharla. «Soy como la batalla de la Higueruela.» Ponía los ojos en algún sirviente, dejaba caer aleteando los párpados, se atusaba el pelo bajo la capucha, se sacudía bien la ropa, murmuraba dos o tres jaculatorias, sobaba de pasada sus propios talismanes, y se lanzaba al abordaje.

–Ése me va a seguir hasta la muerte. No resollará más que a mi alrededor. Hasta que no le corte yo los lazos, no querrá ver a nadie más que a mí.

A los dos o tres días, me decía:

–He tenido que cortarle yo los lazos, porque se ha puesto insoportable: ni a sol ni a sombra me dejaba. Los hombres son lo mismo que las moscas. Peor: a ellos no hay mosqueador que los espante.

A veces yo no comprendía alguno de sus comentarios, y le pedía que me lo aclarara con una pregunta y otra y otra.

–Eres tonto, Boabdil. Mentira parece que me hayas mamado tanta leche y que con ella no hayas aprendido nada. Tontito de remate –repetía.

Una tarde –no sé por qué recuerdo ésa y no otras– me bañaba en una pila con agua muy caliente.

–Para que te enseñes. Para que te vayas enseñando. Los mayores, si son ricos, se bañan en agua fría y en tibia y en caliente, y se tumban, y se tocan las partes entre el vapor de las habitaciones, y descansan luego un ratito antes de volverse a tocar. Así, así –me restregaba con sus manos duras y delicadas–. Y en los baños hay barberos, para cortarle el pelo a quien se deje (hombres y mujeres, no te creas), y masajistas que te dan palizas y patadas, y gente lavando su ropa y estrujándola, así, así, y niños como tú, que ya se alegran de haber nacido, porque este niñito mío es que está retrasado, muy retrasado el desventuradillo...

[Fue aquélla la primera vez que alguien me llamó con el mote que luego iba a seguirme de por vida, y aun más allá: *el Zogoibi*, el pobrecito infeliz.]

–Este niño es igualito, igualito a Faiz, el jardinero.

Faiz era otro de mis amigos más queridos.

–¿En qué me parezco a Faiz? –pregunté muy ufano.

–En que él tiene la muleta siempre tiesa, pero lo demás lo tiene siempre lacio.

–¿Qué es lo demás?

–Lo que a ti no te importa –y se ponía a canturrear–:

¿Qué ha sido de mi cosa? ¿Qué ha sido de mi cosa?
Desde abajito se me ha caído,
igual que un muro al que le faltan los cimientos.

Si volviera Jesús, el profeta, quizá podría curarte;
pero el sitio en el que tienes la enfermedad
es difícil que al profeta le gustara tocarlo.

»Ese jardinero no tiene ningún porvenir: para cavar hoyos, un azadón requiere un buen mango duro –y soltaba una risotada–. Mi Mohamed y yo –agregaba con los ojos rebosantes de repentinas lágrimas–, ay, niño, Boabdil, mi Mohamed y yo, entre nuestros tres hijos, éramos como unas tijeritas: uno encima del otro, siempre uno encima de otro con un clavito en medio... Dios no puede ser bueno. No lo es; si lo fuese, no haría lo que hace. Porque, ¿qué le hemos hecho nosotros, los infelices, niño, los zogoibis? ¿Quieres decírmelo tú, que tienes buenos maestros y alfaquíes, y que te sabes de memoria ya medio Corán? Dímelo tú, mi vida, ¿qué le hemos hecho a Dios para que se porte tan malísimamente con nosotros?

–¿Es que tú eres cristiana? –le pregunté.

–¿Cristiana yo? Ésa es una gente que sólo tiene fe en tesoros enterrados, o en ídolos aparecidos a los que pedir tesoros enterrados.

Un día, después de bañarme, dentro de la misma agua, bañamos unos perrillos chicos que había dejado una perra, a la

48

que atropelló y mató un carro de los que se emplean para subir la leña a los baños desde el exterior. Era una perra muy cariñosa. Subh y yo la llamábamos *Nuba* –es decir, *Suerte*–, porque un día nos trajo en la boca una piedra negra que Subh afirmó que venía de la Luna y que era el más valioso de los talismanes. La pobre *Nuba* no la tuvo: una mañana la vimos con la cabeza aplastada por una rueda y con sus tres cachorros lloriqueando alrededor.

Subh lavaba a los perrillos, y ellos se sacudían al sol y jugaban a montarse unos a otros. Yo no distinguía si eran machos o hembras, pero Subh sí.

–Mira este bujarroncete –me decía–, ¿pues no quiere montarse encima de su hermano? Y la machirulilla, mírala, mírala: en vez de recogerse la faldita, mírala, empinada de una manera que ya la quisiera para sí el jardinero. Y van los dos contra el más chico. Acuérdate, Boabdil: siempre sucede igual.

Y, de pronto, los cachorros comenzaban a morderse y a pelearse desesperadamente entre los pies de Subh, que yo creo que los amamantaba también, y ella reía y palmeaba. Yo estaba muy asustado al verlos tan emberrenchinados y llenos de odio entre sí.

–Si no es la guerra, bobo. No es la guerra –decía–: son cosas de chiquillos.

Y les volcaba jofainas de agua para separarlos, y los perrillos se quedaban reducidos, con el pelo mojado, a casi nada.

Subh acostumbraba contravenir casi todas las reglas. Yo creo que gozaba haciéndolo a hurtadillas. Si, por ejemplo, estaba prohibido darnos dulces, ella (no sé de dónde los sacaba, ni a qué concubina complacía para conseguirlos) venía con un pañizuelo atado por las puntas, lleno de golosinas duras y crujientes.

–Para mi vida –decía, y me las iba dando de una en una.

Un día apareció inesperadamente mi madre y nos sorprendió en flagrante delito. Sin inmutarse, mandó que le propinasen diez latigazos a Subh. Le bajaron allí mismo la ropa hasta la cintura y, delante de mí, cumplieron el castigo. Yo veía al principio cómo le temblaba la barbilla, cómo se le fruncía la cara de dolor, y cómo se iba viniendo abajo su cuerpo tan grande y tan querido. Luego, los ojos se me enturbiaron y ya no veía nada. Para evitar que lo notasen, me puse una mano ante ellos. Otra mano bajó la mía, me levantó la barbilla, y me obligó a mirar; era mi madre, que, un momento después, se alejó tan inesperadamente como había venido. Los dulces se quedaron por el suelo, unos dentro y otros fuera del pañizuelo en que Subh me los trajo.

Rompí a llorar entre hipos, y ella, sin cubrirse aún del todo, me consolaba riéndose.

–Pero si no me han matado, vidita. Si no me han echado de tu vera, corazón mío. No nos han separado, mi rey. Anda, que no nos quedan dulces por comer juntitos... No llores. Tú no llores, mis ojos. Si no me ha dolido, Boabdil, si no me ha dolido nada. Porque, mientras me atizaban, pensaba que los latigazos se los estaban dando al jardinero en esa muleta siempre tiesa que tiene. Y con la muleta no hay látigo que valga.

A los diez años seguía amparado en las faldas de Subh. Nunca supe dónde vivía, aunque me había llevado, de tapadillo, para satisfacer mi curiosidad, un día o dos a su casa. Ella venía cada mañana; me preparaba, me arreglaba, y se quedaba esperándome hasta la hora de comer. Una mañana no llegó. Al mediodía le pregunté a Faiz el jardinero dónde podría encontrarla. No quise decirle a nadie que no había venido, no fuese a ocasionarle algún perjuicio. Fui hasta el extremo de la Sabica, en donde los molinos. Di sus señas. Era muy conocida; no como yo, a quien nadie identificaba por allí. Llegué a su casa, que compartía con otra mucha gente. La puerta de la alcoba estaba abierta. Entré, la llamé. La busqué. Sobre un montón de paja, tendida, con la mano derecha bajo la mejilla, sonriendo, estaba Subh. Grandes manchas de sangre enrojecían la yacija. Alguien le había arrancado por la fuerza su collar de amuletos. No pude despertarla. Estaba dura y fría. Cuando por fin me encontraron, continuaba sentado junto a ella. Era de noche ya.

Faiz, el jardinero.

La primera vez que lo vi, yo atravesaba los jardines con Ibrahim, el médico judío. Era yo muy niño, e íbamos desde las habitaciones principales a las de las mujeres. Alguna de ellas se encontraría enferma; de esas enfermedades imaginarias que las aquejan con frecuencia, o acaso por alguna descalabradura ocasionada por las peleas entre ellas, que provocan sangre y desmayos de rabia una o dos veces por semana.

Antes, y ahora también, la medicina recurría con frecuencia a las plantas. Muchos médicos –no era el caso de Ibrahim, que estudió en la Karauín de Fez– comienzan de herboristas. Ibrahim, que era pedagógico siempre y magistral, no desperdiciaba ninguna circunstancia, y hablar con un niño le causaba la gran satisfacción de no ser contradicho. Me contaba que un médico antiguo, acaso Al Sacuri, aplicaba el cardo borriquero sobre los tumores, con la seguridad de que los reabsorbía, y que convenía retornar –frente a la complicación de la farmacopea actual– a la simple, como la carne de víbora, que era la esencia de la gran triaca y una verdadera panacea contra los venenos, según un médico de Málaga –de cuyo nombre no me acuerdo ahora– que gozó de gran predicamento en la corte de Yusuf I.

–De momento no te importa, mi querido Boabdil; pero, si siguen así las cosas, en esta corte hará falta un antídoto contra muchos venenos.

Yo no adiviné a qué se refería; aunque temí preguntarle,

porque se desbocaba en una catarata de datos que ni yo entendía ni me interesaban. Luego quedó muy claro qué era lo que el buen Ibrahim quiso decirme aquella tarde transparente y templada de fines de marzo. Sé que fue entonces, porque Faiz, al detenerse el médico ante él para tratar de yerbas y remedios, aludió a la benévola aparición de la primavera, que, como derogadora de las escarchas nocturnas de Granada, es muy de agradecer.

Faiz le preguntó que quién era yo.

–¿Es tu hijo? Se parece mucho a ti.

Rió el médico y le replicó que yo era hijo del sultán. El jardinero, sin cortarse, corrigió:

–Debí figurármelo, porque se parece mucho a él, a quien Dios guarde y ensalce según su merecer –y me alargó una flor.

No recuerdo cuál, pero sí recuerdo su olor. Un olor que, si hoy no me equivoco, era leve y al mismo tiempo denso, como si tardara un momento en hacerse del todo presente, pero luego ya su presencia fuese rotunda e inapelable. Era como el olor de la diamela o de la dama de noche o del nardo, pero ninguna pudo ser, porque tengo el convencimiento de que fue a finales de marzo o principios de abril cuando conocí a Faiz. Desde entonces, cada vez que me veía –y me veía cada vez más porque yo procuraba hacerme el encontradizo– me brindaba la flor que tuviera más cerca. Y yo volvía a palacio, muy encrestado y un poco ridículo, con la flor en la mano, o tras la oreja, como hacían los muchachos mayores.

Intento averiguar qué es lo que me cautivó de Faiz desde el primer momento, y no lo consigo. Físicamente era casi repugnante, con su ojo tuerto y su muleta renca. Llevaba unos harapos por toda indumentaria, los pies descalzos en unos alcorques para que el corcho lo protegiera de la humedad, y un pingo atado alrededor de la cabeza. No digo yo que fuese sucio, porque eso no se le habría tolerado; pero tampoco era el más aseado de todos los sirvientes. Poco a poco supe por qué tenía el privilegio de actuar con más libertad que ellos. Había servido con mi abuelo, y, cuando mi padre lo destronó, entró en seguida al servicio del nuevo sultán, por lo que, al quedar inválido en una de las últimas incursiones que el rey Enrique IV emprendió desde Écija en la Vega, pasó a engrosar la lista de los servidores palaciegos. Quizá la expresión «servidores palaciegos» produzca una impresión equivocada. No había uniformes, ni riqueza, ni bordados; por lo menos, en la mayoría de las casas. Había un aluvión de mutilados de guerra y de impedidos, cuya única forma de vida consistía en desarrollar uno de los mil oficios que la Alhambra requería para ser lo que era: una ciudad auténtica. El de jardinero era de los más importantes.

–Yo nunca supe –me decía Faiz cuando ya trabamos amistad– una palabra de jardinería. No es que la despreciara, pero no me parecía cosa de soldados. Lo mío era la guerra. Y la frontera. Con mis grandes bigotes (yo ahora, para que no me teman aquí, me los he recortado, pero tenía unos bigotes tan grandes que, para dormir mejor, me los ataba en la nuca), con mis grandes bigotes asustaba a los cristianos en cuanto me ponía por delante de ellos.

–¿Y tú ibas a la guerra con la muleta? ¿Cómo montabas a caballo?

Faiz, que evidentemente no había pertenecido nunca a la caballería, solventaba cualquier duda mía de la manera más airosa que imaginarse pueda.

–Yo antes tenía piernas, reyecito. Cuatro o cinco piernas. Sirviendo a tu abuelo, que se llevaba muy mal con Yusuf V (y viceversa, si me permites decírtelo), en pleno mes de febrero de 1464, una vez que murió el rey anterior (o, bueno, no anterior del todo, porque coincidían los dos reyes de cuando en cuando), digo que, muerto el rey Yusuf, ya se quedó solo tu abuelo, un poquito antes de que tu padre lo sustituyese. Lo sustituyese en vida, si me permites que te lo diga, reyecito; porque aquí los reyes han ido y han venido, o incluso ni han ido ni han venido: unos se han quedado en aquella colina –señalaba al Albayzín–, y otros, en ésta. Yo siempre he preferido a los de ésta: la Alhambra es más sólida, si me permites decírtelo. No lo olvides, reyecito, que a lo mejor te hace falta algún día: la Alhambra es muchísimo más sólida y, a la larga, da mejor resultado.

Se refería –creo– a algunas guerras civiles anteriores, y profetizaba –creo– las que luego vinieron. Pero lo que más me entusiasmaba era su estilo pomposo y zigzagueante de contar sus historias; de forma que, al concluir, no me había enterado de lo que quería contarme, pero sí de alguna circunstancia apasionante.

–¿Por qué tenías tantas piernas?

–Porque en la guerra todas son pocas, reyecito. Con mis piernas y mis bigotes yo era el amo de la guerra. Hasta que llegó ese Enrique IV, y me mató el caballo, y se me cayó encima, y me partió esta pierna. Me la partió de una manera que nada tenían que hacer más que cortármela. Así que me dieron unas adormideras y ¡zas!, me la cortaron, porque no era cosa de dejar desangrarse en medio de la Vega al amo de la guerra.

–Y con las demás piernas, ¿qué te hicieron?

–Las fui perdiendo una a una, hasta que tu padre, al verme con una sola, me dijo: «Como las adormideras te salvaron la vida, mejor será que te dediques a cuidarme el jardín, que, fuera de la guerra, es lo que más me gusta, y a distraer a mi hijo mayor, que yo oportunamente te presentaré.» Si me permites decírtelo, lo que sucede es que echo de menos la guerra. Echo de menos, ya ves tú, hasta a aquel rey que los suyos dicen que tiene cara de león, y lo que tiene es cara de mono, feo como un pecado de incesto.

–¿Qué rey?

–¿No te lo estoy diciendo? Enrique IV. Muy alto, con el culo muy gordo y con cara de mono. Yo, a la segunda vez que me lo encontré frente a frente, ya le hablé de tú, porque, si me lo permites, me estaba ya cansando. Seis entradas hizo en la Vega en muy poquito tiempo, y hubiera seguido haciendo más si es que no le paramos oportunamente los pies.

Mientras relataba sus gestas, cada día de una manera diferente, cavaba, podaba, regaba, quitaba hojas o recortaba los arrayanes. Nada podía detenerlo cuando estaba en vena. A veces se quedaba con una podadora o con una azada en la mano, o apoyaba en un astil la barba, y le resplandecía la sonrisa, que era una de las más blancas y brillantes que yo he visto en mi vida. Porque él, que por fuera todo lo tenía feo, al acabársele la áspera cáscara del cuerpo y abrírsele el postigo de los labios, dejaba ver la belleza de su interior, y su interior ya empezaba en los dientes.

> *Mis cualidades* —canturreaba— *se corresponden*
> *con las de un palacio real:*
> *por fuera, manchas y desconchones;*
> *por dentro, las maravillas.*

Y se sonreía mirando de hito en hito al que tuviese enfrente.
—¿Tú tenías caballo propio? —le preguntaba yo.
—¿No había de tenerlo? Yo era amigo de tu padre, y todos los amigos de tu padre estamos llenos de caballos propios de raza pura. Tenía un caballito no muy largo, ancho de pecho, con una grupa que ni la de una mujer, y una cara alargada y fina, con ojos de princesa, y ollares como para colmárselos de alhelíes. Cuando cogía el trotecito, era capaz de subirte a la Alpujarra en menos de lo que canta un mirlo. ¿No había de tener yo caballos? ¿O es que yo no soy amigo de tu padre?
—Pero ¿mi padre y mi abuelo se llevaban bien?
Yo había oído comentarios que a un niño, por muy simple

que se le suponga, siempre se le quedan grabados. Trataban de reyertas o desagradecimientos familiares.

–Mira, reyecito, eso era cosa de ellos. Yo fui amigo de tu abuelo, y soy el mejor amigo de tu padre. ¿Cómo no iba a tener yo caballo? ¿O, entonces, qué fue lo que me pasó?: ¿que se me cayó en lo alto el caballo de un cristiano y me rompió la pierna? Si me permites decírtelo, eso es sencillamente una suposición.

Yo, por muy pequeño que fuese, llegué a la consecuencia de que lo que él llamaba suposiciones es lo que llaman los demás realidades; pero un niño, igual que Faiz, nunca distingue cuándo acaba una suposición y cuándo empieza una realidad.

–A tu abuelo lo apodaban los cristianos *Cereza*, que es una fruta roja, pequeña, muy rica de comer, que crece en un gran árbol que a finales de la primavera se pone como un milagro de Dios.

–¿*Cereza*? ¿Y por qué *Cereza*?

–Porque le decían Cidi Sad; pero, como ellos no saben hablar, le acabaron por llamar *Cereza*, lo mismo que a tu padre le llaman Muley Hacén. Ellos son así. Tienen una lengua muy dura, que no pronuncia bien; igual que las urracas... Pues tu abuelo *Cereza*, antes de que tu padre se aliase con los abencerrajes para destronarlo, lo que quería era firmar treguas con los cristianos y comerciar con ellos, porque Granada se había quedado pobre. Pero tu padre es de otro modo de pensar. Él quiere la guerra y las victorias; él no quiere el comercio, ni las treguas, ni los tributos.

–Y tú, ¿qué es lo que quieres?

–Yo, según. En la época de tu abuelo, prefería el comercio. Ahora, la guerra. Pero ya no puedo ir a ella.

–¿Y en el ojo? ¿Qué te pasó en el ojo?

Él tenía un gran leucoma que se lo blanqueaba entero. Pasado tiempo, yo tropecé en una antología de Ibn al Jatib con unos versos de Malik Ibn al Murahal:

Miraba con una pupila en la que había una nube,
pero siempre se resistía, incrédulo, a aceptar la verdad,
porque, en cierta ocasión, Al Sairafí había exclamado al verlo:
«He aquí un contraste de plata que sirve como piedra de toque.»

Algo semejante es lo que le sucedía a Faiz. Cuando alguien aludía a su ojo, él miraba con el otro a lo lejos y cambiaba de conversación, o enmudecía, o simplemente se iba. El caso es que nunca nadie consiguió que inventara ninguna fantasía como las que inventaba para explicar la pérdida de su pierna. Y eso que le habría costado poco esfuerzo. Subh me lo advirtió:

–No le preguntes por su ojo a Faiz; no te contestará. Fue su segunda mujer que, con la mano del almirez, le dio un porrazo una noche en que llegó borracho. Y tan presente tiene el golpe, que no se atreve todavía a inventar otra historia.

Pero Subh se reía con tal gana, que hasta yo deduje que tal explicación también se la acababa ella de inventar.

–Cuando el copero del rey me dio la cuchillada en esta pierna (el copero de Enrique, al que llaman *el Impotente*, y por algo será), cuando me la dio... En la pierna que me falta, si me permites que te lo diga... Cuando me la dio oportunamente, vi saltar mi pie solo, sin dueño, y le dije: «Ve con Dios», porque hasta entonces nos habíamos llevado bien, y siempre me condujo por la buena senda, aun en las noches esas en que no sabes si la pared te está sosteniendo a ti o tú a ella, porque los dos habéis bebido demasiado y os estáis haciendo la mejor compañía.

–Pero, Faiz, lo de la pierna, ¿te lo hizo una cuchillada, o un caballo?

–Si me permites decirlo, reyecito, oportunamente fue de una cuchillada y de un caballo –aclaró con un tono de reproche–. Cuando uno defiende la santa religión en una guerra santa, uno ha de estar dispuesto a perder dos, tres, y hasta cuatro piernas por las causas que sean y en cualquier coyuntura.

Comprobé que no era amigo de mi padre, ni siquiera conocido, cuando vi una mañana acercarse al sultán. Yo me escondí detrás de un ciprés grueso, aunque no estaba seguro de que mi padre me reconociera a mí tampoco. Faiz se quedó inmóvil, como aterrorizado, con la vista en el suelo, y dobló la cintura al paso del sultán, que lo miró al pasar con la indiferencia de quien mira un montón de estiércol dispuesto para abonar un arriate.

–¿Ves? –me dijo Faiz nada más perderse el cortejo–. Me ha dicho con los ojos que no ha olvidado mis hazañas y que cómo ando de la pierna. Yo le he contestado que muchísimo mejor; que sólo me molesta cuando va a cambiar el tiempo, aunque a veces me duele el pie que ya no tengo, lo cual no deja de ser una curiosa extravagancia de la Naturaleza. Y tu padre me ha replicado que el año próximo me mandará a Alhama, porque las aguas de sus baños son muy benéficas para estos alifafes de las piernas cortadas.

Yo, que en aquella época tenía de mi abuelo una gloriosa idea, insistía con torpe y desagradable frecuencia:

–Dime a quién prefieres tú: ¿a mi abuelo o a mi padre?

Hasta que un día, después del almuerzo, Faiz, dando un golpe con la azada en la tierra y apartándome con cierta violencia del paseo, me soltó:

–Óyeme, reyecito. El Profeta, Dios lo tenga en el Paraíso rodeado de toda su bendita familia, autoriza (llegado el caso, que llega más de prisa y en mayor número de lo que se cree) la taquiya, o sea, la negación, no sé si me permites decírtelo, la negación, reyecito, de tus más redomadas convicciones. La negación pura y simple, así como suena. Porque el viernes y las convicciones se han hecho en bien del hombre, no el hombre en bien de las convicciones ni del viernes. La moralidad más alta, oportunamente lo sabrás, hijo mío, la más altísima, es la que más favorece al que la tiene. Si hay que traicionar para conseguir lo que tú te propones, ¿qué le vamos a hacer? No siempre es posible avanzar en línea recta. Los que hemos hecho la guerra santa lo sabemos muy requetebién: lo importante es ganar. Si hay que mentir al enemigo, se le miente. Se engaña a quien sea preciso. Uno, en tierra de cristianos, para salvar la vida, puede pedir el bautismo y renegar. De mentira, claro: ¿quién va a querer convertirse en semejante porquería? Lo que ocurre es que la vida está por encima de todo. Hay que ser falso para ser decente, y apoyar la falsedad en el Corán, reyecito, sin salirse de él nunca. Disimular, canturrear, mirar a otra parte, a estas hojitas tan verdes, ¿ves?, que tienen por debajo de las grandes casi todas las plantas... Con la verdad verdad, si me permites, no se va a ningún sitio. No sé si me he explicado. Pues eso: yo he preferido siempre a tu abuelo y a tu padre; pero al que prefiero de todos, reyecito, es a ti.

Como me hablaba muy poco de plantas, salvo cuando comparecía el médico Ibrahim, me acuerdo muy bien de una vez en que me habló de ellas, y me explicó el calendario de los jardineros, que es el calendario solar de los cristianos. «Porque –decía– el lunar sólo sirve para viajes y caravanas y guerras, y los jardineros no pueden viajar nunca, ni los cojos pueden ir a la guerra.»

–En enero se recolecta la caña de azúcar. En febrero se injertan manzanos y perales. En marzo se planta la caña, y el algodón también, y salen de sus huevecillos negros los gusanos de seda. En abril aparecen como loquitas las rosas y las violetas; se plantan las palmeras, la alheña y las sandías; y es la ocasión que el andaluz aguarda para que la lluvia le riegue el trigo y la cebada. En mayo se cubren de trama los olivos; nos caen en las manos la ciruela, el albaricoque, la manzana temprana y el pepino. Es el momento de recoger las habas y las adormideras, de segar el trigo y de arrancar el lino; las abejas nos regalan su miel, tan buena para todo (no quiera Dios que tengamos nunca el malpago de la colmena), y los pavos reales chiquitos vienen piando al mundo. En junio y julio pasan tantas cosas que no podría enumerártelas aunque no callase en mi vida. Hay tanto por hacer, que nos volvemos tarumba y nos tienen que llevar al maristán; la siega y la trilla son una siesta, no te digo más. En agosto maduran las uvas y el melocotón; se recogen la alheña, para que tú si quieres te tiñas tu pelo o las plantitas de tus pies, y las nueces, para que te las comas con la miel que ya tenemos en muy ricos pasteles, y las bellotas, que se desprenden así, de un tironcito, de su caperuza. Pero, en cambio, hay que sembrar los nabos y las habas y los espárragos para cuando llegue nuevamente su turno. Septiembre es el mes de las vendimias, tan alegres y cantarinas, y de las granadas y de los membrillos; el olivo engorda sus olivas, y el arrayán rompe a brotar con más fuerza que nunca. En octubre se abren las rosas más blancas, y se preparan, para chuparse los dedos, los dulces de manzana y de carne de membrillo. En noviembre se cosecha el azafrán, y se deshoja con delicadeza su rosita morada. En diciembre retornan las lluvias que alimentan la tierra y nos quitan la sed, y los narcisos nos visitan, y se acumula el agua en los aljibes, y en los huertos se siembran, para el bien común, la calabaza y el ajo y las adormideras, a las que les debo la vida y esta muleta, que el día menos pensado echará flores como los báculos de los más santos profetas.

Durante mucho tiempo vi a Faiz casi todos los días. Al cabo de un mes de no encontrármelo, pregunté por él. Un jardinero que ocupaba su puesto me dijo:

—Tu padre lo ha enviado a los baños de Alhama para ver si se le aliviaba el dolor de la pierna.

Yo —sorprendido, aunque no demasiado— bendije los nombres de Dios y de Faiz dentro de mi corazón. Creo que, desde entonces, no he cesado de hacerlo.

Mi tío Yusuf.

Fue el hermano mayor de mi padre. Mayor en todos los sentidos, porque era tan grande que no lo vi entero de una vez jamás. Altísimo y redondo, le llamaban, por descontado, *el Gordo*: decían que para distinguirlo de otros Yusuf de la familia, pero la verdadera causa saltaba a la vista. Estaba siempre recostado, hasta para dormir, porque si se tumbaba del todo no podía respirar, y tampoco podía enderezarse luego. Tenía tanta lucha con sus enfermedades y con su corpachón, que ni a él ni a nadie se le había ocurrido nunca que pudiese ser el sucesor de mi abuelo. Con sus hermanos y su padre, había pasado la niñez y la juventud en la corte de Juan II de Castilla, y en el harén se comentaba que se había convertido al cristianismo. Yo no creo que se hubiese convertido a nada: bastante tenía con moverse un poquito, comiendo como estaba todo el día y, según contaban, casi toda la noche. Vivía sólo para seguir viviendo, y llegó a Granada casado con una señora gallega, de nombre doña Minia, de la que se decía que, a pesar de haberse convertido al Islam, secretamente continuaba practicando su religión. Lo cierto es que en la familia nadie se ocupaba, salvo los médicos, de ellos dos, que residían en una de las torres, la segunda, de las que bordean el camino hacia el Generalife.

Yo los frecuentaba porque me entretenían los episodios, no sé si absolutamente veraces, que *el Gordo* me contaba de su vida, cuando él aún no era tan gordo.

—Son embustes —puntualizaba doña Minia—. Yo lo conocí con diecisiete años y ya era así.

Y los dos se miraban, cómplices, y se sonreían con una expresión de cariño tal que me causaba una profunda envidia.

No tenían hijos, y nos adoraban como si lo fuésemos a mi hermano Yusuf y a mí. Nos regalaban toda clase de juguetes; en los envíos que recibían de la Cristiandad siempre había algo para nosotros. Por las fiestas del Año Nuevo, de la Ruptura del Ayuno, de la Primavera, nos sorprendían con animalillos de cerámica o de plata. Recuerdo las jirafas, de las que llegué a tener hasta cuarenta, con un especial cariño por ser un animal que yo nunca había visto, y que sospechaba además que no existía en nigún país de la Tierra. Quizá lo que más ansiaba entonces era tropezarme con una jirafa, mucho más que con un león o con un elefante, en los bosques de la Alhambra.

Mientras que el tío Yusuf era sonrosado y rubiasco, doña Minia, contra lo presumible, era morena, de ojos menudos, negros y muy vivos. El tío Yusuf consistía en una bola grande con otras menores a su alrededor: cabeza, brazos, piernas, manos y pies. Más que en la torre, habitaba en un imponente sillón horadado, dispuesto muy en alto para que los criados que se cuidaban de limpiar la letrina pudiesen realizar su tarea. Una vez por semana, entre siete u ocho de ellos lo apeaban, lo lavaban, le mudaban la ropa, y, en tanto aljofifaban y perfumaban el asiento, lo sostenían para que anduviese cuatro pasos contados. Pero ésta era una ceremonia muy íntima, que nunca vi. Mi hermano y yo temíamos que, si se caía del sitial donde estaba instalado, rodaría hasta llegar por la pendiente del bosque al río, y allí el agua no podría moverlo de ninguna manera, y le brotarían plantas y árboles sobre la barriga, hasta formar una colina nueva entre la Alhambra y el Albayzín.

Yo tenía un gato que atendía, aunque no mucho, por *Luna*. Su nombre vino porque el tío Yusuf nos refería muchos enredos cuyo protagonista era don Álvaro de Luna, visir y valido del rey Juan. Mi intención fue ponerle *Juan* al gato, pero doña Minia me advirtió que sería una falta de respeto, y que la grandeza de un pueblo se demuestra por el respeto que tenga a sus enemigos, y que, si los empequeñecemos o los ridiculizamos, somos nosotros a la larga los que salimos peor parados. Y por si era poco, el gato resultó ser gata, con lo cual ponerle *Juan* o *Álvaro* habría sido un contrasentido. Para esa gatita, que era pelirroja como el tío Yusuf, me regaló el matrimonio un cascabel de oro, que ella se apresuró a perder, aunque hubo quien receló que cualquier criado pudo haberlo cogido, porque era cosa de orates ponerle cascabeles de oro a un gato. Sin embargo, el matrimonio siguió regalándome un cascabel tras otro, cada vez que *Luna* los perdía, hasta que se perdió ella misma, con lo cual se acabaron los gajes del ladrón de los cascabeles.

Era una pareja imperturbable, supongo que por las condiciones físicas de él. (Y aun de ella, que también era gorda, aunque, comparada con su marido, resultaba casi esquelética.) Cada vez que nos presentábamos en la torre nos recibían con el mismo calor que el primer día, y desaparecíamos entre sus enormes abrazos y sus besos. Después nos sentábamos para ver comer al tío Yusuf, cosa en la que él nos complacía con muchísimo agrado. En torno suyo había innumerables ataifores con una increíble variedad de manjares: salados, dulces, ácidos y hasta agrios.

–El ser humano está mal terminado: sólo es capaz de distinguir estos cuatro sabores. Cuánto mejor sería que, en lugar de dedicarse a la guerra y a otras majaderías, se concentrase en aprender a combinarlos con más diversidad y sutileza.

Con la comida, por supuesto, era muy exigente, y no sólo en cuanto a la cantidad; pero, en último término, no desechaba ningún plato por mal condimentado que estuviese, porque era presa de una fruición como nadie podría concebir. El médico Ibrahim no disponía de armas frente a él. Le había diagnosticado muchas enfermedades: desde hidropesía hasta el mal funcionamiento de una glándula que decía que se hallaba en el cuello, aunque mi hermano y yo dudábamos que eso fuese posible, dado que el tío Yusuf no tenía cuello. Ibrahim, especializado en atenderle, le sermoneaba sin cesar, incapaz de hacer nada mejor por el desobediente.

—El estómago es la residencia de toda enfermedad, y la curación ha de empezar por la cabeza. Hasta la peste negra, el más inevitable látigo de la humanidad, se combate con la dieta; cuánto más una simple obesidad como la que, por tus pecados, tú padeces.

Al oír llamar simple obesidad a su infinitud, Yusuf rompía en carcajadas que lo ahogaban, lo congestionaban, y lo ponían a punto de destrozar el monstruoso trono en que vivía.

—Mientras no te abstengas de salazones y pasteles, mientras no reduzcas tu ración de pan (y éste hecho de harina sin cerner, con sal y levadura en dosis razonables, amasado con vinagre y mojado en agua), yo no podré iniciar mi tratamiento.

El tío Yusuf se sofocaba de risa sólo con imaginarse comiendo las inmundicias que el médico le recomendaba, o absteniéndose de comer las exquiciteces que solía.

—Si lo tuyo fuese la gota, habríamos empleado, de haberlo consentido tú, cataplasmas de bulbos de cólquido, aplicadas sobre la grasa en fresco o por medio de una pasta de cólquido seco molido. Pero tú te niegas a todo... Resígnate, por lo menos, a comer carne con moderación, mejor de aves de corral, nunca de caza, y a no beber sino agua bien fría con un chorreoncito de vinagre para limpiar los conductos corporales. Podrías comer, eso sí, manzanas amargas, ajetes tiernos, zumaques, uvas en agraz, jugo de limón, verduras que te aligeraran el vientre, peras y granadas bien maduras, ciruelas, higos, dátiles...

—Ya como todo eso. ¿Y legumbres? —preguntaba el tío Yusuf por chanza, sin el menor propósito de obedecer al médico.

—Zanahorias, lentejas, garbanzos y calabacines —replicaba éste con seriedad y con la ilusión de ser un día escuchado.

Para mantener el corazón, cansado como estaba de proporcionar sangre a tan inmensa humanidad, le suministraban sin interrupción cordiales y tisanas, cocimientos de hierbas y de bayas, y jugos de plantas aromáticas que amortiguaban el amargor de las medicinas extraídas de otras plantas aromáticas. Es decir, entre lo que comía y lo que tomaba para impedir que lo que comía lo matara, el tío Yusuf no disponía ni de un momento libre. Cuánto nos entretenía a mi hermano y a mí asistir al incesante trasiego de platos, fuentes, cuencos, jarras, salvillas y bandejas, que un aluvión de criados acercaba o retiraba en las proximidades del sillón.

Era tanto el amor que me profesó siempre el tío Yusuf, aun antes de nacer yo, que en la fiesta de mi circuncisión fue su voluntad estar presente.

–El niño –dijo con buen humor–, por esta purificación aumentará su hermosura, del mismo modo que aumenta la luz del cirio cuando alguien despabila su mecha.

Según me relataba Subh, nadie podrá olvidar el jaleo que se armó en el protocolo cuando compareció doña Minia, enjoyada y muy tiesa, precediendo a una especie de catafalco, formado por unas andas repletas de cojines, sobre el que navegaba la mole del tío Yusuf. Él movía levemente las esferas de sus manos para saludar a la multitud, que nunca lo había visto hasta ese instante. Dada nuestra costumbre de construir no muy anchas las puertas de las casas y protegerlas con un recodo, para que la procesión de doña Minia y el tío Yusuf cupiese por la entrada de la torre fue preciso derruir un muro entero y echar abajo el arco principal por el que había de emerger tan egregio asistente en sus no menos egregias parihuelas.

–En Castilla –nos dijo a mi hermano y a mí una tarde, entre bocado y bocado– os llamarían moritos.

–No marees con insensateces a los niños –le previno doña Minia.

–Si es verdad: son moritos. Y tú eres también mora, de modo que no te pongas moños.

–Deja de impartir calificaciones, José –así lo llamó en esta ocasión–. No siembres la discordia en tu propia familia –alargó la mano y le acarició maternalmente la papada–. Come y calla, niño mío.

–¿Por qué nos llaman moritos en Castilla, tío Yusuf? –pregunté cuando la conversación ya navegaba por otros derroteros.

–Porque lo sois. Yo soy morazo, y vosotros, moritos. Para que dejen de serlo, allá les vierten a los críos agua sobre la cabeza pronunciando unas palabras mágicas.

–¿Y se vuelven rubios?

–No; sólo se mojan.

–¿Cuáles son las palabras?

–Yo te bautizo, dicen, en el nombre del padre, del hijo y del espíritu santo.

–Porque ellos tienen varios dioses, y nosotros uno sólo –aclaró mi hermano, que era mejor discípulo de los alfaquíes que yo.

–Dejaos de irreverencias –insistió doña Minia–. No me gusta, José, que hables a los pequeños de problemas teológicos. Cada cual se salva o se condena con arreglo a su propia religión y a su propia conducta.

–Ése sí que es un problema teológico –comentó el tío entre risas y con la boca llena.

–No te rías mientras comes, Yusuf: está muy feo. Claro que, si hicieses caso de esa elemental norma de cortesía, no te reirías nunca.

Y rieron los dos. Pero mi curiosidad estaba ya picada.

–¿Por qué moritos? Nosotros somos andaluces, ¿no? Somos igual que ellos, pero nacidos en el Sur. Si les disgusta nuestra tierra, ¿por qué bajan a quitárnosla? O a querer quitárnosla, porque nunca lo conseguirán, ¿verdad, doña Minia, tú que has nacido allí?

–Esperemos que no. Las cosas están bien como están –respondió ella, mientras le alcanzaba una servilleta muy blanca a su marido para que se limpiase un chorrito de grasa que le resbalaba por la sotabarba.

No obstante, aquella conversación y el apelativo de moritos me había perturbado, y procuré enterarme de su fundamento. Interrogué a quien se dejaba, y fui cansándolos a todos, que terminaron por no escucharme o por no contestarme. Me enteré de que nosotros practicábamos una religión diferente, o sea, que nuestro Dios era distinto del suyo; que el suyo tenía tres cabezas, y que nuestra raza era también distinta, pero muchísimo más perfecta. Sin embargo, las cosas no me parecían tan sencillas. Primero, por las habladurías de que el tío Yusuf era un poco cristiano, y su única mujer –porque él no tenía ninguna concubina–, algo musulmana. Y segundo, porque nosotros no pertenecíamos, aunque se dijera lo contrario, a una sola raza.

Mis investigaciones y reflexiones sobre el tema se han ido acumulando; de ahí que ya ignore cuánto averigüé entonces y cuánto más tarde. No me refiero a la casa real de los beni nazar, cuya pureza no pone nadie en duda, por lo menos ante nosotros, sino a la raza de los granadinos en general. Aquí están los descendientes de los bereberes iniciales, tanto de la tribu sinaya como de la zanata (de éstos procedía la estirpe zirí, que gobernó Granada a la caída del califato omeya). Y están los que, cada cual de su padre y de su madre, vinieron a refugiarse desde los territorios conquistados por los cristianos. Y están los árabes, más o menos puros, que no pasarán de cincuenta, y que miran al resto por encima del hombro. Y los africanos acogidos, bien porque huían de los califas de Marruecos o de Túnez o de Tremecén, bien porque vinieron a ayudarnos en las guerras santas. Y los religiosos místicos llegados de la India, y muchos negros sudaneses, que vivían reunidos en ermitas, aunque no siempre, ni siempre casándose entre sí. Y los mudéjares, que, después de decidirse a permanecer en ciudades conquistadas, cambiaban de opinión y se venían con sus hijos –no creo ya que tan puros– a la capital o al Reino, para no sentirse tan discriminados como en la Cristiandad. Y están además los tributarios, es decir, los cristianos y los judíos. Unos cristianos hispanorromanos o hispanogodos (tampoco muy puros a su vez) que renegaron de su religión –los muladíes–, como la guardia de los sultanes, por ejemplo; y otros que no renegaron –los mozárabes–, y tienen su culto y sus iglesias, y hasta tocan las campanas media hora un día jueves que ellos llaman santo; y los cristianos que van y vienen mercadeando, de Génova o Venecia, o que se exiliaron en Granada descontentos de sus propios reyes. Y junto a todos ellos, los judíos, separados dentro de lo posible, pero ejerciendo sus oficios, y mezclándose también en ocasiones.

Al niño que yo era le indicaron que los cristianos, para distinguirse, llevaban un cinturón particular, y los judíos varones, una tela amarilla sobre los hombros, y las mujeres, una campanilla colgada del cuello o la escarcela. Pero yo, por mucho que me desojaba, no veía a nadie con esas señales. Por lo que llegué a dos conclusiones: que muchas leyes no se cumplen –y ni siquiera se dan para que sean cumplidas–, y que lo de morito era algo tan irreal y superfluo como esas mismas leyes. Porque en Granada, desde que se construyó, todos se amalgamaban y se casaban y tenían hijos, y tales hijos no podía saberse con certeza si eran moritos o cristianitos o judiítos, salvo que se hable de religión tan sólo y no de raza. Y aun así.

¿Dónde están aquí los puros curaisíes, los puros fihiríes, u omeyas, o gaisíes, o jazrayíes, o ansaríes o yemeníes, o chozamíes, o gasaníes? No quedan. Todos son hijos o nietos de algún renegado; todos tienen una madre o una abuela cristiana, o son ya cristianos ellos mismos. ¿Quién hay de pura raza aquí? Ni siquiera los mejores caballos. De los doscientos cincuenta mil habitantes, no llegarán a diez los que conservan una sola sangre. Todos somos aquí andaluces, que es bastante. Y es necio empeñarse en el orgullo de las aristocracias y de las genealogías. Por él nos criticó Ibn Jaldún: «Se imaginan que con el linaje y un empleo en el gobierno se llega a conquistar un reino y a dominar a los hombres.» (Probablemente hace falta mucho más. Y, por descontado, que los hombres se dejen gobernar, y conquistar los reinos.)

En cuanto respecta a nosotros, los nazaríes, me temo que empezamos a exagerar desde el Fundador de la Dinastía. Ya cuando una dinastía se funda, mala cosa; eso prueba que tuvo un principio y que se imaginó cuanto lo precedía. Porque, ¿no eran esclavas cristianas Butaina, la madre del gran Mohamed V, y Mariam, la avariciosa madre de Ismail II, y Buhar, la madre de Yusuf I, y Alwa, la de Mohamed IV, y Sams al Dawla, la de Nazar Abul Yuyus? Y ellos eran –todos ellos, comprensivos y abiertos– quienes verdaderamente merecían el nombre de andaluces.

[Después, con mayor calma, he leído en Averroes que «el clima y el paisaje de Andalucía, más semejante a los de Grecia que a los de Babilonia, hacen a sus hombres sosegados e inteligentes. Y así como la lana de las ovejas andaluzas es más delicada que otra ninguna, así sus gentes son las de temperamento más equilibrado, como se trasluce por el color de su tez y por la calidad de sus cabellos. La piel de los andaluces no es morena como la de los de Arabia, y su pelo no es ni crespo como el de los africanos, ni lacio como el de los nórdicos, sino sedoso y ondulado». Y leí también en Ibn Jaldún que la fusión de elementos tan dispares había concluido en un tipo y una raza andaluces que se diferencian de los magrebíes por una singular vivacidad de espíritu, una notable aptitud para aprender y una graciosa agilidad en sus miembros. Aunque él lo atribuye, sobre todo, a la alimentación, muy apoyada en la cebada y el aceite, porque era partidario de proclamar la prez beduina y sus escaseces como origen de la grandeza. Y, desde más cerca, mi paisano Ibn al Jatib pintó un claro retrato que responde a la generalidad de los andaluces: nuestra talla mediana, nuestra tez apenas dorada, nuestro cabello oscuro y suave, nuestras facciones regulares y finas...

No sé qué tendrán que oponer a esto los cristianos, los árabes o los judíos; los andaluces somos diferentes de todos ellos. Y, en cualquier caso, como dijo el califa Alí, yerno de Mahoma, «en el curso de mi larga vida he observado que a menudo los hombres, más aún que a sus padres, se parecen al tiempo en el que viven».]

Todos los humanos, sólo por serlo, tienen tanto en común que las diferencias me parecen mínimas. ¿No es mayor la que hay entre un tigre y un lince que entre mi padre y Muley *el Negro*, por distintos que sean su estatura, su religión, su color y su fortuna? Más diferencia veía yo, por su forma de vida, entre mi tío Yusuf y Faiz el jardinero que entre el imán de la mezquita de la Alhambra y un hombre que solía subir por la Antequeruela, y que me señalaron como sacerdote cristiano.

Tanto me conmovió en aquel entonces este tema que quise comprobar los efectos de los ritos que el tío Yusuf nos describió. Un anochecer fui en busca de un eunuco que conocía, del que después escribiré, y le rogué que me bautizara. Él no sabía cómo, pero yo le dije lo que había escuchado. Lo conduje a una fuente cercana a la Torre de Mohamed, el Fundador de la Dinastía (una torre a la que iba mucho, atraído por las pinturas que en ella se encontraban); le supliqué –él miraba a un lado y a otro, resistiéndose a mi capricho– que tomara agua con las manos, y que la vertiera sobre mi cabeza repitiendo lo que yo le apuntase. Recuerdo que, impaciente, lo taladraba con los ojos, y detrás de él veía el Generalife y, más alto, el Palacio de la Quinta, y el cielo muy oscuro, porque venía la noche con mucha rapidez. «Yo te bautizo –él repetía "yo te bautizo"– en el nombre de nuestro padre, de nuestro hijo y de nuestro hermano santo.» Cuando concluyó la ceremonia, me apresuré a mirarme en una alberca próxima, pero nada veía en el agua negra. Y fui corriendo en busca de un espejo, y allí estaba mi cara, igual que la había visto siempre, aunque con el pelo empapado: mis ojos de color verde oscuro, demasiado grandes para el tamaño de las mejillas, mi nariz corta y recta, y mis labios quizá en exceso abultados. Ningún cambio se había producido en mí a pesar del ceremonial.

Un día, inopinadamente, nos prohibieron a mi hermano y a mí acercarnos en adelante a la torre en que vivía el tío Yusuf. Yo creí que sería por algo de los cristianos y de mi bautismo, y me arrepentí de la apostasía que siempre, hasta ahora, había mantenido secreta. Pero la prohibición no sólo nos afectó a nosotros, sino a todos los habitantes de la Alhambra, y provocó una alteración de las costumbres. El médico Ibrahim fue a vernos a mi hermano y a mí una mañana muy temprano. Estaba descompuesto, alborotado el pelo, y con el rostro demacrado de fatiga. Nos examinó con detenimiento los ojos y las uñas; le preguntó a los ayos si andábamos bien del vientre; nos recetó unas pócimas a mitad de camino, según dijo, entre los evacuatorios y los astringentes. Y entonces fue cuando nos enteramos de que se había declarado una epidemia de peste, y de que el tío Yusuf había sido su primera víctima.

Doña Minia decidió trasladar a su tierra el cuerpo de su marido. El negro Muley, un amigo mío que se ocupaba un poco de todo, supongo que para no ocuparse seriamente de nada, fue encargado de quemar las pertenencias del muerto, desinfectar la torre y disponer un carromato, tirado por cinco mulas, para el transporte del cadáver embalsamado. Yo quise despedirme de él, y me lo enseñaron, desde el piso superior, a través de un mirador acristalado en colores. Esperaba ver al *Gordo* manchado de azul, verde, rojo y morado. No fue así: lo vi a través del hueco dejado por un cristal roto, y ya no estaba gordo, sino al revés, delgadísimo y alto como una torre caída, y con un sudario blanco que recortaba aún más su silueta. Arrodillada junto a él, doña Minia rezaba pasando las cuentas de un rosario, que –digan lo que digan– es igual que los nuestros.

El negro me contó que doña Minia pidió llevarse también la losa funeraria de mármol blanco que mi padre había mandado hacer.

–Como el peso de mi hermano ha disminuido tanto, no perjudicará añadirle el del mármol. Que esa cristiana gallega (por Dios, que los gallegos en Andalucía no han sido nunca sino esclavos cargadores) se lleve las dos cosas. Ni la estela ni mi hermano nos servirían aquí ya para nada. Y doña Minia, tampoco. Lo mejor es que los tres desaparezcan –dijo mi padre.

Y así fue.

El negro Muley.
Era la persona más horrorosa que había visto en mi vida. Más aún que Faiz. Le llamaban Muley por burla, porque *muley* quiere decir «señor». De todas formas, él no era un esclavo, sino alguien que uno de la familia abencerraje había traído desde un pueblo de los montes de Málaga, donde pertenecía a una comunidad musulmana muy severa. O, por lo menos, eso se chismorreaba en la Alhambra, donde se chismorreaba todo de todos. Por su inteligencia y un evidente don para contar historias, había ascendido a donde estaba ahora, bastante arriba en el servicio de mi padre. Convencido de su fealdad, no le extrañaba el espanto que de entrada causaba en cuantos lo veían. Tenía los ojos redondos y saltones, con venillas muy rojas, lo que

los colmaba de crueldad y fiereza; las manos, desmesuradas, y una gran joroba que le hacía parecer doblado, como si anduviese a gachas por recoger algo que se le hubiera caído. Gastaba bromas, ideaba fantasías, relataba historietas burlescas, gesticulando con sus descomunales brazos y girando de modo aterrador sus ojos, como los bufones que a los reyes cristianos divierten en sus cortes, según había yo oído.

Subh decía que los muchachos guapos que sirven en las fiestas de la Alhambra lo querían tener siempre junto a ellos, para que resaltara su guapura. Hubo un mal poeta que le dedicó unos versos cuando actuaba de copero en una noche de septiembre, en la que mi padre se despidió antes de retirarse a descansar a Salobreña.

[Nosotros acostumbrábamos alejarnos de Granada en otoño e invierno, después de las algaras del verano, para procurarnos un clima más benigno a la orilla del mar.]

Decían así los versos:

Etíope Muley, con el que esta noche me he regocijado y ante cuyos
destellos el sol se negaba a salir, prolongando la tiniebla.
Tu corcova hace pensar que llevas a cuestas el mundo y sus pesares,
y que el cuello te brota en la mitad del cuerpo.
Las mechas de tu pelo son un racimo apretado de moras;
tus manos, aspas de molino; tus ojos, dos hornos de pan,
y, cuando circulas incansable con la jarra de cristal llena de vino
rojo,
semejas un escarabajo que rueda ante él su bola de excremento,
sólo que en ti la bola es un rubí andaluz.

Muley le dio las gracias más sinceras al invitado poeta, y recitaba sus versos, a quienes tenían la paciencia de oírlos, con tal salero y tal abundancia de muecas y meneos que nadie podía sustraerse a la carcajada. Con lo cual el insultador quedaba en peor lugar que el insultado.

Yo trabé contacto con él a causa de Subh y de Faiz. Los dos se habían puesto de acuerdo en que joroba más grande que la de Muley era imposible hallarla en toda Granada, y ambos me hicieron un encargo común. Yo debía coger el collar de amuletos de Subh y una talega con unas cuantas monedas que me entregaba Faiz, y, sin que el terrible negro lo percibiera, pasárselos por la joroba. Subh estaba convencida de que, después del restregón, sus amuletos serían los más eficaces e irresistibles de la ciudad, y Faiz, de que las monedas se multiplicarían al instante en su bolsa.

Dos días llevaba ya en posesión del collar y de la bolsa sin atreverme a cumplir el encargo. Acechaba a hurtadillas –o eso creía yo– a Muley. Iba y venía tras él, que correteaba por cierto con una rapidez insospechada para una carga tan abrumadora. Se impacientaban mis comisionantes, pero yo no me resolvía a dar el pavoroso paso de rozar la joroba con los objetos ocultos debajo de mi túnica. Octubre comenzaba a refrescar; la tarde había caído; trepaban las sombras por la ladera de la Sabica, y se encendían las antorchas. Los braseros empezaron a encenderse días atrás, porque aquel año el frío se había anticipado. A mí me había puesto Subh un albornoz de lana verde, bajo el que podía guardar con mayor disimulo el collar y la bolsa. Me aproximaba al Palacio de Yusuf III, que era mi preferido (y aún lo es, y viviría en él mejor que en ningún otro por ser el más íntimo y moderado), cuando vi detenerse a Muley en la calle Real. A mí me acompañaba un ayo, al que engañé diciéndole que iba a dar un recado imprescindible, y que siguiese hasta la torre de mi tío Yusuf, que era adonde nos dirigíamos. De una carrera, sobrepasé a Muley y me apoyé en el quicio de la puerta con la esperanza de que, al cruzarse conmigo, me rozase él a mí con la joroba. Pero nada sucedió como lo previne. Llegado a mi altura, Muley volvió a detenerse y se dirigió hacia mí con una sonrisa escalofriante.

—Tú eres hijo del sultán, ¿no es cierto?

Contesté que sí con la cabeza: las palabras no me salían del galillo.

—¿Eres el primogénito?

De nuevo afirmé con la cabeza.

—¿Te llamas lo mismo que tu tío?

Ya no tuve otro recurso que musitar:

—Mi tío se llama Yusuf. Voy a su casa ahora.

—No. Me refiero a tu tío el más joven.

—Entonces, sí.

—Ojalá seas en todo igual. Tu tío es fuerte, generoso y valiente.

—Eso aseguran todos.

—Yo hice con él una campaña muy cerca de Comares, aunque no soy partidario de las guerras. Da gozo verlo galopar a banderas desplegadas.

Y luego, sin dejar de sonreír, se despidió. Yo vi perdida mi oportunidad. Alargué, bajo el albornoz, la mano, pero ya sin motivo, porque Muley se alejaba. Y, de repente, se volvió.

—Si lo que quieres es tocarme la joroba con lo que guardas ahí debajo, no lo dudes y hazlo. Ya estoy acostumbrado. Me encanta ser portador de buena suerte para los demás.

—No, no —repliqué aturullado—. Dios te bendiga, pero no.

—Está bien. Hasta pronto.

Y entró en el palacio, que entonces habitaba uno de los visires de mi padre. En ese momento, cayendo precipitadamente en la cuenta de que jamás se me presentaría ocasión tan propicia, corrí tras él y, sin decir palabra, restregué furiosamente el collar y la bolsa contra la chepa de Muley, que se retorcía de risa, en un ángulo del estanque.

Avergonzado de mi conducta, procuré esquivarlo durante mucho tiempo. Faiz me repetía que sus monedas, contadas y recontadas, no se multiplicaban. Subh, sin embargo, publicaba haber entrado en una racha de fortuna, tener novios a montones, y que su verruga del pómulo izquierdo –que antes era un simple lunar, y ahora estaba lleno de pelos– se reducía por momentos, gracias a una navaja de jabalí que colgaba de su collar. Pero ¿cómo iba yo a escucharlos? En la Alhambra todos nos encontrábamos, y yo temía la hora en que habría de enfrentarme cara a cara con el etíope, «ante el que el mismo sol se negaba a salir».

Fue un mediodía. Acababa de evitar un encuentro con Muley, que venía de frente hacia mí, no lejos de la rauda donde yacen los antepasados, y el corazón me latía tan fuerte que tuve que recostarme en la pared. Pasado el peligro, casi veía aún su chilaba azul inflada por la jiba, cuando por el otro lado, exactamente por el lado contrario de la calle, apareció otra vez Muley. Dejó caer su terrible mano sobre mi hombro, y yo supe que estaba completamente perdido y que allí mismo me estrangularía. Sin embargo, aquella mano subió hasta mi cuello y mi mejilla con una suavidad inesperada.

–Creí que éramos amigos desde el otro día; por lo que veo, no es así.

Tartamudeando de miedo le pregunté:

–¿Es que tú quieres ser amigo mío?

–No deseo otra cosa. Si me das permiso, te acompaño donde vayas.

–No voy a ningún lado. Sólo huía de ti.

–Ése será un trabajo que te ahorrarás de ahora en adelante.

Nadie me había fascinado tanto como él con sus relatos fabulosos. Nadie como él despertó en mí el deseo de viajar y conocer tierras exóticas, remotos paisajes, gentes nuevas de costumbres insólitas, animales y flores recién estrenados por mis ojos. Por desgracia, hasta ahora no he podido realizarlo.

–Yo, Boabdil, como la granada y como tú, coronado nací. Pertenezco a la familia imperial de Etiopía, más antigua que el mundo, que se vio destronada por otra, enemiga aunque no de distinta sangre, hace ya quince años. Todos mis hermanos murieron; pero yo, a quien, por mi monstruosa apariencia confundieron con un esclavo desechable, logré escapar de la matanza. Eso prueba cómo nunca se sabe qué es lo malo o lo bueno, qué lo que cae y qué lo que se eleva, y cómo hay algo siempre peor que lo peor. A mí, que me quejaba a los dioses de mi pueblo, antes de convertirme, por haberme hecho deforme y repugnante, quién me iba a decir que un día daría gracias al amor de Dios que, bajo este disfraz, salvó mi vida. Mi nombre no es Muley; o a Muley debería seguir mi propio nombre. Soy Fawcet, príncipe de Etiopía, aunque un príncipe sin reino no es más que un vasallo que ha de ganarse el pan y la consideración ajena, y mirar siempre el rostro de quien manda para procurar aligerarlo de nublados. Dicen que engendra alegría beber en vasos de oro y oler narcisos; dicen que sentarse a la vera de un río junto a una mesa de arrayán cura la melancolía. Yo, como copero de farsa que soy, sigo esas recomendaciones, salvo la de beber vino, porque acato los preceptos del Profeta; pero lo único que con ello se consigue es reavivar los recuerdos de cuanto se tuvo y se perdió. A pesar de todo, he aprendido de los andaluces la mejor lección: disminuir las necesidades para disminuir las fatigas que cuesta satisfacerlas. Y así he llegado a necesitar muy pocas cosas, y esas pocas, muy poco. Porque la verdadera felicidad no está en tener, amigo mío, sino en ser y en no necesitar.

Yo le planteaba la cuestión de si podría alguna vez sentarse en su trono familiar, y de si habría acertado al huir tan lejos de su patria.

–Nadie –me contestaba– puede retener un reino sin contar con sus pobladores. Quizá mi familia gobernó mal, y los súbditos se sacudieron su yugo para siempre. Pero no hablemos del pasado: contar una catástrofe es como perecer de nuevo bajo ella. He visto demasiada hermosura en el universo como para entristecerme porque sólo yo sea feo y desdichado. Cuánto me gustaría enseñarte lo que llamas mi patria. Yo nací en el mismo macizo montañoso en el que nace el Nilo Azul. Siguiendo su sendero de agua atravesé el Sudán y el Egipto de los mamelucos y de los fatimíes. Serví para lo que me mandaron servir, y complací a quienes me asalariaban. He sido esclavo y libre tantas veces, que ya no veo diferencia entre la libertad y la esclavitud. He desempeñado oficios tan distintos, que podría naufragar en una isla solo y saldría adelante. He tratado gente tan diversa, que nada hay ya que logre sorprenderme. Sin embargo, añoro aquí, ante esta ciudad tan bella que un día heredarás, las dimensiones de mi tierra. Añoro la lenta majestad de los leones, la serenidad indiferente y rayada de los tigres, los indescriptibles plumajes de las aves. Añoro una naturaleza no sometida al hombre, que se entrega, inagotable e incansable, sin esperar siquiera que nadie la recoja.

Yo le mostraba mi colección de animalitos de cerámica, y él me hablaba de animales incógnitos; de la jirafa, sobre todo, a instancias mías. Eran tan expresivas sus palabras que las confundo aún hoy con los versos de Ibn Zamrak. [El poeta que colmó de aleyas y de antífonas las paredes de la Alhambra en la época de mi antepasado Mohamed V, y cuya historia, como ejemplo de la justicia de la vida, me complacería contar tarde o temprano, porque estoy convencido de que el que a hierro mata a hierro muere.] Dicen así:

> *De terciopelo son sus flancos, tachonados de alhajas:*
> *la mano del destino recamó su prodigio.*
> *Deslumbrante su piel, como un jardín*
> *donde florecen las juncias entre anémonas:*
> *blanca y jalde a la vez,*
> *igual que plata sostenida en oro.*
> *Semejante a unos arriates de narcisos*
> *en los altos ribazos donde serpea el arroyo.*

Muley me hacía dibujos de flores, de fieras y de aves, que se cuidaba luego de romper para no quebrantar las normas del Corán. Me describía criaturas increíbles; ríos que, si yo hubiera soñado, no habría conseguido soñar nunca; gacelas con los cuernos más finos y altos y retorcidos que es dado imaginar; cabras tan distintas a las nuestras que jamás les habríamos dado ese nombre; paquidermos como edificios, y de piel más dura que las corazas de los guerreros; ingentes animales, inofensivos y cariñosos como pájaros, y pájaros que llevan los colores del iris en cada una de sus plumas. Me describía a los hombres que se comen unos a otros; a los que descansan apoyados sobre una sola pierna; a los que, igual que los cristianos, se alimentan de bestias impuras; a los que adoran piedras, o árboles, o la Luna, o el Sol; a los que gimen y gritan cuando sus mujeres están de parto, y a los que, para evitarles la vejez y sus tristezas, matan a sus padres por amor.

–Aunque pienso –concluía– que lo mismo sucede en todos sitios. Nos sorprendemos de aquello que no hemos visto desde niños; pero en Granada hay también quienes adoran el dinero; quienes, para que se les considere, fingen el mismo sufrimiento que provocan; quienes descansan, como tu tío Yusuf, sin tenderse ni de noche ni de día; quienes destronan a su padre para sustituirlo en el poder...

Yo bajé los ojos al escuchar lo último, porque comprendí que se refería a mi padre, a quien no parecía tener devoción excesiva.

A Muley toda la Alhambra lo hallaba grotesco y divertido igual que un chascarrillo inventado por la naturaleza. A mí, por el contrario, me parecía solemne y variado como un libro que jamás se acabase, y nunca me hartaba de escucharlo. Él era el único de los criados cuyo rostro no se cerraba al aparecer el amo a quien servía. El único que adquiría de repente una expresión señorial y enigmática cuando entrecerraba los ojos, a pesar de tenerlos como huevos enrojecidos, y marcaba con los dedos sobre un tambor pequeño un ritmo volandero, tenaz y alucinante, que a mí me producía a veces sopor y a veces una excitación incontenible.

Una noche me fue a buscar y, contra el parecer de mis nodrizas, me sacó al patio bajo la fría luz de la luna llena, y me obligó –tan sólo con el son de unas frutas secas dentro de un cantarillo– a bailar y bailar lleno de gozo, mientras él entonaba una insondable salmodia, y se movía más ágilmente que una bailarina, como si el peso de su jiba se hubiese evaporado. Las nodrizas, contagiadas por el alegre misterio, acabaron por acompañarnos también con sus palmadas, hasta que un mayordomo nos ordenó con muy malos modales volver a las alcobas.

Creo que fue al año siguiente –aunque insisto en que, para los niños, el tiempo se amplía o se empequeñece, como un recipiente cuya importancia no depende de él, sino de su contenido– cuando, a la vuelta de Salobreña, no encontré ya a Muley. Unos me dijeron que una noche se había despeñado desde el Cerro del Sol, donde se aventuró a subir borracho; pero yo sabía que él era de los pocos que en la Alhambra no bebía. Otros me dijeron que no había regresado de la sierra, a la que subió en busca de hierbas para los médicos. Otros me susurraron que mi padre había mandado cortarle la cabeza, porque se negó a burlarse de mi madre como le ordenaba Soraya. Otros, por fin, a los que me cuesta menos creer, me dijeron que, habiendo visto ya cuanto tenía que ver en el Reino de Granada, se fue a la Cristiandad a conocer otros lugares, otras costumbres y otras gentes. Sea de él lo que fuere, me habría complacido tenerlo más tiempo junto a mí. Hoy incluso, porque era alguien en quien se reflejaba el mundo entero. Sentí no haberme despedido de él. Dificulto que haya otro hombre que merezca ser príncipe más que él, ni otro a quien le siente mejor el nombre de Muley.

Ibrahim, el médico judío.

De cuantos médicos ejercen en la Alhambra, y su número es grande, ninguno tan cercano a nosotros como Ibrahim. Era minucioso y cargante: de una bondad y una paciencia tales que ponían a prueba la paciencia y la bondad de todos.

Perito en hidroterapia, tenía una confianza acendrada en la virtud curativa de las aguas. [Gozaba fama de tener infalible ojo clínico y una estupenda facultad para diagnosticar; yo no estoy seguro de que a mi tío Yusuf le ayudara extraordinariamente, pero tampoco mi tío se dejaba ayudar.] Opinaba que el hombre había nacido para la salud y que, si la perdía, era por error suyo, aunque la naturaleza disponía de medios suficientes para devolvérsela sin recurrir a la mano de otro hombre. Recelaba de los astrólogos, y, a pesar de admirar a los cirujanos, los miraba por encima del hombro –lo cual es una paradoja–, por entender que las vías de la naturaleza no es bueno contrariarlas, ni interrumpir sus ritmos. Se llevaba especialmente mal con otro médico, llamado Alí Ibn Mohamed Ibn Muslim, de notable habilidad en las intervenciones quirúrgicas, y su vanidad sufrió un rudo golpe cuando tuvo que ponerse en manos de su rival para que lo operara de cataratas, porque estaba perdiendo la vista a ojos vistas (si es tolerable hacer un retruécano con algo tan grave). [Tengo entendido que las extirpan, o bien por extracción, o bien por reabsorción mediante agujas metálicas ahuecadas.] Comentaba mi madre que en el plazo que su curación había impedido a Ibrahim tratarnos a nosotros, habíamos gozado de envidiable salud.

La opinión de mi madre es, sin embargo, rebatible; ella es poco propensa a contar con nadie que no sea ella misma. Hasta tal punto que, siendo Ibrahim el responsable de sus viajes a

Alhama para remediar su ciática –o fuese cual fuese la causa de sus molestias–, nunca le confesó que mejoraba, aunque continuó yendo a los baños con puntualidad, y llevándonos a mi hermana, a mi hermano y a mí, supongo que para aligerar su aburrimiento. Alguna vez nos acompañó el propio médico. ¿Cómo olvidar esos viajes anuales? Su anuncio nos desvelaba desde muchos días antes, puesto que perdíamos memoria de un año para otro de lo pronto que nos hastiábamos. Yo, en cuanto veía el paisaje ondulado y fértil de las cercanías de Alhama, las verdes vegas con tan vigilante amor cultivadas, las laderas de olivos, y las lejanas sierras, que hasta marzo conservaban aún restos de la nieve, sentía como un abandono interior, una disponibilidad, por gratitud quizá al alejamiento de la monotonía de la Alhambra. Aún hoy me enternecen el puentecito sobre el río, las caídas de agua caliente, ferruginosa y salada, los barrancos con sus rocas todavía no asentadas, los pájaros que gorjean allí con otro brillo. Yo paseaba bajo la arboleda. ¿Pasear?: saltaba, como un pájaro también, desde una franja de sol a la siguiente, y evitaba, casi volando, la sombra de las copas. Escuchaba el gran ruido de la cascada cerca del agua quieta, como un espejo rodeado de zarzas, donde los ruiseñores anidan. Y siempre me sorprendía comprobar que el agua humeante desembocara en un arroyo tan helado. Era en Alhama donde las razones de Ibrahim, respetuoso investigador de la naturaleza, mejor se comprendían.

[Releyendo lo anterior, me viene a la memoria algo que quizá nunca olvidé. Unos años después de aquellos a los que se refieren estas líneas, al salir de las termas romanas, que se habían conservado con sus hermosas esculturas, divisé a un muchacho tan grácil que nada tenía que envidiar a los modelos de ellas. Para entablar conversación, le pregunté no sé qué. Y él, al ver de cerca al príncipe heredero, sobrecogido y tembloroso, no logró responder. Volvió la espalda y huyó. Yo me quedé a solas, observando un rebaño de cabras que trepaba por la otra orilla del río. Especialmente me fijé en una, coja, que se esforzaba en seguir a las demás, y renqueaba, y permanecía la última siempre, arreada por el pastor, y se detenía un momento a descansar y considerar su mala suerte, y continuaba avanzando, fatigada y pesarosa, con su pata delantera rígida e inútil. No sé por qué –o sí– recuerdo con tal viveza hoy a ese muchacho ágil que huía, y a esa cabra inválida que no podía aligerar.]

Ibrahim era muy religioso, y acudía a todas partes con una bolsa en que transportaba, además de las medicinas más habituales, la Biblia y la Misná: para consultarlas si lo precisaba, o sólo para sentirse acompañado. Él cumplía los preceptos de su religión con estricta observancia, y respetaba a los que cumplían con estricta observancia los preceptos de la propia.

Cuando se declaró la epidemia de peste, la gente la atribuyó a una conjunción nefasta de tres astros, y hasta algunos colegas de Ibrahim la juzgaron un azote divino descargado por nuestros pecados. Sin embargo, Ibrahim, tan religioso, entendió que todo eso eran tonterías, y que se imponía trabajar sin descanso en contra de planetas y de azotes. Pregonó los peligros del contagio y la importancia del aislamiento de los enfermos; mandó hervir o quemar sus trajes y sus utensilios, y hasta los zarcillos de las mujeres; prohibió concurrir a los baños públicos que dispersaban la contaminación, y, en una palabra, atribuyó el mal a causas naturales, avivadas por la falta de higiene y por el hacinamiento y escasez de viviendas.

Él sabía que los de su raza habían sido –y serán, afirmaba– perseguidos en Granada y en muchos otros reinos. Y sabía que, en ocasiones, dieron motivos de persecución a un pueblo empobrecido por usuras, por tributos que en gran parte ellos cobraban, y por los altos precios que debía pagar a los profesionales judíos cuando los requería. Ibrahim habitaba en la judería, el barrio que trepa por la Antequeruela –donde se refugiaron los fugitivos de Antequera cuando la toma por el infante don Fernando– hasta las Torres Bermejas.

–Así –decía–, estoy dispuesto a venir en cuanto me llamen. Basta tocar un silbato desde la Alhambra para que yo lo escuche.

Y, en efecto, comparecía al instante con su bolsa repleta de hierbas, de remedios y de libros sagrados.

Se reconocía de la escuela de Ibn Zarzar, un judío famoso que fue médico de Pedro I de Castilla, y luego embajador suyo en Granada ante Mohamed V, cuyos destierros y retornos siguió para conservar la vida. Ibrahim estaba orgulloso de su antecesor, como físico y como hombre brillante partidario de dejar obrar a la naturaleza y despejar de obstáculos su acción. Él mismo era también hombre de gran predicamento; incluso, según oí, un respetado talmudista, consultor de sus compañeros de raza en las situaciones nebulosas que a menudo suscitan sus escrupulosísimas leyes. Y más de una vez le escuché dos afirmaciones. La primera, que, para los andaluces, la religión es más que nada una cuestión de liturgia.

–Y hablo de cualquiera de las tres religiones –puntualizaba–. Una serie de reglas prácticas, devociones o supersticiones para ganarse el Paraíso; una serie de amenazas y prohibiciones para evitar el mal físico, y, por fin, una serie de procedimientos con que conquistar el dominio social. Eso es la religión para nosotros.

Y la otra afirmación es que la superioridad literaria de los judíos andaluces sobre los de otros países se debe, sí, a que son descendientes de las tribus de Judá y Benjamín; pero aún más que a eso, al profundo aprendizaje de la lengua arábiga, que había enriquecido y ampliado la suya. Ibrahim, él mismo, era la demostración de cuanto decía: un hombre exquisita y firmemente religioso, que hablaba un bello árabe clásico, pero salpicado por las deslumbrantes locuciones y los hallazgos del árabe

84

popular (con el acento de Imala, con el que aquí lo pronunciamos), y aderezado con numerosas expresiones romances.

—Al fin y al cabo —afirmaba—, un idioma ha de servir para entenderse con los otros, no para ocultarse detrás de él.

—¿Quiénes son los judíos? ¿Qué hay que hacer, o dejar de hacer para ser judío? —le preguntaba yo.

—Está claro, jovencito: haber nacido de madre judía, o haberse convertido al judaísmo. Pero, si quieres saber mi opinión, en el fondo, todas las religiones son la misma. Al menos, las tres que cohabitan en Granada. Su diferencia depende de dónde se detengan, de quiénes sean sus últimos profetas. Para nosotros, los del Antiguo Testamento; para los cristianos, Jesús; para vosotros, Mahoma. Por eso muchas veces me asalta la duda de si yo soy un auténtico ortodoxo; aunque espero en Dios que así sea, pero en el buen sentido de la palabra. Yo le temo a los ortodoxos, porque suelen convertirse en fanáticos. Acuérdate de los almorávides: para nuestra cultura y nuestra tranquilidad fueron como un martillo. En la biblioteca de la Alhambra existe la copia de un libro escrito por el último rey zirí, que deberías leer por si un día te encuentras en el mismo aprieto. A él le arrebataron Granada los ortodoxos, y lo desterraron a África. No lo olvides, Boabdil. Abdalá fue también su nombre. Vivió hace exactamente cuatro siglos.

—Si es como dices, ¿qué diferencia hay entre las religiones para que sean tan incompatibles?

—Quizá ellas no lo son, sino nosotros. Ahí está mi peligro de heterodoxia. Después del exilio del pueblo judío a Babilonia, en el que no cantábamos porque no éramos libres y colgamos nuestras cítaras de los árboles; después de la destrucción del primer templo, surgió entre los judíos el temor a ser asimilados, a que se nos borrara como pueblo por la importancia de los vencedores, o por la importancia del helenismo en tiempo de los Macabeos. Por eso nuestro fin principal fue la continuidad, nuestra preservación como pueblo con características propias y singularidades. Y para ello se insistió, sobre todas las cosas, en las prohibiciones, paralizando la evolución. En tales circunstancias, imagínate qué tragedia supuso la destrucción del segundo templo por los romanos. Ello confirmó nuestros temores. Pudimos haber aceptado la doctrina de Jesús; pero sus seguidores gentiles la hicieron antagónica del espíritu hebreo, y, por si fuera poco, mi pueblo perdió la tierra prometida. Tuvimos que defendernos, agruparnos, encerrarnos alrededor de nuestros rabinos: el Talmud fue nuestra patria, el sustituto del suelo de la patria. Como lo fue Sefarad, es decir, Al Andalus, desde hace muchos siglos. Hijo, el pueblo judío se ha visto obligado a luchar, a lo largo de toda la Historia, por seguir siendo él mismo. Nuestra religión no es dogmática como la cristiana, ni reglamentadora de comportamientos como el Islam; nuestra religión es política: ha llegado a ser sólo política. Vosotros y los cristianos creéis que nos empujáis y reducís a un barrio, a una comunidad, a un gueto. No es cierto: somos nosotros los que nos reducimos para guardarnos las espaldas unos a otros, para fortificarnos; porque, apiñados, nos defenderemos mejor de los contagios y las infiltraciones, resguardaremos mejor nuestra inmutabilidad. Ser judío, Boabdil, es luchar sin tregua por seguir siéndolo de la manera más rigurosa posible. Y por intentar a toda costa mantenernos indigeribles, es por lo que perpetuamente seremos expulsados del cuerpo que no puede digerirnos a pesar de intentarlo: ésa es también una elemental ley de la naturaleza. De ahí que, en los momentos buenos, sintamos la tentación de abrir las puertas de nuestras juderías para perfeccionarnos, para evitar el estancamiento y la estrangulación; pero en seguida sucede algo terrible que nos convence de que aún no ha sonado la hora, de que acaso la hora nunca suene. Ojalá, cuando llegue la tuya, Boabdil, se te permita ayudarnos; si es que se te permite dejar de ayudarte a ti mismo.

Habíamos llegado paseando, a las primeras horas de una tarde, ante la Torre del Homenaje sobre la Puerta de Armas. Ibrahim no se agotaba nunca, una vez tocado su punto flaco. Señalando la Torre, me dijo:

—¿Conoces la historia del judío que comenzó la construcción de la Alhambra?

—¿Un judío? —pregunté, convencido de que Ibrahim incurría en un apasionamiento racista.

—Sí; él levantó esa torre, y después se edificaron las demás y todos los palacios. Escucha. Esta historia pone de manifiesto lo malo y lo bueno de mi pueblo. El predecesor de Abdalá, el último zirí de que te hablé, fue su abuelo Al Muzafar. Entregándolo a una vida de crápula, se había adueñado de su reino un judío que comenzó de administrador. Se llamaba Ibn Nagrela. Gobernaba a su antojo, cuando le salió un contrincante. Un antiguo esclavo de Almutamid de Sevilla, que formó parte de una conjura contra su rey, llegó a Granada precedido de fama y reclamado por los esclavos negros del sultán, que lo erigieron en jefe. Al Naya, el sevillano, con su creciente influencia, más militar que administrativa, encelaba a Ibn Nagrela, al que Abdalá en su crónica designa siempre como *el Puerco*. Pues bien, *el Puerco*, sintiéndose en declive, con el afán de precaverse, calculó que la solución era ofrecerle Granada al rey de Almería, al Mutasim Ibn Sumadí, que, por agradecimiento, respetaría sus privilegios. La comunidad judía y sus rabinos le aconsejaron que tomase sus bienes y se fugase antes de que Al Naya acabara con él; pero Ibn Nagrela se aferró a su decisión, convencido de que, huyera donde huyera, Al Naya y el sultán lo perseguirían.

»Entró, por tanto, en contacto con el rey de Almería, pero éste le exigió avales, porque, siendo Granada la ciudad mejor defendida, le asustaba una derrota que le haría perder su propio reino. Ibn Nagrela comenzó sus intrigas: mandó a los castillos principales del reino a los esclavos negros, a quienes indispuso con Al Naya, ganándoselos con tal comportamiento; por el contrario, los castillos secundarios los desguarneció para que Ibn Sumadí pudiese conquistarlos con facilidad. Como el judío y el sevillano, cada cual por su conveniencia, tenían al sultán placenteramente apartado de la vista del pueblo, comenzaron los granadinos a creer que había muerto y que el judío les ocultaba la verdad. A Ibn Nagrela le urgía la toma de Granada por el rey de Almería, que, dueño de bastantes fortalezas menores, no osaba aún acercarse a la capital. Esta tardanza dio lugar a que el populacho se rebelara, una vez más, contra los judíos, pretendiendo, una vez más, sacar tajada de ellos.

»Ibn Nagrela, por si llegaba el caso que llegó, había resuelto construir esta fortaleza para protegerse con su familia una vez conquistada Granada por el de Almería, hasta que se apaciguasen los ánimos. Pero el pueblo y los nobles, que sólo en las grandes algaradas se unen, le atacaron, ayudados y enfervorizados por los esclavos negros, que salieron borrachos de una reunión pregonando a voces la muerte del sultán. Ibn Nagrela se ingenió para mostrarlo vivo al gentío, disfrazando para ello a alguien de su casa, desde una ventana de esa Torre. Pero los esclavos ya habían publicado que el rey de Almería se aproximaba (lo que no era cierto), y se sumaron en contra demasiados factores: la aversión a los judíos, la exageración de su perfidia, la generalización a todos de los defectos de unos cuantos y de la ambición de uno solo, el acaparamiento de cargos y prebendas, la ruptura de las tradiciones ziríes, y el miedo a una conquista provocada. Ciegos y embravecidos por el odio y el ansia de botín, consiguieron entrar en aquel primer cuerpo de la Alhambra incipiente y matar a Ibn Nagrela. Después pasaron a espada, cómo no, a todos los judíos de la ciudad, aunque alguno quedó, como sucede siempre. Alguno, en efecto, que no tardó en hacerse con las riendas del nuevo gobierno. Mira, pues, Boabdil, cómo este relato veraz demuestra que la Alhambra es obra de la previsión y el poder de un hombre de mi raza.

Y reía el buen Ibrahim de sus propias palabras, que a pies juntillas yo creí, ya que nada más lejos que la mentira de una persona tan pulcra y tan honrada.

Ibrahim tenía tantos hijos como tribus Israel. Su prole era numerosísima; como si sólo a él se le hubiese encomendado la perduración de su pueblo. Vivió muchos años. Hace uno sólo que ha muerto, o mejor, que se ha extinguido, según la Naturaleza que a él le complacía respetar, entre el amor de su familia. Espero que en la Sión celestial lo recibieran el Coro de los Ancianos y la bienvenida de Yahvé. Sin embargo, confieso que siempre he considerado a Yahvé poco propicio a ofrecer bienvenidas.

El eunuco Nasim.

La primera vez que tropecé con él fue a causa de un tropiezo. Me explicaré mejor. Mi hermano Yusuf y yo jugábamos una tarde en los jardines que hay ante el palacio de Mohamed V, donde está la fuente de los leones. Las dependencias de la Secretaría habían sido ya cerradas, y nos entreteníamos viendo a los administradores y a los secretarios, con ese aire contrito e impersonal que caracteriza a los que escriben mucho, arqueada la espalda, de asuntos que no les interesan. Yusuf y yo entramos en *la sala de la ayuda*. (La llamábamos así entre nosotros porque sus muros tienen grabada de suelo a techo una misma aleya, que inicia esa palabra, con la reiteración que pusieron en su quehacer los decoradores de la Alhambra. Una reiteración que produce cierto mareo, como si uno estuviese rodeado de infinito, a fuerza de mirar las mismas frases innumerablemente repetidas.) Corríamos uno detrás de otro, acosándonos y agarrándonos de la ropa. Yusuf me había desgarrado una manga, y yo, con un agudo grito, me desprendí de él. Pasé entre unos cuantos secretarios sin mirarlos, y todos se apartaron. Menos uno, contra el que choqué de forma irremediable. Asiéndome del cuello, me dio una bofetada. Levanté los ojos desconcertado, y vi que era el sultán.

–¿De quién es este niño?

–De la sultana Aixa, señor –dijo una voz.

–Pues dile a la sultana que lo eduque mejor; que le prohíba alborotar y gritar como una mujerzuela. Y apréndelo tú mismo.

Luego continuó despacio entre su comitiva, hablando de algún tema de mayor interés.

Yo permanecí inmóvil y azorado. Yusuf había desaparecido, lo que hacía con admirable habilidad. Sólo estaba a mi lado el dueño de la voz, que me conocía, aunque yo lo desconociera. Era blanco como el arroz con leche, de labios rojos y delicada cara casi infantil; rubio y sin barba, y de buena estatura, aunque no tenía el cuerpo tan fino como el rostro. Un rostro que en aquel momento me sonreía con un asomo de confabulación.

–Me ha confundido con uno de tus ayos. No me disgustaría serlo, porque eres muy agradable. ¿Qué haces aquí a estas horas?

–Jugaba –respondí.

–¿Tú solo? ¿No tienes amigos? ¿De quién huías? –Y concluyó riendo–: ¿De ti mismo?

–Sí.

–Pues huir de uno mismo es mala cosa. Acabarás por no encontrarte nunca. –Cambió de tono para preguntar–: ¿Tú eres el mayor o el pequeño?

–El mayor.

–Por tanto, eres Boabdil, el futuro heredero si no lo estropea este encontronazo. –Me escrutaba con indiscreción–. Yo me llamo Nasim. [Que quiere decir «brisa».]

El nombre le sentaba como anillo al dedo: débil, pero persistente; y aun menos débil de lo que su cara denotaba, porque sus caderas eran marcadas y altas, un tanto femeninas.

−¿Vives aquí? −le pregunté.

−Trabajo aquí. En el harén; pero hoy no tengo guardia. Iba con un grupo de amigos, cuando te diste de cara con el Consejo en pleno. ¿En dónde vives ahora?

−Con mi madre. −Me arrepentí de haberlo dicho, y él lo notó.

−No temas; no le transmitiré el encargo del sultán. Todo eso ya pasó. −Echó a andar−. A estas horas suelo estar en los baños, o en este mismo sitio. Si quieres que nos volvamos a ver, a mí me gustará.

−Dios te guarde −le dije, y corrí en busca de Yusuf.

Pero Yusuf estaba escondido detrás de una columna exactamente a dos palmos de mí; su risotada me detuvo en seco.

−Es un eunuco −me dijo en voz muy baja−. No tiene la cosita que duele en la circuncisión.

−¿Por eso parece un niño grande?

−No lo sé, pero habrá que enterarse. Yo no querría estar sin barba toda la vida.

−Pues eres rubio como él −le advertí con muy mala intención.

−Pero el que ha hecho la amistad has sido tú.

No tardé en informarme, más o menos, de qué era ser eunuco, y de quién era Nasim. Tenía reputación de magnífico alcahuete: suave, convincente, educado, portador de los más refinados mensajes y de los regalos más costosos. Gozaba, a causa de su puesto, de múltiples y favorables ocasiones. No es que fuese uno de los grandes eunucos que se ocupan de la política, pero tenía una buena preparación y disfrutaba del respeto general. Se le estimaba como sirviente cumplidor, y todos le vaticinaban una buena carrera. Incluso como poeta, porque según Subh, aspiraba a ser poeta de la corte y en vías de ello estaba.

Mi amigo Muley, cuando me referí a Nasim, se echó a reír.

–Puede proporcionarte muchos datos que te serán muy útiles. Por la Alhambra circulan unos versos que tú no entenderás; pero si un día deseas halagarlo, recítaselos:

Tu cuerpo es una rama de sauce,
y tu rostro, la luna llena sobre el estanque, amada.
Pero no alardees de no otorgar a quien tanto te ama nada tuyo,
porque mi mensajero es Nasim,
y las ramas terminan siempre por doblegarse ante la brisa,
y hasta la luna, por dejarse mecer bajo su soplo.

»Supongo que le encantará oírtelos. Está orgulloso de sus tejemanejes, y con toda razón.

Unos días Nasim me decía que era de Eslavonia, y otros, de Cataluña. No sé si quería encubrir su origen, o es que lo desconocía y lo inventaba de acuerdo con las circunstancias. Por lo que deduje, ignoraba quién lo había conducido a su actual estado y por qué albures había llegado hasta Granada. Fue esclavo, pero ya no lo era, porque mi padre lo había liberado en pago de no sé qué. Él sonreía con misterio cuando aludía a aquel servicio, y a mí me daba la impresión de que debía de estar relacionado con Soraya, la concubina. Hablaba de ella con devoción, y yo intuí que pertenecía a un partido contrario al de mi madre, aunque hasta ese momento ignoraba la existencia de dos partidos tan poderosos dentro del harén. Nunca habría imaginado que mi madre anduviese en lenguas de la gente, y puedo afirmar que mi madre tampoco. Pero, por lo visto, así era. Soraya se había llamado antes Isabel, y fue hija del comendador de Bézmar, don Sancho Jiménez de Solís. La apresaron en una incursión de la frontera y, adjudicada a mi padre, se la destinó a la servidumbre de mi hermana, de su edad más o menos. El sultán la vio un día y se prendó de su belleza, en elogio de la cual se deshacía Nasim.

–El harén está lleno de mujeres –me decía–. Todas son bellas de algún modo. Pero a Soraya ninguna es comparable. Ése es su mérito. No es cuestión del tamaño y el fulgor de los ojos, ni de la lisura de la tez, ni de la carnosidad de los labios, ni de cualquier otra perfección. Sólo viéndola puede comprenderse. Es como un palacio, cuya fachada es tan hermosa que uno no aspira a llegar más que al umbral, y se queda ante ella perplejo y deslumbrado, satisfecho de que lo dejen estar allí, casi saciado ya. Se necesita habituarse, a lo largo de días y días, para acomodar nuestros ojos a su luz. Y nadie que no sea el más poderoso puede arriesgarse a entrar.

Ninguna de las madres del harén se había preocupado por Soraya, ni siquiera ante la predilección de mi padre tan mudadiza, hasta que se convirtió al Islam. Con ello, dejó clara su intención de ascender y de desplazar a mi madre. Rota su esclavitud por su conversión, y afianzada por el nacimiento de su primer hijo, abandonó el harén, y habitó en una de las torres exentas. Pero, según aseguraba Nasim, cuyo blasón consistía en estar al corriente de cuantos dimes y diretes hervían por la corte, poco duraría allí; mi padre le estaba habilitando uno de los palacios del Albayzín, de acuerdo con las demandas de ella, que exigía el tratamiento y el fasto de sultana.

Nasim me contaba que la irritación de mi padre por mi tropiezo con él fue consecuencia de otro tropiezo bastante más serio. Mi madre y Soraya habían coincidido, entre otras concubinas, en una fiesta que se dio con motivo de la venida de unos tañedores desde Málaga. La coincidencia se produjo a instancias de Soraya, que deseaba ya ostentar en público su supremacía. Sin embargo, mi madre trató con desprecio a la favorita; tanto, que ésta, herida en su amor propio, cuando llegó mi padre, acusó a la sultana de desacato, cosa absolutamente inusual en la corte de Granada. Y mi padre, en lugar de serenar la situación, devolver las aguas a su cauce, y cada mujer a su sitio, recriminó en público con dureza a mi madre. Nunca lo hubiera hecho: mi madre, colmada, sacó de su escarcela unas tijeras –Nasim opina que mi madre, más inteligente, había previsto todo– y, con la rapidez de un relámpago, le cortó a Soraya su gruesa trenza de color leonado. El alarido que dio la favorita se oyó hasta en Sierra Elvira. Naturalmente mi madre, por razones de seguridad, hubo de salir aquella misma noche de la Alhambra; pero fue a ocupar el palacio que mi padre disponía para la otra, que era propiedad suya. Con esto fracasó el ambicioso proyecto de Soraya, que estaba embarazada entonces de su segundo hijo, y llena de antojos y melindres.

Movido por una curiosidad no sé si infantil, porfié por conocer a Soraya. No fue difícil que Nasim lo consiguiera. Me condujo un día a la torre que hay junto a la de mi tío Yusuf, la tercera en el camino del Generalife. Es una calahorra que construyó Yusuf I, las inscripciones de cuyas cuatro esquinas son versos de Ibn al Yayab. A través de la claraboya que da al patio, después de aguardar un buen rato, vi cruzar a la favorita.

La verdad es que cualquier comparación con mi madre, sea mucho o poco el amor que yo le tenga, carece de sentido. Mi madre es arrogante, majestuosa y solemne; camina, habla y gesticula como una mujer educada para caminar –o sería mejor decir para desplazarse–, hablar y gesticular en público. No obstante, su cara es adusta, levemente asimétrica y, si no fuese mi madre, me atrevería a decir que algo hombruna. Es lo contrario de lo que ocurre con la cara de Nasim y, muchísimo más aún, con la de Soraya. Dice la tradición que hay unas huríes en el Paraíso que se llaman aín. Están conformadas de cuatro materias preciosas: desde los pies a las rodillas son de azafrán; de las rodillas a los pechos, de almizcle; de los pechos a los cabellos, de alcanfor, y sus cabellos son de seda pura. En el seno llevan escritas estas palabras: «Quien quiera ser mi dueño, que obre en la obediencia del Señor.» [Y si una de ellas escupiese en el mar, endulzaría el agua.] Por lo que pude ver, Soraya no está hecha de retazos, ni necesita tanta mezcolanza para resultar única. Yo era un niño, pero al verla me deslumbró lo que aún no conocía: su poder irresistible; al fin y al cabo, la razón que adquiere un adulto no es más que el envejecimiento de la inocencia. No es que en mí despertase un deseo; era aún peor, porque, sin desearla, me sentí dominado por la atracción que Soraya provoca en todo el que la ve. Nunca se justificó tanto el velo femenino. No me entenderá quien tenga junto al suyo un cuerpo de hermosura doméstica y trivial, de una hermosura subjetiva, agradable y afrodisíaca; sólo quien se haya inclinado y bebido en la abrasadora fuente de la belleza: la belleza absoluta, que disculpa cualquier guerra, cualquier crimen y las mayores injusticias; la belleza por cuya posesión los hombres son empujados a perder o a quitar el honor y la vida.

Mi padre había contraído ya matrimonio con Soraya y otorgádole rango de sultana. Una mañana mandó llamar al misuar, que era el guardián de su estado y persona, y su justicia mayor, y le ordenó que se apostase a la puerta de la torre de la joven. Sin necesidad de alharacas, aquello indicaba que una persona real habitaba allí. Por su parte, Soraya recibe los honores y homenajes con la naturalidad de quien, sin haber nacido entre reyes como mi madre, es depositaria de la belleza a la que todos los hombres deben pleitesía. Si esta mujer ha determinado ser reina de Granada –y así lo certifica Nasim, que no sé a cuántas cartas apuesta–, raro será que no lo consiga, a pesar de mi madre.

–Y –agregaba– si ha determinado que sus hijos sean reyes, tu hermano y tú deberíais moveros con precaución extrema. Sólo porque tu madre es hábil y hacendada, y tiene de su parte a la mayoría del ejército, de la nobleza y del comercio, no habéis sido ya desplazados. Tu padre hace tiempo que no ve más que por los ojos de Soraya, y el visir Abul Kasim Benegas atiza cuanto puede tal pasión, remunerado con largueza por la que la suscita.

–Pero, ¿de qué bando eres tú, si es que hay dos bandos?

95

–Los hay, y no soy de ninguno: ¿qué ha de poder un pobre eunuco? O estoy quizá en medio de las dos rivales, a la espera de que las cosas tomen un rumbo cierto.

–Pero ¿qué rumbo querrías que tomaran?

–El mío, Boabdil –dijo riendo–. No obstante, ahora que te conozco, quiero que el río no se desborde, y que vaya a moler a tu molino.

Nasim me acariciaba con ternura, y abandonaba, con aparente despreocupación, su mano en mis hombros, en mi cuello, en mi talle. Por un lado, eso producía en mí un rechazo; pero, por otro, me lisonjeaba, y me excitaba la excitación que demostraban sus caricias. No es que me ofreciera a ellas, pero fingía no notarlas. Qué complicada es el alma de un niño, al mismo tiempo transparente y hermética.

–Eres muy guapo –me murmuró al oído Nasim una templada tarde de mayo–. Más guapo te encuentro cuanto más te veo. Y eso es extraño en mí, que en seguida me canso de las cosas. –Y, después de mirarme largo rato con los ojos húmedos, concluyó–: Si Soraya fuese niño, sería igual que tú.

Un anochecer, cerrada ya la cancillería, subimos a la Torre de Comares. Comenzaba a cerrarse muy despacio la noche. Nasim abrió con una llave prestada –tenía amigos en todas partes– una puerta situada al lado contrario del oratorio, y ascendimos por la estrecha escalera, en lo alto de cuyos descansillos se abren unas menudas y graciosas cúpulas. Estaban abiertas las ventanas de las espaciosas naves donde trabajan los encargados de la secretaría.

–Tu padre –iba diciéndome Nasim– ha agilizado tanto las tramitaciones que hasta los granadinos, que son los súbditos más descontentadizos del mundo, se lo aplauden.

De repente, vi flotar y entrechocarse varias sombras. Se proyectaban agrandadas –Nasim llevaba una luz– sobre los muros.

El eunuco apoyaba su mano libre sobre mi hombro, y, al seguir mi mirada, comprendió por qué me había detenido.

–Son murciélagos –dijo con ligereza.

A mí me pareció indecente gritar y descender como una exhalación las escaleras, que era lo que el cuerpo me pedía; pero me refugié en el suyo, y él me estrechó como si lo esperara. Yo entreví vagamente que por eso había avivado mi afán por visitar las salas de la Administración; pero ¿qué podía hacer?: allí estaban los murciélagos. Permanecí petrificado mientras, una vez dejada en el suelo la luz, Nasim me tomó entre sus brazos y me besó con devoto entusiasmo, al tiempo que sus entrecortados susurros me tranquilizaban.

–¿Que qué es un harén? –exclamó ante mi insistencia–. Ya lo sabes, y si no, te lo imaginas: un batiburrillo de mujeres que arden por pasar el mayor número posible de noches con su dueño. No por amor (en un harén no lo hay; si lo hubiera, lista estaría la que lo sintiese), sino por conseguir una preferencia, un favor, o simplemente un tarro de ungüento o de perfume, o un velo nuevo. A la que intriga en contra de la voluntad del amo, se le corta la cabeza, o desaparece una noche sin dejar huella alguna; a la que incordia, se la echa; a la que es repudiada, porque fue una de las cuatro esposas permitidas, se le proporciona una habitación fuera, a no ser que se resigne a su declive. En un harén las únicas contentas son las que aspiran sólo a acicalarse, gulusmear y estar ociosas, sin cuidarse de hijos, ni de comidas, ni de maridos, ni de suegras; las que aspiran sólo a chacharear, a oír músicas y canciones, y a aguardar engordando al dueño o al que traiga sus mensajes.

Era casi de noche cuando me introdujo en el harén. La guardia nos observó con simpatía. Era primavera avanzada, y no sé ahora por qué –y supongo que entonces tampoco– yo estaba triste. Al desembocar en el segundo tramo de la escalera se me salió una babucha. Nasim, en cuclillas, la besó y me calzó de nuevo.

97

Con el dedo índice sobre los labios me indicaba que guardara silencio, aunque la barahúnda que venía de arriba era espeluznante: gritos, insultos, risotadas, músicas. Las alcobas de las concubinas daban a un pasillo no muy ancho, cuyo zócalo imitaba con pintura la azulejería de los salones del palacio. Yo veía a través de una ventana moverse los laureles de un patio, y eso me entristeció más aún. A la altura de una puerta, Nasim dijo:

–Ésta era la habitación de Soraya, al principio. Ahora vive una negra.

Salió, en efecto, la negra. Era alta y flexible, con una boca grande y la nariz aplastada. Me pareció imponente, pero no repulsiva. Llevaba unas cintas de colores prendidas en su pelo arracimado, y sonreía de modo tan total que la sonrisa le rebosaba de la cara y le resbalaba cuerpo abajo. Se conoce que estaba en connivencia con Nasim, porque éste le dejó en las manos un minúsculo paquete, y recibió a su vez algo que yo no vi. En el patio del harén se erguían dos columnas de mármol muy oscuro que jamás he olvidado. Ignoro la razón; acaso porque las asocié a la concubina negra. A la salida tropecé con una viga atravesada que sobresalía, sin duda el sostén de una de las cúpulas que coronan los salones de abajo. El leve dolor del pie me distrajo de la tristeza, que alguna subterránea relación guardaba con mi madre.

Es cuanto recuerdo de aquella visita. Y el llanto de uno o dos niños de pecho, y el trasiego de nodrizas, criadas, gruesas tañedoras, bailarinas –que quizá no eran tales, sino concubinas del propio harén– y una vendedora, anciana y desdentada, de encajes y abalorios. Al bajar el primer tramo de la escalera pensaba en la fatiga de mi padre para tener satisfecho a tal hato de hembras; aunque, por mi edad, no me fijaba en otra satisfacción que la del simple y vulgar mantenimiento.

Lo que más me maravillaba de Nasim era su capacidad para eclipsarse cuando alguien respetable aparecía. Mi hermano Yusuf se eclipsaba un momento y más bien por diversión, pero

Nasim se evaporaba. No se tenía la sensación de que hubiera desaparecido, sino la de que no había estado nunca. Uno quedaba convencido de haber sido víctima de una alucinación, y de que estaba y había estado a solas.

La primera vez que mostró tal destacada facultad, después de algún tiempo de tratarlo, estaba refiriéndose a las ventanas con celosías de un piso alto, que dan a un armonioso patio con una alberca profunda e indiferente. Me decía:

–¿A que no sabes qué es lo que había ahí? Antes, pero no mucho antes.

–No lo sé. ¿Algunos oficios de la cancillería?

–No. Eso es ahora. En tiempos de Ismail II, el que se peinaba con trenzas que le llegaban hasta la cintura, enredadas con hilos de oro y sedas, ahí había un harén masculino.

–De eso hace más de un siglo –repliqué con involuntario despecho.

–También lo hubo con Mohamed VI, el que se teñía las canas con aleña y cártamo, y por eso le llamaban *el Bermejo*. ¿Lo sabías? Y fumaba hachís, y más cosas.

–¿Qué más cosas fumaba?

–No hablo de fumar. Cosas que no debe saber un niño como tú, pero que con los niños como tú tienen algo que ver. No siempre en la Alhambra han gozado las concubinas de tanto auge como ahora. En un pasado próximo hubo concubinos también. –Al notar que yo no aceptaba la conversación, la cortó–. Pero dejemos eso: no es lo que yo quería decirte de Ismail II. Quería decirte que su coronación fue el resultado de las maquinaciones de una mujer sin el menor escrúpulo. Era hermanastro del gran Mohamed V, y su madre, Mariam, consiguió que una noche de Ramadán, en pleno verano, en mitad del calor, y en mitad de este mismo patio, usurpase su hijito (no tan pequeño: tenía veinte años) el trono de Granada.

–Pues, además de entronizarlo, esa Mariam pudo haberlo educado mejor: Ismail, según tengo entendido, era gordo, grosero, lleno de tics y, aparte de las trenzas, no se cuidaba nada de su aspecto exterior.

Nasim se echó a reír palmeándome la espalda.

–De todas formas, vigila a las madres del harén: son más poderosas de lo que parecen, y tienen demasiado tiempo libre para trapichear. Aunque, sean ellas como sean, tú serás un buen príncipe heredero. Apostaré por ti.

Pero antes de que yo dejara de percibir la presión de su mano y percibiera la proximidad del visir Benegas, Nasim se había volatilizado.

Cuando hace un año avanzaba yo por el patio de Comares hacia el Salón del Trono el día de mi boda, intenté ver de reojo el séquito que acompañaba a Moraima al otro lado de la alberca. Tanto me esforcé, que di un tropezón contra uno de los portadores de las pértigas floridas. Entre los invitados brotó un murmullo de simpatía, ya que advirtieron el porqué. En primera fila de los espectadores, a unos pasos de mí, con la misma cara de niño grande de antes, mucho mejor vestido –incluso demasiado–, más erguido si cabe, descubrí a Nasim. «Está de Dios –pensé– que mis relaciones con él vayan de tropiezo en tropiezo.» Al verlo me invadió una ambigua impresión: él o yo estábamos traicionándonos, no sé si el uno al otro o cada uno a sí mismo. Y pensé también: «De no haber nacido príncipe, mi vida habría sido por una parte más aburrida, pero mucho más divertida por otra.» Y concluí: «Antes de morir, me gustaría ser una vez yo mismo. Pero qué difícil... O quizá ya lo he sido, en algún momento, y no me he dado cuenta, y ni siquiera guardo la memoria de ello, ni la memoria de cuándo pudo ser.» Por un instante me conmovió una tristeza anónima similar a la del día del harén.

Nasim se inclinó en una exagerada reverencia. A punto de sobrepasarlo, oí su voz.

–Sigues siendo un magnífico príncipe heredero. No cabe otro mejor. Apostaré por ti.

Mi hermano Yusuf.

Hay hombres que nacen con una estrella en la frente. No he conocido a ninguno con una más radiante que mi hermano. Subh juraba que había llorado en el vientre de mi madre, y que nació envuelto en el manto, sin romperlo al salir. Pero no habrían sido necesarios tales signos, ni que los astrólogos le vaticinasen una larga vida, fructífera, alegre y luminosa. Los horóscopos lo han pintado siempre dotado de hijos, de felicidad, del amor de quienes lo traten y de años interminables. [Un motivo más para desconfiar de los horóscopos, tanto al menos como de la propia vida.] Es lógico que sea así, entre otras razones, porque no se me parece en nada. Yo soy en lo físico como la familia de mi padre; él, como nuestro abuelo materno, Mohamed X, según quienes lo conocieron. Es espigado, rubio, con una permanente sonrisa alumbrándole el rostro, de amabilísimo talante, y, para mayor precisión, zurdo como el abuelo. Sin embargo, en el caso de Yusuf, la zurdería es obligada. Nació con un defecto en la mano derecha: le faltan los dedos corazón, anular y meñique, y su pulgar y su índice tienen sólo una articulación. Pero nunca le ha afectado esta falta, ni le ha impedido hacer cuantos ejercicios nos han impuesto para nuestra instrucción.

Yusuf y yo apenas nos hemos separado alguna vez, y muy recientemente. Quizá yo he sido más fisgón que él y me he metido en más berenjenales; para salir de ellos, con frecuencia necesité su ayuda. A sus ojos, el mundo está bien como es: no pretende cambiarlo; ni lo acepta siquiera, sino que se incluye en él con la naturalidad con que una tesela se incluye en un mosaico. Desempeña gozoso su acendrado oficio de tesela en cada instante, sin reclamar más ni menos que aquello que le es dado y que su sino hace coincidir con lo mejor.

Dicen que los hermanos gemelos llevan a tal extremo su compenetración que adivinan todo el uno del otro, o más aún, que no precisan adivinarlo, sino que uno se siente el otro y viceversa. Yusuf y yo no somos gemelos: él es un año menor que yo, y somos casi opuestos; pero tenemos tal confianza, hemos convivido tanto, el vacío de afectos familiares nos ha volcado tanto recíprocamente, que dudo que existan hermanos más unidos. Por ejemplo, si jugábamos al escondite con otros niños, nos bastaba calcular dónde nos habríamos escondido si fuésemos el otro, para descubrirnos yo a él o él a mí. El mundo se dividía para nosotros en dos grupos: uno, Yusuf y yo; el otro, los demás. Y, en el reparto de actuaciones que en una pareja se plantea cuando ha de ser suficiente por sí misma, a Yusuf le ha correspondido siempre la diplomacia con la otra mitad del mundo. Él es el que ha endulzado las acritudes suscitadas por mí; quien ha convencido a los extraños de que nos concediesen un capricho; quien ha suplicado el perdón de los castigos que se nos imponían; quien ha alzado nuestras quejas o nuestras peticiones a los ayos y a los maestros.

Debo hacer constar que la mayor destreza de Yusuf, y más cuando éramos más chicos, consistía en volcar sobre mí la culpa de todos los percances. No de una forma explícita: tenía suficiente con mirarme de soslayo. Y eso sólo al principio, luego las culpas me eran adjudicadas de manera automática. Sin embargo, en el mismo instante en que yo iba a sufrir las consecuencias de sus tácitas acusaciones, él, con campechanía, daba un paso al frente, se confesaba responsable, y se disponía a arrostrar cualquier sanción; pero con tal tono de inocencia que jamás era castigado. Con lo cual los dos quedábamos exentos.

Yo tiendo a ser menos expresivo con la gente que él, pero a la vez frecuento gente más variada de lo que nos corresponde por razones de sangre, de vecindad o de estudios. No obstante, a él le basta con aparecer para arrebatarme la primacía de una relación que me ha costado semanas adquirir, y cualquier amigo mío de los que hablo en estos papeles habría preferido sin duda ser amigo suyo; pero él, con la misma simplicidad con que me la arrebata, abdica de tal preferencia como si su interés se cifrara siempre en otra cosa. Es decir, yo, con más dedicación, consigo menos de lo que él abandona una vez que le es dispensado sin esfuerzo.

Tiene los ojos muy oscuros y las pestañas largas y vueltas, lo que da a su mirada un tinte pensativo y profundo, que contrasta con sus cabellos claros y su boca sonrosada y riente. Y siempre, aún hoy, ha tenido un aspecto infantil muy atractivo, entre indefenso y provocador −con su nariz corta y un poquito remangada−, junto a una fuerza física impresionante y una aventajada estatura. Creo yo que todas las mujeres de Granada, si fuesen tan sinceras como las niñas que nos rodearon, admitirían que se mueren de ganas de ser besadas por Yusuf.

Quizá parezca que siento por él una debilidad inmoderada. Me congratulo de que lo parezca porque es cierto. Mi vida entera, no sólo mi infancia, habría sido otra −más tenebrosa y menos rica− de no ser por la existencia de Yusuf a mi lado. Sus ocurrencias, sus iniciativas, su continuo invento de juegos y aventuras, su afición a los secretos compartidos, su amor por los animales y las plantas, han sido la atmósfera que he respirado durante los no muy abundantes momentos de oro de mi niñez. En él he tenido una fe ciega; no recuerdo haber hecho nada que no le haya contado, o que no hubiese deseado contarle. Sólo el episodio del tío Abu Abdalá en Salobreña lo reservé para mí, no por lo que significó, sino porque no habría sabido cómo contárselo ni qué consecuencia sacar; ni quizá Yusuf habría querido oírlo: él no es inclinado a dar soluciones, ni a meditar sobre los hechos. Probablemente me habría aconsejado olvidarlo, y él mismo lo habría olvidado de inmediato.

No tientan a Yusuf los proyectos a largo plazo, ni el arreglo de la vida de nadie, ni de la propia: vive cada hora con la mayor intensidad, y se entrega al presente, sin preguntarse cómo ha llegado, ni cómo y cuándo concluirá. Cuando los habitantes de la Alhambra coincidían en que mi padre iba a elegirme sucesor oficial, comenté con Yusuf cuánto habría ganado el Reino teniéndolo a él por rey. Casi se asfixia con las carcajadas.

–Si soy como soy, no es por haber nacido así –me replicó al cesar de reír–, sino por la absoluta certeza de que nunca seré rey. Sólo imaginar que alguien dependiera de mí me haría cambiar de modo de obrar y de pensar, si es que he pensado alguna vez. ¿O no te das cuenta de que soy el mayor irresponsable que hay en toda Granada?

A pesar de ser tan contrarios, o quizá por eso, tenemos muchas afinidades. Una ojeada nos basta para comprobar que los dos nos hemos interesado por la misma muchacha, o que a los dos nos están emocionando las luces de un atardecer, o la grácil curva con que se reclina una flor, o la fábula que alguien nos relata. En este mismo instante pienso en Yusuf, más separado de mí que nunca, y lo echo de menos, y sé que él me echará de menos a mí, y es suficiente eso para aproximarnos. Comprendo que nuestras mujeres puedan tener celos de esta reciprocidad, porque no hay ningún sentimiento en este mundo que yo anteponga al nuestro... Hoy evoco colores que no sé dónde vi, ni qué los sustentaba: vagos azules, verdes incipientes, rosas ya decaídos; son como los colores de un antiguo amor, de una vida ya exhausta, de un breve día pasado. Evoco colores tan difusos como el aroma de un jazmín marchito –¿y quién puede evocar un aroma?–, tan indescifrables y móviles como la sombra de una nube por tierra o el reflejo de una cara en una alberca. Y, sin embargo, sé que yo vi tales colores junto a Yusuf, y que me llenaron de una alegría que se multiplicaba al ser común, y que cubrían un cuerpo armonioso, o perfilaban el vidrio de un vaso, o trazaban la línea de un paisaje, o bordeaban unos ojos, que Yusuf y yo vimos en el mismo instante y de idéntico modo.

Y sé además que es muy probable que Yusuf ya los haya olvidado, y no me importa; fue verlos con él lo que los ha hecho para mí inolvidables.

Un día, en una almunia que la familia poseía en la Vega, nos fuimos con Jadicha a un melonar. No tendríamos más de nueve años. Yusuf tuvo la idea de ir calando, con un cuchillito que le habían regalado, todos los frutos hasta encontrar uno lo bastante dulce como para ofrecérselo a la prima, de la que andábamos enamoriscados. Como ninguno de los melones estaba aún maduro, resolvimos volver a colocar los trocitos sacados de cada uno para que así siguieran madurando. Por supuesto, destrozamos toda la plantación. Eso nos valió una buena regañuza de las nodrizas, y la cruel burla de Jadicha, que nos dejó hacer a sabiendas de que el daño era ya irrevocable. El ridículo ante los ojos verdes y la insufrible insolencia de Jadicha hicieron que, como dos perrillos que empiezan por turno a gruñirse, y van levantando el vigor del gruñido hasta pasar al primer zarpazo y luego ya al mordisco, Yusuf y yo nos enzarzáramos a la puerta de la almunia, junto al estanque, en una pelea sin precedente entre nosotros. Fue encarnizada y sordomuda, más terrible aún por ser la primera, como si en ella se concentrasen todas las que no habíamos tenido. Con los ojos cerrados nos golpeábamos, al principio entre las risas, luego entre la alarma y los intentos de separarnos de todos los presentes. En un momento dado, yo, sobre Yusuf, abrí los ojos para atizarle donde más pudiese dolerle; junto a mis ojos vi su pequeño puño lisiado, decidido también a golpearme con furia. Y de improviso me llené de horror. Supongo que inexplicablemente para todos, y hasta para mí mismo, me desplomé sobre su pecho llorando. Con ese llanto a raudales no trataba de suplicar su perdón, que sabía concedido de antemano, sino el mío, que me sería mucho más difícil de obtener.

Otro día, en un patio de columnas –por entonces vivíamos en un pequeño palacio, no lejos del de Mohamed II–, cubiertas las cabezas y extendidas las manos, jugábamos a encontrarnos sin más referencia que las voces. Yo lo llamé en una dirección y, acto seguido, haciendo trampa, levanté el paño que me tapaba y, al ver a Yusuf venir a la carrera, lo evité poniéndome detrás de una columna. Yusuf fue a estrellarse contra ella, y se hirió en una ceja. Cuando se descubrió, vi que sangraba. La sangre le teñía media cara y le goteaba sobre el pecho. El pavor me enmudeció. Lo limpié con su albornoz y después con el mío; posé mis labios sobre su herida para impedir, no sabía cómo, que brotase más sangre; pensé que el corte se abría igual que una pequeña boca... Y grité. Grité hasta que vinieron, y el médico Ibrahim, con una impasibilidad que me sosegó, puso remedio al trance. Pero nunca he olvidado el gusto salado y metálico de la sangre de Yusuf. Fue la primera que saboreé.

Alguien nos había garantizado que el unto de carnero hacía crecer el bigote. Por aquella época, a Yusuf y a mí eso era lo que más nos obsesionaba; nos untábamos, pues, continuamente. En una bolsita de marroquinería llevábamos la grasa que nos proporcionaba Subh, y a escondidillas nos frotábamos el labio superior. Los mayores, asombrados, creían que no parábamos de comer cordero y que nos manchábamos además de grasa.

Pero aquella pasión pilífera cambió de sitio cuando los mismos defensores del unto –unos primos con algún año más que nosotros– nos aconsejaron que, para apresurar el vello de las piernas, nos las afeitáramos dos o tres veces por semana. No sé qué era lo que pretendíamos afeitar, pero le compramos una navaja al barbero del tío Yusuf, y, en un cuarto secreto, nos enjabonábamos las piernas y pasábamos el frío filo por ellas. Ésa fue la segunda vez que vi correr la sangre de Yusuf. Al resbalar a contrapelo la navaja –sin producirle en apariencia dolor alguno, puesto que no se quejó y fue el primer sorprendido– brotó de su espinilla un chorrito escarlata. Él debió de recordar también el escándalo de la columna, porque, para animarme y distraerme, dijo:

–Esta vez cállate, y alcánzame, si puedes, la piedra de alumbre; dijeron que era buena para casos como éste. Y no te afeites tú, que no sé si habrá para los dos.

Pero estaba claro que yo no tenía ni la más remota intención de afeitarme.

La ojeriza que nos manifestaba la prima Jadicha sólo era comparable a la que, por supuesto fingida, le manifestábamos nosotros a ella. Más tarde llegué a la conclusión de que ella fingía también, porque le avergonzaba, lo mismo que a nosotros, admitir lo contrario. Un atardecer de abril la vimos bañarse, entre el vocerío de sus doncellas, en la gran alberca del Palacio de Mohamed II, uno de los más armoniosos de la Alhambra. [La Alhambra poseía muchas residencias reales. Cada sultán, si su reinado era lo suficientemente próspero y lo suficientemente prolongado, levantaba la suya respetando las de sus antecesores, salvo los casos de Yusuf I y Mohamed V, que las engrandecieron. La Alhambra era un ser vivo que crecía y se embellecía con el tiempo. Hasta que, como a todo ser vivo, le llegó el día de la muerte.] Por aquella época el palacio estaba vacío, ya que acababa de morir el alcaide que lo ocupaba y aún no se había asignado a nadie. La rebelde muchacha, con la ropa mojada trasluciendo su cuerpo, chapoteaba y reía entre la espuma, y surgía del agua verde como dicen los griegos que surgía Afrodita. Recordaba a las diosas que en algunas antiguas ruinas respetadas erigen todavía su belleza. Tanto nos impresionó a Yusuf y a mí que no nos atrevimos ni a mirarnos, y permanecimos mucho tiempo silenciosos y azorados, como si hubiésemos quebrantado una prohibición de la que nadie –tan evidente era– nos había advertido.

Nuestro amor mancomunado por Jadicha debía de conducir a alguna meta. En una pascua, no sé si la de Alfitra o la de las Víctimas, formando parte de un grupo de muchachos, nos arrojábamos, como es costumbre, flores, dulces, aguas perfumadas, naranjas y limones. Pero nunca nosotros a ella, ni a la inversa. De pronto, como si un árbitro del juego ordenase una pausa, nos detuvimos los tres y nos miramos con seriedad. Yusuf y yo estábamos muy juntos. Jadicha alzó con vacilante lentitud una rosa blanca y luego la arrojó con fuerza hacia nosotros. Me golpeó en el pecho y, por primera vez en mi vida, sonreí a mi prima lleno de gratitud, de orgullo y de ternura. Pero ella, cohibida, con la mano que había arrojado la flor ante la boca, dijo:

–No era a ti, perdona, no era a ti; era a Yusuf al que le quería dar.

–Pues eres tonta –le recriminó Yusuf–. Boabdil vale mucho más que yo.

Y arrojó al suelo la golosina con que se disponía a responderle.

Mi matrimonio con Moraima ha sido un éxito. Al no llevar ella mi sangre, me proporciona la ausencia de emulación entre los dos y la seguridad en mí mismo que siempre he necesitado. De niño ya exigía, por ejemplo, que mis nodrizas –salvo Subh, cuya parcialidad era indudable– me repitieran que me querían infinitamente más y más y más que a Yusuf; si no, yo no hubiese creído que me querían, por lo menos, igual. Jadicha, prima mía, altanera y audaz, habría llenado mi vida de inestabilidad. Sin embargo, si hay una carencia dentro de mí (que ya se ha convertido en un pequeño descontento sin voz, que ni sangra, ni duele, ni rebulle), si hay noches en que siento una inconcreta insatisfacción dentro de mí, es por no haberme casado con Jadicha. Ella es una de las poquísimas criaturas afortunadas, lo mismo que Yusuf, que he conocido; una de esas criaturas de las que la Naturaleza se enorgullece, y nos las deja contemplar de lejos, como un regalo que no nos ha sido destinado.

Hace sólo unas semanas entró en mi casa Yusuf, entre inquieto y complacido. Intuí, antes de que hablase, lo que me iba a decir.

—Ya sabes qué previsora es nuestra madre, y cuánto disfruta con el manejo de las vidas ajenas. Como considera que el flanco de Aliatar ya está cubierto con tu matrimonio, ha decidido utilizarme a mí para cubrir el otro flanco.

—¿Cuál?

—El flanco del tío Abu Abdalá, que está desguarnecido. No voy a decirte que me sacrifico por ti ni por el Reino. No voy a decirte que crea que la situación va a empeorar tanto que tú precises de ninguna ayuda para suceder a nuestro padre. Supongo que son imaginaciones de quienes, a fuerza de maquinar y de sembrar discordias, terminan por ver visiones y por sospechar que todo el mundo se dedica a lo mismo. Pero, como nuestra madre se empeña en encontrar conveniente lo que yo encuentro agradable, vengo a comunicártelo: voy a casarme.

—¿Con Jadicha?

—Con Jadicha.

—Desde que teníamos siete años, los dos (y cuando digo ahora los dos, digo tú y ella) sabíais que esto sucedería. Y, lo que es peor para mí, yo también. Os deseo de todo corazón que seáis felices. No me cabe la menor duda de que contigo ella sí lo será.

Y comencé a recitar unos versos que aprendimos de pequeños, sin saber con exactitud qué significaban, como una consigna de complicidad:

La mano de la aurora convierte en alcanfor
el almizcle sombrío de la noche.

Él respondió la contraseña:

> *Perfume por perfume, no sé con cuál quedarme.*
> *Renovar los olores no es ninguna torpeza.*

Yo después, descargándolo de su preocupación, rematé lo más alegremente que pude el poema:

> *Verdad es lo que afirmas, mas no del todo acaso,*
> *porque el almizcle es perfume de esponsales,*
> *y el alcanfor, perfume de mortajas.*

[¿Quién hubiese imaginado entonces hasta qué punto era una profecía?]

[Nunca he dormido bien; pero hace meses que apenas duermo. Como remedio empecé a emplear un recurso que a veces me daba buenos resultados y, a veces, los peores. Apenas apagadas las luces y abatidos los cortinajes, cierro los ojos e imagino una escena lo más lejana posible de mí y de mis desvelos: un par de rostros, sin edad ni sexo, que se inclinan conversando sobre una mesa; un emparrado bajo el que una criada se atarea; un hombre que pisa la uva, calzado con los ásperos zapatos del lagar, o descalzo, y se detiene un momento para escuchar a alguien que le habla y que yo no veo. Se trata de inmovilizar poco a poco las figuras, en un proceso de concentración: las voy viendo más precisas y, al mismo ritmo, yo voy dejando de ser alguien que imagina y paso a ser alguien que observa. Es decir, la escena está ya ahí, y yo fuera de ella como quien está mirando con atención una caligrafía o un paisaje, acaso asomado a una ventana. El riesgo, en el que incurro con frecuencia, es que, si el sueño no viene lo bastante pronto, también se traspase esa frontera, se deje atrás la ventana, y penetre el durmiente –o mejor, el que pretende dormir– en la escena que tenía que ayudarlo. Y entonces se produce una de estas dos consecuencias: o el interés por lo que sucede en la escena se acentúa, alertando por completo al que la observaba desinteresado, o, al revés, sobreviene el sueño más o menos tarde, pero rodeado por esas mismas circunstancias, y se ensueña, por tanto, la escena contemplada, de la que el sujeto forma ya parte y en la que contra su voluntad interviene. A mí me ocurre con frecuencia esto último; hasta tal punto que he conseguido provocarme sueños de ninguna manera previsibles y que en absoluto me atañen. Por eso me esfuerzo en que las figuras sean ajenas a mí y sin la menor importancia; porque, de otra manera, se me imponen con tal vigor que caigo en donde no quisiera, y me veo implicado en casos remotos que aspiraba a olvidar, en episodios que traté de abolir, en escenas violentas que un día sucedieron y me marcaron, o que no sucedieron y yo desearía que hubiesen sucedido...

En la actualidad me resisto a emplear tal recurso. Porque, piense en lo que piense, y cualquiera que sea el principio de la táctica utilizada para dormir, acabo soñando con la misma cosa. Sea una mesa con dos insignificantes y vulgares comensales, o una floresta donde dos amantes pasean y se detienen para acariciarse, o una elevada torre desde la que un espectador domina un panorama sin grandes perspectivas... Da lo mismo: acabo por ver, entre paños blancos y bolas de alcanfor, dentro de un arca que unas manos entreabren, sobre una bandeja cubierta con un lino que levantan unas manos de hombre o de mujer, o encima de un almohadón entre hermosas flores perfumadas, o en medio de dos hachones que han sido encendidos con prisa por una figura de espaldas, siempre, siempre, acabo por ver la cabeza, separada del cuerpo, de mi hermano Yusuf. Y oigo alzarse y arreciar el llanto de las mujeres por el otro Yusuf, el del Corán, y veo cómo ante su belleza se cortan las manos, y todo el sueño es ya un puro alarido del que quiero despertar y no puedo, un puro charco de sangre que, al incorporarme de un salto, me obliga a mirarme y a mirar alrededor, tan seguro estoy de que voy a encontrarme empapado de ella.]

En la fiesta del Mawlid correspondiente a mis once años, a la vez que celebraba el nacimiento del Profeta, celebré, sin preverlo, mi entrada en la adolescencia; en ese laberinto confuso en que el muchacho, solitario, no sabe a quién busca, y se extravía hasta que, frente a un ignoto espejo, se da de manos a boca consigo mismo.

Las doctrinas de Malik que nos enseñan en la madraza, los libros de la justicia y la religión misma consideran los bailes y las canciones como licenciosos y proclives a la inmoralidad. De las casas donde hay esa clase de festejos acostumbran ausentarse los alfaquíes. Incluso mi padre, no muy cumplidor de las normas, cuando sale al frente de una algara, no permite tañer los instrumentos hasta atravesar la Puerta de Elvira. Sin embargo, Granada ha hecho siempre oídos sordos a cualquier predicación contra la música. En ese día del Mawlid del que hablo no había ni un rincón sin ella. Toda la ciudad era una resonancia vivaz y jolgoriosa. Por dondequiera se oían los cantos andaluces que, desde que tengo noticia de mí, me enfervorizan: unos cantos que se levantan como varas de nardo, como afiladas lanzas y, de pronto, se desploman igual que las rapaces después de cernerse; se desploman quejándose y riéndose al mismo tiempo. No sé si esos cantos los encauzó Ziryab el bagdadí, al que en Córdoba llamaron *el Pájaro Negro*, pero siempre he creído que brotan de esta tierra como brotan las flores: de su clima, de su luz, de su conciencia de la muerte mezclada con el gozo de la vida. Igual que brotaban en mi alma, a la expectativa de lo desconocido, aquella tarde.

En la Alhambra, el sultán celebraba una gran fiesta para los mayores, en todos los sentidos, del Reino. A nosotros, no sólo a

Yusuf y a mí, sino a algunos de nuestros hermanastros, nos permitieron asistir a otra, que ofrecía en su casa el hijo de un ministro. Su nombre es Husayn, y no lo conocíamos porque había pasado los últimos años en Almería con unos familiares suyos dedicados al comercio por mar. Si me traslado a aquel atardecer que hoy veo tan distante, todavía me estremece su frío. Mientras atravesábamos la Alhambra para llegar a casa de Husayn, no lejos de la de los abencerrajes, yo hacía un gesto con el que levantaba en torno mío una barrera invisible: consistía en apretar por sus junturas las mandíbulas, hasta producirme dentro de los oídos un zumbido que multiplicaba mi sensación de frío y de abandono. Aislado por el ruido interior, que distanciaba todos los otros, veía con mayor precisión las hojas secas que el viento arrastraba y arremolinaba. Los jardines se habían convertido en una ruina hermosa y desolada; los amarillos, los ocres, los rojizos, se entreveraban y se desprendían; caía una lluvia menuda, impávida y glacial, que levantaba de las enramadas un incipiente olor a corrupción. Íbamos abrigados con mantos de lana listada de colores; es decir, teníamos el aspecto de lo que éramos: unos niños a los que, por primera vez, se autorizaba a asistir a una fiesta fuera de su casa, al caer el día, en otoño. Qué ajeno estaba yo a que mi infancia se me rompería entre las manos esa noche con el minúsculo estruendo con que se rompe una alcancía de cerámica.

Al entrar vimos que la fiesta estaba mejor organizada de lo previsto; pero peor, según los principios coránicos. Numerosos cantores que no actuaban en la Alhambra –y alguno de los que irían luego allí– nos aguardaban. Los cantores granadinos, famosos no sólo en la península, sino fuera de ella –al norte de los Pirineos y en el Magreb–, son con mucha diferencia los más cotizados. Había esclavas que nos convidaron con mosto y jugos de bonitos colores. En un salón se preparaba una leila con dulzainas, chirimías y ajabebas; pero, bajo el son de las bandolinas, las guzlas y los laúdes, ya se revelaba triunfante el ritmo de adufes, panderos y sonajas, no bien considerados entre la aristocracia. Se respiraba un ambiente de zambra que, por ser demasiado popular, nos estaba vedado. Yusuf, enrojecido en parte por el frío y en parte por la excitación, me daba codazos de impaciencia y de confabulación.

Me acompañaba *Din*, mi perro, que vive todavía, achacoso ya y lleno de toses. Al salir de casa me fue imposible conseguir que se quedara. Era todavía un cachorro –como yo, pero rubio y blanco– rechonchete, desvergonzado, gracioso y sin educar, por lo que me habían prohibido llevarlo conmigo a ningún sitio. Pero estaba de Dios que, en aquella noche, todo fuese infracción.

Se inició el canto, y las letras de las canciones indicaban el cariz de la zambra, para nosotros aún incomprensible. Una mujer cantaba:

> *Dicen que soy tu montura.*
> *Si de ti salgo al campo montada,*
> *a tu poder me acomodo:*
> *como una flecha corro cuando metes tu espuela,*
> *y me detengo cuando tú te detienes.*

Husayn, el anfitrión, me murmuró al oído:

–Es un zéjel de un viejo e impúdico poeta cordobés. Me ha dicho la cantora que, en el original, habla un hombre de otro hombre.

No entendí lo que me decía, y volví la cara para pedirle una aclaración. Estaba tan inclinado sobre mí que nuestras caras se juntaron. La cantora continuaba:

> *«Dueño mío –me dice mi amigo–,*
> *cambia, hijito, de amor.»*
> *«¿Cómo hacerlo, si tú eres mi mundo*
> *y mi tiempo de flores?*

¿Por qué dices que yo soy tu dueño?
Esa palabra sobra.
Dime sólo cariños y arrullos;
hazme sólo arrumacos.
Lo que quieras quitar de respeto,
me lo añades de amor.
Aún con leche en los labios, no tengas
en el pecho alquitrán.»

Difusamente pensé que Husayn no separaba con la debida rapidez su cara de la mía, y noté que estaba arrebolado y ardiendo. Pretendí separarme yo dando un paso hacia adelante, pero no lo di a pesar de intentarlo. Un instante después, Husayn se sentó y tiró levemente de mi chilaba para que yo lo imitase. Lo complací, y me senté. En ese momento, *Din*, encantado con la nueva postura, que le permitía alternar conmigo con más comodidad, se puso a retozar a mi alrededor. Le reñí, y hasta le sacudí con mi cíngulo, cosa insólita –yo lo mimaba mucho–, que hizo que Yusuf, desde lejos, me mirase con extrañeza. Pero yo quería que todos me dejaran en paz. Estaba alterado sin saber por qué; temía parecer demasiado pueril al muchacho de la casa, que, por otra parte, no me llevaba más de un año o dos.

–Si no molesta. Déjalo. Es muy lindo –dijo mientras acariciaba a *Din*.

Su mano, sacudida por los movimientos de simpatía del perro, rozaba de cuando en cuando mi muslo, aunque con discreción se retiraba. O con una recalcada discreción. Yo no sabía ni qué quería yo, ni si había que querer algo. Sólo sabía lo que quería *Din*: jugar con cualquiera; y lo que quería Yusuf, que me hacía señas de que lo siguiese fuera del salón. Pero me hice el distraído, y permanecí inmóvil. Sentí que mis mejillas se habían ruborizado y que mi cuerpo despedía calor. La música sonaba cada vez con mayor alborozo. El tiempo se detuvo, o quizá corría más de prisa. Porque ahora cantaba un muchachito, con no más de nueve años.

–Es hijo de un herrero –me comentó Husayn, en voz tan baja que me tocaba la oreja con los labios–. Ya verás qué bien canta.

> *Quiero sorberle el labio a una copa,*
> *ya que no me dejas sorberte a ti los labios.*
> *No es un refresco el beso, sino una brasa al rojo.*
> *Ay, nadie es tonto hasta que se enamora.*

Husayn, con cortesía, tomó la copa de mi mano y bebió, mirándome, un sorbo de ella. Luego me la devolvió, y yo, sin darme cuenta apenas, bebí también. Dentro de mi corazón revoloteaban mariposas; tan fuertes eran sus latidos que me asombraba de que la música continuara oyéndose. Husayn me cogió la mano con la que yo sostenía la copa, y la atrajo hacia él. Creí que iba a beber de nuevo, pero no: acercó su boca y me besó la mano. Luego susurró:

–Porque he besado tu mano, los reyes me besarán la mano.

Y clavó sus ojos en los míos.

Yo escuchaba la risa de Yusuf, que se había refugiado con otros muchachos en un salón cercano. Y pensé que él no entendería lo que me estaba sucediendo, sencillamente porque no lo entendía yo, ni sabría explicárselo.

> *Mi corazón* –cantaba– *a pesar del invierno,*
> *con el amor y el vinillo palpita.*
> *No he de atrancar la puerta de mi casa*
> *por si quien yo me sé viene esta noche.*

–¿Es que las copas tienen vino? –pregunté a Husayn vuelto hacia él.

Eso hubiese justificado mi malestar y mi bienestar. Vi su

cara de frente: era agraciado, con ojos chispeantes; los dientes
le asomaban entre unos labios frescos.

–No –contestó, y añadió sonriendo–: las copas, no. Hay vino
en todo lo demás. Tu hermano es cautivador y más audaz que
tú. ¿Sabes lo que hace? Fuma hachís ahí dentro. ¿Te atreves tú
a fumar?

–Prefiero quedarme aquí –musité; pero Husayn no me oyó.

–¿Qué has dicho? –preguntó acercándose aún más.

–Que prefiero quedarme aquí.

–Yo también –insinuó. Y puso su mano sobre la mía–. Aunque estaríamos mejor en otro sitio.

–¿Dónde? –le pregunté.

–Ven.

Me llevó, sin soltarme la mano, a un aposento pequeño y retirado. *Din,* que nos acompañó, saltaba alrededor, feliz con el
cambio. Volví a recriminarme no haberlo atado en casa. Husayn con una mano acariciaba mi cara, y, con la otra, mi cintura. Yo, ignorando qué hacer con mis manos, dudaba, hasta que
las coloqué, como si no fueran mías –o acaso ellas se colocaron
solas–, sobre sus caderas. Había bajado los ojos, y me oí suspirar. Husayn me levantó la barbilla y nos miramos: todo el mundo eran sus ojos. Tanto, que tuve que cerrar los míos. Luego me
besó en la boca. Sentía las patas y los gañidos de *Din,* que reclamaba mi atención, depositada entera en otro sitio. Se escuchaba una voz:

> *Por la boca entra el licor que me embriaga*
> *y entra el humo venturoso del hachís.*
> *Pero los restos del vino salen por una espita que no nombro*
> *y los restos del humo son sólo risas y humo.*

La boca de Husayn se demoraba sobre la mía. Para poder
respirar, entreabrí los labios. Imaginé sus dientes algo grandes
y sus labios, que había visto de cerca un poco antes. Pero me

pregunté por qué tenía que imaginármelos si ahora estaban entre los míos.

> *El vino y el hachís son las muletas*
> *en que me apoyo: de agradecer son ambas;*
> *pero la del vino me traba los pies*
> *y la del hachís me proporciona alas.*

Nuestros cuerpos, apoyados el uno contra el otro, se frotaban y se apretaban. Algo crecía en mí, se dilataba en mí con un insólito sufrimiento. Sufrí un vértigo, cerré los ojos en el vacío y eché las caderas de golpe hacia adelante. Husayn levantó el borde de mi falda, e introdujo su mano bajo ella. Me acarició allí donde algo nuevo se tramaba, al parecer en contra mía. Con la otra mano me empujó en el hombro hacia abajo, y nos recostamos sobre unos almohadones. Cogió mi mano y la puso entre sus piernas: entonces comprendí lo que se alzaba entre las mías. Alguien cantó, y me sonaba dentro:

> *Ay, jilguero, ay, jilguero,*
> *pósate en la rama de mi cuerpo,*
> *brinca sobre ella y trina,*
> *balancéate y canta y haz tu nido en mi pecho,*
> *que ya no puede servir para otra cosa.*

Din, ofendido por nuestra indiferencia, se tumbó a nuestro lado, mirándonos con ojos de reproche, atentos y suplicantes. Husayn me acariciaba y yo lo acariciaba. Con los ojos perdidos, llegó un momento en que creí que me estaba muriendo sobre los almohadones, y que se me escapaba la vida, y que nunca más podría ponerme de pie, ni ver, ni oír. Abrí los ojos porque *Din* me olfateaba el vientre, mojado de algo que no había visto nunca. Husayn yacía como desmayado al lado mío, con el pene erecto, protegiéndolo de *Din*, que a toda costa trataba de lamerlo.

–Din –grité, o no sé si grité–. *¡Din!*

–Él sabe lo que hace –sonrió Husayn y, después de un instante en silencio, añadió–: Vamos con los demás.

A mí me parecía que llevábamos años apartados de ellos. Al volver al salón principal, todavía cantaba el hijo del herrero con su blanca y aguda voz de niño:

> *Ay, jilguero, ay, jilguero,*
> *déjame besar tu cuello mientras te digo adiós.*

La mano de Husayn acarició mi cuello sin detenerse en él.

–Tienes –me dijo– el cachorro más bonito del mundo.

–Quédate con él. Quiero regalarte algo por el Mawlid y por tu fiesta.

–¿De verdad?

–Nada me gustaría tanto, siempre que me dejes visitarlo de cuando en cuando.

Sonrió, me hizo una reverencia de gratitud, y llamó a *Din.* Como si comprendiese que había cambiado de dueño, *Din* corrió hacia él haciéndole zalemas, y meneando, no el rabo sólo, sino las ancas y casi el cuerpo entero.

Aquella noche yo no podía dormir. Estaba poseído de una agitada felicidad. O quizá no de felicidad, porque suponía que ése habría de ser un sentimiento menos torturador. Lo que no me dejaba dormir era una tensión que me representaba, detalle por detalle, lo sucedido; la necesidad de que la noche no pasara, y a la vez de que llegara el día siguiente para comprobar, a su luz, que todo había sido cierto, y que, a pesar de ello, yo seguía siendo el mismo. Con los ojos abiertos en lo oscuro, percibía resonancias no percibidas hasta entonces en las noches de la Alhambra: los sonidos quebradizos y entrecortados del agua, los remotos chasquidos de las armas de la vigilancia, el aire insomne desordenando los jardines, el silencio armonioso que luego he escuchado tantas noches descender desde las estrellas. Me parecía que, por fin, había sabido quién era yo y para qué era yo...

Me quedé dormido sin querer. No debía de haber pasado mucho tiempo cuando me despertaron los voraces lametones de *Din* humedeciéndome la cara. Sin abrir los ojos, sonreí. Pensé qué fácilmente había encontrado él el camino de vuelta, ahora que yo iniciaba otro de ida sin la menor idea de dónde me conduciría. Suspiró el perro, suspiré yo, y nos dormimos abrazados.

Pasaron dos días antes de que volviera a ver a Husayn. Fue a la salida de la oración de la tarde en la mezquita de la Alhambra. Me saludó con amabilidad. Mis ojos, llenos de intensidad, buscaron los suyos; después los abatió la decepción: Husayn me miraba con la sencilla indiferencia con que miraba los árboles, el minarete, los tejados verdes, la tarde, la suave cuesta que desciende hasta la entrada principal de los palacios, y los rostros de quienes nos rodeaban. Me preguntó por *Din* y me contó riendo que la otra noche no había durado a su pies ni una vela siquiera; en cuanto apagó la antorcha para dormir, *Din* huyó de su alcoba.

Husayn, en adelante, me trató como si nada hubiese ocurrido entre nosotros. Y así era, en efecto: nada importante había ocurrido. Sin embargo, yo tardé en descubrirlo. Cuando lo descubrí, había dejado para siempre de ser un niño ya.

Estábamos jugando, entre lección y lección, en la madraza de los príncipes, dentro del recinto de los palacios. Éramos doce o catorce. Nos habían enviado hacía muy poco, desde Loja, unos kurray: unos preciosos potros tallados en madera de colores brillantes, con los faldones de tela listada y bordada. Nos los atábamos, para correr cañas, a la cintura. El de mi hermanastro Nazar acababa de chocar tan fuerte contra el mío que le había partido una oreja; yo la tenía en la mano, la miraba con pena, pretendía ajustarla de nuevo a la cabeza. Entonces entró un criado de la casa de mi padre, y, dirigiéndose a mí, dijo tajantemente:

—El sultán, a quien Dios bendiga, desea verte ahora.

En el patio se hizo un silencio. Quizá ese silencio me atemorizó más que el mensaje. Mi padre no me había mandado llamar nunca, y yo no lo había visto a solas en mi vida. Me desaté el kurray; lo deposité con excesivo cuidado —no sé si para tomarme algo de tiempo o para simular una tranquilidad que no sentía— en un rincón del patio. Miré a Yusuf, que me saludó con la mano para darme aliento, y seguí al sirviente, preguntándome qué habría hecho mal, o qué quejas le habrían dado a mi padre para que, de manera tan drástica, interrumpiera las lecciones y me reclamara delante de todos.

Me condujeron a la Sala del Consejo, lo cual me alarmó, si cabe, más aún. Yo sólo había entrado allí una vez, en compañía de uno de mis maestros, para pedir gracia a un ministro en favor de un sirviente nuestro, que había quemado con un brasero el borde de un tapiz. Al atravesar el arco no distinguí nada en la penumbra, deslumbrado por la luz exterior. Luego ya vi a mi padre. Nunca me había parecido tan temible, quizá porque nunca lo había visto antes en funciones de rey, o quizá porque mi estado de ánimo me lo engrandecía. Al principio creí que estaba solo: soberbio, de cejas espesas y fruncidas, y ojos relampagueantes como en una cólera continua. Debía de vestir de oscuro, porque no distinguí sus ropas, sólo su cara, cercada de una barba negra, y sus manos, poderosas y largas.

—Acércate —me dijo.

Estaba sentado, y me indicó que me sentara frente a él. Al obedecer, adaptados mis ojos a la luz, alcancé a ver dos hombres que lo flanqueaban. A uno lo identifiqué como el gran visir Abul Kasim Benegas; al otro no lo había visto nunca. El visir era muy delgado y cargado de hombros, con una barba en punta aún no del todo blanca. El otro, en cambio, era bajo y regordete, con una expresión un poco ida y bondadosa; cuando notó que lo miraba, sonrió inclinando la cabeza; era más joven que los otros dos. Mi padre estaba hablando:

–Cuando tú naciste, los pronósticos que nos dieron los astrólogos no fueron favorables. Yo no creo en agüeros, salvo que sean propicios; sobre todo, si vienen de estrelleros trapisondistas, o pagados por enemigos míos. Y ciertamente los astrólogos de tu abuelo no me tuvieron nunca como amigo.

Yo había nacido un par de años antes de que mi padre destronara a mi abuelo. Los astrólogos oficiales, tratando de apoyar al sultán viejo, o acaso la candidatura de mi tío Abu Abdalá, pusieron de su cosecha cuanto pudiera ir en contra mía y, por tanto, de mi padre. En aquel tiempo la relación de mis padres entre sí era más concertada de lo que fue después, y mi madre falseó el día y la hora de su parto para tener el pretexto, suponiendo la mala fe de los sabios, de echar por tierra el resultado de sus horóscopos. Por eso nunca he sabido el momento exacto en que nací. El caso es que todos los vaticinios estuvieron de acuerdo en que, si un día me sentaba en el trono, el Reino se perdería conmigo. Semejante maldición había pesado turbiamente sobre mí, aunque nadie de las alturas tuviera una fe ciega en las cartas astrales, salvo –como acababa de decir mi padre– en cuanto les fuese conveniente. Y yo había sabido, unos meses antes, que los secuaces de mi tío Abu Abdalá, en los días de su frustrada rebelión contra mi padre, hicieron uso de esas predicciones perjudiciales para mí.

El visir y el otro acompañante atendían a mi padre entre signos de aprobación. Estaban de pie, y yo sentado, lo que me desasosegaba, porque preveía la importancia de lo que me iba a ser comunicado.

—Corren tiempos muy buenos para el Reino. Los reyes cristianos andan a la greña entre ellos y con Portugal; en cambio, nuestra economía está saneada, y nuestros súbditos viven tranquilos y felices. Gracias a mi gobierno, es fuerte la moneda; la agricultura, fructífera; los impuestos, tolerables; y el ejército, disciplinado y bien dispuesto. No se ven nubes en el horizonte. [Tampoco se vieron durante los días del gran alarde, y cuando se vieron, no hubo remedio ya.] De ahí que sea el momento ideal para iniciarte en las tareas políticas. Aquí están dos de las personas que te van a servir de guía en ese empeño. Sé que tienes ya bastantes conocimientos de escritura y del Corán; en adelante debes proponerte como punto de mira el de los príncipes nazaríes. La más alta instrucción es la que conduce al regimiento de nuestro pueblo: una forma de obtener el poder y de mantenerlo después en nuestras manos. Si respondes a esa exigencia, serás mi sucesor cuando Dios sea servido; si no respondes, otro príncipe te sustituirá en el privilegio. De ti depende, pues, tu propio destino, y no de los estúpidos agoreros que pretendieron disturbar nuestra esperanza.

Señaló a su derecha.

—Éste es, ya lo sabes, mi brazo derecho en el gobierno: el gran visir Benegas. Goza de mi absoluta confianza. Ningún hombre podría ilustrarte mejor que él, ni asesorarte mejor en el viaje que emprenderás a través del proceloso mar de la política. El ser humano vive muy poco tiempo y agitado. Nuestra época es temblorosa y crítica: en buena parte es nuestra mano la que ha de marcar su signo y la dirección de los acontecimientos. En un príncipe, el valor, la abnegación y la defensa de su Reino hasta la muerte son virtudes que se dan por supuestas; a ellas hay que agregar la habilidad, la oportunidad en las acciones y la anticipación a los enemigos, de los que fuera y dentro estamos rodeados. —Los tres mostraron, con una sonrisa, su connivencia–. No puedo encarecerte con bastante insistencia que estudies, asimiles, experimentes y te apliques a discernir cuanto a tu alrededor suceda para que, cuando suene tu hora (y me es imposible desearla pronta) –los tres sonrieron de nuevo–, gobiernes con precisión, justicia y beneficio.

Señaló a su izquierda.

–Este otro personaje es Abu Abdalá Mohamed Ben Abdalá al Arabí al Okailí. Un hombre de prestigio, poeta y sabio. Él te orientará entre los intríngulis de la corte, del protocolo y de la majestad, no siempre accesibles, sobre todo al comienzo, cuando el poder no es aún suficiente como para cortar los nudos de un tajo y decidir con violencia. De ti y de ellos espero que hagáis una obra buena a los ojos de Dios. De vosotros dos –añadió dirigiéndose a ellos– espero que hagáis una buena obra a mis ojos. –Mirándome con frialdad, concluyó–. Ahora, vete. No comentes nada de esta reunión. Ni a tu madre. A tu madre menos que a nadie. –Sonrió, y volvieron a sonreír sus adláteres–. Ve en paz, y trabaja. Tu triunfo y el del Reino lo escribiremos entre todos dirigiendo tu mano.

Me puse en pie, di con torpeza las gracias, saludé y salí.

A Benegas y a El Okailí se agregaron un maestro de armas y un alguacil del tesoro. El maestro de armas me enseñó su variedad, su empleo y el procedimiento para elegirlas y sacarles provecho; pero también cómo utilizar a los soldados, a los que había que conducir y alentar, casi más que en la guerra, en la paz. [Sin embargo, nadie me advirtió que la artillería –una nueva manera de hacer la guerra– me iba a traer los disgustos más serios de mi vida. Entonces en el Reino todos dormitábamos, sin mirar –ni en el armamento ni en nada– hacia adelante, sino a los modos y a las costumbres del pasado.] Pero más que nada me hablaba de caballos. Me dio a leer el *Libro de los Escudos y de los Estandartes*, y, al recomendármelo, agregó:

–Según la leyenda, cuando Dios quiso crear el caballo árabe, se dirigió al viento del Sur: «Tú engendrarás una criatura con el poderío de quienes me defienden y con la fuerza de quienes me obedecen.» Por eso el Profeta nos previno: «A quien posea un caballo y lo respete, lo respetará Dios; a quien posea un caballo y lo desprecie, Dios lo despreciará.» Él simboliza la rapidez de nuestra victoria por el ancho mundo. No hay otro más elegante ni más ligero de movimientos; ninguno le iguala en mansedumbre y docilidad; ninguno más inteligente para aprender alegrías, o para hacer prodigios de agilidad. Recuerda esto: nunca mandes cortar su larga cola de seda; no te asemejes a esos pueblos que, con la misma cuchilla con la que cortan la cola de sus caballos, cortan la cabeza de sus reyes. Al hombre de armas castellano –decía ahuecando el pecho– da risa verlo, si es que se le ve; porque lleva celada con visera, peto doble, protectores de muslos, grevas y zapatos de hierro. Tiene un caballo principal, al que cubre también con bardas sobre ancas, cuello, pecho y testeras, y otro de dobladura para llevar la carga o sustituir al primero cuando lo rinde tanto peso. Ese caballero, pesado como un elefante, porta una lanza larguísima, de enristre, que descansa en una bolsa de cuero unida a la silla por el lado derecho, y estoque y maza o hacha. Nuestro jinete, por el contrario, se defiende con una armadura más ligera, una lanza corta, la adarga y un puñal. Y mientras el castellano usa un estribo bajo, el estribo nuestro es muy alto y cabalgamos encogiendo las piernas, lo que hace más fáciles y ligeros nuestros movimientos. Claro que los cristianos nos han copiado hace ya tiempo; sin embargo, les será siempre imposible competir con nosotros, porque el caballo es aliado nuestro.

El alguacil del tesoro, cuyo nombre es Abul Kasim al Maleh, me mostró, con el maestro de armas, durante una larga mañana, las riquezas guardadas en los sótanos del palacio principal, que entonces habitaba mi padre. Los reyes de Granada, tanto los ziríes como los nazaríes, han sido muy dados a acumularlas;

por eso el resto de los reyes de Taifas nos llamaron *las urracas*. Las riquezas de los ziríes se las arrebataron los almorávides: ¿quién arrebatará las nuestras? Cuando las vi me parecieron deslumbrantes e innumerables: ninguna guerra ni desgracia alguna las podría agotar. [Hoy sé que no estaba en lo cierto y las recuerdo, en su mayor parte perdidas, más de lo que las recordaba al día siguiente de habérmelas mostrado.]

Entré en un subterráneo excavado en la piedra roja de la Sabica, con el silencio y la humedad rezumando por sus muros. Los siglos habían construido allí un prolongado agujero donde depositar sin prisas lo más fastuoso y lo más raro que se hallara. En la primera sala había armas suficientes para cubrir las demandas no sólo del ejército profesional granadino (la profesionalidad existía desde los tiempos de Almanzor), que era propietario de su propio armamento, sino de los ejércitos ocasionales, aglutinados como consecuencia de hechos concretos o por levas repentinas.

–En ellos se alistan, digamos que voluntariamente, los artesanos, los comerciantes y los ciudadanos del Reino, ordenados por villas, por señoríos y por familias, y también los artesanos, los comerciantes y los ciudadanos de la capital ordenados por gremios, por barrios y por puertas.

Así me lo explicó el maestro de armas, en aquel espacio lóbrego e inmenso, donde se repetía, una vez y otra hasta amortiguarse, el eco de su voz y de nuestras pisadas. Mientras, me señalaba gruesos haces con millares de lanzas apuntadas o de dos filos, partesanas, hachas, mazas, porras de astil amplio y flexible, ballestas y venablos armados de varias cuchillas, flechas emplumadas, y esbeltos y potentes arcos. Apiladas en pirámides, miles de adargas, clasificadas según su material, su resistencia o su labor: había broqueles redondos de madera, y adargas de piel de buey o de onagro o de antílope sahariano, con bellos adornos metálicos colgantes; cotas de malla y jacerinas, coseletes y lorigas, cascos y yelmos. En una sala posterior, los arneses damasquinados y los tunecinos, hechos con chapa redoblada, las corazas labradas y las armaduras nieladas exhibidas sobre estafermos de madera, junto a los jaeces para los caballos y a los estandartes, los pendoncillos y los guiones. Y cerca, despidiendo una larvada refulgencia, un número infinito de alfanjes, cimitarras, gumías, dagas, puñales, espadas, y las trompetas y los timbales que escoltan el paso del ejército.

En un piso inferior, al que descendimos por unos peldaños gastados trabajados en la roca viva, se guardan las armas de los sultanes y de los príncipes: cascos orlados de oro y pedrería, espadas de combate y de alarde cuajadas de esmaltes y filigranas, armas blancas para las recepciones consteladas de perlas, rubíes y esmeraldas; espuelas, estribos, bocados de plata para las carreras; monturas recamadas en oro, guarniciones de caballerías, tanto de guerra como de torneo, gualdrapas y cadenas, armaduras diseñadas y adornadas por los mejores orífices y los más minuciosos joyeros de la Tierra...

–Todos los instrumentos de ataque y de defensa que el hombre ha inventado para sembrar con ellos bellamente la muerte –dijo El Maleh.

En las siguientes habitaciones, más aisladas y secas, se hallan el mobiliario y las ropas pertenecientes a los reyes de la Alhambra. Sobre esteras de pita y de cáñamo se amontonan las alfombras y los alcatifes enrollados, y se alinean, en una guarda perenne, los armarios y las alacenas, los roperos y las cajonerías. De paso, abrí un cajón al azar, y manó como un venero seco o como un arco iris desprendido de alguna vestidura. Pensé que, por mucho que viva, nunca podré lucir, aunque no sea más que por un instante, cada una de las prendas que allí hay –albornoces, aljubas, capellares, marlotas, mantos, qué sé yo– conservados en una mustia y sombría espera.

No lejos, miles de objetos disponibles para el ornamento de la corte y para la ostentación de los sultanes: almimbares de maderas de Oriente, guirnaldas de abalorios, ataifores de Damasco con incrustaciones de nácar, tibores de la China, copas de Irak, vasos de Tabaxir, cueros de Córdoba y una interminable serie de porcelanas, cristales y taraceas. Vi cientos de instrumentos musicales: dulzainas, bandolinas, guzlas, chirimías, trompas italianas, ajabebas, adufes, sacabuches, clarines, laúdes, cítaras, rabeles. Vi una multitud de pebeteros y de perfumes envasados; lámparas y candeleros incrustados de ágatas y ónices; espejos de plata, o de marco de oro y cerco de diamantes... A mis jóvenes ojos todo aquello se desplegaba como un sueño, o como un cuento de *Las mil y una noches* que pudiera tocarse.

Me llamó más la atención, sin embargo, algo que no brillaba: rimeros altos y resguardados de pergaminos y papeles carmesíes: los usados en la cancillería para la correspondencia oficial. Pregunté:

–¿Puedo llevarme alguno?

El Maleh, que me acompañaba, sonrió:

–No hay riesgo de que falsifiques ninguna carta regia: te falta el sello aún. Cógelos.

Cogí un pequeño montón. Tres años después comencé a escribir en ellos estas leves memorias.

En un corredor ancho, próximo a numerosas tiendas de campaña plegadas, de las que entreví el lujo y los colores, un hormiguero de relojes de arena, de complicadas clepsidras que miden el tiempo con el agua, de largos telescopios, de astrolabios, de brújulas, de artefactos que había visto en casa del médico Ibrahim, de extraños útiles de alquimia, de sopletes, de retortas, de matraces, de tablas geométricas, de aparatos y mecanismos cuya finalidad y funcionamiento yo ignoraba y aún hoy sigo ignorando. Y en estanterías adosadas a paredes más lisas y protegidas por cueros, antiguos manuscritos y libros esmerada y lujosamente encuadernados. Los miré con ojos compasivos al encontrarlos tan fuera de su destino de estudio y de lectura. Y en mi interior les dije: «Cuando reine, si reino, os subiréis conmigo. En vosotros reside la única majestad», y me despedí de ellos, sin poder despegar mi mirada de su significado: porque ellos son la huella y la manifestación de la sabiduría, de las ciencias que nos han hecho célebres en la historia del mundo, de la literatura que alberga las palabras de amor y de tristeza por las cuales los hombres pueden quizá salvarse.

No obstante, aún me quedaba por ver lo más fantástico. Tras una puerta que sólo se abre con cinco llaves, cada una de las cuales custodia un alguacil distinto, está la habitación del tesoro real. En el centro, una luenga mesa con tablero de ágata y patas de oro. Sobre ella y a los lados, vasijas de cristal donde se depositan, ordenadas por tamaños y colores, la mayor cantidad de piedras preciosas que sea dado imaginar. A pesar de la oscuridad que reina allí dentro, al moverse la luz de la antorcha que El Maleh llevaba, se producía un verdadero incendio frío. Soy incapaz de transcribir la diversidad de piedras sin montar que allí arden, ni de aventurar su número. Sus ofuscantes destellos mariposeaban, latían, se apagaban, bullían de un lado a otro, se contagiaban prendiendo y saltando de una a otra vasija.

A un extremo, en arcones, cofres y talegos de piel, se apiñan las monedas acuñadas de oro y plata, así como bolsas repletas de oro en polvo, en lingotes y en barras. Al extremo contrario, las alhajas de los sultanes y de las mujeres de la casa real: diademas, brazaletes, arracadas, sartales, ajorcas, herretes, todo cuanto la jactancia crea para embellecer o para provocar una impresión de majestad y de opulencia. En lugar de sentirme atraído por tales galas, en que se había holgado el deseo y el arte de muchos hombres y mujeres ya fenecidos, sentí por lo que sobrevivió a sus propios dueños sólo desdén. Acaso porque, acumulados en una cantidad sobre toda medida, perdían aquello que verdaderamente aspiraban a ser: únicos, irrepetibles y ensalzadores de una persona sola e irrepetible también. Al estar barajados unos con otros y constituir un apretado hervidero de esplendores, semejaban un montón de baratijas como las que se ven en un bazar cualquiera, susceptibles de servir para la colección y el intercambio de los niños. Y tal vez nunca fueron más que eso.

El Okailí, a quien expuse el juicio que me merecía el tesoro, me habló de la ilimitada insensatez de la ambición humana. Pero, por una parte, yo noté que no quería enemistarse con la tradicional actitud de sus reyes, y, por otra, que aquella insensatez le atañía también a él muy seriamente, ya que era aficionado a sortijas y joyeles. A mí, no obstante, la visita me sirvió como cura de asombros y como prevención; igual que el niño que entra a trabajar en un obrador de pastelería y, al primer atracón, deja de soñar con los dulces y empieza a aborrecerlos.

El Okailí prefirió desviar la conversación de las joyas y tratar de las armas. Me dijo:

–Aunque no es misión mía adiestrarte en el arte de la guerra, debes saber que, entre nosotros, las artes y las ciencias no están separadas del todo, y que la poesía, un aire aromado y cálido, a todas las impregna. Voy a darte una prueba. Abu Bakr al Sairafi, un antiguo poeta, se permitió aconsejar a los almorávides, después de una derrota asestada por los cristianos, la secular estrategia de los musulmanes andaluces. Porque nadie mejor que los guerreros nativos, buenos conocedores de las geografías y de los climas y del carácter de sus enemigos, para acertar en la técnica bélica que ha de ser empleada. [El infeliz El Okailí miraba asimismo al pasado, sin echar de ver que quien renovase las antiguas técnicas e incorporase las novedades, apostadas ya en el umbral, sería precisamente el que habría de cantar la victoria definitiva, si es que la hay.] Dice Al Sayrafi a su imaginario interlocutor, uno de los invasores ortodoxos que soñaron con ser los propietarios del paraíso andaluz:

En cuanto a la estrategia, te brindo los recursos por los que los re-
yes de Persia se apasionaron y triunfaron mucho antes que tú.

No pretendo ser un entendido, pero acaso mi compendio animará a
los creyentes y les será beneficioso.

Vístete una de aquellas cotas de malla doble que Tuba, el hábil ar-
tesano, recomendaba.

Toma una espada india, delgada y cortante, pues es la que hace
más mella en las corazas, y taja con más nervio que las otras.

Monta un corcel veloz, que sea como una fortaleza bien guarnecida
contra la que nadie puede nada.

Parapeta tu campamento cuando te detengas, ya sea que persigas al
enemigo como vencedor, ya sea él quien te persiga a ti.

No atravieses el río; acampa mejor a su orilla, de manera que se-
pare y proteja del contrario tu ejército.

Entabla la batalla al atardecer, cuando tengas la certeza de apo-
yarte en una bravura denodada como un sostén inquebranta-
ble. Cuando los dos ejércitos se encuentren con escaso espacio en
la liza, que lo amplíen las puntas de las lanzas;

cuando hayas de atacar, hazlo al instante: cualquier indecisión es
una pérdida de posibilidades.

Elige como exploradores a hombres intrépidos, puesto que en ellos es
tan natural el valor que nunca te defraudarán.

Y no escuches jamás al embustero que pretenda alarmarte: nadie ha
obtenido nunca ni sabia ni útil opinión de un mentiroso.

[Aún me sé de memoria esos versos. Unas veces los puse en
práctica y otras no. Pero, poniéndolos o sin ponerlos, en pocas
ocasiones obtuve la victoria. Quizá no aprendí a distinguir entre el mentiroso y el prudente. Y he perdido la fe en consejos
de poetas. Casi puedo decir que he perdido, en general, la fe
en los consejos.]

De otro lado, Abul Kasim Benegas (descendiente de los
Egas de Córdoba, de linaje cristiano, aunque esto se disimula-

ba, de la familia de los Ceti Meriem, y uno de los hombres más enrevesados y codiciosos que he conocido, y he conocido muchos más de los que quisiera) comenzó en seguida a ocuparse de mi formación política. Si esta expresión se hubiese de entender en su peor sentido, probablemente no habría encontrado un maestro mejor. La teoría y la práctica eran en él irreconciliables enemigas. Aún adolescente, yo me pasmaba de que mi padre tuviese a su servicio –más, de que se confiase por entero– a un personaje como aquél, favorecedor de sus amigos y clientes, y rival acérrimo de una familia decisiva como la de los abencerrajes.

–El buen gobernante –me dijo la primera mañana– ha de ser el hombre más sabio y el más agudo.

Yo me consideré imposibilitado de alcanzar esa meta, y reconocí para mis adentros que nunca iba a estar dispuesto para el trono. Sin embargo, Benegas continuó, después de una sonrisa:

–Aunque no lo sea, pronto llegará a serlo, porque bajo él surgen y se despliegan todas las sabidurías, florecen todas las inteligencias, tienen su antro todas las marrullerías y se instalan todas las querellas. En un día sólo, el gobernante puede adquirir una experiencia mayor que el resto de los hombres durante toda su vida. Como afirmó Omar Ibn Abdelasís, Dios haya tenido misericordia de él: «No engaño yo a nadie; pero ningún engañador podrá engañarme a mí.» Quien sabe lo que es el mal y cómo son los malvados, está en una situación inmejorable para precaverse de ellos.

Yo lo acechaba tratando de adivinar el porqué de una chispa de sorna que veía en sus ojos; pero, apenas él percibía el propósito de mi mirada, la chispa se extinguía.

–El principio de toda pericia es tener claro que se sabe lo que de veras se sabe, y que se ignora lo que de veras se ignora. De ahí que el príncipe, como el otro día te previno tu padre, haya de instruirse con todo lo que observe; deducir enseñanzas de todo lo que oiga; mantener siempre una actitud digna sin dejarse arrastrar por sus pasiones —no podía yo evitar, al oír esto, la imagen de Soraya—, ni por los encrespamientos de su cólera; hablar con sinceridad y cumplir sus promesas; ganarse con su comportamiento el respeto de todos; no avergonzarse de preguntar, si tiene alguna duda; no resignarse a aceptar lo que no sea justo, y medir el grado de sus fuerzas, porque, cuando se dispara, lo que se pretende no es ir más allá del blanco, sino alcanzarlo. La norma suprema consiste, por tanto, en conocer cuál sea el impulso necesario y suficiente para lograr cada objetivo.

Al escucharlo hablarme así, yo juzgaba que aquellos consejos no eran para un príncipe, sino para un hombre cualquiera, y que quizá el príncipe tendría que ser simplemente el mejor de los hombres comunes y no el hijo de un rey.

—Me alegra que tu padre, antes de tomar una determinación irrevocable, haya querido que progreses en el arte de la política. Porque ninguna designación es oportuna y válida si el designado sustituye a quien lo designó sin haberse provisto de la necesaria experiencia. Confía en mí para aprender, Boabdil, con la misma firmeza que tu padre confía en mí para gobernar. Yo siempre tengo presentes, por lo que a mí respecta, las cuatro faltas en que puede incurrir el ministro de un príncipe virtuoso: la petulancia, si interviene cuando nadie le ha pedido su opinión; la cobardía, si no contradice a su dueño cuando éste obra mal; la timidez, si no se atreve a expresar su juicio cuando se le solicita; y, sobre todo, la imprudencia, si habla sin haber examinado antes el estado de ánimo del príncipe. Un ministro que no incurra en tales defectos será el mejor amigo de su rey. Y no olvides, Boabdil, que el amigo mejor no es el que te acompaña en la adversidad, sino el que te impide incurrir en ella. Porque la ausencia de amistad, o sea, la soledad en que el poderoso se encuentra, es más grave y más radical que la de otro hombre alguno. En primer lugar, porque ha de mantenerse distante de quienes lo solicitan por interés y de quienes lo halagan y rodean para obtener beneficios. En segundo lugar, porque los honestos que debería tener a su lado suelen alejarse impelidos por su delicadeza, su discreción y su dignidad. Y en tercer lugar, porque no ha de dejar traslucir esa soledad, ni mostrar ante nadie que es débil por ella, porque será aprovechada para que el resentimiento de quienes lo circundan trate de destruirlo. Por eso no te lamentes nunca delante de quien no esté comprometido en lo mismo que tú, porque, o se desentenderá de lo que le comunicas, o te expondrás a sus agravios. Ni siquiera expongas a la gente tu juicio sobre un tema, porque será un inútil empeño y una pérdida de tiempo. Si aconsejas a un sabio en contra de su opinión, se retraerá de ti; y si a un tonto, sólo conseguirás perder su afecto por completo sin mudar su carácter. Dar consejos es, pues, tan peligroso como pedirlos, porque no hay instrucción que sea a la vez del gusto del maestro y del discípulo. Y te lo digo yo, que he sido nombrado tu maestro. Porque un consejo dado y no seguido hace que quien lo dio se sienta humillado y cambie de postura; y, si fue seguido con éxito, quien lo dio se sentirá con derechos como contrapartida de su acierto. Por eso hay un refrán que dice: «Nadie te rasca la espalda como tus propias uñas», y otro que dice: «Ningún creyente se deja picar dos veces por el escorpión escondido bajo una misma piedra.» La política, querido príncipe, es, en lo más profundo, la sagacidad de saber elegir el mal menor, y de saber convencer a los súbditos de que cualquier resolución es un hecho consumado.

Mientras peroraba Benegas, entusiasmado con su propia oratoria, yo lo atendía con aplicación, no porque él me dijera lo que en realidad pensaba (salvo algunas excepciones más bien involuntarias), sino porque yo pensaba en la utilidad de lo que él me decía (acaso a su pesar). Al ponerme en permanente guardia contra los demás, me ponía en guardia también contra él mismo. Yo no le llevaba nunca la contraria; le formulaba cuestiones simples, cuya respuesta preveía; fortalecía su creencia en que yo no era muy advertido, ni llegaría a serlo nunca; procuraba acomodarme a sus palabras para que, ante mi mansedumbre, que le era tan conveniente como posible sucesor (posible sucesor yo de mi padre, y él de sí mismo), informara benévolamente al sultán. En una palabra, yo obraba como el enfermo que se traga el brebaje no tanto para librarse de la enfermedad cuanto, por lo menos, para librarse del médico.

«Tu tío habría hecho un buen rey», le oí un día a mi madre. Y cuando más tarde mi padre comenzó a actuar con tanto desacierto, toda Granada fue de la misma opinión. Mi tío, que se llama como yo, es moreno, delgado y muy alto; tiene la tez pálida y los ojos aterciopelados: «Mira como si acariciara», decía Subh. Las mujeres, cuando lo ven, no logran apartar de él su mirada, y suspiran de pronto como si se les hubiese olvidado respirar por mirarlo. Mi tío responde con una carcajada a esos suspiros: conoce su causa y la desdeña. No en balde anda siempre rodeado de mujeres; hasta en su casa, pues sólo tiene hijas.

Desde antes de adquirir uso de razón he sentido por él una admiración maravillada. Me habían contado que, teniendo yo dos años, él solía buscarme –«Vengo a verlo crecer», decía–, me tomaba en brazos, me besuqueaba, y después me arrojaba por el aire y me recogía con la capa, ante el griterío de Subh. Hasta que una mañana se le trabó la capa con el sable y, al no extenderla a tiempo, di yo con mis huesos, todavía blandos, en las losas. Añadía Subh que la cara de mi tío se demudó de tal modo que ni ella se atrevió a aumentar su sobresalto con insultos. A Dios gracias, las consecuencias de la caída fueron sólo unas cuantas moraduras y una gran hinchazón; pero mi tío no volvió a jugar con mi cuerpo a la pelota, y en la corte quedó confirmada su predilección por mí. Si alguien me preguntaba en mi niñez a quién me gustaría parecerme, respondía sin dudar un instante. Por eso cuando, unos días atrás, Moraima, después de observarme con sonriente ironía, me dijo que cada vez me asemejaba más a Abu Abdalá, levanté la cabeza con orgullo. Sospecho que ella no supo interpretar mi gesto, y calló pensando que la comparación me había incomodado.

Mi padre y él, a pesar de la diferencia de edades, se llevaban muy bien. En los comienzos, mi tío lo ayudó más que todo un ejército. Entre los dos consiguieron lo que afirmó mi padre la mañana en que me llamó al Consejo: un buen momento para el Reino. El gobierno se desenvolvía con firmeza; los ciudadanos se sentían seguros; se respetaban los principios religiosos, lo cual proporciona a los instalados una plácida sensación de sosiego; se suprimió la delincuencia, y, sobre todo, la frontera se mantuvo estable y defendida, cosa que casi nunca había ocurrido. El pueblo, pues, estaba satisfecho con mi padre. Sin embargo, contra él, y contra la ascendente estrella de Benegas, pronto se levantaron los alcaides que promovió mi abuelo y que habían defendido su causa. Los secundaron algunos capitanes cristianos (siempre dispuestos a alimentar cualquier discordia interna) y los abencerrajes, que no olvidaban la hostil actitud con que mi padre inició su reinado, y que sintieron la tentación de imitar a los grandes castellanos que se comportaban en la frontera como señores absolutos. Estos grupos rebeldes izaron como bandera la más gallarda y noble que existía: el nombre de mi tío Abu Abdalá. Por medio de artimañas, lo secuestraron y lo instalaron en Málaga a la fuerza, coronándolo rey, y así declararon una guerra civil que pudo ser funesta. En Granada, tan hecha a vaivenes, a nadie extrañó mucho; la gente opinaba, como mi madre, que mi tío había nacido para rey. Yo había cumplido entonces ocho años, y cundió por la Alhambra la noticia. Tanto mi tío como los abencerrajes y los viejos alcaides gozaban de una simpatía que nunca alcanzó Benegas, generalmente odiado, aunque luego lo sería más aún. Por si fuera poco, Málaga aspira por tradición a la independencia: en la dinastía anterior también fue gobernada por el hermano del último rey; ojalá sea falso que la Historia reitera sus capítulos.

Pero mi padre no se arredró; conocía demasiado a su hermano. Desde el principio supo que el alzamiento no era idea suya, sino una revuelta de los preteridos y humillados. [Mi experiencia me dicta que los abencerrajes, como individuos, fueron siempre dignos de consideración, responsables y honrados; pero, cuando actuaron como tribu, han proporcionado muchos quebraderos de cabeza al Reino. Les sucede al revés que a los Voluntarios de la Fe, que, como cuerpo, son una buena guardia y un buen baluarte, pero cuando han caído en manos de algún jefe intrigante, se han metido en política y han dislocado todo.] Por eso fue en persona hasta Málaga y, mediante argucias y dinero, consiguió que mi tío escapara de las garras de los rebeldes y compareciera en su campamento. Allí se mostraron los dos juntos y, sin mayor inconveniente, se sometieron los levantados ante el prestigio de uno y otro. Mi tío volvió a ocupar el puesto que ocupaba; pero la represión contra los viejos alcaides y los abencerrajes fue terrible. Muchos de éstos fueron decapitados después de una cena en la Alhambra, a la que acudieron embaucados por el perdón de mi padre a su hermano. Los que huyeron con vida se refugiaron en Castilla, o en Aguilar y en Medina Sidonia, asilados por las familias fronterizas enemigas de las amigas de mi padre. Y, tras aquel baño de sangre que suspendió el ánimo de la ciudad, el poder se estabilizó de nuevo. Aunque quedó una sombra en la mente del pueblo, que estaba enamorado de los abencerrajes –apuestos y valientes y representativos– y cada día más reacio a Benegas. Qué misterioso el olfato de un pueblo para detectar con antelación el mal que se avecina.

Tres años después, es decir, el mismo en que me entrevisté con mi padre, me mandaron a Almuñécar con mi tío, cuyo cariño por mí aumentaba al seguir sin hijos varones. El propósito era que me ejercitara en el uso de las armas y me perfeccionase en la equitación. Mi madre me despidió diciéndome:

—Adviértele a tu tío que, por mucho que se aspire a un trono, no se tira por el aire a quien ha de heredarlo. Y que, si se le tira, no se le recoge.

Con lo cual me daba a entender el crédito que la seriedad de mi tío tenía a sus ojos, y que conocía mi entrevista con mi padre antes quizá de que yo saliese de la Sala del Consejo.

—Según el Profeta —me dijo mi tío el primer día—, a tres juegos humanos asisten complacidos los ángeles: a las carreras de caballos, al tiro al blanco, y a otro, aún prematuro para ti.

—¿Cuál es? —pregunté de inmediato.

Mi tío rió:

—El que juegan juntos un hombre y su mujer.

Cada mañana descendíamos de la fortaleza y galopábamos por la playa en competiciones apasionantes, cuyas reglas me permitía mi tío establecer, y en las que, a pesar de darme todas las ventajas, siempre me superaba. Aquellos días felices, ilimitados y luminosos, estuvieron llenos de mi tío y del mar. Quizá son para mí los dos como uno solo: a la vez próximos y lejanos, persistentes y mudables sin cesar, gozosos y severos, e inmensos. Yo no deseaba más que estar al acecho de los dos, pero fingiendo que ni siquiera los miraba, y sentirme mirado por ellos, pero fingir también que no me daba cuenta. Mi único anhelo era sobrepujarme a los ojos de mi tío, por lo que pugnaba en aparentar más coraje, más resistencia, más reciedumbre y más preparación de los que tenía.

Tierra adentro, una mañana me descabalgó con violencia la montura. Me produjo un soportable daño en un brazo; pero

–quizá por excusar mi torpeza– cerré los ojos y simulé un desmayo. El tío Abu Abdalá se apeó, se abalanzó sobre mí, me tocó la garganta, y me abrazó, hasta que, al comprender que se trataba de un engaño, se alejó enojado y sin decir palabra. Pero fue entonces cuando sobrevino el daño verdadero: una viborilla, quizá un alicante, a la que había asustado mi caída, me mordió en un muslo. Sentí la picadura, vi al animal, y quise no gritar, pero grité. Volvió mi tío la cabeza y se percató en seguida de todo. Se abalanzó de nuevo sobre mí, puso su boca en mi muslo y sorbió el veneno. A mí se me hizo eterno el tiempo en que la boca de Abu Abdalá, como una ventosa, estuvo contra mi carne. Pensé que podía morir, y no me resultó desagradable esa manera. Mi tío apartaba la cara, escupía, y volvía a apretar mi muslo con sus labios. Hasta que dio por hecho cuanto era posible hacer. Yo yacía sobre la hierba casi desnudo, mi mano sobre la negra cabeza de mi tío; para serenarme, sus manos recorrían mis piernas, mi pecho, mis mejillas. Ninguno de los dos hablábamos, sólo se escuchaban nuestras respiraciones; pero era evidente que acababa de crearse entre nosotros un nuevo vínculo de vida y muerte, de generosidad y de deber: un vínculo que convenía mantener en silencio. Con una honda y larga mirada así lo establecimos. La luz del sol caía en vertical sobre nosotros cuando, con su mano morena y vigorosa, me dio un azote, y dijo con voz severa:

–Ya eres un hombre. Que ese tonto veneno no envenene tu vida. Ni la mía. Volvamos.

Y como mi impericia había dejado huir al caballo después de que me arrojase por las orejas, montamos ambos en el suyo –yo delante de él–, y retornamos a la ciudadela.

Lo que voy a escribir a continuación ocurrió dos días más tarde. Estoy casi seguro de que no fue imaginación mía, sino que sucedió tal como lo cuento. Sin embargo, cualquiera –yo mismo hoy– puede sacar distintas conclusiones.

Todavía me molestaba el muslo por la picadura, pero no lo tenía apenas inflamado. El físico me había puesto un emplasto de hierbas –«Es de sapos», bromeaba mi tío– que me impedía moverme con soltura. Mi tío decidió que, en lugar de montar, me ejercitase esa mañana con el arco. Disparaba bastante mal, y frente a mí se hallaba el testimonio: un blanco ileso. Cuando marraba un tiro, escuchaba las risotadas de Abu Abdalá.

–La mejor manera de huir de tus flechazos es ponerse ante el blanco.

Nos encontrábamos en la plaza del castillo. Abajo espejeaba el mar. Era primavera, y ya sudábamos. Mi tío se había aligerado de ropa, y yo también. Los dos jugábamos a la guerra, como dos viejos compañeros de armas. De repente vi cómo mi camisa se teñía de sangre. No sentí dolor, ni entendí qué sucedía. Mi tío había ido a recoger las flechas erradas y, cuando alzó la cara, lo vi palidecer. De dos saltos se acercó a mí, me arrancó la tela ensangrentada, cogió mi cabeza entre sus manos, y le volvieron de nuevo el color y la risa.

–Contigo siempre se está en un ay. Ahora sangras por la nariz; eres todavía un niño. ¿Es que te has dado un golpe?

Negué con la cabeza, mientras me cubría la nariz con los dedos. Mi tío, después de sentarse en el suelo, me tumbó boca arriba sobre sus piernas, me echó la cabeza hacia atrás, me levantó los brazos por encima de ella, y, tronchando una ramita del arrayán que había junto a él, me la metió dentro de la boca sobre la encía superior, oprimiéndome luego con suavidad el labio. Casi en seguida la sangre dejó de manar. Con el vuelo de su camisa enjugó la que me manchaba la barbilla y la boca. Yo había entrecerrado los ojos porque el sol me deslumbraba. Traslúcidos, los párpados me enrojecían el cielo. Sentí que la sangre –y no ya la de la nariz– se aceleraba por mi cuerpo y frenaba de pronto su carrera. No sabía a qué atribuirlo, pero me encontraba a gusto sobre el regazo de mi tío. Su mano izquierda me acariciaba el muslo mordido por el alicante, y la derecha, cuyo brazo me estrechaba, no se había movido de mis labios. Arrastrado por un cariño más grande que yo mismo, la besé. No sé si fue sólo una reacción de agradecimiento, o quizá algo menos simple. Sentía el aliento de mi tío sobre mi rostro, como si un esfuerzo físico alterase el ritmo de su respiración. El sabor del arrayán perfumaba mi boca, y el aroma del arriate removido al arrancar el tallo, el aire. Calentaba desde lo alto el sol. La primera abeja runruneaba a nuestro alrededor. Sin abrir los ojos, percibía el cabrilleo del mar. El leve jadeo de mi tío se acercó más a mí. Mi boca presintió la proximidad de la suya. Aguardé, durante un segundo que duró más que muchas vidas, lo que iba a suceder. Apretando los párpados, aguardé. De repente, mi tío se levantó con brusquedad dejándome caído boca abajo en el suelo. Abrí por fin los ojos. Lo vi de espaldas frente al mar. Los vi juntos y superpuestos a él y al mar.

–Ya no te sale sangre. De prisa. Toma el arco y las flechas.

En aquel instante comprendí por qué todos pensaban que mi tío Abu Abdalá Ibn Sad habría hecho un buen rey.

Cuando mi abuelo casó a mi padre con mi madre no se molestó en preguntarle si la amaba: la respuesta saltaba a la vista. Había estado casada con dos sultanes, al segundo de los cuales acababa de degollar mi padre; era mayor que éste; se trataba, más que de una mujer, de una institución nazarí, y ni yo mismo me atrevería a decir que es bonita.

–Desde lejos, si no fuese por las ropas, se la confundiría con un hombre; y aun desde cerca surgen dudas –le oí comentar a una concubina.

Tiene, eso es cierto, una clase de arrogancia que sólo suele verse en los hombres; su instinto maternal es muy somero, y desaparece si se le compara con su instinto regio. Supongo que es porque nunca puso en tela de juicio que había nacido para reina. Es hija de Mohamed IX *el Zurdo*; su primer marido, del que no tuvo hijos, fue un primo suyo, Mohamed XI *el Cojo*, y el segundo, también por razones políticas, Mohamed X *el Chiquito*, hijo de Mohamed VIII *el Chico*. (Sé que este galimatías puede resultar complicado; lo es para mí mismo, aunque se trata de nombres próximos a nosotros. De ahí que me proponga, en cuanto tenga tiempo, escribir la historia de la Dinastía, poniendo en claro lo que no lo está y desbrozando las crónicas, tan cuajadas de elogios sobados y robados que, más que a poesía, huelen a sudor cuando no a sangre. Para ello tendré que consultar la biblioteca de la Alhambra, porque en una sola cabeza –sobre todo si es la mía– no caben tantos datos y menos aún tantas traiciones.) Mi madre ha vivido entre intrigas, aventuras, destronamientos y entronizaciones, exilios y retornos. Es inteligente y representativa; personifica la más poderosa facción de Granada. Era, pues, prudente que quien se propusiera gobernar se la anexionase. Y ningún procedimiento más eficaz que casarla con su futuro heredero, que resultó ser un usurpador. Por eso, ni mi abuelo ni mi padre se plantearon la cuestión de rechazar tal boda. Porque yo estoy convencido de que un florecimiento difiere de una decadencia en que hay una voluntad –no sólo del poderoso, sino de la mayoría de los súbditos– que acierta al escoger, y que escoge y coloca en la primera fila a un hombre de signo positivo, y elimina o anula al de signo contrario. Y tal es precisamente la última razón de que no las tenga todas conmigo en este trance, a pesar de que la actitud de mi padre responda a la dirección positiva de que hablo; porque, ¿con quién, sino con ella misma, está la mayoría de los súbditos?

Cada día iba menos por la madraza de los príncipes y pasaba más horas con mis instructores. Benegas, más que los otros, me atareaba poniéndome al corriente, a su manera, de la política y de la tesorería, y eran justamente sus largas parrafadas las que, por un efecto contrario al perseguido, sembraban en mí la incertidumbre.

—Tu padre tiene ahora tres armas en las manos. La primera, las rivalidades entre los caballeros cristianos, ya sean andaluces, ya de los que habitan en la frontera, exiliados o instalados voluntariamente en ella. La segunda, el manejo de las treguas con la joven reina Isabel; y la tercera, negarse al pago de los tributos pactados por sus antecesores. Estas tres armas son las que debes conocer mejor, porque no creo que tú puedas, llegada tu hora, utilizar otras distintas.

»En el estado actual de Castilla, has de saber que la frontera es un palenque de heroísmos inútiles, o útiles sólo para quienes los acometen. Es un campo de destierro o de castigo para banderizos indómitos; una palestra para empresas caballerescas, que nada tienen que ver con un reino tan confuso y decadente como el de los cristianos; un mercado de lucros y de granjerías en el que cada cual arrambla con lo que tiene a mano, y un asilo donde se condonan las penas de los delincuentes y aun de los homicidas. Nunca se ha visto tan azacaneada como ahora la vida en la frontera. De ahí que tu padre, a pesar de las treguas, salga a mantenerla todos los veranos, y procure desanimar la audacia de los caballeros, que no guerrean por su rey, sino por ellos mismos. Porque cada hombre en la frontera se comporta no como se comportaría en Castilla, sino como es o como lo dejan ser. La corona no llega hasta aquí, y eso redunda en nuestro beneficio. Bastante tuvo el rey Enrique, y tiene hoy su hermanastra, con mantenerse en el trono: no pueden dilapidar medios ni energías en suministrar armas y dineros con que sostener de un modo convincente los límites del reino. Incluso, en muchas ocasiones, los reyes cristianos se han servido de la frontera para quitarse de encima a personajes demasiado desafiantes o caídos en desgracia. Enrique IV tomó la costumbre de desterrar a ella a sus antiguos amantes cuando lo desdeñaban o los sustituía: tal es el caso del condestable de Jaén, Miguel Lucas de Iranzo. Y en muchas ocasiones, para acelerar el fracaso del desterrado, dejaron y dejan la frontera sin guarniciones ni abastecimientos, al simple albur de quien la defiende o la ataca; afortunadamente para nosotros, que así reconquistamos o saqueamos a mansalva las plazas que nos arrebataron en reinados anteriores. Esto, como entenderás, ha multiplicado, sin muchas contraprestaciones, la gloria de tu padre y de tu tío en los últimos años. Porque la frontera, tan distante de las cabezas coronadas cristianas, es un territorio para las ambiciones personales: está lejos del corazón de los monarcas; se regatean en ella los socorros y los refuerzos; en ella no coincide la vida cotidiana con la política: entre otras cosas porque la vida está siempre en continuo e inminente peligro. De ahí que los señores de la frontera sean, si no se les embrida, auténticos reyes de taifas, que sobreviven o desaparecen según su brío. Es difícil creer, por muy levantiscos que los granadinos nos parezcan, qué independientes de su rey y qué enemigos entre sí son los castellanos. Ellos sostienen con nosotros unas relaciones casi fraternales: viven en Granada o se amparan en ella en cuanto consideran que sus reyes son injustos, o sus contrincantes demasiado terribles. La frontera es, más que nada, un estado de ánimo, una manera de entender el mundo, algo que separa y que une. O sea, la demostración de que toda pelea tiene mucho de abrazo, y de que, para batir a un enemigo cuerpo a cuerpo, se le ha de escuchar latir el corazón. Los que cuenten la Historia, si no lo ven así, no la contarán bien.

»Aparte de tu familia, Boabdil, hay otras tres en Andalucía con las que, antes o después [fue mucho antes de lo que yo creía], habrás de vértelas: los Guzmán, en Medina Sidonia, los Ponce de León, en Cádiz, y los Fernández de Córdoba, que llevan dos siglos y medio en esa región. Los dos primeros, por motivos de orgullo, de conquistas y de botín, son adversarios irreconciliables. De su antagonismo, mimosamente cultivado por nosotros, hemos de sacar fruto; si un rey enérgico sometiese a esos señores y los obligase a colaborar juntos, nuestra oportunidad habría cesado. En cuanto a los Fernández de Córdoba, su división es aún más agria. La casa tiene tres grandes ramas: la primera, la de Aguilar, regida por el terrible don Alonso, e instalada en los pueblos de Aguilar, Montilla y la Puente de don Gonzalo en la campiña cordobesa, y, en la sierra, en Priego y Carcabuey; la segunda rama es la de Lucena y Espejo; la tercera, la del conde de Cabra y señor de Baena. Entre las tierras de éste y las posesiones de don Alonso de Aguilar hay dos dominios: el de Zueros, que pertenece a don Alonso de Córdoba, y el de Luque, de un pariente mío, don Egas Venegas, un pobre ciego inválido; pero estos dos siempre bailan al son que los otros tocan. Lo más importante es que don Alonso de Aguilar y don Diego Fernández de Córdoba, el de Cabra, no se tratan desde hace algunos años. Don Diego es amigo de tu padre; pero quiero que lo entiendas bien: entre nosotros es amigo aquel con quien coincide nuestra conveniencia. En la frontera, hijo mío, tal es la norma: no tenemos más remedio que hacer una política repentina de alianzas y hostilidades según el viento sopla.

–¿Y por qué guerrean entre sí estos señores, si comparten el mismo rey, la misma religión y el mismo enemigo común, que somos nosotros?

–No puedo pedir a Dios que te conserve tanta ingenuidad –respondió sonriendo con un ligero desdén–. Los cristianos anteponen su soberbia a todo, incluso a su propio provecho. Son capaces de perderlo todo, y hasta de dejarse matar, con tal de perdurar con honra en la memoria de los otros. Una atrocidad, como verás. Don Alonso y don Diego representan las dos ramas principales del tronco de los Fernández de Córdoba; pero la de don Alonso es la primogénita. Por eso, cuando la segunda se le adelantó en nobleza y nombraron a don Diego conde de Cabra y más tarde vizconde de Iznájar, y aquél siguió siendo sólo señor de Aguilar, se le erizaron los bigotes. Además, don Alonso tenía que casarse con la octava hija de don Diego, lo cual hubiera suavizado las tensiones; pero, instigado por el maestre de Calatrava, se casó con una hija del marqués de Villena, con lo que se rompieron definitivamente las concordias. Tanto, que Enrique IV intentó en Córdoba, en beneficio de la corona por supuesto, que firmaran la paz y se abrazaran. Lo hicieron sin convicción ninguna. A los cuatro meses, don Alonso, en medio de un cabildo de la ciudad, prendió a dos hijos del conde, y forzó al mayor –otro don Diego con el que te tropezarás sin duda– a entregarle la tenencia de Alcalá la Real, de la que era alcaide, y que es, como sabes, la puerta de nuestra Vega; porque entendía que se la usurpaban. En cuanto fue liberado, ese Diego desafió a don Alonso sin que acudiese al reto, y después apresó y retuvo tres años a un hermano del de Aguilar, don Gonzalo Fernández de Córdoba, un buen soldado que se relacionará contigo si algún día ocupas el trono de la Alhambra. Y, por si fuera poco, cuando se puso en tela de juicio por los nobles la legitimidad de Enrique IV, don Diego lo defendió frente a don Alonso, que tomó el partido del príncipe su hermano. Todas estas malquerencias son complicadas de entender; pero considera que entre nosotros hay los mismos recovecos, y tampoco serán fáciles de entender para los cristianos. En política, a merced de los cambios, puedes encontrarte del brazo del que fue tu mayor enemigo el día anterior, y viceversa. Yo no creo, bendito sea Dios, que ahora finalicen estas luchas tan fructíferas, porque don Diego el de Cabra es primo hermano de la judía Juana Enríquez, madre del rey de Aragón don Fernando, el marido de la reina de Castilla, y ese parentesco inclinará a su favor el fiel de la privanza; lo cual enconará más aún a don Alonso.

–¿Y qué fue del hermano de don Enrique IV?

–A ése lo asesinaron en seguida.

–La reina de Castilla es, por lo tanto, hija de don Enrique.

–No; es su hermanastra Isabel. Su hija, que parece que no es hija suya y a la que llaman *la Beltraneja*, se casó con el rey de Portugal.

–Qué nombre más extraño.

–Le viene de ser, según se dice, hija del valido don Beltrán de la Cueva.

–¿Y por qué se casó con ella el rey de Portugal?

–Porque el asunto de las paternidades no es infalible nunca. Hasta don Beltrán de la Cueva, en el momento de elegir partido, eligió el de doña Isabel, la hermanastra, y no el de su presunta propia hija. Y es que parece que don Beltrán entraba de noche en la cámara regia, pero para acostarse no con la reina, sino con el rey. No debería contarte tales aberraciones, pero la Historia está hecha por los hombres y para los hombres, y las camas importan, en consecuencia, más de lo que debieran. [No sabía entonces hasta qué punto Benegas iba a manejar las camas luego, y hasta qué punto dependería el porvenir del Reino de las lujurias y las sensualidades.]

Los ojos de Benegas continuaban mirando en el pasado, con la añoranza de una ocasión perdida.

–Por desgracia, la voluntad de Dios no quiso que el reto aquel entre don Alonso y don Diego se llevase a cabo. Habríamos salido del retador o del retado. O quizá de los dos. Yo lo había dispuesto todo con minuciosidad. En caso de duda, habría sido preferible salir de don Alonso; ya te digo que don Diego, el padre del retador, es afecto a nosotros. Nos lo suelen enviar como embajador, porque sabe nuestra lengua, y es el que firma las treguas en nombre de sus reyes. Con esto entramos en el segundo punto, el que se refiere a la segunda arma de tu padre.

»Las treguas, hijo, no son más que un pretexto para renovar fuerzas y para rehacerse económicamente: tal es su fin, y no otro. Si uno lo ha conseguido, hayan o no vencido los plazos, vuelve al combate. Ninguna tregua llega hasta la fecha pactada:

a poco que un bando se vea más recuperado que el otro, lanza sus ejércitos contra él. Como comprenderás, no vamos a sujetarnos a una palabra que se dio en un instante de debilidad o de derrota, o por un rey insensato o demasiado cauto. Tu padre, en eso, es muy expeditivo, y yo también. Además, las tácitas leyes de la guerra no consideran que las treguas se rompan por ciertos movimientos, que son habituales dentro de la frontera. Se reconoce la licitud de atacar ciudades fronterizas, siempre que la campaña no pase de tres días, se convoquen las huestes sin tocar trompetas, no se levanten tiendas, y todo se realice tumultuosa y apresuradamente. O sea, cuando no se trata en realidad de luchas de conquista, sino de amagar y no dar, de destrozar cosechas, de debilitar a la otra parte, y de beneficiarse con lo que logre saquear la expedición.

—¿Y estamos ahora en tregua con los cristianos?

—Sí, casi siempre lo estamos. Es decir, cuando no estamos en guerra. En junio de 1475, el conde de Cabra acordó con nosotros una tregua: desde Lorca a Tarifa, de barra a barra. Revistió un aspecto más serio que las otras, porque le convenía a su reina, por una parte, tener en paz el Sur (bastante tenía ella con el Norte) y, por otra, cobrar, a ser posible, nuestro tributo, que era muy alto desde la infortunada batalla de la Higueruela que nos ganó su padre. Tan seria y tan conveniente fue esa tregua que, día por día, en 1476 vinieron un tal Aranda y un tal Barrionuevo a firmar otra por otros cinco años. Pero tu padre se había fortalecido ya, y a finales del primer año fue al reino de Murcia a acongojar cristianos. Porque nuestros súbditos necesitan la acción: una paz demasiado larga los afemina y los invita a conspirar; y además nos vienen muy bien el ganado de los castellanos y el rescate de los cautivos. Claro que, en el caso de que te hablo, igual que en muchos otros, los dos mil cautivos que trajimos de Cieza y de Ricote se convirtieron al Islam en cuanto pisaron Granada; con lo cual engrosaron nuestro ejército, pero perdimos los rescates: váyase lo uno por lo otro.

—«Sólo Dios vencedor» es el lema nazarí —dije yo exagerando mi devoción—, pero Dios está con nosotros en verdad.

—No siempre. En esa expedición sí estuvo; en la que le siguió, a Cañete, se ausentó. No te ocultaré nada. En aquella tierra no hay agua dulce; los nuestros habían avanzado durante dos jornadas, y el agua que encontraban era siempre salobre. Decidieron retroceder haciendo el menor daño posible, tanto para apresurar la marcha cuanto para que los perjudicados no los siguieran en venganza. Durante la retirada murieron de sed animales y hombres; muy pocos regresaron vivos. Han pasado muchos meses, y ese camino de la sed no se ha borrado de la memoria de los granadinos. De ahí que tu padre proyecte hacer algo inmediato para distraerlos. No debe dejarse mucho tiempo para meditar sobre un fracaso: los fracasos se enconan y se pudren en los corazones de los súbditos. Lo que tu padre va a hacer para evitarlo tiene mucho que ver con su tercera arma.

—¿La de los tributos?

—Eso es. Te agradezco que sigas mi dislocada explicación. Las parias que teníamos que pagar (porque tu abuelo, al materno me refiero esta vez, confirmó el vasallaje con Castilla después de la Higueruela) eran muy elevadas: veinte mil doblones por año. Regateamos hasta veinticuatro mil cada tres; pero aun así lo mejor era no pagar nada. Castilla, por un lado, pasa hambre de dinero, porque todo el suyo está en manos de obispos y de nobles; por otro lado, no está en situación de exigírnoslo y obtenerlo por las bravas. De modo que las treguas últimas se han pactado, astutamente por su parte y por la nuestra, sin aludir a los tributos. De aquí a tres días vendrán don Juan Pérez de Valenzuela y don Fernando de Aranda, de los veinticuatro de la ciudad de Córdoba, con cartas de sus reyes. Entonces comprobarás lo que te he dicho de que no es prudente dejar dormirse a un pueblo en la amargura.

149

Así fue. Recibí una lección que no olvidaré nunca; acaso porque no se me contó ni la leí, sino que la presencié. Y porque mi padre, en su puesto de rey en medio de la corte, me pareció grandioso, y me expliqué muchas cosas que no son explicables. [Aún hoy continúo convencido de ellas, aunque ya inútilmente.]

La tarde anterior los príncipes, desde la torre de la Fortaleza, habíamos visto a los cristianos acercarse al palacio donde se alojarían. Era una tropilla reducida y silenciosa. No hacía más ruido que el de los cascos de los caballos encubertados con cuero y el de las armaduras. El sol poniente reverberaba sobre ellas. Los criados subían detrás de los seis u ocho señores, cuyos rostros asomaban apenas por los yelmos, y que avanzaban con un halo de hieratismo y altivez que nos sorprendió, acostumbrados como estábamos a identificar la nobleza con un porte menos rígido e inflexible. Dijo Yusuf:

–Parecen muñecos mecánicos a los que hubiesen apretado un resorte para echarlos a andar. Creo que debajo de tanto hierro no hay nada.

–Ojalá no lo hubiese –comenté yo riendo–. En ese caso se habrían terminado las guerras.

–Y sin guerras, ¿de qué serviríamos nosotros? –preguntó mi hermanastro Nazar.

Nos hablan desde pequeños en Granada del mal gusto de los castellanos; de la tristeza de sus vidas y de sus muertes, referidas a una eternidad amenazadora de la que no tienen testimonios y a la que todo lo sacrifican; de la incomodidad de sus edificaciones de piedra, de las frías espadañas y de las campanas de sus iglesias tan inhumanas; de su mal olor y de su suciedad; de su rechazo de los baños como pecaminosos; de sus vestidos, pardos y rudos, como para estar de continuo en campaña y confundirse con su árido paisaje; de la dureza que persiste en sus gestos hasta cuando pretenden ser amables, y en sus ropas hasta cuando pretenden imitarnos aligerándolas. Pero a mí nunca me han parecido inamovibles tales afirmaciones.

A la mañana siguiente El Maleh me condujo al Salón de Embajadores. Me situó en el habitáculo del centro, a la derecha y detrás del lugar regio, para que pudiera atisbarlo y oírlo todo. Tras las cristaleras se divisaba, vibrante, un Albayzín fantástico, pintados sus blancos por los colores del cristal. La corte, fastuosa y resplandeciente, se extendía según el protocolo hasta los rincones del salón. El artesonado de los Ocho Cielos, arriba, era lo único inmóvil y mudo. Yo me entretuve mirando un ánfora dentro de la taca de la izquierda, según se entra desde la Sala de las Bendiciones. Fresca y bella, aislada y perfumada, como una dádiva de la naturaleza incrustada en aquel minúsculo templo. Contemplaba el techo de la taca de madera labrada, su piso de mármol, sus mínimas paredes de cerámica y de estuco; palpitaba a mis ojos el alicatado blanco y negro, y casi no percibía el filo verde, ni las yeserías que semejaban mármol en la fría mañana... Desde el gran arco se esparció un murmullo entre los asistentes: mi padre entraba. Se iluminó el salón con su presencia. ¿Me miró al acercarse? En cualquier caso, no me vio. Se sentó con una dignidad imposible de adquirir. Sobre los almohadones, era una inasequible pirámide de oro y seda. A través del encaje de las ventanas que coronan las alcobas penetraba el día con su luz plateada. Yo había empezado a leer en la cornisa más próxima los versos de Ibn al Yayab:

Desde mí te dan albricias, al orto y al ocaso,
las bocas de la dicha, de la amistad y el gozo.

Y pensé que, a pesar del lujo que lo disfrazaba, aquello era como el campamento de una tribu nómada: la cercanía del oasis representado por la alberca del patio con sus arrayanes, las pequeñas jaimas confluyendo hacia la alcoba del sultán, la cúpula inmensa en que se reflejaba el cosmos y los símbolos celestes. Ibn Jaldún se avergonzaría al comprobar hasta dónde habían decaído las virtudes beduinas: si hicieron esto con su vigor nativo, con su desarraigamiento y con su arquitectura de tapial, ¿qué quedaría de sus ideales, de su austeridad y de su fe?

Cuando aparecieron los cristianos me imaginé que ellos se hallaban más cerca que nosotros de aquellas antiguas costumbres. Y me estremecí; pero seguí leyendo:

Arriba se despliega la cúpula excelsa; nosotras somos sus hijas;
no obstante, me cabe a mí más gloria y más honor,
porque soy el corazón y ellas los miembros,
y del corazón sacan su fuerza el alma y el espíritu.

Los cristianos se inclinaron en una sola reverencia, y mi padre los mandó alzarse con un gesto de los dedos. Lo vi destelleante y único como el sol.

Si mis hermanas son los signos del Zodíaco,
en mí y no en ellas es donde el sol esplende
–decía, en efecto, la inscripción–.
Mi señor Yusuf, valido de Dios, me ha revestido
con galas de honor y de honra incomparables.
Me convirtió en el Trono del Reino, cuya gloria
custodian, por la luz, el Asiento y el Trono celestiales.

La luz acariciaba y se multiplicaba en los brocados, se entretenía en los oros, se deslizaba sobre los marfiles. Los cristianos rebullían, desconcertados, en medio de aquel cuadro; pero sólo unos instantes, hasta que mi padre les dio permiso para hablar. Entonces las cabezas y los tocados de los cortesanos se ladearon, convergieron o se separaron entre bisbiseos.

De los cristianos únicamente dos llevaban barbas. Casi ninguno tendría más de treinta años. Por su tez clara, todos parecían rubios. Se habían vestido, para destacar menos, con lujosas ropas de tonos vivos. Sin embargo, se adivinaba bajo ellas el almidonamiento del que se encuentra incómodo; sonreí al descubrirlo. Detrás de los dos embajadores, me llamó la atención el dueño de unos ojos vivaces en un rostro armonioso, rodeado de una corta melena de color castaño.

Un muladí inició su tarea de trujamán. Yo di con cautela dos pasos para ver mejor el perfil de mi padre, concentrado y benigno al mismo tiempo, impenetrable y amistoso. Y comprendí que las monarquías son hereditarias porque se tarda mucho en aprender ciertos gestos; porque no se improvisa la majestad, sino que se lleva en la masa de la sangre. Traducía el muladí: mi padre había mandado sus embajadores a Sevilla para firmar una tregua; pero exigió que fuera reconocida su parigualdad con los reyes cristianos, y que la firma fuese de poder a poder, sin haberles otorgado autoridad para obligarse al pago de tributo ninguno. Los embajadores presentes, encargados de confirmar las treguas ahora en Granada, reclamaban el cumplimiento de los antiguos compromisos de vasallaje y el pago de las parias atrasadas, e invitaban a mi padre a que en las nuevas cláusulas de paz constaran los tributos de sumisión correspondientes.

El discurso fue extenso y sinuoso. El orador no se atrevía a expresar con absoluta claridad lo que debía expresar. Con un fruncimiento de cejas, lo animaba el intérprete a dejarse de circunloquios en una corte donde los circunloquios eran la norma. Se escuchaba, impreciso, el murmullo de los comentarios cortesanos. Un asomo de sonrisa aleteó en la boca, carnosa y algo infantil aún, del dueño de los ojos vivaces. Su nariz y su frente eran ya adultas; pero su boca y su barbilla, no.

–¿Quién es? –le pregunté a El Maleh en un susurro.

–Gonzalo Fernández de Córdoba –me contestó–: la esperanza cristiana.

Todo lo detuvo un parpadeo de mi padre, que suspendió a la concurrencia, e hizo trastabillar al trujamán. Apenas concluida la perorata, mi padre levantó con irresistible lentitud la cabeza. La corte entera se dispuso, cambiando de postura, a escuchar otro largo discurso de respuesta: un discurso más largo que el de los embajadores, en el que mi padre aplazara las treguas, escondiera su voluntad entre enjoyadas frases, se justificara, y agotase la atención de los oyentes para poder, con más facilidad, burlarlos. Sin embargo, mi padre, brillándole igual que ascuas los ojos verdinegros a los que tanto se asemejan los míos, sencillamente dijo:

–Trasladad mi contestación a quienes os envían: «Han muerto ya los reyes de Granada que pagaban tributo; también han muerto los reyes de Castilla que los recibían.» Y añadid: «En las cecas en donde se acuñaba la moneda de las parias, se forjan hierros hoy para impedir que se sigan pagando.» Ahora –agregó levantándose–, tened a bien, señores, aceptar mi hospitalidad.

Mediaba el mes de enero, y era el frío muy grande. Yo no lo había sentido en toda la mañana. Al final, casi sentí calor.

No bien transcurrió un mes desde la partida de los embajadores cuando mi padre convocó a los príncipes a la Sala del Consejo. Cuando llegué yo con Benegas estaban ya reunidos los demás visires y los altos cargos de la cancillería. Con la mano y una sonrisa me saludó mi tío Abu Abdalá.

–La única manera –comenzó mi padre, y me miraba– de que nos respeten los cristianos es demostrarles nuestra fuerza.

Granada estuvo con frecuencia regida por sultanes blandos cuya pasión era disfrutar de todos los placeres con menor o mayor mesura, y hasta sin ella. Hemos de probarles que esa parte de nuestra Historia ha concluido. Como primera providencia, me propongo hacer un recuento de las tropas de que disponemos, y exhibirlas en un alarde que enorgullezca a nuestro pueblo. Porque temo que esté más convencido cada día de que asiste al ocaso andaluz.

Mandó abrir un mapa que se hallaba plegado delante de él, y prosiguió:

—Me he ocupado de que nuestros castillos fronterizos se aprovisionen bien. Innumerables son las torres atalayas que avizoran los movimientos de los cristianos, que tanto las codician. Aquí veis los límites protegidos del Reino: por el Sur, desde Vera hasta Algeciras; por el Este, Guadix y Baza; por el Norte, las fortificaciones que lindan con Jaén y su territorio; por el Oeste, desde la Serranía de Ronda hasta el Estrecho. Por mi orden, se prenden en las torres vigías cada noche fogatas que alientan y reposan los ánimos de los vecinos al comprobar que su emir se desvela por ellos. Mi voluntad es abrir una época en que, de la atolondrada defensiva con que hasta hoy nos hemos conformado, pasemos a una ofensiva que se lucre de las penosas circunstancias en que se desenvuelve el enemigo. De ahí que, para hacer visible mi decisión, proponga ese alarde grandioso —se plegaron sus párpados; no se puede decir que sonriera—. Sin ocultaros que tal exhibición y su gran costo justificará ante el pueblo los nuevos impuestos que preveo y que la coyuntura legitima.

Desoyendo la última frase, intervino mi tío:

—¿No será muy expuesto concentrar en Granada los ejércitos? La ciudad rebosa de espías que, al mismo tiempo que nuestro poderío, transmitirán la debilitación de la frontera durante los desfiles.

—El alarde se hará en fechas sucesivas, y no desguarneceremos ninguna plaza totalmente. Se realizará, y os lo comunico para que así lo dispongáis, en el primer mes del nuevo año. Mientras dure, será fiesta en Granada. Se admitirá en ella a los habitantes de los pueblos cercanos, y los demás gozarán de turnos y de festividades. Se habilitarán fondas y mezquitas. Desde los extremos del Reino concurrirá lo más selecto y bravo de nuestras huestes. Y, en la Puerta de los Pozos, yo presidiré cada mañana los desfiles –su rostro brillaba y parecía haber aumentado su estatura–; saludaré a mis generales y a mis soldados, y seré saludado con fervor por ellos. Nos reconoceremos todos y nos abrazaremos. El contagio de nuestro calor y nuestra fraternidad entusiasmará al pueblo. Y nos bendecirá Dios, puesto que somos los paladines de la fe.

Desde ese mismo día se iniciaron los preparativos. Se dispuso un estrado con escalones en la Puerta Algodor, no lejos del campo donde los caballeros jugaban a la tabla y a la sortija. La población heterogénea de los zocos, que es la primera en reunirse cuando hay una festividad entre nosotros, comenzó a subir las laderas de la Sabica: vendedores ambulantes, prestidigitadores, narradores de historias, equilibristas, mendigos, domadores de animales, encantadores de serpientes, ciegos y lisiados verdaderos o falsos con sus escoltas infantiles, casamenteros, dueños de garañones para cubrir las yeguas, todo el mundo abigarrado e innumerable que se había tratado de reducir a la alcaicería o al zacatín de la ciudad. Hasta nuestras habitaciones de la Alhambra ascendía, desde el amanecer, el sordo ruido del gentío que aumentaba cada mañana. Allí mismo, de día en día más cerca, se rezaban las oraciones, se verificaban los contratos, se administraba justicia, e incluso se impartían las clases de la madraza. Y mi padre, antes del mediodía, comparecía ante el pueblo en el pabellón construido por los alarifes, y nos hacía comparecer a nosotros para que el gentío conociera y se acostumbrara a sus jóvenes príncipes.

Yo, por las tardes, me acercaba a la Puerta de los Pozos, a menudo con mi tío, que meneaba dubitativo la cabeza ante el batiburrillo alborotado y vociferante en que la celebración se concretaba. Apoyaba su mano sobre mi brazo o sobre mi hombro: yo había crecido y era casi tan alto como él. A su cargo se hallaban entonces las tropas mercenarias, ya decaídas, pero que fueron durante mucho tiempo el sostén —y el peligro— del Reino. Al principio se redujeron a los Voluntarios de la Fe; luego se acrecentaron con los rebeldes y los descontentos de los sultanes africanos: gente tosca, altanera, permanentemente descontentadiza y muy propensa a asonadas y a pronunciamientos. Su comandante había de ser esencialmente fiel; mi tío resultaba el más idóneo con creces. (Yo oscilaba entre admirarlo más por su gallardía y su valor, o por su fidelidad.) A esos turbios soldados los cristianos solían llamarlos los gomeres, y ellos dieron su nombre al palacio de las recepciones.

El ejército de los andaluces —desde el Algarve a la Ajarquía habían acudido todos a la convocatoria del emir— inauguró, con su animación y su gracia de siempre, la primera jornada del alarde. A su cabeza, Aliatar, el alcaide de Loja, el anciano más garrido y más amado del Reino, el padre de Moraima, que había de ser mi esposa y yo aún no conocía. Lo recuerdo a caballo, erecto lo mismo que un alminar, arrogante y de blanco, besuqueándole el viento el rapacejo de su almaizar. Se aproximó al estrado. Mi padre, sobre un caballo negro azabache, ante tres alazanes de respeto que sostenían por la brida tres esclavos negros, le dio la bienvenida con los ojos. Aliatar se inclinó para besarle la rodilla. Mi padre lo contuvo y lo abrazó con gesto cariñoso.

El ejército estaba al mando de los amires o generales, que conducían las grandes banderas, cuyo contingente era de cinco mil soldados. Bajo ellos, los caídes, que mandaban las pequeñas banderas, de mil hombres cada una; después, los estandartes, de doscientos hombres; las banderolas, de cuarenta, y los banderines, de ocho cada uno. Las telas de colores brillantes cantaban y gallardeaban con la brisa. La multitud vitoreaba a los caballeros, excitada y contenta de pertenecer a un reino que poseía tan hermosos caballos, tan ágiles jinetes y tan disciplinadas compañías. Los caballeros andaluces procedían de las distintas ciudades y, dentro de ellas, de barrios o de tribus diferentes, cada cual con su enseña y sus guiones. Sus paisanos eran los fervorosos cantores de sus glorias, los incesantes ponderadores de sus méritos, y apostaban con los de otros lugares a quién correspondería la mayor perfección en el desfile.

Tras los andaluces, la mezcolanza de pasos, teces y músicas de los gomeres. Después, la guardia personal del sultán, la más rígida y respetada de las formaciones, constituida por renegados de origen cristiano, con túnicas blancas y capotes negros. Y detrás de ella, los monjes guerreros, que habitaban en ermitas fronterizas, o en morabitos dedicados a algún santo o un mártir. Los asistentes enmudecieron ante su aire huraño, su aspecto descuidado y polvoriento, el fanático brillo de sus ojos, y el modo desatento y soberbio con que gobernaban sus cabalgaduras... Junto a mi tío, que me daba noticia de las hazañas de cada cual, de la tribu a que pertenecía y de la gloria de sus antepasados, yo los unía a todos dentro de mí con lazos casi de sangre, como una familia construida por el compañerismo y la admiración mutua.

No sólo se acrecentaba cada mañana la multitud de los espectadores, sino que parecía acrecentarse la de los que habían de desfilar ese mismo día o en otros sucesivos. En cada grupo rompía primero la caballería pesada o de línea; después, la ligera; luego, la infantería de ordenanza, seguida por los espingarderos, en proporción de uno por cada diez lanzas, y por los carros que transportaban la artillería gruesa y la menuda.

–Ése es el secreto de la victoria en las guerras futuras –decía mi tío–, pero tu padre se inclina más hacia lo más vistoso: la caballería, las trompetas, los atabales, los infantes. O sea, por el alarde. Ahí está, y es preciso, qué le vamos a hacer.

Cada grupo lo cerraban los cautivos que empujaban arietes, catapultas, manteletes y castillos de asalto. Y era tal el conglomerado de ropas, banderas, lienzos, capas ondulantes, marchas y armamentos, que yo, que nunca había soñado, soñaba cada noche con ellos, un poco borracho por el olor de los aceites fritos, los pregones, las risas, las peleas, y el permanente hervidero bullicioso que trepaba por las faldas de la Sabica hasta estrellarse contra los muros de la Alhambra.

Mi madre, que había asistido los primeros días provocando la fogosidad de espectadores y soldados, dejó de asistir luego con la excusa de que el embrollo que rodeaba al alarde le producía dolor de cabeza. Supongo que en realidad fue porque comenzó a aparecer en el estrado, a pesar de su notable embarazo —o quizá por él–, Soraya, cuya belleza y cuyo vientre fascinaron al pueblo, tan tornadizo. Y también influyó que a mi madre, como a mi tío, le interesaba más, en cuestiones de guerra, la eficacia que la exhibición, y el espectáculo que se nos ofrecía lo consideraba tan bello como inútil.

El pueblo, mucho más numeroso que de costumbre en la ciudad, entregado a su propio desenfreno, y aflojadas por no descontentarlo las riendas de su policía, empezó a cometer desmanes más abundantes cada día y más graves. Las reyertas entre gentes bebidas, el aprovechamiento de las aglomeraciones para hurtar las bolsas, y del abandono de las casas para robar los ajuares, la falta de respeto por las leyes y las fidelidades del mercado en medidas y en pesos, hicieron que el almotacén tuviera que prodigarse a todas horas, ampliando tanto sus dependencias como sus atribuciones. Y a tal extremo llegaron los desórdenes, las cuchilladas, los desafueros, las embriagueces y las quejas de los faquíes y de los imanes, que hubo mi padre de volver sobre sus propias decisiones, y abreviar decepcionado los desfiles. Señaló el 25 de abril como el último día, y, por tanto, el más concurrido y el que había de resumir el alarde completo y la comparecencia de todas las representaciones.

No lo olvidaré nunca. A medida que concluían su desfile, los generales y altos jefes permanecían en el estrado presenciando los desfiles siguientes. Era azul la mañana y radiante. Una suave brisa, que provenía de la sierra, apenas refrescaba el calor que se iba apoderando del campo. Los esclavos batían mosqueadores de seda sobre las personalidades, tanto para espantar las moscas cuanto para aliviarnos del polvo y de un cierto bochorno que se insinuaba. La muchedumbre era inmensa. El mediodía espejeaba en las bruñidas armaduras, en las sobrevestes de gala, en los paramentos de los corceles, en las primorosas espadas y lanzas y adargas labradas con ataujías de oro y plata. En ese instante pasaba ante nosotros la milicia de Baza. Rememoré los versos de Ibn al Yayab para una Fiesta de los Sacrificios:

Es como si los brillos de las espadas fuesen relámpagos
y los relinchos de los caballos fuesen truenos.

Nunca lo hubiese hecho: una menuda nube, que por momentos velaba afortunadamente al sol, se hinchó de repente, se ennegreció, y, sin darnos tiempo a considerar qué sucedía, el aire se convirtió en agua. Una lluvia espesa, clamorosa, sombría y despiadada se desplomó sobre nosotros. En un momento todo fue barro, resbalones, caídas, atropellos, desbandadas. Las sombrillas dispuestas para cobijarnos del sol no nos protegían de las cataratas que descendían del cielo. Los funcionarios encargados del protocolo se ocuparon, mal que bien, de que el sultán y las concubinas fuesen puestos bajo techado lo más pronto posible. Tras el desconcierto que siguió a las risas y bromas y blasfemias con que el chaparrón fue recibido, la gente comenzó a percibir su seriedad. Se escuchaban gritos de las madres separadas de sus hijos, el llanto acobardado de los niños,

la ira de los vendedores que trataban de recoger sus mercan-
cías, los alaridos de los pisoteados por quienes escapaban, la impotencia de todos. Casi en seguida empezó a subir desde el Genil el ensordecedor tumulto de las aguas. Las barreras, que se
habían instalado para proteger de los caballos a la multitud,
fueron arrastradas y asestadas por las aguas como un arma mortal. Se veían cuerpos inanimados, animales ahogados, ropas
sueltas, babuchas, caballos sin jinete, jinetes desmontados por
sus corceles, y una turba enloquecida y desbocada que buscaba
ya sólo su propia salvación como en la más cruel de las derrotas, pasando por encima de ancianos, de mujeres, de niños, de
bienes y destrozos. El gentío que ocupaba las zonas más altas intentaba bajar a sus hogares, y el que estaba abajo intentaba subir, ante la crecida de las aguas, a los puntos más elevados, con
lo que se suscitaban sangrientos conflictos, en una lucha des-
carnada y pavorosa por la supervivencia. La avenida desbordó
el Darro en la ciudad, y su impetuosa corriente arrasó casas,
tiendas, mezquitas, las alhóndigas que se le oponían. Se de-
rrumbaron los edificios más sólidos, y de los puentes no quedó
sino el arranque de los arcos. Los árboles desarraigados se api-
laron cegando la luz del puente mayor, y, contrariado el furor
de las aguas, éstas invadieron barrios, comercios y viviendas. La
tromba arrasó los cementerios, deshizo tumbas, desenterró cadáveres. Entre truenos, relámpagos y rayos, naufragaba Granada bajo una maldición indescriptible...

Hasta que Dios, compadecido de ella y de sus moradores,
abrió paso a las aguas destructoras por cauces, calles y puentes,
y las forzó a salir fuera de las murallas. Al día siguiente, amai-
nadas las asesinas, se contaron los daños incontables. La avenida sobrepasó los tejados de las casas de la ribera. Miles de familias habían perdido padres, hijos, hogares y parientes. La ria-
da y la lluvia habían inundado y destruido cuanto se interponía
en su camino, y anegado la Gran Mezquita, las calles del comercio, la alcaicería, los zocos de los herreros, de los silleros, de

los joyeros, de los alcorqueros. [El río había asolado almunias, alquerías y almazaras.] Todo se había perdido. Todo era desolación y escombros. La ciudad aparecía engullida y hecha trizas por la catástrofe; el luto se había instalado como un sultán siniestro sobre ella. En los aires ya límpidos se cernían, formando negras coronas, las aves carroñeras.

Yo, sin embargo, guardo de aquel día un recuerdo muy especial. Cegado por las cortinas de agua, después de haber tratado de localizar a mi tío y a mis hermanastros, separado a empellones de Yusuf, desperdigada toda la familia real como un terrón de azúcar que se deslíe en un vaso de líquido, corrí sin saber hacia dónde, y, en lugar de introducirme como hicieron los otros en el recinto de la Alhambra a través de la Puerta de los Pozos, me forzaron a descender camino de la Explanada, y, presionado por la gente que chocaba entre sí, fui conducido hacia el barrio de los mauritanos, o quizá hacia el de los antequeranos. Avanzaba sin poner los pies en el suelo, y, en un momento en que se descongestionó algo la multitud, me vi extraviado por unas callejuelas tortuosas que nunca había recorrido antes. Escuchaba los alaridos del pueblo que, desdichado y anónimo, tropezaba conmigo sin hacerme caso, y, al volverme para tratar de orientarme por las torres de la Alhambra, que desde aquel lugar no divisaba, choqué contra alguien que me pareció una muchacha muy joven. El cielo estaba de color alquitrán, y era como de noche. Vi su cara a la luz de un relámpago, o vi sus ojos sólo. El trueno que siguió fue tan aterrador que la muchacha se lanzó a mis brazos. Yo la apreté contra mí porque era el primer ser humano no hostil, el primer ser individualizado que sentía desde que comenzó el diluvio. Permanecimos unos instantes –los interminables que duró el trueno– abrazados. El agua, que nos llegaba hasta las rodillas, nos empujaba calle abajo. Ella tiró de mí. Me hizo entrar en una casa unos pasos más allá, en la misma dirección de la corriente. Yo, descalzo, deduje que atravesaba un zaguán terrizo, un patio oscuro hacia la izquierda y el arranque de una escalera muy pina y muy estrecha, por la que subimos. Llegamos a un mirador, o a un palomar. No se veía: la falta de luz y las aguas torrenciales lo impedían. La mujer se dejó caer al suelo, y yo, tanto por agotamiento cuanto por no estar de pie en la tiniebla, también. Casi caí sobre ella. Olía a especias y despedía calor. Imaginé que de sus ropas brotaba un vapor tenue. Se oyó un aleteo de palomas azoradas. Yo pensé: «Todos somos palomas azoradas.» La muchacha, temblorosa, me oprimió con fuerza, o mejor, se oprimió contra mí, y luego inesperadamente me besó con voracidad, como si le fuera en ello la vida. Los labios, las mejillas, los ojos, la nuca. Sus manos recorrían mi cuerpo; se clavaban en mi carne sus dedos. Tuve la intención de levantarme y huir, pero ¿adónde? El agua chapoteaba en el tejado; se vertía igual que una cascada entre los postes que lo sostenían. La muchacha se incorporó, desbarató lo poco que sin desbaratar quedaba de mis vestidos, metió mi pene dentro de su boca, y, con un gesto brusco, colocó mis manos sobre sus pechos, que eran menudos y duros. Yo pensé: «Son como palomas azoradas.» Entendí que su actitud era una rabiosa reconciliación con la vida, o acaso un adiós, en medio de la catástrofe cuyas verdaderas proporciones ignorábamos. Y, al entenderlo, me pareció que todo el descabalo de fuera pudo haber sido provocado para producir aquel encuentro. La muchacha y yo no habíamos hablado. Yo desconocía su condición, su raza, su nombre, sus facciones y su voz. Desconocía en qué casa estábamos, y si saldríamos vivos de ella. De momento, la vida se desperezaba y abultaba entre mis piernas. Y dejé de pensar. Cuando entré en la muchacha —no había entrado en ninguna mujer hasta entonces— ella gritó. Su grito me hizo recuperar la conciencia y retroceder; pero ella, con un golpe de caderas, se confundió conmigo. Después de haber poseído el suyo, se abandonó mi cuerpo al cansancio no sé por cuánto tiempo. Escuché, como si fuese lejos, un crujir de maderas. El extremo más distante del tejado se desbarató, y la lluvia inundó el lugar en el que yacíamos. A la muchacha y a mí nada nos importaba. Yo me hallaba en la más ardiente de las vigilias, y soñoliento, no obstante. Todo me resultaba irreal y tangible. Giré mi cuerpo, que en cierta forma parecía haberse desprendido de mí, y volví a poseerla. Oía su jadeo, ¿o era mi jadeo el que oía? Me había desinteresado del mundo, de las calamidades, de los gritos que se elevaban mojados desde la calle. Cuanto hasta entonces me definía era improbable, remoto y sin sentido; me había olvidado de todo –padre, madre, alarde, ejércitos, Granada–, menos de aquel presente, apremiante y cálido, reducido al cuerpo de una muchacha que se bebía y devoraba el mío una vez y otra vez. Era como si estuviésemos solos en una barca en medio de la mar. Amenazados por la desaparición y por la muerte, nos había asaltado la recíproca urgencia de gozar. No éramos sino dos náufragos que se amparaban uno en otro, y se reconocían dándose placer. Por las gateras quizá, o por las piqueras bajas de las palomas, se achicaba el agua casi insensiblemente. Una luminosidad amarillenta comenzó a dejar ver aquel lugar inverosímil. Adiviné el cuerpo que acezaba junto al mío. Me pareció el de una niña, pero, sin saber por qué, comprendí que no lo era. Casi con crueldad, lo poseí de nuevo. Después, exhausto, debí quedarme un momento dormido. Entre sueños seguí oyendo el furor de la lluvia. Luego, en un duermevela, percibí que amainaba. La disminución del estruendo casi me despertó. Alargué la mano para acariciar el suave cuerpo de la mujer, pero no estaba. Su ausencia me despertó del todo. Me senté en el suelo y no vi a nadie. Por un instante, dudé de que alguien hubiese estado allí conmigo. Más tarde, muchas veces, he pensado que no. Me levanté tambaleándome. La lluvia había cesado.

A partir de aquel desastre todo cambió en Granada. El pueblo, por sí mismo y por sus imanes, se convenció de que lo sucedido era un castigo con el que Dios había sancionado la soberbia de mi padre. El propósito de éste, que no era sino el de deslumbrar a sus súbditos en vista de los impuestos y de las campañas del próximo verano, fracasó. Hubieron de aumentarse, con otra finalidad muy distinta, los tributos, y reducirse las pagas. La reconstrucción de lo destruido ocupó la atención de todos. El pasado le pudo al porvenir: las muertes habían sido demasiado abundantes. La ciudad entera se sintió descontenta y sin ánimo. Los militares profesionales tuvieron que vender sus armas, y hasta sus caballos, para poder comer. Los astrólogos y los adivinos deducían los más negros presagios. Una sombra de desaliento y de pesimismo se extendía alrededor de la Sabica, de colina en colina. La tempestad, a la vez que el alarde, se llevó tras de sí las ilusiones y las esperanzas. Y mi padre, incapaz de reaccionar y sin fuerzas para resarcirse del infortunio, se deslizó por una cuesta abajo que le arrastraba hacia la perdición.

Ése fue el momento que aprovechó Soraya para imponer su dominio. Ella se convirtió en la única criatura que continuó tratando a mi padre sin recriminaciones, ni tácitas ni expresas. Lo agasajaba y fingía venerarlo como el hombre fuerte que había sido. Abul Kasim Benegas y ella llegaron a un acuerdo. Mi padre, salvo momentos esporádicos, más espaciados cada vez, abandonó el gobierno en manos del visir, y se refugió en los brazos de la favorita, que ya le había dado su tercer hijo. Cada día Soraya le arrancaba un nuevo privilegio a costa de mi madre; cada día, un nuevo bien para sus descendientes. La prosperidad de un súbdito dependía del grado de amistad o de sumisión que lo ligase con el visir o con la joven sultana. Los personajes de la corte medraban o se hundían según su devoción a ambos omnipotentes. Y ante tal situación, agravada por el recuerdo del pasado, nada tenía trascendencia: era fugaz la vida, y el presente nuestro único bien. Yo rememoraba la enajenada avidez que me había asaltado en aquel palomar la tarde misma de la aniquilación.

Para mi madre era la hora de su venganza: cuanto antes se produjera el resentimiento y el hastío del pueblo, antes se produciría su rebelión. Por eso espoleaba las locuras de mi padre y soliviantaba a los insatisfechos. Y decidió entretanto casarme con Moraima para poner de nuestra parte –de su parte– al honrado Aliatar.

Voy a contar algo que, cuando comencé a escribir estos papeles, me propuse silenciar. Si mi designio es contradecir las mentiras ajenas, he de decir la verdad en lo que a mí me afecta.

Desde la desgracia del gran alarde hasta la toma de Alhama todo es confuso para mí; porque yo mismo estaba confuso. Fue cuando me enamoré por vez primera, si es que aquello era amor, o si es que ha habido otra, o si es que uno no se enamora siempre por primera vez. No tuve suerte, ni creo que sea una suerte enamorarse. En el amor hay siempre un amo y un esclavo, y, cuando el amor subvierte las posiciones de la realidad, todo lleva más de prisa al fracaso. Ahora sé que la vida no es esto, ni aquello; ni mi vida, ni la de otro cualquiera, sino un todo, y cada uno ha de responder de ese todo, que es lo que la hace avanzar. Sin embargo, entonces yo sólo tenía ojos para mi amor. Los tenía vueltos hacia el interior, de modo que me era imposible fijarlos en otro sitio que en mi propia herida por la que respiraba, y los avatares del Reino, tan decisivos de lo que vino luego, no conseguían despegármelos de allí. Porque, cuando uno ha llegado al amor, bueno o malo, y ha bebido y jugado con él, y ha sido acribillado por él, y alguna vez se ha reído, por sorpresa, mientras convivía, ¿adónde ha de mirar?

Hoy no estoy ya seguro de que el tiempo transcurra y de que no seamos nosotros los que en él nos movemos con torpeza. Quizá me conviene pensar así, no sé. Hay momentos que, si se intenta repetirlos o volverlos a gozar y sufrir, aunque sea sólo en el recuerdo, desaparecen por completo como si no hubieran existido jamás. Mientras vivimos el presente no lo percibimos. Igual que, si miramos un rostro desde demasiado cerca, no podemos abarcarlo entero: vemos arrugas que de lejos no veíamos, o el matizado color de los ojos, o la implantación de las cejas, o el sabroso alabeo de unos labios; pero ¿es eso un rostro? Es preciso que el presente se transforme en pasado y que nos distanciemos de él para entenderlo. Y entonces ya no existe: es sólo una turbia fuente de recuerdos, una baldía tentativa de resucitar lo que murió. (Lo que murió quizá con la esperanza de que nosotros, al evocarlo, estemos también muertos.) Pienso si la muerte no será un largo día de hoy construido con todos los días pasados, con todos los antiguos días ya inmóviles, ya explicables, y ordenados igual que en un tapiz los hilos, cada uno por fin en su lugar. Si hoy presto oídos, escucho una música que viene de muy lejos, del pasado también, de cuanto ha muerto, de horas y signos distintos a los de hoy, y de otras vidas. Quizá la nuestra –y nosotros mismos no somos otra cosa que ella– no sea más que tal música. Porque todos fuimos alguna vez mejores, o más felices y más dignos. No obstante, toda música cesa. Hasta en nuestro recuerdo toda música cesa.

¿De dónde surgió aquel extraño sentimiento? ¿Por qué me aguardaba, agazapado tras los mirtos, aquel día de mayo? Se asegura que mayo es el mes del amor; yo no conozco un mes que no lo sea. El amor, aunque yo tardé mucho en darle nombre, se derramó como un perfume por mi vida, llenando días, meses, años, de su olor; impregnando cada pliegue de mi ropa, cada sonrisa, cada tristeza mía; tiñéndolo todo con sus tonos de flor o de llaga; apartándome y desinteresándome de cuanto no fuera él; trastornando las perspectivas y las formas; convirtiendo en esclavo al amo y viceversa. Porque cada amor –luego lo he aprendido– trae su propia dicha; pero a la pesadumbre de un amor se añaden las pesadumbres de todos los amores. Qué injusto es eso. Las heridas cicatrizadas vuelven siempre, despacito, a sangrar. Y aquel primer amor no ha dejado de dolerme todavía.

De la nada brotó, de una tranquila noche. [Fue en la galería más próxima a la última habitación del palacio de Yusuf III que vi al irme para siempre de Granada mucho más tarde.] De la nada brotó, de una mañana clara. ¿Quién podría decir el instante preciso en que empieza a tramar sus telas de araña el destino? Alguien se cruzó conmigo cerca de aquella habitación. Primero oí una voz, no limpia ni totalmente hermosa. Lo que la valoraba era que, dentro de ella, se desplegaba algo, igual que un ala que aún no ha empezado a levantar el vuelo y ya está el vuelo en ella. Oí la voz. Cantaba:

> *Los secretos del amor sólo están en la mirada.*
> *Unos bellos ojos ves que un hechicero creó,*
> *y, cuando se van, se llevan tu razón y tu dominio.*
> *Tu corazón has de ver maniatado y en prisión.*

Cantaba un muchacho, al que el bozo aún no le sombreaba las mejillas. Me sonreía desde el otro lado de la alberca. Inclinó la cabeza en una reverencia, y, cuando iba a dejar de verlo porque continuaba mi camino, cortó un tallo de jazmín y se lo puso entre los dientes. No pasó nada más.

El empobrecimiento y la agitación del Reino aumentaban sin cesar. Se recibían noticias de que los abencerrajes se conjuraban contra mi padre en los territorios cristianos. No había tarde en que mi madre no me enviara, desde su casa del Albayzín, alguna queja contra la favorita.

–Tu herencia está en el aire. Si no obras con rapidez y audacia, el trono lo ocupará un hijo de esa renegada. No puedes tolerarlo. Y, en el caso de que puedas tú, yo no lo haré.

Subía hasta la Alhambra –incluso yo, absorto en mis lecturas, lo escuchaba– un desasosegado rumor de algarada. Pero, como siempre que sucede algo culminante en mi vida, yo estaba distraído en otra cosa; esa vez, como quien ha enfermado sin saberlo. Tardé bastante en reparar con cuánta frecuencia venían a mi memoria los ojos del muchacho cantor y su gesto al morder el tallo del jazmín. Comencé a escribir poemas que –eso creía yo– lo tomaban sólo como pretexto. Escribía encima las cansinas falsillas de los versos académicos y nada humanos de nuestra poesía, en la que los poetas se manifiestan desentendidos de lo que hacen, igual que rutinarias bordadoras. «Grandes sucesos –pensaba yo– ocurren a su alrededor (asesinatos, adulterios, muertes de amor, guerras, espantosas venganzas), y los poetas se limitan a hablar de narcisos, de jacintos y rosas.» E incurriendo en el mismo defecto que ellos, mientras crujían los cimientos del trono, inspirado por un pobre muchacho, yo escribía poemas. Sólo pasado el tiempo me di cuenta de que los escribía con el jugo agridulce de mi corazón.

Durante el mes de junio vino de Almería Husayn. Desde aquella noche en su casa, tan desigual para los dos, había mantenido con él un trato muy somero. Ahora ascendía en una rápida carrera de secretario. Dio una fiesta para Yusuf y para mí. Yo comprendí que nos halagaba como hijos del sultán, y que sus atenciones eran bastardas; pero fui. En aquella zambra cantó, entre otros, el muchacho al que yo dedicaba mis versos; sin embargo, me pareció inferior al objeto de ellos, como les acaece a menudo a los poetas vanidosos. Lo encontré vulgar y gris. Ni sus ojos eran tan grandes, ni su mejilla tan florida. No cesaba de sonreír, y al parecer contaba con la simpatía de todos. Comprobé que su voz había perdido la nitidez de las voces infantiles, y aún no estaba afirmada. Sin duda, eso fue lo que me produjo la impresión de falta de limpieza cuando lo oí junto a la alberca.

–Canta como una gallina clueca –comenté–. ¿Quién es?

–Ya lo conoces –me repuso Husayn–. Es Jalib, el que cantó la noche en que se inició nuestra amistad. Entonces era un niño. Ahora ha abandonado la fragua de su padre, y canta por las fiestas de la corte. Me extraña que no hayáis coincidido –y, con cierta malicia, agregó–, ¿o sí habéis coincidido? Parece que te mira de un modo algo especial.

–Ni he coincidido –contesté heladamente–, ni me gustaría coincidir. ¿Cómo has dicho que se llama?

–Jalib.

–Pues dile a Jalib que se calle. Mejor hará llenando nuestras copas. –Sentía una sorda e injustificada irritación contra el muchacho que iba de fiesta en fiesta, y no logré disimularla–. Es provocativo y engreído. A la gente que sólo sirve para divertirnos hay que ponerla en su lugar.

–¿Y cuál es su lugar? –me preguntó riendo Husayn.

El muchacho concluyó de cantar:

Si vieras cómo es de guapo
el mozuelo que yo quiero.
Tiene unas largas pestañas
semejantes a saetas,
y, en los labios, una rosa;
pero no alargues la mano:
con la boca hay que cortarla.

Se acercó jovialmente a servirnos con una jarra de cristal. Noté un vacío en el pecho: el aire me faltaba. Tendí mi copa mirando hacia otro lado, desdén que cortó la rosa y la sonrisa de su cara.

—Para volver a cantar —le advertí—, deja pasar un par de años. Ahora no tienes ya la voz de niño, y todavía no la tienes de hombre.

—Como mandes, señor. No volveré a cantar hasta que tú lo mandes.

Al verter el vino, había salpicado la mesa.

—Has manchado el mantel.

—El vino derramado es presagio de alegría —murmuró, y su sonrisa renació en la comisura de los labios, curvados hacia arriba con delicada gracia.

—Un criado ha de servir el vino, no la alegría de los invitados.

«¿De qué me estoy defendiendo, y tan mal?», me preguntaba.

Le reclamaron de otro grupo, y se alejó en silencio. Bromeaban con él, lo acariciaban. Era muy querido por todos, según pude observar. Él repartía besos con gentileza, amable y dadivoso de sí mismo. Sentí una punzada que no había sentido nunca antes, y una devastadora ira también. No era amor, desde luego. ¿O era amor?

Los días y las noches se acumularon sobre mí sin otro propósito que el inexplicable de encontrarme de nuevo con el joven cantor, o copero, o lo que fuese. Se deslizaban en torno mío los acontecimientos sin dejar huella, ni rozarme apenas. Yo quería encontrarme con Jalib, pero sin provocar el encuentro, sin confesarme siquiera a mí mismo que lo deseaba más que ninguna otra cosa. Fingí que me olvidaba de él y de su nombre: qué difícil de engañar es uno mismo; porque iba a todas las fiestas a que se me invitaba con la recóndita intención de verlo. Entretanto, mi madre insistía en sus advertencias cada vez más ominosas, y me reprochaba que disipase mi tiempo —«igual que tu padre»— en músicas y zambras. Nuestras tropas sufrieron la derrota de Montecorto, que ensombreció aún más a los habitantes de Granada; sin embargo, los rondeños lo habían recuperado, lo cual alegró a todos menos a mí, que procuraba olvidar a Jalib, y por momentos lo conseguía, o al menos de eso intentaba convencerme; pero me recordaba con demasiada frecuencia que debía olvidarlo. Pronto el capitán Ponce de León se vengó de los rondeños destruyéndoles la torre del Mercadillo, cosa que echó por tierra, con la torre, la leyenda de inexpugnabilidad de Ronda. Lo irrompible ya se resquebrajaba.

Mi boda con Moraima me ayudó a separarme de las fiestas y me concentró en ella. Yo me di por curado; canté victoria demasiado pronto. Mi madre se desesperaba entre las «locuras sexuales» de mi padre y las mías.

–Si alcanzo a saber hasta qué punto ibas a enamorarte de Moraima, nunca hubiese consentido en tal boda. Los nazaríes de Granada tienen que pasarse la vida mirando al enemigo. Ya que tu padre ha perdido la vergüenza, hazte tú con el trono. Nuestros súbditos quieren ser protegidos, no desdeñados.

Sus espías le traían noticias muy graves, algunas de las cuales pasaban al dominio común. La tregua llegó a su fin, y se avecinaban los peores años desde hacía mucho tiempo. El poder de los cristianos se afirmaba: la guerra con Portugal terminó con el tratado de Alcaçobas por el que se reconoció a Isabel reina de Castilla; murió el padre de don Fernando, lo que le convirtió en rey de Aragón; sus fuerzas, reunidas, eran capaces de producirnos un daño irreparable; y los nobles dueños de las tierras que nos rodean, al percibir la autoridad creciente de la corona, se sometieron y se vincularon a ella. Había terminado, pues, el tiempo en que los señores, divididos, nos permitían hacernos ilusiones. Nada tenía remedio, y todos lo sabíamos.

Los informes recibidos por mi madre ennegrecían aún más la situación. Según ellos, el Papa de Roma, supremo poder de los cristianos, había remitido a los reyes de Castilla y de Aragón la orden de terminar con nosotros. Agobiado por el poder amenazador del Gran Turco al otro lado del Mediterráneo, quería que acabase de una vez la amenaza continua –tan débil, no obstante– de Granada, que, aliada con los africanos, podía constituir otro peligro en el extremo occidental.

«No me da la gana verme como una nuez dentro de un cascanueces», les había dicho.

Por otra parte, el designio del rey Fernando y el procedimiento que iba a emplear quedaron al descubierto. Años atrás, cuando él era aún heredero de Aragón, prometió ayuda para conquistar el trono de Granada al príncipe de Almería Ibn Salim Ben Ibrahim al Nagar que, por ser hijo de Yusuf IV, tenía a mi rama por usurpadora. Era un pleito latente, que la astucia del cristiano pretendía resucitar para salir ganancioso de nuestras disidencias. Con la ayuda cristiana, los señores de Almería, padre e hijo –el príncipe Yaya–, se comprometían a reverdecer sus aspiraciones al trono de Granada y a lanzarse a una lucha fratricida contra nosotros. En cambio, se reconocerían vasallos de Castilla, y, como contraprestación a los recursos suministrados, entregaban la ciudad de Almería. Para cubrir las apariencias ante sus súbditos, los reyes cristianos habían de simular un bloqueo por mar y un ataque por tierra a la ciudad. No sé por qué, de lo que me contaba mi madre deduje que Husayn no era ajeno a este enredo. Ignoraba –y no quería aclararlo– si estaba del lado de Ibn Salim o del nuestro, o acaso del de nadie que no fuese él mismo; pero presumía que era él quien le suministró la noticia de estos pactos secretos a mi madre, que parecía tenerlo en gran estima y que continuamente me recomendaba su amistad y su ejemplo. Supongo que yo, para ella, resultaba demasiado poco ambicioso y demasiado desentendido de lo que en torno mío se fraguaba. Y así era: yo veía la vida como desde el centro de un torrente, distorsionada y girando a mi alrededor; absorto en lo mío, sin que me quedaran ojos para lo que, lejos de mí, ocurría. Yo era el protagonista de mi vida (o eso juzgaba, lo fuese o no; ahora pienso que no lo era en absoluto, como nadie lo es), y no veía a los demás –ni siquiera a Jalib, para mi desgracia–, ni sus ideas, ni sus preocupaciones, sino a través de las mías. Es decir, me hallaba separado del mundo por un cristal oscuro, que era mi obsesión enfermiza por Jalib. Aún hoy me cuesta trabajo convencerme de que una y otra cosa fueron reales: yo era la diana de las ilusiones y los odios ajenos, y se me erigía en la esperanza del Reino, siendo así que perdía, cada vez con mayor celeridad, mi propia esperanza.

–La situación está planteada con mayor evidencia que nunca –repetía mi madre–. En la historia de la Dinastía nunca se ha alcanzado tal límite. Tu padre se enreda más y más en los brazos de la ramera; ella da por descontado que un hijo suyo lo heredará; en Granada se respira el aire de la sublevación: yo tengo muy hecha a ese olor la nariz. El trono lo tendrá que ocupar alguien que pese de veras sobre él. O lo ocupas tú ahora, o lo conquistarán los de Almería. O acaso se anticipe, contra ti y contra ellos y contra los cristianos, tu tío Abu Abdalá.

–Eso es quizá lo mejor que podría sucederle a Granada. Tú misma has dicho que sería un buen rey.

–Lo sería; pero aquí estoy yo para impedirlo. Es mi sangre la que tiene que reinar en Granada. No quiero volver a oírte, ni en broma, esa majadería.

No sabía ella hasta qué punto hablaba en serio yo.

Finalmente, una noche, entre los asistentes a una zambra, descubrí a Jalib. Había crecido. Estaba más moreno que la última vez. Retrocedí de pronto todo lo que por la senda del olvido había adelantado. Hube de ocultar un temblor que me sacudió de arriba abajo. Me castañeteaban los dientes. Cuando me serené, me hice el encontradizo con él.

–Hace tiempo que no te veía. ¿O me equivoco?

–Estuve en Almería, señor.

–Con Husayn.

–Sí, señor.

–¿Qué tienes tú con él?

–Nada, señor; pero, como te disgusto, él me invitó a su casa.

—¿Me disgustas? –pregunté en un sollozo–. Tengo que verte a solas.

—¿Para qué, señor? –me sonreía–. ¿Para continuar riñéndome?

Lo llevé cerca de un quiosco en medio del jardín. Sin darle explicaciones, lo besé apasionadamente. Todos los besos que había imaginado darle en mi soledad se los traté de dar en uno solo. Jalib, sorprendido, respondió con la misma lejana condescendencia con que correspondía a los cariñosos besos de los otros.

—¿Es que amas a Husayn?

—No amo a nadie, señor.

Estaba claro como el sol. Y, sin embargo, para mí no lo estaba.

—¿A mí tampoco?

—Si quieres, te amaré. Tú eres quien manda.

—Es que no deseo que me ames porque yo sea quien manda.

—¿Cómo entonces, señor?

—Como yo te amo a ti.

Lo acariciaba con tanto ímpetu como si lo golpease. Lo estrechaba furioso entre mis brazos, a los que él, sin resistencia, se abandonaba. Una sombra cruzó sus ojos, que me parecían lo más precioso que había visto en mi vida.

—¿Me amas, y eres duro conmigo?

—¿No te das cuenta de que, si dejase escapar una sola palabra benévola, te inundaría con mi amor? He de estarme ante ti con las manos delante de la boca, para evitar que por ella salga mi alma y te asuste.

Envuelto en mi ofuscación, no comprendía yo que él, ausente de Granada, no me habría recordado siquiera. Hirviendo en el jugo de mi amor y de mi desamor, no echaba yo de ver que nuestros caminos, durante los meses en que no lo vi, habían lógicamente divergido. Y pretendía, en un instante, ponerlo al tanto de lo que ni yo mismo comprendía.

175

–Tú eres mi pan de Egipto.

–¿Qué es eso?

–Un pan por el que se pasa la noche entera en vela, y no puede comerse.

Se echó a reír con sencillez:

–Pues cómeme, señor.

–No así, no así. Yo quiero ser también tu pan de Egipto.

–El pan hay que amasarlo antes, y echarle levadura, y cocerlo, y esperar que se enfríe.

Tenía razón. El que no ama siempre tiene razón: es lo único que tiene. Me despedí de él aparentando haberle gastado una broma, y me prometí apartarlo de mi corazón y de mi mente. Fui incapaz de cumplir mi promesa.

Nada hay más sencillo que poseer un cuerpo, y nada tan complicado como poseer un alma: un alma que ni siquiera se niega a ser poseída, sino que simplemente está mirando hacia otra parte, o no mirando nada. El enamorado es igual que un faquir de los que vienen desde la India a exhibir sus artes en el zoco: se acuestan sobre clavos, devoran fuego, se traspasan con espadas puntiagudas y, en apariencia, continúan ilesos. Yo continuaba en apariencia ileso, pero me hallaba moribundo.

El día en que me acosté con Jalib por vez primera había visto a mi padre acariciar en público a Soraya; encendido por ella, sus ojos incandescían de lubricidad. Se retiraron antes de que la fiesta concluyera, porque a mi padre le urgió la posesión de aquel cuerpo que se le ofrecía, pero que no correspondía a su deseo. Sentí pena de él, y de mí. Busqué a Jalib con desesperación. Lo hallé en la casa de Husayn, al que no le ligaba más relación que la de la servidumbre, aunque los celos no cesaban de martirizarme. Lo llevé conmigo sin decir una palabra. Y lo tuve. ¿Lo tuve? Él respondió con cariño y docilidad a mis caricias. Me entregó cuanto podía entregarme. Como lo de Soraya, lo suyo no era amor, y no lo iba a ser nunca. Era dejarse poseer por mi ansia, igual que se deja comer el pan. Pero para mí sería siempre el pan de Egipto.

A partir de esa noche se materializaron mis tormentos. La soledad del que está solo no es la peor, porque aún le queda la esperanza; pero a la soledad del que está acompañado por quien no le corresponde, sólo le queda la desesperación. No es posible conquistar a quien ya es nuestro, a quien nos obedece con sumisión y afecto, pero con un afecto que no es equiparable al que nosotros requerimos. El amor seguramente no es más que un deseo, y el placer seguramente no es más que un alivio del dolor que ese deseo nos produce; pero cuando el deseo no se sacia, sino que se multiplica, el dolor, en lugar de calmarse, crece hasta hacerse irresistible. Es una hidropesía en la que el agua da más sed; en la que se bebe a conciencia de que es en vano todo, y de que el mal está dentro del hidrópico mismo, y de que hasta el beber es ya también un daño, quizá sólo inferior al que nos produciría el no beber.

> *Maravíllate* –dice el poeta– *del que siente que le arden las*
> *entrañas*
> *y se queja de sed, teniendo el agua fresca en la garganta.*

Pero otro dijo:

> *La mano del amor nos ensartó para la alegría:*
> *nosotros éramos las perlas, y el deseo era el hilo.*

A eso aspiraba yo. Pero cuando el hilo se rompe, ruedan las perlas separadas sin cumplir su rutilante destino de collar. Yo supe, en cada momento, durante los agotadores meses que siguieron, hasta qué punto el hombre disfruta de un espejismo de libertad y de enajenación. Nada podía yo contra la inmovilidad del sentimiento de Jalib. Saber que a él le habría complacido enamorarse de mí, saber que le habría complacido complacerme, no me consolaba, porque le era imposible. ¿En eso consistía su libertad? ¿En eso, la mía? El hombre jamás alcanza aquello que más quiere: nunca se toca el horizonte. Y allí estábamos, frente a frente los dos, o lado a lado, o yo dentro de él, y tan distantes como el Sol y la Luna.

Me sobrevino una especie de vesania. Tenía que vengarme del daño que me hacía, aunque sin intención; tenía que vengarme de necesitarlo de tal modo. Le prohibí cantar en público; le prohibí servir a nadie. Le exigí, por el contrario, cantar y cantar y cantar para mí sólo; cantarme con su voz ligeramente agria, de la que dependía mi felicidad momentánea y mi larga desdicha. «Déjame ver tu cuerpo en medio de tus palabras», le suplicaba. Y él se despojaba con naturalidad de sus vestidos, y seguía cantando:

> *Tus ojos no han dejado en todo mi corazón*
> *sitio sin agujeros: como un dedal lo tengo.*
> *Mi dolor es la almunia donde tú te diviertes;*
> *mis ojos, las albercas; una acequia es mi cara.*
> *Mientras la fiesta es tuya, mi corazón se rompe.*

Lo amaba y lo odiaba con igual fuerza al mismo tiempo. [Día y noche traté de acabar con aquel sentimiento mío sin respuesta, aquel sentimiento impar y manco, que jamás encontraría su necesario eco, a pesar de que en mis manos estaba matar la vida de quien me lo inspiraba, o exaltarla hasta el cielo. En el fondo, lo que deseaba era hacer trizas aquello que se me resistía sin oponerse ni al menor de mis deseos.] Una tarde, en los Alijares, deslumbrado por su sonrisa imperturbable, cogí una piedra y le golpeé el rostro. Quise destruir aquella sonrisa que me destruía, aquella hermosura que nunca iba a ser mía, y que, por otra parte, ni siquiera me parecía la mayor de este mundo... Sus ojos, entre la sangre, me miraban aterrados, y yo me eché a llorar sobre aquel rostro, el más amado de los rostros, destrozado por mí. «El oficio del hombre –pensaba– no es el dolor; su oficio es la alegría, pero qué mal lo ejerce.»

Jalib me tomó miedo. Procuraba evitar las ocasiones de quedarse a solas conmigo. Inventaba para ello los más inverosímiles pretextos. No consiguió más que transformarse para mí en un ofuscamiento que no me permitía pensar en otra cosa. Lo echaba de menos como al aire mismo, y, cuando lo tenía junto a mí, lo detestaba y lo echaba de menos más aún. La gente de mi entorno me observaba con la medrosa atención con que se observa a quien está perdiendo la cabeza; con frecuencia sorprendí murmullos que se acallaban al aparecer yo. Los ojos y los oídos de mi madre eran demasiado perceptivos como para ignorarlo. Ninguno de sus emisarios, cada vez portadores de más oscuras nuevas, lograban distraerme de mi tema. Moraima, respetuosa, aguardaba a que pasase la tempestad –a su entender, tan intensa que no podía ser larga–, sin referirse a mi mudanza ni a mi desolación. A veces agradecía su mano sobre mi mano; a veces me repugnaba porque su amor no era capaz de sustituir al de Jalib. Y entretanto Jalib, a quien hubiese atado a mí con cadenas de acero, cantaba, me servía de beber, me brindaba su adorable carne, me era fiel, y sonreía: impenetrablemente sonreía. Cuanto yo deseaba me era concedido por él, menos lo único que de verdad deseaba: eso no estaba en su poder, ni dependía del mío.

Una noche fui al Albayzín a casa de mi madre, resuelto a participar en la conspiración contra el sultán. Pero mi proyecto nada tenía en común con el de ella: yo había llegado a la conclusión de que, siendo sultán, acaso podría lograr que Jalib me amara; el corazón humano se defiende con su propia insensatez. Mi madre me recibió con severidad y menosprecio. En sus ojos no descubrí piedad alguna; y yo me estaba muriendo, sin embargo. Yo anhelaba abalanzarme a sus brazos, volver a ser un niño en ellos, o desaparecer; ella, como si lo hubiese adivinado, cruzó sus brazos frente a mí.

—No hay nada en este mundo, ni en el otro, que valga lo suficiente como para apartar a un hombre de su destino. Preferiría verte muerto a saber que algo te arrastra a semejante violación. Ya lo has oído: muerto. Y haré todo lo que esté en mi mano para impedirlo. No lo olvides.

A la mañana siguiente un polvoriento mensajero trajo la desastrosa noticia. Cundió por la ciudad como un relámpago: se había perdido Alhama, que era nuestra antesala. Fue el primer aldabonazo que el destino del que mi madre hablaba dio contra nuestra puerta. La tarde de aquel mismo día busqué a Jalib por todas partes. No apareció. Mandé que lo buscaran, alarmado por la sospecha de que definitivamente había huido de mí y de mis insaciables exigencias. Me propuse, si volvía, pedirle perdón por tantos sufrimientos; me propuse postrarme de rodillas ante él cuando volviera; me propuse ordenar su muerte; me propuse alcanzar el trono y abdicar en él; me propuse incorporarlo, sin la menor prerrogativa, al ejército que ya se convocaba para la reconquista de Alhama; me propuse pensar que todo se había perdido para siempre, y era mejor así; me propuse matarme para descansar un poco.

En las primeras horas de la noche de aquel 1 de marzo, en que la primavera, indiferente a todo, se insinuaba, Moraima pidió verme.

—Prefiero que lo sepas por mí: el cuerpo de Jalib, el hijo del herrero, ha sido hallado. Esta madrugada, según dicen, se despeñó en la Sierra.

La primavera, la alta noche, el palacio, mi vida, todo se echó a rodar. Una calima... no, demasiado tarde para tanta calima, demasiada oscuridad: eran mis ojos.

—¿Él mismo? Quiero decir, ¿por propia voluntad?

–No lo sé. Al parecer, tiene en el pecho una gran puñalada... Una puñalada anterior a la caída.

«Llorar, no», me dije. Me flaqueaban las piernas. Se me acercó Moraima y me sostuvo. Valía más no pensar; hundirse. Me dobló el cuerpo una arcada. «No.» Un vacío en el estómago, como si la muerte se fuese haciendo un sitio. «Respira hondo», me decía. ¿O era Moraima? «No, no.» No podía contener el temblor de mi barba. Oía crujir mis dientes. Con un brusco gesto la aparté.

–¿Qué es lo que sabías tú?

–Todo. Lo sabía todo –bajó sus dulces ojos–. Y tu madre también.

«Llorar, no», me repetí. Y no lloré. Pero, con todas las fuerzas de mi alma, me puse a odiar al mundo entero, y a mi madre en el centro del mundo, con la certidumbre de que la iba a odiar siempre.

[Como un vestigio de aquella época, dejo aquí unos poemas. No expresan, ni por lo más remoto, lo mucho que sufrí y que gocé. El enamorado necesita engañarse para seguir sufriendo, y necesita sufrir para seguir engañándose. Como prueba, aquí están estos restos de mi naufragio. Sobre una playa ajena quedan, mancillando la arena, incapaces de describir cuánta era la gallardía y cuánto el esplendor del alto barco del que formaron parte. Sano está quien olvida.

1

La noche era indecible y era nuestra.
Pero, como me habías besado a mí al llegar,
tú besabas, copero, a todo el mundo.
Tú besas en la boca, copero, traidor mío...
La noche se volvió en mi contra como una oscura espada.
La noche, ardiente y casta,
lo mismo que una espada puesta al fuego.

2

Acaso yo elegí la frialdad pensativa,
y no era de pensar de lo que se trataba,
sino de sentir sin presentir;
de darse, ay, de darse, con los ojos cerrados a la esperanza.
Porque todos somos hermanos en la fiesta,
y podemos besarnos sin temor en la boca.
La historia va despacio:
va mucho más despacio que la noche.
Nada de todo esto ha ocurrido todavía jamás.

3

Mientras borracho el viejo maestresala
baila y se cimbrea, la mano en la cintura
y la servilleta tremolando en el aire, nos miramos.
El placer que los jóvenes amantes
encuentran uno en otro
se instaló entre tú y yo como un nuevo invitado.
Yo era tan joven como tú; quizá algo menos joven.
¿O quizá yo era igual que el anciano maestresala, que danza
con el rostro y el corazón marcados por el tiempo?

4

En la canción que entonas, lo mismo que en la vida,
la alegría y la tristeza son una sola cosa,
la desesperación despierta el hambre, y también el deseo
despierta el hambre del pan que no lo sacia.
Cantor, amigo mío, no sé si comeremos.
Es la noche tan larga y se acaba tan pronto
que debemos, al menos, beber juntos.
Puede que así yo olvide mi hambre.

5

No recuerdo una noche semejante:
distintos son la bebida y el asiento.
Aunque sea tu brazo mismo
el que rodea mi cintura,
y la misma la luna,
como el asiento y la bebida
yo soy otro también, y diferentes
mi temor a la vida y mi ansia de la vida...
La noche, no; pero el amanecer
siempre es idéntico cuando acaba la fiesta.
Para todos, copero.
La luna no es eterna
ni en Bagdad, ni en Granada:
cuando amanece se disuelve en tu copa.

6

En toda guerra tiene que haber victorias;
pero hasta el final no sabremos quién será el vencedor.
Acogido a las manos de la noche,
yo me defiendo de tus ojos y te miro.
¿El duelo no es a muerte? ¿No habrá sangre?
Si la hay, ni el vaso manchará, ni los manteles.
El denostado de antemano soy yo.
Entretanto, le robo a la amistad tus besos,
y con el codo empujo mi soledad a un lado.

7

Tú me provocas con gestos halagüeños
y con los mismos gestos me rechazas.
Eres una cadena que me detiene y que no se termina.

Entre tus manos se devana
una madeja de todos los colores;
hemos bebido tanto que ya no los distingo.
Sólo me guío por la luz de tus ojos,
que no sé adónde me conduce,
ni si me orienta, copero, o me extravía.
Al Rachid se retiró, borracho, hace ya tiempo.
Bagdad no es ya Bagdad, sino tú y yo
entre la música, las risas, la alborada y los dulces.

8

Fuera, llueve sobre Granada.
La noche da de beber a los jardines
lo mismo que tú a mí;
pone sus manos mojadas sobre el polvo;
abrillanta las azules palmeras;
decapita con mimo los pacíficos, los altos alhelíes,
los jazmines, las malvas reales, los claveles,
las anchas rosaledas, las caléndulas.
Los decapita y llora.
Si, a pesar de mi herida, tarda en fluir la sangre,
no me culpes: tus ojos secaron, cuando llegué, mi corazón.

9

El amor no es un huerto, ni un palacio.
Ni es la gloria, ni el oro, ni el olor de las flores.
No es la puerta del Paraíso,
ni la canción risueña de los días felices,
si es que hubo alguno.
El amor no es un oasis, ni una torre de plata,
ni una alegre palmera en medio de la noche.

10

Tu voz es mi casa, cantor:
mala o buena, es mi casa.
El alba junto a ti
es lo mismo que un niño
que pela una naranja.
Sus mondaduras es lo único que tengo
para vivir de ahora en adelante.

11

Tu amor está tan ajeno del mío
como un califa en su fortaleza
mirándose a sí mismo en espejos de oro.
Una vez más, veo al enemigo frente a mí
y el mar detrás de mí. ¿Adónde iré?
Y, si permanezco quieto, ¿quién se acercará antes:
el mar o el enemigo?

12

Tus abrazos se encarnizan con mi debilidad.
Cuánto calor emana de tu cuerpo.
Voy hacia ti igual que quien camina
de espaldas y tropieza.
Te miro, y eres
como arena en mis ojos;
te toco, y se desprende de mis dedos la piel.
Al verte comprendí que mi amor no iba a ser
más pequeño que yo.
Y yo soy mucho más grande que tú, copero, amigo mío,
porque te llevo dentro y no puedo encontrarte.

13

Dicen que eres buen soldado,
y que, entre lanzada y lanzada,
escribes bellos versos.
No me sorprende: en ti se alían
la hermosura y la fuerza.
Contra mí, contra mí.
Pero en el lecho, la batalla de amor
a los dos nos derrota.
Ni un disparo se escucha, ni un poema.
Aquí no es el dolor quien gime, sino el gozo;
ni el odio tiraniza, sino sólo el deseo.
¿Por qué los pueblos no aprenden de nosotros
en este cuerpo a cuerpo que a los dos nos derrota?]

De una manera brumosa, como supongo que los peces ven desde sus abismos la claridad del sol, adiviné [simultáneamente a los hechos que acabo de relatar] que mi hora se acercaba. Y que nadie, ni yo mismo, podría oponerse a ello. El Reino se había quedado sin cabeza, y los miembros sufrían diariamente las consecuencias del desgobierno. A la autoridad la sustituyó una tiranía arbitraria y ciega; las delaciones, justificadas o no, se multiplicaban; las represalias estaban a la orden del día. Para evitar las murmuraciones y censuras contra tal anarquía –cortándolas, sólo en apariencia, de raíz– se ejecutaba a muchos hombres de dirección y de consejo, a los caballeros y a los maestros más ilustres del Reino. Mi padre había perdido la seguridad en sí mismo con que abrió su reinado, y necesitaba afirmar el fantasma que la sustituía. La sultana Soraya, más próxima a su meta que nunca, intervenía sin recato en la administración y en la justicia. Aspiraba a sentar en el trono a uno de sus hijos, o a fortalecer tanto su economía que, sucediese lo que sucediese, quedase situada con holgura. Para conseguirlo no reparaba en medios. Había hundido a mi padre en los albañales de la lascivia: una lascivia torpe y enigmática que mi padre, menos potente que antes, sólo con dificultad satisfacía, y que le impulsaba a disfrazar sus fallos o carencias con la subordinación a los caprichos de su compañera.

La disciplina del ejército, ni considerado ni pagado, se extinguió; los negocios del Estado se descuidaban; las informaciones que nos llegaban de los reinos cristianos eran desatendidas; la corrupción se propagaba como una mancha de aceite en los escalones de la jerarquía; aumentaba la ruina, y, para remediarla, Benegas sobrecargó de impuestos a una población abrumada por ellos. Acordó resucitar el injusto sistema de ingresos que había emprendido mi abuelo, y que descontentó al pueblo hasta el punto de sostener a mi padre en su rebelión; consistía en requisar los bienes que sus antecesores habían vendido. Contra este proceder, las alquerías y sus habitantes reclamaron. «Se nos hace un doble agravio –decían ante los jueces– porque ni siquiera los compramos en su momento por nuestra voluntad, sino obligados por los sultanes, que marcaron el precio y mandaron sus conminatorios alhariques a cobrarlo.» El Reino se alteró con tales reclamaciones, que atañían a muchas colectividades. Y los jueces, entre la espada y la pared, resolvieron que el rey tomase la mitad de las propiedades y de las rentas, y que los súbditos se resignaran a ser desvalijados. Pero algo se había roto, acaso para siempre, entre la cabeza, que ordenaba en propio beneficio, las manos de la justicia, que actuaban sin libertad de juicio, y los otros miembros, a quienes tocaba tan sólo obedecer sin el recaudo de la una ni de las otras. Y, para colmo, como recurso último, se depreció la moneda, lo que siempre inflige perjuicios que los súbditos no perdonan jamás. Porque no creo yo en la moralidad de los súbditos, ni opino que las revueltas, al menos entre nosotros, se originen por la inmoralidad privada de los príncipes. Toda protesta tiene su raíz en el desgaste de las economías personales. Si un rey garantiza la vida próspera de sus súbditos, los gobernará sin riesgos por grandes que sean sus iniquidades; es cuando sus decisiones afectan al bienestar y al egoísmo de ellos cuando se sublevan los súbditos. Y eso ocurría en Granada. Hasta yo, también sumido en un problema personal, me percataba de ello.

Por si fuera poco, Soraya se afianzaba por los medios, reales o imaginarios, que tenía a mano. Uno fue la leyenda sobre la veleta de la Alcazaba Cadima, la más antigua de Granada. La llamábamos el Gallo de los Vientos. Se decía que estaba hecha de siete metales, y tenía grabada la siguiente inscripción: «El palacio de la bella Granada es digno de alabanza. Gira su talismán de acuerdo con las vicisitudes de los tiempos. A este jinete, a pesar de su solidez, lo rige el aire, pero no sin misterio. Porque, en verdad, después de subsistir un breve ciclo, habrá de azotarlo un terrible infortunio que destruirá el palacio y a su dueño.» Por su deterioro, fue necesario reparar el edificio y apear su veleta. Soraya, astuta, atribuyó a esta coyuntura del Gallo derribado el cumplimiento de la profecía, y amargó las lujuriosas noches de mi padre con sus siniestras predicciones. Le convenció de que mi madre lo envenenaría para no darle tiempo a rectificar mi designación como heredero, aún no oficial. Y le urgió a publicar su voluntad de que fuesen sus hijos los elegidos, ya que mi sangre estaba inficionada por la sangre enemiga de mi madre. Exhibió los horóscopos hechos cuando mi nacimiento, y sacó a relucir sus siniestros pronósticos. [También yo los consultaba de cuando en cuando, y por entonces les daba la razón sobre algún extremo: por ejemplo, el de que, al tener Venus en Virgo, mi unión amorosa se realizaría con alguien de condición social inferior; aunque me preguntaba, con desconsuelo, a qué llamaron *unión* los astrólogos, y a quién calificaron de *inferior*.]

En efecto, por mi ascendente en Tauro, los estrelleros habían certificado el fracaso, debido tanto a mi falta de aptitudes y de adaptación a las nuevas ideas como a una obstinación no adecuada a mis capacidades. Y habían profetizado otros muchos desastres: por el Sol en cuadratura con Saturno, el enfrentamiento con cualquier autoridad, y en especial con la paterna, contra la que se anunciaba mi rebeldía, confirmada por la situación de Marte en Virgo; por la Luna en Géminis, interminables indecisiones perniciosas, que acabarían con la pérdida del Reino, ratificada por la estancia de Marte en la Casa V y por la de Júpiter en la Casa VIII, que prevén además el acabamiento y la muerte muy lejos del lugar en que se nace. El signo de Saturno me era adverso, ya que, en Acuario, manifestaba reveses irremediables y, en la Casa X, una ineludible caída; mientras que, al entrar en conjunción con el Medio Cielo, advertía, de modo categórico, enemistad dentro de la propia familia, una mala ventura contra la que serían vanas todas las precauciones, y una decadencia que acarrearía el mayor duelo.

Entre la alarma y la incredulidad, yo había leído a mi vez tales cartas astrales, y estaba de acuerdo con ellas en que mi vida habría de navegar siempre entre procelosas incertidumbres, desde la decepción a la traición, de suerte que lo mejor para mí (y así me lo sugería Marte en semicuadratura con Neptuno, por emplear el lenguaje de los astros, que sólo confirmaban lo evidente) era permanecer aislado, puesto que de los demás ya saltaba a la vista que nada bueno podía recibir.

Mi padre, manejado por Soraya, creyó en lo que antes descreía, o fingió creer por no contradecirla. Y, para suplir su debilidad con puntales superiores e imposibles de rebatir, pues no eran racionales ni palpables, se rindió a los oráculos y a las agorerías. El ser humano, cuando trata de justificar decisiones erróneas, acostumbra acudir a argumentos de tejas para arriba implorando con ello el auxilio de sus divinidades; de ahí que las religiones y las ciencias hayan acabado por convertirse en una rentable prostitución de lo que fueron. Cuando mi padre dejó de confiar en sí mismo, dio palos de ciego procurándose apoyaturas esotéricas, y se redujo a la violencia, huyendo hacia adelante en un desesperado itinerario sin futuro. Por todas estas razones yo suponía que iba a sonar mi hora, y en el peor momento.

Por su parte, mi madre no se resignó a esperar pasivamente los sucesos previstos, sino que suscitaba los contrarios. Confió en un miembro de una alta familia granadina, Aben Comisa, y lo opuso a Abul Kasim Benegas, pintándolo a los ojos del pueblo como un compendio de desinterés, de lealtad y de virtudes. Por medio de él solicitó, con sigilo y ardides, la intervención de los abencerrajes, que acechaban tras de la puerta los avatares del Reino. Algunos de ellos, convertidos al cristianismo, tenían también sus móviles secretos –¿quién engañaba a quién?–: aspiraban a fundar un dominio en que la importancia de la religión se diluyese poco a poco, y que se transformase en una región de Castilla, con una administración más o menos peculiar, para que, a la vuelta de unos años, se hubiese producido la total incorporación de una forma insensible. [Esta idea no era en absoluto contraria al procedimiento que los primeros musulmanes habían utilizado para penetrar –a través de la cultura y las formas de vida, no a través de las armas– en la Hispania de los godos; pero ahora el recorrido era el inverso.]

A pesar de hacer oídos sordos al plan de los abencerrajes, y simulando ignorarlo para obtener su alianza, mi madre era muy consciente de cuánto importa la religión en los días atribulados. Por eso se ganó, con sobornos y falsas devociones, a los imanes y a los alfaquíes, y en la oración de los viernes, dentro de todas las mezquitas, se predicaba a gritos contra la obscenidad de las costumbres, contra la lubricidad y la rijosidad de los ancianos, contra los excesos de la carne y del poder, contra la degradación de los hábitos tradicionales, y contra las nefastas influencias de los renegados fingidos. Todos los fieles entendían contra quiénes iban dirigidos tales dardos, y todo se encarrilaba, con cautelosa firmeza, hacia la sublevación.

Pero el otro partido no permaneció ocioso. Subrepticiamente, para no provocar las iras de nuestros simpatizantes –de acuerdo con la doblez del visir Benegas, que era la norma en la política de la Alhambra–, mi madre, mi hermano Yusuf y yo fuimos puestos en prisión relativa. En un principio, como por protección, nos vedaron salir del recinto amurallado; pero, poco a poco, los límites de nuestra libertad se estrecharon. Dado que yo entonces me hallaba cautivo de más recias cadenas y envuelto en mi desdicha, no echaba de ver –o no me afligía– tal acoso. Pero mi madre, no sin causa, suponía que el propósito de mi padre era que el pueblo nos olvidara a fuerza de no vernos; y, más tarde, simulando un motín o con cualquier otra artimaña, eliminarnos y dejar en el poder sola a Soraya. Sin embargo, el destino se empeñó de momento en protegernos: aún no había resuelto nuestra destrucción, proyectada con mimo para más adelante. La pérdida de Alhama fue su treta.

La conquistó, repentina y dolorosamente, Ponce de León ayudado por otros capitanes, antes sus enemigos; el cambio de las actitudes individualistas por las solidarias era un feroz presagio. Mi perdición, tramada por mi padre, se detuvo ante la perdición común, más visible e impuesta. Durante cuatro días mi padre enloqueció: lloraba, rugía, caminaba sin descanso por los adarves, daba órdenes incoherentes y rompía nuevamente a llorar. El golpe recibido era tan fuerte que hubiese resucitado a un muerto: Alhama era decisiva en las comunicaciones entre Granada y Málaga, y la clave hasta Ronda. (Para mí era además el lugar sosegado donde transcurrieron muchos meses de mi infancia y de mi adolescencia.) Pasados esos cuatro días, mi padre se dirigió a Alhama y la sitió. Trataba de impedir su avituallamiento de agua y leña con la pretensión de que se rindieran los cristianos, más necesitados cuanto más numerosos, pues parece que no bajaban de dos mil quinientos caballeros y de tres mil infantes. Yo permanecí en la Alhambra con el alma enlutada y el cuerpo enfermo por una muerte que me afectó tanto como si hubiese muerto el mundo entero. (Lo que ahora narro lo supe luego, porque en aquellos días no tuve oídos sino para mi desesperación.)

Mi padre mandó en busca de Soraya cuando vio que el sitio de Alhama se prolongaba. Soraya se había ingeniado para hacerle creer que corría peligro, desprovista de su protección, en la Alhambra, donde se la odiaba. Quizá estaba en lo cierto; quizá hubo de elegir entre el riesgo de su vida, más o menos ficticio, y el de ser, en su ausencia, sustituida por mi madre. Sin embargo, mi madre no contó con la reacción del pueblo, que, trastornado por la gran pérdida, comprendió no obstante que comenzaba una agonía acaso larga, pero encaminada a la muerte; lo comprendió con todo fundamento. En consecuencia, se apiñó otra vez junto al único capaz de preservarlo de mayores y muy próximos reveses, es decir, mi padre, a quien absolvió de sus pecados.

Desfallecido nuestro ejército por su empobrecimiento y por su falta de ejercicio, el primer sitio de Alhama hubo de levantarse a los veinticinco días. El sultán pronunció la orden sollozando. El hostigamiento corrió a cargo de las mesnadas del duque de Medina Sidonia –a despecho de su visceral enemistad con Ponce de León, lo que para nosotros significaba un pésimo augurio– y del conde de Cabra, cuya familia tenía fama de ser aliada nuestra. El tiempo de los señores levantiscos e independientes había concluido.

Mi tío, aprovechando la concentración de las fuerzas cristianas en Alhama, corría algaradas por las tierras contiguas, esquilmándolas para que no pudieran prestarle a los sitiados auxilio alguno, y los rondeños se apropiaban de cuantiosos ganados del enemigo y destruían sus cosechas. Pero también otra cuestión quedaba clara: que la guerra de escaramuzas y guerrillas, en la que los andaluces éramos invencibles, había evolucionado hacia la guerra de sitios. Primero, porque se ha reducido la extensión del Reino; segundo, por el choque moral que supone la conquista de las grandes ciudades; y tercero, porque la técnica es ya otra, y la artillería empieza a relevar a la secular preeminencia de la caballería.

El 14 de abril mi padre sitió de nuevo Alhama. (Yo me recuperaba después de mi enfermedad, que, originada por una pasión menos física que ella, me había tenido cerca de dos meses contemplando los almocárabes del techo, casi extraviada mi razón y extraviada sin casi mi razón de vivir.) Pero el rey Fernando le obligó a levantar también ese segundo sitio, como le ha obligado a levantar el tercero, que comenzó en los primeros días de junio, muy poco antes del día en que esto escribo. Con este tira y afloja, el desánimo ha cundido en Granada. Si soy sincero, no porque los granadinos se preocupen por la desventura de sus hermanos de Alhama, cuya esclavitud o mortandad han sido totales, sino porque se ven retratados a sí mismos con antelación en aquellos acontecimientos, y porque temen que, ante tales quebrantos, aumente la exacción de prestaciones y de impuestos. Y, en definitiva, porque comprueban la ineptitud de un ejército cuya decadencia se les presenta como irrevocable.

Ha transcurrido casi un año desde la última vez que escribí en estos papeles carmesíes: un año denso y concluyente, que ha mudado a su antojo las posiciones de todos los personajes de esta historia.

Escribo en el anochecer del día 20 de abril de 1483. Mañana saldré al frente de una expedición que nos dará gloria –me cuesta aún escribir que me dará gloria, pero a eso se dirige– amén de un gran botín. Aún estoy boquiabierto, y no niego que instruido por la prisa con que los hechos –que jamás dependen de los hombres, aunque ellos así prefieran creerlo– se han atropellado. Cuando más honda era la desmoralización de los andaluces, Dios vino a alzar su ánimo, y a proclamar cuál era su voluntad más cierta. (Me figuro que mis enemigos opinarán exactamente lo contrario.)

Envanecido el rey Fernando por su éxito en Alhama, y asegurada la sumisión de la nobleza, tomó dos trascendentales resoluciones: sitiar Loja –porque si Alcalá es la puerta de la Vega por la sierra de Parapanda, Loja lo es por el valle del Genil– y cortar los posibles auxilios africanos, situando una flota en el Estrecho.

Alertado por nuestros espías, pero debilitado ante sus propios ojos, mi padre envió a Aliatar a defender Loja. Él, entretanto, se sirvió de la distracción de las fuerzas cristianas para hacer una algara por tierras de Tarifa (que finalizó con la captura de un rebaño de tres mil bueyes, lo cual divirtió a los granadinos, porque las vacas, por muchas que sean, no ennoblecen la aureola de un sultán). Pero antes de salir de Granada, fija su mente en el tema que le traía sin sueño, fue a la prisión en la que me encontraba con mi madre y mi hermano, y me pidió que nos perdonásemos mutuamente en aras del peligro común, y que colaborara como príncipe heredero y yerno de Aliatar. Lo que me propuso –y yo acepté– era que esa misma noche saliese al frente de una tropa que trataría de romper el cerco de Loja de acuerdo con mi suegro, que estaba dentro de ella. Era el 9 de julio de 1482.

Sin embargo, las ideas de mi madre transitaban por otros caminos.

–De ninguna manera irás a Loja. ¿No te das cuenta de que lo que tu padre quiere es hacerte matar en la refriega, para que nadie piense que se manchó las manos con tu sangre? Las cosas ya han ido demasiado lejos. Ni es un perdón lo que te otorga, ni tiene de qué perdonarte, ni él es capaz de pedir perdón a nadie; sencillamente es una trampa. ¿Por qué él, si no, se ha largado a otro sitio? Su mente perturbada tiene el convencimiento de que los cristianos tomarán Loja, y pretende sacar ganancia de ello: librarse, al mismo tiempo, de Aliatar y de ti. Y, en último extremo, si no ocurriese lo que él espera y teme, habrá mandado a un ballestero de confianza y buena puntería que te mate de un ballestazo en la garganta.

Yo, aún no del todo persuadido, obedecí su sugerencia. Para mí representaba un menor peligro y, desde luego, una mayor comodidad. Las súplicas de Moraima hicieron el resto: mi esposa, al enterarse de las presunciones de mi madre (o quizá no lo eran, porque tenía muy buenos servidores al lado de mi padre), no sólo se opuso a que yo marchase con el ejército auxiliar, sino que se apresuró a enviar a su padre minuciosa noticia de cuanto recelábamos.

–Esta noche –concluyó mi madre entre animada y hermética– vas a tener además mucho que hacer.

El caso es que Loja, con su caudillo tradicional, resistió la embestida cristiana. Los asediados, en dos o tres salidas, castigaron a los sitiadores, que ni estaban preparados para ese tipo de ataques desconcertantes, ni contaban con suficiente artillería por la improvisación del sitio. Los contingentes de las distintas comunas cristianas, no bien trabados entre sí, fueron presa del pánico, y unos a otros se contagiaban de él. Al huir tropezaron con el pequeño refuerzo que mi padre –más como excusa para enviarme a mí que por otro más sólido motivo– había enviado con bastimentos desde Granada. Aliatar se apoderó de los cañones cristianos y de sus municiones, de sus armas, de sus víveres y de una gran cantidad de harina que abandonaron en las tiendas. El sitio, que el rey Fernando previno largo, duró apenas cinco días. El 14 de julio Loja fue liberada de su cerco, y el gozo de sus habitantes no tuvo límites.

Mientras tanto mi padre había vuelto de Tarifa y se reunió en los Alijares con Soraya. Se hallaban celebrando el triunfo, un tanto menor y de intendencia, de su botín de bueyes, cuando, ya bebido, demandó noticias de Loja. Alguien le dijo que yo no había sido visto entre los soldados del refuerzo, con lo que se puso en guardia. No tuvo tiempo de beber mucho más antes de recibir noticias más concretas. Dos fueron las que le llevaron a la vez: los cristianos habían sido derrotados, y a mí me habían proclamado en Guadix nuevo sultán. Su ira fue indescriptible; pero, por fortuna, tardía. Dicen que hirió con la copa en que estaba bebiendo al servidor que le comunicó la nueva, y que, irritado por las recriminaciones de Soraya, que le echaba en cara no haber seguido al pie de la letra sus consejos, la volcó de un empujón sobre los almohadones del diván. Luego corrió por el palacio gritando alarma con una antorcha en la mano, con la que estuvo a punto de incendiarlo.

Y es que una conspiración había sido urdida tiempo atrás por mi madre y Aben Comisa, en connivencia con un tal Abrahén de Mora, un mudéjar de esa villa, que está en el reino de Toledo. So color de vender cobre labrado, Abrahén obtuvo autorización para entrar algunas veces donde nos tenían recluidos, que era en la parte baja de Comares. El de Mora, hombre bueno y muy experto en cosas de guerra, remitía las cartas de mi madre entre unas calderas que enviaba a Guadix a través de un mancebo llamado Abrahán Robledo, natural de Guadalajara, cuyo oficio era traficar con metales por el Reino. [Es el mismo mozo que luego hizo campo por la Vega con Fernando del Pulgar.] En Guadix recibían los mensajes y acuerdos dos valerosos caballeros, Abenadid y Abenecid, que mañana partirán conmigo a la expedición que emprendo.

El último concierto que se hizo fue que la noche del mes de julio más arriba indicada, a las diez, comparecerían seis hombres con nueve caballos junto a una acequia en la falda del Generalife. Abul Kasim Benegas, sospechando que, a instancias de mi madre, me negaría a ir a Loja, montó una guardia especial esa noche ante las puertas de nuestra forzosa residencia, lo que dificultaba nuestra fuga. Los conspiradores se acercaron a pie, tras Abrahén de Mora, hasta el adarve exterior que se correspondía con nuestras ventanas, e hicieron la señal, que era un canto repetido de codornices. Mi hermano Yusuf y yo lo escuchamos, preciso e insistente, entre el clamoreo de los grillos. La noche era espesa y parada. No corría el aire. Subía hasta las ventanas el denso olor de los jardines. Mi madre entró en la alcoba con un apresuramiento desacostumbrado. Le brillaban los ojos, y había una tensión en su boca cuando me dijo:

—Esas aves cantan hoy para ti; mañana todo el Reino será tuyo. Arroja por la ventana un cabo —me alargaba un cordel fino enrollado—: ésta va a ser la escala por la que subirás al trono que te pertenece.

Yo, sin entender lo que decía, la obedecí. Sentí que alguien tironeaba del cordelillo desde el pie de los muros.

—Tira de él ya —gritó impaciente mi madre.

Lo hice. Habían atado a él una potente y gruesa soga.

—Con ella ahorcarás a tus enemigos; pero ahora descuélgate por ella hasta unas manos que te conducirán sin riesgo a Guadix.

Se volvió a mi hermano:

—Tú lo acompañarás.

Mi hermano Yusuf lanzó una carcajada; la novedad y la aventura aleteaban por la estancia como pájaros inauditos. Aún se oía, casi perdido, abajo, el canto de la codorniz. Entre Yusuf y yo anudamos al parteluz de mármol la soga y la dejamos caer al vacío. Fui a despedirme de mi madre.

–Ve ya –me dijo–. La próxima vez que te vea, veré al rey de Granada.

No comprendo todavía cómo pude decidirme a saltar al espacio agarrado a una cuerda que me desollaba las manos, ni cómo pude resistir sin soltarme. Quizá el temor de herir a Yusuf, que me precedía, fue lo que me impidió abandonar la empresa, y dejarme caer y terminar. Yusuf y yo fuimos recibidos por los conspiradores con acatamiento y reverencia. Al llegar al sitio donde aguardaban los caballos nos entregaron armas y adargas. No era aún medianoche cuando partimos hacia Guadix a galope tendido. Apenas había pasado la hora en que tenía que salir para Loja; mi padre y sus esbirros habían sido burlados. Aben Comisa, cómplice de mi madre, permaneció junto a ella, atando bien los nudos para que en el tapiz que planeaban se dibujasen sus deseos.

Siempre he sentido hacia Guadix una especial inclinación. Bajo sus abiertos cielos se yergue la alcazaba, en el centro de lo que hace mil años fue un lago circular, cuyas riberas son hoy naturales murallas recamadas. En ellas viven felices trogloditas, gentes de sonrisa franca y expresivos ojos, rodeados de una vegetación exuberante con que verdean y se enriquecen hoy los fondos que ayer fueron el sostén de las aguas.

Llegamos a Guadix mientras amanecía. Desde la azotea de la alcazaba vi una vez más sus rojas tierras, sus cuevas, su paisaje cercado de estribaciones dentadas, en las que la naturaleza ha construido torreones labrados por la erosión del tiempo, casas reales, cubos de murallas bien trazadas. Allí vino el alcaide a rendirnos pleitesía y a ponerse, con los suyos, a nuestras órdenes.

—No me gusta —le comenté en voz baja a Yusuf—; tiene la mirada huidiza.

—Tan huidiza que le falta un ojo —me contestó.

Se acercó recatado a nosotros y, confundido quizá, fue a besar primero la mano de Yusuf. Mi hermano, inexplicablemente más agotado que yo por la noche sin sueño, ojeroso y pálido, le dirigió una pequeña sonrisa y lo detuvo con un gesto; luego dobló su rodilla derecha y me besó él a mí la mano. La reverencia de Yusuf fue la primera que recibí como sultán. Se me saltaron las lágrimas. Yusuf, que lo notó, para librarme de una emoción inoportuna, me enseñó riendo su mano derecha deformada como dándome a entender que no era digno de que se la besasen. Calculó mal su gesto: la emoción, duplicada, me desbordó los ojos y sentí que se mojaban mis mejillas. Le apreté aquella mano con mi mano izquierda, y, con la derecha, le acaricié y alboroté el pelo, aún más claro que de costumbre por el polvo de la cabalgada.

El alcaide tuerto nos tranquilizó. Hablaba sin cesar, acaso rebasado él mismo por la solemnidad de las circunstancias en que se veía inmerso. La conspiración de mi madre se hallaba mucho más avanzada y su urdimbre era mucho más meticulosa de lo que creíamos; casi todas las ciudades del Reino habían sido advertidas y tomado nuestro partido.

—La sultana Aixa —decía el alcaide con admiración— ha sido una heroína previsora: qué gran madre tenéis. Y probablemente será tan inflexible como previsora con quienes no la acaten —agregó de buen humor—: sin duda a una mujer le resulta más difícil que a un hombre no ejercer el poder cuando lo agarra. ¿Será ésa la respuesta a su hábito de subyugación? Les sucede como a los tímidos —¿me miraba a mí con su único ojo?—, que pasan de la cortedad al desenfreno apenas se les proporciona el pretexto.

El calor asentaba, a cada instante con más peso, sus doradas manos sobre las cosas. La mañana era interminablemente pura e interminablemente azul, demasiado como para perderla escuchando los ingenios sobados de un alcaide. Fui hacia el pretil de la azotea. Miré el ancho mundo que se me ofrecía. Me flotaba la cabeza, tras la noche de viaje, como si la hubiese pasado bebiendo. Pensé aturdidamente: «Al hombre le gusta hacerse la ilusión de que es poderoso y de que es libre.» Apenas oía el murmullo del alcaide aburriendo a mi hermano. No me sentí ni libre ni poderoso en aquella suntuosa mañana. Y no sólo en aquella mañana; quizá no lo fui nunca, ni nunca lo sería. Ni deseaba serlo... Acaso nadie lo desea de veras, y se conforma sólo con la ilusión, más llevadera que la realidad. Y acaso, lo que es peor, el hombre actúa bajo esa misma confusión que él se provoca. [Luego –debo confesarlo– los acontecimientos me arrastraron, y yo incurrí también en tal error.] Me volví hacia la torre de la fortaleza, recortada contra el profundo azul. Desde ella, moviendo las ancas y las colas, dándome a su vez la bienvenida, más sinceros, por descontado, que el alcaide, se me acercaron unos alanos que había visto corretear por el patio. Miré sus dorados e inocentes ojos; uno era tuerto, lo mismo que su dueño. Miré el subido color de la tierra, el terso cielo. Miré las flores que decoraban con su magia un macizo. Pensé: «Las flores son la sonrisa de Dios, la mejor prueba de su bondad; la belleza que, al ser superflua, es doblemente bella. Quizá se nos anticipan como testigos de los colores que tiene el Paraíso. Ellas son el único testimonio indiscutible de que podemos tener esperanza.» Me pareció imposible, en aquella insondable y sencilla mañana de verano con que una vez más se inauguraba el mundo, que estuviésemos los hombres tratando de matarnos unos a otros por algo que hemos dado en llamar poder o religión. Me pareció imposible que, por vivir mejor –aunque ignoremos qué sea lo mejor–, seamos capaces de perder la vida.

Al llegar tenía un hambre como desde antes de mi enfermedad no había tenido; pero ahora me habría sido imposible tragar ni un bocado: se me cerró el estómago como una bolsa de cuyas cintas alguien hubiese tirado bruscamente. Agradecí a quienes me invitaban a comer a la suave sombra de un emparrado; di un poco de comida a los perros, que continuaban meneando su incansable cola embebidos en mí; acaricié sus majestuosas y dóciles cabezas, y pedí retirarme a descansar.

No descansé. El amasijo de mudanzas era excesivamente complicado. Sin querer –o peor aún: cuanto menos quería, más–, mi imaginación volaba hacia mi tío Abu Abdalá. ¿Dónde estaría ahora? Con antelación había salido de Granada hacia Málaga para planear unas defensas en el puerto y prevenir las posibles ayudas magrebíes. Ignoraba, por tanto, lo que había sucedido. Su elección entre mi padre y yo aún estaba en el aire; pero yo sabía qué partidario era de la legalidad. Me venían a las mientes, desgranados, gestos suyos de lealtad y amor, su hombría y su rectitud. Y me reiteré cuánto habría ganado el Reino si, en lugar de proclamarme a mí sultán, lo hubiese proclamado a él.

Fue entonces cuando me embargó por primera vez la tentación. Era como una presencia corporal y creciente; me rodeaba y me oprimía; me habría bastado alargar un poquito la mano para tocarla. Abrí los ojos para librarme de ella. El sol, cada vez más alto, calentaba en demasía; se filtraba por la cristalera; iba a estrellarse contra el suelo casi ruidosamente, como un vidrio que se hace trizas, en aquella mañana, la primera aún no sabía de qué. ¿Tuve la tentación? No, la tentación me tuvo a mí. Y luego me ha tenido muy a menudo. «Abdica en el emir Abu Abdalá. Él está mejor preparado que tú para los graves días que se avecinan: la inmediata reacción de tu padre, la desalmada última guerra con los cristianos. Él es más fuerte y más sereno. Tú has sido educado como un príncipe; para ser príncipe, no para ser rey. No tienes su vigor, ni sus recursos. No estás dispuesto para que se descargue sobre tus hombros el gobierno en el instante de la mayor dificultad y del mayor temblor. Tú acaso habrías sido un buen rey en un tiempo de paz, de desarrollo, de cultura y de artes; pero no en los trágicos tiempos tan expresamente vaticinados. Abdica, ahora que puedes, en el emir Abu Abdalá.»

Miré la mano que Yusuf y el alcaide habían besado: elegante y bien delineada. La vi tan lejana de mí mismo quizá por el cansancio, tan ajena a mí mismo, que me estremecí. La vi como si se tratara de un objeto venerable que tuviese que devolver en un momento próximo. Vi sus uñas, pulidas y almendradas; vi, en la del dedo corazón, una minúscula selenosis. (Subh, señalándola, había dicho: «Has mentido, has mentido.») Vi el rasguño que una rama de acebuche había dibujado sobre el dorso, muy cerca del pulgar. ¿Había examinado antes con tal detenimiento aquella mano? ¿Era aún la mía, a pesar de haber sido besada? La levanté para contemplarla al trasluz; dentro de ella, el color de la sangre y la opacidad de su esqueleto. Levanté la otra mano. Miré sus palmas, en las que las oscuras rayas de la vida trazan la red de sus caminos. Cerré los ojos para intentar dormir, para intentar huir. Pero lo que veía con los ojos cerrados era más tenebroso. Los volví a abrir. Crucé en alto las manos, ante la luz del sol; las separé; las miré unirse y desunirse, como si estuviesen dotadas de una vida que no fuese la mía. Fingí que una de ellas, la izquierda, era la de alguien idolatrado que había muerto –que había muerto sin presenciar ni desear esta mañana–, y supe que la muerte es contagiosa... Fingí que una de ellas, la derecha esta vez, era la mano de mi tío Abu Abdalá, y supe que no son contagiosos el poderío y la serenidad... Fingí que una de ellas –cualquiera, sí, cualquiera– era la mano mutilada de Yusuf, o era la mano de uno de aquellos seres que me quisieron en la infancia. No, no eran de ellos aquellas manos, pero tampoco mías. Si Yusuf estuviese aquí conmigo... Pero hacía rato que había salido hacia Almería para confirmar en persona la obediencia de la ciudad. Si hubiese estado por lo menos *Din*, mi perro, entre los alanos del patio, que misteriosamente se alegraron al verme... No había nadie conmigo. Ni el sueño. Nadie... Miré con compasión, una vez más, las rayas de la mano, y leí claramente en ellas la fatalidad, el desorden y la ruina que mi horóscopo había profetizado. Por fin, solo en mitad de la mañana de mi exaltación, insomne y solo, acerqué las dos manos a mi rostro, y rompí a llorar entre ellas, igual que habría llorado entre las de mi madre si me lo hubiese permitido.

Esa misma tarde, desde las primeras horas, empezaron a llegar los representantes de las ciudades, de los pueblos, de las aldeas, para reconocerme y homenajearme. El alcaide de Guadix me obsequió ropas de un lujo semejante al que un día vi entre los tesoros de la Alhambra.

–Agradezco al Altísimo la oportunidad que brinda al más humilde súbdito de proporcionar al Emir de los Creyentes las ropas de su aclamación –dijo.

Aquella noche el cansancio me venció. Al segundo día, colmado y aturdido por los agasajos, volví a tener la sensación que me había asaltado con frecuencia en los últimos meses, cuando me vi forzado a ocultar los destrozos de mi corazón: la sensación de que representaba a otro en una ceremonia de la que podía ser eliminado sin que ella cesase. Nada me dolía de veras, ni me regocijaba de veras; no sangraba, o aquella que corría no era mi sangre. Si pensaba en mi padre, me agredía desde el fondo la certeza de que lo estaba suplantando. Yo era como un mal imán llamando a deshora a la oración; un actor que recita su papel en una historia falseada y contingente. La gesticulación era la apropiada, adecuadas las postraciones, aprendidas de memoria las alabanzas, exactos el vestuario y la intensidad de las miradas y el tono de las réplicas; pero no era mi vida verdadera, ni yo era aquél. Mi verdadera vida se agazapaba y se escondía, se afinaba hasta desaparecer –menuda y gris, pero palpitante como un animalillo– debajo de tanto derroche de palabras y tantos oropeles.

Al cuarto día recibí correos de Granada. Los abencerrajes, que acudieron con presteza a la llamada de mi madre y Aben Comisa, me habían aceptado; al pueblo extenuado lo ilusionaba la aparición de una intacta esperanza. «El que a hierro mata, a hierro muere», decían de mi padre entre jolgorios y celebraciones. [Yo me planteaba por entretenerme, sin resolver la cuestión, qué estarían haciendo las concubinas del harén, acostumbradas en los destronamientos a cambiar sólo el nombre de su amo; los chismes, las banderías, las peleas que entre ellas se habrían provocado; cómo recibirían a la nueva sultana, mi mujer, a la vez que a la antigua, restituida en su honor de sultana madre; qué haría Soraya, cuyas ambiciones, de momento, parecían naufragar... Y, en ese imaginado batiburrillo del harén, veía los gruesos labios y la espigada estatura de la negra que conocí en la visita con Nasim. «Aunque quizá haya muerto –me decía–, o si sigue allí, por su edad, se habrá convertido en una servidora de las otras.»]

Mi padre, desde los Alijares, con unos pocos fieles, se había lanzado a recuperar la Alhambra. El dueño de ella se convierte en el del Reino al ser dueño del símbolo; hasta el punto de que las cartas africanas dirigidas al sultán granadino se inician con la invocación de «Señor de la Alhambra». Aben Comisa, en mi nombre, se había apoderado de ella, y, desde las murallas de la fortaleza, rechazó la embestida del sultán legítimo. Luego, desde la Torre de Armas, con los suyos –quiero decir con los míos– consiguió sin mucha dificultad expulsarlo de la Sabica. Tras una lucha sangrienta, pero breve, en las calles de la ciudad, con los tradicionalmente turbulentos habitantes del Albayzín a mi favor, el triunfo de mis partidarios había sido completo. Según los correos, el pueblo ardía en deseos de contemplar a su nuevo rey; en la historia de la

Dinastía era anormal que el caudillo de una insurrección no se hallase al frente de sus secuaces.

–¿Qué se sabe de mi tío Abu Abdalá? –había preguntado.

Llegó a tiempo, desde Málaga, de presenciar la derrota de mi padre, pero no de intervenir en la contienda. Los dos hermanos, a uña de caballo, se habían refugiado en Málaga de nuevo, la ciudad predilecta de mi tío, de la que él era asimismo predilecto. Para mí, pues, era ya ineludible retornar.

Entré por el Albayzín, entre vítores. Mi madre me esperaba en la Puerta de Fajalaúza, más radiante que nunca; tanto que parecía casi hermosa: acaso el poder embellece. «No a mí», pensé. Moraima, sin embargo, me recibió sin aspavientos, con una digna naturalidad. Sus ojos, indagadores, buscaban los míos. Yo la besé en los párpados, y ella reclinó un instante su cabeza en mi hombro.

–Todo sucede para bien –murmuró–. Sea lo que sea.

Bajo arcos de flores entramos en la Alhambra. Mi madre y Aben Comisa habían designado a quienes, en adelante, serán mis hombres de confianza. Por debajo de ambos, el que ostenta mayor poder es Yusuf Ibn al Adalbar, el cabecilla de los abencerrajes. Acepté: ni deseaba llevarles la contraria, ni habría servido para nada hacerlo. La única condición que impuse, aunque no creo que pueda llamarse así, fue habitar el palacio de Yusuf III, en lugar del que mi padre había habitado, que era el de los últimos sultanes; aun para eso me costó trabajo obtener la aprobación de Aben Comisa, que consideraba más demostrativos de la majestad los palacios más suntuosos. Mientras le exponía mi voluntad de no transigir en ese extremo, vi junto a él al eunuco Nasim, que me saludaba y me alentaba con los ojos.

–Nasim será quien se ocupe de mi casa desde ahora –dije, y me sorprendió oírmelo decir.

Él, como si lo estuviese esperando, se adelantó, besó mi brazo, y me invitó a seguirle hacia el palacio de Yusuf III.

–Como conocía tu preferencia, he mandado disponerlo para ti.

Al descender por la calle Real, después de una vacilación, me anunció:

–Tu perro *Din* ha muerto hace dos días. Era muy viejo ya: no ha resistido tu separación. Es una pena que no haya sido el perro del sultán.

–A él no le interesaban estas majaderías. ¿Dónde lo han enterrado?

–Pretendían quemarlo; yo lo impedí. Está enterrado no lejos del lugar donde tuve el honor de bautizarte –contestó sonriendo de una manera ambigua.

–La muerte de mi perro, más aún que mi proclamación, me demuestra que una época de mi vida se ha cerrado; quizá toda mi vida. Pero, sin duda, esa parte de ella, irresponsable y gozosa, en la que un niño musulmán pudo persuadir a un eunuco de que lo bautizara.

Nasim, entendida la reticencia, doblegó con gravedad su cabeza. El resto de aquel día lo pasé sentado junto a la tumba de *Din*. A duras penas le perdoné su deserción.

Las mezquitas, en la oración, ya habían comenzado a pronunciar mi nombre. Solicité que las fiestas de la coronación, dadas las circunstancias, se abreviasen. Había –pretextaba– demasiado que hacer, mucha correspondencia y documentos que firmar, concertaciones, recepciones, demasiados asuntos que despachar con urgencia. No sabía hasta qué punto el pretexto era cierto.

El rey Fernando, no bien empezó agosto, devastó la Vega, y prendió fuego a cosechas y alquerías al socaire del desarreglo ocasionado por el conato de la guerra civil. Me enteré de que mi padre había conseguido un socorro, no grande, de algunos voluntarios magrebíes que desembarcaron en Málaga burlando en el Estrecho los navíos cristianos. Y a principios de otoño, mi padre y mi tío –también él: ya tomó partido–, para no reconocer que habían sido derrotados del todo, corrieron por Setenil y por Cañete, arrasando sus guarniciones. Cañete fue reconquistada en seguida por el adelantado de Andalucía, Pedro Enríquez, que la fortificó y la repobló; por el contrario, a pesar del ataque del marqués de Cádiz, Setenil quedó en manos nazaríes. «Pero ya no todas las manos nazaríes pertenecen al mismo cuerpo», me dije con tristeza cuando me lo anunciaron.

El invierno, de acuerdo con lo que sucede en la naturaleza, que en tan pocas ocasiones respeta el hombre por desgracia, ha apaciguado o escondido las tensiones, dándonos tiempo para organizar, mal que bien, el Reino. Ha sido un invierno largo y muy frío. Granada, cubierta por la nieve, es una ciudad muda. El azacaneo de esos meses me ha impedido casi del todo hacer lo que me gusta: leer, escuchar música no demasiado cerca, pasear despacio sin objeto preciso, contemplar el cambio de las luces, escribir sin apremios. En muy escasos momentos he podido zafarme, durante este invierno, de la impresión de que representaba.

–Un sultán tiene la obligación de serlo, no de aparentar serlo –me insiste Moraima de repente, vislumbrando lo que por dentro de mí pasa–. Por tu bien y por el de nuestro pueblo, sé tú, Boabdil. Sultán o no, sé tú. Si resistes un poco, lo lograrás. Por ahora, procúralo tan sólo, y apóyate en mí cuando lo necesites. Estoy convencida de que mi existencia no tiene otra razón.

Yo se lo agradezco como agradece el báculo un convaleciente que, arrastrando un poquito los pies, se asoma a una ventana a ver crecer el día que lo anima a crecer. Intento, ignoro si con éxito, cumplir mis deberes de sultán; pero no soy capaz de borrar a Málaga de mi mente. En mí está, cálida y radiante, con su alcazaba erguida entre las flores y el boscaje, con Gibralfaro como un ojo de luz encima de ella, y el puerto jubiloso y azul, y el arsenal y las atarazanas. Y no sale de mí Abu Abdalá –¿qué opinará de mí su integridad?–, cuyo auxilio me habría aligerado la carga del gobierno (si es que puede llamarse gobernar a seguir los *consejos* de Aben Comisa y de mi madre).

La primavera este año tardó mucho en llegar, pero cuando llegó se abrieron de par en par los ramos.

A mediados de marzo, los cristianos se reunieron en Antequera. Allí acudió la flor y nata de su nobleza, desde Ponce de León al gran maestre de Santiago. Los asesoraba Bernardino, el renegado de Osuna, que conduciría una expedición a los montes de Málaga: los generales opinaron que el sultán destronado se hallaba en una posición menos ventajosa que la mía. Y decidieron atacarlo a él. Se les unieron el asistente de Sevilla, conde de Cifuentes, el gran don Alonso de Aguilar y el adelantado de Andalucía: todos los nombres míticos de la frontera contra mi padre. ¿Me habría de alegrar? Y, si era así, ¿por qué no me alegraba? El día 19 de marzo pasaban de tres mil de a caballo y de mil infantes los que se dirigieron hacia la Ajarquía. El 20 por la mañana, según me avisaron, las tropas de los concejos, con los señores a la cabeza, avistaban nuestra frontera, o mejor, la frontera del territorio de mi padre. Advertidos de antemano, sus habitantes habían abandonado las aldeas y refugiádose en lo alto de la sierra o en las torres atalayas con sus mejores bienes. Al enterarme de la evacuación, sentí el dolor de aquellas gentes y el pesar desarmado de mi tío Abu Abdalá, un emir casi sin ejército. Los cristianos se adentraron en los montes sin encontrar resistencia; asolaron alquerías y aldeas; quemaron frutales; alcanzaron la costa desde el interior a la altura de Bezmiliana. Sobre un mapa seguía yo, hora por hora, sus avances, confuso entre la tribulación y el regocijo. ¿Atentaba aquella agresión contra todos los musulmanes, o sólo contra el poder declinante de mi padre?

El día 21 salió el sol dentro de mí: se mudaron las tornas con un giro grandioso y violento. Mirando el mapa, veía la afilada mano de mi tío señalarme desniveles, pueblos, tajos. Cuando los cristianos estuvieron metidos de lleno en la serranía, dentro de ese terreno rocoso, roto y perturbado de los montes de Málaga, los nuestros –ah, sí, por fin lo supe: los nuestros, los mandara quien los mandara– se lanzaron sobre las huestes enemigas, las dividieron, las devastaron, las acecharon por los desfiladeros, las agotaron en las vaguadas, las aniquilaron desde las cimas. Por los puertos, por las angosturas, por los barrancos, se precipitaron sobre ellas, y las sometieron a una minuciosa y triunfante matanza. Acosados y acuchillados, corrieron los cristianos hasta las proximidades de Málaga, la ciudad soñada por ellos, que veían por primera vez con los ojos entorpecidos por la sangre. La noche del jueves al viernes fue una noche que no olvidarán nunca. Como me imagino a mi tío, vengador y magnífico, me imagino esa noche. El terror en medio de la oscuridad, la hostigación por demonios invisibles y vociferantes, transformaron a los cristianos en enemigos de sí mismos. Huían sin saber adónde, abandonándolo todo, abandonando también la vida, o la libertad en cualquier caso. Las últimas noticias –y el júbilo que me proporcionaban debía disimularlo delante de mi madre y de mis visires– decían que más de dos mil cristianos, de los cuales muchos eran nobles, habían caído prisioneros; que toda la Ajarquía estaba cubierta de caballos, monturas, armas y víveres; que los malagueños llaman a gritos a mi tío *el Zagal*, es decir, *el Valiente*. La luz que, cuando me lo refirieron, entraba por el ajimez de la alcoba no era tan limpia como mi alegría. Quizá el informador entendió que mi largo silencio lo produjo el disgusto: tanto nos desconocemos, unos a otros, los hombres. *El Zagal*. Abu Abdalá, *el Valiente*: así lo llamaré yo también de ahora en adelante. Aunque se mantenga a favor de mi padre, o quizá por eso mismo; aunque luche en un simulacro de reino, entre Guadiaro y Almería; aunque suponga que ese trozo de costa, cuando nos asentemos, caerá en nuestro poder. Porque no sé de cierto cuál es nuestro poder. Porque sólo podré decir de verdad *nuestro* cuando mi brazo cuente con el brazo de mi tío, *el Zagal.*

El rey Fernando se apresuró a provisionar Alhama para impedir que, apoyados en la derrota de la Ajarquía, nos aprestásemos los granadinos a reconquistarla. Lo cierto es que esa posibilidad se planteó en el Consejo por Aben Comisa; pero el Consejo resolvió que la política más cauta era la de mantenernos dentro de nuestros límites, y fortalecernos para lo que viniera. Y que, en efecto, vino: los cristianos de Murcia entraron por Vera en el Reino, destrozando sembrados, a principios de abril. Y fue mi madre la que vio cernerse el máximo peligro: no en las tierras más próximas a Murcia, sino en Almería, residencia del príncipe Yaya, el hijo de Ibn Salim. No pasó una semana sin que se confirmaran sus sospechas: el rey Fernando iba a utilizar contra Granada la misma traición que utilizó de príncipe; iba a introducir entre los nazaríes un tercer bando y una segunda discordia, más radical que la primera, entre mi padre y yo. Desde Vera continuaron los cristianos su ruta hacia Almería, que el traidor Yaya había prometido entregarles. Destacamos un reducido ejército para impedir la traición. Pero no lo habríamos conseguido si unas atroces y milagrosas lluvias, que decidimos atribuir a la misericordia de Dios, no hubieran colaborado con nosotros. Creo que, por el lado de Almería, podemos momentáneamente respirar. Sin embargo, tengo informes de que Fernando ha situado naves en el Estrecho para evitar que los prisioneros de su religión sean expedidos por mi padre, desde la alcazaba malagueña al norte de África, a cambio de refuerzos. La pasada semana yo he puesto mi sello en cartas al sultán de Marruecos en que le suplico que, si ha de enviar soldados, lo haga al Señor de la Alhambra y no al señor de Málaga. Y he sufrido al sellarlas.

Días atrás partió de aquí una expedición de castigo, amparada en la estela del desconcierto de la Ajarquía. La mandó Hamet Abencerraje, y se dirigió a las tierras de Alonso de Aguilar, a Luque y a Baena. Su retorno con un opulento botín hace dos días fue muy celebrado por la gente de Granada; tanto que, celosa mi madre del éxito de Hamet, vino anteanoche a verme.

—Es imprescindible que arranques una victoria, Boabdil. Tu padre y tu tío se han cubierto de fama a los ojos de los granadinos. Con un pueblo no puede jugarse a calentarlo y enfriarlo. Desde hace dos semanas se preguntan si han hecho bien; necesitamos persuadirlos de que eligieron al mejor. ¿No te hierve la sangre ante la ocasión que te proporciona tu buena estrella? ¿Vamos a conformarnos con unos cuantos rebaños de bueyes o de cabras? El éxito de Hamet se les olvidará a los granadinos antes de que terminen de comerse la carne del ganado; acuérdate de cómo se burlaron de tu padre por la manada de vacas que trajo de Tarifa.

Ayer se estudió con detalle dónde sería más cuerdo dar un golpe seguro: cuál es la zona menos defendida; qué poblaciones están sin sus alcaides, presos o muertos o heridos en la Ajarquía; qué territorios conocen mejor nuestros estrategas. Es la primera expedición que yo voy a mandar personalmente y, por lo tanto, he de volver rebosante de laureles y despojos. Mi madre me lo exige, según ella en nombre de Granada.

Aliatar, con las cartas geográficas por delante, señaló con un ancho índice indiscutible –le decía yo luego a Moraima que es un índice más de vendedor de especias que de mayordomo de la casa real– Lucena. Es una ciudad cercana a la frontera, con un luminoso y legendario pasado judío. Tiene un recinto amurallado y un arrabal no extenso; no alberga más de trescientos vecinos, según me indican. Su señor, Diego Fernández de Córdoba, emparentado con los Aguilar, cuenta exactamente mis años, y es alcaide de los Donceles; me gustará vencerlo. Bien manejada, esta victoria puede ser útil, no sólo respecto a los granadinos, sino respecto a los pueblos limítrofes, que en estos momentos calibran nuestras fuerzas. Me garantizan que no hay peligro alguno; no se emprendería la acción si lo hubiese. La comarca a que vamos la llaman en el Reino «la huerta de Aliatar»: tan recorrida y domeñada la tiene. Eso allana todos los escollos.

Me acompaña, perfumada y lucida, la flor de Granada. Temo que, en lugar de parecer que vamos a la guerra, parezca que vamos a un torneo –tal es la creencia general–, y los jóvenes de Granada, cuando se exhiben, gustan de vestirse con lo más rico que poseen. Quiera Dios que, si ricos vamos, retornemos más ricos todavía. Como dirían los cristianos, es mi bautismo de sangre. Mi suegro está a mi lado: tengo en quién confiar. Con todo, sé que echaré de menos a mi tío el emir; siempre soñé con ganar mi primera batalla junto a él.

Antes de ponerme al frente de mis hombres me dispongo a dormir unas horas.

II.   LAS AVES DE LA MISERICORDIA
—

> Para tus herederos no hay herencia: ni trino, ni
> arrayán, ni limpia sombra ni agua alegre.
> Los cuervos te parecen, desde abajo, las aves de
> la misericordia.
>
> BOABDIL,
> *Elegía de Almutamid*

Este año –ya lo dije– la primavera tardó mucho en llegar; más hubiese valido que no llegara nunca.

Estoy preso. No hay palabra en que quepa mayor desolación; quien no lo haya estado, no podrá comprenderla. El transcurso lentísimo del tiempo, la confusión de los días y las noches, la soledad exterior, que a veces me pareció tan deseable y ahora sufro sin pausa, el círculo de los recuerdos, que se enmaraña alrededor de mi cabeza... Un rey preso: el ser humano prefiere pensar que ciertos hechos no suceden. En la accidentada historia de la Dinastía no había ocurrido antes. Y ojalá sea sólo esto lo que ocurra por vez primera; me asaltan inevitables temores de que habrá más. Mi pluma y mi mano se niegan a escribirlo.

He pedido estos papeles, no carmesíes, para obligarme y concretarme en algo; para que mi voluntad y mis ojos tengan un asidero en que fijarse, y acaso mi esperanza: no sé qué será de mí si se desangra. Ahora estos frágiles confidentes son la única ancla que me retiene, el espejo único en que puedo mirarme (en que debo mirarme, porque no lo deseo). Me propongo destruirlos si algún día retorno a ser libre. El sentido de la libertad (aun el de la descabalada e imperfecta que gozamos los hombres) empiezo a vislumbrarlo, como siempre, a deshora... Y entonces qué ingratitud destruir estos papeles; porque ellos son hoy los solos amigos con los que me cabe dialogar, o por los que aspiro a ser interpretado. Como ocurre siempre con los amigos, mucho trabajo y tiempo me costó conseguirlos: los cristianos detestan la escritura y les da mala espina quien escribe.

La mayor diferencia que existe entre los cristianos y nosotros no es la religión, sino la forma de entender y de vivir la vida. Alguien puede opinar que tal forma es la consecuencia de nuestras religiones; yo opino exactamente lo contrario: cualquier pueblo acaba por acomodar su religión y su pensamiento a sus actitudes y a sus comprensiones, a sus modos de amar y de apenarse y de gozar y de aguardar la muerte.

Los cristianos son aún más ásperos y rudos de lo que yo creía. Acaso no por cristianos, sino por habitar bajo un clima tan diferente al nuestro. Veo esta estancia en la que estoy: cuadrada, agria, rotunda, con una chimenea desmesurada, con hostiles paredes de piedra, sin la ligera y acogedora suavidad de las nuestras. Quizá ellos encuentran en alcobas como ésta una armonía enjuta y más duradera, una densidad y una persistencia: eso no hace más que confirmarme que somos opuestos. Lo nuestro es el ahora, lo inmediato; lo suyo, una inconcreta perennidad, una metáfora muy poco comprobable.

Me llama la atención, a primera vista, que los cristianos no se recreen con el agua; la utilizan para beber, y apenas. Nosotros, quizá por un recuerdo atávico y colectivo del desierto, la veneramos; nuestro lujo consiste en admirarla y escucharla correr, en extasiarnos ante los surtidores, en contemplar cómo la luz la traspasa y la irisa, en ver nuestros jardines y nuestros rostros reflejados en las verdes albercas, en administrarla en los riegos de nuestra agricultura, y en adivinarla bajo el aroma de las flores. Los cristianos no huelen (mejor será decir que no tienen olfato). Nosotros nos bañamos y nos perfumamos; ellos consideran pecado tales hábitos, como si se tratase de una blandura castradora, de un tributo al cuerpo que lo pusiera en trance de condenación; las casas de baños son para ellos las antesalas del infierno, o acaso el mismo infierno.

Todo es tosco y elemental entre ellos. Comen cuando pueden y lo que pueden, sea o no impuro; creen en los ideales más que en las ideas; se aferran a la tierra, y a la vez la desprecian; adoran a su Dios sin lavarse las manos y con las uñas descuidadas y sucias, y cuando van a la guerra, sus soldados van para saciar su hambre, no para defender algo (quizá sencillamente porque no lo tienen, y su manera de adquirirlo sea la guerra). Su sentido de la intimidad, alrededor de la cual se cierran como erizos de mar, también es tosco. Nunca como ahora me he sentido tan hostil a mi cuerpo. Vestido con sus pesadas ropas opacas, sin ocasión de lavarme de continuo, como nosotros hacemos hasta por prescripción religiosa, percibo olores míos no percibidos antes: los olores de mis axilas, de mis pies, de mi sudor, de mi semen húmedo o seco, de mi cabello, de mis ventosidades, de mi aliento. Esto me humilla y simultáneamente me reconcilia conmigo mismo. Evoco a menudo —y hace sólo unos días que estoy preso— el vapor de los baños, la humedad goteando sobre los azulejos, el enternecimiento de la música y de la luz coloreada por las claraboyas, la tersura de la piel penetrada por el calor y los masajes, el aroma del humo que sale por los umbrales perforados desde los pebeteros subterráneos, e impregna nuestras ropas livianas. Evoco tal riqueza, y admito que la penuria de hoy me produce un conocimiento más profundo –y desde luego, más sucio también– de mí mismo, de una parte de mí que no tiene por qué ser la peor, pero que sí es, sin duda, la más humilde y animal y, por ello, la más desatendida...

Sea como quiera, los cristianos han ganado esta vez. Aquí estoy en sus manos. No sé si para siempre; no sé por cuánto tiempo, si es que el tiempo –su medida y lo que mide– sirve para algo en la cautividad.

Han prometido no quitarme la vida; acaso sea lo único que no me quitarán. Porque la vida, sin lo que la mantiene y la rodea, ¿qué es?; bajo la inminente y continua amenaza de perderla, ¿qué es? Vivir no es sólo no morir, es mucho más. Si fuese no morir, se reduciría a algo precario y negativo, y para mí debe ser positivo y flamígero: es su ardor y su refulgencia lo que distingue la vida de la muerte. A la muerte yo no la temo sino como ausencia de lo que entiendo por vida plena, no una respiración o un simple pensamiento. Quizá, en definitiva, y contra lo que opinaba, sea cierto que, si se ama la vida, hay que estar dispuesto a morir por ella; no si se ama la desnuda y abstracta idea de la vida, sino la manera como uno la consume, como la consumieron –y la consumaron– sus antecesores: la vida nuestra frente a la de los otros. Porque antes de perder nuestra forma de vida más nos vale morir.

Es a esta muerte a la que me refiero, y a la que estoy desde ahora resignado.

Ayer me obligaron –con cortesía, pero me obligaron– a asomarme a una ventana del piso bajo de esta torre para que me vieran, desde la plaza, los habitantes de Lucena; ellos ardían en deseos de contemplar al rey moro. Me cargaron de cadenas, que no suelo llevar en mi prisión; me pusieron al cuello un ceñidor de hierro, y me exhibieron como un trofeo de caza. Se produjo un instante de silencio; su filo, con nitidez, partió en dos la mañana. Después, como para sacudirse una fascinación, el griterío y los insultos de la turba. Y las serviles aclamaciones a sus caudillos, que todavía no sé bien quiénes son.

Hasta ahora, en general, el trato ha sido respetuoso. Son muchos siglos de ver en Andalucía el paraíso perdido como para que no miren a su rey con un sentimiento en que se mezclan el odio y el asombro y una inconfesable envidia. En su imaginación nos rodean espantosas leyendas, que sus gobernantes desde el principio fomentaron: crueldades atroces, costumbres decaídas, afeminamiento, personificación de cuanto les han enseñado a odiar y a temer al mismo tiempo; pero también somos lo que ellos, en su fuero interno, presienten que serían si se abandonasen a la vida. Es fundamentalmente por eso por lo que *necesitan* eliminarnos: porque constituimos el ejemplo de sus desmayos morales y de sus prevaricaciones, pero también constituimos la provocación de su curiosidad y su más alta aspiración secreta.

Hoy he sentido el peso de esta cárcel desplomarse sobre mis hombros con una insoportable crueldad. He levantado los ojos a Dios, al que está por encima de las religiones, y también por debajo y en nosotros. «No me castigues por olvidarte o por caer en el error. No me impongas una carga que sea superior a mis fuerzas, o dame fuerzas con que soportar la carga que me impongas. Omite mis pecados, que no fueron dirigidos contra ti, y concédeme el perdón y la paz y el bálsamo de tu misericordia. Tú eres el dueño y el refugio. En ti he puesto mi esperanza, porque mi corazón la ha expulsado de sí.» Mientras oraba, reflexioné en lo que se nos ha dicho y repetido: «Dios no grava a ninguno por encima ni más allá de su capacidad»; acaso tal promesa la hizo Dios un día en que no se le ocurrió otra cosa más alentadora. Hoy no puedo creer sinceramente en ella.

Hablamos con ligereza de la vida y de la muerte; pero ¿qué conocemos de una ni de otra? Son las caras de una misma moneda, y nuestro tesoro se reduce a esa sola moneda; oscilamos, como entre Escila y Caribdis, entre las dos reinas absolutas, de colores distintos, que nos gobiernan, a los reyes también, desentendidas de nuestro beneplácito. En la vida, al menos, residimos; pero ¿qué sabemos de la muerte? Yo he visto desde niño cadáveres; ¿es eso saber algo de la muerte? (Viene a mi memoria el cadáver de Subh, el primero que vi. ¿Dónde estás, Subh, ahora? ¿No habrías preferido morir a ver a tu *vidita*, a tu *zogoibi*, expuesto a la befa de los enemigos? ¿No iba a ser yo, con mi aroma de rosas, el que acabase con las guerras?) ¿Nos dice algo de la muerte la podredumbre de lo que un día fue hermoso? Sí, he visto su mano pálida y desastrosa desatar el deslumbrante lazo de la vida; he visto las víctimas de las justicias de los hombres, y las víctimas de sus injusticias. He herido y me han herido. He atentado contra la vida ajena, y han atentado también contra la mía. Se hallan tan abrazadas vida y muerte que es arduo decir *hasta aquí* o *desde aquí*... En mis relaciones con Jalib,

¿no me he sentido morir a veces con mayor rigor que cuando Moraima vino a decirme que había muerto? ¿No de la plenitud de mi vida, y no me venía de ellos el aniquilamiento más sombrío? ¿O quizá es que esas mortales agonías eran precisamente la expresión más intensa de la vida? Acaso la desesperación es cosa de ella, y la desesperanza, de la muerte. Pero ¿no es desesperanza lo que ahora mismo siento? ¿No estaré muerto de alguna forma ya?

Me lanzo a estos papeles cada día con mayor fruición; igual que el famélico a la comida, o el sediento a la fuente. Los miro como el enamorado mira, en cada despertar, los ojos de quien ama; porque, según ellos, así será la luz del día que se inicia. Son mi único sustento.

A través de la mirilla de la puerta vislumbro los ojos del carcelero cuando él acecha mis paseos, mis paulatinos o nerviosos movimientos, mis vanos esfuerzos por mantener una dignidad regia. Esos ojos que se cruzan con los míos y los rehúyen son, a su vez, la mirilla del mundo para mí. Por un lado, estoy en una soledad que nunca imaginé; por otro, mi soledad salta en pedazos como un cristal cada vez que es acechada por esos ojos inquisidores, que me son tan extraños. Tan extraños, pero tan necesarios. ¿Será como ellos Dios?

Hay momentos en que de tal modo se me hace presente el cuerpo de Moraima, su carne morena y armoniosa, su olor casi sonoro, que, si cierro los ojos, podría acariciarlo. Nunca la deseé con tanto arrebato, ni se lo dije tanto como ahora. Veo su última mirada mientras me retenía con su abrazo, tratando de impedir, de amanecida, mi partida a Lucena, como si presintiese que iba a ser privada a la vez de su esposo y de su padre...

Y me asaltan también recuerdos muertos –no, los recuerdos no mueren; muere quien los suscita– con la misma vigencia, o acaso mayor, que los vivos recuerdos de los vivos. Está muerto Jalib; pero ¿cómo olvidar nuestro extravío en la alcoba del palacio de Yusuf aquella noche en que todo fue posible, y el orbe entero giró en torno a nuestros cuerpos? Me anonadan con impaciente vigor las memorias de lo que tuve y no volveré nunca a tener: unas memorias mezcladas y confusas, pero tan netas que percibo con infinita exactitud –a pesar de las brumas con que el amor envuelve los sentidos cuando nos enajena– la leve yema de un dedo, una oreja con su mórbido lóbulo, el deleitoso pezón de un pecho, el vello rizado de un pubis, una corva de seda, una rodilla igual que una naranja, un lunar en la espalda... La memoria de cómo se deslizan las manos por el cuerpo desnudo de quien se ama; de cómo, bajo sus manos, se muere y se resucita: desde los muslos hasta el cuello, desde la nuca hasta los muslos, por los hombros, por los tensos costados, por el cálido rincón de las axilas, por los surcos que se entreabren entre los pechos o entre las nalgas.

En esos momentos mi sexo se yergue y reclama su dicha. He de apoyarme contra la pared en que se abre la puerta para evitar que el carcelero presencie mi vergonzosa masturbación de adolescente. No, no, porque el adolescente presiente sin sentir, pero yo ya he sentido. Por eso, tras de los pobres gestos, me quedo descontento y vacío.

Paso después marchita revista a los lugares en los que fui feliz –¿fui feliz?– y tengo la impresión de estar entrometiéndome en la vida de otro; de otro que me cuenta, a balbucientes retazos, su felicidad. O acaso es que yo entonces era otro –embriagado, alterado, irreflexivo–, no este de ahora. Qué raro que un feliz pierda el tiempo en pensar que lo es; porque la felicidad quizá consiste en una paralización del raciocinio, o en un sopor, o en un instantáneo alivio de la razón. O quizá el ser que fue feliz permanece todavía allí donde lo fue, abandonado a su ventura por quien dejó de serlo. Yo, el que he llegado a ser no sé por dónde, no he gozado conscientemente de la felicidad ni una sola hora; porque, cuando estuve a punto de reconocer que la tenía, me invadió tal pavor a perderla, que la perdí sin más.

Siempre admiré la lucidez de aquel califa del esplendor omeya que redactó su testamento con moroso cuidado. Al comienzo se definió a sí mismo con resplandecientes oleadas. «Fui rey durante cincuenta años de la ciudad más hermosa del mundo, y, por si algún esplendor le faltaba, junto a ella construí otra aún más hermosa: la fulgurante joya de Medina Azahara. Amé a la mujer más bella de la Tierra (la divina Azahara), y ella me amó. A mi corte se acogieron los filósofos más profundos, los poetas más sutiles, los más alados músicos...» Y así continuaba, entre vanaglorias e hipérboles, como si hubiese creado un cielo y residido en él. Hasta concluir su personal definición con una escueta frase: «Y fui feliz catorce días.» Pero asombrado él mismo de esta arrogancia última, añadió: «No seguidos.»

¿Puedo yo proclamar que, aun no seguidos, haya sido feliz catorce días? ¿Puede el ser humano luchar con uñas y con dientes por algo tan gratuito como la felicidad? Nos movemos entre la necesidad y la contingencia; entre el *si Dios quisiera* y el *si Dios hubiese querido*; entre el fatalismo y el escepticismo; entre el *todavía no* y el *ya no*, con la sola certidumbre de que, cualquiera que sea la elección, ambos caminos nos llevan a la muerte.

En cualquier caso, se hable de lo que se hable, la felicidad es siempre otra cosa; u otra cosa además. Muy de vez en cuando al más afortunado le llega su perfume, pero sólo cuando ella dejó de estar presente.

Desde esta inmovilidad recorro ahora, entre vértigos, los instantes próximos a la felicidad que desperdicié por aspirar a algo más, como si hubiese algo más alto. ¿Y cómo rectificar los errores que el pasado ha convertido en piedra? De equivocarnos no acabamos nunca. Las lecciones que recibo en este cautiverio de nada me servirán si un día –Dios lo haga– me devuelven la libertad. Porque el hombre no sólo no recibe enseñanza ninguna de los otros, sino que ni siquiera aprende de sí mismo.

El poder, en mi caso, es inútil: sólo me vale para intentar sobrevivirme. Como el enfermo grave que detiene toda la vida de la casa, tan ancha y tan segura, con tal de prolongar el quebradizo hilo de la suya; en el fondo, todos los moradores desean que esa lucha tan desigual termine. Yo he llegado a la conclusión de que, a estas alturas, somos –me refiero a mí y a mi Dinastía y a la forma de vida que hemos representado– igual que las dagas de adorno, cuya hoja no corta, ni su extremo se clava. Porque no es defenderse con ellas lo que se pretende, sino que brillen y engalanen sólo. Dagas cuyo valor reside no en el filo y el corte, sino en la empuñadura: en el oro y la pedrería y la prolija y esmerada labor de la empuñadura, y en la vaina, labrada y enriquecida, que enfunda y esconde aquello en lo que debe consistir una daga, y lo que la define. Preveo que alguien impetuoso y bárbaro se adornará la cintura, sin tardar, con la daga fingida y deslumbrante en que nos hemos convertido.

«Un rey que no es patriota, ¿cómo podrá ser rey?», se me argüirá; pero ¿es que un rey debe negarse a la verdad? Más aún, ¿un rey es algo más que una argucia o un símbolo? Aunque me acabe yo aquí, no acabará la guerra. Porque no soy yo el que la declaró, ni quien la concluirá. Un rey no es nunca un reino:

por fortuna, el segundo dura más que el primero (o así prefiero creerlo, porque yo, que nací para rey, ¿en qué habría, si no, de trasmudarme?, ¿o es que hay reyes sin trono aun sin ser destronados?). La guerra entre los cristianos y nosotros no cesará jamás: de ella está hecha la esencia de nuestras dos historias. Granada, aun invadida, no terminará nunca de ser conquistada; dicen que el amor tarda en olvidarse el doble justo del tiempo que duró... Se compone una guerra de múltiples batallas, y no todas visibles, y no todas ganadas por quien en apariencia las ganó. Y el vencedor no ha de vencer sólo en una cualquiera: ha de vencer en la final, a la que debe llegar, sin saber cuándo, de una en otra victoria. No se acabará nunca nuestra guerra; como mis antecesores, nací en ella y en ella moriré. Qué suplicio para alguien tan poco beligerante como yo; dan ganas de rendirse aun después de haber conseguido una victoria; de decir: «Aquí me quedo, ya no sigo.» Y cuánto más dan ganas de decirlo en el abismo de hoy; y de añadir: «Vuelva la corona a mi padre, o al *Zagal*, o a mi hermano», si es que no ha vuelto ya y yazgo aquí sin ella... Pero no, no me está permitido. Es posible que haya de ser yo aquel a quien los cristianos definitivamente tengan que vencer (dentro o fuera de esta prisión, que no lo sé). Ante tal sino, ¿importaba haber salido victorioso en Lucena sólo para ser definitivamente derrotado?

Hundido aquí, me acosa la angustia de que sea mi destino el del supremo perdedor: el perdedor en el que todos pierden.

No acostumbro soñar; pero anoche, después de masturbarme y quedarme dormido, he soñado. O quizá no soñé, sino que, reducido a un letargo, imaginé que soñaba. Aseguran algunos que el sin sentido de los sueños es una consecuencia de hechos anteriores, o que se explican luego en la vigilia y en ella se confirman. He tenido un sueño –o el sueño me ha tenido– de desamor y de orfandad. Había un mar sin movimiento, como un estaño inerte; había una alta fortaleza de ceniza, y una nevada sobre un jardín de rosas, y una herida que no cesaba de sangrar y que hablaba. Y soñé que, por fin, había muerto. Debe de haber sido entonces cuando inexplicablemente me derramé de nuevo; porque me he despertado más alicaído que ayer y húmedo aún. Acaso el final de la agonía no sea otro que un orgasmo ya póstumo, como dicen que les sucede a los ahorcados.

Despierto sí que sueño: en todos los cautivos junto a los que he pasado sin fijarme; en los cristianos de las mazmorras de la Alhambra, cuyas condiciones de muerte –me niego a escribir de vida– jamás me preocuparon; en los cientos de pájaros exóticos encerrados en jaulas de plata, devorándose cada noche entre sí, enloquecidos por la contradicción de tener alas inservibles (con sus trinos y con sus plumajes me embelesaban y me cautivaban: me cautivaban los cautivos)... No un ensueño, sino una pesadilla son todos para mí, hoy que sólo veo el cielo por la estrecha tronera de esta torre.

Esta mañana ha entrado por la tronera un gorrión. Aleteaba aterrado y se golpeaba contra el muro; me daba ejemplo de lo que tendría que hacer yo. Con la paciencia de todo prisionero, cuyo tiempo se dilata y no corre, y agradece cualquier distracción que lo distancie de sí mismo, he conseguido cansarlo y apresarlo (yo, el preso). Su pequeño corazón palpitaba, perdido el ritmo, entre mis dedos. Y el miedo me ha invadido a mí también. Delante de una vida que nada tiene que ver con la mía y que puedo extinguir, delante de su terror a mí, reflejado en sus ojos minúsculos con los que me pedía perdón por estar vivo, me aterré yo. He afinado mi puntería y, a riesgo de estrellarlo, lo he lanzado como una piedra a la tronera. «Tu muerte –le dije– es preferible a tu tenebrosa vida aquí. Sal. Inténtalo. Para que vivas, es preciso este ensayo de muerte.» Con limpieza pasó entre las dos aristas del estrecho orificio. Me embargó la primera alegría desde que fui apresado.

Y sueño despierto en las criaturas que me acompañaron, silenciosas, hasta ayer mismo, y que no es improbable que me añoren. Mis inquietos perros de caza y mis halcones, a los que las caperuzas oscurecen el día. Les estará dando su pitanza, si lo hace, una mano distinta; ¿no me echarán de menos? Acaso la comida les oculte la mano... Y las flores, que clamarán con su aroma en los jardines alborotados de la primavera. Sueño con los paseos de arrayán, con el azahar ya desprendido (no hay estaciones para los cautivos: para ellos, en la libertad del exterior, es siempre primavera), con las lozanas huertas del Albayzín, con los almendros que, despojados de su manto blanco o rosa, comenzarán a endurecer la almendra bajo el estuche tierno de la alloza. Y sueño con el sol que, al arreciar, con caricias ardientes, disipará poco a poco la nieve de la sierra.

Pero quizá más que con nada sueño con mis libros, los fieles obedientes que se dirigieron tanto tiempo a mí con voces disponibles. Cuando en mis manos la soledad era como un verdín; cuando sólo los desprovistos me asistían y los demás me habían desechado; cuando una y otra vez el amor se hizo el desentendido, me persiguió mi padre, me fustigó mi madre; cuando todos, quizá excepto Moraima, requerían de mí lo que no tuve nunca... Ellos, inconmovibles, han sido mi soporte y mi certeza. Por eso los echo de menos en esta hora acongojada en que alargo la mano y no los toco.

Ayer me atreví a preguntarme: si no me liberaran, ¿cómo escapar de aquí? ¿Y qué rescate pedirán por liberarme? ¿Es que un rey se rescata? ¿No pagará con el resto de su vida la torpeza de dejarse aprisionar con ella? Antes de que me reconocieran los cristianos, me habían comunicado algunos oficiales la voz que sobre Aliatar corría. Cuando se persuadió de nuestra destrucción, el anciano, sobre el que pesaba la responsabilidad del ataque a Lucena, entró a caballo en el río Genil, y, al llegar a una poza, saltó de la silla y se hundió por el peso de su armadura. Pensaría que un general que fracasa en la primera batalla de su rey ha de asumir que ha sido para él mismo la última. ¿O pensó que más vale sofocarse en el légamo de un río que caer en manos de enemigos a los que tanto se ha sobrepujado? Pensara de una u otra manera, yo le doy la razón: abrir con mano fría las puertas de la muerte, antes de que ella las abra, es justo en ocasiones. ¿No es esa misma idea la que, como un pertinaz tábano, me ronda y me perturba?

Porque un reino, cuyo rey está preso, vacila y se detiene; es como una persona cuya actividad interrumpe un vahído. Demasiadas cuestiones afligen a Granada como para agregarle la cárcel del sultán. ¿No puedo ser utilizado aquí como la más mortífera arma contra ella? ¿No sería prudente que un voluntario punto final cerrase el puntiagudo párrafo de la Historia que soy, y que, por pernicioso, convendría abreviar?

Bajo la desabrida luz –del Sol o de la Luna, ¿qué me importa?– que desciende casi invariable por la aspillera, me planteo cómo ha podido suceder. ¿No estaban desmoralizados los cristianos?

¿No era Lucena una ciudad indefensa? ¿No había de ser imprevisto nuestro ataque? ¿No salimos de Granada, mi alegre hueste y yo, como a una cacería? Hernando de Argote, el alcaide de Lucena, que me visita por lo general acompañado de su señor –un joven no muy alto, robusto y de mirada poco firme–, me ha contado algo en mi idioma. (Yo a nadie he dicho que hablo el suyo, lo cual me permite escuchar por dos veces, disponer de más tiempo para la respuesta, y comprobar si yerra el trujamán al traducirme.) Con ello, con lo que vi yo mismo y con lo que llegó a mis oídos en los días que pasé entre los oficiales, he podido saber cómo los acontecimientos se opusieron a mi fortuna.

¿Tendré que atender en adelante a los augurios y las supersticiones? Al cruzar gozosos la Puerta de Elvira entre el entusiasmo de los granadinos, recejó mi caballo, y se partió contra una de las jambas el astil de mi lanza. Yo, que conozco a mis súbditos, miré a los más próximos y vi la alarma en sus rostros; pedí otra lanza riendo. «Yo sé cómo vencer al destino», grité con insolencia para confortarlos, y espoleé a la cabalgadura. Pero a un tiro de ballesta de Granada, al salvar la rambla del Beiro, una zorra de pelo reluciente y espesa cola enmudeció a los que cantaban, atravesó las filas y pasó a la carrera junto a mí. Ni flechas ni jabalinas la abatieron; desapareció ilesa, tan veloz como había aparecido. Algunos principales me alcanzaron y, entre bromas y veras, me pidieron que aplazáramos la acometida a los cristianos. Yo me burlé en sus barbas, maldije sus aciagos vaticinios que ponían en entredicho la juventud de nuestros hombres, y continué al trote. Al anochecer llegábamos a Loja; allí la impavidez de mi suegro tranquilizó los ánimos de todos.

El ejército constaba de tres cuerpos: uno, mandado por Hamed Abencerraje; otro, por Aliatar, y el tercero, por mí. Consultado mi suegro, mandé a Hamed con trescientos hombres a una operación de hostigamiento y distracción por tierras de don Alonso de Aguilar, ocupado aún en enjugar y lamentar la derrota de la Ajarquía. Había de obtener allí trofeos y despojos. Fue el domingo 20 de abril. Tardaré en olvidarlo.

Mi suegro y yo partimos con el jubiloso ejército hacia Lucena. Grande fue nuestro asombro al encontrárnosla bien pertrechada y protegida; el efecto de la sorpresa se había venido abajo. He sabido que un lucentino cautivo en Granada, Bartolomé Sánchez Hurtado, se enteró de nuestro propósito y avisó a sus paisanos a través de un arriero de los que tienen paso franco por la frontera, y que son casi todos espías dobles. Desde las almenaras del camino se levantaron ahumadas para denunciar nuestra avanzada, y tiraron por las atalayas, en la dirección de Lucena, cinco hachos encendidos, lo que indicó que era yo quien capitaneaba la ofensiva. Además, los atajadores de Aguilar, a los que había soliviantado Hamed Abencerraje, sembraron la alarma por todos los señoríos del contorno. De ahí que nos encontrásemos barreadas las calles con maderos y fajina, provista la plaza con víveres y bastimentos, y reforzada la débil guarnición con caballeros llegados aprisa desde Córdoba. De forma que nos fue imposible entrar por su arrabal y poner fuego a las puertas de la villa como era nuestro plan. En consecuencia, establecí el cerco y di orden de talar viñedos y olivares.

Al día siguiente, vistas las dificultades del asedio, y ratificado por Hamed, que no logró imponerse a un enemigo más cauteloso y reforzado que nunca después de lo de Málaga, opté por levantar el cerco y retirarnos a nuestros confines. Concebí, sin embargo, una última intentona muy rápida, por temor a que llegasen refuerzos cristianos desde las villas próximas. Hamed había tratado al alcaide de los Donceles, el joven señor de Lucena, en casa de su tío el de Aguilar, cuando se refugió allí huyendo de la matanza de los abencerrajes que decretó mi padre; mandé, pues, a Hamed que se entrevistase con el alcaide y le ofreciera unas aceptables condiciones de rendición total. Dudé, no obstante, que fuesen aceptadas.

La plática se entabló en uno de los postigos de la muralla. Servía de trujamán este Hernando de Argote de que hablo. El alcaide de los Donceles discutía con prolijidad cada una de las propuestas de la capitulación con la idea, según supe luego, de ganar tiempo y dárselo a los socorros que esperaba. El primero, el de su tío el señor de Baena, cuyo nombre y apellido coincide con los suyos, al que había advertido de su situación el día anterior. Pasaban de una hora las discusiones, cuando mis atalayas me indicaron que, por el lado de Cabra, se avecinaba una tropa de grosor incierto. Mandé, desengañado, suspender la entrevista, recogerse los taladores, y reagruparse los tres cuerpos de ejército para retirarnos en orden por el mismo camino que habíamos traído. Mientras nos alejábamos, oíamos ya las trompetas y los tambores del refuerzo, y los tambores y las trompetas con que los recibían los sitiados.

Juzgando concluido el incidente, aunque mortificados, nos detuvimos hacia el mediodía en una campa para distribuir el rancho. No lejos hay un arroyo que llaman de Martín González. Comentaba pesaroso con Aliatar y Hamed el sesgo de los sucesos, y, mirando mis tropas, según estaban de animadas, aunque era el día bastante neblinoso, más parecía que las habíamos sacado de Granada para invitarlas a una fiesta campestre. Fue entonces cuando escuché el grito. «¡Santiago, Santiago y a ellos, que hoy es nuestro día!» Aliatar, cabizbajo, me aclaró que era el grito de guerra de su viejo amigo el conde de Cabra y señor de Baena. A pesar del imprevisto, se rehicieron mis soldados al instante. Dispusimos los tres cuerpos en orden de combate, y resolvimos encarar a los que, de atacados, se habían convertido en atacantes. De los seis escuadrones de jinetes, mandé juntarse cinco en sólo un batallón, y dejé otro de trescientos cincuenta caballeros, apartado unos trescientos pasos, como refresco. A los costados de la batalla gruesa situé toda la infantería, y la abrigué a su vez con dos mangas de sesenta jinetes para apretarla y evitar que así se rezagara. Era una estrategia que creo haber visto aconsejada en algún libro, y que agradó a mi suegro. La niebla de por medio, nos encontrábamos frente a frente con el enemigo, tan cerca de él que unos cuantos de los míos, desobedientes, no fueron capaces de resistir su ufanía, y salieron de las filas con alharacas y voces y gestos con que echaban en cara a los contrarios la matanza de Málaga. Nos hallábamos a lo largo de una ladera, abajo de una cuesta, y me preocupó la situación y la cantidad de nuestros perseguidores. Al observarlos, vi sobre ellos una enseña que yo desconocía y pregunté a Aliatar, muy ducho en ellas.

–Desde aquí me parece que es un perro, señor. Y ése es el escudo de Úbeda y Baeza. Quizá nos convendría seguir viaje a toda velocidad; por lo que veo, se ha reunido buena parte de Andalucía en contra nuestra. Puede que quieran vengar en nosotros sus últimos desastres.

(Ya demasiado tarde, supe que no era un perro la divisa de la enseña, sino una cabra, muy poco conocida porque el señor de Baena no solía luchar con el escudo de su condado, sino con el de su señorío, y hacía bastantes años que no sacaba aquél; pero, acuciado por la urgencia, olvidó su enseña habitual de Baena y, al pasar por Cabra, recogió su divisa.)

Llegados a este punto, la sugerencia de mi suegro no era admisible sin desdoro. Mandé tocar añafiles y melendías, y dar la grita común entre nosotros. Respondieron con otra no menos nutrida los cristianos, con lo que el campo entero daba voces. Salieron ellos a buen paso fuera del monte que los encubría; avanzaron en orden. Gozábamos nosotros de mejor posición para la lucha. De repente, volvieron las espaldas. Creí que huían. Ordené atacar. Lo que intentaban era, sin embargo, trepar por la ladera, de modo que, al romper, se equiparasen a nosotros y trabajasen menos sus caballos. Sin más, el primer choque se produjo. Entre el polvo y el griterío, el tiempo se detuvo; creo que así sucede siempre en las batallas. Ya no existía el paisaje, verde, florido y aromado. Ni la niebla ni la polvareda permitían ver al enemigo, más numeroso en apariencia que nosotros. Descendía con rapidez desde su posición, que había abierto mucho, y nos cercaba. Tuve un presentimiento; lo rechacé. La confusión era terrible, y, pese a mi inexperiencia, percibí que perdíamos terreno. No sé cuánto llevábamos luchando, cuando tronaron unas raras trompetas. Corrió hacia mí Aliatar.

—Pienso, señor, que hay tropas extranjeras. Aquí no se usan tales instrumentos. Cubro tu retirada. Sálvate.

Pero era tarde ya. Mis hombres reculaban sin orden ni concierto. Yo, fuera de mí, les grité para que se detuvieran.

—Teneos. Sepamos antes de quién huís. Es gente que siempre hemos vencido.

No me hacían caso. Huían. No todos, pero huían.

—La salvación está en vuestras manos —gritaba yo—, no en vuestros pies ni en las monturas. Teneos.

Los que quedaban a mi alrededor se batían con nobleza. Bajaban por la cuesta nuevos refuerzos enemigos. Eran los retrasados: Alonso de Aguilar, el alcaide de Luque, el de Doña Mencía, los peones de Santaella, los auxilios venidos de La Rambla, de Montilla, de Castro del Río, de La Puente de don Gonzalo y hasta de Antequera. Habían respondido ahora a las almenas de rebato. Todos estaban dispuestos a desquitarse del desbarato de los montes de Málaga, con encono y resolución. Mis pocos caballeros fieles se desmandaron y me arrastraron en su huida.

—¿Es que no vais a defenderme? Tornad por vuestra fama. Teneos, teneos —seguía yo gritando inútilmente.

Me había quedado solo. Me ensordecía el fragor. Oía gritos, quejidos, amenazas, blasfemias, pero cada vez más lejanos. La contienda se apartaba de mí, no yo de ella. A mi derecha, corrían las aguas del Martín González. Mi caballo *Sihr* (que quiere decir *Magia*) se atascó en el fango de la orilla. No conseguía avanzar ni retroceder. Una flecha se le clavó en el pecho. Inmovilizado, sangraba y resollaba con un ruido angustioso. Me di cuenta de que yo estaba a pie, en medio de los enemigos que volvían. Todo se hundió: la guerra, la vida, la muerte, el riesgo, y yo también, que nunca sería el mismo. Sólo vi ya los ojos de *Sihr*. Giraban sin cordura, me suplicaban que lo sacara del atolladero para que él me sacase a mí del mío. Quizá ése fue el momento de mi vida, antes de esta prisión, en que me haya encontrado más solo e impotente. No sabía qué hacer. Mi caballo, con su mirada pendiente de la mía, esperaba desde el cieno que lo llevase a tierra firme. Igual que él somos todos, siempre que tengamos a quién dirigir nuestra plegaria; no lo tenía yo. Entre la niebla, desamparado y a la vez protegido por ella, saqué fuerzas de flaqueza, levanté con un sollozo mi espada, y degollé de un tajo a mi caballo. Sus ojos me miraron con estupor y sin ningún reproche; se cuajaron después. Tuvo varios espasmos y dejó de sufrir. Su sangre me había salpicado la cara, y me empapaba el brazo. Sentí una arcada. Vomité entre unas zarzas. «Traiciones y mentiras –me decía–. Mentiras y traiciones. ¿Contra cuántos enemigos ha de luchar un hombre? ¿Es mi guerra ésta? ¿Esperaba alguien que yo hiciese algo con tanta fuerza en contra? ¿Qué ha faltado? ¿Es mía la culpa? ¿A quién conduzco? ¿Quiénes son mis aliados? Estoy solo. Estoy solo. ¿Quién ha muerto por mí además de mi caballo?» Así pensaba cuando recibí una pedrada que me acabó de oscurecer la mente. No perdí, sin embargo, el sentido del todo. Vi tres o cuatro peones que se acercaban con puñales y palos y una pica. Intentaban prenderme. Me defendí con el alfanje, y herí uno. El de la pica la enarboló para atravesarme. Me rendí. Era todo como si no estuviese sucediendo. Escuché que se proponían matarme y apropiarse de mis ropas y armas. Lo iban a hacer, cuando aparecieron dos soldados de Baena: eso decían; los otros eran de Lucena. Traían a su cargo cuidar de la rezaga, e impedir que los codiciosos mataran a los heridos para adueñarse de un arma, de unas botas, de un velo o de una silla. Acudieron más soldados; con los que ya había se disputaron la posesión de mi persona. Se enzarzaron a golpes y a empujones. Sólo estaban de acuerdo en que habían de matarme, y «aquí paz y después gloria», repetían. Entretanto, despojaron a mi caballo de su arnés. Los tres o cuatro primeros, al ver que les arrebataban su presa, gritaron a voz en cuello: «¡Lucena! ¡Lucena!» Llegó al galope un muchacho con superioridad. Era el alcaide de los Donceles, que perseguía a los pocos que quedaban de mi hueste. Le refirieron, cada uno a su modo, la reyerta. Me preguntó quién era yo. Muchos soldados saben suficientes palabras árabes para entenderse con nosotros en cuanto les conviene. Uno tradujo mis palabras.

–Soy hijo de Aben al Hajar, alguacil de Granada y principal del Reino.

El alcaide me examinaba con sus ojos pequeños y sin energía. Echó pie a tierra. Se desatacó una de sus agujetas y, con el cordón, él mismo, sin dejar de observarme, me ató los dos pulgares. Se volvió luego a uno que lo acompañaba:

–Toma diez lanzas, y llévalo al castillo. Yo sigo al conde, que va tras de los moros; no me fío de él, no sea que me deje sin nada que tomar.

Hasta ver lo que vi en el camino de Lucena ignoraba lo que es una batalla y por qué se guerrea. No es una cuestión de religiones, ni de ideales, ni siquiera de querer imponer por la fuerza nuestra religión y nuestros ideales; sólo es una cuestión de ruindad y miseria: apoderarse de lo que otros disfrutan, apoderarse de sus bienes y de sus posesiones, y arrebatarles hasta sus vidas para que no puedan defenderlos. Arrastrar los cadáveres mientras se les quitan sus calzados; cortarles los dedos para sacarles los anillos; revolcarlos para arrancarles sus escarcelas; desnudarlos para robarles su ropa interior. La guerra no es un asunto de azar, como había creído hasta ahora, sino de carroña. Los vencedores son los primeros buitres, que cederán su turno a los otros cuando se marchen con el botín. Nadie hace la guerra porque crea en una cosa u otra, sino porque el enemigo tiene algo que él desea tener, y es por eso precisamente por lo que se llama el enemigo. Lo demás es mentira; lo demás son disfraces. Ante la indignidad de lo que me rodeaba no me extrañó que mis soldados diesen la espalda a aquello.

Me llevaron junto a los demás presos. Eran muy numerosos. El desastre había sido total. Entre muertos y cautivos, cerca de mil caballeros, de lo más decoroso de Granada, y más de cuatro mil peones. Es decir, las dos terceras partes de mi tropa. Y seguían trayendo prisioneros, a los que yo, por señas, ordenaba que no hicieran ningún gesto que me pudiese denunciar.

A la mañana siguiente, tras un insomnio mudo y hacinado en el que mis oficiales, abochornados por su comportamiento, se apartaban de mí, entró un fraile de aire irrefutable y jactancioso.

–Dios –le dijo al cristiano a cuyo cargo nos pusieron– está siempre de parte de los suyos, aunque parezca a nuestros ojos que nos abandona.

Y palmeándole el hombro, agregó:

–Con esto olvidaremos lo de Málaga. *Dominus vulnerat et medetur, percutit et manus ejus sanabunt.* A nosotros también nos sirve el consuelo de Job: El Señor hace la llaga y la cura: sus manos hieren y sus manos sanan.

Luego me apuntó con una de las suyas gordezuelas, y le advirtió:

–Éste debe de ser una buena pieza: sus ropas lo declaran. Tened cuidado de él.

Y salió, asestándonos antes una mirada de soslayo y de asco como si fuésemos animales inmundos.

«Todos los hombres –pensé– han opinado siempre así de sus dioses. Si hubiese sólo un Dios (como todos creemos, y es el nuestro), sería difícil de entender, salvo que lleguemos a la conclusión de que nuestras rencillas en su nombre no le importan absolutamente nada. O quizá de que percibe, mejor aún que nosotros, que nuestras rencillas nunca son de verdad en nombre suyo, sino sólo en el nuestro.»

No habían pasado dos días cuando trajeron cuatro nuevos cautivos, uno de los cuales era el hijo de un alfaquí de gran predicamento. Antes de que pudiera evitarlo, al verme, rompió a llorar, se postró y me besó las manos.

—Tú aquí, señor. Tú aquí preso, señor —sollozaba sin soltar mis manos y mi ropa.

Sobre aviso los guardianes, dieron parte a sus superiores; había sido descubierto, como temí desde el principio. No tardó en aparecer el alcaide de los Donceles, que me rogó que lo acompañara y me instaló en esta torre en que ahora escribo.

—Acomodado —dijo (y vigilado, supongo)—, como a vuestra honra y linaje corresponde.

Acaso yo habría preferido la proximidad de mis compañeros de desgracia, pero tampoco estoy seguro de ello.

La satisfacción de tener entre los cautivos al rey de Granada fue demasiado grande para disimularla. De uno en uno han venido a visitarme cuantos señores participaron antes o después en la batalla. Hasta el de Luque, el pariente de Abul Kasim Benegas, que es anciano y ciego, y se ha tenido que conformar con resbalar sus dedos por mi cara, agradeciendo a Dios que, antes de morir, le haya otorgado el privilegio de tocar a un rey moro derrotado.

—Ya puedo exclamar lo que el viejo sacerdote Simeón: *Domine, nunc dimittis.* Ahora puedes llevarme.

Y se arrodilló, y se santiguó, y se llenaron de lágrimas sus ojos que, por lo visto, sólo le sirven ya para llorar.

La madre del joven alcaide, que es doña Leonor de Arellano, también ha venido desde Córdoba a verme. Imagino que ha quedado defraudada porque no tengo cuernos en la frente debajo de la toca. Cuando me rodeaba por detrás para inspeccionarme, he percibido en ella cierto desencanto: quizá se deba a que tampoco se asoma un largo rabo debajo del ropón.

Mi presencia, no obstante, ha ocasionado algunas preocupaciones, y no sólo alegría. Los señores de Baena y de Lucena disputan entre sí por el honor –y también por las consecuencias económicas– de haberme apresado. Los soldados se quedaron con los despojos recogidos: capellares, albornoces, marlotas, alfanjes, adargas, dagas, plumas; pero tanto el conde de Cabra como el alcaide firmaron un documento que me ha sido mostrado, y que transcribo aquí por considerarme parte interesada. En él se comprometen «a juntar y traer a montón todas las cosas vivas, así moros como caballos y acémilas y asnos que por cualquier persona se tomaron y hubieron de los moros en la dicha victoria, para dar y repartir, a todos los caballeros y gente de a pie que se hallaron en la batalla, los que les perteneciere y cupiere, según las leyes de Partida y usos y costumbres de guerra, jurando para complación de nuestras conciencias y honras, y por Dios y por santa María y por las palabras de los santos evangelios y por esta señal de la †, una, dos y tres veces, que bien y verdaderamente, sin arte y sin engaño, guardaremos y cumpliremos lo contenido en esta escritura».

–Ahora –me dice el señor de Lucena, por medio de Argote–, mi tío exige, nada menos que exige, que os envíe a Baena para que os vea su esposa, y que quedéis allí custodiado por él hasta que os presente a los Reyes en nombre de los dos, lo que para él es lo más justo. Y, no conforme con eso, asimismo exige que comparezcáis en el montón estipulado, puesto que sois una cosa viva como el resto de los cautivos.

–Y como las acémilas y los asnos –completé.

–Pero yo os prometo que no se hará; tendría que pasar el conde por encima de mi cadáver. Ya se ha mandado a Madrid a Luis de Valenzuela, su mayordomo, para que dé cuenta a los Reyes del hecho, y nos traiga su resolución. Entretanto, vos quedaréis en poder mío. Estad tranquilo, que os custodiaré de tal modo que burlemos los deseos del conde.

Salvo que no iba a entrar en el reparto con los demás soldados y con los caballos, no sé a qué otra tranquilidad se refería.

Desde la ventana del piso inferior, adonde como a una fiesta me llevaron, presencié la almoneda de las cosas vivas que la escritura enumeraba. Unos se quedaban con lo que les correspondía; otros lo vendían acto seguido, o se citaban a voces para venderlo en otro sitio. Y todo era alboroques y júbilo y vino y borrachera. Todo, insultos soeces y riñas y farfantonerías como sucede siempre que entre la chusma se reparte un botín, sobre todo si hay posibilidades de rescates.

—Este prisionero me pertenece —dijo el conde ayer ante mí, como si yo no estuviera, aprovechando la ignorancia que él piensa que tengo de su idioma—, porque fue Martín Cornejo, un soldado mío, el que lo cautivó, y también por las leyes de la caballería, entre las que se cuenta, sobrino, lo sepas o no, la de la gratitud. Pues de no ser por mí, ni te habrías arriesgado a salir de tus murallas tras los moros.

—Señor y tío: fue mi soldado Martín Hurtado quien lo cautivó antes de que se interpusieran los vuestros, atraídos por el aspecto del sultán. Esto es así, y así seguirá siendo.

Miraba yo a uno y a otro aparentando curiosidad y desconcierto, y reflexionaba qué más me daba a mí quién cargase conmigo, si un Martín u otro Martín, junto a un arroyo también Martín de nombre. Sin embargo, me suplicaron que identificara a mi apresador, puestos varios hombres en hilera. Yo, sin muchos miramientos, señalé a dos de ellos; pero con tanto tino que fueron precisamente los dos Martines en discordia.

—Dudo cuál de ellos sea —advertí.

Con lo cual quedó sin resolver la duda, y enojados entre sí los dos señores, y convencidos ambos de su propio derecho.

Mis armas y mis ropas pasaron a la propiedad de mi aposentador el alcaide de los Donceles. (Yo recordaba algo que en una fiesta cristiana de primavera –no, no era fiesta, porque todos lloraban– oí comentar sobre lo que el profeta Jesús exclamó a punto de ser crucificado: «Sobre mi túnica echaron suertes, y se repartieron mis vestidos.») Las veinte banderas de las puertas de Granada, más mi pendón real y el de mi suegro, fueron a poder del conde de Cabra, que se tiene en todo momento, y de ello alardea, como adalid indiscutible de la *gesta*.

–Adornaré con ellos las tumbas de mis padres; les servirán de orgullo y testimonio a mis sucesores desde ahora en adelante.

Sé que se los ha llevado en procesión solemne, entre cruces y cantos religiosos, a su casa de Baena.

Hoy ha venido a verme, como cada mañana, el señor del castillo. Me traía ropa, imagino que a cambio de la mía, que se ha quedado.

–No está a la altura de vuestra alcurnia, señor; pero también iremos remediando esto.

Me ha preguntado –lo hace de costumbre– si estoy bien atendido. Está claro que no quiere que muera de hambre, ni de sed, ni de miseria; está claro que quiere presentarme a su rey en buenas condiciones. Él y su madre se ocupan de mí con diligencia. No me cabe agradecérselo más que de palabra, porque no me han dejado ni una sola alhaja con que obsequiar a esta escrupulosa, antipática y cristianísima señora.

Don Diego, cuando se había despedido ya, me ha preguntado:

–¿Recibiríais a un pariente mío? Es don Gonzalo Fernández de Córdoba. Me ha manifestado un deseo muy especial de conoceros. No necesitaréis un trujamán, porque él puede expresarse en vuestra lengua.

Aburrido como estoy, no menosprecio ninguna ocasión de conocer nuevos cristianos, con la remota expectativa de que alguno me resulte más interesante que interesado. Hoy creo que topé con un espléndido ejemplar.

Al entrar en mi estancia, antes aún de que levantara la cabeza tras rendirme pleitesía, lo he reconocido. No es que se conserve idéntico desde hace —¿cuánto ya?— cuatro o cinco años. Los labios se le han endurecido, ya no luce la ávida boca infantil que tanto me llamó la atención en la faz de un guerrero; su nariz se ha afilado un poco más; se han levantado y ajustado sus pómulos; se ha arrugado su frente. Pero sus ojos ostentan aún la misma agudeza y el mismo brío que ostentaban, delante de mi padre, la mañana en que asistí por vez primera a una embajada en el salón del Trono. «Don Gonzalo Fernández de Córdoba», me musitó al oído El Maleh. Y ahora estamos solos los dos (y digo solos porque estar con el doncel alcaide de los Donceles es como estar sin él), cara a cara los dos, midiéndonos con respeto y con una simpatía mutua, probablemente insensata y probablemente también inevitable.

Me di cuenta de que él o no me recordaba o no se fijó en mí en aquella ocasión, deslumbrado por el lustre de la corte nazarí, que es justamente para deslumbrar embajadores para lo que más sirve; sin embargo, me cuesta figurarme a don Gonzalo bajo un deslumbramiento. En cualquier caso, no era correcto que se lo preguntara: preso o no, yo soy rey; los castellanos tienen un culto por la realeza, sea la suya o no, difícil de igualar por otros pueblos.

Me senté; él permaneció en pie. Junto a su figura, la del alcaide se desvanecía. Pensé: «El muchacho desea ser como él cuando tenga su edad; pero él debió de empezar a ser como es antes de la edad del muchacho. Y, por otra parte, ¿cuántos años tendrá? No creo que nos lleve, al alcaide y a mí, más de diez; quizá menos: la guerra, cuando no mata al hombre, lo envejece.»

–Podéis hablar –le dije.

–Las noticias que os traigo, señor, no van a ser de vuestro gusto; pero considero que un rey ha de estar al corriente de lo que ocurre en su reino, sea lo que sea y por cualquier medio. Os prometo que cuanto os diga será cierto, y que lo primero que os diré lo lamento de todo corazón.

Me estremecí, pero sin traslucirlo.

–Necesito saberlo antes de agradecer que lo lamentéis.

–Vuestro padre ha ocupado Granada, y se ha vuelto a instalar en la Alhambra.

–Mejor para los míos; no se les podrá reprochar tener a su rey preso.

–Vuestro trono se tambalea, señor.

–Puede que mi trono sí; pero no el de los nazaríes. Mi padre fue un gran rey.

Sus ojos se abrillantaron con un asomo de malicia, o eso me pareció.

–Lo es, señor.

Con un temblor en la voz que en seguida logré aplacar, porque, al preguntarlo, preguntaba por todos mis partidarios, continué:

–¿Qué ha sido de mi madre?

–Según mis informaciones, y espero que sean veraces, se ha hecho fuerte en Almería. Con vuestro hermano Yusuf y con Aben Comisa.

Suspiré: no todo estaba perdido. Aunque para mí quizá fuese más simple que nadie contara conmigo.

La conversación transcurría en un árabe despojado, pero comprensible. El capitán lo pronunciaba bien. Se echaba de ver que era un hombre nacido en la frontera: eso me unía a él. Balbuceaba a veces, y yo le suministraba la palabra oportuna. Sin duda descubrió que yo hablaba el castellano tanto como él mi idioma, pero no aludió a ello: eso me unía más.

—¿Y mi tío *el Zagal*? Mi tío el emir Abu Abdalá, quiero decir.

—Decís bien: *el Zagal*; el Islam no tiene una espada mejor. Está con vuestro padre.

Me miraba con fuerza.

—Así ha de ser —le dije.

Me vino a las mientes la prestancia de mi tío cuando lo vi antes de lo de Alhama: mimbreño, recio, atractivo e impasible al mismo tiempo; con su rostro severo, digno y muy pálido; vestido con un largo sayo de pelo de camello, bajo un manto de seda negra, y con un turbante de lino blanco enmarcándole la expresión imperturbable.

—Así ha de ser —repetí.

—Nuestros reyes, señor, han determinado que concluya esta situación de guerra permanente.

—¿Desean firmar treguas? ¿Conmigo?

—Como aquella mañana en Granada, en la que vuestro padre afirmó: «Se acabaron las parias» —¿es que me recordaba?—, yo hoy os digo: «Se acabaron las treguas.»

—También entonces vuestro rey nos amenazó diciendo: «Desgranaré uno por uno los granos de esa Granada.»

—No sé si dijo eso. Los cronistas son amigos de frases. Es sugestivo resumir con ellas un estado de cosas; sugestivo y expuesto. No sé si lo dijo, pero está dispuesto a cumplirlo.

—Viene intentándose, con grandes altibajos, durante muchos siglos. España somos todos, don Gonzalo. Vos habláis de Aragón y de Castilla; yo soy el rey de Andalucía: ni pude desear más, ni puedo contentarme con menos.

—Otra frase, señor. Las guerras no se ganan con frases.

—¿Con qué se ganan?

—Con dinero —me dijo, después de pensar un instante. Y añadió—: También yo soy andaluz. He nacido en Montilla; ya mis tatarabuelos fueron andaluces. La situación ha cambiado:

Andalucía hace cientos de años que no es vuestra del todo. Nuestros reyes son jóvenes y fuertes; vos también; pero ellos además no tienen otro designio, ni otro problema ya, que el de adueñarse de Granada. No son éstos los tiempos en los que los castellanos ambiciosos venían aquí para hacer su fortuna a vuestra costa. Hoy nosotros luchamos, lo mismo que vosotros, por una tierra nuestra.

—Al final se verá de quién es.

—El final está próximo.

—Si era eso sólo lo que queríais decirme...

Hice ademán de levantarme.

—Perdonad —con el gesto me suplicó que siguiera sentado—, perdonad. No es un reto; no es tampoco una vana soberbia; no me la habría permitido en estas circunstancias. Yo os admiro —mis cejas se levantaron, sin querer, denotando mi asombro—. Admiro la entereza con que aceptáis vuestra enrevesada misión. Pero, frente a la nueva pujanza y a la nueva sangre de Castilla, vosotros estáis invadidos de una vieja desgana; frente a nuestra unidad, oponéis sólo vuestra dispersión; frente a nuestra luna creciente, vuestra luna menguante.

—Una frase más, don Gonzalo.

No pareció escucharme.

—Toda Europa anhela que se apague en Granada la llama nazarí. Y a nosotros nos conviene que Europa lo anhele. Hemos mirado demasiado tiempo hacia dentro: es hora de abrir las ventanas y de asomarnos y de respirar. El Mediterráneo está llamándonos; para llegar a él han de arreglarse antes los asuntos internos de la casa. Ya está bien de que España sea el rabo sin desollar de Europa.

—Bendito rabo: cuanto, a lo largo de siglos, España le ha regalado a Europa de arte, de ciencia o de filosofía, nos lo debe a nosotros.

—Es cierto: España nunca podrá entenderse del todo sin vosotros. Pero la Historia no se detiene nunca; en lugar de cerrarse (y vuestro reino está cerrado igual que una granada que sólo madurará para caer), se abre...

—¿No será eso otra frase, don Gonzalo? —le interrumpí.

—Puede, pero expresa admirablemente una realidad —sonrió, y sonreía bien—. En lugar de cerrarse, hay que abrirse. El rey Fernando ha enviado embajadas a Europa. La infantería de los suizos nos ayudará contra vosotros, y los artilleros alemanes, y los campeones de Inglaterra, vistosos más que nada —añadió despectivo—. El rey acaba de obtener del Papa una bula para que todos los prelados y maestres, y los estados eclesiásticos de Aragón y Castilla, le suministren un subsidio en florines. Y, a través de otra bula, se le otorga a la empresa, por fin y en serio, carácter de cruzada (es lo que vosotros llamáis guerra santa), y se le concede, a quienes colaboren, muy generosas indulgencias.

Había dicho en castellano la última palabra.

—¿Qué son indulgencias? —pregunté.

—Vosotros obtenéis el Paraíso si morís en la guerra; nuestras indulgencias son la remisión, por la limosna, de parte de las penas que nos esperan tras la muerte.

—No sabía que a Dios podía sobornársele.

Fingió no comprender.

—Todo eso va a permitir a don Fernando contar con un ejército fijo nunca visto: seis mil caballeros y cuatro mil peones, como mínimo.

—No está mal; sin embargo, el número no lo es todo.

—Y la buena causa, y el entusiasmo, y la certeza de que esta campaña será la definitiva. No se trata de proseguir una guerra desmayada e interrumpida cada invierno; es una forma nueva del conflicto, una última etapa que comienza. Yo tengo mis ideas, señor: creo que la caballería no es desde ahora lo más importante, sino la infantería: una infantería brava y bien mantenida, agrupada en cuadros muy sólidos, de fácil maniobra, y apoyada por una artillería —vaciló— convincente.

–¿Por qué me decís esto? ¿No son secretos vuestros? ¿O es que me mantendréis aquí hasta que ese nuevo conflicto –subrayé la expresión– se resuelva?

Ahora la ironía estaba en mis ojos; los suyos chispeaban. Añadí:

–Yo no soy un estratega, capitán. Soy simplemente el rey.

Me levanté. Él entendió que cerraba la audiencia. Inclinó su hidalga cabeza. El alcaide, que había asistido a la entrevista sin mostrar curiosidad excesiva, creyó notar algo discordante en la despedida. Se apresuró a decir:

–Don Gonzalo, el rey es mi prisionero. Ya habéis abusado bastante de su paciencia; espero que no hayáis abusado de mi hospitalidad.

–Disculpadme –respondió don Gonzalo.

Volvió a inclinarse frente a mí. Los dos salieron. Yo paseé cabizbajo por el escaso trecho de la estancia.

Comprendo que el capitán don Gonzalo Fernández de Córdoba dice la verdad, y la dice con justeza; que no es un iluso, ni un farsante. Deduzco que, dada su sinceridad, se va a tardar mucho en liberarme, o se pretende sembrar la zozobra dentro de mi corazón. Y deduzco también que me he de ver si vivo, dentro o fuera de aquí, otras veces con él. La expectativa no me desagrada: hasta como enemigo es preferible a los demás.

De cualquier modo, da igual que la guerra sea vieja o nueva. Esté yo fuera o dentro de aquí, no podré gobernar. No regiré a mi pueblo en la paz, que es a lo menos que un rey puede y debe aspirar; toda mi vida habré de hallarme en estado de sitio: un estado en el que la normalidad será siempre aplazada, y el bienestar siempre se dejará para mañana, para un tiempo placentero y sosegado que no llegará nunca. Tendré que contentarme con algo previo, que quizá ni siquiera consiga: defender mi derecho al trono contra los de dentro y los de fuera, contra los que ya ni siquiera puedo llamar míos y contra los que ellos mismos se llaman enemigos. Pero ¿quién me juzgará por lo que nunca podré hacer? Para los venideros sólo seré un rey que no entendió las exigencias de las razas y de las religiones; que no aprendió a distinguir una sangre de otra; que sólo tuvo una seguridad: la de que lo único que reclama cualquier sangre es no ser derramada.

Hoy el alcaide me ha traído un traje de terciopelo, negro por descontado. Me hablaba con notable emoción.

—Se han recibido las órdenes del rey. Mañana partimos de Lucena. En mi señorío de Espejo nos encontraremos con mi tío, el conde. Juntos os custodiaremos, con toda solemnidad, camino de la corte, que está en Córdoba.

Instintivamente miré a lo alto; por la tronera se divisaba un girón de cielo de impertérrito azul.

—¿Veré al rey?

—Nuestros reyes no acostumbran ver a sus prisioneros si no es para darles la libertad con su presencia.

—Queréis decir que yo no lo veré.

Tardamos dos jornadas. El paisaje era propicio; la tierra, feraz y pródiga; pero nadie le pedía nada a su largueza. En ella reinaba el abandono. Sus redondeces eran las de una mujer a la que ningún varón cubre ni fertiliza. Los cristianos detestan ser labriegos; me pregunto para qué quieren conquistar con tanto ardor la tierra. A la vista de Córdoba, se situaron el alcaide y el conde a un lado y otro míos. Y, como a un cuarto de legua de la ciudad, salieron a recibirme los Grandes y los caballeros de la corte. Sin apearme del caballo, llegaba cada uno de ellos a mí y me hacía acatamiento, mientras mis custodios enumeraban su dignidad y linaje: el arzobispo de Sevilla, muchos otros obispos y prelados de su religión, los maestres de Calatrava y de Santiago, los duques de Nájera y de Alburquerque, y otros cincuenta o más señores, títulos e hidalgos. Yo contestaba a sus saludos según el grado de sus noblezas, midiendo las cortesías a mi usanza. A continuación, mis custodios brindaron a los Grandes, con un gentil gesto de protocolo, la honra de llevarme. Fineza por fineza, los Grandes rehusaron, y avanzamos todos juntos hacia Córdoba.

El camino no se veía de gente. El campo, sembrado sólo de desidia, lo inundaba una inmensa muchedumbre, que, dada la aspereza de los cristianos y de su idioma, dudé si me denostaba o me aclamaba. Me incliné más bien a lo segundo, aunque sólo fuese por respeto a mi escolta. De la masa brotaban manos extendidas como si quisieran tocarme, y notaba en los ojos el temblor que provoca la consecución de algo muy largamente ansiado. En un momento, al levantar mis ojos desde la multitud al gran río, aceitoso y manso, sentí una inesperada conmoción: al otro lado de él, majestuosa, impar, de piedra y sueño a la vez, estaba la Gran Aljama de los omeyas. «Un ideal no es nunca un sueño», me había dado a entender días atrás don Gonzalo de Córdoba. Cierto: un ideal es una realidad perpetuamente desvelada, la realidad más insomne de todas. Y así se me ofrecía la mezquita, conmovida y sosegada, ilesa y malherida, ultrajada e imperturbable, mendiga y portentosa.

Frente a ella se detuvieron los caballos; eran las casas del obispo de la ciudad, don Alonso de Burgos, donde me hospedaría. No quiso el rey, según me advirtieron, conceder ese privilegio a ningún noble por no hacer de menos a los otros, ya que en asuntos de honras son tan puntillosos los cristianos, y mucho más los nobles. Supuse que aquellas casas, dada su situación, ocupaban el sitio del antiguo palacio califal. Y era allí, en estricta justicia, donde un rey nazarí debía alojarse.

El obispo es un hombre mayor, artificial y frágil; de gestos ampulosos y breves a la vez. Me produjo la impresión que me han producido siempre los sacerdotes de su religión: hablaba como montado a dos caballos: el tono iba por un lado, y el contenido iba por otro; podía decir las mayores atrocidades con una entonación meliflua y conmiserativa.

–Matar, entre nosotros –me dijo el mismo día, y como prueba lo transcribo–, no es infligir un daño; es sólo anticipar la justicia divina. O incluso ejercerla, si lo preferís. Se manda el cuerpo a la tierra, pues tierra es, y el alma, a gozar del Señor, o a ser privada de Él en el infierno. En cuanto a los infieles, exterminarlos es un precepto de nuestra santa religión, puesto que se oponen a Dios, de quien es únicamente el poder y la gloria. Salvo que se conviertan; es en la conversión donde está la vida.

–Si hay varios dioses –le repliqué con desgana por amabilidad–, es que no hay ninguno. Y si hay uno sólo, y eso es lo que vosotros y nosotros creemos, es que será el de todos. Nunca he entendido por qué el hombre se endiosa tanto que se arroga la obligación de defender a Dios. Como si Él no tuviese medios suficientes.

–Sí los tiene; claro está que los tiene. Uno de ellos es precisamente el hombre; el otro es el milagro. Nosotros, alteza, contamos con los dos. Y con María Santísima –recalcó.

–También nosotros honramos a María, la madre del profeta Jesús –le aclaré–. Cuando Mahoma mandó blanquear las paredes del templo de La Meca como medio de abolir los ídolos pintados, puso su mano sobre una representación de María con su hijo, para evitar que, confundidas con las otras, se expulsasen sus imágenes de nuestro acatamiento.

–No os sorprenderá, pues, que al dulce nombre de santa María esté consagrada la iglesia de ahí enfrente.

–¿Os referís a la mezquita?

–Me refiero a la catedral. Ya no hay mezquita ahí, hijo. En ella una vez más Dios escribió derecho con renglones torcidos.

A la siguiente mañana me visitaron el conde y el alcaide. Venían a despedirse. El rey había decidido que me entregasen, otorgándose público documento de mi entrega y reato, a su tío don Enrique Enríquez, condestable del reino, y al contador don Rodrigo de Ulloa. Ante notario y testigos, en una ceremonia ininteligible para mí, aquellos dos caballeros me recibieron como si fuese un objeto precioso, cuyo bienestar peligrara y cuya rotura pudiera acarrear el mayor desdoro. Y, para no complicarse la existencia con tanto riesgo, me dieron en guarda a su vez al comendador de Calatrava, don Martín de Alarcón, alcaide de Porcuna, quien también, honrado y orgulloso, me recibió obligándose.

«Nada bueno puede venirme del nombre de Martín», pensé al enterarme de quién iba a ser mi guardián. No pude evitar una sonrisa. «¿Estaré yo también –me pregunté– aficionándome a augurios y agorerías?» Pero lo cierto es que son demasiados Martines.

–Dentro de cuatro días saldremos, alteza, si lo permitís, hacia la fortaleza de mi orden –dijo este de Alarcón.

Y a los cuatro días justos nos ausentamos de Córdoba, no sin que el obispo antes me autorizara a contemplar la mezquita por dentro.

Entraba en una alberca impávida; entraba en un estanque donde el agua se había sustituido por una sombra quieta. Fuera de cualquier duda, aquél era un lugar sagrado: junto a la corriente espesa del gran río, entre la sierra y la campiña. Allí habían adorado todos los hombres muertos: no los romanos sólo, sino más allá aún, los fenicios, los griegos, los cartagineses, los tartesios. Culturas de las que ni el nombre queda, ni el nombre que les dieron a sus dioses. O a sus diosas quizá: negras como la Isis egipcia, forjadas con el humus de la tierra, con todas las oscuras materias germinales, o blancas, luminosas y vírgenes, escondidas debajo del invierno del mundo, al acecho de la incesante primavera.

Mucho había leído sobre este monumento en los libros de la Alhambra, sobre todo en los pertenecientes a mi predecesor Mohamed *el Faquí*, tan usados por él antes de reinar; pero lo que yo he visto no estaba en tales libros. Como lo sagrado de su espacio no está en su arquitectura, al mismo tiempo aérea y pesante. Es anterior a ella: el aire denso y cálido, como una alcoba en que se ama, y la llave radiante de la vida. Ni se me ocurrió siquiera hacer la postración que, con arreglo a mis ritos, se prescribe. Aquello era otra cosa, precedente a mis ritos y a ritos precedentes a los míos. Como si la mano de Dios, desde el principio, hubiese descansado con su ingrávida huella en aquella ribera. Yo respiraba despacio el aire santo, y casi me ahogaba el respirarlo, igual que si estuviese respirando alguna agua bendita, alguna agua lustral que me preservase del daño y de la última muerte.

Había oído decir a los más sabios, o sea, a los que no tienen que ponderar los aciertos de sus reyes, ni encubrir ni dorar sus desaciertos, que los peldaños de nuestra decadencia descienden visiblemente a través de los materiales de nuestras construcciones. Los califas de Córdoba construyeron en piedra; las taifas de los almohades, en ladrillo; nosotros, en el momento del ocaso, adornamos las débiles paredes con estuco para embozar nuestra pobreza. Pero en aquel espacio nada había que embozar. Aquella majestad se anticipó a la majestad de los omeyas, inclusive le indicó por dónde había de ir. Era Oriente; pero ya no era Oriente, sino otra forma superior de la grandeza. Allí había concurrido todos los adoradores con toda su riqueza ofrecida al más alto poder, llámese como quiera. Y no sólo riqueza; era una anonadadora certidumbre lo que allí había.

En la fresca penumbra, el obispo y los sacerdotes entonaban sus himnos demasiado imponentes, sinuosos y enfáticos. Los cristianos ya habían impuesto su destrozo en la nave central; en ella se sentaban los ministros del culto, en cumplimiento de un rutinario oficio religioso. Desde donde me hallaba veía sus sitiales, sus arduos símbolos, las lámparas de plata, el petulante y apagado brillo de sus retablos. Desentendido de ellos, me palpitaba el corazón, temeroso ante rincones sombríos, sobrecogido como un niño por extrañas presencias, que nada tenían que ver con las genuflexiones y las engoladas antífonas de la pompa cristiana, atraído y asustado por los ecos de pasos no advertidos, de voces sin origen preciso que susurraban bajo los cánticos... Sumergido debajo de esta misteriosa piscina inmóvil, percibía sobre el mármol del suelo la desflecada luz del sol implacable de mayo que flagelaba el exterior. Impasible ante la lujosa ceremonia, cuyo motivo seguramente era agradecer mi apresamiento, demasiado plúmbea para el poder de Dios, que es siempre más ligero y más vivo, mis ojos huían fuera del crucero improvisado que acribillaba el templo, en busca, como una enredadera, de las testimoniales columnas. ¿Qué hombres habían adorado allí con tal totalidad, con los entresijos enteros de su alma y de su cuerpo, hasta elevar a plegaria la alegría cromática de las columnas, colocadas según sus coloraciones, y los capiteles, concertados los de orden compuesto sobre los fustes rosas y los de orden corintio sobre los azules? Pero –me preguntaba– ¿aquellas columnas habían sido erigidas para dar con su magnificencia culto a mi Dios?

Allí surgía el presentimiento de una familiaridad antigua y extirpada; pero tampoco extirpada del todo, sino sobrevivida hasta sostener incluso los actuales fanatismos, como si tampoco éstos estuviesen allí fuera de lugar. La certeza contradicha de un secreto, algo que se ocultaba y se manifestaba, a pesar o a causa quizá de los gestos habituales de cualquier ser humano, que siempre en este templo ha infringido una norma cuando ha rubricado otra, y que, por el contrario, siempre atina si adora allí, sea cual sea el objeto de su adoración.

Calló por fin la música de la extraña liturgia. «Toda música cesa –pensé– para abrir sitio a la música callada.» Preferí aquel silencio, aquel desvanecerse las figuras humanas y sus modestos frenesíes religiosos. La religión aquí es sólo la ausencia y el silencio, previos a uno u otro credo, posibilitadores de las sucesivas e inagotables fes; esta ausencia acogedora y maternal, este silencio activo y palpitante, lejano y envolvente al mismo tiempo. Allí estaba la fábrica protectora y a la vez indiferente, nutricia y sombría, enmudecida y retumbante, perdurable y muerta: inmortal, inmortal. Atravesaban entre los capiteles los mensajes ocultos del pasado, porque el progreso es a veces el regreso, y, con frecuencia, se arriesga el hombre en batallas de Dios, que no son Sus batallas. Pero ¿es que el hombre puede elegir, o debe resignarse de continuo a ser el elegido? Somos lo que hemos ido siendo; no lo que fuimos, ni lo que aspiramos aún a ser, ni tampoco lo que aparentemente somos. Nuestra realidad es el resultado de cuanto se construyó y se destruyó y se reconstruyó: como este monumento; el producto de innumerables iniciativas y de fracasos innumerables. Nuestra historia es muchísimo más larga que nosotros. Andalucía –y es un rey andaluz el que lo escribe– estaba ya presente dentro de mí como dentro de este templo. Andalucía, eterna fusión de los contrarios, liberada mucho tiempo antes de caer en la esclavitud. Yo la veía así, fuesen quienes fuesen los que la habitaran: con esta actitud infinitamente abierta de la mezquita. En Andalucía como aquí, copiosas columnas de exquisitas piedras sostienen su techumbre: más bellas unas que otras; alguna, con su propia leyenda estampada en el fuste; procedentes la mayoría de templos, iglesias, sinagogas y basílicas antecesoras, o llegadas de muy lejos, o hasta plantadas con apresuramiento, sin la augusta meticulosidad ni la soberbia realeza de sus hermanas... Muchas columnas, diferentes columnas, pero sí hermanas todas; y entre todas manteniendo el edificio en pie, manteniendo disponibles para quien llegue su especial genealogía y su hermosura, distintas y solidarias. Muy pocas cosas hay perennes, y pocas tan efímeras como nosotros mismos, como nuestro brillo y también nuestra ceniza, como nuestras victorias, pero también como nuestras derrotas. Porque en este monumento se aprende muy de prisa que ni siquiera la muerte es duradera. Tal era la razón de tanta solidez. Entonces fue cuando la descubrí: estamos los que estábamos; los que estaremos, ya estamos. Y cuanto hacemos y cuanto nos rodea es lo que hicieron y lo que rodeó a aquellas manos, a aquellas bocas, a aquellos ojos, que hoy observan el esplendor del mundo, y acarician el gozo de este mundo, y besan las mañanas azules de este mundo, con nuestros ojos y nuestra boca y nuestras manos. No, aquí no podía darme por vencido. Somos inmortales; inmortales como el templo en que estoy, como Dios mismo...

«Pero ¿en dónde está –me pregunté de súbito– el mirhab de esta mezquita?» ¿Lo destruyeron los cristianos? ¿Machacaron, para implantar la suya, nuestra almendra mística; para devorar su fruto aniquilaron la recamada corteza de oro? ¿Qué se consigue con la destrucción? ¿No consiste la Historia en añadir, en escribir en páginas ya escritas, en utilizar las líneas trazadas por dedos ya extinguidos para componer nuestro párrafo propio? ¿Dónde está aquí el mirhab? Ansiosamente lo buscaba, y lo encontré escondido. Y entonces descubrí el porqué de mi anterior descubrimiento: el enigma sobre el que se asientan los más hondos sillares de esta casa de Dios y de los hombres. El enigma, pero no su solución.

¿Qué mezquita era ésta, en que el mirhab no resplandece exhibido ante los ojos de los fieles; en que el palmeral de columnas no deja ver los gestos del imán que han de ser imitados?

¿Por qué Abderramán *el Emigrado*, el omeya primero, se proclamó independiente entre estos muros, antes de que estuviesen consagrados a nuestro Dios? ¿Los cristianos de hoy no necesitan contemplar a su sacerdote cuando oficia el sacrificio incruento de la misa? Antes de que los Abderramanes engrandecieran este templo, en honor de su Dios que es el mío, ¿qué cultos se rindieron aquí, qué dioses habitaron esta suntuosidad? Si este lugar se tuvo por sagrado desde su creación, y aun desde siempre, ¿desde cuándo y para quién se alzaron las columnas? Esta hermosa e invasora serenidad no es el resultado de una guerra, ni de una victoria, ni de una cultura incipiente, sino de una paz asentada y de una culminante espiritualidad; no es obra de una persona, ni de muchas personas, sino de una idea fundamental del mundo. ¿Qué teología levantó tanto bosque para envolver la mirada de los fieles, para elevarla no dirigiéndola a ningún celebrante, sino a un solo y divino Celebrado? ¿No está presente aquí la filosofía alejandrina y el genio de Israel, adorador de Yahvé? Mentes y manos judías debieron de levantar este poblado ardid, y, en una de esas rítmicas e inevitables épocas en que Sefarad deja de ser Sión, quizá manos arrianas lo heredaran, y Dios, estático y remoto, cambió otra vez de nombre. Los cristianos arrianos, unitarios, antes de que la Trinidad introdujese el politeísmo, celebraron acaso aquí sus silenciosos ritos, y luego Recaredo, al abjurar, lo sustituyó por los ritos trinitarios, y después, con el desencadenamiento de la guerra civil entre los godos, que entreabrió un estrecho postigo –lento, lento– a nuestra cultura y a nuestra religión, este templo retornó jubiloso al cristianismo unitario, tan afín a la doctrina mahometana. Tan afín que, insensiblemente, esta sala, aséptica y callada, ofrecida sólo como un pretexto para que el hombre se postre, fue haciéndose mezquita. Y el hermoso pretexto triunfó de las necesidades de otros cultos por su propia hermosura, y por ella y por el sentido de la divinidad, idéntico en todas las religiones y a ellas previo, fue venerado y respetado este piadoso ambiente, donde el único Dios descendió un día, y en el que permanece. Porque aunque las columnas fuesen taladas, y abatidos los capiteles, en la raíz de cuanto veo se encontraría la raíz de lo sagrado. Y eso es lo que sostiene los cimientos de esta realidad...

Sin poder ni intentar evitarlo, me postré sobre las losas, pulidas por tantas postraciones. Y, desoyendo el clamor de las campanas, mientras alguien que apagaba las llamas de los cirios pasó rozándome, adoré a Dios.

El obispo de Córdoba, a quien no había oído acercarse, impaciente ante mi tardanza, puso su mano sobre mi hombro, y, presumiendo acaso que mi fe en mi Dios flaqueaba, ilusionado por la conversión de un rey moro ante la grandiosidad del Cristianismo, que ha vuelto a instalarse aquí con sus ocultaciones, murmuró cerca de mi oído:

–Dios es más grande que nuestro corazón.

–Ahí reside la primera verdad –le respondí mientras me levantaba.

Y entonces vi que la rica tela de oro de su capa había sido tejida por algún musulmán, porque en ella estaba escrita en árabe la aleya 22 de la azora del Éxodo del Corán: «Él es el que conoce el misterio y el testimonio.»

«Todo está, pues, en su lugar», pensé.

Don Martín de Alarcón es un hombre rollizo. Su cara más bien redonda y roja denota un buen comedor y bebedor. Tiene fama también de buen guerrero, aunque de eso en Andalucía todos tienen la fama, porque, si no, los devuelven a Burgos o a Segovia. Lo que más destaca en él son sus manos, afiladas y blancas, casi de mujer. Las enclavija con frecuencia, y, como una manía, levanta la derecha al hablar hasta la cruz de su orden que ostenta sobre el corazón, como si tratase, engreído por ella, de mostrarla.

—Mi buen señor —repite con la mano en la cruz—, ¿qué puedo hacer por vos aparte de recomendaros paciencia? No me está permitido ni rogar por vuestra libertad a Nuestra Señora de la Merced, en cuyas maternales manos —y entrelazaba las suyas— depositamos los cristianos el destino de nuestros cautivos.

El castillo de Porcuna se alza sobre una roca, cuyas tajaduras le sirven de cimientos. En su torre octagonal me han habilitado hospedaje y prisión. El trato de los caballeros calatravos es afectuoso y cordial, hasta el punto de forzarme a pensar que la prisión entre ellos va a ser larga; me gustaría ser peor tratado, pero por menos tiempo. A través de las ventanas veo la sierra de Luque y, en primer término, olivos y jarales. Es un paisaje adusto, a medio camino entre los mimados jardines de Granada y los arriscados esquistos de la Alpujarra, con sus tajos y vaguadas grises y pedregosas, con sus abruptos barrancos; más abierto que uno y otro, dispensa la serenidad de ánimo que con tanto reconocimiento recibe un prisionero.

Deben de haberse iniciado las gestiones para mi rescate, quizá apresuradas por mi madre, Ibn Abdalbar y Aben Comisa. Lo digo porque, al solicitar, entre otros utensilios de aseo y vestimenta, unos libros de la Alhambra y algunas manos del papel de la cancillería, me han sido traídos antes de lo que esperaba —si es que lo esperaba, ya que mi padre reina allí—. Por eso puedo continuar escribiendo en los papeles carmesíes, a los que estaba acostumbrado.

Lo que me propongo, para poner en claro mi situación que tan enlazada está con la de mi pueblo, ahora que tengo todo el tiempo para reflexionar, es contarme a mí mismo someramente *la historia de la Dinastía* a la que pertenezco. Eso quizá me ilumine sobre cómo actuar en circunstancias que, con no haberse visto en ellas ninguno de los sultanes anteriores, no serán tan contrarias que no saque de tal estudio alguna asesoría. Y, en último término, haré un bien a mis dos hijos –cualesquiera que sean los hechos posteriores en que me vea sumido– si les narro lo que hoy anda disperso y deformado, en tono familiar, sin los coturnos en que los cronistas oficiales suelen aupar a quienes los corrompen. No será malo que, después de haber aprendido en Ibn Jaldún qué es y cómo ha de leerse la historia de los hombres, con mi propia voz diga lo que sé; a la manera de aquel pariente mío Ibn al Hamar, hijo de Yusuf II y nieto del gran Mohamed, cuyos escritos son algunos de los que pedí. O, para ser más sincero, quizá a lo que aspiro es sólo a entretener mis días vacíos, y a no desesperarme esperando contra toda esperanza. Porque, en el fondo, la grandeza del ánimo consiste en que la noche nos coja mirando de hito en hito al sol poniente. La ciudad más hermosa, incluida Granada, tiene bárbaros arrabales, y es imposible contar la propia historia sin contar las ajenas, ya que la Historia con mayúscula –si la hay, y no es que se inventa cuando ya ha transcurrido– se compone de las minúsculas, igual que la cubierta de una jaima regia, de retazos y de humildes remiendos.

En el primer tercio del siglo XIII, los andaluces teníamos dos enemigos de muy distinto orden: los cristianos, que arreciaban los ataques y se encontraban fuera, y los almohades, que se debilitaban, pero que se encontraban dentro; los almohades con su ortodoxia, siempre perjudicial, y sus pretensiones de pureza religiosa, a la que los andaluces ni estuvimos acostumbrados nunca, ni llegaremos nunca a acostumbrarnos.

Todas las ciudades de una cierta entidad se sublevaron, aun disgregadas e inconexas como se hallaban ya, cada una por su lado. Desde la caída de los omeyas, ése fue nuestro mal, si no es que él mismo originó tal caída. Y hasta hoy mismo lo siguió siendo, y lo seguirá siendo hasta mañana, en el caso de que haya. Las ciudades buscaban y elegían caudillos fuertes, que las supieran defender y les otorgaran la seguridad y el estilo de vida anterior a la invasión almohade. (Los almohades, como antes los almorávides, pisaron nuestra tierra como aliados; pero, entre nosotros, los aliados, ignoro por qué terrible sino, siempre acaban por volverse enemigos. Como en el juego, a menudo las cañas se tornan lanzas.) Dos caudillos se repartían el predominio sobre los andaluces, por su impetuosidad y su carisma: uno, de la familia Hud, que era el señor de casi todo el territorio; otro, de la familia de los Mardanis, que se había alzado contra él y dominaba Valencia. El primero se decía descendiente de los antiguos reyes de Zaragoza, e izó con su mano la bandera negra de los abasíes de Bagdad, aquellos que, sublevados contra la dinastía omeya de Damasco, la extirparon de allí. Los hombres siempre pretendemos apoyarnos en alguien más sólido que nosotros, que termina estorbándonos cuando nos juzgamos –en general, demasiado pronto– bastante sólidos por nosotros mismos. [Algo de eso parece que hubo aquí, según luego he podido leer. Un victorioso general de Abderramán I *el Emigrado* se llamó Aben Omar Ibn Hud. En premio de sus victorias, el emir omeya, ya independiente de Damasco, le concedió el gobierno de Zaragoza, que por entonces creo que llamaban Sansueña. Los cronistas cristianos corrompieron, como siempre, su nombre, y lo llamaron Omar Filius de Omar, lo cual dio origen a Marsilius o Marsilio, que es con el nombre con que pasó a la Historia. Y así gobernaron sus sucesores en Zaragoza hasta que fueron expulsados de ella por los reyes aragoneses, y volvieron a su original suelo granadino. Uno de los postreros representantes conocidos de esa estirpe es este Ibn Hud de que hablaba en mis escritos de Porcuna. De donde se deduce que aquel general, tan importante brazo del omeya, engendró a la larga un abanderado de sus más irreconciliables enemigos: los abasíes. Nunca se sabe cuál será el final de una historia. Eso, que preocupa al feliz, aplaca al desgraciado.]

Como es frecuente entre los andaluces, la ascensión de Ibn Hud fue rápida: era bien parecido y gallardo, bizarro y vigoroso; caldeaba los ánimos. Conquistó con demasiada prisa –o mejor, se le entregaron– las ciudades de la mayor parte de Andalucía. (Pocas enfermedades hay tan contagiosas como la esperanza; quizá la desesperación es una de ellas.) Pero los andaluces –carentes de iniciativa– no estaban todavía preparados sino para obedecer, y obedecer a alguien tangible, presente, o muy bien representado; sin embargo, una organización que inspire confianza y sujeción no se improvisa. De ahí que el edificio con tanta premura construido, con premura también se derrocara. Alfonso IX de León y su hijo Fernando III de Castilla, al que dicen *el Santo*, triunfaron en Mérida y Jerez; el resto de las ciudades sometidas a Hud, desilusionadas e incapaces de fortalecerse por sí mismas, no buscaban ya sino el medio de salir de su égida, que era enojosa y rígida. Pensaban, como suelen los pueblos cuando piensan, que lo único que habían conseguido era cambiar de tiranía y que para tal viaje no se precisaban alforjas, por lo cual se dispusieron a descubrir otro tirano nuevo. La oportunidad se la brindó, antes de lo previsto, un adalid osado y ambicioso, que buscaba asimismo su oportunidad. Las ciudades andaluzas, como en una subasta de mercado se ofrecían entonces –¿y no hoy?– al mejor postor. De este adalid desciendo yo.

Todo empezó la tarde templada de un viernes de Ramadán en Arjona, no lejos de Jaén. Aún no había comenzado a anochecer sobre las colinas, y los olivos y las vides apenas se estremecían bajo un aire muy leve. Al salir de la oración, desde la mezquita no muy grande, nadie se fue a comer su sopa aquel día. Permanecieron, enardecidos y hambrientos, proclamando a voz en cuello sultán a un hombre que los miraba con ojos de león y los dejaba obrar aparentando desdén. No era guapo, ni alto, ni gallardo; era rudo y sabía mandar con autoridad y, lo que es más importante, ser obedecido. Pero, sobre todo, llevaba en sus manos como un don la medida de sus posibilidades. Su nombre era muy simple: Mohamed Ibn Yusuf. Se decía –o luego los halagadores lo dijeron por él– de la familia de los nazar (por eso nos llamamos nazaríes) y de los Al Hamar (por eso nos llamamos alamares). Todos los que habían comprobado la incapacidad de Ibn Hud para protegerlos requirieron al nuevo caudillo, ya conocido por su genio belicoso y por su pésimo genio personal, que no se andaba con chiquitas. Por eso le apodaron en seguida el Señor de los Invasores –lo cual no era poco en aquellos años–, nombre que lo definía a él como dominante, y como extranjeros a los almohades. Jaén y después Córdoba le abrieron sus puertas; pero ninguna de las dos fue apta mucho tiempo para soportar la estricta dureza de su disciplina. «En lugar de ir de mal en peor, bien estábamos como estábamos», se dijeron. Córdoba volvió con el rabo entre las piernas, igual que un perro famélico y viejo, a Ibn Hud, que la oprimió aún más que antes. En vista de semejante lección, Sevilla prefirió declararse independiente de los almohades y de Ibn Hud, y así continuó, de la ceca a La Meca, hasta su doloroso final, que no tardó.

Mi antepasado tenía muy claro su propósito, y se fabricó una ética y un destino de acuerdo con él. Obró como todo el que emprende una carrera extensa y complicada hacia una meta que lo mismo puede ser la glorificación propia que la salvación de su pueblo, si es que ambas cosas son separables y no conducen indefectiblemente la una a la otra. Mohamed se alió con los almohades frente a Ibn Hud, que, acorralado, pactó con los cristianos una tregua y un costoso tributo de mil dinares diarios, lo que le debilitaba a chorros. Las cuestiones personales, como sucede siempre con los caudillos, se generalizaron; aunque la viceversa también podría afirmarse: las corrientes encuentran siempre un hombre. Ibn Hud fue vencido en Aznalfarache, y Mohamed entró aclamado en Sevilla. Muy breve fue su triunfo; Sevilla nunca ha sido una buena guerrera: su amor por la vida es vehemente y no se sacrifica. Después de un mes, asustada por las exigencias de Mohamed y por la crueldad con que se vengó de los traidores, retornó bajo la espada de Ibn Hud. Mi antepasado había jugado desde el principio demasiado fuerte, y comido más de lo que su estómago de entonces podía digerir. Vacilaba su estrella. No sé si como astuta táctica o como recurso extremo, decidió hacerse vasallo de Ibn Hud, cuyo platillo pesaba más en la balanza andaluza del momento; a cambio recibió el reino de Jaén, con Arjona y Porcuna. (Porcuna, donde esto escribo. No quisiera pensar que, allí donde empezó a reinar por derecho propio la Dinastía –el que la fundó se acababa de reducir a sus primeros límites después de un modesto viaje de ida y vuelta–, allí mismo concluya. Ojalá Porcuna y su fortaleza sean, como en aquella ocasión, sólo una posada de paso para mí y lo que represento. Por lo pronto, dos siglos y medio después, estoy preso en el castillo que restauró mi antepasado. *Sic transit gloria mundi*, dijeron los latinos. Los tiempos cambian, se nublan, corretean –o cambiamos nosotros, y el tiempo nos mira inmóvil transcurrir–, y cambian las ciudades de dueño y de destino, o nos parece a nosotros que cambian, porque nuestra vida es breve al lado de la suya. Qué relativo es todo: para la rosa, el jardinero que la cuida es eterno; para el jardín, efímero. Aunque quizá el destino sea siempre el mismo: sentirse triste y solo un poco antes de morir. Con una diferencia entre el Fundador y yo: que, mientras el primer Mohamed tomaba impulso para su salto, yo he aterrado el salto mío aun antes de iniciarlo.)

Fernando *el Santo* se lanzó a la conquista de Córdoba. Para ello siguió dos sugerencias: la del camino de agua del Guadalquivir, y la de su impresión personal de que el río, si era prudente al tomarlo, le iba a llevar hasta su desembocadura. El Guadalquivir no ha sido nunca una defensa, sino un cauce de comunicación; no una barrera, sino un lazo. Lo malo y lo bueno que ha visitado Andalucía desde el Norte ha bajado por él; pero no sé si ha sido peor o mejor que lo que le vino a Andalucía desde el Sur. Ahora he de decir algo que quizá escandalice; es mejor decirlo en dos palabras: el Fundador de mi Dinastía ayudó a Fernando III en la conquista de Córdoba. Nuestras crónicas, por supuesto, se abstienen de mencionarlo; quizá no por vergüenza, que es un sentimiento desconocido en la política, sino sencillamente porque nada supieron. El pacto se llevó muy en secreto, en previsión de alteraciones y posteriores conveniencias; pero yo, que he trabajado con algunos secretarios en los archivos de la Alhambra, como premio a mi afición y a mi escrutinio, he encontrado la copia de unas paces en que, tras la caída de Córdoba, el Fundador de la Dinastía se alía con el rey cristiano frente a los musulmanes. El texto, que en un principio me pareció un error de copia, deja traslucir una misteriosa alusión a otras alianzas anteriores. Los musulmanes contra los que se firma ese pacto son, por descontado, los de Ibn Hud, que continuaba malcontentando a todos y perdiendo terreno. No puede discutirse –ya es demasiado tarde– que el fin justificaba entonces –¿y ahora no?– cualquier medio. Y yo he de reconocer algo que se desprende de cuanto leo en estos días: nuestro pueblo –y hasta es probable que tenga la razón– no es muy propenso a heroicidades; aspira a vivir en cada instante lo mejor posible, se dirige a quien para tal fin le sirva, y olvida con facilidad. Quizá la sensatez sea poco más que eso.

Con todos estos hábiles manejos, perdiendo por un lado y ganando por otro, el Fundador se aseguró en Granada un fértil apoyo, y Jaén se le entregó de grado nuevamente. Su carácter se suavizaba por una vida familiar amable, y enamoró a los andaluces orientales con su bandera roja. En Almería, en una conjura a la que yo no podría afirmar que era ajeno mi antepasado, murió asesinado Ibn Hud. Por si era poco, lo asesinó un cliente suyo, de cuyo nombre quiero dejar constancia aquí como recordatorio de la traición, que es poco singular entre nosotros y que es plural al lado de los grandes: Ibn al Ramimi se llamó esta vez el traidor. Desde hacía tiempo, el Fundador era dueño de Baza y de Guadix; ahora se hizo con Almería, la antigua y prestigiosa capital de los beni sumadí, tan rica y codiciada, artesanal y marinera, en cuya alcazaba, si es que salgo de aquí, tendré que ser también un día proclamado. Y Málaga, agotada por las veleidades y deseosa de estabilidad, se le ofreció en seguida. El Reino, pues, iba alcanzando unas fronteras no muy diferentes de las que luego tuvo, y algo más dilatadas que las de hoy.

Mientras, los cristianos se aclaraban también; ni nuestra Historia tiene sentido separada de la de ellos, ni es sólo entre los andaluces donde ocurren las decepciones y los crímenes. Jaime I el de Aragón y Fernando III el de Castilla eran los que se repartían la Cristiandad: poco más o menos como nos había sucedido a nosotros con nuestros dos campeones. Valencia, con Peñíscola y Játiva y Alcira, la conquistó el aragonés; Murcia estaba aún gobernada por el hijo de Ibn Hud; un sevillano fugitivo de los almohades, Ibn Mafuz, se apoderó de Niebla; Jerez constituía un pequeño reino, el de Abu Halid... Así las cosas, los castellanos sintieron por primera vez la pasión por Granada: una pasión devastadora y prolongada hasta hoy. Para conseguir su amor, aspiraron antes al de Jaén. Previéndolo, con un golpe de sorpresa, puesto que estaban distraídos en escaramuzas por Murcia, Mohamed I los atacó en Andújar y en Martos. Allí derrotó al infante Rodrigo, hermano del rey de Castilla. Pero, recuperados, respondieron con violencia, y Nuño González, que luego había de ser muy amigo nuestro, cercó y, en menos de dos meses, nos arrebató Arjona. Precisamente Arjona, la cuna de esa Dinastía, que, como un niño, apenas empezaba a soltarse de los brazos maternos. Y, por si fuese escasa tal respuesta, el rey Fernando resolvió vengarse sobre Jaén. El Fundador la defendía. La cercó el castellano por hambre; cortó los pasos que la unen a la Vega de Granada, y se sentó a esperar rezando. Durante siete meses resistió el Fundador; luego, temeroso de las fieras condiciones que se le habían impuesto a Murcia, se rindió. Es preciso decir, en su descargo, que también desde dentro fue traicionado: los cristianos, instruidos por sus espías, atraparon más de mil quinientas acémilas con provisiones, lo que imposibilitó la resistencia. Qué fácil ha sido, en la tortuosa Historia de la Dinastía, comprar ayudas con dinero: comparados los amigos y los enemigos, siempre han sido más constantes los segundos. La paz se concluyó por veinte años; pero las condiciones del piadoso rey *Santo* fueron tan despiadadas que ningún documento que yo haya visto las transcribe. Acaso tampoco era discreto transcribirlas, a juicio de quienes las firmaban: los documentos se hacen para mejor exigir su cumplimiento, y hay ocasiones en que, aun antes de firmarlos, se tiene la intención de no cumplirlos. En marzo de 1246 entraron entre cánticos los cristianos en Jaén. Un mediodía se pronunció en su mezquita la última oración; por la tarde se había convertido en catedral. Con Jaén, otra ciudad inexpugnable fue expugnada: eso acaece en cuanto los atacantes son suficientemente poderosos en número y en armas para derrocar un mito. En vista de quién lo conquistó, la zona de Jaén cambió de nombre: se llamó el Santo Reino.

Esta desgracia no hizo sino ratificar lo que ya estaba escrito. Después de la batalla de las Navas de Tolosa, en 1212, los goznes de las puertas de Andalucía rechinaron y crujieron para empezar a abrirse. El reino musulmán que subsistía –Granada– sólo podría seguir subsistiendo si pronunciaba su propia sentencia de muerte: el vasallaje. Nada tenía remedio, y todos lo sabíamos. Antes o después, fatídicamente nos esperaba el hundimiento. Vivíamos de prestado, con un alquiler demasiado alto para nuestros bolsillos, y cuanto hiciéramos sería porque se nos consintiera. Si un día los cristianos se ponían de acuerdo –y temo que ese día ha llegado por lo que oí en Lucena al capitán don Gonzalo Fernández de Córdoba– no nos quedaría otro recurso que hacer el equipaje. Éramos los tolerados, y la tolerancia, con altibajos y guerras menudas, fue el signo que marcó la Dinastía. Más aún, los cristianos permitieron que creciera por la comodidad de tener un único enemigo que se ocupase de acabar con los demás. Ahora, y sólo ahora, es cuando va a darse la batalla verdadera; ahora y sólo ahora, cuando los reyes de la Cristiandad, unidos no sólo por alianzas sino por matrimonio, se van a presentar delante de Granada diciendo: «Vengo aquí por lo mío.» ¿Y qué contestará quien represente entonces el papel de Señor de la Alhambra? ¿Creerá que es algo más que un papel? ¿Será al último precisamente al primero que se le obligue a tomarse en serio el personaje; al primero que se le obligue a luchar hasta la muerte, de él y del Reino, por aquello por lo que sus antecesores dieron sólo una renta?

La prueba de lo que digo es que ya entonces, en los primeros tiempos de la Dinastía, como se actúa en un coto de caza, Jaime I y su yerno Alfonso X, el hijo de *el Santo*, se repartieron lo que llaman *la reconquista*. Para ellos fue un asunto de familia; trazaron una raya en el reino de Murcia, desde Játiva a Enguera, y se distribuyeron los vedados. Desde esa hora, nos han permitido luchar como si fuésemos los verdaderos propietarios del Reino; ellos, de cuando en cuando, han bajado a ensanchar sus territorios, a fortalecerse con nuestro dinero, a educar a sus hijos, a refinarse con nuestras costumbres. Nos han dejado cultivarles la tierra, y pagarles los tributos con lo que obteníamos. Nos han dejado mentirnos y soñar. Pero estábamos en precario, y un dueño más osado o menos comprensivo nos pondría los muebles en lo ancho de la calle. Ya se han divertido lo suficiente con nosotros; ya han cazado y corrido bastante; ya están hartos de cazar y correr; ya han cambiado de tono. Quizá todo esto se ve sólo desde el lado de acá, desde esta perspectiva que da el lentísimo paso de los siglos; pero, aunque día a día se hubiese visto como yo hoy lo veo, ¿qué puede hacer un pueblo sino seguir de pie, sino intentar seguir de pie mientras dure la vida?

Mohamed *el Fundador* entró en Granada. La hizo su capital. Quiso ordenar el Reino. Sabía que eso es una lenta tarea. Yo también lo sé ahora: un campo se conquista en una sola mañana de suerte; luego hay que sembrarlo y aguardar la cosecha contando con el sol y con la lluvia, y con las heladas y el pedrisco y los incendios y las inundaciones. El primer Mohamed, para ello, necesitó tranquilidad y paz, y tuvo que pagarlas; necesitó mucha obediencia, y tuvo que imponerla. Por fortuna los escarmientos le formaron un pueblo dispuesto a obedecer. Supo emplear la amenaza cristiana como arma: no era inventada, pero él la empleó bien. Instauró con rigor el orden público, que después de las guerras queda tan malparado. Acogió a los exiliados de las ciudades vencidas: abrió las puertas de Granada y los instaló en el Albayzín para tenerlos enfrente de la Sabica, bien visibles y bien vigilados, porque multiplicaban los brazos de su pueblo, pero también el avispero. Venían a bandadas de Murcia y de Valencia; lloraban por sus vidas perdidas y anhelaban reconstruirlas. Solía ser gente trabajadora –más que la granadina–, que se arrobaba ante la belleza de su nueva ciudad. [Yo he visto llegar después a muchos como ellos: con toscos almazares secan sus lágrimas; en una cesta al brazo acarrean sus recuerdos, y en un burrito, sus mujeres mezcladas con aperos, y, tras él, una recua de hijos silenciosos. Los vencidos, sean del bando que sean, tienen siempre los mismos ojos húmedos.]

El Fundador fue, sobre todo, riguroso en el cobro de impuestos. Ellos y los botines eran su única fuente de ingresos: no podía descuidarlos. Exigía su pago a los ciudadanos como el precio de la seguridad que les vendía: una inamovible condición para ser defendidos. Para recuperar los impuestos impagados correspondientes a plazos anteriores, detuvo y torturó a los recaudadores hasta que confesaron nombres, cómplices y escriños; el recaudador mayor de Almería, por ejemplo, Abu Mohamed Ibn Arús, murió a consecuencia de esas torturas. La decisión tomada era irrevocable: administrar su Reino minuciosa y férreamente, como quien administra una finca privada: con el mismo derecho absoluto y el mismo amor también e idéntica responsabilidad. Un mediodía subió hasta la fortaleza de los reyes ziríes, los que habían terminado de tan mala manera: aquella fortaleza que construyó el judío del que me habló el médico Ibrahim. Subió hasta ella, y dijo: «Ésta será mi casa.» A la espera de días mejores, durmió en una tosca tarima en lo que hoy es Torre del Homenaje. (Igual que yo en Lucena y en Porcuna, pero él allí era el rey.) Entre sus blancas y severas bóvedas, bajo sus cúpulas primitivas, alimentó su destino, y se alimentó con su pasión de mando, tan poco nutritiva para quien no la siente. Fue construyendo el Reino en torno suyo, a su medida, como quien se hace un traje. Y, en cuanto al exterior, para precaverse contra su propio soberano –el de Castilla, al que naturalmente odiaba–, con la remota expectativa de sacudírselo a la primera oportunidad, se inclinó hacia sus hermanos musulmanes del Magreb. Es decir, puso la fe por encima de la vecindad; creyó en la religión, pero sin fanatismo, salvo que el fanatismo le beneficiara; la entendió y la usó como algo pertinente y razonable, de lo que se ha de echar mano cuando conviene. Porque la religión, si no es un oficio amoroso interior, es un flamante espejismo, una llamada de socorro, o un grito de guerra: como tal ha sido utilizada, lo es y lo será por todos los políticos.

El rey Fernando III puso su siguiente blanco en Sevilla; asediarla y penetrarla requirió sus fuerzas íntegras: se le aproximó por tierra y por agua; hasta el almirante vasco Bonifaz bajó del Norte. Era un bocado que merecía la pena. *El Fundador* Mohamed formaba entonces parte de las «fuerzas íntegras» del *Santo*: lo ayudó en la conquista de Sevilla. La religión, por consiguiente, en este caso, pasó a segundo plano: había otras presiones más urgentes. En otro Ramadán (se conoce que los cristianos son dados a aprovecharse de nuestros ayunos), tras seis meses de sitio –para ellos era diciembre de 1248– se rindió la ciudad de la Giralda. Cuando *el Fundador* volvió a Granada, lo aclamaron sus ciudadanos: «¡Vencedor! ¡Vencedor!»; pero él, sabiendo muy bien lo que decía, contestó una vez y otra: «No hay más vencedor que Dios.» Y ese resumen de un pecado fue en adelante el lema de nuestra Dinastía.

Pero, receloso del poder de Castilla, *el Fundador* situó otra vez la religión en primer plano: se obligó con un pleito homenaje al califa de Bagdad; sumisión por sumisión, eligió someterse al grande más lejano. Sin embargo, la relación no duró mucho: en cuanto vio que los almohades recuperaban su firmeza en el norte de África, volvió a ellos sus ojos y sus homenajes; se unió al sultán de Marraquech, Al Rachid. Pero se le murió en seguida, y no dudó un momento en dirigirse hacia los emires de Berbería y Túnez, que eran los enemigos de Al Rachid. Las cosas como son: para los débiles, y aun para los que comienzan a dejar de serlo, los gestos de sometimiento son los más eficaces; y a la eficacia, no a las hazañas ni a la epopeya, es a lo que han de aspirar. Para ser cabeza de ratón es bueno practicar siendo primero cola de león, y tener una idea exacta de la propia valía: más exacta aquélla cuanto ésta más pequeña.

Como era de prever, aquellos veinte años de tregua de Jaén no llegaron al cabo. Incluso duraron demasiado: lo que tardó *el Fundador* en pisar firme dentro de Granada y oír el eco de sus pasos. A los dieciocho años se reanudaron las hostilidades. Unos testimonios aseguran que fue por el apoyo que prestó *el Fundador* a los mudéjares sevillanos que pretendieron asesinar a Alfonso X; otros testimonios, que fue por una emboscada tendida por los cristianos para asesinar a Mohamed I. Cuando la sangre hierve y los contendientes se estiman preparados, cualquier pretexto es bueno. Yo creo que todos los testimonios tienen aquí razón: la ruptura se produjo por ambas causas, si bien ignoro cuál de las dos se realizó antes, o si las dos se simultanearon. El caso es que mi antepasado interpuso otra vez la religión: solicitó socorro a los mariníes de Marruecos, que habían sustituido definitivamente a los almohades; ellos le enviaron los primeros Voluntarios de la Fe; se hizo una guerra santa. En el nombre de Dios fueron protegidos –y, por supuesto, alborotados antes– los mudéjares de Jerez y de Murcia, que se hallaban en las últimas. Los años de relativa paz habían reforzado a Mohamed: él era ahora en exclusiva el emir Requerido. Utrera y Lebrija, a ejemplo de los otros y por las injerencias del emir, también se sublevaron contra los cristianos. Andalucía echó a arder igual que una almenara; *el Fundador*, robustecido y hábil, fue quien prendió la mecha. Numerosos pueblos de la frontera se colocaron bajo su custodia. La Granada se redondeaba grano a grano.

Por poco tiempo. Suegro y yerno cristianos sitiaron y redujeron a Murcia; la redujeron en todos los sentidos, en los peores sentidos. Y Alfonso X osó atacar Granada. Sin éxito, pero lo osó, y fue bastante; en Jerez y en Medina Sidonia sí tuvo éxito. La Granada, antes de granar del todo, empezó a desgranarse y a ceñirse a sus lógicos límites. Porque, además, a Mohamed, que en otras circunstancias habría reaccionado de modo más tajante, se le planteó un gravísimo problema; tanto, que afectaba a la misma existencia y continuidad de la Dinastía. Mohamed había inaugurado el negocio de la política en Arjona con un cuñado suyo, al que ofreció promesas y ventajas. Los descendientes de su cuñado, los Beni Asquilula, tenían mejor memoria que Mohamed. Cuando tomó el acuerdo –consigo mismo, como de costumbre– de nombrar sucesores suyos a sus propios hijos, y cuando casó a una hija con un sobrino no Asquilula, sino hijo de su hermano Ismail, que fue en vida gobernador de Málaga, los Beni Asquilula, no sin cierta razón, opinaron que esa ciudad, que estaba en su poder, les iba a ser arrebatada. Sin más demora, se hicieron vasallos directos del rey de Castilla, y se fortificaron en Málaga. El rey Alfonso se sintió encantado de utilizar la vieja táctica cristiana del «divide y vencerás». Yo reconozco que cualquier arma, por muy sucia que sea, puede ser empleada por cualquiera: mis antepasados tampoco tuvieron, en ese sentido, ninguna preferencia. La práctica de sembrar la discordia ha sido, contra nosotros, el arma más asequible y la más fructífera: una vez puesta en nuestras manos, nosotros mismos nos encargamos de que nos haga el mayor daño. Pero es cierto también que los andaluces sólo hemos dejado de utilizarla contra los cristianos cuando no hemos tenido absolutamente ninguna posibilidad de hacerlo.

En el caso de los Beni Asquilula sí la tuvimos. El hijo mayor de Mohamed I, el que le sucedería, consiguió separar a sus primos y a Alfonso X; firmó una paz con éste en Alcalá de Benzaide [ahora se llama Alcalá la Real]. Fue una paz muy cara: doscientos mil maravedíes por año, la renuncia a Jerez y a Murcia (ésta y Sevilla eran los ojos del rey), y el plazo de un año para que los Asquilula se subordinasen. Una paz cara, pero ventajosa siempre que sus condiciones se cumplieran. Sin embargo, la última, que era para lo que se hacía, no se cumplió. Alfonso, muy poco dado a guardar su palabra, escrita o no, se encogió de hombros: según él se trataba de asuntos familiares. Pero se encogió de hombros justo hasta que estuvieron a punto de encogerle la cabeza los Ricos Hombres de Castilla, que estaban hartos de sus prepotencias. (Está claro que en todas partes cuecen habas.) Los capitaneaba aquel Nuño González de Lara, antes tan opuesto a nosotros; ahora proporcionó ayuda a Mohamed contra los Asquilula; no obstante, su ayuda resultó inútil. Por eso, Mohamed, medroso de las represalias de Castilla por aliarse con los rebeldes, eligió pactar con los Asquilula boca a boca; un marroquí, de esos devotos que se dedican a la guerra santa con mejor o peor fe, Al Tahurti, fue el intermediario. De nuevo convenía recurrir a la religión, poner los ojos en blanco, elevar el corazón y el brazo al Dios común, y firmar el acuerdo entre parabienes y azoras. Y nada más llegar a ese pacto, que pacificaba de momento a los Asquilula, Mohamed I echó mano —esta vez sí taxativamente— de la religión, si es que la religión nos sobrevive y no es sólo cosa de este mundo; echó mano del cielo por no saber echar pie a tierra desde el caballo que lo llevaba a una algara de castigo muy cerca de Granada. El caballo era un purarraza, nervioso y negro como el cuervo; se desbocó; el emir, que montaba como nadie en el mundo, no acertó a desmontar. Murió después de la oración del mediodía, el 12 de febrero de 1273, con más de setenta años. El Reino, entre tiras y aflojas, había sido fundado. Dice Ibn Jaldún que ocupaba desde Ronda hasta Elvira, con una extensión de diez jornadas de marcha de Este a Oeste, y con una anchura de dos jornadas del mar al Norte...

Empleé muchas horas —tardes y mañanas enteras— en redactar la Historia de la Dinastía. Consulté con meticulosidad los documentos enviados desde Granada; confronté unos con otros; agregué lo que en mi adolescencia había escuchado, lo que mi razón me sugería y lo que mi corta experiencia me apuntaba; pregunté incluso al alcaide, bastante versado en los dos siglos últimos, a pesar de que tiende, como cada cristiano, a erigirse en su eje. Llegué a soñar, tan embebido estaba, con los Mohamed, los Yusuf y los Ismail que me antecedieron. A veces con tal intensidad me puse en su lugar que conseguí explicar sus reacciones más inexplicables para los cronistas: algunos de ellos supieron esperar tanto que los resultados de algún acto, en apariencia ilógico, no se produjeron hasta años más tarde, acaso cuando ellos no estaban ya en el trono. El trabajo ocupó muchos de los queridos papeles carmesíes, que son aquí una frágil presencia de la Alhambra...

Los he quemado hoy. Sobre las brasas lanzaban llamaradas azules. Me ha parecido que con ellos quemaba muchas cosas, y, viéndolos arder, ni a mí mismo hubiese podido decirme si sentía satisfacción o pesadumbre. Antes de empezar a escribirlos, yo reflexionaba: «¿Quién avala a los cronistas? Uno de ellos quizá eligió, hace mucho, un chivo emisario a quien cargar de culpas, y los demás se transmiten el error de uno en otro como quien transmite una herencia opulenta. La Historia lo acepta casi siempre, porque es lo más sencillo no contradecirse y no alterar el desordenado orden que alguien estableció, muy probablemente para zafarse de una acusación o aumentar su provecho.» Pero después de concluir mi relato, al releer lo escrito, comprendí que yo me había convertido en un cronista más, en uno que delata para librarse de una recriminación o compartirla, y que se me habría podido hacer idénticos reproches que a los otros.

La historia que contaba –nuestra y de los cristianos– es un cúmulo demasiado grande de traiciones, de deslealtades, de abusos de confianza, de palabras quebradas, que todos sus personajes ya infieren, ya padecen; una monótona sarta de guerras interrumpida apenas por una monótona sarta de paces, indecisas las unas y la otra como jugadas de una extraña partida cuyo final se hubiese convenido aplazar de antemano... ¿Qué iban a aprender mis hijos de semejante atestado? ¿Para qué describir los caracteres y los reinados de los efímeros sultanes, que no duraron sino pocos días; ni los de aquellos que, por el contrario, volvieron a reinar, después de destronados, dos y hasta cuatro veces? ¿Para qué insistir en el insensato ejercicio veraniego que cada año nos movía, a los cristianos y a los andaluces, a conquistar o perder o recuperar o volver a perder aldeas, puertos, torres y ciudades? ¿Introducía yo algún elemento, sacaba yo alguna conclusión que de veras cambiara el curso de los sucesos, o que los blanqueara y los santificara? El recurso de las guerras santas, a que tan aficionados hemos sido los del Norte y los del Sur de esta Península, ¿fue algo más que una desesperada búsqueda de alianzas? Mis antecesores, todos –eso quedaba claro–, supieron que de África nunca cruzó nada a Andalucía que le trajera buenas consecuencias: ¿quién designó jamás a un lobo custodio de un rebaño? Siempre que recurrieron al Magreb, revivieron antes o después el pavor de los dos errores históricos –la petición de auxilio a los almorávides y luego a los almohades– en que los andaluces fuimos por lana y volvimos trasquilados. (Sin embargo me divirtió distinguir, caso por caso, cuándo el sultán de turno se asustó, como el niño que primero invoca al fantasma y después grita, o hizo ver que se asustaba, como quien bebe vino para excusar lo que sabe que hará una vez beodo.) De este lado del Estrecho se hallaron a lo largo de los siglos, y aún se hallan, nuestro corazón y nuestra fuerza. De ahí –y esto no me es fácil reconocerlo, y aún menos confesarlo ahora– que sea mayor nuestra afinidad con los cristianos de la Península que con los musulmanes africanos: la convivencia, aun la más agria y violenta, siempre da un aire de familia.

En pro de esta opinión, he comprobado como arriba y abajo de la oscilante frontera, en toda la duración de la Dinastía, se reflejaron los mismos avatares igual que en un espejo. Si entraban los cristianos en épocas desmayadas, también nosotros; si en disidencias internas, nosotros también. Cuando, a principios de este infausto siglo, los castellanos se aferraron a la guerra como a un ideal caballeresco, nos equiparamos a ellos con la confirmación, paralela y vistosa, de la familia de los abencerrajes. (Durante los últimos reinados, éstos han sido un puente entre Castilla, con quien mantuvieron y mantienen relaciones al margen de la oficialidad, y nosotros; de ahí su habilidad para sacarse de la manga, cuando nadie lo espera, un aspirante al trono cuya educación es mucho más castellana que andaluza.) ¿No han proliferado, en Granada como en Castilla, durante la paz, las sublevaciones y los descontentos, hasta el extremo de hacernos añorar las épocas de guerra? Y, cuando entre nosotros no ha sido necesaria la muerte para mudar de sultán (no hablo de la natural, por descontado, aunque la provocada llegó a ser entre nosotros la verdaderamente natural), es porque nuestra organización religiosa y social y familiar es menos apretada y coherente que la de ellos, y nuestras formas de sucesión más arbitrarias. Por eso a los reyes castellanos, que se suceden con estricta rigidez, les trae sin cuidado quién sea el sultán de Granada: ellos aspiran sólo a que nadie lo sea de modo inamovible, para, a través de familiares ambiciosos, alimentar desavenencias y urdir suplantaciones.

Pero mejor sería preguntarse si es que a los propios granadinos les importó qué sultán los gobernara. Era bueno el que les otorgaba seguridad, aminoraba los impuestos y espaciaba las algaradas: más no querían saber. Salvo ciertos relumbros o ciertas rachas de suerte, mis predecesores se parecieron todos, y más desde más lejos. Cuando, poco después de que los cristianos entronizaran la rama bastarda de los Trastamara, el primer Ismail inauguró la segunda rama de nuestra Dinastía, ¿qué fue lo nuevo? Se ha dicho –y ya es mucho decir– que a simple vista los sultanes de esa rama usaron un mayor rigor moral y religioso. Más cierto es, sin embargo, que los sultanes nazaríes no íbamos a ser ya ni poetas ni astrónomos: no nos quedaría tiempo; tendríamos que apoderarnos, a la cabeza de las tropas, de fortalezas y ciudades. Pero, excepto para los reyes, ¿fue sustancial tal cambio? A pesar de lo que se ha escrito, ¿no continuaron siendo los pilares del Reino la unicidad de Dios y la espada de Dios, al menos de palabra? ¿No persistieron las dos constantes de esta contienda interminable: la pugna por el Estrecho, que puede favorecer o impedir los ambiguos socorros africanos, y que el único objeto de las treguas sea fortalecerse para las guerras próximas y cambiar de aliados? Los sultanes de la segunda rama ejercieron, como Dios les dio a entender, su oficio: continuar la lucha invariablemente, legislar lo más útil sobre los judíos, y procurar una mayor decencia en las costumbres: son los tres viejos anhelos de mis antepasados. No obstante, creo que nada de lo antedicho caracteriza de veras a la segunda rama, sino la forma de morir sus sultanes: contra los de la primera se usó el agua o el veneno; a partir de Ismail I ha habido sólo sangre, mucha sangre, continua y ardientemente derramada, salpicando pavimentos y zócalos, a ser posible por mano de los más íntimos miembros de la casa...

¿Cómo no alegrarme de que el fuego consumiera tan feroces evocaciones que sólo la ferocidad de los cristianos –mayor aún que la nuestra–, y su hambre, y su fingido y despreciable fanatismo, y su ansia de rapiña, lograron empalidecer? De los datos que aportaba yo en la Historia se deducía que la heroicidad fue siempre menos productiva que los saqueos de pueblos y cosechas, que el rescate de los prisioneros, y que el comercio (que casi siempre permaneció intangible, pues de él se beneficiaba el enemigo tanto como nosotros). Porque, si lo que el enemigo llama reconquista fue una incansable continuidad de luchas religiosas –ni por su parte ni por la nuestra–, que se me vede a mí la entrada al Paraíso. Bien quemados están, pues, los papeles que tales pruebas aportaban.

Hoy resumo a vuelapluma lo referente a los treinta últimos años de la Dinastía, que es lo que más me afecta.

Aludiré en primer lugar a un suceso significativo. En 1452 mi abuelo materno Mohamed IX *el Zurdo* mandó a Abdalbar, jefe de los mercenarios, al reino de Murcia con no más de doscientos caballeros y seiscientos infantes. Triunfaron en Murcia y Orihuela; pero a la vuelta, en Lorca, tropezaron con Pedro Fajardo, hijo del famoso Yáñez, que los venció en la batalla de los Alporchones. Fue una derrota sin pena ni gloria; pero los trovadores cristianos se la apropiaron y la exaltaron hasta la epopeya. En esta época, que es ya la mía, nadie como los poetas para inmortalizar bien una victoria bien una derrota: depende de lo que se les pague; o quizá de algo más, no estoy seguro, aunque temo que tendré ocasión de comprobarlo.

Juan II otorgó a Mohamed una tregua de cinco años. Pero no los disfrutó quien los había ganado a pulso: a principios del año 1454 murió *el Zurdo* de muerte natural: sólo ella podía acabar con él, tan contrastado en las resurrecciones, ya que fue destronado tres veces y entronizado cuatro. Mohamed XI *el Chiquito*, segundo marido de mi madre, sucedió a su suegro. Pero los abencerrajes no lo querían; de nuevo opusieron otro candidato, educado también por destierro en la corte de Juan II. Era Abu Nazar Sad, pariente de Yusuf IV, llamado Sidi Sad, o Ciriza, por los castellanos. Es decir, mi abuelo paterno.

Para entonces, Álvaro de Luna ya había sido ejecutado en Valladolid: no éramos nosotros los únicos que, desde lo más alto, echábamos a lo más bajo las cabezas. El turno de la insensatamente llamada reconquista le correspondía a Enrique IV. Antes de que muriera su padre, Juan II, mi abuelo Sad le había enviado emisarios solicitándole su intervención en las peleas granadinas por el trono. Al frente de ellos, Abul Hasán Alí, mi padre, fue retenido en Segovia como rehén no se sabe de qué. Lo acompañaba una lucida escolta de ciento cuarenta caballeros y treinta infantes, a la que se agregaron por el camino otros adictos a mi abuelo: trescientos hombres en total, que fueron instalados en Arévalo, probablemente para impedir que defendieran los derechos de nadie. Porque, en la primavera de 1455, hubo en el Reino nazarí tres reyes compartiendo el poder (mi situación, por tanto, no es nueva bajo el sol): el rey *Chiquito* (al que seguían Granada, Málaga, Almería y Guadix); Mohamed *el Cojo* (que se negaba a retirarse, y tenía Illora y Moclín con sus castillos, y también Gibraltar); y mi abuelo (que residía en Archidona, gobernaba en Ronda –cuya guarnición africana le era fiel–, y contaba en Almería con algunos dignatarios). [Mi madre fue esposa de dos de ellos y nuera del tercero.] Usufructuario del descabalo, Enrique IV se lanzó a la cruzada granadina.

En su primera entrada de cuatro días quemó las tierras de Moclín e Illora, y prohibió la guerra de escaramuzas, porque, audaz y ostentosamente, para deslumbrar a sus cortesanos, quiso concentrarse en ataques a las fuerzas vitales. En la segunda entrada, que duró dos semanas, taló Álora y Archidona, en el camino hacia Málaga, donde resistían Abdalbar y Aben Comisa; en sus alrededores se entrevistó con mi padre, con el que se entendía bien, y se comprometió a no robar cosechas ni asaltar las plazas favorables a mi abuelo. En la tercera entrada abordó la Vega por Alcalá la Real; durante tres semanas entregó al pillaje las granjas y los pueblos del trayecto pero, en contra de lo que se había propuesto al principio, se resistió a comprometerse en una gran batalla. La fogosa nobleza castellana murmuró y se quejaba, aunque yo creo que de dientes para fuera, frente a la nueva táctica de su rey, consistente en extenuarnos con acechanzas y agresiones menudas en una campaña pertinaz y sin gloria. Al retirarse, dejó al gobernador de Alcalá la misión de firmar una tregua con Mohamed XI *el Chiquito,* representado por Abdalbar; las condiciones fueron tan onerosas y fuera de lugar que parecían propuestas para publicarse en Castilla: reconocimiento de vasallaje a través de pesados tributos, libertad de dos mil cristianos en cuatro años, cesión de lo conquistado desde la muerte de Juan II, y obligación de un servicio militar a Castilla. Ante tal política de jactancia y bravuconería, las cosas se dejaron como estaban.

Mi abuelo entró en Granada secundado por los del interior de la ciudad; dentro ya, prosiguió las negociaciones con el mariscal Diego Fernández de Córdoba, conde de Cabra. [Padre del que luego se apropió de las banderas en la batalla de Lucena.] Era un buen amigo suyo y, en ocasiones, compañero de armas; el hecho era habitual todavía en aquel momento, en el que se peleaba como una cansina costumbre secular, y en el que, como todo lo inevitable, el estado de guerra se había incorporado a nosotros y a toda nuestra vida. Pero las tensiones de la situación –más las interiores que las exteriores– preocupaban a mi abuelo Sad. Un nutrido grupo de partidarios de *el Chiquito*, ya anciano, lo llamó para introducirlo en Granada. Él se puso en marcha a través de la sierra; mi padre, advertido, le tendió una emboscada, lo condujo a la Alhambra, lo convidó a cenar en el Palacio de los Leones, y lo degolló con su propia espada. Al mismo tiempo mandó asfixiar a todos sus hijos con las servilletas de la cena. No tardaría mucho en tomar por esposa a su mujer, en quien me tuvo a mí.

Entonces se verificó la cuarta entrada de Enrique IV. Pretextó para ello que mi abuelo había roto la tregua tácita, como si tal figura existiese cuando hasta las expresas y bien ratificadas se rompían. Tomó el castillo de Solera, conquistó Estepona, sembró la Vega de estropicios. Camino de Gibraltar, consiguió que los defensores de Fuengirola se refugiasen en el castillo, y los cercó. Cerca ya de la Roca, salió a su encuentro Aben Comisa al frente de una tropilla, le rindió homenaje y –sorprendentemente: Aben Comisa siempre estuvo lleno de recursos– lo invitó a cazar leones en África. (Parece que la caza era la única afición de ese rey, si se exceptúan los hombres.) Como era de esperar, las tribus del Rif, es probable que ni siquiera avisadas, lo recibieron tan mal que regresó a Tarifa y después a Sevilla. Entretanto, mi abuelo, dedicado a las escaramuzas, había hecho un avance hasta Jaén. En agosto la Vega fue otra vez devastada, y en octubre, al volverse las tornas, mi abuelo se vio empujado a aceptar una tregua de cinco meses, mediante el pago de cinco mil doblones de oro y la libertad de seiscientos cautivos. (La llamada reconquista desaparecía como ideal político para convertirse en un negocio que podía resultar, según los casos y quien lo emprendiera, ruinoso o saneado.)

En los primeros días de 1457, Enrique IV convirtió Jaén en una plaza de armas, e hizo su quinta entrada. Conquistó Illora, Huéscar y Loja; pero hubo de retirarse ante la abulia de sus tropas y la propia. Mientras, en Castilla, la oposición de los nobles trasladaba a un segundo plano la guerra de Granada; hasta Fajardo *el Bravo* se rebeló. Los granadinos llegaron de nuevo hasta las puertas de Jaén, y el rey delegó en el conde de Cabra la firma de una tregua hasta el 61.

El verano del 62 se abrió con alguna ventaja para los castellanos; pero mi padre triunfó pronto en la batalla del Madroño, no lejos de Estepa, sobre Ponce de León, el hijo del conde de Arcos que luego sería marqués de Cádiz, y sobre Luis Pernía, gobernador de Osuna. El condestable del Santo Reino, Miguel Lucas de Iranzo, atacó el castillo de Arenas y fue derrotado; pero en julio puso a sangre y fuego Aldeyra y Lacalahorra, y regresó a Jaén cargado de prisioneros y riquezas, no sin antes tener un duro encuentro con el que más tarde sería mi suegro, a quien le unía bastante amistad y un respeto recíproco. [En esa expedición iba Millán de Azuaga, el pintor, supongo que orgulloso de sí mismo y de su amante, que a su vez avanzaba ligero hacia una mala muerte. Todo hombre edifica su casa, sin saberlo, al borde de un derrumbadero. Como prueba bastaría decir que en aquel mismo año nací yo.] El duque de Medina Sidonia y el conde de Arcos, mediante la traición de un renegado, se apoderaron de Gibraltar, y don Pedro Girón, maestre de Calatrava, de Archidona. Tales pérdidas significaron un grave revés moral. Decepcionados y exasperados, los abencerrajes [que ya habían destronado a los dos primeros maridos de mi madre] trataron de sacar a la luz otro de sus pasmosos pretendientes. Mi abuelo Sad, en Granada, tomó las medidas oportunas para librarse de su férula: ejecutó a los dos miembros más relevantes de la familia, uno de ellos Mufarrag, su visir. Los destacados abencerrajes que habitaban en la Alhambra huyeron a Málaga y se rebelaron allí; sin tiempo para improvisar otro aspirante al trono, se proclamaron súbditos de Yusuf V, que había sido sultán por unos meses cinco años atrás, y al que Castilla abonó de nuevo como en el tiempo del condestable Luna. Se apoderaron de Málaga, de Granada y de la zona oriental del Reino con arterías, sobornos y extorsiones. La posición de mi abuelo empeoraba por momentos; se vio obligado a firmar una costosa tregua, de noviembre a mayo, con Enrique IV, para zanjar el peligro interior. En noviembre de 1463, por fin, fueron sangrientamente expulsados los abencerrajes de Granada. Y en diciembre, para confirmación de mi abuelo, falleció Yusuf V.

Su sexta entrada la hizo Enrique IV en febrero de 1464. Se acercó con el frío desde Écija, buscando imponer nuevas cargas y negociaciones que mejorasen su tesorería. En Jaén firmó con mi abuelo Sad una tregua de un año en la que se respetaba la libertad de comercio; pero en agosto mi padre se alió con los abencerrajes —indignados por las concesiones de mi abuelo a los cristianos, o fingiéndose indignados— e intentó revivir gloriosas épocas que quizá siempre estuvieron muertas. Destronó a mi abuelo, y lo envió cautivo a Salobreña. [O quizá a la fortaleza de Moclín, nunca lo he sabido de cierto.] Los abencerrajes se opusieron en seguida a mi padre, y levantaron la bandera de mi tío, del que no solicitaron ni su consentimiento; era su táctica probada. Hoy me pregunto si, en realidad, no habrán estado de continuo en los últimos años sólo de parte de los cristianos, suscitando o fomentando las banderías que nos desustanciaban, y aspirando a su propio proyecto, sinuoso y desconocido para el Reino, en el que los demás o hemos obrado como dóciles piezas, o hemos sido eliminados.

Mi abuelo no tardó en morir. Respetuoso póstumamente

con la realeza, mi padre hizo que su cadáver fuese trasladado a Granada. Yo recuerdo que mi hermano Yusuf, aún en brazos de una nodriza, y yo, de la mano de Subh, asistimos a su entierro en la rauda de la Alhambra. Declinaba la luz, y yo sé que temblaba, no sé si por el frío o por la circunstancia. La ceremonia fue muy breve y se verificó sin pompa alguna. Estaban sólo el sultán y unos cuantos príncipes de la sangre, entre ellos el espigado y hermoso Abu Abdalá; pero el gordo Yusuf había excusado su asistencia. Acercaron el cadáver sobre unas parihuelas recién hechas, de las que emanaba el olor de la madera y el del aceite de algalia con que estaban untadas. El muecín había llamado antes, desde la puerta de la mezquita, al duelo con voz poco estentórea, y fue el cadí el que excepcionalmente recitó la oración ritual de las grandes exequias. Luego el alfaquí mayor sahumó el cuerpo y las angarillas con un perfumador, cuyo aroma se unió al de la algalia y la madera nueva. Me acuerdo, sobre todo, de esa mezcla de olores. Mi madre, que acaso fue la única que quiso a mi abuelo, porque la reincorporó al poder efectivo de la Dinastía, tampoco asistió. O al menos yo no la recuerdo en aquella sombría tarde. No es extraño, sin embargo, que aunque asistiese no la recuerde yo; a pesar de la esencial importancia que mi madre ha tenido en mi historia –no sólo dándome la vida, sino poniéndola al servicio de la suya– la recuerdo siempre con una extraordinaria confusión. Como si mi memoria, por un instinto de defensa, se negase a albergarla ante mi imposibilidad de convertirla en una madre diferente.

Estaba claro que el alcaide Alarcón no encontraba el modo de decírmelo. En realidad nunca acierta a decirme nada con sencillez, y carece del menor sentido de la oportunidad. Empieza las conversaciones, y las acaba, hablando de sus hazañas contra *la morisma.* Equivoca fechas, nombres de conmilitones y de pueblos. No sé cómo se las arregla para terminar por ser él el héroe de todas las batallas. Aunque tiene una predilecta, la de Estepa, que riñó, según relata, contra mi tío, en inferioridad de condiciones, en medio de una tormenta, bajo rayos y truenos, y de la que salió lleno de gloria. Lo cierto es que yo nunca he oído hablar de esa batalla a nadie más que a él. Con todo, le tolero que se explaye y me pongo a pensar en otra cosa; su apenas inteligible árabe colabora conmigo. Y no es que me parezca un embustero, sencillamente me parece aburrido; porque además el tono de su voz, mientras abre y cierra y entrecruza sus manos, me provoca una irresistible somnolencia, aumentada por este calor que en el mes de julio está haciendo en Porcuna.

En la ocasión a que me refiero tuve yo que empujarle para que concluyera de una vez y me dejara en paz. Era la intempestiva hora de la siesta. Comenzó por hablarme de su sobrina Mencía: una muchacha bonita, pero que ve muy mal; hasta el punto de que casi chocó conmigo cuando la trajeron para que la conociera. El alcaide afirma que ella siente por mí una gran simpatía, y probablemente sea verdad; también yo la siento por ella, o por lo menos una gran compasión: está aquí sola, con su fastidioso tío Martín, dedicada al orden del castillo, sin jóvenes de su edad, ni otra compañía que la del capellán –al que le suenan las espuelas más que a nadie–, en una edad en que las muchachas todavía juegan con sus trenzas, pero ya ese juego ha empezado a dejar de divertirles y sueñan con otros menos castos. El alcaide habló a continuación de sus antepasados, de Cuenca, del castillo roquero de Alarcón, de su investidura como maestre, y de la consabida Estepa como era de esperar. Yo daba inevitables cabezadas. Luego, de pronto, aferradas una a otra las primorosas manos, rompió por fin a exponer aquello a lo que había venido:

–El rey Fernando os tiene un profundo cariño.

–Imagino que sí; como yo a él.

Por fortuna no percibió, ni por asomo, la ironía.

–Me ha mandado un mensaje para que os pida... O mejor dicho, ha mandado a un pintor. Quiere que os haga un retrato. Ya que no le fue posible conoceros en Córdoba...

–En casa del obispo tuve la impresión de ser espiado a través de una celosía –dije, pero no me escuchó.

–Su alteza desea tener un retrato de vos. Yo sé de sobra que vuestros preceptos religiosos prohíben cualquier figuración humana –declaró sonriendo con una pedantería que, si no me hubiese apenado, me habría hecho reír.

No quise desengañarlo. Para qué iba a decirle que, entre nosotros, no están prohibidas las formas, puesto que Dios es el dador de ellas para nuestro recreo y nuestro aprendizaje; que son los maliquíes quienes lo han exagerado todo en su rigidez, y que, para nosotros, los maliquíes equivalen a la Inquisición para los cristianos y es muy probable que también al alcaide Alarcón. Para qué iba a decirle que, hace ya cinco siglos, cuando ellos se contentaban con un arte tosco y retorcido, la amante del califa, a las puertas de Medina Azahara, había sido esculpida de cuerpo entero. Para qué iba a decirle que, en nuestros baños, se admiran las más bellas estatuas de quienes visitaron con anterioridad Andalucía. Para qué iba a decirle que la Alhambra está llena de pinturas de sultanes, de nobles y de adalides.

–El rey Fernando os obsequia este retrato suyo para corresponder por adelantado al que os solicita.

Me tendió una miniatura, en la que se ve una cara llena, de mejillas redondas y labios curvados por la sorna, encuadrada por una melena lisa y corta. Le di las gracias.

–El deseo del rey es para mí un mandato. Cuando gustéis, traedme a ese pintor.

Debía de estar al otro lado de la puerta, porque el alcai-

de salió, y volvió con él al instante. Al verlo, me quedé perplejo.

Se llama Millán de Azuaga. No he logrado saber si es de La
Rioja o de Extremadura, porque alude a las dos con igual falta
de cariño. Es de pequeña estatura, a punto de ser mínima; de
manos menudas, que parecen más de dos porque gesticula con
ellas sin cesar; de ojos hundidos y adormilados.

–Me dicen que tengo ojos de árabe: ¿cree su alteza que es
cierto? –me preguntó el primer día.

–Una persona, hace tiempo, afirmaba que mis ojos son ojos
de odalisca –dijo el segundo día, mientras me observaba con
ansiedad.

No cuenta con muchos años, pero sí con muy poco pelo, y
administra el que tiene artificiosamente: al ser muy largo, se lo
enrosca para cubrir el lugar despejado por el que ya no tiene.

–Así, señor –me había sugerido, como para compensarme,
el alcaide–, distraeréis vuestros ocios. Aunque estoy informado
de que leéis y escribís y meditáis –agregó con un tono, entre
cómplice y advertido, de fiel custodio al que nada se le escapa.

Y efectivamente el pintor distrae mis ocios. No para de par-
lotear ni un solo instante. Tiene gracia, y hablarme en árabe –lo
pronuncia con admirable suficiencia– no le corta un pelo (quizá si se lo cortase no hablaría). Su conversación hay que se-
guirla como se sigue un pájaro; no un pájaro que canta y al que
se oye, sino uno que revolotea, brinca, bate las alas, se posa un
punto, echa a volar de nuevo, y cesa y vuelve al aire y vuelve a
detenerse. Acaba por marear un poco; pero, si se posee bastante entereza como para seleccionar las voladas, resulta hasta ins-
tructivo. Yo, al menos, me divierto con él. Aunque el pintor,
como el alcaide, también tiene un tema de conversación predilecto. Temo que es lo que a todos nos ocurre.

–Yo era pintor de cámara del condestable Miguel Lucas de
Iranzo.

Al principio pensé que se excedía en lo de cámara; ahora creo, más bien, que se quedaba corto.

–Luego, cuando pasó lo que pasó, me coloqué al servicio de varios señores de la frontera. (Que, digan lo que digan, se siguen llevando como perros y gatos.) Hasta que me quedé de asiento en Córdoba. Una ciudad que a mí me gusta. Más seria y menos liviana que Sevilla, eso sí; pero dónde va a parar en señorío... Porque su alteza sabe lo que pasó. Lo sabe todo el mundo. Al condestable, me refiero. Y es que a él, que organizaba personalmente en Jaén tanta fiesta, y teatros, y sortijas, y procesiones, y mimos, y carnavaladas; a él, aunque parezca mentira, no lo podía ver la gente ni en pintura, y mirad que un pintor es quien lo dice. Atragantado como un hueso lo tenían. Porque no hacía distingos entre moros, judíos ni cristianos. Y eso, ya lo habrá notado su alteza, eso aquí no está bien visto, ni muchísimo menos. Así que un día del Corpus Christi (el Corpus es el día en que se celebra..., mejor será no entrar en teologías, no vayamos a terminar escaldados), un Corpus, en la catedral, en la misa mayor, que habíamos estado hablando en la sacristía de que yo tenía que pintar un descendimiento de la cruz, y a la media hora, válgame Dios... Primero fue una piedra... (Voy a darle un poquito de movimiento a su alteza, que la luz ha cambiado.) Una piedra, primero; después, otra, y después ya diez mil quinientas quince. Lo lapidaron, lo machacaron, lo molieron. Le saltaron los sesos delante mismo del altar mayor. Qué atrocidad. Yo lo sueño todavía, no os digo más. Porque es que a mí me quería mucho. Y yo a él. Allí se quedó despachurrado. Y la condesa, como muerta, sin poder apartar los ojos de aquel barullo de sangre y ropa. Muerta también. Bueno, ella no; pero tan blanca y tan quieta como si lo estuviera. Qué falta de respeto al Santo Sacramento... Y todo porque son como los bárbaros. La gente del Norte, ya se sabe. Ni Castilla la Vieja, ni Castilla la Nueva: iguales. En los pueblos, todos iguales. Por eso yo me vine de rapaz a Andalucía, donde las cosas son distintas. Mi condestable, que era un ángel, lo repetía a cada instante: «La gente baja desde Burgos y Palencia como a bodas de rey. Aunque sólo sea para sacudirse el frío y el hambre. Esto es el Paraíso terrenal.» Eso decía el pobre: anda que... Era un ángel del cielo. Su alteza ya sabrá lo que son los ángeles, porque en su religión también los hay, ¿no? Las religiones, en el fondo, son todas semejantes. Como las personas. Como las personas, no, porque algunas son muchísimo peores... ¡Un ángel! ¿Puede creer su alteza que durmió, sin tocarla, muchísimas noches con su esposa hasta que los velaron? Como él decía: «Ya, ya habrá tiempo de velar, y sobrará.» Y es que en Castilla todo se vuelve hablar de bujarrones. Que no entienden a alguien, o que alguien es más delicado o más artista, bujarrón; que alguien se sitúa más arriba y lo quieren apear, bujarrón. Ya me aclarará su alteza, si es que puede, a qué viene todo ese rebumbio... La nuestra es, cómo decirlo, una época irritable; igual que una mujer encinta. Están pasando cosas que no habían pasado nunca. Hay ansias y palpitaciones por los aires... A don Juan II, el padre del rey Enrique IV y de doña Isabel, ya le motejaron de *amador de toda gentileza*. Yo no digo que no fuese el amante de don Álvaro de Luna, pero tampoco digo que lo fuese. Desde luego, a gritos lo cantaron las *Coplas del Provincial* y de *Mingo Revulgo*. Claro que cantaron todo de todos, porque hay que ver... Y siendo el rey Enrique adolescente, el marqués de Villena se lo acostaba consigo. ¿No era su ayo? Cosa más natural... Las costumbres árabes (que su alteza me sepa disculpar, que yo estoy muy de acuerdo) estaban imbricadas (¿o no se dice así?) en la corte, entre la gente alta sobre todo. Y no era escandaloso... No sé yo si las costumbres ésas serían costumbres árabes: eso se dice siempre que no se quiere dar la cara, o siempre que se quiere dar otra cosa... El resultado es que ahora, por lo que uno oye, todo está lleno de hijos ilegítimos, y de maridos impotentes, y de bujarrones. ¿A qué vendrá tanta simulación y tanta hipocresía? ¿No han cambiado la gente y las costumbres?

Pues más van a cambiar, como decía el condestable. Eso lo he visto yo entre los señores de la frontera, que hay que ponerse las manos delante de los ojos para no ver lo que hacen. ¿Para qué tantas muecas y visajes, en lugar de aceptar con alegría las cosas como son? Porque las cosas son todas naturales. Por eso yo, Andalucía. Yo soy igualito que si hubiese nacido aquí de una estirpe de aquí; tanto, que me afean tener costumbres árabes. ¿Llevarán razón, alteza? Yo me perfumo, yo me lavo, yo me río, yo vivo... Al rey Enrique le llamaban *el Impotente*. Impotente, ¿con quién?, como decía el condestable. Sería con la reina; porque lo que es con Gómez de Cáceres, o con Francisco Valdés, o con Beltrán de la Cueva... Bueno, es que por ése, al que tituló duque, hizo de todo; hasta el ridículo. Por él fundó San Jerónimo del Paso en Madrid; por lo lindo y lo intrépido que estuvo un día cazando osos en semejante sitio. Loco hay que estar. Y lo entroncó con los Mendoza, y lo levantó hasta las sangres más empingorotadas. Pero él lo traicionaba cada vez que quería. No digo más que no tomó el partido de *la Beltraneja*; fuese su hija o no, lo debió tomar aunque no hubiera sido más que por el nombre. Dicen que entraba al palacio de noche porque se enamoró de la reina. A otro perro con ese hueso; de noche todos los gatos son pardos. Fue un piojo resucitado, que rebosaba alhajas hasta por los zapatos. Y con mi condestable no se llevaba bien. Pero lo del rey yo lo veo natural. Le complacían la música y la caza, y le complacían sus compañeros de música y de caza: natural. ¿Que no eran gente de su rango? Bueno; pero eran más honrados y más agradecidos y más leales. Por lo menos, de entrada. Los Grandes estaban corrompidos como el rey, y eran fines de raza como el rey. Castilla requería sangre limpia e ilesa. Castilla y él, ¿o no lo cree su alteza? Las dinastías se agotan, ya se sabe. Por descontado, ay, el amor no tiene por qué ser correspondido, o no siempre; la verdad, casi nunca. Quizá es más nuestro lo que no acabamos de conseguir del todo... He oído que Beltrán de la Cueva, el marqués de Villena y Miguel

Lucas andaban a la greña, celosos no del amor del rey, sino de sus favores y sus dádivas. Yo ni quito ni pongo. Yo ni entro ni salgo. Yo me vine del Norte por respirar más hondo. Y que allí, alteza, sólo se pueden pintar santos. Aquí hay casas y señores y ropas de más lujo. Y está la luz, que ya sé bien que nadie es capaz de pintarla; pero de verla, sí. Y el verde de los campos, y las flores. Aquí está todo. A mí, con el permiso de su alteza, no me extraña que quieran quedarse con Granada. Yo de política no entiendo, ni me gusta. Y de guerras, tampoco. Lo que se dice ir a la guerra, no he ido nunca. ¿Qué pinto yo en la guerra? Yo pinto, como ahora, en la paz. Y en la serenidad. Pero lo de Granada lo entiendo, porque es un vergel. Es el jardín de Dios, alteza: todo el mundo la quiere. Si es Jaén, con su monte morado, y da alegría verlo, cuanto más esa ciudad rendida (perdón, quiero decir recostada), que parece que le han puesto un marco para que resulte más hermosa. Yo no la he visto, pero de ningún modo querría morirme sin verla... Bueno, una vez sí que estuve en una batalla, en Lacalahorra, por lo que llaman el Cenete; pero yo no intervine. El condestable, que se empeñó en que lo acompañara. Como su mujer no iba... Su alteza me preguntará: «¿Y qué tiene que ver que su mujer no fuera?» Es que no sé ni lo que digo... (Si este retrato sale mal, alteza, no será culpa vuestra, sino mía. Tan sólo mía, porque hay que ver qué facciones y qué mirada y qué boca y qué todo. Y qué color de piel, entre el nardo y la aceituna: difícil, raro, pero qué color. No sé si atinaré con ese tono que va del verde al negro; va, pero vuelve; de vuestros ojos hablo. ¡Ahora!, señor, ésta es la luz.) Yo, si no os molesta, prefiero hablar un poquito mientras trabajo. Aunque no me distraigo de lo mío, ¿eh? Y lo mío es pintar. Lo demás son entretenimientos, formas de no llorar; o formas de llorar, qué sé yo... Pues, como os iba contando, el condestable siempre fue fiel y leal a su alteza don Enrique. Dicen que él se quejaba: «A mi alteza, sí; lo que es a mí, no tanto.» Él lo hizo condestable del Santo Reino; él le servía de comer por amor delante de la corte, que se ponen los pelos como cabetes sólo de pensarlo, qué pasaría hoy día si alguien lo hiciese... Pero el condestable se le escurría, no quería verlo, lo rehuía. Es como si lo hubiera aborrecido. Y el asunto es que lo aborreció; muchas veces hasta se hería él solo para tener la excusa de no acudir a sus llamadas. Y eso que cuando yo aparecí, ya el rey estaba mirando hacia otro lado... En la corte se murmuraba; ¿de quién no se murmuraba en esa corte? Que si Miguel Lucas le había regalado a su preferido Martín Mirones el palio que el rey le regaló a él el día que entraron juntos en León; que si, ya condestable, recibió en Bailén con palmas y con ramos a mosén Juan de Fox, embajador de Francia, que era pulido y mancebo... Habladurías y malas condiciones. Hay quien nada más por tañer la cítara y cantar es señalado... Yo me esfumé. A mí me da lo mismo. Yo me vine para quitarme de preocupaciones. De cualquier forma, no pienso yo que Dios quisiera hacer el mundo como un valle de lágrimas. Ay, qué mal saben la Historia los que no la han vivido; ni quienes la vivieron la saben como fue... Ya da igual. Aquello se acabó. Qué sosiego poder hacer lo que a uno le da la gana sin molestar a nadie, y sin que nadie lo moleste a uno. Por eso digo lo que digo de Granada. No sólo porque sea una ciudad hermosa en un paisaje hermoso, sino porque allí se vive como deben vivir los hombres: haciendo su santísima voluntad, y aquí paz y después gloria. Gloria, o lo que sea, pero después... No sé si me explico. No sé si ya os he dicho que yo fui pintor de cámara del condestable Iranzo. A mí (porque cuando me conoció yo aún no pintaba) solía decirme su miñón. Era como una burla, como una burla zalamera. Su miñón me llamaba... Claro, yo entonces tenía otra presencia; yo era bonito, aunque a su alteza le parezca mentira. La vida es como un borracho cogido a nuestro brazo: anda a tumbos, y nos empuja a donde no queremos ir... Lo que le pido a su alteza es que no le cuente a nadie lo que le cuento yo. Aunque no es nada, comparado con lo que podría contarle... Muerto el condestable (yo estaba tan cerca de él que me salpicó su sangre), muerto él, ¿qué iban a hacer conmigo? Yo creo que no me apedrearon porque ni siquiera me vieron; tantísimo los cegaba el odio, que si no... Me fui de Jaén disfrazado de campesina, qué le vamos a hacer. Me fui primero a Baeza y luego a Úbeda, que, de no ser por el frío, allí me habría quedado, porque también en ellas hay mucho señorío. Pero además ya no quería yo servir a un señor fijo. El condestable era mucho señor, ya yo tenía bastante... Su miñón me llamaba. Y me hacía regalos, y me puso un maestro de pintura, y estaba todo el día, cuando no tenía que cumplir con la guerra, imaginando fiestas y tramoyas para altares y comedias y autos. Poníamos las iglesias que daba gozo entrar en ellas. Su miñón me llamaba... Yo he pintado a los condes de Arcos, y al marqués de Cádiz, y al duque de Medina Sidonia, que tiene un geniecito que se las trae. Pero no es gente guapa, las cosas como son. Gente engreída, ufana de sí misma, que se creen reyes porque no han estado nunca con reyes de verdad. Como su alteza, Dios lo bendiga, que a cien leguas se ve que ha nacido rey, y para rey. Y que se morirá (el cielo no lo quiera) siendo más rey que nadie.

El retrato avanza muy despacio. Podría decirse que no avanza. Quizá por interés del autor, que se desahoga conmigo, mezclando el castellano y el árabe como en una ensalada jugosa y verde. Me representa con una alcandora pespunteada en rojo, y con una jaqueta entreabierta, en la que ha dibujado, en lugar de los caracteres árabes, que no conoce, unas flores de lis a un lado y unas pequeñas rosas al otro, geométricamente dispuestas a imitación del gusto nuestro. En la cabeza me ha puesto un bonetillo que a mí no se me habría ocurrido ponerme en la vida. Pero imagino que, para la finalidad del retrato (dada la zorrería de don Fernando, no sé cuál es tal finalidad, aunque me temo que el afecto no sea), bueno será. Ya me hizo suficiente favor el pobre Millán con pintarme una corona –aún no está del todo rematada– de las que ostentan las personas reales en las monedas cristianas y en los cuadros y en las estatuas fúnebres, y que a nosotros tampoco se nos ocurriría ajustarnos en mitad de la frente por elementales razones de comodidad.

Hoy, a primera hora de la tarde, estaba adormecido después de la comida. Se me había resbalado de la mano un libro de Yalal al Din Rumi. Ignoro con qué excusa ha conseguido Millán de Azuaga que le permitieran entrar. Yo fingí que seguía dormido, porque me faltaba el ánimo para escuchar su cháchara. Pesaba el calor como una espesa manta; la flama que venía desde las altas ventanas era como el vaho de un horno, y a las cortinas no las agitaba ni la más leve brisa. El pintor me ha llamado en voz muy baja, no sé si para despertarme o para comprobar que no me despertaba.

–Alteza –musitaba–. Alteza.

Se ha acercado con sigilo al diván; me ha rozado el pie izquierdo, del que se había desprendido la babucha; he sentido su leve tacto como si de mí saliese vida. Al imaginar su expresión, sus ojos, sus labios, me ha costado un esfuerzo no echarme a reír, o quizá no echarme a llorar. Me ha acariciado el pie, con mayor efusión a medida que aumentaba su confianza en mi sueño. Me lo ha besado, y he notado en mi piel la humedad de su beso. He escuchado un suspiro tenue, que era casi un sollozo. Me he removido para que advirtiera el riesgo que corría; no por mí, sino por los posibles vigilantes. Murmuraba algo breve y apasionado para sí mismo. Me he vuelto hacia él, y lo he visto, a través de las pestañas, en pie, contemplándome con un gesto de adoración, ladeada la cabeza. Tenía mi babucha entre las manos, recogida contra su pecho. Sin hacer ruido, se ha sentado sobre el taburete que no usa jamás mientras me pinta.

–Delante de su alteza –dice– no me consentiría yo sentarme; aunque su alteza, que es un rey de cuerpo entero, me lo autorice.

Se ha sentado, y ha apretado uno contra otro los muslos. Estaba hecho un ovillo. Acariciaba y besuqueaba la babucha mirándome, mirándome sin verme, porque, si me hubiese visto, habría adivinado que yo lo veía a él. Salía de sus labios un resuello entrecortado. He percibido en él un deseo tan grande de mi cuerpo que se me han alterado los latidos del corazón, como quien presencia un agudo peligro para otro muy cerca de sí mismo. Pasado un instante interminable, ha lanzado un suspiro muy hondo, supongo que cuando se ha vertido. Echó luego hacia atrás su pobre cabeza casi calva, dejó caer los hombros que tenía encogidos, y se le escurrió la babucha de las manos. Durante unos momentos permaneció inmóvil. Después ha vuelto a suspirar con una indecible congoja. Se ha levantado; ha recogido la babucha del suelo; la ha puesto donde la encontró, y, sin el menor ruido, de puntillas, girando la mirada para verme una vez más, ha salido de la estancia.

La otra mañana, Mencía, la sobrina del comendador Alarcón, ha venido a visitarme con un cachorrillo de perro entre los brazos. Una perra del castillo ha parido nueve; en un arroyo vecino, metidos en un saco, han ahogado a todos menos a éste. Es barrigoncillo y rubio. Oscila su cabeza buscando con el hocico la teta de la madre, porque aún es ciego. Casi tanto como su dueña, que me mira con ojos pálidos y un poco estrábicos, y que no sabe exactamente dónde estoy hasta que oye mi voz.

–¿Cómo se llama? –le he preguntado por medio del intérprete.

En tres o cuatro ocasiones, ella, sin proponérselo, ha logrado, con su aire inofensivo y veraz, que olvide mi falsa ignorancia de su lengua, que hablo, por cierto, cada día mejor, aunque a solas.

–No tiene nombre aún. No ha sido bautizado.

Se ha ruborizado su frente al pensar que me molestaba la mención del bautismo, o al pensar que se refería a un perro.

–*Hernán* es un bonito nombre para un cachorro –le he dicho.

–¿*Hernán*, como si fuese una persona?

–No creo que a él le importe: los perros no son rencorosos.

Mencía ha sonreído. Con una sola mano ha levantado en alto al cachorro, y le ha acariciado con la otra el hociquillo redondo y sonrosado.

–*Hernán. Hernán* –le ha dicho con mimo. El cachorro ha movido la cabeza redonda en un signo de afirmación.

–¿Lo veis? Ya ha aprendido su nombre.

Al reparar en la gracia que el cachorro me hacía, me lo ha regalado para que me acompañe. Sospecho que, si me lo da, es con la intención, quizá inconsciente, de buscarse una disculpa para poder venir a preguntar cómo está, y si se porta bien, y si lo quiero todavía.

–Qué suerte tiene *Hernán* –ha exclamado, mientras sus ojos trataban a tientas de encontrarme.

–Más que sus ocho hermanos, desde luego.

–No lo digo por eso –murmuró, y añadió enrojeciendo–: vivir no es siempre bueno. Depende tanto de con quién se vive...

Barrunto que se ha enamorado de mí. Es lógico; no porque yo sea atractivo o amable, sino porque soy el único hombre aquí del que su alcurnia la dejaría enamorarse. Lo que yo de mi parte no pongo, lo pone ella con creces.

–Doña Mencía es medio boba –ha dicho Millán de Azuaga al ver el cachorro, que todavía está mamando de su madre, y que me traen de cuando en cuando–. Este chucho va a ensuciar la alcoba de su alteza. La desventurada doña Mencía no sabe qué hacer para llamar vuestra atención. Como si los demás fuésemos ciegos, y no nos diéramos cuenta. Habría que ser tan ciego como ella, que está todo el santo día dándose topetazos contra las puertas y contra los criados... Me ha dicho su tío que tengo que pintarla antes de irme. De ser así, preferiría no irme. Porque no es un plato de gusto pintar a una mujer que no se sabe nunca adónde mira. Ya verá su alteza cómo tendré que pintarla de perfil.

–Ese pintor Azuaga –ha dicho Mencía– siente tal devoción por vos que no se le cae el *su alteza* de la boca. Habla como si os conociese de toda la vida. «A su alteza le gusta tal comida», «a su alteza le disgustan los ruidos a tal hora»... Lleva menos de un mes en el castillo y ya manda y dispone en vuestro nombre más que vuestros sirvientes. La gente, que no es tonta, sabe muy bien de qué pie cojea.
      –¿Es que cojea de un pie?
      –Yo, como comprenderéis, no lo he notado.
      –Por supuesto –dije refiriéndome a su vista.
      –Pero he oído decir a todo el castillo que cojea de un pie.

Así, en esta peregrina compañía, a la que prefiero con mucho la de *Hernán*, transcurren los días, las noches, las semanas. Con una irremediable y abrumadora monotonía. Menos mal que *Hernán* crece, y cambia, y empieza ya a morder con una absoluta falta de respeto. Y si sólo fuese morder lo que hace sin respeto...

Desconozco a ciencia cierta qué van a decidir sobre mí los de fuera: ni los míos, ni los contrarios, si es que los míos no son también contrarios. Hay horas en que me descorazono y me gustaría morirme antes que seguir pasando por el tiempo como quien nada en el vacío. Horas en que me interrogo para qué vivo, qué significo y para quién... Comencé a leer por distraerme y aprender algo de lo muchísimo que ignoro; comencé a escribir para mis hijos con una porfiada y gratuita esperanza. Ahora ya no sé por qué hago lo uno ni lo otro; ahora me da lo mismo leer que no leer, escribir o dejarlo. La esperanza se ha muerto antes que yo.

Hernán ha cumplido un par de meses. Ayer pedí que lo dejaran pasar la noche conmigo, y mandé poner para él un cojín a los pies de mi cama. Como era la primera noche sin su madre, lloriqueaba con incansable obstinación. Sentía la soledad como un dolor desacostumbrado e insufrible que no se amortiguaba. No quise avisar a los criados. Cuando prendía el hachero, me miraba desde abajo, quieto y triste, dejando ver dos lunillas crecientes en sus ojos. Fuera de mí, nunca he presenciado de cerca tanta orfandad, tal desamparo, una criatura viva y próxima tan inerme y tan tierna. *Din* siempre actuó con mayor seguridad.

Me puse en cuclillas frente al pequeño *Hernán*, fui a acariciarlo para probarle mi solidaridad, y se dio repentinamente la vuelta. Se quedó boca arriba, con la pancilla al aire, indefenso, gordito, desvalido, encogidas las patas, más crecientes que nunca las lunas de sus ojos. El hombre es un animal como los otros que, si piensa suficientemente, deduce que es un animal como los otros: ésa es toda la diferencia. Lo que pasa es que el hombre no piensa suficientemente casi nunca. Tuve una apremiante tentación de coger al perrillo en mis brazos y acunarlo, pero era preciso que se educara desde el primer momento. A *Din* lo retiraban de mi lado cada noche, salvo aquélla en que me despertó a lametazos porque había resuelto recuperarme y no escapar de mi dominio... *Din*, y ahora *Hernán*. Los otros que he tenido eran perros de caza, acompañados por el resto de la traílla. Pero éste aquí está solo. Igual que yo. «Solo», me repetí mientras apagaba el hachero. «Qué fatigoso acostumbrarse.» Y luego, en alto, a *Hernán*: «Es necesario adquirir buenas maneras si quieres convivir con los demás. Los hombres os exigen lo que ellos no hacen nunca. No te puedo coger. A la soledad nos acostumbramos todos, ya lo comprobarás. ¿No me he acostumbrado yo, desde que tenía tu edad sobre poco más o menos?» *Hernán* gimoteaba. Parecía cansarse un momento, pero era sólo para gimotear más fuerte. Yo, apenado, cumplía mi triste obligación de hacerme el sordo. Hasta que el cansancio me adormeció.

De improviso, me despertó el silencio. «Pronto ha aprendido. Es muy listo», pensé. Prendí la luz. El cojín de *Hernán* estaba vacío. No tuve más remedio que reírme. Y tan listo: *Hernán*, acomodado junto a mi almohada, estaba por fin satisfecho y dormido. Aún suspiró un poquito. Lo dejé. Si mi contacto lo acompañaba, ¿cómo podría negárselo? ¿No era para acompañarme para lo que yo lo había aceptado? ¿Es que no sucede lo mismo con los hombres? Su manera de darnos compañía es pedírnosla, hacer que nos sintamos imprescindibles para alguien, erigirnos por amor en padre y madre y Dios. Yo, persuadido de que acababa de perder también la batalla de las buenas maneras, me dormí abrazado al cachorro. Los dos dormimos bien.

Las diligencias de mi rescate se han iniciado ya. No se me oculta que serán menos impetuosas de lo que desearía. El alcaide comendador ha recibido orden de informarme puntualmente de ellas. No sé lo que el rey Fernando entenderá por eso: imagino que ponerme al tanto de lo que a él puntualmente se le antoje.

Los primeros pasos, por lo visto, fueron los de mi padre. Los dieron dos emisarios consecutivos. El dueño y señor de Granada envió, en primer lugar, a un caballero sevillano al que otorgó la libertad con tal motivo; por lo que me dicen, se trata de don Juan de Pineda. Con el achaque de negociar la liberación de otros cautivos, se presentó ante el rey Fernando para exponerle una de estas dos pretensiones: o la prolongación de mi cautiverio, o, aún mejor, el canje de mi persona y las de mis más notorios partidarios a cambio del conde de Cifuentes, asistente de Sevilla, preso en Granada desde lo de la Ajarquía, y de otros caballeros que eligieran los reyes. El segundo emisario, con idéntica propuesta, ha sido un mercader de Génova, Francisco Centurión, relacionado por su comercio con la corte cristiana. Sin duda la máxima aspiración de mi padre es conservarme preso en su poder, lo que le ofrece más garantías que el hecho de que me halle en poder del enemigo; aunque lo que más garantías le ofrecería –y temo que sea su determinación última– es no conservarme en absoluto, ni libre ni cautivo. El mejor competidor es el competidor muerto.

Por su parte, mi madre ha enviado a Aben Comisa con Alí Alacer y otros nobles. Propone, por mi libertad, un pago anual de doce mil zahenes –que equivalen a unos catorce mil ducados castellanos, me dice Alarcón– en concepto de parias y acatamiento del señorío de los reyes (o sea, que se resigna a reconocer el vasallaje, lo que es en ella una arrolladora declaración de amor); la entrega de cuatrocientos cautivos de los que se hallan en las mazmorras de la Alhambra, más sesenta cada año durante cinco (con lo cual se asegura taimadamente de que los reyes me repondrán y mantendrán en el trono), y, como rehenes, diez jóvenes hijos de dignatarios adeptos a mi causa. Insinúa que acaso podría subir el número de cautivos entregados, según su rango e importancia, e incluso el montante del rescate en dinero. Pero parece ser que los reyes exigen, además de los diez o doce jóvenes rehenes, a mi hijo Ahmad, que no tiene más que dos años, y a mi hermano Yusuf. Esta condición última sin duda desalentará a mi madre. Ella, en donde está y sin mí, puede conseguir que mis partidarios proclamen a Yusuf en lugar mío; o, si mejoran las circunstancias y se ve con influjo suficiente, que se le conceda la regencia de mi hijo. Jugar esas dos posibilidades contra una sola, y tan amortiguada, le parecerá correr un riesgo demasiado grande.

La conclusión a que llego –y temo que los reyes también– es que, por lo pronto, continuaré cautivo; digan lo que quieran, para todos soy más útil aquí.

No hacía falta que, de fuentes que no mencionaré, me hayan llegado otras noticias. Los reyes, aun antes de considerar las ofertas, se han planteado la conveniencia de liberarme o de mantenerme en prisión. Dos opiniones predominan entre los Grandes del Consejo. Don Alonso de Cárdenas, maestre de Santiago, a la cabeza de uno de los bandos, entiende que es más beneficioso continuar la guerra estando yo en Porcuna y apartado de ella; de esta forma se actuará contra un sultán viejo, enfermo y no amado por sus súbditos, en lugar de ir contra un caudillo joven, rodeado de fervorosos partidarios, valiente y muy querido. Conmigo en libertad –opina el maestre, exagerando más de lo imaginable lo que a mí se refiere–, la conquista sería más gravosa y más cruenta.

Por el contrario, don Rodrigo Ponce de León, el influyente marqués de Cádiz, juzga que, una vez obtenidas las condiciones más favorables, debería concedérseme la libertad. Mi libertad –razona– sería muy útil para atizar aún más el fuego de la discordia entre mi padre y yo, entre sus partidarios y los míos; las luchas intestinas desangrarían definitivamente nuestro Reino, y se desperdigarían nuestras fuerzas en guerras civiles y en odios de partidos, encaminándonos así apresuradamente a nuestra propia destrucción.

Es incuestionable que el marqués de Cádiz, nacido en la frontera y ejercitado en ella, nos conoce mejor que el maestre de Santiago. A pesar de ello, ¿qué resolverá la astucia de Fernando, tan superior a la de todos?

Mientras aludía una vez más a la incógnita batalla de Estepa, en la que él era el arcángel Miguel, el alcaide –no sin envidia y con algún comentario cizañoso– me ha enumerado las recompensas que los reyes han tenido a bien conceder al conde de Cabra y al alcaide de los Donceles por haberme aprehendido.

Sin un aviso previo, ha llegado ya el frío. Aparte de la chimenea, que aún me produce espanto, pues es tan grande que podríamos don Martín y yo conversar dentro de ella, he solicitado un brasero, junto al que me encuentro más cómodo y seguro. Como si de una conseja castellana se tratase –de las que ellos cuentan para aliviar el aburrimiento en las largas noches al amor de la lumbre, que es el único amor de que disfrutan–, el alcaide me ha puesto al tanto de lo sucedido en Vitoria, una ciudad del norte de la Península, donde los reyes tienen su residencia ahora. Allí la reina trata de la boda del príncipe don Juan con una princesa de la casa de Francia.

[Esa boda no se hizo. Al infeliz príncipe lo casaron con una archiduquesa austriaca muy voraz de los placeres de la carne; tanto, que agotó la salud y la vida de su esposo. A los médicos y confesores que insistían en separar sus cuerpos, ya que con tanta unión se aniquilaba el del joven marido, la reina, capaz, con tal de mantener su voluntad, hasta de tirar piedras contra el propio tejado, solía responder: «Lo que Dios ha unido no lo desuna el hombre.» Con lo cual se quedaron sin el único heredero masculino. No todas las mujeres se asemejan, pero doña Isabel y mi madre, sí, y mucho. A mí la reina no tuvo escrúpulos en separarme de Moraima; se conoce que al enemigo se le mide con los preceptos de otro Dios: el cruel dios de la guerra.]

Tío y sobrino llegaron a Vitoria por separado; desde la polémica de Lucena han roto entre ellos toda relación. Fueron acogidos –algo mejor el tío, al parecer– por otros señores y el cardenal de España. Los condujeron ante los reyes como suelen los cristianos, entre añafiles y trompetas. Les otorgaron privilegio de asiento ante las regias personas, lo que es mucho, y los convidaron a cenar. Doce platos sirvieron; cada vez que traían uno nuevo, tocaban atabales y ministriles. Luego se dio una fiesta, a la que asistió la infanta doña Isabel, prometida del rey de Portugal, y otras treintaitantas damas muy ataviadas de brocado y chapado. [Esta infanta es a la que después llamaron *reina Santa*. Enviudó hallándose en su primer embarazo, y a poco murió también su hijo, que iba a heredar España y Portugal. Volvió a casarse con el siguiente rey de Portugal, cuya boda se había pactado con una hermana de ella; pero se casó con la estricta condición de que en aquel reino se implantase el Tribunal de la Inquisición, aún no disfrutado por él. Como dicen aquí en Fez, feliz rama la que se parece a su tronco.] Danzaron todos, hasta los reyes; pero como hacen ellos: por parejas de damas con damas y de caballeros con caballeros, lo cual no sé si a la larga resulta divertido, aunque sí púdico. El alcaide no me aclaró si es que luego, cansados de danzar, cenaron otra vez, o es que los convidaron también al día siguiente. Don Martín, a esas alturas, prefirió volver a hablarme de su misteriosa batalla de Estepa; lo otro era para él demasiado ligero. Él gusta de remitirse a la *época de oro* de la reconquista –es su expresión–, en donde las hazañas no eran tan bien pagadas.

–Salvo la excepción, claro está, de que esos caballeros tuvieron la fortuna de coger por los pelos a un rey moro.

Yo he sonreído, pero sin responder, ni interrumpirle, ni mencionar mis pelos; porque, más que con la época de oro, estaba gozando con el relato de la fortuna de mis aprehensores. A fin de cuentas, en premio de su victoria y de mi prendimiento, les han concedido la prerrogativa de traer dentro de sus escudos de armas, de ahora en adelante, la cabeza del rey de Granada.

–Blasón que por primera vez aparece entre la nobleza cristiana –manifestó don Martín innecesariamente.

Y, acoladas a su alrededor –o sea, a mi alrededor–, y a manera de orla, las veintidós banderas que en la batalla nos fueron arrebatadas.

Según el alcaide, que asegura haberlo visto ayer por la mañana, en el nuevo escudo del conde se muestra el medio cuerpo superior de un sultán con su corona y su turbante, y asida a su cuello –es decir, a mi cuello–, una cadena en señal de perpetua servidumbre, en medio de un radiante y memorable nimbo circular de banderas.

Yo me he llevado la mano al gaznate con una expresión un tanto boba, con la sospecha de que mi liberación se halla aún remota: formar parte de un escudo no es, entre esta gente, cosa baladí. Asistía a la entrevista la sobrina del alcaide, que, con dulzura, ha procurado mitigar lo zahiriente del relato.

–No os hagáis mala sangre, alteza. Ni ellos son Grandes de Castilla, ni pone vuestro nombre en el blasón.

Yo he pensado que, aunque lo pusiera, ella, tan corta de vista, jamás lo leería. Y que, si fuesen Grandes de España, quizá también habrían incluido en el escudo mi medio cuerpo inferior. Ninguno de los dos pensamientos me ha consolado. El alcaide no me consintió seguir pensando.

–Tío y sobrino, que andaban agarrafados por el protagonismo de la hazaña, como si el protagonista no fueseis vos, han vuelto a agarrafarse por el lema que cada uno ha escrito debajo del escudo. El sobrino eligió un versículo de la carta primera a los corintios del apóstol san Pablo (es uno de nuestros libros santos), que reza: «*Haec omnia operatur unus*», lo cual viene a decir: «Uno solo hizo todo esto», para dejar bien claro que él y nadie más fue quien os aprisionó. Pero, enterado el tío, ha elegido una cita del Evangelio de san Juan para sintetizar el argumento de toda la aventura: «*Sine ipso factum est nihil*», que se traduce por: «Sin él no se hizo nada», para que el mundo entero sepa que su participación fue la decisiva. ¿Qué no habría tenido que poner yo en mi escudo después de la gloriosa degollina de Estepa?

Yo me distraje preguntándome si el mundo entero estaría pendiente de cómo, quiénes, cuándo y dónde me prendieron a mí. No me atrevo siquiera a transcribir lo que me contesté.

Como las campañas descansan en invierno, se han acogido al castillo varios caballeros calatravos. Hay alguno muy joven. Los cristianos han celebrado con ceremonias muy solemnes y con grandes festines el nacimiento tanto del profeta Jesús como del nuevo año. Durante unas jornadas todos parecieron inusitadamente alegres, a pesar del frío que, como cuchillos, se filtra por las rendijas de puertas y ventanas. Todos, menos Millán de Azuaga, que ha venido a despedirse con la cara arrugada de un niño invadido por el terror.

–Suceda lo que quiera, alteza, no os olvidaré nunca –ha dicho, y su boca se fruncía con un gesto de llanto.

Se ha dejado caer de rodillas para besarme la mano. Yo, con la que me dejaba libre, le he dado unos golpecitos de ánimo en la cabeza: lo preciso para que se desmoronara. Ha roto a llorar, y gritaba repitiendo:

–Soy un desgraciado, señor. Muy desgraciado. Muy desgraciado.

Un guardián lo sacó a viva fuerza de la estancia.

–No os olvidaré. Adiós. No os olvidaré... nunca...

Gemía, en tanto lo arrastraba el guardián, asiéndose con sus menudas manos al marco de la puerta.

Ha sido tan desgarradora y brusca su despedida que me he interesado por los motivos. Uno de los sirvientes me cuenta que Millán de Azuaga fue sorprendido mientras era sodomizado por el hijo mayor del carpintero. A los dos se los han llevado a Córdoba, donde serán juzgados. Es probable que mueran en la hoguera, como ejemplo para los demás.

–Hay que tener un cuidado exquisito –me ha dicho el maestre–. Una manzana puede corromper toda la cosecha. Si no se castigase con la muerte el pecado nefando, ¿en qué terminarían estas guerras que hacemos por el honor de Dios?

Traté de interceder, pero él cortó de un tajo la conversación.

–Nada de lo que ocurra, a partir de ahora, dependerá de mí. Los relapsos se encuentran bajo el poder del brazo religioso. A través de él, Dios los sancionará. Por nada de este mundo intervendría yo en un asunto tan deshonesto y repugnante.

Me estremezco al pensar qué fuerte ha de ser el deseo, o el amor, de un cristiano para exponer así su vida –incluso, dentro de su fe, la vida eterna– por gozar o poseer un cuerpo. Ellos transforman los juegos de la carne en algo tan infinitamente temerario y tan comprometido, que me inclino a sentir admiración por los amantes. Su intrepidez al arriesgar la eternidad entera por un beso me parece risible y prodigiosa al mismo tiempo. Con razón han inventado lo que llaman sacramento de la penitencia, y el secreto que, por lo visto, se obligan a guardar sus sacerdotes; si así no fuese, no podrían soportar esta vida insustituible, que han convertido sólo en el precio siniestro y usurero de la otra. Entenderlos se me hace inalcanzable.

Qué distinta es nuestra doctrina, o nuestro talante por lo menos, y, a mis ojos, qué preferible. Sobradas penas tiene el hombre como para incrementárselas con el helador concepto del pecado, que otros hombres se creen con derecho a perdonar o castigar aquí. El pecado personal, si es que lo hay, tendría que diagnosticarse en el interior de cada cual.

Claro que, eso sí, el criterio cristiano enardece el sentimiento y multiplica la voluptuosidad con el fatídico atractivo de la transgresión. Pero yo me pregunto qué religión tiene derecho a juzgar y condenar, ni aun a pensar que existen, los pecados de amor.

La mala suerte del desventurado Millán de Azuaga y de su carpintero me ha traído a las mientes un poema que, sin saber por qué, retuve en la memoria. Es de un valenciano que lo escribió hace más de trescientos años. Al Rusafi fue su nombre.

Aprendió mi amado el oficio de carpintero, y yo me dije:
acaso lo aprendió mientras con sus ojos asierra corazones.
Desdichados los troncos que él trabaja cortándolos,
o tallándolos, o hiriéndolos con su hacha.
Ahora que son sólo madera pagarán su delito:
porque, cuando eran ramas, se atrevieron a copiar la esbeltez
de su talle.

Afirman que este invierno es singularmente frío; debe de ser cierto. De cualquier manera, aún hace más frío, cuando el sol se retira, en Granada. Aquí, metido dentro de la chimenea, arropado con el abrigo que me ha hecho llegar Moraima («Cosido por mi mano», escribía en el escueto billete que lo acompañaba, un tanto anodino, presumo que para eludir la curiosidad de mis guardianes), tirito sólo al imaginar el frío insuperable de las calles y patios de la Alhambra. Si yo elegí el palacio de Yusuf III fue, entre otras cosas, por ser el más recogido al estar más abajo que el de Yusuf I y el de Mohamed V.

Escribió alguien:

> *Granada, ninguna ciudad es semejante a ti en belleza,*
> *ni en Egipto, ni en Siria ni en Irak.*
> *Tú eres la novia, Granada:*
> *el resto de las ciudades es tu dote.*

Evidentemente acertaba. Pero también acertó un poeta de Santarem, Ibn Sara, cuando, aterido y tembloroso, se dirigió a los granadinos:

> *Gentes de este país, absteneos de orar,*
> *y no evitéis ninguna de las cosas prohibidas:*
> *así podréis ganar un lugarcito en el infierno,*
> *donde el fuego es tan de agradecer*
> *cuando sopla el viento del Norte.*

Tuvo razón Ibn al Hay –hoy, ante el campo yermo, se me va el corazón con los poetas– al escribir:

> *Dios protege a quien habita en Granada,*
> *porque ella alegra al triste y acoge al fugitivo.*
> *Sin embargo, mi compañero se aflige al comprobar*
> *que sus prados, bajo el frío, son el Paraíso del hielo.*
> *Y es que Dios designó a Granada como el acceso de su Reino,*
> *y no hay frontera eficaz en la que no haga frío.*

Quienes envidian a los sultanes de la Alhambra desconocen que sus palacios son más pulcros que habitables, y que suele pensarse, al hacerlos, en el verano y en la primavera. Durante el invierno conviene emigrar a climas más templados; por eso Almuñécar y Salobreña son mis ciudades favoritas: yo soy un friolento. Nunca entendí por qué los califas de Córdoba vivían con comodidad sobre hipocaustos, que les facilitaban un ambiente suave y cálido, mientras los sultanes de Granada hemos de conformarnos con braseros no siempre bienolientes, con tapices de limpieza embarazosa, y con cristaleras que no impiden el paso de los vientos.

Recuerdo, sin embargo, que un día como el de hoy, brillante y gélido, subí al mediodía hasta el Cerro del Sol. Tenía a mis espaldas sierra Mágina, severa y blanca. De la Vega ascendían docenas de columnas de humo, plateadas y doradas por los rayos del sol. A mi derecha, lóbregas sin él, sobre las rastrojeras, hacia las sierras de Elvira y Parapanda, otras columnas de humo opaco. Veía –y aún me parece verla hoy– en primer término la abigarrada colina del Albayzín, nevada y portentosa. Y, de pronto, cambió el sol de postura su embozo de nubes, e iluminó el otro sector del paisaje. Se encendieron los humos sombríos y se apagaron los otros, turnándose en una dómeda de luz y de hermosura. Ah, verdaderamente Granada no tiene ciudad que se asemeje a ella. La echo hoy de menos de manera tan profunda –no como sultán, sino como un simple morador– que el corazón se me desgarra.

Hernán, que se ha convertido en un perro lagotero y grandote, de raza no muy pura, es mi mejor abrigo: él me calienta como ningún otro. No lo dejo separarse de mí, cosa que, por otra parte, él tampoco desea. Su disponibilidad me conforta y me abruma al mismo tiempo. Ningún amigo sintió por mí lo que él; temo no llegar a corresponderle nunca en la misma medida. Hay momentos en que se pone especialmente expresivo: me lame las manos, coloca sus patas sobre mis hombros, busca con su hocico mi cara, y trata de arrastrarme a su juego. Me pregunto entonces qué le ocurre, por qué le asalta tan repentino afecto, qué urgencia de mí le invade... Hasta que caigo en la cuenta de que soy yo el necesitado, y, antes de que yo lo percibiera, lo ha percibido él. Con una misteriosa premonición, me consuela a su modo de la tristeza o de la añoranza que aún no había notado yo que me embargaban. No sin turbación, le doy las gracias; acaricio su cabeza basta y cándida, y me miro en sus dorados ojos inocentes.

Aben Comisa, sin que lo precediera aviso alguno, llegó a la fortaleza de Porcuna y estuvo conmigo una mañana. La visita me ha producido un desasosiego que todavía no consigo aplacar. Me ha dado explicaciones que no me tranquilizan. Según él, había venido a entrevistarse con el rey Fernando –lo cual dobla mi desconfianza– para tratar de las efectivas condiciones de mi rescate. Lo autorizaron a encontrarse conmigo, por lo que dice, tanto para que comprobara que no me había fugado, lo cual es sorprendente, cuanto para agasajarme. El agasajo consiste en un par de concubinas, mantos, braseros –ahora que es primavera–, alimentos nuestros, perfumes y algunos sirvientes granadinos que aligeren mi soledad. Una soledad que, a tenor de eso, se prevé larga.

Las noticias que me proporciona del exterior me producen la angustiosa impresión de estar dentro de un sueño, cuyos balanceos no soy capaz de dominar. La monotonía abrumadora de mi vida de cautivo es tan opuesta a lo que me dice que está sucediendo fuera, que me veo como un valetudinario recluido en su alcoba y en su enfermedad; un valetudinario que, perdido todo contacto con su mundo anterior, hasta tal punto se ha alejado de él, que prefiere no regresar ya nunca, no tener que aprenderlo de nuevo, no participar más en su vertiginosa corriente.

Me asegura Aben Comisa —y no me extraña tanto como debiera— que el rey Fernando, en los primeros días del pasado septiembre, hizo correr la voz de que yo había sido liberado; más aún, que yo opté por aliarme con los ejércitos cristianos para ir contra el usurpador de mi trono, es decir, contra mi padre. Y añade Aben Comisa que, en efecto, numerosos granadinos afirman haberme visto junto al conde de Cabra y junto al marqués de Cádiz haciendo frente a las algaras organizadas por el sultán: concretamente, en el otoño último, por el territorio de Teba y por los alrededores de Antequera. Y que cuando, en represalia, Ponce de León volvió a tomar Zahara yo marchaba a la cabeza de las tropas cristianas. (En cierta forma, Zahara es un símbolo, porque su conquista fue la declaración de guerra y la ruptura de la tregua hechas por mi padre hace tres años.)

—¿Qué justificación te ha dado el rey de semejantes patrañas, suyas y de los granadinos?

—Ninguna —me ha respondido Aben Comisa—, ni se me ha ocurrido siquiera pedírsela. Habría sido inútil, y habría descubierto nuestro juego.

—¿Qué juego? —le pregunté.

Aben Comisa sonrió.

Si esto es así, comprendo ahora el empeño del rey en obtener un retrato mío. Su fin era encontrar a alguien —un renegado, por supuesto— cuyos rasgos fuesen similares a los míos. Alguien que me sustituyese de lejos a los ojos, no muy acostumbrados a verme, de mis súbditos. Es una nauseabunda argucia más del rey cristiano. Con ella se ha ahorrado el aprieto de elegir una de las dos soluciones que sus generales planteaban. Con ella sencillamente ha optado por las dos: yo sigo prisionero, y a la vez soy causa activa de una mortal división en el Reino de Granada.

Pero no es esto sólo: hay muchísimo más; hay aquello por lo que Aben Comisa sonrió. Preocupada mi madre por el inmediato efecto que la aparición entre los enemigos del sultán joven –o sea, yo– producía en el ánimo de mis partidarios; preocupada porque tal aparición no era contradicha por el sultán viejo, ya que robustecía mi descrédito, ha adoptado una solución heroica, en el peor sentido de la palabra. Ella, por su parte, ha lanzado la especie de que yo me había fugado, y de que me encontraba junto a ella, más entusiasta que antes del cautiverio, preparando una doble ofensiva: contra mi padre y contra los cristianos. Con el aval de su palabra, con la credibilidad que garantiza su presencia, y contando con el fruto que, de ser cierto, el hecho proporcionaría, mi madre ha conseguido que a un tercero, también muy semejante a mí, se le reconozca como sultán en Guadix. No sé si a los adalides y jefes de los adeptos les habrá aclarado el embrollo y la realidad de sus intenciones; pero la ventaja que se obtiene es tan grande que no dudo de su aceptación.

Es decir, a estas horas, mientras en este castillo yo languidezco, tan poco aficionado a los combates como antes de que se me encerrase en él, hay otros dos Boabdiles conduciendo cabalgadas, atacando ciudades con éxito o sin él, arengando a soldados, compartiendo comida y cama con generales cristianos y tomando las más graves decisiones políticas. Esto me lo relataba Aben Comisa, estoy seguro que alborozado ante mi incredulidad, en voz muy baja y la zumba curvándole los labios. Es tan aficionado a las intrigas, que nadie podría juzgarlo ajeno a ésta.

–La guerra –me ha dicho– la componen muchísimas facetas. Es un complicado, duro y resistente cuerpo geométrico. ¿Quién sabe cuál es la principal de todas esas caras? Quizá no sea la fuerza, ni las armas, ni la legitimidad, ni los ideales. Quizá la principal faceta en estos tiempos sea una hábil diplomacia.

Y se entretiene Aben Comisa narrándome mis propias aventuras. Yo he sido auxiliar de don Alonso de Aguilar; he comandado una hueste con el maestre de Calatrava, que es el superior de mi propio guardián aquí en Porcuna; he prestado mi brazo a don Luis Portocarrero en numerosas correrías de frontera con feliz conclusión (pero ¿para quién feliz?); y, por el contrario, fui rechazado en esta misma primavera, es decir, hace no más de doce días, en Cardela junto al marqués de Cádiz, y en Iznalloz junto a otro gran maestre. Mientras el rey Fernando resolvía sus asuntos del Rosellón, los únicos capaces de distraerlo de la ofensiva final contra Granada, yo he acompañado, día por día, al maestre de Santiago, por los territorios de Álora, de Almogía y de la sierra de Cártama; he esperado con paciencia el avituallamiento que unas naves, desde Sevilla, debían traer a la expedición dirigida contra Churriana y Pupiana. Yo, con una recién estrenada bandera carmesí, he puesto sitio a Coín y a Alhaurín, antes de retomar el camino de Antequera y alcanzar el valle del Guadalquivir galopando hacia Córdoba. Todos mis movimientos están siendo exhibidos por los cristianos en provecho propio, y por la misma razón están siendo pregonados por los generales de mi padre.

–Si me permites condensar toda esta larga historia, de la parte cristiana, te diré que lo que hace Boabdil (naturalmente, el suyo) es tomar parte trascendental en el trascendental acoso que se planea contra Málaga.

Me pregunté entonces, y no consigo que la pregunta se me vaya de la cabeza, qué opinará de todo esto, precisamente en Málaga, mi tío el emir Abu Abdalá.

–Por fortuna –añadió Aben Comisa–, nosotros contamos con otro Boabdil.

Un tercer Boabdil, que también soy yo, aunque empiezo a dudar que yo sea ni siquiera el primero. A través de él, después de ser reconocido en Guadix, junto a mi madre y mi mujer y mis hijos y toda mi familia, me instalé en Almería, donde el príncipe Yaya, enemigo de mi padre desde siempre, nos ha acogido con calor y reverencia. Afianzado por mi presencia, se ha hecho fuerte contra la facción del nuevo sultán –que es el sultán viejo– y se ha erigido en defensor de mis derechos. Unos derechos que reverdecen con la gloria de haberme fugado de la cárcel cristiana sin contrapartida de rehenes, ni de rescates, ni de tributos, ni de vasallajes. Yo sospecho que el príncipe Yaya no obra a ciegas; sospecho que sabe que quien está con él en Almería no soy yo, sino el segundo doble mío. Eso le otorga el vengativo placer de escarnecer a mi padre, y una valiosísima arma contra mi madre, si se decide a publicar la falsía de todo.

–A ese respecto, tranquilízate. Por muy astuto que sea Yaya –«Como lo eres tú», he pensado al oír hablar así a Aben Comisa–, nada impedirá ya que le salpiquen los efectos de la suplantación; una vez abonada por él, no le conviene denunciarla.

Sostiene Aben Comisa que la situación –no provocada por mi madre, que sencillamente se ha visto arrastrada– era y es gravísima. En ella sólo cabe luchar por el presente, aprovechar la racioncita de victoria que pueda ir obteniéndose cada día, y resistir, resistir. Si el azar nos ha puesto en las manos una oportunidad, sea la que sea, no es ni cuerdo ni honrado rechazarla.

–En definitiva, ¿qué es un sultán? –ha concluido–: un soldado victorioso, alguien a quien se sigue. –Y con un dejo equívoco, quizá hasta levemente amenazador, ha agregado–: Cualquier hombre puede llegar a serlo. El parecido de tu segundo doble (al primero no lo he visto) es tal, que podría suplantarte aun en las más complicadas y adversas circunstancias.

De los ojos se le borraba la amenaza, reemplazada por la ironía.

Desconfío de todos. De tal manera desconfío, que no me cabe duda de que tales complicadas circunstancias puedan llegar a darse. Incluso de que se provoquen, si fuese necesario, hasta por mi propia madre. Para ella los lazos del poder atan más que los lazos de la sangre. Si ha encontrado un testaferro dócil, que suministra su cuerpo y sus facciones obedeciendo órdenes suyas, será difícil que renuncie a él. El hecho de no tropezar en el gobierno con ninguna contradicción habrá de compensarla con creces de mi ausencia.

–La sultana madre es cauta. Para no abusar de una posición que puede convertirse en peligrosa, ha decidido que su Boabdil, con *su* Moraima, se retire a Vera. Su misión allí es defender la frontera de Murcia y dirigir los movimientos de tropas, con decretos que ella se encarga de transmitir oficialmente.

En realidad lo que hace es regir todo con la complicidad de Aben Comisa y de Abdalbar. Con socarronería Aben Comisa continuó:

–Para disculpar tu retiro y cubrir las apariencias, la sultana ha alegado razones de salud: de tu salud, quebrantada por el maltrato recibido en el cautiverio. Así se añaden a la heroicidad de la fuga los fulgores del martirio, con lo que el Boabdil de la sultana se encara con ventaja al Boabdil renegado y traidor de los cristianos.

Yo podría decir, como me han enseñado los cristianos, ahí me las den todas; pero temo que cuando suene la hora de desenredar esta maraña, si es que suena, será dolorosamente laborioso, o quizá imposible, demostrar que el único Boabdil existente, mientras sus dobles actuaban a favor o en contra –o a favor y en contra a la vez– de su cabeza y de su corazón, se hallaba en un castillo, en Porcuna, donde nació su propia Dinastía, inmovilizado entre los muros de una exigua torre del homenaje.

Las concubinas que trajo consigo Aben Comisa venían rigurosamente veladas. El mismo día, cuando se hubo marchado el visir y redacté los papeles anteriores, llamé a las dos a mi estancia. Se resistían, entre risas, a desprenderse del velo. Asomaban sobre él cuatro ojos magníficos: dos, de un azul casi turquesa; los otros dos, oscuros y centelleantes. Rocé con una mano cada uno de los cuerpos. Por un impulso, estreché contra el mío el de la propietaria de los ojos oscuros. Se abandonó a mis halagos de un modo que me hizo suspirar; pero, dando un paso atrás, se hurtó de súbito a ellos. Una mano que no me era extraña desveló el rostro; oí una carcajada, y vi unos labios frutales y queridos. Era Moraima. Nuestro encuentro fue tan deleitoso y prolongado que me ha impedido recapacitar sobre el asunto de los dobles. Ahora, como dos seres anónimos y ubicuos, ni ella ni yo estamos donde estamos.

Moraima, a la que me es forzoso llamar Marién para no descubrirla, me ha encontrado más metido en carnes a causa de la falta de ejercicio.

–De cualquier ejercicio –dice, y se ríe al admitir que, en los lances de amor, soy más emprendedor que antes e irrebatiblemente victorioso.

–El pasado –le comenté bien entrada la noche– no tiene prisa alguna: duerme. Lo único que se puede hacer con él y por él es relatarlo. Quizá por eso escribo los papeles que ves. Nunca he sabido con tanta evidencia como hoy hasta qué punto somos las minúsculas e involuntarias teselas de un mosaico, y cómo es preciso retroceder y distanciarse para percibir con claridad su dibujo. Dentro de él, las teselas se confunden, ajenas a su particular significación, en cumplimiento de su modesto oficio. Es con ellas con las que se logra la perfección de trazos y colores que alguien superior decide, o acaso nadie; pero ellas no conocen qué rostro, qué cuerpo, qué paisaje, qué perfiles ayudan a formar.

–Las riendas de cuanto sucede fuera –me ha respondido Moraima– no están ya, querido mío, en tus manos. No te entristezcas. La historia de nuestro pueblo te eximirá de responsabilidad. Quizá era eso lo que, de depender de ti, tú habrías escogido.

–Nunca la Historia se enterará de este galimatías de Boabdiles. A ninguno de los de fuera le conviene esclarecerlo. Y además un rey sin atributos no es un rey.

–Vive y disfruta entonces como un hombre. –Y añadió maliciosa–: Con los atributos de un hombre, que nadie te ha quitado.

–Pero sin libertad.

–¿Qué libertad crees tú que tienen los demás? Yo soy, o fui, la hija de un especiero, Boabdil. Tú me elevaste hasta tu altura. Mi padre, por su merecimiento, llegó a ser cuanto fue; pero a mí quien me elevó fue tu amor sólo. Y me elevó ya para siempre. Por mucho que a ti te parezca haber caído, yo no caeré jamás. Aunque dejases de amarme, nunca me podrías arrebatar el privilegio de haber sido ya amada. De ahora en adelante, yo iré donde tú vayas; lo que sea de ti será de mí. ¿Trastornará a mi alma que haya otro Boabdil y otra Moraima en Vera, si estoy aquí contigo? ¿Quién es de veras Moraima sino la que ama a Boabdil? ¿Quién es Boabdil sino el amado de Moraima? No dejes que los nombres nos hieran.

Qué lejos está el día en que mi madre me propuso, o me ordenó, casarme con una mujer sin rostro para mí. Cómo el destino, con su inextricable devanadera, ha oficiado en nuestro favor; a pesar de los pasos con los que parecíamos retroceder, a pesar de los episodios que se urdían en nuestra contra. El amor es este triunfo, esta valiente reciprocidad que no exige sino aquello que se le da; que dice sí cada mañana y se apresta a pasar el día, pendiente de quien ama, del modo más jubiloso que le sea posible.

Moraima siguió hablándome:

–Lo único que me entristece, y no tanto como para impedir

313

que bendiga nuestra vida, es que hayamos perdido, tanto tú como yo, a quienes más amábamos fuera de nosotros juntos, fuera del ser único que somos tú y yo juntos.

—¿A quién te refieres?

—¿A quién va a ser? —Una alarma afloró a sus ojos; luego continuó más lentamente—: Yo he perdido a mi padre; tú, a tu hermano.

—¿Mi hermano Yusuf? —grité, quebrantando la norma que nos hemos impuesto de hablar bajo, para no despertar la susceptibilidad de los guardianes.

—Aben Comisa no te ha contado nada. Me lo figuré. Para él era más cómodo que yo te lo dijera. Maldito raposo. Por eso me ha traído: es lo único bueno que ha hecho, y a su pesar.

Muy despacio, como la madre que arrulla a un niño, atusándome el pelo, secándome con sus dedos las lágrimas, dejándome llorar contra su pecho, me ha relatado lo sucedido.

Yusuf ha muerto. Yusuf ha sido asesinado.

Mi tío *el Zagal*, a instancias de mi padre, había cercado Almería. En ella, un simulacro de corte agrupaba a unos cuantos resistentes en torno a mi madre, a mis dos hijos y a mi hermano. Eso lo supe por Aben Comisa, pero con muy distinto matiz. Mi madre, al ver tambalearse sus proyectos, deseosa de conservar en sus manos alguna ventaja, se refugió con mis hijos en Vera, donde estaba la corte del falso Boabdil. El príncipe Yaya, cuñado del *Zagal*, se hallaba sin guarnición. Sus habituales traiciones han enseñado a precaverse a los sultanes granadinos, fuesen quienes fuesen; decidió, pues, rendir la plaza. Desde la alcazaba sostuvo las pertinentes conversaciones con *el Zagal*; pero, medroso de que mi tío, al no encontrarnos a mi madre ni a mí, tomase represalias, quiso darle una prueba de que su sumisión era completa y de que se adhería a su partido. Husayn, que pertenece a su desastrosa escuela y ha ganado su aprecio, estaba junto a él. Sin pensarlo dos veces, le mandó que matara a mi hermano, que lo decapitara y que llevase su cabeza, envuelta en alcanfor, a Abu Abdalá. ¿Qué cerrazón le hizo olvidar que Abu Abdalá era el tío y el suegro de mi hermano? ¿Creería que así se adornaba al menos con la proeza de truncar la esperanza de la mitad del Reino? ¿Creería hacer méritos nuevos ante el Señor de la Alhambra?

Husayn fue en busca de Yusuf. Cuando mi hermano lo vio, supo a lo que venía, y más al presenciar cómo tendían una alfombra en el suelo y acercaban un alfanje afilado.

—¿Te envía el sultán mi padre para que me degüelles?

—Así es, Yusuf —mintió Husayn.

—Nunca oí ni leí que un padre hiciese nada semejante contra su hijo. —Y añadió después—: Permite que lave mi cuerpo antes de entregarlo.

Salió a un patio con alberca, y se desabrochó las ropas, y purificó su joven cuerpo desnudo, y pidió ropa limpia, y se la puso. Luego, mirando a Husayn, que no lo había dejado de vigilar, abrió los brazos y le dijo:

—Sea.

Y Husayn cumplió la orden. El arca en que dispuso la cabeza de Yusuf incluía también una cartela roja con una dedicatoria: «Para el verdadero sultán, de su primo Yaya.» La inscripción era equívoca: ¿se dirigía a mi padre, o estaba el gobernador de Almería invitando al *Zagal* a rebelarse?

Mi tío contempló, mudo, el lúgubre despojo y la cartela. Sé, como si lo estuviese viendo, que miró fijamente a Husayn, que le obligó a bajar los ojos, que le congeló en los labios su sonrisa aduladora. Después cerró el arca damascena de nogal y de nácar en la que la cabeza le había sido entregada, y le ordenó a Husayn, ya sin mirarlo, que la llevase al instante a Granada. Tras esto, prohibidas las gritas a su tropa, ocupó Almería en el mayor silencio. En la alcazaba, forzó a jurar a Yaya sobre el Corán, si no quería morir allí mismo a sus manos, que se sometía para siempre a sus dictados. Yaya lo obedeció: está demasiado hecho a jurar en falso como para arredrarse. Y no sé si le dijo –aunque supongo que no, por su propio bien– que el Boabdil que había tenido entre los muros de Almería no era el auténtico.

Por lo que ha contado un confidente, mi padre, al recibir la cabeza de mi hermano, a pesar de haberlo tenido él mismo preso y amenazado de muerte, se sobrecogió tanto que cayó al suelo presa de convulsiones. El confidente, que no sé al servicio de quién lo es ni a quién vigila, dijo que fue un ataque de epilepsia, de los que el anciano no se ha visto en los últimos años completamente libre, y añadió que ése era el fin perseguido por mi tío al enviarle el cruel trofeo. Cuando mi padre se recuperó, estaba ciego; no ha conseguido recobrar ni la visión ni la salud. De ahí –concluyen los informadores– que anden revueltos los ulemas de Granada en busca de una solución que no esté ni a favor de mi padre ni al mío.

–Hace tiempo –predican– que andáis divididos entre dos reyes, de los que ninguno tiene la autoridad requerida para remediar vuestros males. El padre es inepto, por su edad y por sus dolencias, para salir contra el enemigo; el hijo es un apóstata, desertor del trono y desgraciado por su destino. Digno de empuñar el cetro sólo es aquel que sepa blandir la espada. Si lo buscáis, no os será difícil encontrarlo.

En eso coinciden con la advertencia tácita de Aben Comisa y con la sugerencia escrita por Yaya en el horroroso regalo. Todos se refieren a mi tío *el Zagal*.

Yo mismo aquí, en Porcuna, he recapacitado a menudo sobre la renuncia de mis derechos en él. Pero ¿quién respetaría la voluntad de quien hoy llaman desertor del trono? ¿Y de dónde procedería esa abdicación? Salvo contadas personas, no interesadas en dar constancia de ello, el resto ignora que aún me hallo prisionero. Tiene razón Moraima cuando dice que las riendas de lo que acaece fuera de aquí no las tengo en mis manos.

Estos días pasados, desconcertado por el sesgo de los acontecimientos, he escrito unas cuantas frases, que me agradaría que *el Zagal* conociera alguna vez, pero sé que jamás conocerá.

> *Al enviado de Dios. Al invencible.*
> *A aquel cuyo solo nombre provoca aún el horror de los cristianos.*
> *A aquel cuyos tambores son la única voz que se alza*
> *insobornable contra los reyes enemigos.*
>
> *Lo había proclamado, y ahora te lo repito:*
> *«Inténtalo; no te detengas más:*
> *ni tú, ni yo, ni nadie conoce el día ni la hora.*
> *Apresúrate; no te detengas, indómito.*
> *Alza tu brazo, valiente, y ve.*
> *Estamos todos suspendidos ante tu voz.*
> *Cumple tu radiante destino de invencible.*
> *Enarbola tu espada, y convoca y reúne a las gentes dispersas.*
> *Un poco más, un poco más, Zagal,*
> *porque no sabemos el día ni la hora.*
> *Para que todos triunfemos, triunfa tú sobre todos,*
> *porque eres el único que puede comparecer solo frente a Dios.»*
>
> *Yo me desgañitaba en silencio,*
> *y en silencio en mi cárcel me desgañito y clamo:*
> *«Toda la fuerza que yo no tuve nunca,*

todo el valor que fue siempre tuyo sin esforzarte,
manifiéstalo ahora. Hazlo y levanta tu arrebatador brazo.
Triunfa. Triunfa, y déjanos anonadados.
Porque sin ti no existe el Reino,
y nada existirá si no lo salvas tú.
El día y la noche, sin ti, serán la misma cosa;
sin ti, la vida y la muerte son iguales.
Defiéndenos: yo no soy ya capaz de defendernos.
He extraviado la ocasión y el sentido.
He llorado, y tú no;
he aquí la oportunidad de demostrarlo.
Traicióname, Zagal, yo no valgo la pena: olvídame.
Desde aquel día junto al mar,
en que yo confundí, de niño, el mar contigo,
y antes aún, Zagal, no he valido la pena.
Traicióname, pero sé fiel a ti.
Olvídame, pero no olvides lo demás.
Mi pueblo y yo te lo agradeceremos.»

En silencio, en mi celda, me desgañito y clamo.
Vendrá quien venga.
Yo aquí nada tengo que hacer. Se ha terminado todo.
Habrían de acudir, con rostros exigentes,
mis interminables antepasados a caballo,
y todo habría concluido.
No se trata de que suceda algo distinto,
sino de que la serie de los sucesos se acabó para siempre.

Luego aparecerán –déjalo, Zagal, olvídalo– quienes me digan:
«Tú lo perdiste todo»;
pero sólo yo sé lo que he perdido, y no lo diré nunca.
Cuando se pierde tanto no se dice,
porque también se pierde la palabra y el ansia de quejarse,
y el derecho a la queja,

y la estatura y la luz y la madre y el agua y la sed y los ojos.
Y la vida también se pierde, y ya no importa.

Un pueblo viejo éramos y un pueblo joven a la vez,
y ahora, ¿qué somos? Nada:
un testimonio que, sin alegría, se extingue poco a poco;
un subyugado, que no puede ser vencido porque no opone
        resistencia;
una mercadería que sólo sirve para ser comprada,
y a un precio muy barato...
Éramos un pueblo que sabía, y ahora somos un pueblo
        que no aprende;
que no es viejo ni joven, sino triste.
No lloraremos sobre nuestros muertos, porque los hemos
        desobedecido;
ni sobre nuestros hijos lloraremos, porque ¿quiénes son
        nuestros hijos?

Adiós decimos a los que ya no somos,
y a los que nunca hemos de ser.
Pero, más que a nada, adiós decimos, desde ahora,
a los muertos que desearon que fuésemos como ellos.

Cuando le he leído a Moraima estos versos, sin que el rostro se le descompusiera, lloró a mares. Las lágrimas resbalaban por sus mejillas libremente. Con las manos cruzadas sobre su regazo, me miraba sin parpadear. Al concluir, me ha besado con dulzura en los labios.

–No sé si es verdad lo que has dicho, o si será verdad un día. De lo que estoy segura es de que tú has hecho lo que debías hacer. Y de que te amo.

La compañía de Moraima ha sustituido a la de *Hernán,* que cada noche sale de aquí a regañadientes. Sin embargo, en medio del insomnio, a pesar de la ternura de Moraima que lo precede, se me aparece la imagen de Yusuf.

Nunca consigo verlo vivo, ni jovial y reidor como era; ni lo veo niño, con su pelo tan claro, ni mayor, cuando ya el pelo se le había oscurecido. Lo veo siempre muerto. O veo sólo en el aire su cabeza, que no me habla, ni me mira, con una expresión eclipsada e indescifrable. Y huelo el alcanfor que la rodeaba, y siento como si alguien extendiese sobre mi rostro los ensangrentados paños que la envolvían.

No me importa si mi hermano está en el Paraíso o en el infierno; lo que me importa es que no está ya aquí, donde yo gozaba con la eventualidad –más o menos remota, o incluso inexistente– de verlo y de abrazarlo. Y me asalta, como si yo mismo estuviese a la intemperie, la desazón que le producía la lluvia, y el inexplicable temor que le producía la luna llena. (De niño se tapaba con la capucha los ojos para no verla, y se daba la vuelta, simulando una risa, para que yo no viese su temor.) Y me pregunto dónde estará enterrado su cuerpo –su cuerpo solo, descabezado igual que una palmera desmochada–, lejos de nuestros antepasados, lejos de las raudas familiares, de los jardines en donde jugamos. Y siento caer sobre mí, como dardos, las gruesas gotas de la lluvia que caen sobre su tumba, y la luz espesa y malvada de la luna. Y dentro de mí crecen la náusea y el desagrado y el terror que crecían en él, como si yo fuera él. Sé que el tiempo de la rosa y el tiempo del árbol centenario tienen la misma duración; sé que uno y otro contienen idéntica cantidad de vida; pero acaso no es así cuando la muerte se adelanta, cuando la rosa es cortada del rosal sin misericordia y a deshora.

Anoche puedo jurar que me encontraba bien despierto cuando recibí una caricia. Descendió por mi frente y mis mejillas, y se detuvo al llegar a mi barba. Me volví para ver si era Moraima que se había despertado; pero dormía. Y he sabido, con más certeza que nada en este mundo, con mucha más seguridad de lo que podría expresar, que esa caricia era de Yusuf. Que era de la mano derecha de Yusuf; de su mano incompleta y mutilada, pero lo bastante poderosa e inalterable como para colmarme de serenidad, y para persuadirme de que aún no se ha ido, de que no se va nadie, de que –como promete Moraima, y pienso yo del amor– lo que una vez sucede, se queda sucediendo para siempre. Es la misma impresión de humildad y de grandeza, de plenitud y de vacío, que tuve dentro de la Mezquita de Córdoba: toda música cesa, pero para dejar el silencio imprescindible donde ha de levantarse la verdadera música, la que no cesa nunca.

Moraima y yo, igual que un viejo matrimonio bien avenido cuyos hijos salieron ya del hogar en persecución de su destino –como si no fuese él quien nos persigue–, pasamos las veladas refiriéndonos historias o jugando al ajedrez. Ella suele ganarme. Ayer mismo ha derrotado a mi rey con un simple peón. A veces hace trampas para hacerme ganar, no sea que me sobrevenga el aburrimiento de perder casi siempre. Y otras veces soy yo quien hace trampas para intentar ganarle, aunque sin resultado.

–Como la mansa concubina que eres aquí –le he pedido esta noche–, toma el laúd, Marién, y distrae a tu dueño.

Ella, con su voz densa y caliente, ha cantado un antiguo poema:

Sin cesar recorro con mis ojos los cielos,
por si viese la estrella que tú estás contemplando.

A los viajeros de todas la tierras les pregunto,
por si alguno hubiese aspirado tu fragancia.

Cuando soplan los vientos, les ofrezco mi rostro,
por si ellos me trajesen noticias tuyas.

Por los caminos yerro, sin objeto ni rumbo,
por si escucho una canción que me diga tu nombre.

Furtivamente miro a todo el que me encuentro,
por si atisbo en alguno un rasgo que recuerde tu hermosura.

Yo, después de besarla, he correspondido con otro poema:

No me tachéis de inconsecuente
porque mi corazón haya sido apresado por una voz que canta.
A veces hay que estar severo,
y a veces hay que abandonarse a la emoción:
como la madera, de la que lo mismo procede el arco de un soldado
que el laúd de una bella cantora.

Después, abrazándola con todas las fuerzas de mi amor, le he recitado, como mía, aquella declaración de amor de Ibn Hazm de Córdoba:

Quisiera rajar mi corazón, meterte en él, y volver a cerrar después
*   mi pecho,*
para que estuvieses allí, y no habitaras en otro, hasta el Día del
*   Juicio y la Resurrección.*

322

Así vivirías en mí mientras que yo existiera,
y, a mi muerte, morarías en el fondo de mi corazón
iluminando las tinieblas del sepulcro.

Las manos cogidas, en un compartido silencio, no hemos vuelto a jugar al ajedrez en lo que aún restaba de la noche.

Hoy ha venido a despedirse Mencía, la sobrina del comendador. Sus pálidos ojos estaban enrojecidos de llorar. Durante las últimas semanas había hecho muy buenas migas con Moraima. Se intercambiaban menudos y cómplices regalos, y se adiestraban la una a la otra en labores de costura y de bordado.

Hernán había cogido la manía de gruñirle cada vez que entraba en nuestras habitaciones, como si alguien le hubiese hecho el indeclinable encargo de protegernos de cualquiera. (Cierto es que *Hernán* se toma atribuciones que no nos son inútiles del todo: apenas presiente unas pisadas que nosotros aún no sentimos, se sobresalta, se amosca y rezonga, con lo que nos previene de lo que, sin él, nos sorprendería.)

La pobre Mencía, deshecha en llanto, nos ha dicho adiós hoy. Mañana al alba sale para Cuenca. Se va a vivir a casa de una vieja tía, que habita en una aldea perdida a la orilla del Huécar. Mencía es huérfana; tenía la esperanza de conocer a un caballero fronterizo que la hubiese hecho su esposa. No ha sido así. Hoy Mencía lloraba y nada más.

El capellán, con la cara inflexible y el ruido de espuelas que lo anuncia, vino a recogerla, y se la llevó, entre sollozos, sin contemplaciones.

–Yo creo que la trasladan para evitar el roce con nosotros, y el excesivo afecto que te demostraba. ¿No has visto el ceño del capellán?

–Sí, pero se la llevan por otra razón. Qué lerdos sois los hombres.

–No te entiendo –le he confesado a Moraima.

–Mencía está embarazada. Uno de los calatravos que estuvo aquí por las fiestas de Navidad la sedujo, o quizá ella a él. Mencía se niega a decir quién es el caballero, probablemente porque será casado. Y ahora su tío la devuelve a su tierra para que dé a luz a escondidas, sin duda fingiendo ser una cuitada viuda de guerra.

–¿Cómo puedes haber inventado semejante infundio? Los hombres seremos lerdos, pero las mujeres tenéis unas lenguas todavía más venenosas que ágiles.

–Si ese infundio lo ha inventado Mencía, no lo sé; pero es exactamente lo que ella me contó.

Nunca un hombre acabará de conocer un alma femenina. Lo que entre ellas se trasluce, con meridiana claridad, de un parpadeo, de una manera de sentarse o de enhebrar la aguja, constituye para nosotros un secreto insondable.

De nuevo, y no por motivos del todo diferentes, sale otro de mis compañeros del castillo. Me quedé sin el desventurado Millán de Azuaga –que, en efecto, fue quemado en Córdoba– y ahora me quedo sin Mencía. Por fortuna mi buen hado me ha traído a Marién.

Nasim el eunuco me envía, de tanto en tanto, un mensajero. No sé cómo se las arregla para hacerlo a escondidas de los dignatarios de la Alhambra, y también de mis guardianes de Porcuna. Nunca se ponderarán bastante las argucias de un eunuco avispado. Nasim tiene la habilidad de resistir indemne en Granada y de satisfacerme aquí. Sé que no es fiel a ninguna de las partes, sino infiel a las dos; pero, aun así, su deferencia nutre mis ilusiones de que no todo esté perdido. Su mensajero trae consigo noticias escritas, no muy profusas, de cuanto acaece. Imagino que aligera lo que a mí me pudiese apenar. Yo lo suplo, sin embargo, cargando las tintas en lo que me parece lógico, aunque sea en contra mía, y sus mensajes me ayudan a sobrellevar este aislamiento.

Las crónicas, por llamarlas de alguna manera, que me ha remitido en el mes de septiembre son alentadoras. Veo cómo van asentándose las cosas, conducidas de la mejor manera a su fin, que acaso sea el nuestro.

Desde la primavera, los cristianos no han echado pie a tierra, sin ocultar su prisa por asegurarse la dominación de todo el territorio. Los hechos colaboran con ellos: a partir de primeros de año, a causa de su debilitación, mi padre ha delegado sus poderes en mi tío *el Zagal*, cuya estrella brilla y se alza más cada día.

La campaña castellana empezó en abril con unas operaciones secundarias: la ocupación de dos plazas fortificadas, Coín y Cártama, y la toma de los castillos de Almara y Xitinin. Poco después, ante su acoso, se rindieron dos ciudades situadas a muy poca distancia de Málaga, que es la más próxima ambición del rey Fernando: Campanillas y Churriana abren, en efecto, el camino hacia nuestro puerto primordial. Sin embargo, mi tío lo ha fortificado y se encuentra bien guarnecido, por lo que Fernando desistió de momento. Pero sólo para urdir una trampa: planeó con sutileza un falso ataque a Loja, ciudad estratégica por ser la llave del camino de Granada, y logró que mi tío se dirigiese a ella con sus tropas. Cayó así en el garlito, porque el auténtico grueso del ejército cristiano se apostaba en Ronda, que domina y sostiene todas las poblaciones nazaríes hasta la costa, pero de la que ya escribió Ibn al Jatib que los enemigos le tenían cogido el fleco de la túnica.

A Ronda la defendían sus numerosos habitantes, reforzados por los gomeres, y, sobre todo, por su situación. El día 8 de mayo la vanguardia castellana, capitaneada por el marqués de Cádiz, avistó la ciudad, de pie sobre sus farallones, blanca y cerrada, atractiva como ninguna otra para cualquier conquistador, precisamente por su larga historia de tentativas malogradas. Los continuos disparos de la artillería sitiadora, para la que no estaba prevenida, desmantelaron el día 17 sus murallas. Y el 19 cortaron los asaltantes el suministro de agua, con lo que se sumó al cerco la terrible amenaza de la sed en un mes de mayo caluroso. Dos días más tarde, el visir Ibrahim al Hakim destacó un parlamentario con la propuesta de la rendición. Fue la contumacia de los cristianos y su inconmovible propósito de no moverse de allí lo que más influyó en el ánimo de los sitiados. El visir obró con cordura para evitar una mortandad inútil, aunque muchos de los que no eran vecinos de Ronda, y estaban por tanto libres de sus angustias, opinen lo contrario. El día 20 de mayo Ronda capituló. Por consiguiente, capitularon las aldeas de la Serranía y Marbella. La resistencia nazarí por la frontera occidental había sido, desde ese punto y hora, aniquilada.

Con qué sucintas líneas se puede describir una caída mortal. En ellas no se incluye el pavor de la gente ante su futuro, ni el hambre y el llanto de los niños, ni la sangre, ni la negra viudedad de las mujeres, ni la vejación de los varones, ni el abatimiento de los responsables, ni el hundimiento de todos. Las crónicas dirán «Ronda fue conquistada», o «Ronda fue perdida», según quien las escriba; en esas tres palabras se compendia todo el dolor de un mundo.

Rabioso por el engaño, mi tío *el Zagal*, que no tuvo ni tiempo de confortar a los sitiados, destruyó un destacamento que se proponía aprovisionar Alhama, y clavó en venganza las cabezas cristianas en picas, para enardecer a sus huestes, desalentadas por la pérdida de Ronda y todo su espeluznante significado. Se encaminó luego a Granada, donde fue recibido en triunfo. Él conoce, sin embargo, mejor que nadie, lo comprometido del momento. Los gobernantes a menudo deben aceptar el laurel y el aplauso para no deprimir a sus súbditos, a sabiendas de que con ello les hacen concebir nefastas ilusiones. Pero, para un enfermo condenado a muerte, ¿qué es mejor: anunciarle con cruel franqueza su fin, o vivificarlo hasta que llegue lo que fatalmente ha de llegar? No siempre es la verdad la mejor arma.

También Soraya, en la Alhambra, estaba a la perfección al tanto del conflicto. Dos días antes, previendo la llegada del *Zagal*, había enviado en secreto a su marido el sultán a Salobreña, por si su salud mejoraba con la proximidad del mar, el blando clima y la separación de acucias y presiones. Abul Kasim Benegas, el visir, que no contaba ya con el valimiento de la sultana y que vaticinaba cortos la vida y el reinado de mi padre, había promovido, pagándolos, algunos motines populares. En ellos se solicitaba la abdicación del sultán, para congraciarse con quien lógicamente debería sucederle. No obstante, mi tío no aspiraba en apariencia a la corona; aunque el pueblo entero reclamaba un rey joven, enérgico, decidido y capaz de ir en persona al frente de las tropas.

Soraya, al borde de ver abortada su ambición, hizo un desesperado intento. Forzó a mi padre, antes de retirarse a Salobreña, a abdicar en su hijo mayor, un niño aún, dejando en manos de ella la regencia. Pero unos cuantos delegados de Abul Kasim Benegas, fingiendo ignorar la ausencia del sultán, subieron a comunicarle el lamentable estado de la situación. Soraya pretendió distraerlos; aludió a un pasajero malestar del sultán que lo retenía en sus alcobas, y solicitó un aplazamiento de la audiencia. Pero ante la porfía de los visitantes, desenmascarada, casi les insultó.

–Aún vive el rey legítimo, adornado con las glorias del emirato y orgulloso de haber hecho por Granada más que ningún otro de la Dinastía; está enfermo en la costa, y yo aquí lo represento. Pero si consideráis igual estar enfermo que muerto, proclamad ahora mismo rey a su hijo. Tened la seguridad de que con ello servís al sultán que Dios os deparó: un héroe que se recuperará en el reposo de la playa, y regresará con la espada en la mano (no lo olvidéis) a sentarse en su trono.

Después de una reunión provocada por Benegas y sus parciales, todos los hombres que significaban algo en Granada llegaron a un previsible acuerdo: a nadie convenía ni un rey moribundo, ni un rey niño.

–Tenemos a la mano –gritó el tornadizo Benegas– a quien puede proporcionar más beneficios a este Reino. En estos mismos momentos está postrado ante Dios en la mezquita de la Alhambra.

Corrieron los reunidos y llegaron a tiempo de ver salir de ella al *Zagal* y montar a un caballo, en el que se disponía a ir a Salobreña a cumplimentar a su hermano. Sin dejarlo siquiera descender la Sabica, allí mismo lo proclamaron sultán.

El Zagal toleró en la Alhambra la presencia de Soraya y de sus hijos, aun cuando su lugar estaba junto al enfermo. No tardó, sin embargo, en comprender que la intención de Soraya era seducirlo y contraer matrimonio con él, a costa incluso de envenenar al sultán agonizante; estaba más dispuesta que nunca a proseguir su carrera. Ante tan incorregible actitud, mi tío la envió a Salobreña con sus dos hijos, y poco después, cuando se convenció de que nada restablecería la salud del sultán, aconsejado por los médicos que encontraban más saludable para él el clima de Mondújar, lo trasladó allí con su familia. [Uno de mis partidarios, al que me resisto a dar crédito, me asegura que si permitió a Soraya quedarse en la Alhambra, e incluso él –no ella– habló de matrimonio, fue para que le descubriese en dónde había escondido los tesoros reales, imprescindibles para continuar la guerra.]

Ante las primicias de un sultán bravo, querido y no impuesto por innobles maniobras, Granada estalló de júbilo; con todo, una pequeña parte del Albayzín continuaba siéndome fiel. El alzamiento del *Zagal* al trono alegró también al rey Fernando, que veía así aún más dividida nuestra monarquía. La única duda que le queda es cuál será el momento justo, por más dañino para nosotros, de librarme y echarme a pelear contra mi tío y contra los legitimistas partidarios de mi padre.

Su alegría se enfrió un tanto con la primera hazaña del *Zagal*, que justificó con ella las esperanzas en él puestas. Al iniciar Fernando su campaña estival, aunque tardía, decidió comenzarla por la Vega. Envió por delante su vanguardia al mando del conde de Cabra, quien escogió el camino de Moclín. Pero *el Zagal* adivinó el regate, y acudió al remedio con rapidez y un fuerte contingente de soldados. Tras una áspera batalla, la derrota del conde fue terrible. Destrozado su orden, la mayor parte de los cristianos pereció en un barranco que los nuestros titularon de la Matanza, y el mismo conde salió mal librado y herido. Por añadidura, mi tío, para demostrar su insolente valor, tuvo la osadía de retar al rey cristiano y de acampar dos días seguidos en el lugar de su victoria por si Fernando tentaba aceptar su reto y vengar el notorio descalabro de uno de sus capitanes predilectos. En realidad, el vengado en el conde de Cabra he sido yo.

Nasim me comunica –y copio su carta casi literalmente– que, si la campaña cristiana hubiese dependido de Fernando, se habría postergado hasta la siguiente primavera. A la derrota de Moclín se añadieron la enorme mortandad que la peste causa en Sevilla, donde se entierra a la gente amontonada, y el malestar y la tristeza de la Cristiandad entera. Pero, según se dice, la reina Isabel, para fortificar el ánimo de sus súbditos y encender su poquedad, a caballo delante de los soldados, les exhortó:

–Hijos míos castellanos y aragoneses, quiero poner en vuestras armas la dicha de nuestros reinos. De ahora en adelante, ni Castilla ni Aragón se conformarán con inestables treguas, ni con parias que puedan ser negadas a la primera coyuntura. Con la vista puesta en vosotros y en vuestras familias, arrodillados ante la voluntad de Dios, el rey y Nos decretamos la continuación de la guerra, sin cejar hasta que los infieles sean expulsados de esta tierra que es nuestra.

Así, como mujer y como reina, infundió un nuevo aliento en su tropa. Este matrimonio se ha acomodado con perspicacia en los dos platillos de una misma balanza. El fiel de ella es la conquista; cuando uno de los cónyuges desfallece, el otro medra y se levanta, impulsado por la misma fuerza que abate al primero. De ahí que juzgue imposible vencerlos.

Mas lo que ignoran ambos –y lo ignorarán mientras esté en mi mano– es que he tomado, de acuerdo con Moraima, una determinación no menos firme que la de ellos. Creerán muchos que la tomé sólo por mi egoísmo y para mi descanso, pero puedo jurar que la tomé, sobre cualquier otra consideración personal, en beneficio de mi Reino. Su suerte me importa mucho más que la mía, y, si sus días están contados, procuraré de todo corazón que sean lo más plácidos, luminosos y felices posible. Aunque para ello tenga que sacrificar mi vida, que es a lo que equivale sacrificar mis derechos al trono.

Hoy ha pasado el día conmigo Gonzalo Fernández de Córdoba. Hemos almorzado juntos. Moraima actuó de sirvienta. Apenas dos veces se han tropezado nuestros ojos, medrosos como estamos de que hasta una mirada nos delate. Después de haberse ido, Moraima y yo hemos comentado lo que nos parecía el personaje.

Gonzalo se muestra aún más cuajado y viril que la última vez. Cierta gravedad se ha hecho compatible con su soltura, y cierta severidad, con su simpatía. De expresión seria, sus rasgos son limpios y armoniosos. Quizá administra su sonrisa con excesiva circunspección; por eso, cuando sonríe y muestra su blanca dentadura, es como si el sol se vertiese sobre un paisaje no amanecido aún. Tiene unas manos enjutas y marcadas por las riendas y por las armas, pero a la vez de una inocultable elegancia. Su cuerpo es esbelto y bien formado; sin ser muy alto, da la impresión de sobrepasar a quienes lo rodean por la incólume majestad que emana su figura. Creo que, si se exceptúa a mi tío el *Zagal*, nunca he visto a nadie tan nacido para mandar y tan dotado para ello. Estoy seguro de que don Gonzalo no necesita levantar la voz para ser obedecido, ni alterarse para que sus órdenes se acaten. Dudo que un día le suceda a él lo que en Lucena a mí, cuando mis hombres me abandonaron; él no precisa arengas para retener a sus soldados, que preferirán la muerte a una mirada suya de desdén. Está hecho, en una palabra, para conducir a un pueblo a la victoria. Es el capitán cristiano que más temo y al único que quiero. Porque sus palabras y actitudes denuncian una limpia eficiencia y una perseverancia gélida, pero no hay odio en ellas; él se presenta como el útil y acerado instrumento de algo que ha de cumplirse, y en lo que su corazón no está implicado.

Durante el tiempo que permaneció conmigo trabó un discurso sobre las armas y la guerra tan coherente y lúcido que me pesará no transmitirlo con fidelidad. En mis papeles carmesíes dibujó planos e ingenios de artillería, escribió números, y distribuyó cuerpos de ejército como si fuese un general antes de una batalla. Con una cortesía y una cordialidad más de un aliado que de un adversario. Se comprende que, a pesar de su juventud, los reyes tengan en él una fe insuperable. Es el mejor de sus nuevos capitanes: todos hechos a su imagen, compartidores de sus ideales, y no maleados por las luchas personales e interesadas de antaño que tanto nos sirvieron a nosotros. De escucharlo se sacan dos conclusiones. La primera, su concepto renovado de la estrategia y de la táctica, su sabiduría militar, en ocasiones se diría que infusa, y, sobre todo, su concordancia con los reyes en proyectos, en entereza y en determinación, lo que lo convierte en un perfecto vasallo. Lo segundo que se deduce, no sé si a su pesar o quizá incluso a pesar de ignorarlo, es que está, de una manera reservada o todavía inconsciente, enamorado de su reina. Moraima lo ve más claro aún que yo: al hablar de ella, sus opiniones extasiadas y sus ensalzamientos indican que es para él la más alta maravilla que existe, y que su galardón máximo es haber coincidido con ella en esta vida.

–Uno se queda perplejo viendo a una mujer –dice– ocuparse directamente de los planes de campaña, votar entre los más viejos y experimentados capitanes, tratar de tú a tú con ellos, y encauzar los preparativos con un conocimiento que con dificultad habrían alcanzado los guerreros de los tiempos antiguos. Ésta es la novedad que marca de un modo más visible lo que se aproxima o está ya entre nosotros; esto es lo que no nos va a permitir fracasar, señor, si me perdonáis que os lo diga. Después de todo –se excusaba–, los resultados están en las manos de Dios, cuyos caminos son misteriosos y sus juicios inescrutables.

Yo admiraba y envidiaba cómo se unen en él la galanura con la autoridad.

–El valor ciego –añade– no dirigirá más las operaciones bélicas como hasta ahora ocurría; la fuerza será sólo el instrumento de la previsión y de la inteligencia. La guerra de Granada, de ello estoy convencido, ha inaugurado una escuela donde se estudiará y ensayará el arte militar para otras empresas aún más difíciles que se nos preparan. Aquí van a formarse soldados que serán el espejo de todos y el adorno de la milicia universal. Porque nada se fiará a la casualidad, y el azar va a ser nuestro primer enemigo. Existe un plan bien pensado que habrá de respetarse, y que, junto a la labor diplomática del rey, nos conducirá al triunfo. Sé que es duro, señor, que venga un capitán cristiano a hablaros de estas cuestiones; pero estimo que son las que más os interesan, y también que el compañerismo y la cortesía no están reñidos con los puestos, muy superior el vuestro al mío, que ambos ocupamos en esta contienda. Entendedlo como una prueba de mi respeto y de mi confianza en vos, que sois distinto de los sultanes anteriores; mi presencia aquí y el contenido de nuestra conversación no tienen otro objeto.

Luego, a raíz de mis preguntas –no sólo curiosas, sino aturdidas por sus respuestas–, me expuso, con naturalidad, sus ideas y sus aspiraciones.

–Se trata de aplicar a la conquista del reino de Granada las mismas reglas que sirven para tomar una sola plaza fuerte. En primer lugar, hay que cortar sus comunicaciones y los posibles socorros exteriores, para reducir al enemigo a sus propias fuerzas y recursos. Os pido una vez más perdón –se interrumpió con una leve sonrisa–. Nosotros, señor, jugamos con la ventaja de reñir la batalla en campo ajeno: él será el que más sufra; en cambio, se nos exige, o nos hemos de exigir, no improvisar, sino proveernos de antemano. El disminuir cuantos bienes les quedan a los granadinos en su propio territorio es una cuestión esencial para nosotros, sobre todo en un país de tanta población y tantas necesidades como el vuestro. (Dispensadme que hable de los granadinos como si vos les fueseis ajeno; lo hago para mayor comodidad: así tendrán un tono menos ácido nuestras reflexiones.) Es precisa, pues, la triste misión de destruir como se venía haciendo; pero ahora con norma y con sistema: hay que talar los bosques, asolar molinos y cosechas, cegar pozos, arrasar cualquier otro medio de subsistencia. Ya desde nuestra segunda campaña acompañan al ejército no menos de treinta mil peones diputados solamente para estos menesteres. Porque la guerra se ha transformado en una cuestión no ya de escaramuzas y guerrillas, sino de asentamientos y de sitios, y la capital de Granada se ha de tomar como si fuese el cuerpo principal de la plaza a que antes comparábamos el Reino entero. Sus defensas externas son las otras ciudades, los pueblos murados, los castillos, las fortalezas, las atalayas y las torres. Hay que ir ganándolas para acercarse paulatinamente al destino final, es decir, a la ciudadela, que aquí es Granada misma y, dentro de ella, a su corazón, que es la Alhambra.

Yo, ante su fría precisión, preferí descansar un momento y le interrogué sobre la reina. Él sonrió.

—La reina se encarga de la fábrica de municiones, de los acopios de pólvora y madera, de lo referente a la intendencia, de lo referente a la recluta del ejército y de la estabilidad de nuestro lado de la frontera, que no debe perturbar la marcha de la guerra. Esa marcha ha de ser más o menos lenta, pero ininterrumpida. También se atarea en lo que atañe a la rapidez de las comunicaciones, para lo que ha mandado instalar un sistema de postas. Y, por si fuera poco, cuando estuve en Vitoria con motivo de la recompensa que se otorgó a vuestros aprehensores, la reina expidió allí una provisión sobre el modo en que han de cooperar con nosotros las fuerzas marítimas, para barrer las costas africanas e impedir el desembarco de hombres y bastimentos. A tal efecto dispuso que pasase al Mediterráneo la flota de Vizcaya, y que se emplazasen apostaderos junto al Estrecho, desperdigados pero abundantes, y a lo largo de la costa, las naos capitaneadas por los mejores: Martín Díaz de Mena, Charles de Valera, el irlandés, Garcilópez de Arriarán, mosén de Requesséns, Álvaro de Mendoza y Antonio Bernal.

—¿Y qué armas habrán de utilizarse, don Gonzalo, para satisfacer unas demandas, si no del todo nuevas, sí notablemente mayores que hasta ahora? —Fui yo quien sonreía esta vez al hacer la pregunta.

—Armas de fuego mucho más poderosas, señor. Los musulmanes confían la defensa de sus pueblos a la posición en que están emplazados, y por eso no suelen hacer fosos, ni trincheras, ni murallones, sino endebles tapias levantadas en planos confusos, que no resistirán, ni resisten de hecho, las colosales balas de piedra de nuestros cañones. Junto a las bombardas, empleamos ya ribadoquines, cerbatanas, pasavolantes, búzanos y otros artificios. Y así, los granadinos, que son muy valientes en la defensa de sus plazas, y resignados y sufridos ante las privaciones del hambre y de la sed, y temibles en sus salidas, a las que están más acostumbrados que nosotros, caen espantados y en desorden al comprobar que nuestra artillería aterra fácilmente sus fortificaciones. Esto nos proporciona una ventaja no sólo por el daño material que les causamos, sino por la repercusión moral de desaliento... Si cometo, señor, la falta de reverencia de hablaros como os hablo, es porque estimo que un general, preso y apartado como vos de los campos de batalla, tiene derecho a conocer cuanto conocen quienes, en el presente, lo sustituyen fuera.

–Os lo agradezco, y os ruego que continuéis.

–Los principales dirigentes de esta artillería proceden de Italia, Francia y Alemania. Sin embargo, hace ya ocho años que se nombró, en Toro, a micer Domingo Zacharías, maestre mayor de artillería, y maestres bombarderos, en Sevilla, hace seis años ya, a Alonso y Tomás Bárbara. El jefe superior es Francisco Rodríguez de Madrid, a quien el rey, *in pectore*, tiene designado caballero. La fabricación de pólvora y de balas de piedra se hace en los mismos campamentos. Con el ejército viajan carpinteros, herreros con sus fraguas, ingenieros, pedreros que buscan las canteras, y los que trabajan las piedras de cantería y las pelotas de hierro. Hay aserradores, hacheros, fundidores, albañiles, azadoneros, carboneros y hasta esparteros. Un campamento, vos lo sabéis, es como una ciudad. Por eso el inconveniente de llevar la guerra a tierra ajena es que tenemos que surtir precisiones a veces no previstas, con imaginación y con medios sí previstos. Y, a pesar de todo, el consumo de pólvora es tan grande que, además de la que se elabora en los campamentos en morteros de piedra, la traen de Barcelona y de Valencia, pero también de Portugal, Sicilia y Flandes. Porque la guerra de Granada, como os dije en nuestra primera entrevista, ha sobrepasado los límites peninsulares, y Europa está hoy pendiente de nosotros.

Se refería a la guerra con la misma compostura y vocación con que hubiese descrito su propia residencia. Oyéndole no era verosímil imaginar la muerte, el pillaje, la sangre, la felonía y el aniquilamiento. Si no hubiese sido porque yo conocía sus victorias, habría supuesto que estaba frente a un gran teórico que no se levantó jamás de su mesa de estudio, ni había traspasado las puertas de su casa. Algo, por medio de él, me confirmaba que el mundo era ya distinto. Sentí, sin explicármela, una nostalgia por los métodos aprendidos y periclitados, que había de olvidar.

–¿Y qué se ha hecho, capitán, de las antiguas máquinas? Yo ya llevo años preso, y la velocidad de nuestra época...

–Los trabucos e ingenios no han sido eliminados del todo. Con ellos se lanzan piedras como antes, pero también carcasas, que son cuerpos incendiarios destinados a causar un daño irreparable en polvorines y pajares.

–Ya entiendo –dije, y, por añadir algo, balbuceé–: Sin embargo, el transporte...

–Tenéis razón. Es enrevesado y muy costoso. Tendrá que mejorarse. A veces han llegado a dos mil los carruajes destinados al servicio de la artillería. Van tirados por bueyes y divididos en grupos de a cien. Para la conducción de tal impedimenta se requieren caminos idóneos, y no siempre los hay en un país tan fangoso y tan accidentado. Para adecuarlo están los gastadores y los pontoneros. Un dato: en doce días abrieron tres mil gastadores un camino de tres leguas, en este mismo año, para acercar la artillería a Cambil. Se hubo de desmontar colinas, elevar valles y abrir sendas en terrenos intransitables y aun hostiles... Y el tren de la artillería cuenta con carros cuya misión es transportar la madera indispensable para los pontones que atraviesan las acequias y los arroyos, y para proporcionar los pasos sobre los barrancos y los ríos. Después, por esa vía abierta, arrastrarán los carros las bombardas con las que demolemos las recias torres de vuestros alcázares... Perdonadme, señor: me he excitado.

–Seguid, seguid. Al fin y al cabo, ésta es vuestra afición.

–Gracias, señor. Cuando es inexcusable, hacemos grandes obras de circunvalación capaces de aislar la plaza entera de que se trate; fosos de la longitud y la profundidad que sean precisas, con castillos de tapial y con fortines cada trescientos o cuatrocientos pasos, así como unos castillos desmontables de madera, que se arman en los parajes convenientes para construir, a su abrigo, los de fábrica más sólida... Claro está que todo lo que os estoy contando como un relato para entretener niños –yo no pude evitar sonreír, si bien con amargura– reclama un elevado número de trabajadores y soldados que edifiquen primero, mantengan y custodien después. Habrá ocasiones, y estamos dispuestos para ellas, en que no se requieran menos de ochenta mil infantes y quince mil caballos –se traslucía de él una comprensible vanidad, como la del adolescente que descubre un mundo, o que lo crea–. Y, para hospedar a este gentío, está la reina. Ella se dedica a la intendencia y a los hospitales de campaña (que son seis grandes tiendas con las ropas y camas necesarias, así como cirujanos y físicos y medicinas y hombres que las sirvan, y en las que nada cuesta nada, porque es nuestra señora quien lo paga). Nuestra señora, digo, que se emplea asimismo en la construcción de los campamentos, esos pueblos ambulantes en los que nada referente a los menesteres de la vida diaria se echa en falta, y que poseen su propia policía, su propia vigilancia y sus ordenanzas rígidas e intangibles.

–Reconozco que, a pesar de la fama de riqueza de la Alhambra, las coronas de Aragón y de Castilla tienen muchos más recursos que nosotros. ¿Habrá en el mundo un tesoro real que pueda hacerse cargo de gastos semejantes?

–Quizá no. Los gastos se costean, en principio, con los desembolsos ordinarios del tesoro; pero existen también repartos extraordinarios entre los pueblos, y está el dinero de la nobleza (que durante muchos años, y aun siglos, se ha beneficiado, sin participar en los gastos comunes), y están los empréstitos, cubiertos por los hebreos y por los gremios de mercaderes, y está –agregó con un encantador gesto– hasta el empeño de las joyas personales de la reina, que en este momento duermen en Valencia dentro de arcas judías. En alguna señalada circunstancia, como para la campaña en que se tomó Álora, el Papa ha concedido también una bula de cruzada para los que asistieran a ella o ayudaran con sus limosnas.

–¿Bula de cruzada? –pregunté enarcando las cejas.

–Sí; a cambio de los bienes donados o de la asistencia a la guerra, confiere la Iglesia determinadas indulgencias (cuando hablé con vos en Lucena os burlasteis de ellas), o determinadas dispensas, como la de poder comer carne en la cuaresma.

–Prefiero que continuéis hablándome de guerra; cuando habláis de vuestra religión no consigo entenderos.

Después de un instante de vacilación, soltó una breve risa involuntaria.

–Os haré caso. Me preguntasteis por las fuentes de ingresos. La Iglesia de Roma es una de las más fértiles, cuando se presta a ello. Hace poco, el Santo Padre facultó a la corona de Aragón, él es aragonés, para tomar cien mil florines cargándolos sobre las iglesias y monasterios de su reino. Pero debo advertiros, señor, que el pueblo cristiano es negligente y acomodaticio, como todos, y se queja mucho de los tributos, y llega a veces hasta a la violencia con los recaudadores –ahora rió abiertamente–. El mes pasado, ante la escasez de los recursos, el tesorero aconsejó a la reina que prescribiese un nuevo reparto entre las poblaciones de Castilla; la reina se negó, diciéndole con toda sinceridad: «Les temo mucho más a las viejas de mis reinos que a los mismísimos moros.»

Con la misma gentileza que había reído y la misma prontitud, dejó de hacerlo.

—Allí donde está nuestro bolsillo, allí está nuestro corazón —dije, y completé con ironía—, sean de quien sean los bolsillos. Las viejas son muy parecidas en todas partes. Decídselo a la reina cuando la veáis.

Lo miré a los ojos, profundos y arrogantes.

—Así, capitán, que tenéis la terminante convicción de que ganaréis de una vez esta guerra de siglos.

—La tengo, señor, de que haremos todo lo humanamente posible por ganarla. —Se despedía—. Espero no haberos fatigado hablándoos sin tregua (parece que ya no habrá treguas para nada) del único tema de conversación, o al menos de los pocos, que me apasionan. Y del único que acaso tenga en común con vos, aunque en los extremos más contrarios.

—Gracias, capitán, por considerarme digno de vuestras confidencias. Yo, por mi parte, espero que la veracidad de vuestra información no tenga por fin amedrentarme. Porque, aunque así fuera, de nada serviría: yo estoy aquí, impotente de contagiar a nadie ni mi temor ni mi optimismo.

—Deseo que tal impotencia dure poco, señor. No es por compasión, sino por hermandad, por lo que solicité licencia para visitaros. Juzgo que el mayor mal que me podría suceder es verme como os veis: reducido a aguardar, apoyado en decisiones ajenas, ignorante de lo que sucede en vuestro reino, e incapacitado de luchar al frente de vuestros soldados, es decir, de participar en el desenvolvimiento de vuestro destino. Al comendador le he dicho que es una obra de misericordia visitar a un cautivo; pero a vos, en mi mal árabe, os digo con franqueza que sois mucho más que un cautivo para mí, y mucho más que un rey: sois un compañero de armas al que deseo de todo corazón encontrar pronto frente a mí en un campo de batalla. Que el Señor os bendiga y os depare una ausencia muy breve.

He sabido que al capitán Gonzalo de Córdoba le fue posible visitarme, autorizado sin duda por sus reyes, a causa de una gran calma que sobrevino en el frente andaluz durante todo el otoño. A partir de septiembre, las lluvias han sido arrasadoras en toda la región –yo puedo garantizarlo por lo que a Porcuna se refiere–, y la peste sigue haciendo gravísimos estragos en Sevilla, donde la mortalidad es aún creciente. No otra cosa sucede en nuestro bando: cada día hay más granadinos minados por el cansancio; el desánimo se ha apoderado de ellos, y sueñan con reclinar là cabeza en sus propias almohadas, y en dormir con sus mujeres y abrazar a sus hijos. A todos los que luchan hay un momento en que les acomete una nostalgia irresistible de su hogar, y en que hasta físicamente les resuena en los oídos su llamada.

Me han dicho que algunos de los castillos de la Ajarquía que permanecían fieles a mí, en octubre se han pasado al partido del *Zagal*. Y sé que mi madre, con su Boabdil, reside ahora en Huéscar, no lejos de Baza, donde se ha fortificado. Supongo que, una vez que superó el peligro de que fuese descubierto su engaño en Guadix o Almería, prefiere no volver a correrlo en ciudades grandes, cuyos habitantes podrían tener referencias sobre mí: mi modo de andar, de moverme, el tono de mi voz, mi manera de quedarme abstraído mientras me plantean problemas, o el repentino eclipse de mis ojos ante el desinterés por lo que me rodea. Está claro que esta guerra no supone lo mismo para todos. Los gobernantes se buscan a sí mismos en ella; los nobles, la ampliación de su nobleza; pero ¿qué es lo que retiene en ella a la gente del pueblo? O el pavor encendido por las predicaciones, o el miedo a los de arriba, o la ventaja que puede sacar, o el vengarse de un enemigo pegajoso, si vive en la frontera; ninguno de estos motivos es capaz de retenerla más de un mes en campaña.

El rey Fernando, que no descansa a pesar de la paz de hecho que por agotamiento se ha producido, acaba de publicar, a través de sus espías y de gente pagada, una noticia sobre el Boabdil de mi madre. Según él, Boabdil, temiendo una ofensiva del emir Abu Abdalá, ha suplicado desde Huéscar un socorro de víveres al Consejo aragonés de Murcia, y se le ha concedido. O sea, el rey cristiano, mientras escamotea al doble que maneja a su antojo, procura envilecer el juego del otro doble que mi madre maneja a su antojo a su vez, y lo calumnia con acusaciones de traición. Moraima y yo no hemos tenido otro remedio que reírnos, pese a tanta alevosía por parte de los dos beligerantes, y pese a la irritación y el tedio que nos causan las pertinaces lluvias. Pensar en la cólera de mi madre al recibir en Huéscar unos cuantos burros cargados con víveres cristianos, envenenados probablemente además, nos divirtió esta tarde.

La lluvia, cumplidora y sorda a los altercados de los hombres, no deja de caer durante el día y la noche.

En la fortaleza de Porcuna se ha dado un caso de peste. Un soldado, integrante de un escuadrón con prisioneros que era trasladado desde Jaén a Córdoba, ha muerto. Bajo la responsabilidad del comendador, que no sé si hizo o no una consulta rápida, mi risible corte y yo hemos sido evacuados.

Nos han transportado al castillo de Castro, del que es señor el conde de Cabra, el de *Haec omnia operatur unus*. El anfitrión, no recuperado todavía del todo de las heridas de Moclín, nos ha recibido con un brazo sujeto por un paño. Es recio, bronco, con una voz tonante, pero abierto y cordial. Tiene la piel tostada y martirizada por la intemperie, y grabado el rostro por arrugas, no muchas, pero hondísimas. Ha de ser persona muy religiosa, porque, si se coincide con él a mediodía o al atardecer, detiene la conversación al escuchar una campana, y se ensimisma musitando unas jaculatorias en latín que él llama *Angelus*. Me ha explicado que con esa oración se conmemora el momento en que el ángel Gabriel descendió del cielo para comunicar a María que ella era la elegida para ser madre del profeta Jesús. Y lo fue sin perder su virginidad ni antes del parto, ni en el parto, ni siquiera después del parto. Tal hecho se nos antoja a Moraima y a mí un milagro tan excesivo como innecesario.

Quizá las características de un milagro sean precisamente ésas: el exceso y la innecesariedad; como si fuese un *además* o un lujo de la Naturaleza, para que se distinga sin el menor titubeo la intervención de lo sobrenatural. No obstante, yo aborrezco los milagros que llevan la contraria a la evidencia, o incluso a la razón; no los que son suprarracionales, y consisten en un mayor despliegue de las facultades o potencias ya de la Naturaleza ya del hombre, sino los que son irracionales, o peor, antirracionales. Imponer al hombre el arrodillamiento sin un porqué me parece abusivo: un Dios que actuara así no sería respetable. Es lo que me sucede con el dogma cristiano que nos separa más: el de la Trinidad. Para mí es una pobre forma humana de pintar una teratología, una monstruosidad. La Divinidad no tiene por qué ser explicada, pero tampoco tiene por qué ser inexplicable. Por supuesto que ha de estar sobre nosotros, pero no contra nosotros, que somos obra de ella. Nos excede, pero no nos tacha.

La condesa es una mujer devotamente dedicada a su marido, y sospecho que también a las oraciones de su marido. Es menuda, descolorida y, aunque su salud parezca frágil, debe de ser de hierro, porque está en todas partes, interviniendo y sacando a flote una casa que no estaba preparada para recibirnos. En el corto tiempo que la he tratado, he adquirido el convencimiento de que es ella la que manda aquí. En todo; hasta en su esposo, que, tan grandullón e hirsuto como es, se transforma ante ella en un perrazo inofensivo.

(Y hablando de perros: *Hernán* ha venido, a petición mía, con nosotros. Fue tal el susto y la indefinible tristeza que vi en sus ojos al montar a caballo que me pareció inhumano separarlo de mí. Las dos mujeres –Moraima y Zahira, la concubina de los ojos azules– viajaban en una litera; a ratos, con ellas viajó también *Hernán*. Pero sufría y sacaba la cabeza sin descanso para comprobar que yo no lo había abandonado, y que delante, o atrás, o al lado de ellas, proseguía el viaje junto a él; era preciso dejarlo bajar de la litera, y entonces él, jadeante y feliz, galopaba junto a mi caballo. Estoy seguro de que ahora *Hernán* también cree en los milagros.)

Como de pasada, he mencionado ante el conde la existencia de un doble mío en el ejército cristiano. El conde, sin afirmarlo ni negarlo, ha mirado por la ventana.

–En la guerra todo es lícito –ha dicho en seguida.

Estos hombres piadosos son, por lo que veo, malos enemigos. Con una extemporánea admiración, ha añadido:

–Nuestro rey es un gran estratega.

Luego, sin embargo, me ha dado a entender que conocía la existencia del segundo doble, el de mi madre. Está, pues, muy al tanto de lo que sucede en mi Reino, lo que prueba la profusión y la eficacia de sus espías. Pero no creo que sus informes sean tan verídicos como si proviniesen de su pariente don Gonzalo de Córdoba. En primer lugar, porque no me fío del conde; en segundo, porque presumo que tiene menos referencias de primera mano.

En cualquier caso, lo que él cuenta reviste cierta verosimilitud. Dice que Boabdil, el de mi madre, a través de sus partidarios ha ganado para su causa buena parte del Albayzín, compuesta de gente instruida y de campesinos; en una palabra, de ciudadanos deseosos de vivir en paz, sea quien sea el que ostente el poder. Por el contrario, los barrios de la ciudad han permanecido fieles al *Zagal.* Se ha desencadenado, según el conde, una feroz pendencia entre unos y otros. Y los granadinos, desde las alturas de la vieja alcazaba Cadima, han disparado sin piedad contra el Albayzín. Me estremece que para esto haya servido la más antigua de las fortalezas, anterior incluso a los nazaríes; que haya sido usada para que unos hermanos aniquilen a otros. Siento una indecible pesadumbre al saber que, en torno a mi nombre, se derrama nuestra propia sangre.

Me informa el conde que la lucha ha sido desigual: los partidarios de Boabdil eran muchos menos, y muy inferior su fuerza: sólo contaban con sus manos y algunas armas improvisadas y caseras. Boabdil –es decir, mi madre– había prometido comparecer para exaltar a sus adeptos, y también un refuerzo; pero ni él ni el refuerzo han aparecido. Se conformó con enviar continuos mensajeros alentando a la resistencia, mientras él permanecía en Loja, donde en estos momentos reside. Me desespera decepcionar a quienes me aman hasta a través de unos representantes impostores.

La negociación entre albayzineros y granadinos se ha hecho, por lo visto, inevitable. Se ha encomendado a los alfaquíes, que son los principales defensores de mi tío en Granada, aunque una mínima parte de ellos aún sostiene mi bandera. El resultado es que mi madre –quiero decir yo mismo, o mejor, el falso Boabdil–, imposibilitada de hacer otra cosa, reconoció como soberano de la Alhambra y de Granada a mi tío. A cambio, por el acuerdo, ha consolidado su poder y sus posesiones en la parte oriental del emirato, con Loja por cabeza, de donde no se mueve mi doble, mientras mi madre y Aben Comisa han salido hacia Vera. Conozco a mi madre y sé que, en el fondo, ha obtenido lo que perseguía. La guerra fratricida, consciente ella de que la iba a perder, no ha sido más que un instrumento para reafirmarse en un sector de nuestro territorio. Me atormenta la inutilidad de una sangre vertida sin otro motivo que regar una intriga.

Por todas partes veo maniobras, y Moraima también. Todo se vuelve noticias que se anulan las unas a las otras, e ignoramos dónde se encuentra la verdad, si es que hay alguna. No entiendo qué pretende Aben Comisa, y me pregunto si no andará en gestiones privadas con mi tío para ir todos a una contra los cristianos. (Eso no sería malo, pero dudo que mi madre las apruebe; tendrían que llevarse a cabo a espaldas suyas.) Incluso es posible que con quien esté tratando privadamente sea con los cristianos.

De lo que me dice el conde, que ha estado ausente unos días, y de un mensaje de Aben Comisa fechado en Vélez, deduzco lo siguiente. El rey Fernando, a la cabeza de un nutrido ejército, sitió Loja. Una tropilla procedente del Albayzín, al tanto de que su sultán se encontraba allí, fue a reunírsele y a cumplir sus deberes en la guerra santa. Los partidarios del *Zagal*, tanto de Granada como de su entorno, recelosos de que el sitio de Loja fuese sólo un ardid del enemigo, como ya sucedió cuando la conquista de Ronda, no acudieron al socorro de la plaza; pero el cerco, por desgracia, era cierto, si existe algo cierto en este caos. Los cristianos lo apretaron con una rigurosa línea de fortines y fosos, y entre los sitiados circularon rumores alarmantes de que todo era un asunto convenido por el rey de Aragón y Boabdil durante el cautiverio. En realidad, nada había de amañado: el Boabdil de Loja era, en efecto, falso, pero no es él el que sirve a los cristianos. La toma de uno de los arrabales por el rey, la asolación de gran parte de las murallas, la muerte de sus más intrépidos defensores, la incomparecencia del fingido sultán por una repentina enfermedad también fingida, y la convicción de que Granada no les socorrería por estar de parte del emir Abu Abdalá, empujaron a los habitantes de Loja a rendirse. Así lo hicieron el 29 de mayo después de una valerosa y estéril resistencia, que yo he sufrido como si me arrancasen los cabellos. La capitulación se firmó bajo el seguro de sus habitantes, hijos, caballos y acémilas, con cuanto pudieran llevarse. Quedaron libres todos, salvo Boabdil, que permanece prisionero de los reyes cristianos por segunda vez –por segunda vez, y yo no me he movido sino de Porcuna a Castro–, con la intención de someter por medio de él a toda Andalucía.

Tales hechos han persuadido a los de Granada, donde se han refugiado muchos de los exiliados de Loja, de que la toma de ésta no llevaba otra mira que la de cumplir lo pactado entre los reyes y el sultán, como una parte del precio del rescate; un precio infame que incluiría la entrega de ciertas ciudades, tras más o menos inventadas dificultades con que cubrir las formas.

Fernando dejó un destacamento en Loja y publicó que se retiraba a Córdoba con su prisionero Boabdil. Pero unos días después atacó el castillo de Elvira, y demolió con su artillería la mitad de sus muros hasta rendir a su guarnición en igualdad de condiciones que Loja. Luego trasladó su campamento a Moclín, donde en la última campaña fue derrotado mi huésped el conde de Cabra, y donde calculo, por las fechas de su ausencia, que fue a acompañar a su rey para resarcirse de la derrota. Lo calculo por su relato de que, sitiada la fortaleza, la combatieron con sus cañones, entre los que figuraban algunos que lanzan globos de fuego –eso me cuentan, y ahora comprendo mejor las explicaciones de Gonzalo de Córdoba–: unos globos que se elevan por el aire y caen luego sobre el lugar elegido, abrasándolo. Uno de ellos prendió en el almacén de pólvora, forzando a los nuestros a entregarse. Los habitantes de las ciudades que Fernando conquista –y me quita el sueño imaginarlos desamparados, acosados, extenuados por campos ya de infieles– van refugiándose en Granada, y engrosan así el número de los partidarios del *Zagal*.

La misma suerte han corrido después los musulmanes de Colomera, Salar e Illora que, ante lo sucedido en los castillos cercanos, entregaron los suyos sin resistir. Y los de Montefrío, cuyos depósitos de víveres y armas ardieron, y los de Adaha, y los de la Sagra, y los de otras fortalezas en el camino de la capital, de las que se ha apoderado el rey abasteciéndolas de hombres y vituallas y artillerías con el propósito de ir poniendo un estrecho cerco –cada vez más estrecho– a Granada.

Por fin, el rey Fernando, ufano y satisfecho, se dirigirá a Córdoba. Me dice el conde que ahora no tardará, siempre con su cautivo Boabdil, que ya no sé si es el apresado en Loja, que era el de mi madre, o el que él ya tenía; ni sé si el que sobra de los dos ha desaparecido o ha sido ejecutado. O quizá el Boabdil que sobra soy yo precisamente.

Me han trasladado, a mí solo y a toda prisa, a Córdoba. El viaje se ha efectuado de noche. Al llegar, de incógnito, me han conducido directamente al palacio del obispo. [Debo esperar aquí la llegada del rey.]

Cada vez que respiro el aire de esta ciudad, que huele como ha de oler el Paraíso; cada vez que imagino su grandeza, cuyas huellas perduran; cada vez que soy testigo de su serenidad, y adivino el sentido de lo universal que en ella persiste, y presencio la pujanza de la cultura contra la que no atentó la serie interminable de sus dominadores, se ratifica mi opinión. Es una opinión que proviene de copiosos aunque poco sonoros testimonios, y de alusiones halladas en libros de la biblioteca de la Alhambra, y de mis atrevidas pero insoslayables conclusiones. Aquí en Córdoba, ni en ningún otro lugar de la Península, los árabes no entraron a caballo, sino a pie y de uno en uno. Quiero decir que jamás hubo en esta Península una invasión guerrera musulmana como se nos ha hecho creer por los historiadores de un bando y otro.

La islamización de la Península –me entretengo en escribir hasta que alguien me anuncie para qué me han traído– no se debe a una conquista árabe procedente de África. Trabajo me ha costado adentrarme sin prejuicios en los textos, comparar datos y fechas, y procurar no abandonarme, yo también, a una idea preconcebida que demostrar. Porque ése suele ser el error de los cronistas, que a menudo no tienen más prueba de sus afirmaciones que el haber sido hechas de antemano por otros.

En el año 711 de la era cristiana no había pasado aún un siglo desde el comienzo de la mahometana. (De paso: qué petulancia que cada religión aspire a que con ella comience la inasible Historia de la Humanidad.) El norte de África, por descontado, no era aún islámico –siempre ha seguido, no precedido, las evoluciones andaluzas–, y mucho menos árabe. ¿Qué pintaban allí, tan sorprendentemente lejos de Damasco, ni los árabes ni su idioma? Ellos, agrupados en tribus nómadas poco numerosas, ¿cómo iban a conquistar en tan escaso tiempo un imperio tan desmesurado, y en plazos más breves, por lo que se dice, cuanto más distantes de su Arabia: en cincuenta años Túnez, en diez Marruecos, en tres la Península Ibérica? ¿Y con qué medios? No era posible trasladar caballos ni armamentos a semejantes distancias. ¿Y cómo una raza no marinera atravesó el Estrecho, cuya navegación no ha sido nunca fácil? ¿En cuántos navíos? ¿Cuántos viajes dieron?

Yo me preguntaba quiénes serían esos *sarracenos* que surgieron de pronto aquí sin previo aviso. ¿Quién fue su rey? ¿Cuál su origen? ¿Por qué los hispanos, famosos por valientes y por enamorados de la independencia, no se defendieron de ellos, siendo además diez millones frente a los veinticinco mil que desembarcan y los destruyen en tres años? Pero ¿los destruyen? No se sabe; nadie dice qué fue de esos hispanorromanos que entonces habitaban la Península. Sólo se mencionan, bastante después, dos minorías: la judía y la goda; es decir, sobre Hispania luchan los godos contra esos misteriosos sarracenos de las crónicas; todo se redujo, por tanto, a una contienda entre dos bandos extranjeros ante una concurrencia de nativos que no opinan.

Siempre me llamó la atención el nombre de Tarik –heredado por Gibraltar, *la roca de Tarik*–, tan ajeno a los nomencladores árabes y tan próximo a los germánicos. Los nombres de los reyes godos tienen terminaciones similares: desde Ilderik y Amalarik y Teodorik a Roderik, o don Rodrigo. ¿Quién podría ser ese general? Los godos hispanos tenían unas provincias, aparte de las peninsulares, más allá de los Pirineos –la Septimania y la Narbonense–, y otra en el norte de África, la Tingitana, alrededor de Tánger, que la denominaba. El último rey godo, Vitiza, había designado al gobernador de ésta. Cuando el conde Roderik se levanta contra los hijos de Vitiza en la Bética, ellos piden ayuda a sus hermanos de la Tingitana. Y al frente viene el gobernador Tarik: al frente de sus godos, por descontado, y quizá con algún refuerzo beduino. (Siempre hubo mercenarios africanos que auxiliaron –a veces lo contrario– a alguien en esta tierra.) Eso explica el traslado de una orilla a otra del Estrecho (lo cual no era extraordinario entre gentes de la misma nación) y el desmedido triunfo de unos miles de hombres (porque no conquistan, convencen; en la lucha dinástica están interviniendo en casa propia). La batalla del Guadalete es un incidente local, que no proporciona ninguna ventaja estratégica, y es que se da en terrenos de marismas dominados por estrechos macizos montañosos. No obstante, de ella se pretende después hacer una victoria decisiva, y no para una parte de Andalucía ni para toda la Península, sino para Europa entera; o sea, todo el Occidente va a quedar subyugado por unos cuantos nómadas asiáticos que llegan jadeando desde África. Es absolutamente inverosímil.

Lo verosímil es que, hartos los hispanorromanos de la sumisión a los godos y de las luchas religiosas, en las que prevalecían los trinitarios sobre los unitarios, derrocan su monarquía y –cosa muy frecuente entre nosotros– se desperdigan en taifas más o menos inconexas. Será precisamente el intento de retorno a aquella monarquía única, promovido por un grupo del Norte, el que inicie la mal llamada reconquista. ¿Por qué del Norte? Porque, por las difíciles comunicaciones con Asturias y con Vasconia, fueron ellas las menos influidas por la oleada de liberación que oreó el resto de la Península.

Pero ¿a qué oleada me refiero? La inmensa mayoría de los habitantes en esa época eran hispanorromanos, de religión cristiana unitaria, seguidora de Arrio y perseguida entonces por herética. Aún reconocía su olfato los aromas cultos de Roma, y despreciaban y temían a la vez a los godos, que les habían impuesto su gobierno aristocrático. Eran propensos, pues, a abrir sus puertas y sus corazones a una corriente que les brindaba dones renovadores: una religión mucho más próxima a la suya; un comercio más extenso y fructífero; una cultura enriquecida por Persia y por Bizancio, y helenizada y romanizada a través de Siria, la Bactriana y la India; una lengua que iba a sustituir a la propia, hermana del latín y próxima a él, pero no el latín, que nunca tuvo capacidad de penetración y que había perdido además su prestigio al ser usado por la iglesia trinitaria.

No obstante, tal transformación se hizo con la vertiginosa

paciencia con que la historia obra. En las invasiones vencen, de prisa y siempre, no los mejores, sino los más fuertes, que son los menos cultos, a cuyo lado se pondrá luego el pueblo pusilánime; lo que sucedió aquí fue lo contrario. Los hispanorromanos adoptan la cultura islámica, reemplazando con ella la barbarie visigótica, que los extorsionaba y contra la que se rebelaron a menudo. Y esa cultura nueva se introduce insensiblemente a través del comercio, de sabios y pensadores influyentes, de embajadas literarias y artísticas, de algunos exiliados de la revolución abasí contra los omeyas, y, en definitiva, del progreso oriental, que se ofrece como un espejo atractivo en el que se reflejan –para los andaluces sobre todo– los prósperos tiempos fenicios o tartésicos.

No hubo invasión, ni árabes; a lo largo de toda nuestra Historia ha habido aquí muy pocos. ¿Quién es –se me dirá– Muza, en tal caso? Pero ¿existió? Según mis lecturas, contaba más de setenta años cuando vino. ¿Qué caudillo, con esa edad, se arriesga a tal empresa? ¿De dónde obtuvo sus ejércitos, aun tan reducidos como se asegura? ¿No son idénticas sus hazañas a las que narran las leyendas atribuidas a cualquier arráez, una y otra vez, cambiando sólo el nombre? De existir, Muza habría sido un santón o un predicador, enviado quizá por el califa de entonces, o por las cofradías musulmanas más próximas, para intervenir a favor del Islam en las guerras religiosas entre trinitarios y unitarios; pero es tan increíble que aun eso lo rechazo.

¿Y quién fue Abderramán I *el Emigrado*? Se dice que un omeya que escapó de la matanza de los abasíes. Sin embargo, nadie se refiere a los caudillos *invasores* que lo antecedieron; no hay ningún héroe con nombre árabe antes que él; nadie ha participado en batallas ni en triunfos. ¿Cómo es esto, si con razón se dice que los árabes son imaginativos e hiperbólicos? Y, si no hubo invasión árabe, ¿qué hacía aquí, en el extremo Occidente, un omeya? ¿A qué venía? ¿Se significa tanto alguien que huye? ¿Qué representa su árbol genealógico? Según él, descendía de Mahoma: ¿y qué jefe musulmán no? Somos muy inclinados a añadir ramas donde anidar a tan sagrado árbol: mi familia es una prueba. Si a Abderramán se le emparentó con los omeyas, ¿por qué hubo de guerrear durante treinta años contra todos los *árabes invasores*, sin que nadie cayera deslumbrado ante su sangre y su progenie? Y cuantos lo describen, lo describen germánico: pelo rojizo, piel blanca, ojos celestes; con los mismos caracteres que transmitió a sus sucesores. Para explicar lo inexplicable, a alguien se le ocurrió que su madre sería de raza beréber; pero, ¿qué hacía en Damasco una beréber teniendo hijos omeyas?

Muy despacio se instaló la cultura árabe; más despacio aún, el idioma: los primeros Abderramanes no lo hablan, ni sus ministros, ni sus favoritos, y a quienes lo hablan se les llama árabes sin serlo; y más despacio aún, la religión: hasta Abderramán II el Islam pasa inadvertido, y Eulogio, obispo de Córdoba, no se entera de quién era Mahoma sino en el año 850, y en el monasterio de Leyre, en Navarra. Y además al Islam se le dio en Andalucía una versión muy peculiar; abierta y comprensiva, proveniente de una mezcla de islamismo y arrianismo, fue una serie de preceptos de integración social, cuyo equilibrio rompió la llegada de los almorávides africanos, que los ataques cristianos forzaron a llamar: tal llegada provoca el principio de la decadencia andaluza, e incoa el dogmatismo ortodoxo, enemigo de la belleza y de la ciencia. (Y, por añadidura, con cuánta ligereza emplean los cronistas la expresión *árabes de África*. El caudillo almorávide Yusuf –en el siglo XII ya– no hablaba aún el árabe; cuando los gráciles poetas de la corte sevillana lo reciben con elogios y versos, no los entiende; su respuesta es clara: «No sé lo que me dicen, pero sé lo que quieren: pan; que les echen de comer.» He ahí un triste símbolo de todo cuanto digo.)

Pasado que fue el tiempo, a los historiadores de uno y otro bando les convino creer y hacer creer en una contundente invasión. A los cristianos, la irresistible fuerza del invasor los excusaba del hundimiento, «debido a sus pecados»; a los musulmanes los glorificaba la portentosa rapidez de la conquista. Pero eso no se escribe hasta el siglo IX; son datos inventados: unos vienen del Sur, por Egipto; otros, del Norte, por la crónica de un Alfonso III que, entre otros dislates, cuenta que en Covadonga, donde germina la primera reacción, murieron por milagro de Dios, que reajustó sus preferencias, cerca de trescientos mil árabes: milagro había de ser, puesto que ni había árabes, ni en aquel valle caben más de cinco mil personas. Qué torpe o qué ciego es el hombre cuando decide aceptar como ciertas las consejas que le favorecen, y destroza las pruebas que las desmentirían. Todo este prolongadísimo proceso de asimilación y digestión, según esas consejas, se consumó en tres años; su contraofensiva, pese a ello, ha durado ocho siglos, y Dios quiera que siga.

Para saber quiénes somos de veras hay que mirar mejor. La cultura y la arquitectura andaluzas –como demuestra esta mezquita de Córdoba– son las premusulmanas, con influencias de lo que luego se consideró lo mejor: lo oriental, heredero del legado bizantino y del persa. Los árabes, gente del desierto, desconocían la navegación y el refinamiento y las hermosas construcciones (habitaban en tiendas sobre arena), y su misión era la de convertir, no la de transmitir culturas que los superaban. Aquí, en la Andalucía donde nacimos los nazaríes, existió ya Tartesos, un pueblo cuyas leyes se escribieron en verso, y ni siquiera Roma la civilizó, sino al contrario: Andalucía le dio sus mejores emperadores y pulió a sus soldados; como le dio luego al Islam su más lograda arquitectura y su sabiduría literaria y científica; como le dio a Europa zéjeles y jarchas y moaxacas para que sus trovadores se inspiraran. En Andalucía –conquistadora siempre de sus conquistadores, cuanto más de visitantes enamoradizos– convivieron todas las culturas, y en ella se fertilizaron unas a otras y procrearon. Por culpa de la intransigencia de los cristianos por un lado, y de la intransigencia de los almorávides por otro, se apagó la hoguera maravillosa de una Península que, gracias a los andaluces, fue un faro deslumbrante.

Son los primeros días de julio. En la ciudad hace un calor muy grande. Sin embargo, dentro de la antigua residencia califal apenas si se nota. Sus amplias estancias están protegidas y refrescadas por los gruesos muros, los altos techos, las luces veladas y los surtidores de los patios. Desde sus ventanas todo parece blanco: el sol sorbe los colores de las piedras, de las fachadas, de los animales, de las ropas. Entre la blancura y el temblor de la calima, Córdoba es una ciudad fantasmal. Y su calor, con todo, no es sofocante, sino –¿cómo podría decirlo?– salutífero: inmediato y rotundo, como un signo de vida.

Sentado en un mirador de mi prisión, llámenla aquí como quieran, veo la sierra oscura perfilarse contra el horizonte, y veo el Yebel al Arús, el *Monte de la Novia*. No hace mucho he sabido por qué lleva ese nombre. Movido por la añoranza que afligía a Azahara por la nieve, ya que había nacido en Elvira, su amante Abderramán III plantó en ese monte incontables almendros para que, durante el mes de enero, en flor, semejaran una extensión nevada. Ante aquella olorosa blancura, comprendía Azahara cada año que las pruebas del amor pueden ser infinitas. Y lloraba de dicha en la ciudad a la que dio su nombre de flor.

Presiento que algo va a suceder. No sé con exactitud qué, ni por qué. Quizá por esta llamativa falta de noticias y porque trajeron conmigo mis papeles y mis libros, o por la reserva que guarda el obispo en cuanto alude a mi futuro. Sólo me habla de religión o de la bondad de Dios, mientras aletean sus manos gordezuelas cargadas de sortijas. A mi pregunta de si seré pronto recibido por los reyes –una pregunta insidiosa–, ha contestado:

–Lo que haya de ser, será –y ha cambiado de conversación.

Su respuesta me parece una definición del fatalismo que ellos nos reprochan.

Por fin sé algo. En el palacio ha aparecido hoy Aben Comisa, con una actitud equívoca y una asombrosa naturalidad, como si nos acabáramos de ver hace dos días. Sé que no va a contarme con pormenores lo sucedido, ni ahora ni nunca. Tendré que ir descubriéndolo por mí mismo; tendré que entresacar los retazos de verdad que haya en su relato, e imaginar el resto.

De momento me ha comunicado, entre elogios a mi madre y a su propia labor, que las condiciones propuestas para aquel ya remoto primer rescate han sido aceptadas con algunas modificaciones. Consisten en un pago de doce mil zahenes anuales en concepto de tributo y por razón del vasallaje, que ha de ratificarse; la devolución escalonada de mil cautivos de los que mi parcialidad aún conserve, porque no creo que haya hecho nuevos presos últimamente; y, desde luego, la entrega de los jóvenes rehenes estipulados y de mi hijo Ahmad, que va a cumplir seis años, si es que yo no he perdido la cuenta de los que sin él llevo. Se me ordena además establecerme en Vélez, en la Ajarquía de Málaga, cuya guarnición me permanece fiel; a cambio, me otorgan el gobierno de una región que va desde Guadix y Baza hasta Vélez Blanco, Vélez Rubio y Mojácar. Con una gravosa condición: que me apodere de ella con mis soldados, y supongo que con ayuda cristiana, dentro de un plazo de ocho meses contados desde la caída de Loja, que es cuando, a los ojos de todos, volví a caer en poder de mi enemigo. Más de un mes ya ha pasado.

Una cláusula secreta me prohíbe intervenir en favor de mis correligionarios cuando los cristianos ataquen a ciudades que pertenezcan al *Zagal*. Es evidente que buscan profundizar nuestra escisión, constituyendo en la parte oriental del Reino una especie de emirato independiente, cuyo mando me ofrecen y al que relevan de la obediencia de Granada. Su política está clara: prestarme su colaboración para que sea yo quien los libre de mi tío.

De esta estipulación resulta que ahora soy yo el que tiene que elegir entre mi libertad, hipotecada a una traición, o la continuidad de mi cautiverio, también expuesto a toda clase de traiciones y desmanes. Mi madre y Aben Comisa no dudan que aceptaré lo primero; tanto es así, que el visir ha venido a Córdoba con mi hijo Ahmad de la mano. No sé hasta qué punto, por tanto, soy independiente de adoptar una elección que se me da ya hecha. Después de tres años y tres meses de prisión, ¿qué podría elegir sino la libertad a cualquier precio? El retorcimiento del rey Fernando se manifiesta una vez más.

Del tema de los dobles, Aben Comisa se resiste a hablar.

–Son agua pasada. Ya no hay ninguno. Ignoro qué habrá hecho el rey con ellos, pero me lo imagino. Contigo en libertad no hay más Boabdil que Boabdil –y añade sonriendo–: como no hay más Dios que Dios.

–¿Y Aben Comisa es su profeta? –le pregunto con aviesa intención.

–Y Aben Comisa es su profeta –me responde–. Tú lo has dicho.

Luego, con una inflexión mucho menos terminante, ha proseguido:

–Decían los del Consejo Real que, puesto que tú firmas la concordia declarándote vasallo, debías besar la mano de los reyes. Yo me he opuesto en redondo; las rúbricas del protocolo, contra lo presumible, importan mucho. Con magnanimidad, el rey ha resuelto que te daría la mano a besar si estuvieses libre y en tu Reino, pero que, como estás en el suyo, no te la debe dar. ¿Es o no es hábil?

Hoy, día 7 de julio, se han firmado las capitulaciones.

Vino al palacio a recogerme el comendador Martín de Alarcón. En él se observaba una nueva actitud, doblegada y complaciente: yo ya soy mucho más que su prisionero.

–Todo llega, alteza –me ha dicho–. Estoy satisfecho de haberos custodiado, y de ser yo el que os entregue al rey.

Luego, sin el menor tino, añadió:

–No sé si sabéis que también vuestro hijo se ha encomendado a mi custodia.

Las calles, los ajimezes, las celosías, los balcones, las plazas, estaban repletos de una abigarrada muchedumbre. Aben Comisa me había traído una ropa, para mi gusto excesivamente recargada, pero que imagino que es con la que un pueblo cristiano espera ver a un rey moro. Los señores y los titulados lucían galas vistosas, acaso no menos recargadas que las mías: sus reyes les han hecho creer que la grandeza de los príncipes reside en la riqueza y calidad de sus vasallos. A mi alrededor iba el acompañamiento de mancebos que me sustituirán en el cautiverio y de cuantos han venido de mi Reino a testificar mi libertad. No bajarían de una cincuentena. El cortejo era, en general, lucido. No habrá defraudado las expectativas de la multitud que salió a contemplarlo.

Anoche dormí mal. Me desperté a menudo empapado en sudor. Debía de sufrir pesadillas, que al despertar no recorda-

357

ba, porque sentía angustia y una gran opresión en el pecho. Esta mañana me he levantado con la boca seca y la cabeza como rellena de algodón, igual que si hubiese pasado una noche de zambra y vino. El malestar físico me ha impedido añadir ninguna solemnidad al acto. Estaba deseando terminar. Me veía a mí mismo como si me hubiese desdoblado (pero esta vez yo solo y por mi cuenta, sin argucias políticas): por una parte, hacía mecánicamente los gestos que habían prevenido los cancilleres; por otra, miraba en torno mío los movimientos de los demás a través de una mente opaca y desganada. No he tenido en ningún momento ni la menor conciencia de estar viviendo, como decía soberbio Aben Comisa, *un momento histórico*, aunque la hubiese tenido, mi mayor interés habría sido que el momento pasara. Para bañarme el cuerpo en agua fría, para cerrar los ojos, reposar la cabeza en una almohada, y escabullirme de todos los que se esforzaban en tocarme y en saludarme entre muecas de adulación.

Ya al salir del palacio, casi en el umbral, había tenido una hemorragia de nariz; gracias a Dios fue leve. Me acordé de aquella otra que me restañó mi tío Abu Abdalá, cuando no era previsible tanta pena. Pensaba en él con tal intensidad que se me empañaron los ojos de lágrimas, mientras el físico de los reyes, en quien recaía una responsabilidad impensada, haldeaba por la alcoba, sudaba y me ponía sobre la nariz una compresa fría. Ha sido Moraima (yo solicité que viniera con Martín de Alarcón desde Castro, y no sé si ha venido con él o con el conde de Cabra) la que al cabo me ha sofocado la sangría de un modo muy sencillo: aplicándome, con la cabeza echada hacia atrás, el filo de una daga contra la parte baja de la ternilla de la nariz. Por descontado, ante la protesta del médico, que movía la cabeza con incredulidad, como si mi esposa y yo fuésemos unos pobres salvajes. Ignora que, si él sabe algo sobre Hipócrates o Galeno, es por mediación de nuestros médicos y nuestros traductores.

En tan adversas circunstancias poco pude apreciar de los reyes, a los que he visto, entre nubes, un instante. Me han parecido los dos bastante más bajos de lo que esperaba. Sorprendentemente el rey recuerda mucho a la miniatura que me envió. La reina tiene los ojos un poco oblicuos, claros, abultados y demasiado móviles: seguirlos me mareaba; su cara es redonda, y sus mejillas se descolgarán dentro de poco; da la impresión de ser rubia, pero no mucho. Imbuido por la veneración con que habla de ella don Gonzalo de Córdoba, confieso que me ha decepcionado.

A don Gonzalo lo vi entre otros capitanes. Se destacaba de ellos. Me dirigió con la mano un saludo de camaradería, que interpreté como un afectuoso «hasta la vista». Más tarde supe que acababa de ser nombrado alcaide de Loja; no me pude alegrar.

A mi derecha marchaba Martín de Alarcón, que hincó su rodilla —¿la izquierda?— ante los reyes. Yo, sin acordarme bien de qué se esperaba que hiciera, me incliné y alargué la mano. Me han dicho que mi gesto fue entendido por los cristianos como un signo de humillación y acatamiento: el amago de una genuflexión y una petición de las manos reales para besarlas. Por los míos, al contrario, mi gesto ha sido interpretado como una cortesía entre iguales. Sea como quiera, el rey me tomó entre sus brazos como si intentara levantarme; en falso, porque ya me había incorporado yo.

A continuación un estúpido trujamán, ampuloso y grandilocuente, recitó un texto compuesto por Aben Comisa. Eran tan peregrinas y altisonantes las loas que entonaba sobre la longanimidad y munificiencia de los reyes, que la reina se llevó los dedos a los labios mandándole callar. El rey, tras la interrupción, dijo lo que no hacía falta que nadie tradujera:

—De vuestra bondad aguardo que haréis todo aquello que un hombre bueno y un buen rey han de hacer.

Yo reflexioné, entre mí, que no podría decirle lo mismo: siempre aguardo que él haga lo contrario.

Por fin, he jurado sobre el Corán cumplir los capítulos del concierto, que estaba ya firmado, y ha concluido el acto con un presente que los reyes me han hecho de arreos, vestiduras y caballos. Sin mirarlo, he ordenado su distribución entre mis acompañantes.

–Hijo mío (permitid que os llame así por el aprecio que os tengo), en vuestra mano está que esta guerra que vuestros antepasados y los nuestros han sostenido muy cerca de ochocientos años, y que ahora sostenemos vos y nos, se interrumpa, y detenga el gasto en vidas y haciendas que extravía a los reinos. Los reyes hemos sido designados por Dios para conducir a nuestros pueblos por el camino de la felicidad, no de la perdición. Pensadlo bien. A la reina y a mí nos cabe la honra de haber sido elegidos como el católico instrumento con que Dios Nuestro Señor quiere realizar su ya antiguo propósito de convertir a España en la nación más grande de Europa. Nosotros hemos de rematar tal divina encomienda, lejos de ambiciones y de sentimientos personales. Porque suyo es el reino, el honor y la gloria. Si consentís con nos en lo que os ofrecemos, todo será como pretendemos que sea, y no seréis vos el que salga menos ganancioso.

Eso, o algo similar, me dijo el rey en los Reales Alcázares cuando Moraima y yo nos despedíamos de nuestro hijo, y ambos reyes se presentaron sin anunciarse.

Yo, en tanto el rey hablaba, sentía clavados en mí, haciéndome daño, los bellísimos ojos, candorosos y enormes, de Ahmad. Y no eran opuestos a los del perro *Hernán*, para el que sin duda yo soy omnipotente. Por eso respondí:

–No hay guerra que dure ocho siglos, señor. Lo que durante tanto tiempo hemos traído entre manos vosotros y nosotros es evidentemente una cosa distinta.

Cuando Moraima se inclinó para besar a Ahmad, temí que la resistencia de los dos se derrumbara. No fue así. Ella con la voz un poco quebrada, pero serena, le dijo, acariciando su carita llena de estupor:

–Sé dócil, cumple con tus deberes de buen musulmán, y recuérdanos siempre. Tu padre y yo no te olvidaremos ni un solo instante.

El niño volvió de nuevo sus ojos hacia mí.

La reina Isabel puso una mano no del todo limpia sobre el brazo de Moraima:

–Tened por cierto que yo en persona velaré por la educación de este morito, y que será tratado como si fuera un infante de Castilla. Id tranquilos.

Acto seguido, en silencio por no multiplicar intercambiándolos nuestros pesares, emprendimos el camino de Vélez. Yo ya no era ni un rey en exilio, ni un rey preso. Acaso no era un rey. No sabía lo que era.

Al entrar en nuestro territorio lo supe con una exactitud abrumadora. Los mismos que a mi tío le nombran *el Zagal*, es decir, *el Valiente*, me nombraban a mí *el Zogoibi*, es decir, *el Desventuradillo*. Según el tono con que me lo dijeran, podía yo distinguir en ese mote la piedad o el desdén.

La primera noche en Vélez, después del caluroso recibimiento, Moraima lloraba sin ruido y sin consuelo. Yo no le pregunté por qué: tenía tantos motivos. Abrazado a ella, le leí, para distraerla y distraerme, un poema que el rey Almutamid de Sevilla, muy poco aficionado de joven a las armas, dedicó a Al Radi, su hijo predilecto, tan semejante a él. Había puesto a su cargo un expedición contra Lorca, pero Al Radi, para quien el orgullo bélico no contaba, fingió estar indispuesto. Entre el horror

361

de los combates y el atractivo por el estudio y la lectura, no titubeó. Su padre aceptó a sabiendas la excusa, y encargó a su hijo menor, Al Mutad, la expedición. Infortunadamente, no tardaron en anunciarle su malogro. Y, a su pesar, le guardó rencor a Al Radi, quizá porque lo comprendía, quizá porque él mismo no tardó en comprobar la inutilidad de sus armas contra sus enemigos. Pero para burlarse de aquel joven príncipe pacífico y culto, y darle una lección, le dedicó unos versos, apuntados, sin mucha convicción y con mucha ironía, contra las flamantes generaciones de príncipes, tan andaluces o más aún que sus propios padres fueron.

La realeza está ahora en el manejo de gruesos libros; deja, pues, de acaudillar ejércitos.

Da las vueltas rituales alrededor del pupitre, para besar la Piedra Negra, y vuelve a ella para despedirte de las cátedras.

Marcha contra las huestes de los conocimientos para someter al sabio que combatirá contigo.

Golpea, como si fueran lanzas, con los cálamos: conseguirás una gran victoria sobre los tinteros de las escribanías.

Maltrata con el cortaplumas del escritorio, en vez de con la tajante espada corta.

Si se habla de los más grandes filósofos, ¿no eres tú Aristóteles?;

si se habla de Al Jalil, ¿no eres tú gramático y poeta?;

por lo que respecta a Abu Hanifa, no es su opinión la que se adopta estando tú presente.

¿Qué importan Hermes, Sibaway, ni Ibn Fawrak cuando inicias tú una polémica?

Todas esas nobles cualidades tú las reúnes, ¿no es cierto? Pues sé entonces agradecido a quien te cuidó;

permanece en tu asiento, ya que estás bien alimentado y bien vestido.

Pero pregúntate, por lo menos, si es que no hay otros títulos de gloria.

Y leí después la respuesta que Al Radi, conmovido por el tono festivo pero amargo del poema, le dio a su padre el rey:

Aquí me tienes, señor. He renegado de cuanto contienen los gruesos libros.

He mellado el cortaplumas del escritorio, y he roto los cálamos.

Ahora sé que el título de rey se adquiere entre los hierros de las lanzas y entre las anchas hojas de los sables.

La gloria y la grandeza no se alcanzan sino en el encontronazo de un ejército y otro,

no en el encontronazo de una opinión con su contraria, cuyos vestigios son perecederos.

Creí, por torpeza, que ellas eran la principal peana del esplendor,

pero no son más que sus ramas secundarias: la ignorancia es una excusa para el hombre.

Porque el joven no adquiere la nobleza más que con una cimbreante lanza y un sable de hoja corta.

He huido, señor, de aquellos que nombraste, y niego ya que fuesen grandes hombres.

Repetí, muy despacio, el penúltimo verso:

... el joven no adquiere la nobleza más que con una cimbreante lanza y un sable de hoja corta...

Las palabras quedaron un instante, temblorosas, en el aire. Moraima levantó la cabeza. Ya no lloraba. Me miró frente a frente, adivinando la magnitud de mi recado. Yo bajé los ojos con desaliento. Ella hundió –lloraba de nuevo– su cabeza en mi pecho. Y murmuró:

–Que sea lo que Dios quiera, Boabdil; pero que Dios quiera para los dos lo mismo.

Hay varios Vélez; para mí sólo hay uno que será inolvidable: aquél en que, frente al mar, en la más absoluta soledad interior, una noche de la luna creciente de octubre, he tomado la decisión más grave de mi vida.

Hoy he recibido la noticia de que mi padre ha muerto. Las semanas que precedieron a su muerte sufrió las alucinaciones más terroríficas y las más espeluznantes pesadillas: perdió la razón antes que el ser. Ya estamos cara a cara *el Zagal*, el hombre que más amo y más respeto en este mundo, y yo, *el Zogoibi. El Zagal* es incapaz de pactar con los reyes cristianos: empujará a nuestro pueblo hacia la muerte con los ojos abiertos, hasta el último hombre y el último dinar. Y yo he llegado ya a la conclusión de que nadie puede cerrar los ojos; de que nadie puede decir «yo soy independiente o soy distinto», sino que en toda vida hay un momento en el que tiene que tomarse partido por una causa u otra. Es el duro momento de elegir. [Fue la vida la que eligió: muy pronto, y exactamente lo contrario de lo que yo escribí.]

Amo y deseo la paz por encima de todo. La paz es la tierra en la que crecen nuestros hijos, y en la que nosotros somos de verdad nosotros mismos; es la rosa en la que caben todas las primaveras, y la auténtica benignidad de Dios; la huerta que trabajamos con sudor y cultivamos, y en la que hemos sembrado la esperanza. ¿Por qué entonces las guerras? Ahí están siempre, grandes o pequeñas, si es que las hay pequeñas, porque para cada cual la más grande es la que lo destruye. Donde pongo los ojos, allí están: mirando con sus cuencas vacías, tendiendo sus muñones, con las piernas cortadas, espantosas e inmóviles. La guerra es más horrible que la muerte; porque la muerte es natural, pero la guerra no, a pesar de que al hombre, por habitual, se lo parezca. «Si quieres la paz, haz la guerra», se dice, y es mentira. Tal fue la burda historia de todos los imperios de este mundo: guerrear con la excusa de la paz; transformar la tierra en un cementerio, y titularlo paz. Con esa falacia se nos llena la boca. Cada tregua aquí es un descanso para que los contendientes se laman las heridas y se preparen para ataques más fieros. Igual que tiembla esta noche el espacio salpicado de estrellas, tiembla la tierra salpicada de guerras y catástrofes. Sin cesar, sin cesar... ¿Y quién las quiere? ¿Acaso los hombres, que abandonan su casa y su familia, con el corazón volcado a aquello que abandonan? ¿Acaso los hombres enardecidos por las promesas de un Paraíso eterno, que borra a su alrededor este modesto y breve paraíso del mundo? ¿Acaso los hombres a los que se convence de que Dios les exige matar a semejantes suyos en su nombre? ¿O las mujeres, enlutadas y viudas, que pierden en la guerra la mitad de su vida, sin la que nunca ya estarán completas? ¿O los niños, único e irrepetible cada uno, truncados por las guerras, como una lombriz a la que alguien parte en dos, en cinco, en siete trozos antes de proseguir indiferente? No, no, no. Quienes quieren las guerras son los mismos que tendrían que extirparlas y levantar la vida de sus pueblos, y mejorarlos y colmarlos de alegría y de luz y de prosperidad... Pero el pan que les dan les sabe a sangre; el bienestar escaso que les dan lo construyen sobre los huesos de otros hombres. Antropófagos somos, como aquellos de que Muley me hablaba, devoradores los unos de los otros. La victoria siempre consiste en aniquilación: vencer es destruir. ¿Quién habla aquí de paz? ¿Por qué no puede conseguirse la paz sino con las armas? ¿Por qué las causas más hermosas son las que no pueden defenderse por sí mismas? Son los pacíficos quienes tienen que defender la paz; pero ¿quiénes son los pacíficos?: los humildes, los desarmados, los perseguidos, los compasivos, los sinceros, los pequeños, es decir, los inútiles. Los inútiles como yo, que se dejan embaucar a sabiendas, soñando con la paz en sus noches entrecortadas. Porque no soy yo quien ha inventado el mundo. Porque no me puedo desentender de la realidad. Porque no me está permitido sumergirme otra vez en los libros, ni en los vagos anhelos. Para mí lo escribió Al Mutanabi:

Si he de vivir, habrá de ser la guerra mi madre;
mi hermano, el sable; mi padre, el filo de la espada.

Tengo, pues, que fingir; fingir que sigo siendo como soy, aunque haya decidido, de ahora en adelante, ser ya de otra manera. Tengo que desempeñar mi papel de hombre sin carácter que a nadie satisface, porque, si alguien llegase a sentirse satisfecho de mí, todo estaría perdido. Y es necesario salvar aquello que aún pueda ser salvado.

Engañaré a los reyes cristianos, simulando cumplir la cláusula secreta de mi pacto con ellos. Engañaré a mi madre, simulando que obedezco sus órdenes con la mansedumbre que ella vio siempre en mí. Engañaré a Aben Comisa, que no vive sino para engañarnos a todos en busca de su propio beneficio. Engañaré al *Zagal*, simulando entablar con él, si no hay otro remedio, una guerra que no podría entablar nunca, porque pienso que es más yo que yo mismo: el que yo habría deseado ser. Engañaré a mi pueblo, simulando esperar contra toda esperanza, para que no se hunda en la desesperación. Me engañaré a mí mismo, simulando que aún quedan batallas que reñir y triunfos que alcanzar. A la única que no engañaré será a Moraima: sin ella no sería capaz de emprender este áspero camino de simulaciones.

Miro los astros esta noche, y colijo que ha de haber otros mundos en que la paz florezca. Siento que ellos también me miran, como los ojos de los muertos que han luchado por lo que yo tengo que luchar sin convicción alguna. Soy igual que un caballo que en la carrera ha perdido a su jinete, y escucha una voz que le dice: «Galopa.» «Pero ¿hacia dónde; en dónde está la meta?» «Tú galopa», le ordenan. Y galopa a ciegas, sin porqué ni para qué; sin saber quién lo mira, ni quién le habla, ni qué se aguarda de él.

Aquí abandono estos papeles, que no debo seguir escribiendo. Fuera de ellos, he de arrostrar mucha faena. No sé si serán obras trascendentales; lo único que sé es que me son ajenas. Ha llegado la hora de la generosidad; de una generosidad que –lo presiento– nos llevará al mismo lugar al que nos llevaría el egoísmo: acaso los caminos son convergentes todos, y nada cambia, cualquiera que se elija. Una generosidad opuesta en apariencia a la razón; pero ¿qué es la razón sino el envejecimiento de la inocencia? Hoy, cuando acaba mi padre de morir en la desolación de la locura, recuerdo los ojos de mi hijo Ahmad en Córdoba: me miraba tratando de sentirse orgulloso de mí, y el orgullo de un niño es un padre orgulloso. Igual que un niño, he de avanzar desde hoy –a impulsos de la ficción, porque no soy un niño– procurando desatender lo que la sensatez me dicte; procurando complacer a mi pueblo, que es también otro niño, para que crea en mí y descanse en mí. Como si yo fuera lo bastante fuerte para soportar la carga de su despreocupación...

Esta noche de la luna creciente de octubre, extinguida la fe y perdida la confianza, me acobarda el temor de no engañar a nadie: ni a los cristianos, ni a mi madre, ni al *Zagal*, ni a mí siquiera; me acobarda el temor de que quizá a la única que consiga engañar sea a Moraima.

Aquí abandono estos papeles, que de nada han servido.

Casi pasado el día, caigo en la cuenta de que he cumplido en él veinticuatro años.

III.   ALTOS SON Y RELUCÍAN

—

-¿Qué castillos son aquéllos?
Altos son y relucían.
-El Alhambra era, señor,
y la otra la mezquita...

Romance de Abenamar

Han pasado seis años desde que dejé de escribir en estos papeles carmesíes. Ahora ya tengo tiempo de volver a ellos; lo que
me queda ahora es sólo tiempo.

Cuando a un hombre se le impone al nacer una misión,
gloriosa o desdichada, su vida tendría que concluirse cuando
se concluyera esa misión. Si no, ¿qué hará con lo que sobra?:
¿ordenar los recuerdos en la confusa arca de la memoria, trasladar, componer, recomponer, intentar situarlos, intentar que
entre todos configuren una pieza coherente? Pero eso es imposible, porque la realidad no es ni remotamente parecida al
relato que se hace de ella. Cada cual cuenta aquello que vio,
o que se imaginó haber visto, o que deseó ver; si otro lo contara, lo haría de distinta manera, incluso de una manera
opuesta, según sus impresiones, o según sus propósitos. Y eso,
aunque todos actúen con honradez (lo cual es improbable), y
aunque todos actúen con ecuanimidad, sin el único objeto de

369

exponer lo que, antes de empezar, tenían ya previsto (lo cual es imposible).

Yo estaba hecho de dudas, y los reyes cristianos no tenían ni una sola. Perseguían algo muy concreto y plausible; lo único que yo podía hacer era oscurecerlo, perturbarlo, aplazarlo.

El Zagal, por el camino de la guerra, no habría conseguido sino destruirnos en más o menos tiempo: los cristianos tenían muchos más medios que nosotros y, por añadidura, una irrevocable decisión tomada en el mejor instante, en un instante de entusiasmo y de renacimiento. El descorazonador estribillo me envolvía una vez y otra vez: «Nada tiene remedio, y todos lo sabemos.» Sólo cabía la eventualidad –no la certeza– de alargar el tormento, es decir, de continuar un día más, un mes más, un año más, en la disfrazada desesperanza en que vivíamos. Las capitulaciones de Córdoba y de Loja habían allanado el camino a Granada; yo las firmé consciente de su fin, que era precisamente nuestro fin.

A mis partidarios se les concedía en ellas la condición de mudéjares: el derecho a seguir en sus propias casas, disponer de sus bienes, tener sus mezquitas y casas de oración, y ser eximidos de pechos, del alojamiento de soldados y de tributos durante diez años; así como el casi póstumo derecho de marchar a África sin incurrir en sanción y a costa del erario real. O sea, dada la cuestión por perdida, se aliviaba la desgracia de los perdedores. A los partidarios del Zagal, por el contrario, no se les otorgaba derecho alguno, y sólo por merced podrían habitar en los barrios de las ciudades que se habilitasen como morerías.

Mi máxima aspiración consistía no ya en vencer, lo cual era absurdo, sino en ser vencido con el menor daño. Pero absurdo era también que todas aquellas generosidades con los míos sólo entrarían en vigor cuando yo hubiera entregado Granada y su territorio; ante todo, debía expulsar de él a mi tío. La sagacidad de Fernando fue aceptada con resignación por mí, pero sin el ánimo de obligarme, sino de ir contra ella en cada oportunidad que se me presentara. En las capitulaciones había cláusulas como ésta: «Ganada que sea la ciudad de Guadix, sus altezas habrán de continuar aparentemente la guerra contra Boabdil como la hacen ahora contra *el Zagal*, para que así Boabdil pueda cumplir, como impelido por la fuerza, lo que promete en esta capitulación.» Se me proporcionaba, pues, la ocasión de traicionar a mi gente con el aire de protegerla; eso blanqueaba cualquier traición que yo cometiese contra los que me forzaban a traicionar así. Tal era mi propósito por debajo de todas las defecciones y de todas las desobediencias, a través de todos los descuidos, por medio de todos los engaños.

Muy pocos de mis correligionarios prestaron fe a las promesas de paz cristianas; prácticamente se redujeron a los vecinos del Albayzín. Y como el cauce exclusivo de esa paz era yo, para obtenerla se convirtieron en acérrimos míos. Cada día denostaban con improperios a los habitantes de Granada, partidarios del *Zagal*; con ello propiciaron lo que los reyes Isabel y Fernando perseguían: la rivalidad y la discordia. Sin embargo, no tardaron ambos bandos en tener una cosa en común: la certidumbre de que yo era traidor a uno y a otro. Para lo que me proponía —y estaba lejos de saber con seguridad qué era—, hube de cargar, como primera providencia, con ese sacrificio.

En Granada había dos reinos, delimitados por el río Darro. En calles, en plazas y en plazuelas se peleaba cotidianamente, aspirando cada partido a alzarse con la ciudad y a aniquilar al otro. Yo quise apresurar el término de tal desangramiento. Dejé Vélez, y me presenté una noche en el Albayzín. Fue el 14 de octubre de 1486. Mis partidarios se reafirmaron al verme en persona a la salida de la última oración. Aquella misma noche, de improviso, entre antorchas que iban y venían arrastrando por la oscuridad ya fresca del otoño sus rojas cabelleras, fui coronado por segunda vez. Un grupo de muchachos me irguió sobre sus hombros y me subió a lo alto de un aljibe. Allí me quedé solo una vez más, con ojos húmedos, arropado por los candentes vítores de quienes tanto me habían aguardado.

–Dios Todopoderoso –gritaban– te ensalce y te preserve para nosotros.

–Gracias, hijos –les respondí con la espada en una mano y una adarga en la otra–. Gracias, porque arriesgasteis vuestras vidas para salvar la mía, y porque creísteis en mí con honor y largueza, y porque supisteis esperar sin desmayo esta hora. Yo os prometo que vuestro amable coraje no quedará sin galardón.

No creía en nada de lo que les decía; pero traté por su bien de que ellos lo creyeran. Mandé leer mis pactos en las plazas del arrabal por pregoneros, y brindé protección a cuantos abrazaran mi causa. El pueblo del otro lado del Darro, recordando lo sucedido en Loja –¿cómo iban a saber que yo aún estaba preso?–, me tachaba de vendido a los cristianos y descreía en mí; pero lo cierto es que suspiraba por la paz con la misma vehemencia que el pueblo del Albayzín.

Mi tío *el Zagal*, que ocupaba la Alhambra, se negó a escuchar los mensajes en que le proponía una entrevista. Le iba a exponer en ella mi exculpación, mis argumentos, mi propósito; le iba a ofrecer incluso mi abdicación, si él penetraba los motivos que me impulsaron a firmar las capitulaciones, con el designio de incumplirlas. Prestó oídos sordos a todas mis propuestas. Dos días después me declaró la guerra.

Era una mañana profunda y diáfana. Recibí la noticia igual que se recibe un empellón. Me tambaleé. Apoyé las manos en el antepecho de una ventana; desde ella veía la Alhambra, enhiesta y recortada sobre la verde Sabica, con su belleza imperturbable. Era contra ella, que lo simbolizaba todo para mí, contra lo que tenía que luchar. Contuve la expresión de mi abatimiento, y despedí a los emisarios del *Zagal*. Frente a la amada colina reflexioné. Dos cosas debía de tener claras: que el emir

Abu Abdalá me consideraba un esbirro al servicio de los cristianos, y que tenía razón Aben Comisa cuando me advirtió que ahora las victorias habían de ser parciales y diarias, confirmándome en cada situación con un fragmento de éxito. Tenía que olvidarme de las grandes palabras y de los grandes ideales: estaban muertos para siempre. Ciertamente no era un destino de héroe ni de salvador el que la historia me había reservado; tenía que prestarme a cumplir lo mejor posible el de hormiga calculadora, mal vista y despreciada, que procura, en el silencio y en la oscuridad, la perduración de su hormiguero.

Envié, en consecuencia, a pregonar mis paces por toda la frontera. Fue entonces cuando llamé a Hernando de Baeza, luego mi secretario y mi cronista. Él vivía en Alcaudete y allí fue a pregonar un caballero mudéjar, Bobadilla, con el que mi amigo Abrahén de Mora, intérprete mío desde mi primera coronación en Guadix, le mandó una carta. En ella le pedía en mi nombre que viniese al Albayzín para encargarse de mis conversaciones con los reyes cristianos, que preveía cada vez más complicadas. Hernando de Baeza juzgó la entrada al Albayzín demasiado peligrosa, y no aceptó. Lo lamenté, porque lo había conocido cuando convoqué en Alcaudete a los grandes caballeros andaluces de mi partido poco después de mi liberación. No acudió casi ninguno, y el jefe de mi guardia, Al Haje, para distraerme, me habló de un Hernando de Baeza conocido suyo y sabedor del árabe, con el que aquella triste noche compartimos cena y posada, ofrecidas gentilmente en su casa.

Desatada la lucha entre mi tío y yo, lo mejor era ultimarla cuanto antes para ahorrar vidas y bienes. Con tal fin acepté la ayuda de Castilla, y traté de olvidar que quienes habían de morir tenían nombres, cuñas, hijos y madres; sólo importaba disminuir su número. Contra la contumacia del *Zagal*, que se disponía a emplear contra mí hasta el último de sus seguidores.

En efecto, sus ulemas proclamaron que todo el que se aliase con los cristianos o secundase mis planes sería reo de rebeldía contra Dios y su Mensajero. Así desvirtuaron una reyerta en una guerra santa, y la religión, en un arma mortal entre los hermanos que la compartían. Hasta el extremo de que *el Zagal* decidió tomar el Albayzín por asalto, capitaneando él mismo y su general Riduán Benegas a sus hombres. Convocó para ello a los granadinos y a los habitantes de los alfoces.

—La sangre y la hacienda de esa gente de ahí enfrente son vuestras. Quienes se unen a los cristianos no merecen más que la espada y el desprecio —les dijo.

Falseó y deformó mi postura; me acusó públicamente de renegado y corrompido, y exaltó contra mí a sus partidarios, que eran no sólo los de Granada, sino los de Baza y Guadix y sus cercanías.

A estos últimos les previno de su plan: mientras los granadinos se abrían paso por la Puerta de Hierro, la de Oneidir, la de Caxtar, el Portillo y la Puerta de Vivalbonuz, el Portillo de Albaide y la Puerta de Abifaz, ellos habían de ascender por el Fargue y atacar la Puerta de Fajalaúza para de esta manera acosarnos a los del Albayzín por todas partes. Así lo hicieron. Yo, al tanto del momento en que iba a producirse la agresión, reuní a mis parciales, y los arengué para que confiaran en mí un poco a ciegas, porque ni a ellos me era posible hablarles con toda claridad.

—El principal impedimento para la paz —les dije— es ahora Abu Abdalá y sus enloquecidas tropas. Nos odian más aún que a los cristianos, y pretenden pasarnos a cuchillo y bañar las calles del Albayzín con nuestra sangre. Sólo hemos dejado de ser hermanos por su afán de muerte y venganza. Ni en Dios ni en mí, os lo juro, existe otra razón.

Los vecinos del Albayzín, bien ordenados y con el auxilio de Gonzalo de Córdoba —no al revés, como *el Zagal* me echaba en cara—, acudieron a sus puertas, cargaron contra sus enemigos —ay, llamar así a quienes compartían con nosotros fe, Dios, ciudad, historia, todo—, y los dispersaron. Yo, desde mi puesto de mando, contemplaba cómo la primera victoria de mi vida se realizaba contra mis propios súbditos, y cómo el destino juega con los móviles de los hombres. Los vencidos se retiraron en tumulto, y, desconfiando de sus propias fuerzas, barrearon sus puertas y portillos. Toda posibilidad de comunicación, incluso la material, quedaba así excluida.

Mientras las peleas parciales proseguían, y los insultos y las pedreas y los cintarazos eran diarios, el sultán de la Alhambra convocó a los alcaides de Málaga, Baza, Guadix, Vélez, Almuñécar y otros distritos. Todos a una se comprometieron a obrar de común acuerdo y a prestarse mutua asistencia en el caso de que cualquiera fuese atacado por los enemigos de nuestra religión. Yo traté de enviar representantes míos a esa reunión; traté de que los alfaquíes de uno y otro bando se entrevistasen para pactar; traté de convencerlos de mis intenciones, lo que me parecía más fácil ahora que habían sufrido una derrota. Inútil: me estrellé contra el mutismo del *Zagal*. Envié, pues, a Abul Kasim el Maleh, a quien había nombrado visir, a los castillos de Vélez, de Almogía y de Málaga para informarles sobre mis tratados de paz con Fernando y sobre cómo provocaríamos su enojo si no nos ateníamos a ellos. Málaga y Almogía se adhirieron a mí. No así Vélez, cuyo alcaide era Abul Kasim Benegas, el que fue mi maestro de política.

–Un traidor siempre cuenta con la traición de los otros. Di a tu amo que recuerde mis lecciones. Ojalá su padre hubiese hecho caso de los astros –fue la respuesta de Benegas.

Con cuánta frecuencia he visto desde entonces que los gobernantes se dejan llevar por la obstinación de sus súbditos que, desatada, ya es imposible de embridar. Con cuánta frecuencia he visto desde entonces que aquello que uno desea se desborda a menudo hasta volverse irreconocible; que la pasión que en frío suscitamos llega a poseernos con mayor delirio que si hubiese sido auténticamente sentida; que, como la luz reflejada en un espejo, nos deslumbra aquella luz que nosotros encendimos para que los demás, no nosotros, la contemplasen. Eso es lo que le ocurrió a mi tío *el Zagal*. Acaso habría podido evitarse si los dos nos hubiésemos entrevistado a solas, sin la virulencia de quienes llamábamos por separado nuestros.

Ante la negativa de Vélez a incumplir sus compromisos con *el Zagal*, el rey Fernando se puso en marcha hacia allí y lo sitió: Vélez sería la antesala de Málaga. Era el 10 de abril de 1487. Cuando llegó el aviso a Granada, *el Zagal* juntó a las gentes que había aliado contra mí; su pacto exigía un cumplimiento más arriesgado y más rápido de lo previsto. Les pidió parecer, y decidieron ir en socorro de Vélez en virtud de lo concertado unas semanas antes. Mandó mi tío al alfaquí mayor que tomara en sus manos el tahelí con el Corán, y les habló a los alcaides:

—Jurad por las palabras aquí escritas que ninguno de vosotros, ni los presentes ni los ausentes, en tanto que yo llevo a nuestros hermanos este socorro, haréis nada, ni diréis, ni os aconsejaréis en nada que vaya contra el servicio de mi causa y en pro de la de mi sobrino.

Y salió de Granada, donde dejó una escasa guarnición, el día 19 de abril. Cuando avistó Vélez, el sitio cristiano se había afirmado por tierra y mar. Acampó en el castillo de Ben Tomiz. Le urgía despachar el combate y regresar; en consecuencia, atacó sin dilación al enemigo. Por entre los viñedos, verdes todavía, clamorearon sus gritos de guerra.

Entretanto yo, sin apenas verter sangre, me adueñé de Granada. Fue la mañana del 29 de abril. Un moro viejo, escrofuloso y pordiosero, que vendía perfumes a las mujeres en la entrada de los baños públicos de arriba, se subió a la torre de la cercana Puerta Mazdal, y se encerró en ella. Puede que estuviera pagado por uno de los míos: he dejado de creer en la gratuidad de los gestos. Ya en lo alto, el viejo se quitó la toca de la cabeza, la desenrolló, la ató en el bastón en que se apoyaba, y comenzó a vocear:

—¡Dios salve a Boabdil! ¡Dios salve al hijo de Muley Hasán! Él es quien mirará por nosotros. No le seamos desleales. ¡Dios nos lo salve!

A sus voces respondieron otras, y surgieron llamadas y reproches de azoteas y de murallas, hasta alcanzar mis propios oídos en el Albayzín. No me costó mucho persuadir a los ciudadanos granadinos, que estaban indefensos, de que abrazaran mi causa. Me apoderé del talismán que es la Alhambra, y me convertí en el único sultán de Granada. Fue una mañana triste, a pesar de las albórbolas con que mis fieles quebraban y estremecían la purísima luz de los jardines. A las puertas del palacio de Yusuf me aguardaba, como si lo hubiese convocado, el eunuco Nasim; me saludó con la misma sonrisa con que lo vi la madrugada en que salí para Lucena. Se interesó por Moraima y mis hijos. Me mostró las alcobas aderezadas, las albercas limpias, los baños impacientes por ser usados. No era preciso aludir a sus opiniones, ni a su pertenencia a bando alguno. Él, entre mi tío y yo, no había elegido; no tenía por qué: su puesto era la Alhambra; su fidelidad, hacia ella; sus desvelos, para quien la ocupara.

Cuando la nueva lo alcanzó, el ejército del *Zagal* aflojó en el combate y, antes de que la acción se generalizase, retrocedió en desorden. Los cristianos, que habían levantado el asedio para ir contra él, lo reanudaron con más ímpetu y, después de tomar por asalto el arrabal, lo estrecharon definitivamente. El ejército de mi tío fue disuelto; los soldados regresaron a sus casas, dando a Vélez por perdido. Los sitiados, ante la resolución del enemigo de entrarles por la fuerza de las armas, y ya sin esperanzas de socorro, solicitaron la capitulación. La plaza fue evacuada el 3 de mayo.

El Zagal se retiró a Almería, donde aún gobernaba Yaya al Nagar. Derrotado, según él, por un traidor, se refugió junto a un dechado de traidores. Su destino no fue indulgente con semejante yerro.

Tras la rendición de Vélez, se entregaron sus alquerías y las poblaciones al Oriente de Málaga, incluso la fortaleza de Comares. De este modo, con mi tío como instrumento, vengaron los cristianos su desastre de la Ajarquía, donde precisamente él recibió el apodo del *Valiente*, y ahí fue donde mi aprehensor en Lucena, el alcaide de los Donceles, si es que fue él, ganó su título de marqués de Comares. La Historia, como suele, cubre o descubre a su antojo los naipes de su baraja.

Yo, en Granada, tomé tres decisiones. La primera, llevarme a la Alhambra de nuevo a mi familia; mi madre, que no cabía en sí de gozo, se aposentó en los palacios de mi padre. Nasim se encargó de que, desde la Ajarquía, me trajeran a *Hernán*. Lo vi llegar atado una mañana. Debió de haber soñado muchas veces que me reencontraba, y despertado en vano muchas veces; porque me miró con tristeza, incrédulo e inmóvil. Sólo cuando escuchó mi voz que decía su nombre rompió la cuerda y saltó sobre mí. El criado que lo llevaba, creyendo que iba a atacarme, le asestó un golpe con un palo; yo interpuse mi brazo, y me hirió en él. Más tarde descubrí que *Hernán* se había orinado de dicha sobre mis vestidos.

La segunda decisión fue la de firmar nuevas capitulaciones con Fernando, por ver cómo evolucionaban sus pretensiones ahora, y en qué habían mudado. Para ello volví a enviar a Alcaudete al mudéjar Bobadilla, con el fin de que, garantizada como estaba la paz interior de la ciudad (aunque sólo relativamente, como se vio en seguida), trajera consigo a Hernando de Baeza, hombre de poca guerra, como yo. En las nuevas capitulaciones se estipuló que yo entregaría Granada cuando se diesen «las circunstancias propicias» —que yo no estaba dispuesto a admitir nunca—, y en compensación recibiría un principado constituido por las ciudades ya indicadas en Loja, más todo el Cenete, el Valle del Almanzora y la parte oriental de la Alpujarra. La adhesión de mi nuevo visir El Maleh, con el que trataba en vano de sustituir al sinuoso Aben Comisa, se gratificaba con el distrito de Andarax, y a otros nobles se atribuían otros bienes. A los albayzineros se les permitía habitar en el área de Granada con toda libertad, y una exención de impuestos por diez años. En contraprestación, nosotros nos obligábamos a combatir al *Zagal* junto a los cristianos.

La tercera decisión que tomé, contradictoria en principio de la segunda, fue despachar un embajador al sultán mameluco Qait Bey de Egipto, implorándole socorro contra los adversarios de nuestra religión. El sultán escribió al clero de la iglesia de la Resurrección en Jerusalén, bajo su dominio; le instaba a escribir al rey de Nápoles para que a su vez éste escribiera al de Castilla con la petición de que no se mezclase en los asuntos andaluces y abandonase nuestro territorio. [Palabras nada más. Los efectos de mi solicitud se concretaron dos años después –cuando los reyes sitiaban ya Baza– en forma de dos franciscanos del Santo Sepulcro, que traían cartas del rey de Nápoles y del Papa Inocencio VIII aconsejando el fin de la guerra de Granada. La expresión era equívoca: no se sabía con exactitud si aconsejaban que los reyes desistiesen de la guerra, o que se apresurasen a ganarla. Luego supe que la reina otorgó a los franciscanos una pensión de mil ducados anuales a título perpetuo y un velo muy rico, que ella misma bordó, para cubrir la tumba del profeta Jesús. Además, las amenazas de represalia de Qait Bey, aparte de escasas, eran sólo verbales. Igual que las advertencias pontificias, porque, en 1488, Fernando pidió permiso al Papa, que se lo concedió, para venderle al mameluco trigo con que remediar la hambruna Siria. Con el precio de ese trigo, Fernando subvino a los gastos de la guerra de Granada. Esta venta –decía el raposo en su petición de permiso– favorecería a Egipto contra Turquía, «cuya potencia creciente es la que en verdad nos amenaza». Como se ve, había demasiados intereses, y todos particulares y encontrados, como para que nadie nos ayudase a los andaluces.]

A Fernando no le importaba que lloviera sobre mojado en sus traiciones. Endiosado por la facilidad de la campaña de Vélez, creyó llegado el día de adueñarse de Málaga. Pero, por habérseme sometido, Málaga estaba exenta de su órbita e incluida en mi paz; me quejé por medio de Aben Comisa –que la gobernaba en mi nombre– y del alcaide castellano de Jerez, en poder nuestro desde lo de la Ajarquía. Fernando, hecho de recovecos, me respondió que, si bien la alcazaba estaba de mi parte, la fortaleza de Gibralfaro estaba de parte del *Zagal*, y mandada por Ahmad *el Zegrí*. Y añadía, como una burla, que en virtud de las últimas capitulaciones, me hallaba obligado a enviarle tropas que colaborasen con las suyas; su estrategia era responder a una reclamación con una exigencia. Le mandé cincuenta cautivos cristianos y la excusa de que sobrada tarea tenía yo con mantenerme en Granada. Inmediatamente di órdenes a Aben Comisa de que uniera sus fuerzas a las del *Zegrí* –que, con muchísimo menor número de soldados, era mucho mejor general– fingiendo que, por un golpe de mano, éste se había apoderado de la ciudad y de su guarnición.

Málaga era nuestra ciudad del gozo. Los que nos precedieron habían elegido bien su asiento: las vertientes costeras de una sierra llenas de vides, de almendros, higueras y olivos, y una llanura fértil, resguardada por ella, al borde mismo de la mar. Sus dos alcázares, muy anteriores a nosotros, se alzaban dominando el caserío, confiados y señeros; se comunicaban entre sí por pasadizos subterráneos, y ostentaban su faro y sus banderas ante las admiradas marinerías. La importancia de su comercio y la firmeza de sus baluartes la habían convertido en una ciudad orgullosa y despreocupada, entre la hoya que riega el Guadalhorce y la montuosa Ajarquía. Durante aquel caluroso verano, yo la recordaba azul y blanca como la vi en mi adolescencia, prolongada en sus dos arrabales, ceñida por un cinturón de huertos y vergeles, bajo un cielo transparente y templado. Recordaba los torreones rampantes que salvaguardan el barrio de los Genoveses, sus murallas anchas, su coracha, las espigadas torres de las atarazanas cuyos pies lamen las olas, sus barrios trepadores y pacíficos, sus colinas suaves y su vega cuajadas de naranjos, su invariable primavera, la deleitosa vida de sus gentes... Ella sola es un reino: ¿cómo no iba a provocar la avidez? A lo largo de su historia, siempre sucedió así.

Los malagueños más ricos entraron –el dinero no tiene religión ni otro ideal que él mismo– en clandestinas conversaciones con Fernando; pero el gobernador mandó decapitar a quienes pactaban la entrega, entre ellos a un hermano de Aben Comisa. Y a un nuevo ofrecimiento del rey, respondió: «En Aragón y Castilla no hay suficientes tesoros para comprar nuestra fidelidad.» Ante tal negativa, Fernando levantó sus reales de Vélez y se dirigió a Málaga. Era el 7 de mayo de 1487. Traía 12 000 caballeros y 50 000 peones. Avanzó por las ventas de Bezmiliana, mientras cerraba el puerto una escuadra al mando del catalán Galcerán de Requesséns. [Tiempo después me remitió con Martín de Alarcón estos antecedentes, con el fin de que me aleccionaran.] Con esas fuerzas habría bastado para rodear toda la ciudad, pero Fernando buscaba un triunfo rápido y sin dudas: temía la tradición de rebeldía y entereza de Málaga. Aumentó, por lo tanto, el tren del asedio: desembarcaron de las naves las piezas menores; la artillería gruesa se acercó desde Antequera; de Flandes llegaron, despertando las soñolientas playas, dos barcos en que el Rey de Romanos [que iba a ser su consuegro] enviaba piezas de distintos calibres, gran cantidad de pólvora, y experimentados lombarderos y artilleros. Allí concurrieron los alemanes Maestro Pedro y Sanceo Manse, y Nicolás de Berna, y el portugués Álvaro de Braganza, y muchos fundidores franceses, y un sinfín de mercenarios de otros sitios de Europa.

El valle del paso estaba vigilado por Gibralfaro de una parte, y de otra por los últimos cerros de la sierra del Norte. Sin embargo, a pesar de sus abundantes pérdidas, aquel enorme ejército logró avistar la ciudad y cerrar el cerco por el mar y la tierra. Los malagueños reaccionaron con coraje; se propusieron como blanco de sus tiros la tienda real, y Fernando hubo de retirarla detrás de una colina. Los primeros días fueron de prueba para los sitiadores; como una argamasa no bien mezclada, se descomponían sus tropas. El rey, recurriendo a un procedimiento ya habitual, solicitó la presencia de la reina, que estaba en Córdoba. El séquito de Isabel, hábilmente suntuoso, insufló brío a las huestes. Presionado por su esposa, el rey, que sólo había empleado hasta entonces artillería menor para conquistar la ciudad sin excesivo daño, resolvió utilizar los cañones de calibre más grueso; el estrago y la mortandad fueron incontables. Y el estrechamiento del cerco permitió además a los sitiadores afinar su puntería y ocupar uno de los arrabales altos de la ciudad, desde el que su capacidad de destrucción se acrecentó.

Mi tío mandó de Adra un grupo de voluntarios, que intentó en Vélez una maniobra de diversión, y un cuerpo de morabitos, que burló la vigilancia y penetró en la plaza, ayudando a hacer nuevas, aunque cada vez más dificultosas, salidas. No fueron de ninguna utilidad. El hambre se agravaba por momentos; se acabó el trigo y se sustituyó por la cebada. Hubo que tomar medidas radicales; todos los alimentos se requisaron y se almacenaron; se daban a quienes combatían cuatro onzas de pan por la mañana y dos por la noche; las raciones disminuyeron hasta su inexistencia. Los malagueños entonces devoraron sus asnos y acémilas; después, sus caballos; luego, perros, gatos, ratones y toda suerte de animales inmundos. Con ello sólo intentaban retrasar la muerte. Recurrieron a los cogollos de palmera cocidos y molidos, a las cortezas de árboles, a las hojas de vid y de parra picadas y aliñadas con aceite. Nada quedaba en la ciudad que, aun sin ser comestible, pudiera ser comido. Las enfermedades por desnutrición y envenenamiento cundían; se multiplicaban las defunciones y, sin embargo, el pueblo continuó su ciega resistencia. Con esforzado empuje y corazón bizarro, quienes no disparaban –hembras, ancianos, niños– reparaban las defensas, preparaban las municiones, secaban el sudor de los soldados, refrescaban su cansancio hasta que ellos mismos caían moribundos, extenuados por la debilidad. Los admirables malagueños clamaron por un socorro que nadie les prestó. [Un escuadrón de voluntarios que envié en secreto no acertó a entrar en la ciudad.] Mordiéndome los puños, veía ensangrentarse los atardeceres de Granada y era sangre malagueña lo que veía.

A instancias del rey, el marqués de Cádiz intentó comprar al *Zegrí*. Le ofreció la villa de Coín y cuatro mil doblas de oro, y otras mercedes para su lugarteniente y su alcaide y sus oficiales. *El Zegrí* escupió en el rostro a los comisionados. Y como, ante la desesperada obstinación, se alargaba el asedio, en el mes de julio se incorporaron oportunistas y aventureros ansiosos de fortuna de toda la Península y de fuera de ella. El ejército cristiano llegó a contar con 90 000 hombres y la gloria del *Zegrí* corrió de boca en boca. Pero otro era el punto flaco de aquel sitio, y su abyección me ha salpicado a mí. Aben Comisa fue requerido al campamento cristiano. Amenazado de muerte si se resistía, hizo caso omiso de mi mandato; organizó un levantamiento contra *el Zegrí* entre los desmoralizados después de tres meses y medio de penalidades, y rindió la ciudad.

El día 18 de agosto de 1487, en el mes de Rayá, en medio del calor, entró por las puertas de Málaga el comendador de León –el mismo que luego entró, el primero también, por las de la Alhambra– a la cabeza de su caballería. El 19, muertos sus defensores, Gibralfaro cayó. Al *Zegrí*, encadenado –sea para él la gloria–, se le mandó a una miserable mazmorra de Carmona. Sus últimas palabras al despedirse de su tierra fueron:

–Yo juré defender mi patria, mi ley y el honor de quien en mí confiaba. Me han faltado ayudadores que me ayudaran a morir peleando. No es culpa mía seguir vivo.

En Málaga habían muerto 20 000 andaluces; los cerca de 15 000 restantes fueron vendidos por los reyes cristianos en cincuenta y seis millones de maravedíes. La ciudad se usó como escarmiento de las que quedaban por conquistar; en ella incumplió Fernando su última y su penúltima palabras. Se apoderó de todas las haciendas, y llamó a su trinchante y capitán Alonso Yáñez Fajardo para que se hiciese cargo de las casas en que deberían recogerse todas las mujeres jóvenes del partido. [A él se le habían concedido en exclusiva cuantas casas de lenocinio se instalaran en todo el Reino granadino, con lo que amasó una enorme fortuna: en tales logrerías termina la espada de los bravos.] Con ello, la ciudad que había sido opulenta y feliz, la ciudad que luego había sido heroica se transformó en ciudad de prostitución y esclavitud; sin excepción, todos sus moradores, hasta los niños, fueron reducidos a ellas. Tan grande fue su infortunio como había sido su intrepidez. Por Málaga se estrujaron todos los corazones, se apenaron todas las almas y se derramó inacabable llanto. A ninguna villa ni lugar de su algarbía les quedó deseo de resistir; pero sus habitantes en vano clamaron después por la paz pactada: fueron hechos esclavos y sometidos a obediencia sin combate, ni cerco ni fatiga. Yo sufrí como en carne propia sus padecimientos, y me encontré, como ellos me encontraban, responsable de la tragedia.

Porque lo sucedido en Málaga, al defraudar las promesas a mí hechas y por mí transmitidas, movió a muchos musulmanes a sublevarse en mi contra y a reclamar el mando del *Zagal*. Los granadinos volvieron a las andadas, el Albayzín dudó, y sólo los refuerzos de Gonzalo de Córdoba me permitieron mantener mi cabeza y mi poder. Así y todo, la ayuda de Fernando no fue graciosamente concedida: hube de comprometerme a entregar Granada treinta días después de que se conquistase la parte del

Reino que *el Zagal* mantenía. Con esto me vi de nuevo en la encrucijada de desear que mi tío resistiese lo más posible, y de prepararme para luchar cuando él dejase de hacerlo. A espaldas de todos, le mandé una embajada que le expusiera mi criterio; me tildó de embustero y de felón, y no se dignó atenderla. Fernando, por su parte, sospechando, me advirtió de que cualquier intento de concordia entre *el Zagal* y yo significaría una violación de lo pactado y una confederación contra Castilla que desencadenaría la guerra sin cuartel.

Durante un almuerzo me quejé de la incomprensiva intransigencia de su rey a Gonzalo de Córdoba.

–Alteza –me contestó–, ya son idos los tiempos en que los caballeros sostenían su ideal a la vez y con la misma mano que su espada. Son idos ya los tiempos en que dos campeones luchaban entre sí por la suerte de los reinos a que representaban. Las guerras son muy distintas hoy, y se ganan tanto más en las cancillerías que en los campos de batalla. Yo de cancillerías no entiendo, ni me gusta entender. Y os aseguro que, ya os lo dije en Porcuna, vuestro lugar es el último que desearía ocupar. Porque, si mi rey es oscuro en sus conductas, bien claro manifiesta el propósito de acabar a toda costa con vuestro poder. Y además lucha contra quienes tampoco ofrecen rectitud ni en sus intenciones ni en sus métodos; más que de ser engañados, podían lamentarse de ser torpes. Los perjudicados por mi rey, alteza, no lo son por más leales, sino por menos listos. Días vendrán en que recordéis lo que ahora os digo y me deis la razón; si es necesario que para dármela, alteza, pase el tiempo.

Con lo cual vino a decirme que comprendía que tampoco yo iba a ajustarme a lo firmado. Porque cuando se juega el porvenir de un reino, cualquier ardid que se emplee es comprensible. Aunque la ley de la caballería lo repruebe.

Los atentados contra mi persona se sucedieron en Granada. Apenas había día en que algún fanático, excitado por las predicaciones de los sacerdotes del *Zagal,* no osara dirigir sus gritos de amenaza y aun sus armas contra mí. Moraima vivía en medio del terror; cada mañana me suplicaba que no saliera del palacio. Mi madre, por el contrario, me incitaba –si es que con el desprecio puede incitarse a alguien– a reaccionar tanto frente a mi tío cuanto frente a los cristianos; un buen arranque sería, según ella, la matanza de los embajadores, Gonzalo de Córdoba el primero. Se negaba a aceptar la nulidad de mis posibilidades; a aceptar que me había convertido en un rey de mentirijillas, cuya táctica había de ser la de la caña, que se doblega al viento para levantarse a duras penas una vez pasado.

Quiero dejar testimonio de que resistía tan sólo por mi pueblo, no por ambición personal alguna, ya que las contraprestaciones por mi rendición disminuirían más cuanto más la aplazase. Si hubiese sido mi idea traicionar a los míos, más fructuoso y descansado habría sido para mí contentarme con los ofrecimientos del rey y no seguir luchando.

Así las cosas, el tiempo, mi enemigo, era también mi único aliado: esperar que él volviera las tornas a nuestro favor, o llegara alguna ayuda de las solicitadas, o *el Zagal* se aviniese a reconciliarse conmigo y a reunir nuestras disponibilidades, o la política internacional preocupase tanto a Castilla y a Aragón como para poner sus miras en otra parte, o una decisión del Gran Turco hiciese que Europa entera se uniese contra él desviando sus ejércitos hacia Oriente. Pero entretanto yo no podía hacer más que esquivar los atentados y mantenerme vivo. Aunque había momentos en que hubiese preferido terminar o que me terminaran. Las horas de zozobra eran más largas cada día. En la Alhambra las noches rebosaban de angustia y soledad, y, si bien hasta el sentido de la derrota puede convertirse en una rutina, cada mañana traía su propia preocupación, distinta de la preocupación de la anterior y de la siguiente.

Sin embargo, como para que repusiésemos nuestras fuerzas, nos concedió un respiro el año 1488; un respiro que sabíamos pasajero, pero que llevó cierta serenidad a nuestras almas: la serenidad –también lo sabíamos– que precede a los últimos desastres.

Fue debido a una acumulación de circunstancias: el agotamiento de los sevillanos, tras una larga e ininterrumpida serie de campañas; la propagación de algunas epidemias por la Andalucía cristiana; el recrudecimiento de las deserciones; la negativa de sus pueblos a abonar nuevas prestaciones, derramadas sobre ellos demasiado a menudo, y que ya no eran capaces de cubrir; la rivalidad resurgida con Francia por el Rosellón y la Cerdaña, y la negativa del Papa a prorrogar las indulgencias de la cruzada si él, con un extraño concepto de la espiritualidad, no afanaba la mitad de lo recaudado.

Pero aun en la pausa, Fernando tanteó la posibilidad de conquistar Almería. Envió unas comisiones de reconocimiento ante Yaya al Nagar, a quien *el Zagal* había encomendado su defensa; Yaya, dudoso y desconfiado, lo hizo fracasar. Y, como *el Zagal* fortificó Baza y Guadix para rechazar la predecible ofensiva castellana, Fernando se dirigió a otro lado. A principios de junio, el marqués de Cádiz y el adelantado de Murcia conquistaron, casi por sorpresa, Vera. Su capitulación arrastró consigo la de su territorio: Cuevas, Mojácar, el valle del Almanzora, la sierra de Filabres, los dos Vélez y Níjar; es decir, la demarcación que se me había asignado en el imaginario tratado de Loja. La explicación que dio Fernando fue sencilla: yo debía habérselos arrebatado al *Zagal* durante los ocho meses siguientes a aquella firma, y no lo había hecho. Esta vez el conquistador fue *generoso*, por tratarse de tierras de mi futuro principado: sus habitantes pudieron permanecer en sus lugares respectivos con el estatuto de mudéjares; lo que el rey quería en realidad era subrayar mis amistosas relaciones con él e invitar gentilmente a rendirse a más villas y aldeas. Fue exactamente lo que consiguió: mis súbditos se airaron contra mí; los alrededores de Baza se rindieron: Huéscar, Orce, Galera y Benamaurel.

Durante el resto del año, el cristiano aprovisionó y mantuvo las fortalezas ocupadas en junio, y, para inutilizarme, firmó conmigo una renovación de la tregua durante dos años.

Mientras, *el Zagal*, más airado que nunca, se lanzó desde Guadix contra los campos de Alcalá la Real, y se apropió de bienes y rebaños. Después recuperó Níjar, Filabres y el valle del Almanzora, asaltó Almuñécar, tomó Nerja y Torrox y, entrando finalmente en la Vega, se apoderó de Alhendín y Padul. Desde los muros de la Alhambra yo veía sus tropas. Una luminosa mañana, apoyado en las almenas, sentí un estremecimiento; lo atribuí al insensato gozo de contemplar cómo mi tío, indesmayable, pasaba revista a sus soldados. Vaciló el suelo bajo mis pies, y pensé que la emoción me hacía vacilar a mí; pero era un temblor de tierra, de los que son corrientes en Granada. Moraima subió empavorecida con nuestro hijo pequeño en brazos.

–Hasta Dios y la tierra están en contra nuestra –sollozaba.

Los dos juntos observamos las evoluciones de las tropas del *Zagal* al pie del castillo de Alhendín, lejanas y tan próximas. Pensé que, al menos, habíamos compartido el terremoto.

El mismo día por la tarde supe que Fernando había encomendado a Ponce de León, nuestro más asiduo adversario, el mando unificado de los castillos fronterizos. Dentro de mí resonó el eco de un aldabonazo más fuerte aún que los anteriores: el destino golpeaba con premura en nuestra puerta.

A continuación, Baza fue designada objetivo inmediato. Antes de venir contra Granada, Fernando se proponía desguazar al *Zagal*. Por su situación, Baza era más asequible que Almería y más cómoda para el aprovisionamiento de los asaltantes: por tierra, desde Quesada y el valle del alto Guadalquivir; por mar, desde Vera y las playas murcianas. Todo había sido tan concienzudamente calculado, que se transparentaba la mente matemática de Gonzalo de Córdoba. Por su parte, *el Zagal* preparó su respuesta: al comandante de Baza, Mohamed Hasán, le envió refuerzos al mando de Yaya al Nagar. Con ello incurrió en el error más grave de su vida.

¿Quién es ese hombre funesto? En él confluyen las sangres de los dos caudillos de la lucha contra los almohades: Ibn Hud, que era un Al Nagar, y Mohamed al Ahmar, el Fundador de nuestra Dinastía. Durante siglos, soterradamente o a las claras, las dos familias habían sido enemigas. De un entronque, a través de Yusuf IV, brotó la rama de Ibn Salim Ben Ibrahim, padre de Yaya. Ya aquél había conspirado contra mi abuelo con Fernando de Aragón. Yaya heredó de su padre su afición a vender: volvió a acordar con el príncipe aragonés la entrega de Almería. Mi padre, sultán ya, entró en sospechas por la facilidad con que se rendían sin resistencia las poblaciones en el camino a ella desde Murcia. Compareció personalmente en la ciudad, la reafirmó, la abasteció de tropas, y desterró a Yaya, que se quedó deshonrado y sin tierras. Fue acogido en el ejército cristiano, pero con dificultad, porque a Fernando, aun convencido de lo contrario, le convenía acusarlo de impericia o de mala fe en el trato; hasta que acabó por expulsarlo de su lado. Más tarde, cuando mi padre comprobó su deseo de venganza, repuso a Yaya como gobernador de Almería. Ahora iba a demostrar que quien una vez traiciona sólo excepcionalmente deja de traicionar.

Pero, por otra parte, para afirmar su posición, Yaya se había casado con su prima Merién Benegas, hermana de Abul Kasim y de Riduán, los más altos dignatarios del *Zagal*, y éste, a su vez, con una hermana de Yaya. Además era cortesano, galante y muy valiente. Su historial de guerra sólo era comparable a su éxito en la paz con las mujeres. Tenía el cabello muy rubio, ojos celestes y avizores, nariz prominente, pómulos marcados y rojizos, barba puntiaguda y boca reidora. De estatura elevada, era su porte marcial y dominador. Cualquiera que lo tuviese de aliado gozaba de una buena pieza a su favor; quien lo tuviese en contra, de un mortal enemigo. *El Zagal* conocía lo bueno y lo malo de nuestro pariente. En su opinión, equivocada, pesó más lo primero. Consideró que el odio contra Fernando, provocado por el desvanecimiento de sus designios, y lo crítico de la situación para todo el Islam, eran argumentos que su cuñado no desecharía.

Mandó, pues, al príncipe Yaya a Baza; la fortaleció con la guarnición más aguerrida que tuvo nunca una plaza andaluza, procedente de Almería, de Almuñécar y de las Alpujarras, y la pertrechó con las mejores máquinas de guerra que empleábamos.

La reina Isabel, en el otro bando, exprimió aún más a sus vasallos: impuso pechos nuevos a los pueblos del Sur, que se le resistían, y se ayudó con los de Castilla, donde se murmuraba que era preferible que la reina tomara de una vez sus haciendas y cumpliese por ellos. Exigió subsidios de las iglesias y de la clerecía, de las hermandades, del fisco, y hasta de los herejes y judíos, porque todo era menester para los gastos que se avecinaban. Y reunió un ejército de no menos de 13 000 jinetes y de 40 000 peones, a más de los que viajaban allegados a él para auxiliarlo. A su cabeza, los más esforzados varones de la frontera, los laureados y los traídos en romances y en trovas: el de Cádiz, caudillo principal, los triunfadores de Málaga y de Ronda, el que defendió Alhama con una decoración de lienzos pintados para simular defensas de que carecía, el conde de Cabra y su sobrino, Hernando del Pulgar, mi carcelero Martín de Alarcón, que participaría en un hecho más real que el de Estepa, y Gonzalo de Córdoba también.

No contento con esto, el rey Fernando solicitó mi ayuda, como vasallo suyo, en hombres y dinero.

—No dispongo de oro —le contesté—, sino muy al contrario: he de recibirlo hasta para los más menudos gastos de mi menuda corte. Una tarde bajé con mi esposa Moraima a las salas donde vi, de adolescente, el tesoro de los nazaríes; sólo quedan las salas, unas cuantas arañas por los rincones, y algún murciélago. Mientras me tuvisteis en prisión, los sucesivos ocupantes de la Alhambra, para costear descubiertos y guerras, han consumido cuanto vi. Hasta tal extremo que, cada vez que he pedido vuestro auxilio para restablecer el orden en Granada, os lo he tenido que pagar con el importe de lo confiscado a los mismos cabecillas de la revuelta que aplacabais. Y, en cuanto a hombres, ni un solo granadino combatiría contra sus correligionarios. Su alteza habrá de conformarse, como yo, con estos cincuenta cautivos cristianos que os envío, de los muy escasos que quedan ya en Granada.

Fue en junio cuando se dirigió hacia Baza el gran ejército. Primero se apoderó de Zújar, así como de las fortalezas y castillos del contorno; luego le puso sitio. En la serie inicial de combates llevaron la mejor parte los sitiados, y dieron muerte a tantos enemigos que éstos flaqueaban sin poder defenderse más que con parapetos y trincheras. Desesperados de adueñarse de la plaza por asalto, retejaron sus estancias lejos de los muros, y aun dudaron si levantar el cerco y dejarlo para más propicia ocasión. En esto, los de Baza entraban y salían sin ser hostilizados, y así se mantuvieron julio y agosto: con el enemigo acampado a distancia, impidiendo la aproximación de su artillería y de sus máquinas, y rechazando con facilidad sus embestidas.

En septiembre, la reina –que era utilizada a tal fin con frecuencia– visitó el campamento y afeó a la tropa su poquedad. Animados por ella, los cristianos estrecharon el cerco. Con una muralla de madera y un gran foso, guarnecidos ambos por guardias y peones, estorbaron la salida de los sitiados y la entrada de quienes acudían con socorros. No obstante haber acercado a la ciudad sus ingenios de batir, seguían saliendo los de Baza por sus portillos o sobre la muralla, y los acometían en su propio campamento infligiéndoles daños de consideración, y apropiándose de sus provisiones. En octubre y noviembre empeoró la situación de los sitiados al escasear los alimentos; examinada su cuantía por los jefes, echaron de ver que para pocos días les quedaban. Sin embargo, se conjuraron para no decaer, con la esperanza de que el enemigo se retiraría ante la proximidad del invierno. Cuál no sería su sorpresa cuando lo vieron labrar piedras y cimentar edificios donde ampararse de él. El pesimismo se alojó en sus corazones.

Pero tampoco para los cristianos la situación era halagüeña. El invierno cayó sobre el campamento: morían de frío y hambre los soldados; los sabañones y la congelación les impedían manejar las armas. Fernando, ante el fracaso de una campaña en la que tanto perdía, se dedicó a su arte favorita: la astucia y el soborno. Por medio de Gutierre de Cárdenas, el comendador de León, a quien después me tocó ver más de cerca de lo que habría querido, entró en contacto con el príncipe Yaya. Yo conservo –porque me la remitió para doblegar mis insolencias– copia de alguna de las cartas que se cruzaron entre ellos. El rey propone la rendición de Baza al general, a cambio de donaciones y mercedes; el general contesta que no tiene fe alguna en las propuestas del rey, porque no ha olvidado sus informalidades y sus alevosías; replica el rey prometiendo ser mejor cumplidor de cuanto ahora ofrece, y mostrándose muy arrepentido de haber faltado a su palabra en la ocasión de marras, que no es otra que la doble traición de Almería. Y así siguen los tratos, las promesas y las garantías de las promesas, sin que el rey desista ante la irritada suspicacia del general, y sin que el general los cierre, aunque sí los aplaza. Con tan prolongado tejemaneje, de pillo a pillo, la pretensión de Yaya era recabar una avenencia más ventajosa para él; la de Fernando, que los baezanos se extenuasen. Para enterarse del auténtico estado de su aprovisionamiento, mandó el rey a unos de sus magnates con el pretexto de conferenciar. Pero, avisados los de dentro de su intención, reunieron los alimentos que les quedaban –las hortalizas, las frutas, los montones de trigo, unas pieles de cabrito rellenas de paja– y los colocaron en los mercados por donde iba a pasar el emisario, con el fin de probarle que la guarnición podía aún mantenerse mucho tiempo. Como he leído en mi antecesor zirí Abdalá, la guerra no es más que falacia y ardid, y la estratagema de Yaya, versado en ellos, surtió efecto. Cayó el rey en su propio cepo, y mejoró su importe el general, de forma que aquél vino en concederle cuanto le pedía.

Sin embargo, Yaya exigió más aún. Sus demandas fueron tan altas que no había modo de aceptarlas; la cantidad de mercedes, tierras, privilegios y concesiones era tal, que valían más que la ciudad que iba a rendir. Los cristianos siguieron intentando el asalto y muriendo; los capitanes, planteando nuevas operaciones militares; la reina, rebuscando víveres y recursos en Castilla, y Fernando, redactando cartas con juramentos y ofertas recrecidas. Ante su ineficacia, no se arredró; más bien condujo el asunto con una inimitable maestría. Sugirió al general la posibilidad de darle cuanto pedía y mucho más, con una sola condición: la de entregar, con Baza, el feudo entero del *Zagal*.

Para eso hacía falta que el príncipe Yaya engañara a quien era su primo, su emir, su amigo, su cuñado, y del que él era hombre de confianza, general en jefe, brazo derecho y consejero. Experto en deshonores, calculó lo que éste le valdría, y, mientras continuaba defendiendo Baza para aumentar su valor a ojos de Fernando, trazó su plan junto al *Zagal*. En connivencia con el cristiano, salió a escondidas para entrevistarse con su víctima en Guadix; ante sus subordinados, incluido Mohamed Hasán, iba a solicitarle o socorros suficientes, o licencia para entregar la ciudad. La finalidad del viaje era distinta.

Nadie como yo puede comprender la verdad y la falsía de las alegaciones de Yaya a mi tío: la verdad de su falsía, y la falsía con que manejaba la verdad. El general le describió la espeluznante situación auténtica de la ciudad cercada: sin víveres, sin armas, sin recursos, con el invierno igual que una losa de mármol blanco sobre ella; sus habitantes, diezmados por el sitio, la epidemia y el hambre; los niños, muertos de inanición y de miseria; las madres, reclamando la rendición a voces; los hombres, negándose a salir a los adarves; la soldadesca, famélica e indisciplinada, resistiéndose a pelear. Y frente a eso, ¿qué es de los sitiadores? Resueltos a conquistar a cualquier precio, han construido un campamento de piedra; poseen armas muy superiores, y allegan más aún; sus avituallamientos ponen los dientes largos a los sitiados; cada noche, alrededor del fuego, cantan canciones de amor y de alegría. El rey Fernando ha resuelto castigar a Baza por resistir en una defensa inútil que dilata y perturba sus proyectos: quienes sigan vivos serán condenados a esclavitud y vendidos; sobre la ciudad, asolada, se sembrará la sal. Ésta es la realidad de la situación; lo demás son enmascaramientos. Tal tragedia no podrá ser evitada –así lo asegura el general, que lo sabe muy bien– sino con una capitulación rápida que deje a salvo la vida, la libertad y el honor.

El Zagal, abatido, pide la opinión de algunos consejeros; los consejeros han sido comprados previamente por Yaya con oro castellano. *El Zagal* se aparta a los rincones más oscuros de la alcazaba; reflexiona golpeándose contra su impotencia; se contradicen su corazón y su cabeza; sufre la agonía que sólo conocen los gobernantes responsables en los peores momentos; se desespera. Pasa un día, dos, tres, y no amanece. Yaya sólo lo ve para atosigarle y urgirle a sentenciar. Una madrugada en la que el frío chorrea por los muros, llama *el Zagal* a Yaya.

–Haz lo que menos hiera a mis gentes de Baza –le dice con voz estrangulada–. Que se cumpla la voluntad de Dios. Si Dios no hubiese decretado su pérdida, mi brazo y mi espada, aun ellos solos, habrían podido defender la ciudad.

Olvidó *el Zagal* que Dios decreta muy pocas cosas, y que su voluntad no siempre escoge intermediarios dignos para manifestarse; e ignoraba que la sombría labor de Yaya no había hecho más que empezar. Ya abierta la herida, era preciso empujar la daga hasta la empuñadura. *El Zagal* está demacrado y tembloroso; su mano ha derramado el agua de la copa en que bebía; sus ojos insomnes, ribeteados de rojo y con anchas ojeras, no resisten el peso de los párpados. Yaya pone su mano, de vello rojizo y fino trazo, sobre el hombro del emir.

–Déjame hablarte, como a mi hermano que eres, del mismo modo que, en las heladas noches de Baza, me he hablado a mí mismo. Tu espíritu, respetado y querido Abu Abdalá, no es el más a propósito para resistir esta campaña; una campaña más agotadora que un desierto y más escarpada que la Sierra Solera. Te aseguro que todos los pasos que en ella demos se volverán contra nosotros. Las fuerzas de los cristianos son inmensas e inacabables sus recursos; su ejército está aureolado por el fervor; cada uno de sus hombres vale por diez de los nuestros hoy en día. Somos inválidos contra ellos; estamos arruinados, empequeñecidos y rodeados por las traiciones de tu sobrino Boabdil: él, en Granada, es un simple testaferro de los cristianos, y Granada es la cabeza del Reino. Cuando rindamos Baza, el rey Fernando se trasladará frente a Guadix o frente a Almería, y, antes de que pase mucho tiempo, arrasará todos tus baluartes. Yo, que lo odio, sé de lo que es capaz; por eso lo odio... Y no eches en olvido. que, por añadidura, tus generales y tus consejeros son partidarios de una rendición decorosa. Tú ya hiciste bastante por tu pueblo: te llaman *el Zagal* y han seguido con fe tu bandera; la han seguido hasta aquí, pero ni un paso más. Mi opinión, Abu Abdalá, es que ha llegado el temido momento de envainar las espadas para no conducir al pueblo a las mazmorras de la esclavitud o al frío de las tumbas. Él te venera y te obedecerá; pero no debes, por soberbia, exigirle más sacrificios de los que hasta ahora le exigiste. Capitula con los cristianos, emir; ellos otorgarán a tus súbditos honrosas condiciones, tan opuestas a lo que una guerra a muerte provocaría, y te mantendrán a ti con la altura que tu estirpe y tu grandeza reclaman. No es hora de batallas, sino de pactos. Te lo dice quien no sabe pactar, sino luchar. Te lo dice quien menosprecia su muerte, pero no la de sus soldados. Te lo dice quien te quiere bien, y sabe distinguir cuándo la sangre es útil y cuándo se derrama a oleadas estériles como en un matadero.

Nadie puede comprender mejor que yo –repito– lo que había de cierto y de incierto en los razonamientos de Yaya.

Al fin, acorralado *el Zagal* por sus propias dudas, sin asidero alguno, llamó a su primer secretario. Con una cadavérica inexpresión, le mandó extender una carta plenipotenciaria a favor de Yaya para tratar con los cristianos en su nombre. Unida la paciente astucia de Fernando al más pérfido abuso de confianza, había triunfado una vez más.

Fernando fingió que la ventaja en las condiciones de la capitulación sólo rezaba con los habitantes de Baza, y no con quienes habían acudido en su auxilio desde Guadix, Almería, Almuñécar y las Alpujarras; éstos deberían ser echados de la ciudad antes de firmar los contratos. Tal propuesta fue rechazada y se suspendieron las vistas unos días. Al cabo, accedió el rey cristiano, puesto que tal actitud era sólo una maniobra de regateo para satisfacer en algo a los sitiados. De las mutuas estipulaciones acordadas, unas se hicieron públicas y otras se mantuvieron secretas. Yo he conocido las segundas porque el aragonés me envió copia fidedigna de ellas para mi ilustración y como sugerencia.

Los cristianos dejaron ir a Guadix, con sus caballos y equipos, a los caballeros y peones que componían la guarnición. El 3 de diciembre los alcaides de la ciudad pusieron al rey en posesión de la alcazaba, sin que lo percibiera el pueblo. A éste se le dijo que todo aquel que quisiera continuar en la plaza gozaría, por el convenio, de paz y seguridad, y que quien deseara trasladarse a otro sitio podría hacerlo con sus armas y haberes. Muchos partieron para Granada; en cuanto a los que se quedaron, por temor a su alzamiento, fueron arrojados poco después de la ciudad y obligados a vivir en sus afueras.

Se acordó que *el Zagal* entregaría, en un plazo no mayor de dos meses, todas las ciudades, villas, lugares, alquerías, castillos y fortalezas de su jurisdicción. Eso –salvo el recinto de Granada, donde yo ejercía una sombra de autoridad bajo el vasallaje de Castilla– era cuanto quedaba del Islam andaluz.

A cambio, *el Zagal* recibía los distritos de Lecrín, Andarax y Lanjarón, con sus lugares y sus rentas y los vasallos que los habitaban; la mitad de las salinas de la Malahá, y una cantidad equivalente al importe de la otra mitad: veinte mil doblas castellanas. Otras cláusulas eran: que el emir, que había dejado de serlo, podía instalarse con sus familiares en cualquier punto del territorio cristiano; que en sus términos no se permitiría entrar a ningún infiel sin su permiso; que si deseaba vender sus propiedades, los reyes se las comprarían en treinta mil doblas; que si quería marchar a África, se le concedería pasaje gratis a él y a los suyos, con sus riquezas y sus armas, salvo bocas de fuego; y que, en cuanto los reyes cristianos entrasen en Granada, le devolverían a él y a sus parientes y criados, y a los jefes de su parcialidad, y a Soraya y a sus hijos Cad y Nazar, los bienes que yo les había confiscado. En un codicilo adicional se comprometían los reyes a que tales mercedes no fuesen contrariadas «por nuestro muy respetado en Cristo Santo Padre, ni por los prelados y caballeros, ni por otras personas de cualquier clase y condición que sean». [En lograr ese codicilo tuvo mi tío más suerte que yo, aunque tampoco le sirvió de nada.]

A Abul Kasim Benegas, a los alcaides de las ciudades reunidas, a los jeques, a los cadíes, a los ministros y a los dignatarios se les adjudicaron, según su importancia, propiedades, dinero y alhajas. El príncipe Yaya cambió de religión poco después. Su nuevo nombre es don Pedro de Granada Venegas; lo hicieron caballero del hábito de Santiago y señor de Marchena de Almería; le asignaron más de sesenta mil doblas en oro castellano, honores que lo acercaban a los Grandes de España, incalculables privilegios y derecho a mandar ciento cuarenta lanzas pagadas por Castilla. En su escudo grabó un mote: «*Servire Deo reinare est*», alusivo a sus aspiraciones al trono nazarí. Y para congraciarse con los reyes cristianos, que le miraban con la reserva que se merecen los felones, se dispuso a ayudarles a que lo conquistaran.

El rey Fernando se dirigió a Almería. En el trayecto no encontró castillo ni aldea que no se le sometiera. Las guarniciones castellanas ocupaban las plazas a medida que sus alcaides las abandonaban después del pago convenido. Sólo uno se negó.

–Yo, señores –dijo a los reyes–, soy andaluz, de linaje de andaluces y alcaide de Purchena. En ella me pusieron para que la guardara. Vengo aquí ante vosotros no a vender lo que no es mío, sino a entregaros lo que hizo vuestro la fortuna. Y creed que, si no me enflaqueciese la flaqueza que encuentro en los que me debían esforzar, la muerte sería el único precio que admitiese por defender Purchena, y no el oro que me ofrecéis por venderla. Recibid esta villa que la suerte hizo vuestra. Sólo os suplico que respetéis a los andaluces de la ciudad y a los moradores de su valle, y que mandéis que sean conservados en su ley y en lo suyo, en su religión y en sus costumbres. Y que a mí me deis un seguro para que, con mis caballeros y mi familia, pueda pasar, vuelta la cara, a África.

No todos los andaluces se portarían como él.

Días antes había partido *el Zagal* a fin de recibir al aragonés, prestarle vasallaje y ponerle en posesión de cuanto estaba bajo su obediencia. Cumplido el trámite, viajaron ambos juntos a Guadix, y *el Zagal* entregó la ciudadela en la que se me proclamó por primera vez sultán y en la que él resolvió dejar de serlo. En un abrir y cerrar de ojos, todo mudó; ya yo no era el traidor.

En las alcazabas dejó el rey un alcalde cristiano que regiría a los pueblos enajenados, mudéjares ya por obra y gracia de las firmas; a partir de entonces serían, como mucho, tolerados en su propia tierra. Y, con ánimo de granjearse la voluntad de los arráeces y de los adalides, encargó a su gente que les guardasen toda clase de atenciones y fuesen con ellos generosos. Para corresponder, *el Zagal* y los suyos se brindaron a apoyarle en la empresa más ardientemente deseada por su corazón: la de entrar en Granada. Con razón –ahora puedo escribirlo sin que se me desgarre el alma– pensaba mi gente, aunque por vergüenza no me lo dijera, que *el Zagal* había vendido sus dominios por vengarse de mí, y que yo tampoco tardaría en caer en manos enemigas, a pesar de hallarme en paz con ellas y durante una tregua confirmada.

Los granos de la granada habían sido, uno a uno, arrancados. Con cuánta melancolía recordaba los versos que dediqué al *Zagal* durante mi cautiverio:

Apresúrate, no te detengas, indómito.
Alza tu brazo, valiente, y ve.
Estamos todos suspendidos ante tu voz.
Sigue cumpliendo tu radiante destino de invencible.
Alza tu espada, y convoca y reúne a las gentes dispersas...

Así terminaba, para desgracia mía, el año 1489, y con él muchas otras cosas.

El siguiente empezó peor aún. Violando los pactos, Fernando se apoderó de las torres de la Malahá y de Alhendín, mejoró sus defensas, e instaló en ellas una guarnición con municiones abundantes de boca y guerra. Por su gran proximidad, serían dos puestos claves cuando amaneciera el nefasto día de ponernos sitio. Yo me encontraba entre la espada y la pared: mi impopularidad crecía en Granada a medida que se acercaban a ella los cristianos. Envié a mi hombre de confianza, el visir El Maleh, para reemprender negociaciones. Regresó con dos oficiales cristianos que yo ya conocía: Martín de Alarcón, ahora alcaide de Moclín, y Gonzalo de Córdoba, ahora alcaide de Illora. No olvido los ojos resbaladizos del primero y los ojos bajos del segundo al exponerme la demanda de sus reyes: rendición inmediata.

–Don Gonzalo... –insinué.

Él bajó aún más sus ojos. Fue don Martín el que habló:

–Grandes preparativos se están haciendo por toda Andalucía; vos estáis solo aquí. Si os retiramos nuestra ayuda, serán vuestros propios súbditos los que acaben con vos: ya don Gonzalo ha tenido que libraros de ellos en varias ocasiones.

Volví mis ojos a Hernando de Baeza, que asistía a la entrevista; también bajó los suyos. Los capitanes, sin tener otra cosa que añadir, se despidieron. Me daban dos días para comunicarles mi decisión. Sin saber para qué, pedí dos más.

Al tercero, volvió de Sevilla Aben Comisa al que, consciente de que andaba por su cuenta en tratos con los reyes, había mandado a negociar.

–Pon los pies en la tierra, Boabdil. De acuerdo, según ellos, con lo estipulado en Córdoba y en Loja, los reyes exigen la entrega de Granada sin dilación ninguna.

–No es cierto. Aquí tengo el contenido literal de las capitulaciones –le respondí mostrándoselas.

–Lo han previsto también. Por si argüías eso, me participaron que rehúsan respetar cualquier compromiso anterior que se oponga a sus órdenes de ahora.

Antes de que se cumpliese el cuarto día del plazo llamé a los caballeros cristianos.

–En virtud de los tratos secretos que existen entre vuestros soberanos y yo, apoyado en mi propia voluntad y en mis necesidades y en las necesidades de mi pueblo, he determinado entregar la ciudad de Granada y sus alfoces de acuerdo con las capitulaciones que firmemos a través de sus compromisarios y los míos. Id a los reyes y decídselo así.

Advertí un relámpago en los ojos de Gonzalo de Córdoba, no sé si de desestima, de alegría o de pena; en los ojos de Martín de Alarcón no advertí nada; en los de Hernando de Baeza, un gran asombro.

No habían salido aún de Granada cuando convoqué a los ministros, que eran muy pocos, a los jefes del ejército, a los alfaquíes, a los nobles y a los síndicos de los gremios y trabajos y barrios. Les hablé con voz vibrante:

–Al entrar mi tío, al que llamasteis con motivo *el Zagal,* en la obediencia de los reyes cristianos, ha hecho infecundos los tratados de paz que yo tenía ajustados. A nosotros no nos queda sino someternos, o apelar a las armas. Mi intención no es, como propalan sinuosos rumores, dar al infiel ni la ciudadela de la Alhambra ni vuestra ciudad. Os he llamado a este Salón de Comares, donde en otro tiempo se acogió con arrogancia a los embajadores, para que me expreséis vuestro dictamen. Yo sé que muchos de vosotros habéis conspirado contra mí por considerarme vendido al oro y a la fuerza de los reyes cristianos –acallé con la mano un murmullo de protesta que se iniciaba–;

yo sé que soy para vosotros *el Zogoibi* –repetí aún con más rotundidad el gesto–; pero quizá hasta ahora no haya tenido la ocasión de manifestarme a vosotros como soy. Siempre creí que llegaría a una conformidad con *el Zagal*, que era a quien vosotros seguíais y admirabais –repetí el gesto por tercera vez–, aunque menos que yo. No ha sido así. *El Zagal* nos ha traicionado a vosotros y a mí –la frase no salió de mi garganta con la brillantez requerida–. Ahora, al girar su rueda, la fortuna ha invertido los puestos, y soy yo el único sultán con que contáis. Contestadme: ¿lucharéis junto al *Zogoibi* para proteger Granada, o preferís que *el Zogoibi*, respondiendo a su mote, les entregue Granada a los cristianos? ¿Me forzaréis a aceptar un destino que me repele y una decisión vuestra que me haría sangrar?

El salón se llenó de un clamor solo; todos se comprometían a ser conmigo una mano para combatir al adversario. La primera voz que escuché fue la de Abrahén el Caisí; entrecerrando los ojos, le hice una seña de gratitud. Había advertido que se cruzaban muchas miradas pesarosas; pero también advertí que ninguno osaría oponerse a la asamblea. Por si acaso, insistí:

–¿Lo juráis?

El sí ascendió a la cúpula del salón y descendió desde ella por los muros.

–Hagamos, pues, la guerra santa, como nuestros antepasados, mientras Dios nos mantenga.

Antes de que se disolviese la asamblea, vinieron a decirme que el pueblo se había alzado en las Eras de Abenmordi y pedía a voces la guerra; una comisión suya subía desde la Puerta de la Explanada. Sin vacilar, salí a su encuentro rodeado por los notables. Con los brazos en alto, como quien promete un anhelado premio, les prometí la guerra.

Yo –y acaso todos– estaba seguro de que iba a ser la última de Andalucía. Y, con toda la devoción de la que era capaz, supliqué al Omnipotente morir antes de que ella concluyese.

Cuando en una fecha más o menos próxima –pero, en cualquier caso, taxativa– iba a dejar de serlo, me sentí sultán. La primera decisión que adopté fue la de organizar mi secretaría. Al tipo de sultán que yo era, por el momento le servirían mejor los secretarios que las armas. Las que había de emplear, antes que otra ninguna, eran la habilidad, la precisión y la oportunidad. Lo único que podía ganar era tiempo. Para eso tenía que prolongar las negociaciones, a conciencia de adónde me conducirían. Y el tiempo, ¿para qué? Para pedir ayuda a diestra y a siniestra. Los papeles carmesíes de mi cancillería debían inundar las tierras andaluzas y cualquier otra donde nuestro Dios fuese adorado. Y todo simultáneamente y a la velocidad del rayo. Porque con poco tiempo tenía que ganar mucho. Convoqué al visir El Maleh, al alguacil mayor Aben Comisa y a Abrahén el Caisí, que aún mantenía relaciones comerciales con los cristianos que me interesaban y con la mayor parte de los musulmanes que iba a necesitar. (Quiero aclarar que El Caisí era el nombre en Granada de quien para los cristianos se llamaba Abrahén de Mora.) Les comuniqué, por si no lo sabían, aunque sospechaba que sí, el contenido de las cláusulas secretas de Córdoba y de Loja. ¿Creía en la fidelidad de Aben Comisa? No, pero me convenía simular que sí: para quien se halla en la duda de ser o no leal, la sospecha es el empujón que lo lanza a la deslealtad. Los tres estuvieron de acuerdo conmigo en que era necesario eludir el cumplimiento de los pactos. Los nombré embajadores reservados, les entregué cartas acreditativas, y los mandé a la corte de Córdoba para que trataran de encontrar una solución llevadera. Eran hombres empedernidos en el regateo y la componenda; en peores circunstancias no podían ponerme.

Nuestra oposición se fundaba en muchas razones, desechables todas para los reyes; pero era preciso insistir, repetirlas, retorcerlas, adornarlas. En primer lugar, aún no había expirado la última tregua de dos años. En segundo, con arreglo a la letra de los pactos, no había llegado el momento de cumplirlos; en ellos se convenía la entrega de Granada «cuando pudiera ser», y no podía: las bandas militares, los creyentes granadinos, el pueblo encrespado por la exhortación de los santones, al solo anuncio de la rendición me cortarían la cabeza, y así la entrega se frustraría. Era imprescindible preparar el terreno; eso nos llevaría algunos meses. Porque, si bien los reyes podrían entregar Baza y Guadix porque eran suyas, yo no podía disponer de Granada, capital y Reino, todo en uno, sin provocar una sublevación. No pedía yo tanto como ser desligado del compromiso, sino una prórroga que me permitiese cumplirlo de manera pacífica. Éste fue mi mensaje.

Entretanto dirigí una proclama a los musulmanes más representativos de los lugares rendidos por *el Zagal*. Los fustigaba con sus deberes religiosos; los incitaba a la rebelión y a la guerra santa; los comprometía a sostener con sus vidas y bienes la continuidad del Islam en Occidente; les sugería que evocasen las glorias de sus abuelos y el dolor de que nosotros, por cobardía, dejáramos perderse, en nuestra hora, tantas otras de esplendor y riqueza; y, en fin, les avisaba de lo que iba a sucederles cuando los reyes incumplieran, como era su costumbre, sus compromisos, y ellos se transformaran en incómodos huéspedes dentro de su propia casa. En consecuencia, los alentaba a resistir, a tratar conmigo a través de representantes furtivos, a conspirar entre ellos, a ponerse sigilosamente en armas, y a asaltar sus fortalezas y castillos aprovechando cualquier descuido de los conquistadores.

Mis tres embajadores regresaron de Córdoba con un ultimátum de Fernando; no se había dejado convencer. A mí me otorgaba el concertado señorío ducal contra la inmediata rendición de Granada: eso era todo. De lo contrario, actuaría por las bravas: anularía las estipulaciones favorables, y aplicaría con el máximo rigor. las cruelísimas leyes de la guerra; yo mismo quedaría como esclavo a su merced. «El que avisa –acababa– no es traidor.»

Casi a la vez, llegaron a Granada los primeros ecos de mi invitación a los levantamientos. Eran más entusiastas de lo que había imaginado. Necesitaba tiempo, tiempo, tiempo..., aparte de todo lo demás. Envié mis apoderados al marqués de Villena, que ejercía la capitanía general de la frontera en Alhama, en ausencia de Fernando. El marqués, tal como yo esperaba, alegó incompetencia; pero gané unos días. Volví a enviar a Aben Comisa a la corte de Córdoba con nuevas proposiciones dilatorias; en ellas hacía depender la entrega, «que yo deseaba tanto como sus altezas», de las circunstancias del pueblo granadino, que los tanteos me daban como muy adversas. El recibimiento del rey a mi plenipotenciario fue terrible; no lo entretuvo ni una hora. Me lo devolvió con una carta, en la que me amenazaba con hacer circular por toda Granada cientos de copias de las cláusulas secretas, para que se enteraran todos de quién era su rey y de cómo los había vendido a cambio del auxilio contra *el Zagal*. No me pareció oportuno sentirme herido en mi dignidad. Volví a enviarle a El Maleh esta vez, indicándole que era justamente ese alzamiento del pueblo contra mí, y en consecuencia contra él, lo que era preciso evitar más que nada en el mundo. Y para tratar personalmente de todo, le sugería un encuentro en Alcalá la Real, asegurándole que llegaríamos a una amistosa compostura. Fernando aceptó; pero conocedor por sus espías –¿quiénes, Dios, quiénes?– de cuanto yo tramaba, se presentó en Alcalá –cosa que supe yo por mis espías– con una tropa que ocupó las afueras y el recinto. Yo, que me acercaba a la villa disfrazado de arriero en una recua de El Caisí, creí mejor regresar. Eso supuso lo que yo temía: una declaración formal de guerra. Había conseguido un mes de tiempo apenas.

Ahora mi táctica fue dar la callada por respuesta. Fernando entró, desde Alcalá, por la Vega a banderas desplegadas. Sus capitanes disputaban entre sí por el honor de pisar el primero la Alhambra. Oíamos las gritas de sus soldados, el alegre galope de sus jinetes y el relinchar de sus caballos. Yo mandé atrancar puertas y postigos, barrear las entradas, clausurar el castillo de Alfacar, que era mi única fuerza extramuros. Prohibí que nadie saliera del recinto cercado, ni se asomase siquiera a las almenas. Nadie tenía que disparar, ni responder a las provocaciones. Desde la torre de la alcazaba vieja, agachado tras una almena, vi talar campos, destrozar sembrados, destruir molinos, incendiar alquerías, moverse las mesnadas como una plaga de langostas por la verde y feraz anchura de la Vega. Los cristianos no dejaron en pie ni un árbol ni una torre; pero no tropezaron con ningún andaluz a quien matar, ni a quien perseguir, ni a quien vencer.

Granada sólo podía ser rendida por asalto o por sitio. Para una cosa y otra se requerían muchos elementos imposibles de improvisar. Mis antecesores ziríes supieron, al trasladar la capital desde Elvira a Granada, dónde ponían su seguridad. Para conquistarnos, los cristianos necesitaban tiempo como yo. Hasta la primavera no estarían dispuestos: ésa era mi esperanza. No de salvación, que no la había: mi única esperanza de poder esperar. Y así fue: después de demoler algunos fuertes, como el de Gabia, y de reparar los castillos de Alhendín y de la Malahá, tuvieron que volverse. El rey retornó a Córdoba mordiéndose de rabia las yemas de los dedos. Yo no me hacía ilusiones: sabía que la suerte estaba echada; pero esa mano había sido mía.

Algunos capitanes renunciaron al viaje que sabían de ida y vuelta. Después de haber visto tan de cerca Granada, optaron por quedarse en alguna ciudad de la frontera ejercitándose mientras duraran los hielos del invierno. Entre esos nobles y los míos se tramó una contienda de encuentros personales, de retos y desafíos con más de torneo que de guerra, con más de emulación que de eficacia. Se produjeron hazañas individuales, creo que en muchos casos exageradas o inventadas por poetas desocupados y anhelantes. Una de ellas fue la de Hernando del Pulgar, que, según cuentan, clavó un pergamino con una oración cristiana en la puerta de nuestra mezquita mayor. Yo no vi el pergamino, ni el puñal, ni la oración cristiana; no creo que nadie de Granada los viera. De todas formas, prohibí malgastar fuerzas, que tanto íbamos a necesitar, en galanteos y fachendas. Una vez más tenía razón Gonzalo Fernández de Córdoba: las guerras de romance habían concluido.

Y llegó el mes de marzo. Un atardecer, en el que el día que había sido muy claro comenzaba a nublarse, ataqué de improviso la alquería del Padul. Era la última conquistada por Fernando. Tomé su castillo por asalto, y pasé a cuchillo a la guarnición y a los mortadíes que la acompañaban. Mi odio por los mortadíes, esos renegados que aconsejaban y guiaban a los cristianos orientándolos a los lugares más desguarnecidos, se había redoblado. Cuando regresé a Granada me entregaron muchos mensajes de aldeas de las Alpujarras en demanda de socorro para sacudir su yugo; lo prometí sin la menor idea de cómo lo proporcionaría. Al día siguiente salí con mis tropas camino de Lanjarón. Íbamos tan seguros sobre nuestros caballos –pienso que fue eso sólo– que pusimos en fuga varios presidios cristianos con los que tropezamos en algunos lugares. Nuestra expedición no parecía tener un fin concreto; yo, sin embargo, sabía a la perfección adónde iba. Iba al castillo de Andarax, donde supe que se encontraba *el Zagal* con muchos de los suyos. Mandé con antelación un grupo de soldados que interceptara el camino de Almería por donde yo estaba seguro de que *el Zagal*, sin combatir, se alejaría. Advertí a los míos que vigilaran como linces, porque temía que huyera disfrazado. Mis hombres, ante el placer de la venganza, me obedecerían; ya previamente se frotaban las manos.

No le era necesario disfrazarse. Cuando me lo trajeron, entre unos mortadíes, me costó mucho trabajo reconocerlo. Sólo sus ojos lo denunciaron, porque huían demasiado de los míos. Lo acompañaba, ese sí disfrazado, Husayn. La noche era muy clara. Se escuchaba un mochuelo y algún perro montaraz que respondía a otro. Las gozosas fogatas del campamento salpicaban la ladera. Yo me propuse recordarlo todo como lo veía, grabarlo todo en mí para después; creo que no lo logré. *El Zagal* se apeó de su caballo, seguido de Husayn. Todavía guardaba un leve resto de prestancia. El primer indicio me lo dio su forma de andar un poco rígida. Pero había engordado y había envejecido. Un albornoz pardo lo envolvía sin gracia. Avanzó hacia mí con las manos tendidas; Husayn imitó su gesto de sumisión. A unos soldados que iban a maniatarlos, los detuve. Cogí las manos del *Zagal* entre las mías. Nos miramos muy largamente. Yo murmuré:
—Abu Abdalá. Abu Abdalá...
Sin dejar de mirarlo, señalé con la cabeza a su acompañante y les dije a mis hombres:
—A ése no quiero verlo. Cortadle la cabeza.
—¡Señor! —gritó Husayn arrodillándose.
Cuando se lo llevaban a rastras los soldados, sin volverme, mirando al *Zagal* todavía, dije en un alarido:
—Acuérdate de mi hermano. Yo no lo he olvidado.
No había olvidado nada: ni el anochecer lluvioso en que lo conocí, ni a mi perro *Din*, ni a Jalib, nada. Porque nada se olvida. Pero no era el momento de recordar.
Con las manos del *Zagal* aún entre mis manos, susurré:
—Tengo graves reproches que hacerte. Hace mucho tiempo que nos deberíamos haber encontrado.

–Ahora es ya tarde para todo –me contestó.

–¿Me entiendes tú? ¡Necesito que me entiendas!

–Ya es tarde para todo. También para entenderte. Y además, daría igual: es como si ya estuviera muerto.

–Únete a mí. Juntos recomenzaremos.

–No. Ahora *el Zagal* eres tú, y yo soy *el Zogoibi*. No le hago falta a nadie. Apréndelo, Boabdil. Ésta es tu hora; aprende en mí.

Con una torsión, desasió sus manos de las mías.

–Déjame ir –dijo, y era más un mandato que una súplica–. Nuestros destinos se separaron hace mucho. Yo no recuerdo nada. Ni recordaré nada: esta noche no existe... Yo no existo. Lo que dejé caer está ahí, en esas manos tuyas. Déjame ir.

–Aún podemos triunfar, juntos tú y yo, como lo soñé siempre. Aún podemos hacer tú y yo que nuestro pueblo triunfe. Mírame, Abu Abdalá: aunque tengamos que refugiarnos en los riscos de la Alpujarra. Quédate. ¡Quédate!

–En mí se personifica la derrota. *El Zogoibi* no te traería suerte. Adiós, Boabdil. Mátame a mí también y enseña mi cabeza, en lo alto de una pica, a tus soldados. Quizá ésa fuese mi única manera de serte útil.

Volví a oprimir sus manos; volvió a soltarlas de las mías.

–Si no quieres mi vida, como la de Husayn, deja que me vaya. Que Dios te conceda la victoria. Pero aprende de mí.

Le sostuve la brida del caballo mientras montaba. No montó con la misma agilidad de antes. Puso su mano abierta sobre mi cabeza.

–Adiós, Boabdil –ladeó un poco su rostro, como si fuese a sonreír–. Adiós otra vez, esperanza.

–¡No te olvidaré nunca! –le grité.

Pero ya no me oyó. El galope de los caballos se hundió en la noche. Y yo me hundí en la noche también. Miré a mi alrededor. Estaba solo. De pronto sentí miedo. A la grupa de su caballo él se llevaba demasiadas cosas; sin darse cuenta, se llevaba mi vida. Me pareció mentira que cuanto hubo entre él y yo, y cuanto pudo haber, se terminara así: como un galope que se pierde entre la oscuridad.

En los siguientes días retornaron a mi obediencia las Alpujarras y Dalías y Berja. Nombré alcaides en sus fortalezas y regresé a Granada. Pero ya no era el mismo que había salido de ella.

En el mes de abril sufrí un decaimiento. Me agotaba el cansancio de tener que tomar tantas y tan urgentes decisiones diarias; me encontraba solo, porque, a fuerza de no querer preocupar a Moraima, dejé de contar con ella; y, sobre todo, comprendí lo que *el Zagal* me sugirió: la imposibilidad absoluta, contra la que enfrentarse es vano y torpe. El rey Fernando, ocupado con las tensiones de Francia, postergó la campaña. Yo comencé a dejar transcurrir los días entre la inactividad y los libros. La primavera ganaba sus batallas, tan distintas de las nuestras, en los jardines del Generalife. Me distraían el rumor de las abejas y el olor de las rosas. Procuraba no pensar sino en lo que tenía al alcance de la mano. Y suspiraba. Mi corazón reclamaba sus derechos: echaba de menos, en contra de mi propia voluntad, los hermosos e inaplazables cataclismos del amor. Yo me censuraba y me reconvenía; porque no era el momento oportuno, ni lo que mi pueblo me exigía, ni lo que me exigía yo. Pero, en medio de estas contradicciones, naufragaba. Hasta mis paseos por la Alhambra se ensombrecían.

La Alhambra es como un cuerpo. Igual que todos, tiene su música y su aroma que, con el clima y con las horas, cambian. En ella hay –y nunca lo había percibido como entonces– la perenne palpitación que es señal de la vida. Con el parpadeo de un par de mariposas, la luz y el agua se persiguen. Las incesantes atarjeas, dentro de las paredes, como venas de barro, reparten su rumorosa y limpia sangre, y las arterias en las acequias. En la aparente quietud todo es movilidad. El agua, por doquiera, entona su canto que subraya el cristalino sonido de lo visible. Los muros, con sus versos reiterados hasta el infinito, jamás callan. Los estucos y los artesones, coloreados para dar la impresión de ligereza, contagian su vibración a los paramentos y a las techumbres de marfil y de cedro. Las cristaleras de colores, al incidir sobre los colores de los muros, los agitan aún más. El mutátil resplandor de día, y de noche las mechas temblorosas, provocan inquietas sombras que conmueven de arriba abajo los palacios. En el Cuarto de los Leones los dobles atauriques, con un vano por medio donde anidan los pájaros, tiritan de vida, y a su través se escucha el fragor de las aguas como en el seno de las caracolas. Todo allí es traslúcido, minucioso y significativo a la manera de un tatuaje beduino... Desde los altos artesonados profundos, casi sumidos en la oscuridad, del Salón de Comares he escuchado a menudo el nombre de las constelaciones. Y los he visto dudar, estremecerse, balbucir arriba cuando la luz trepa, escurriéndose por los arabescos, hasta ellos, y los lame y los hace gozar un instante... Qué confusas las vislumbres de la realidad que nos ofrece la Alhambra. ¿Dios es la luz en ella? La luz acaso es Dios. «Pero aquí está la vida», me decía. Todos los moradores de la Alhambra, cualquiera que sea la época en que vivieron, en que vivimos, hemos compartido la convicción de que habíamos cesado; era cuestión de tiempo. Por eso sus constructores eligieron no tener que elegir entre la verdad y la ilusión. Laten las murallas, contempladas desde abajo, rezumando por sus huecos un vacilante resplandor, y, por si fuera poco, al dibujarse en el temblor de las albercas o en la rizada serenidad de los estanques, le dan más vida al sueño que a la vigilia. Los grandes y variados intradoses, cuando se contemplan en el agua, se ven como hay que verlos: de arriba abajo, no al revés. Quizá ahí resida el secreto de esta ciudad corporal y sumergida, llamada a desaparecer desde antes de existir, como el amor. Como el amor, algo delicado y efímero donde jamás se sabe qué escoger: si la frágil materia o su remedo. ¿Cuál es la torre real: la que construyó el hombre, o su imagen que se hunde dentro del aljibe? ¿Qué perdurará más: la materia, o su representación? ¿Qué es lo que nos sostiene: el sentimiento, o el presentimiento? O quizá su recuerdo... Porque, en mi vida y en la Alhambra, lo real se ha hallado siempre más distante que el reflejo de lo real. La vida y el amor son sólo acaso el agua que espejea, la luz que tiembla; y ese espejeo y ese temblor son menos inasibles que lo que está al alcance de la mano...

Así me despedía, en aquel mes de abril, de cuanto había amado. Quizá también de cuanto podía amar. Y, a mi pesar, releía, sentado en un ajimez, frente a la colina del Albayzín, como antes de que todo empezara a enlutarse, ardientes versos de Yalal al Din Rumi:

El consejo de cualquiera no es provechoso para los amantes; no es el amor un torrente que cualquier mano pueda detener...

Los reyes menospreciarían su monarquía si oliesen una vaharada de los vinos que los amantes beben en la asamblea de su corazón.

Helada está la vida que transcurre sin este dulce espíritu; podrida está la almendra que no se funde y no se pierde en este almendrado misterioso...

Mirando a mi alrededor, me sentía mezclado con la muerte. Mientras paseaba por la rauda, entre tumbas, me sentía mezclado con la vida y la muerte. Me asaltaba la tentación de huir; el deseo voraz y la desgana de todo al mismo tiempo. Como un convaleciente, que se exalta y se desanima; como un fantasma ciego, vuelto del otro mundo, que recorre a tientas las salas y el jardín en que fue feliz vivo, y solloza de amor. Aquel fantasma, que era yo, lloraba con unos ojos que ya sólo para llorar servían, como los de Egas Benegas en Lucena. Porque la vida entera se había convertido en un inaccesible día siguiente. Porque a todas horas comprendía lo que mi tío Abu Abdalá me dio a entender, y hasta lo que ni siquiera él había entendido. ¿De qué me serviría entonces el ardor de los versos?

Cuando la espada del amor conquista el alma de un amante, un millar de amantes deponen sus vidas sagradas en agradecimiento.

¿Qué es esto? ¿Deseas el amor y después temes la ruina? ¿Aprietas la bolsa y persigues el amor a través de unos labios de azúcar?

No, no: aparta tu cabeza; siéntate en el rincón de la seguridad: una mano tan corta no ha de aspirar al ciprés alto...

Amante, no seas tú menos que la mariposa nocturna, ¿y qué mariposa nocturna se libró de la llama?

«No se le puede encontrar», me dijeron. «Nosotros también lo hemos buscado.» Algo que no se puede encontrar: ése es precisamente mi deseo...

El jardín está desconcertado, porque no sabe qué es la hoja y qué la flor; los pájaros, turbados, porque no saben distinguir qué es la trampa y qué el cebo...

Guarda silencio, no rasgues el velo; consume el jarro de los taciturnos; ciégalo todo, vélalo todo, habitúate a la impenetrable clemencia de Dios.

Afligida por mi mudez, me acompañaba Moraima, pero hasta su compañía me hastiaba. Porque yo no podía explicarle sin rubor lo que me estaba anonadando el alma, pero tampoco podía hablarle de otra cosa.

Ella, incapaz de ayudarme, cedió su sitio a unos hombres evidentes y herméticos, que yo ignoraba de dónde habían salido. No parecían ni musulmanes, ni judíos, ni cristianos. No eran ni jóvenes, ni viejos. Miraban el mundo con ojos transparentes que en nada se posaban, y sonreían siempre. Daban la impresión de conocer el secreto de enigmas que nosotros ni siquiera nos habíamos planteado, o mejor, de estar de vuelta de todos los enigmas, como si la solución fuese no planteárselos más una vez conocidos. En los días que me frecuentaron no logré adivinar qué querían de mí. Quizá no querían nada, y es eso lo que los volvía misteriosos. Me trataban con el mismo respeto fraternal con que trataban a *Hernán*, mi perro, o a los árboles.

–Somos criaturas –respondían a todo lo que yo les preguntaba–. Estamos aquí para ayudarte; para ayudarnos mientras te ayudamos.

Y seguían sonriendo. Vivían, por lo visto, en una ermita –o en varias, no lo sé– por las vertientes de Sierra Solera. Habían bajado a la llamada de alguien. O quizá nadie les dijo que viniesen. Moraima no había sido. Y ellos no parecían haberse enterado de que yo era el sultán. Sus cuerpos eran como algo que su alma hubiese olvidado hacía ya tiempo, pero eran también alma: no sé cómo decirlo. No hablaban; se quedaban mirando al frente y sonriendo –el tiempo no contaba–, y crecía en torno suyo como una diáfana campana de imperturbabilidad, que a su vez los aislaba y los aproximaba. Un mediodía, a la sombra de un árbol, bordoneaba una mosca; su vuelo sonoro me distraía de la sonrisa de los hombres aquellos. Y, de pronto, vi cómo la mosca se posaba en el aire. No, no en el aire, sino en el limpio cristal de la campana de que hablo. Y allí permaneció, con sus patas apoyadas a un palmo de cualquier superficie, tranquila y satisfecha al sol de mayo. Aquellos hombres, ausentes y tan vivos, siguieron sonriendo. Me vinieron a las mientes las frases de Al Arabí, el mayor de los maestros, el divino sufí que cultivaba la virtud de la insignificancia:

Me escondí, delante de mi tiempo, a la sombra de sus alas; mi ojo
ve el mundo; pero el mundo no me ve a mí.

Si preguntas a los días mi nombre, te responderán que no lo saben;
ni el lugar en que me encuentro conoce en dónde estoy.

Un día no los vi. Pensé: «Quizá nunca estuvieron.» Luego supe que los había expulsado Aben Comisa. O acaso no expulsado, sino que les había indicado de nuevo con un gesto el camino a la Sierra. Habría bastado para ellos: el aire los llevaba. Los sustituyó por un fanático penitente, que no cesaba jamás de hablar en alto de Dios y sus mensajes. Era un santón famoso, al que mi padre, en su primera época, de cuando en cuando consultaba.

–Aunque no te importe la luz –me decía–, la luz existe. Aquél a quien le es indiferente morir es el que trae la vida. Te estás resistiendo a cumplir lo que debes, pero a la vuelta de la esquina está la hora en que todo se romperá a tu alrededor: vas a verlo caer por tus costados como una túnica que ya usaste demasiado tiempo... ¡Adelante! –gritaba–. Sal fuera de las murallas. No te resguardes dentro de ti, ni dentro de ellas. No te protejas más. Si te recoges la orla de tu falda para que no se te la moje el agua, más de mil veces has de hundirte en el mar. Ya es el momento de que pruebes tu propia medicina. El remedio no te vendrá de fuera. Ve a buscarlo. Adelante. Ni siquiera es preciso que despiertes. Sal ya. ¡Adelante!

No creo que fuese por la influencia de nadie, sino porque acepté poco a poco dentro de mí lo que se me imponía. Lo acepté como quien lleva la carga que tiene que llevar hasta el sitio que puede, sin preguntarse más; entre otras razones, porque es incapaz de librarse de ella, o quizá por esa razón sola. Y comprendí por fin, sin que mi mente lo comprendiera, que luchar contra la imposibilidad no es ni vano ni inútil. Sé que no he explicado lo que pasó por mí en aquel mes de abril y principios de mayo; pero también sé que quien se encuentre en circunstancias semejantes lo entenderá, incluso no necesitará que nadie se lo explique; y quien no, no lo entenderá nunca.

Cuando empecé a resurgir de mi marasmo, una gozosa espuela me impulsó a escapar de él. *El Zagal* me había arrebatado Andarax, y me mandó un mensajero: «Dile al sultán mi sobrino que Andarax, gracias a él (él te comprenderá), va a estar más seguro en mis manos que en las suyas. Él tiene victorias más refulgentes que ganar.»

Aquel mismo día llamé al arma a mi reducido ejército. En busca de un camino al mar, galopé hacia Adra y, con una escasa ayuda de voluntarios africanos, la tomé. ¿Qué importaba que unas semanas después volviera al poder de los cristianos? Yo ya estaba otra vez a caballo, que era donde debía.

Sin embargo, todavía algún rincón de mí permanecía a oscuras. Fue entonces cuando aparecieron las primeras pesadillas con los pájaros negros. Ellos habían entrado en mis sueños a menudo; pero se conformaban con planear a mi alrededor, o cernerse sobre mí; en esos sueños yo no existía, sólo miraba. Quiero decir que no me veía yo a mí mismo, sino un paisaje donde habitaban esas aves siniestras, o, en algún caso, la misma habitación en que dormía, por cuyas ventanas penetraban aleteando ruidosa y rudamente. No obstante, a medida que la pesadilla se reiteraba, fueron haciéndose las noches más y más trabajosas. Quizá yo, durante el día, trataba de eliminar o de apartar de mi mente muchos motivos graves de temor y de preocupación; ellos, olvidados y no muertos, comparecían por su cuenta de noche en figura de esos pájaros grandes, negros, que se lanzaban contra mí en son de guerra, me golpeaban con sus alas, rasgaban el aire con violencia en torno a mi cabeza, se desplomaban para picotear mis oídos o mis ojos, chocaban con mi cuerpo, y me herían, me herían... Hasta que despertaba jadeante como si hubiese corrido, para huir de ellos, un trecho interminable.

El mes de junio, que fue muy caluroso, pasó sin más incidentes que un par de escaramuzas iniciadas por nosotros contra un ejército que, fatigado por las campañas anteriores, intentaba tan sólo un acto de presencia. A su frente se hallaban capitanes valientes, que ardían en deseos de reemprender la guerra verdadera, cansados de lucirse, delante de sus soldados o de alguna dama, con armas relucientes y relampagueantes airones. Quiso marcar el rey Fernando aquellos días con una solemne ceremonia, que se realizó una dulce mañana al aire libre. Fue la de armar caballero, ante nuestros ojos, a su hijo el príncipe don Juan, que contaba a la sazón doce años. Mis súbditos asistieron, fingiendo burlarse, pero impresionados, a los ritos aparatosos. Los padrinos del novicio eran dos irreconciliables rivales: el duque-marqués de Cádiz y el duque de Medina Sidonia. Desde la Torre de Armas, Moraima y yo contemplamos el soleado y vistoso espectáculo, considerando sin decirlo qué distintas a aquéllas eran las circunstancias en que vivía nuestro hijo, no muy alejado ya de la edad del muchacho cristiano.
Tratando de desatender los desafíos, tácitos o expresos, y las exhibiciones envenenadas, nosotros emprendimos las labores de la tierra que las anteriores talas nos permitían; introdujimos en la ciudad no muchos bastimentos, ante la duda de cuánto duraría tal quietud, y continuamos las relaciones con los cam-

pesinos de las Alpujarras, bravíos por su geografía, enardecidos por su fe, y apesadumbrados por su subordinación y expolio. Supimos entonces un percance en la cercana Torre Román, donde se refugiaban los cultivadores de la Vega. A ella se dirigió una noche un grupo de granadinos en solicitud de abrigo contra los cristianos que los perseguían. Se les franqueó la entrada con fraternal alegría, y, un instante después, desnudos los alfanjes, se apoderaron de la Torre. El que venía al frente del grupo era el príncipe Yaya. Así quería confirmar su fidelidad –como si en él cupiese– al rey Fernando. La ciudad entera se estremeció de ira al conocer la hazaña, y yo mismo pensé que la venganza es a veces el mayor de los placeres.

Fue en ese mes en el que yo, sobre un mapa, tracé la táctica para acercarme al mar. Necesitaba un punto de desembarque, porque la excusa para negarme sus auxilios que daba el sultán marroquí era que no se arriesgaba a enviármelos a una costa enemiga. Planeé acercarme hacia los puertos tradicionales de mi monarquía, Almuñécar y Salobreña, a través de Alhendín. Sin su conquista, la vía hacia el mar era imposible.

La noticia de la empresa, aunque la llevé con la mayor reserva, corrió como la pólvora. Por las vertientes de Sierra Solera, que conservaba aún la nieve a pesar del calor en aumento, se derramó un pueblo ansioso de batirse, más ansioso cuanto más humillado. Lo componían una juventud alterada, que se responsabilizaba de su propio futuro; unos pastores de aspecto desconocido y fiero, que forcejeaban por no doblegarse, y unos creyentes forjados en el retiro de las nieves perpetuas, que no se habían enterado hasta entonces de que el único reducto del Islam que quedaba en España era Granada ya. Y todo este gentío, seguidor de sus caudillos y de sus alfaquíes, vino a engrosar el no muy lucido ejército que salió una vez más por la Puerta de Elvira. Era el atardecer del día más largo del año. Alzado sobre mis estribos, les dije solamente:

–En nuestras manos está la gloria de Dios. Los que caigamos

muertos esta noche sobre la tierra que pisamos y que nos ha sido arrebatada, presenciaremos mañana el amanecer en el Paraíso.

Alhendín estaba defendida por un castillo fuerte, y abastecida de hombres y artillería. Le puse sitio pese a que, ante su solidez y elevación, la juzgué inexpugnable; pero el juicio nada tenía que hacer allí. Sabiendo a lo que me exponía, o precisamente por eso, di las órdenes. Batimos sus muros; abrimos en ellos brechas con nuestros modestos medios; nuestros asaltos a oleadas se hacían incontenibles, aunque en ellos perecieran bastantes de los míos. La noche era infinita, quizá porque el tiempo se había detenido. El sudor y la sangre nos empapaban y nos cegaban cuando logramos apoderarnos de los tres primeros recintos y demoler las torres que los protegían. Los defensores se retrajeron a la más grande y principal, que era la ciudadela. Los míos, para cubrirse de los proyectiles arrojados desde las almenas, se acercaban hasta su mismo pie bajo caparazones de madera y cuero fresco. La minaban y la debilitaban. Y, por fin –luego comprobé que era el quinto día de lucha–, horadada y a punto de hundirse la torre y sepultar en ella a lo que restaba de la guarnición, el alcaide don Mendo de Quijada se entregó con sus hombres, sus víveres, sus armas y bagajes. Tras Alhendín, cayeron en nuestro poder varios castillos de las Alpujarras y del valle de Lecrín, el que nosotros llamamos Valle de la Alegría.

Mi regreso a Granada se celebró como si se tratase de otra fiesta de la coronación. Las prevenciones y la animadversión de los granadinos contra mí se tornaron en fervor y en agradecimiento. Al día siguiente mandé pregonar por todas las plazas una gran leva: altos y bajos, nobles y plebeyos, ricos y pobres eran invitados a acompañarme contra Almuñécar. Y se alistaron, orgullosos y optimistas como estaban, dispuestos a seguirme.

Mediaba el Ramadán cuando, después de la oración del segundo viernes, vino a despedirse de mí Moraima con el niño Yusuf de la mano. Tenía los ojos pardos y dorados, muy distintos de los de su hermano Ahmad, que yo no olvidaba, y los labios como los pétalos redondos de una flor. Lo tomé en brazos y, mientras el niño acariciaba mi barba, di ánimos a su madre.

–Yo era un cachorro como éste, y he crecido. Ahora estoy seguro de que el león recobrará su reino.

Besé a los dos. Yusuf lloraba porque no consentía en separarse de mí y se agarraba con sus manitas a mis ropas. Con un nudo en la garganta, volví bruscamente la espalda.

Monté a caballo y galopé delante del ejército, que cantaba y alborotaba. Por el camino arrasamos la torre del Padul, que habían reconquistado los cristianos. Con igual ímpetu tomamos por asalto Salobreña con excepción de la alcazaba, donde tantos príncipes granadinos habían sufrido prisión o muerte, y algún destronado convivió con sus cuitas. Su guarnición había sido reforzada con tropas arribadas por mar desde Málaga, y por tierra a las órdenes de Hernando del Pulgar. Era evidente que la alcazaba ofrecería una desesperada resistencia. La cercamos por todas sus partes y cortamos el suministro de agua. El calor era muy riguroso. Bandadas de aves carroñeras nos indicaron cuándo habían muerto de sed sus acémilas y caballerías.

Después de quince días que semejaron años, cuando tocaba ya su rendición con los dedos, recibí dos noticias: la inminente llegada de socorros cristianos, y la de que el rey Fernando se dirigía con rapidez hacia Granada, a la que yo había dejado casi desguarnecida. Tal era mi agotamiento, que no sé si odié o agradecí unas noticias que me permitían –e incluso me imponían– abandonar con dignidad aquel suplicio insoportable, aquel aire espeso por el polvo, aquel barro en la boca y en los ojos. Levanté el cerco, y marché velozmente a la capital, que era lo que más me importaba.

La divisamos al atardecer. Entramos en ella en las primeras horas de la noche. Había un silencio de ciudad abandonada. Contra las piedras se dejaban oír los cascos de cada caballo. Impresionaban las puertas atrancadas, las cortinas corridas, los miradores vacíos, las azoteas sin espectadores, las calles solitarias. La ciudad, desentendida de sus soldados, se había vuelto sobre sí misma. Era la opuesta a la ciudad ferviente que nos recibió después de la victoria de Lecrín. Mis hombres, cabizbajos y sin fuerzas, fueron apeándose de sus monturas, y no encontraban manos amigas o enamoradas que los ayudasen. Aun hecho a los cambios de humor de mis vasallos, me pareció injusta esa acogida después de un mes terrible de interrumpidos sueños al raso, de riesgos, de tormentos, de privaciones y de angustias. Era la última semana de agosto. Los grillos y las flores revestían la noche en los jardines. Entré en la Alhambra como quien entra en el olvido.

En las últimas expediciones había trabado amistad con un joven arráez. Era un refugiado de Baza que contaba muy poco más de veinte años. Le llamábamos Farax el Bastí. Nuestra amistad surgió, como el amor a veces, de un modo repentino. Al pie de la torre de la Guardia, en Alhendín, me había empujado con violencia, tirándome al suelo y cayendo sobre mí. Pensé en un atentado hasta que vi caer, en el preciso lugar que antes ocupaba, la gruesa piedra que me estaba dirigida. Le di las gracias y continuamos la lucha juntos; desde ese momento no se apartó de mí. Crecía nuestra amistad y daba frutos continuos de desvelo y cuidados.

Él —me fue contando con timidez y no sin reticencias— tenía

que haberse casado con una muchacha de holgada posición. Por un torvo azar del destino, en la pérdida de Málaga, donde ella se encontraba visitando a su familia, fue hecha esclava. De la muchacha, que se llamaba Widad, que quiere decir *cariño*, no se había sabido ni una palabra más. No valieron pesquisas ni influencias; no valieron intentos de rescate ni indagaciones; su Widad, su cariño, había desaparecido del todo y para siempre. En el corazón de Farax se levantaron dos sentimientos contradictorios: uno, activo, de aborrecimiento hacia los infieles que habían destruido el objeto de su amor; otro, pasivo, de un dolor que le cuajaba de lágrimas los ojos apenas salía del combate. Fue este segundo sentimiento, más aún que el primero –que lo empujaba siempre a los lugares de más recio peligro–, el que despertó mi curiosidad. La tristeza de Farax me recordaba otras tristezas, a cuyo sinvivir yo había sobrevivido. En las prolongadas noches de la guerra, en las que el sueño es sustituido por la alarma, y el peligro aligera la coraza de suspicacia que aísla a unos hombres de otros, Farax y yo habíamos intercambiado pareceres y opinado sobre asuntos no siempre referidos a los desastres o a las victorias. Nos habíamos descubierto fraternalmente afines. Él era un joven esbelto y de tez clara, cuya sonrisa, cuando por distracción de su dolor aparecía en sus labios, no era distinta de la vital y luminosa de mi hermano Yusuf. Muy despacito, de manera insensible, me fui adentrando en él, y él en mí. Cuando nos dimos cuenta, hacía semanas que él no se separaba de mi mano derecha; no por nombramiento ninguno, sino de hecho, se había convertido en mi arráez de órdenes, con el que consultaba el cariz del combate, y que transmitía las decisiones que él mismo me ayudaba a tomar. Ignoro –tampoco me lo había preguntado– si mi insistencia en que permaneciera sin apartarse de mi lado se debía a su utilidad, o a mi afán de impedir que arriesgara su vida en la primera fila. Porque su principal empeño parecía, más que vengarse de los cristianos, morir a manos suyas.

Hasta esa noche del regreso no habíamos tenido ningún contacto fuera de los combates. Ya en Granada, él iba a su cuartel y yo al palacio. Pero tanta amargura provocó en mí el desapego de los granadinos, que invité a Farax a una fiesta en mi casa. Era como si tirase de mí, repentina y ávidamente, la vida, después de un roce con la muerte y sus helados hálitos. Celebramos la fiesta los dos solos. Desde el baño, que tomamos juntos, hasta muy entrada la mañana, charlamos y bebimos. Escuchamos a dos hermanas cantoras de Alcalá, cuya alegre picardía nos alegraba; nos pareció mentira que aún hubiese en el mundo músicas y delicadas bailarinas, y la intacta insinuación del nuevo día, a la que nos abandonábamos tendidos en mitad del jardín, nos inundó el cuerpo y el espíritu. Luego atravesamos de puntillas la zona de la guardia y subimos, para ver el amanecer, con un par de coperos, a la Torre del Homenaje. No sé por qué puedo evocar, con tanta precisión como si los estuviese viendo, a la vez el panorama que se brindaba a nuestros ojos y el perfil de Farax, un paisaje también mudable y tan sutil. Remontaba hasta nosotros el aroma casi empalagoso de los jardines, tangible y denso igual que una caricia. La sombra identificaba aún las torres y las casas de la Alhambra, cuando comenzó el cielo a verdear, y se oscureció por contraste el Palacio de la Quinta, que vigila, más arriba del Generalife, la Acequia Grande. Estábamos bajo una cúpula azul, que negreaba hacia poniente. Los pájaros iniciales piaban en un presentimiento balbuceante del día, y un ruido confuso e incipiente ascendía de la ciudad. Allí la luz se aposentó antes que en parte alguna, mientras el caserío y las huertas del Albayzín apenas si vibraban y latían, aún entre oscuros azules. Ladraban perros, comenzaba a individualizarse una voz u otra voz, de las que no nos habían aclamado al llegar. La Vega flotaba todavía entre brumas. Detrás de las primeras estribaciones mudas clareaban las nevadas cumbres de Sierra Solera, señaladas, como por un índice, por el minarete de la mezquita de la Alhambra. Los pájaros más osados se llamaban y reclamaban ya unos a otros, y a la izquierda del Palacio de Vigilancia se abrió un rosicler casi malva, mientras el primer término del poniente se iluminaba ya por el sol, que aún no había brotado desde el Cerro que lleva su nombre.

–La luz del sol nos llega antes que el sol –murmuré, como si estuviésemos en un templo.

Dos lágrimas resbalaban por sus mejillas. Alargué la mano y estreché la suya. Con un sollozo que parecía un ronquido de tan hondo, apretó mi mano; tanto, que me hizo daño. Sentí el dolor con una alegría inexplicable.

Comenzaba a encenderse la izquierda de la Quinta y a blanquear el Generalife. El Albayzín aparecía muy claro, y se concretaban las distancias que las sombras confunden. Enfrente, el horizonte era verde igual que una manzana. Y, debajo de la torre, las casas de la tropa se entreabrían. A un toque de timbal arreciaron los ruidos, las carreras, las risotadas; la torpeza novicia de los jóvenes soldados tropezaba y jugueteaba, aún soñolienta, entre las abluciones.

–Todavía no saben que han sido ya vencidos –susurré.

La mano de Farax volvió a oprimir la mía.

–No vuelvas a decir eso, señor. Confía en Dios, Único y Altísimo.

Como una aquiescencia, Montevive, entre Poniente y Mediodía, se convirtió en una llamarada en medio de la plomiza bruma de los montes que circundan la Vega. Más allá del Cerro del Sol no quedaban colores en el cielo: sólo luz. Era el mundo, que se revestía de sus diarios tonos como quien, al madrugar, toma la ropa acostumbrada. Todos los pájaros cantaban al día nuevo, confundidos y juntos. Frente a nosotros, una perspectiva de nácar, y el Albayzín, bajo una luminosidad mate y precisa. El Sol se alzó entonando su himno de oro. Y Farax, sin embargo, rompió a llorar. Lo abracé. Su llanto, entre hipos y sollozos, era estremecido como el de un niño. Palmeé su hombro;

le hablé en voz baja de cosas sin sentido; traté de sosegarlo. Él, con los labios hinchados por el vino y la pena me besó la mejilla. Descendimos abrazados por las estrechas escaleras de la torre. Abrazados y un poco tambaleantes llegamos al palacio de Yusuf, y abrazados dormimos, como si estuviésemos bajo la misma tienda o la misma intemperie en las dilatadas y trémulas noches de la guerra.

El enemigo –los espías me lo habían anunciado– no tardó. Aquella tarde se mostró en la Vega. Lo acompañaban muchos mudéjares que le servían de asesores. Durante ocho días quemó o taló sembrados, panes y viñedos, y arrasó torres, como la Malahá. No cercó Granada, según supe, porque la reina había sido atacada de fiebres; pero ordenó al marqués de Villena, al conde de Tendilla, a Alonso de Aguilar y a Portocarrero que pusiesen, sin dilación ni contemplaciones, freno a nuestras correrías, y no se dejasen arrebatar ni una de sus posiciones conquistadas. Luego el rey Fernando, desmantelando castillos, se dirigió a Guadix y, en represalia, expulsó a sus mudéjares. Ni en ella ni en sus arrabales quedó un solo creyente. En seguida ordenó la destrucción del castillo de Andarax y la evacuación de los renegados que lo habitaban. La orden también se aplicó a mi tío *el Zagal*, al que retiró, sin explicaciones, su estima y su rango. Una vez utilizado, ¿para qué respetarlo?

Recogido en la Torre de Comares, donde de niño temblé de miedo, pensaba en las tribulaciones del *Zagal*: asaeteado por el infortunio, incapaz de sujetar a los pocos vasallos que le quedaban, avergonzado por su defección, debilitada y acongojada su alma, inhábil para ser súbdito donde había sido rey... No me extrañó lo que vinieron a decirme: dando por perdidos su vida y su esfuerzo penúltimo, pidió a Fernando que lo dejara pasar a África en las condiciones establecidas. El día en que él, el invencible, se encomendó a la benevolencia de su vencedor, partió en dos el escudo en el que se leía el lema que rigió su destino hasta su peor hora: «Querer es poder.» *El Zagal*, que personificó el coraje de todos, no tuvo más coraje; sólo aspiró a vivir, apartado e ignorado de todos, en un lugar donde nadie supiese cuánto había sido el que ya nada era. En la Torre de Comares, erguida sobre el trono nazarí, llegué a la conclusión de que vive mejor el que mejor se esconde y de que nacer junto a un trono es igual que nacer junto a un abismo.

Otorgado el permiso de expatriación, como si para morir hubiese que pedirlo, vendió *el Zagal* sus propiedades a los reyes de Castilla. Antes de que se fraguaran las tempestades del Estrecho, a principios de otoño, se alejó de Andalucía el que pudo ser su más cumplido rey. ¿Quién imaginará lo que eso significa? Empezar una vida nueva cuando la verdadera vida nos ha vuelto la espalda; cuando se ha llegado a la certeza de que lo más firme, rutilante y apasionado de un destino ha sucedido ya, y sólo resta la rutinaria monotonía a la que los mediocres llaman vida. Qué inicuo que no mueran los héroes en el ápice de su heroicidad. La grandeza, una vez consumada, debería devorar a su dueño; porque luego éste se quebranta y se gasta y se achica, y de ella sólo queda un recuerdo mortificante y homicida. Quien había sido una leyenda y un modelo embarcó, despojado de sí mismo, en Almería con unos pocos de los suyos que pidieron seguirlo. Camino de Orán fue, para ocultarse y aguardar con ansiedad la muerte; una muerte que su sino de guerrero y de rey se olvidó de proporcionarle en el momento justo.

Asegurado por tales sucesos, Fernando se desplazó a la frontera Norte de su reino, donde los franceses lo aguijaban. En su ausencia, yo, que llevaba al *Zagal* siempre en mi corazón, fui con mis soldados, por él mismo y por mí, como en una peregrinación, a Andarax. Estoy convencido de que, en la paz y en la guerra, hay instantes en que cualquier hombre es indomable; si aplica su absoluta voluntad a un fin, lo consigue, sin que valgan interposiciones ni obstáculos que traten de arredrarlo. Notaba yo la admiración y el fervor de Farax reflejados en sus ojos cuando, a la cabeza de un desmedrado ejército, ataqué con fiera decisión, sin arengas y sin vacilaciones, aquel castillo. Él había albergado la penúltima aflicción y la derrota interna del hombre que había sido para mí, desde niño, el blanco de mis veneraciones. Por él nada podía hacer ya sino vencer en donde fue vencido. A fines de septiembre tomé posesión de Andarax, y entraron de nuevo en mi obediencia los lugares de aquella taha; al ocuparlos, sentí que mi poder y mis manos eran los delegados del *Zagal*. «Mejor –me dije–, porque él ya me advirtió, en su postrer mensaje, que sus manos conservarían esta tierra con más firmeza que las mías.»

Mientras así reflexionaba, puso Farax una mano oportuna sobre mi hombro.

–Tú tienes que seguir tu propia estrella, señor. Que su luz te conduzca, y que yo te acompañe.

Lleno de gratitud le repliqué:

–Si todos mis hombres fueran como tú, obedecer a mi estrella sería mucho más fácil.

A la reconquista de Andarax prosiguió la de Purchena, donde tomé venganza en nombre del altivo jeque que se negó a venderse. Cayó su guarnición prisionera mía y, en vista de mi superioridad, tornaron a nuestra religión y acatamiento los habitantes que habían renegado. Animada por su ejemplo, la gente de Fiñana se alzó contra los ocupantes de su alcazaba; pero, advertido el alcaide de Guadix, se echó sobre ella de improviso y, ayudado por los que descendían espada en mano del castillo, degolló a cuantos moradores pudo, cautivó a los supervivientes y se llevó consigo todo lo que encontró. Alarmados los habitantes de las otras aldeas del Cenete, me suplicaron que los auxiliase con soldados y con acémilas en que transportar sus ajuares y sus mantenimientos; lo hice así. Terminaba septiembre, y aún no habían comenzado a dorarse los bosques. Ordené la búsqueda de caballerías que portaran los cereales de aquella feraz tierra, y dispuse que sus habitantes se refugiasen en Granada, meta ya de cuantos se oponían en su intimidad a los infieles. Ante la inseguridad de lo que nos aguardara en el invierno próximo, me congratulé de que la cantidad de trigo, de cebada y de mijo fuese tan difícil de acarrear por incontable. En Jérez me llegaron noticias de que los cristianos se disponían a invadirnos, y regresé a Granada. El mismo día en que cumplí veintiocho años supe que los cristianos, al ver abandonadas las alquerías del Cenete, ofrecieron seguro a cuantos retornaran a ellas. Fiados en su palabra, muchos lo hicieron en seguida; pasada una semana, casi todos. Sólo unos cuantos quedaron en tierra musulmana. Fue un rumboso regalo de cumpleaños comprobar qué volubles son las promesas y los deseos de los hombres.

Hasta la primavera la Providencia fue piadosa. Nos consintió recrearnos en la ficción de que constituíamos entre todos un reino reducido; nos adormeció con una quebradiza y desmemoriada felicidad, esa felicidad de que a menudo se disfraza la interrupción de la desdicha. Transcurrían los días —eran los primeros y los últimos en los que yo disfruté de una paz relativa— con una gustosa uniformidad. Administraba justicia, muy vulnerada siempre en épocas de guerra, porque, al ser la guerra el mal y el desorden mayores, parece disculpar con su presencia los otros menores; me esforzaba en juzgar los delitos, las violaciones, los robos, con gran serenidad, para convencer a mis súbditos de que el orden —un orden que todos sabíamos artificial y efímero— era el supremo bien, y entre todos debíamos precaverlo. Asistía con devoción y puntualidad a las oraciones, que se elevaban en mi nombre. Daba, en los palacios, fiestas a los altos dignatarios de la corte, tan exigua que todos sus miembros nos conocíamos, incluso demasiado. Recibía con júbilo, más o menos sincero, a quienes venían a asilarse en Granada desde tierras donde el yugo del vencedor era cada vez más pesado, y los recibía intentando borrar de sus ojos y de sus corazones el zarpazo de la pérdida. Después de mi trabajo, descansaba en Farax y en Moraima; cada uno de nosotros procuraba que los otros dos olvidaran lo inolvidable, con la buena e inservible intención con que a un moribundo puede dársele a oler un frasco de perfume. Y me distraía confirmar, cada tarde con mayor evidencia, cómo *Hernán*, mi perro, después de un tiempo en que se había ido familiarizando con mi hijo Yusuf, lo prefería descaradamente a mí, y era correspondido con el mismo descaro. Trataba, pues, de dar a todos –y a mí mismo– la impresión de que nada extraordinario sucedía; de encubrir la amenaza que, pendiente de un pelo como la espada de Damocles, se balanceaba sobre nuestras cabezas.

Lo irremediable estaba sentado a las puertas de nuestras casas; no era preciso verlo. Pero el hombre, ya acostumbrado a vivir con la certeza de su propia muerte, es el animal más adaptable de la creación. El pueblo correspondía con docilidad a mis mentidos desentendimientos; se divertía mirando hacia otro lado; exageraba su preocupación por las menudencias que suelen colmar los días de quienes los infortunados consideran felices: como si alguien lo fuese por entero. Convive el doliente con su dolor, y se familiariza con él hasta tal punto que lo echará de menos si desaparece; el que reside en una ciudad de mal clima, o devastada por los vientos, de tal manera la tiene por suya que se negaría a abandonarla aunque se le proporcionase la ocasión. Y así, los granadinos, comparándose con otros musulmanes más infelices –los procedentes de tierras ocupadas, y aún más, los que ni siquiera se atrevían a dejarlas–, se reputaban privilegiados, y se engañaban unos a otros viéndose rodeados de sus casas, de sus hijos y de sus mujeres. Cantaban cuando salían a trabajar la tierra, que, ajena a las malignidades de los hombres, se entreabría a las nuevas siembras, y cantaban al volver del trabajo. Durante seis meses se desprendió sobre nosotros y sobre el territorio, desde el cielo, un manto de misericordia y conmiseración: la imprescindible insensibilidad con que el ser humano, para no morir, embota los filos de sus desvelos y de sus obsesiones.

No obstante, no enmudecieron del todo los cristianos. El conde de Tendilla en Alcalá y los otros en sus correspondientes lugares fronterizos, ponían a contribución a sus espías y a sus prácticos del terreno. Cada uno, movido por un vano afán de gloria, trataba de inferir el mayor daño posible a quienes, entre nosotros, se sentían asimismo movidos por un más vano aún afán de gloria. Fue ya en invierno, por ejemplo, cuando apresaron a ciento veinte jinetes que, con dubitativa autorización, dejé ir a regañadientes para caer sobre los cristianos más desprevenidos. Un musulmán tránsfuga los puso sobre aviso. Y a medianoche, con el frío en los huesos, en un paraje boscoso, los sorprendieron descuidados don Gonzalo de Córdoba y el que ya era su íntimo amigo, don Martín de Alarcón. Saliendo de las acechanzas tendidas en los pasos precisos, con gran vocerío, se lanzaron contra ellos de frente y por detrás, y los derribaron y prendieron, y los condujeron a Alcalá la Real.

Algo después engrosó las fuerzas fronterizas con las suyas el marqués de Villena, que vino a visitar a su cuñado Tendilla y a su hermana, llegada desde Torredonjimeno, donde pasaba la estación, con lo que se acrecentó su atrevimiento; realizaron incursiones hasta el límite mismo de Granada, y nos quemaron los almiares y las mieses en las eras, amontonadas desde la recolección. Las vimos arder asomados a nuestras ventanas, entre el griterío de las mujeres, con lágrimas de rabia. Pero yo prohibí, bajo pena de muerte, la salida, porque sospeché que semejante provocación era una trampa.

Don Gonzalo, por distraerse, como si con sus correrías me mandase recuerdos, buen conocedor de la zona como era, trababa emboscadas y saltaba con sus compañías ocultas sobre nuestros soldados o pastores, arrebatándonos los rebaños, como nosotros los suyos en otras ocasiones. Y de este modo, entre avances y retrocesos, entre pérdidas y ganancias, entre menudas aventuras –que disminuían el número de mis caballeros lenta pero continuamente– desfilaba el invierno.

Entretanto yo, con mis más próximos ayudantes, organizaba a ciegas lo que había de ser la campaña que se avecinaba. Pedía a Dios que sus diferencias con los franceses se alargaran para apartar de nuestras tierras a los ejércitos cristianos; pero mis oraciones se desvirtuaban con la certidumbre de que ni un milagro de los que considero tolerables los apartaría definitivamente. Igual que las estaciones se turnan con puntualidad, así las ofensivas cristianas se habían sucedido ante nuestras murallas; no quedaba más que una. Consciente de ello, con un tesón que a mí mismo me asombraba hasta dudar de si me había contagiado del falso optimismo que sembraba en los demás, dirigí el abastecimiento, la distribución y almacenaje de víveres, el recuento, limpieza y reparación de las armas, los ejercicios de la tropa, y todos los quehaceres de las jornadas normales. Pero con la misma reserva con que se rodean de una apariencia cotidiana los últimos momentos de alguien que nosotros, mejor que nadie, sabemos que se muere. Y aún me sobraba algo de tiempo, antes de que expiraran los breves días del invierno, para recobrar en mis libros un caedizo sosiego con el que enmascarar tal agonía.

Nada ocurrió en esos seis meses que merezca una especial mención; o sea, fueron meses venturosos. Ni el amor de Moraima alcanzó los excesos de Porcuna, ni la salud del pequeño Yusuf nos inquietó. Sólo en inevitables circunstancias, cuando la realidad nos agredía con sus rejones, escuchaba el suspiro de Moraima; sin que me dijera nada, entendía que echaba de menos la mirada y la risa de Ahmad. Que nuestro primogénito se hallara en poder de quienes nos amargaban el pan y el agua y el aire, era una desgracia demasiado ostensible. Sin embargo, repito que a todo, hasta a la ausencia de lo que más ama, el hombre se habitúa. Una prueba viva me la daba Farax: se recuperaba de su desconsuelo; recogía la vida como un trofeo de su juventud; se recreaba con los entrenamientos; se resarcía con mi amistad y con su entrega a mí. La primera vez que le oí reír a carcajadas fue un día de diciembre en que, al salir de la sala del Consejo, Aben Comisa, que bajaba un escalón mientras hablaba con El Caisí que iba tras él, se pisó la falda, llegó trastabillando hasta la fuente del patio, y allí se cayó cuan largo era. Farax se quedó colgado de su carcajada, sorprendido él mismo, mirándome con azoramiento.

–Enhorabuena –le dije–. No te has olvidado de reír.

Él intentó recomponer su cara de tristeza, pero algo esencial había cambiado. Una tarde me confesó:

–Tú eres mi rey en todos los sentidos. Junto a ti he recuperado con creces cuanto me había sido arrancado. Te pertenezco, señor.

–Hay un sentido en el que no me gustaría ser tu rey: justamente en el que lo soy para los otros.

Pensé en Jalib, y una leve niebla enturbió la mañana. No tardó en disiparse.

Llegó la primavera, y su dulzura agotó nuestra posibilidad de seguir engañándonos. Donde estuvieran, los granadinos se quedaban inmóviles de pronto, mirando el horizonte. Subían a los miradores, se asomaban a las murallas y oteaban por si veían acercarse una polvareda, o afinaban el oído por si escuchaban aquello que temían. Para un pueblo que aguarda a su enemigo, la primavera es la estación mortal.

Fue el 22 de abril. A la sazón de verdear los trigos, desde Alcalá la Real Fernando entró en la Vega. Después de estragar la tierra y de asolar las alquerías, marchó al valle de Lecrín, que relucía lo mismo que un espejo feliz, y destruyó, mató o cautivó a cuanto había vivo en él. Cuando lo vimos regresar a la Vega, sin ponernos de acuerdo, todos supimos que era para quedarse. En la alquería del Gozco asentó sus reales. Traía una armada no menor de 40 000 peones y de 10 000 caballeros, bien provista de lo preciso para asegurar un triunfo rápido. Su aparición enmudeció a Granada.

Allí estaba, delante de nosotros –como un testigo de nuestra debilidad, como un reproche por nuestros errores, como un emisario que aún no ha decidido exponer su mensaje–, aquel campamento que llenaba los campos. Los pabellones de distintos tamaños y colores, las tiendas, las cabañas, los grandes establos, los grandes almacenes, los estandartes, las banderas: una ciudad construida sólo para vencer, para aguardar sin prisas. Porque el modo más eficaz de conquistar una ciudad amurallada es cercarla por hambre. Ya estaban arrasados los alrededores, desbaratadas las cosechas, desecados los pozos, trizadas las acequias; bastaba incomunicar las puertas de Granada, cortar los caminos que descendían de las Alpujarras, interceptar a quienes pudieran tendernos una ayuda. Sin prisas; para esperar se había instalado aquella ciudad de lonas y enramadas: una ciudad a la que se bautizó con el potente nombre de Santa Fe para darle con él un mayor cimiento y compromiso. En ella, por las noches, que en la Granada de otro tiempo sólo invitaban a la pereza y al amor, por las noches embalsamadas, desde los terrados veían los granadinos millares de hogueras encenderse. Y oían, o creían oír, las risotadas de la soldadesca, los cánticos con que rememoraban sus tierras, las danzas y las músicas. Y oían, o creían oír, aquella otra música más delicada y cortesana de las recepciones regias, cuyo ceremonial se mantenía allí igual que en los palacios, para imbuir en todos la seriedad y firmeza de la espera. Y oían el jubiloso alboroto de los festejos en los días de fiesta, los torneos, las bulliciosas diversiones. Y, como un contrapunto, las voces de las vigilancias y el grito de los centinelas. Para recordarnos que todo aquello estaba, en función nuestra, despierto y al acecho, lo mismo que una fiera agazapada que se finge distraída antes de dar su salto.

No mediaba aún mayo cuando la noche entera, por Poniente, se convirtió en una descomunal fogata. La luz era tan fuerte que, a la distancia, parecía un amanecer rojo. Los granadinos despiertos sacudieron a los dormidos creyendo que se trataba de alguna estratagema. Yo ordené que no molestaran a Moraima, y corrí con Farax a la Torre de la Guardia. Allí estaba mi madre ya, cerca de las almenas.

–Arde el campamento, hijo. ¡Arde! –gritaba trastornada por la alegría–. Dios está con nosotros.

El aire de la noche acrecentaba el incendio. Llegaba hasta nosotros el relincho de los caballos enloquecidos, el vocerío de la multitud cogida en pleno sueño, las explosiones de los polvorines que multiplicaban el desastre. Mis súbditos palmoteaban ante el espectáculo, como si fuese un esparcimiento de fuegos de artificio que una voluntad más inapelable que la de los hombres hubiese concebido para ellos. La desventura del amenazador, una vez más, provocaba en el alma del amenazado un alivio, y despabilaba el tenue sueño de la ilusión: se aplazaría nuevamente el asedio; la suerte y Dios, como vociferaba sin cesar mi madre, se inclinaban de nuestro lado; los cristianos tendrían que retirarse, renovar sus abastecimientos, sus viviendas, sus armas, su frenesí destructor. El fuego se cebaba, meticuloso e insobornable, en cuanto allí se levantaba o se le interponía.

Como un enorme juguete que la imprevisión de un niño ha dejado prenderse, ardía todo lo que nos acobardaba hasta ese instante; ardía el flamear de las banderas, la magnificencia de los pabellones, las tiendas, las cabañas, los chamizos, los cuerpos. «Todo menos el odio», pensé yo. El aire traía ya hasta nosotros el olor de la carne chamuscada... Tuve un escalofrío. Refrescaba la madrugada. Imaginé el calor que sentirían, en ese infierno que estaba presenciando, los cristianos. Me amargaba la boca. Me vino a la cabeza, acaso en un momento impropio, lo baladí de todo lo humano, lo efímero del poderío, lo caduco de cualquier grandeza. Como si el fuego se hubiera levantado para que escarmentase yo en cabeza ajena.

Pájaros sobresaltados huían del incendio; galopaban caballos sueltos en mitad de la noche.

–Una oportunidad para atacarlos –dijo despacio, sin mirarme, Aben Comisa.

–¿Qué ganaríamos con eso? –preguntó Abdalbar el Abencerraje.

–Destruirlos –gritó mi madre, que pasaba de una almena a otra almena–. ¡Destruirlos!

–¿Es que no lo está haciendo el fuego por nosotros? –murmuré–. No puede improvisarse una batalla.

–¿Improvisar? –la cólera enrojecía más que el incendio la cara de mi madre–. Llevamos ocho siglos luchando. ¡Toca alarma, Boabdil! Manda tocar alarma, y que salgan los hombres de Granada a acabar lo que el fuego ha comenzado. En la guerra no hay leyes.

La boca me amargó más aún. Sentí otro escalofrío y el asomo de un remordimiento. Pensé en mi hijo Ahmad, en los muchachos que se habían quedado de rehenes en Córdoba. Miré las llamas que subían al cielo. Consideré la terrible venganza de los supervivientes. Bajé los ojos hacia la ciudad, los volví hacia el Albayzín, vi a mi pueblo que cantaba y bailaba en los adarves, iluminado como por el fuego del poniente; pero cantaba y bailaba sobrecogido ante la destrucción del campamento que, hasta esa tarde, lo había amedrentado, el campamento indomable y populoso. «Si Dios está de nuestra parte –pensé–, continuará estándolo.»

–Tiene razón Abdalbar –dije–, ¿qué ganaríamos?

–¿Es que no quedan hombres en Granada? –gritó mi madre enfurecida.

–Sí quedan –repuse con tristeza–. Quedan ciento cincuenta caballeros. No sé si se improvisa una batalla, pero un ejército no puede improvisarse.

Me retiré al palacio. Tranquilicé a Moraima, a la que el resplandor del fuego embellecía. La convencí para que volviera a sus habitaciones. Me invadió un gran agotamiento. Caí en el sueño lo mismo que una piedra.

No amanecía aún cuando me despertó Farax.

–Se reorganizan los cristianos, Boabdil –me llamó por mi nombre.

–¿Se ha extinguido el incendio?

–Sí. Ya ha devorado cuanto había que devorar. Pero el ejército se reagrupa en orden de combate.

Salté de la cama. Era cierto. Así me lo confirmó un espía que llegaba jadeante. Fernando había resuelto provocarnos en una escaramuza, para evitar el desaliento de sus tropas. Su proyecto era apartarnos de las murallas cuanto pudiesen, y hacernos frente entonces, no para herirnos ni matarnos, sino para entrarse por las puertas de la ciudad, aunque fuese revueltos con nosotros, muriese quien muriese. Abul Kasim era el nombre del espía, no sé por qué me acuerdo: como el de mi visir y el de mi alguacil mayor. Resbalaba ya la luz por la Sierra Solera. Una luz cenicienta, que nos dejaba ver el inmenso campo también ceniciento en que Santa Fe se había transformado. Aún brotaban bocanadas de humo; el olor a la carne quemada no es opuesto al acre olor de las batallas. Súbitamente supe con claridad lo que tenía que hacer, lo que iba a hacer.

–No sé si es imposible o no improvisar una batalla, Farax; pero lo vamos a saber antes del mediodía. Cuando termine de amanecer, saldremos por la Puerta de Elvira. Que llamen a mi gente. ¡A rebato! La ventaja de tener un ejército tan chico es que se junta pronto. Ahora sí que ha llegado el final.

Farax fue a encontrarme en los baños de mi casa cuando acabó de transmitir mis órdenes. Se desnudó despacio. Yo me hallaba en la sala de la estufa. Entró inocente y fuerte, enjuto y aplomado. Al acercarse, las luces coloreadas de la claraboya le manchaban el cuerpo de verde, de rojo, de azul. No apartaba sus ojos de mí, como imantados por los míos. Yo recorrí con la mirada su hermoso cuerpo. Luego, ya, con la mano. Nos amamos furiosamente en la sala de reposo. Nunca he hecho con tan devastadora fruición, con tal ferocidad, los gestos del amor. Parecía que los estábamos haciendo ambos por primera vez. ¿O era que los hacíamos por última?

Nos ungieron los masajistas con el estricto rigor que suelen antes de un peligro. Después pedí ropas limpias para Farax y para mí, y mandé que llevaran mis armas al palacio de mi madre y que convocaran allí a las mujeres: no era la primera vez que nos despedíamos mientras me armaba.

La mañana se anunciaba radiante y cálida. «El sol espejeará pronto en esta alberca», pensé. Mi intención era quitarle importancia a palabras y gestos. Con el almófar en la mano, antes de encasquetármelo, imaginé el calor que no tardaría en darme. «Pero no durará.» Con tono indiferente dije:

–Perdonad todos los enojos que hayáis recibido de mí. Son muchos, ya lo sé. Perdonádmelos.

El rostro de Moraima se contrajo. Rompió a llorar sin ruido. Me sorprendió la mansedumbre de aquel llanto. La atraje con el brazo izquierdo hacia mí. Se resistió como un niño con el que uno quiere congraciarse después de una azotaina indebida.

–¿Qué novedad es ésta, Boabdil? –preguntó mi madre con voz alterada.

–No es novedad ninguna. Déjalo.

–Por la obediencia que me debes, dime qué quieres hacer y adónde vas.

–Voy a donde la obediencia que te debo me exige. Anoche, en el adarve, preguntaste si es que no quedan hombres en Granada. Sí quedan. Y vamos a cumplir con nuestra obligación.

Lo más brevemente que me fue posible le expuse mi plan: no permaneceríamos mano sobre mano aguardando el ataque; era mejor suavizarlo aguantando la primera embestida; cuando los cristianos, atraídos por nosotros hacia las murallas, nos siguieran, se encontrarían en ellas con los granadinos restantes, que los acribillarían; a la noche, retornaríamos. Pero no era verdad. No era eso –o no era sólo eso– lo que yo maquinaba. Mi madre, que me atendía con los ojos cada vez más abiertos, lo intuyó: me había oído decir lo que yo no había dicho. Y Moraima, que lloraba con sollozos ahora, también. Las mujeres que las acompañaban empezaron una a una a lanzar sus lamentos. Se había complicado todo más de lo que supuse. Hice un enojado ademán de marchar. Interponiéndose, mi madre me retuvo.

–Buscas una salida que no existe, Boabdil. Te conozco. Intentas salir por una puerta que está sólo pintada en la pared. –Ante sus ojos, me sentí transparente–. Recapacita. ¿A quién nos encomiendas a nosotras, a tus hijos, a esta ciudad, a este pueblo? A mal recaudo nos dejas: si tú desapareces, el que no muera será esclavo. Para las grandes ocasiones son los grandes consejos.

–No te comprendo.

–Sí me comprendes –sus ojos chispeaban.

—Mejor es morir de una vez que, vivo, morir muchas.

—Siempre que murieras tú sólo y se salvasen los demás. ¿Hasta para morir vas a ser egoísta? Despierta. ¿De qué va a servirnos tu muerte, Boabdil?

Su barbilla, no del todo desprovista de vello, temblaba no sé si de dolor o de ira. Una vez más comprobé que mi madre nunca estaría de acuerdo con nada que yo hiciese.

—Déjame —dije librándome de ella—. Los soldados me esperan.

—No te dejaré —volvió a asirme— sin que me jures que no te arriesgarás, ni permitirás que nuestra gente se aparte de las puertas. —Agarraba el tahelí, y me lo ponía ante la cara—. Júralo. ¡Júralo sobre el Corán!

—¿Por qué jurar? ¿Es que nos oye Dios? ¿Es que nos mira? ¿No ves adónde hemos llegado? —Se lo decía en voz baja e intensa, para que sólo ella lo escuchara—. Adiós, madre.

Le besé la mano. A Moraima, que ahora apoyaba su cuerpo contra el mío, le besé las mejillas: noté el sabor de las lágrimas. Por encima de su hombro, vi en la puerta principal a Farax, que me hacía señas de que me apresurara. Con la mano cubierta por el guantelete, me despedí de las mujeres, que arreciaban sus lamentaciones como si me tuviesen ya muerto ante ellas, y salí de la Alhambra.

A las puertas de la ciudad, los soldados me esperaban, ruidosos y no muy ordenados. Verifiqué qué pocos eran.

—Háblales —me recomendó Abdalbar—. Dales ánimo. Van a necesitarlo —mi expresión le indicó que me resistía a hacerlo—. Háblales, Boabdil. Es la costumbre. Sobre todo en la última batalla —suplicó.

Sin esforzar la voz, les dirigí unas cuantas frases, que sus oficiales repetían:

—Amigos míos soldados: hoy no pelearéis para satisfacer la ambición de un sultán. Hoy no pelearéis por la independencia de vuestra patria. Hoy no pelearéis tampoco para glorificar a

Dios, ni para propagar la fe, ni para defenderla, ni para ganaros el Paraíso. Por todo eso pelearon vuestros antepasados. Hoy os toca a vosotros pelear por vosotros: por vuestras casas, por vuestra ciudad, por el huerto que amáis, por los bienes que os costaron sudores. Y por todo lo que está dentro de vuestros hogares: el honor de las mujeres, el amor de las esposas, la doncellez de las hijas. Hoy pelearéis por la vida. Y, si morís, moriréis por la vida. Que ella nos bendiga a todos.

Abrieron la puerta. Salí al galope por ella. Farax me seguía; Abdalbar iba a mi izquierda.

—Cuando atraviese el último soldado, que atranquen las puertas. Y que no se abran sino por orden mía.

—¿Es que quieres llevarlos al matadero? —me preguntó Abdalbar.

Frené el caballo. Volví la cara y lo miré sin contestarle.

—Que no abran las puertas desde ahora sino por orden mía —insistí; luego me eché a un lado para dejar pasar a la tropa, y le grité—: No os separéis los unos de los otros por ninguna razón. No os separéis: os va en ello la vida.

—Poca les queda ya —oí que murmuraba Abdalbar.

Sin atenderle, levanté la mano. No miré hacia atrás: sabía que allí estaba Farax. A él le advertí:

—Tú, conmigo.

Galopé hacia un alto próximo a la muralla. Sobre ella veía a los granadinos que se habían quedado en la ciudad —niños, viejos, inválidos—, y a las mujeres con ellos, dispuestos a derrotar a los cristianos en cuanto se acercasen. «Estúpidos», pensé. «No, inconscientes», pensé. Sentí piedad por ellos y algo muy parecido a la ternura. «Los estoy viendo, y dentro de muy poco no los veré ya más. Ahmad, mi hijo, está en Moclín, ignorante de lo que aquí sucede; Moraima y Yusuf me aguardarán en vano.» Vi el ejército enemigo, impaciente, piafante como sus caballos, ordenado. Sin darme cuenta, buscaba con los ojos a Gonzalo Fernández de Córdoba; no lo encontré. Pensaba:

«Para unas fauces tan grandes, somos sólo un bocado. Cuanto antes seamos engullidos, mejor.» Mandé avanzar un poco. «Es como una corrida de toros: se cita al animal moviéndose ante él para que se arranque y embista. Seguramente es lo mismo que ellos planean. El triunfo del que corre bien toros consiste en no perder la iniciativa. Los cristianos quieren que nos alejemos lo más posible de las murallas para correr luego más de prisa que nosotros, e impedir nuestra vuelta, y ganarnos la mano en las entradas.»

—¡Esperad ya! ¡Deteneos! ¡Ya basta! —mandé.

—Se acercan —era la voz de Farax.

Me volví. Estaba tenso, absorto en el ejército contrario, de pie sobre los estribos, estirado el cuello de un modo increíble. Era un niño atento a su tarea.

—Van a atacarnos. ¡Nos atacan! —decía como para sí mismo.

En efecto, nos atacaban. Pero, en lugar de concentrarse, se abrían como un gran abanico. ¿Pretendían envolvernos? Abarcaban un frente mucho mayor que el nuestro. Se dividían en numerosos cuerpos. Se adelantaban todos a la vez, seguros y ligeros. Antes de que me diera tiempo a entender ni a decidir, Abdalbar bajó al galope la cuesta. Me distrajo su repentina decisión, tomada sin consultarme ni explicarse. Bastó ese instante de distracción; cuando miré de nuevo, mis hombres se dividían también. Intentaban responder a los distintos cuerpos atacantes; vacilaban de uno en otro, sin orden ni concierto. Abdalbar impartía desesperadas órdenes. Todo era inútil. O no: acaso para lo que yo deseaba nada era inútil.

—Te dejo, señor —gritó Farax incontenible.

—¡Te mando que te quedes! —le dije a voz en cuello: tanto, que mi voz se oyó por encima del encarnizado ruido de los encuentros de abajo.

El polvo se espesaba; apenas nos permitía adivinar, pero el coraje de mis hombres relucía hasta velado por el polvo. Un solapado orgullo me hizo respirar hondo.

–Bravos, bravos –dije volviéndome a Farax–. Pero ya, ¿para qué?

Farax, más excitado de lo que puede describirse, no me oyó. Daba golpes al aire con su espada, agitaba la cabeza, reía y lloraba a la vez. Era un niño apasionado por un juego al que ve jugar a otros más afortunados que él.

Se multiplicaban los encuentros parciales. Mis hombres estaban despilfarrando su valor. Cuatro, diez, veinte cristianos por cada musulmán, aislado de los suyos. Y, de repente, por ambos lados, desde lejos, vi acercarse dos nubes de polvo. Lo que temí: nos envolvían. Las alas de su ejército, ocultas hasta ahora, traían reservas contra mis hombres fatigados. Con otra artimaña, Fernando me vencía de nuevo. Mi corazón, que había latido hasta entonces a su compás, sin aceleración ninguna, se arrebató. Sentí a la vez odio y cólera. Un odio y una cólera ciegos contra aquellos extraños que en lo único que nos aventajaban era en fuerza: más fuerza que nosotros y más odio y más cólera. Si el deseo matara, delante de mí en ese instante habrían muerto todos. Los refuerzos –a la cabeza de uno de ellos creí ver a don Gonzalo– fraccionaban más aún a mi gente. Mis peones retrocedían. No porque se hubiesen puesto de acuerdo, ni por obedecer orden alguna: trataban de salvarse simplemente. Miré a Farax. Tenía una mano delante de los ojos.

–¡Adelante, Farax!

Saltó como si le hubiese dado un golpe con la espuela:

–Ya era hora.

Nos adentramos entre los que luchaban. Me escoltaban sólo unos cuantos negros: los que quedaban de la guardia real. Procuré reunir a los caballeros desperdigados; no lo conseguí. La infantería cejaba hacia las murallas. «En un combate, hasta el final no se sabe quién gana: es todo tan confuso... En tanto dura, sólo pierde quien muere.» Como si me hubiesen escuchado, todos a una, girando ante el empujón del instinto, mis peones corrían ya, sin remilgos, dando esta vez la espalda no a la muralla, sino al enemigo. Mis caballeros, que no tardaron en percibirlo, flaqueaban. Oí las voces de Farax:

–¡Abrid las puertas! ¡Que abran las puertas!

–¡No! ¡No! –grité; pero supe que las abrirían: él era mi portaórdenes.

–O volvemos, o esta noche Granada será suya –me dijo.

–¡No! –volví a gritar.

Mi guardia había sido separada de mí. Sentí un golpe en el capacete; no dolor, sólo el golpe. No sé ni quién me hirió, ni si lo herí al responder. En una batalla no se sabe nada si se está dentro de ella. Justifiqué la desobediencia de mis tropas: sólo los avezados y los expertos en batallas tienen clara la mente para ver qué conviene. Lo otro es el alboroto, el caos, el embrollo. «Esto no es una batalla: es una humillación.»

–Vamos, señor. Vamos. ¡De prisa! –era Abdalbar, que refrenaba su caballo junto a mí.

–Ve. Tú ve. Ya voy yo.

Unas palomas grises volaban por el cielo azul, por encima del polvo y la barbarie. «Tontunas. ¿Qué hacen ahí arriba esas palomas en lugar de los buitres? ¿Qué hacemos aquí abajo nosotros?» Dejé de pensar. Espoleé mi caballo. Me lancé hacia adelante. Junto a mí sólo había un par de jinetes de mi guardia y Farax. Me habría gustado tropezarme con Gonzalo de Córdoba; que al menos fuera él quien... Pero ya daba igual. Quien fuese. Adelante. Me sorprendí diciendo adiós a voces. Ya no había nadie mío cerca de mí. Aunque quisiera evitarlo ahora, no podría. Estaba bien. Había estado bien. No pensaba. Nada recuerdo de un modo concreto y distinto, sino como entre la niebla del sueño que nos hunde y agita, donde ninguno de sus componentes tiene una estricta razón de ser. Si me esfuerzo hoy, veo un ojo desorbitado, una túnica rasgada de la que mana sangre, una mano sin cuerpo sobre el suelo, el rostro angelical y rubio de un muchacho, una boca vomitando sangre, una extraña mueca que remedaba –o era– una sonrisa. Sólo tenía conciencia de que espoleaba a mi caballo. Y, en medio del ruido estentóreo, de los alaridos, las quejas, los choques, las carreras, los mandatos, el vértigo de la muerte, oí con toda precisión un galope detrás de mí. «¿Por qué oigo ese galope?», me preguntaba, cuando, de un sablazo, alguien cortó mis bridas. Luego, con el sable de plano, golpeó el anca de mi caballo, y le hizo dar media vuelta. Por fin, pinchándolo en la grupa, lo puso al galope. Contra mi voluntad, como una centella, volé hacia Granada.

Vi lo que aún subsistía de mi ejército –«Llamar ejército a esto»– correr ante mí. Atardecía. ¿Atardecía? No lo sé. Quizá el sudor, el polvo, el mareo de los encontronazos, alguna abolladura que presionaba... No lo sé. Pasaba el campo a un lado y otro míos. Era el campo quien pasaba, no yo: tan desbocado iba mi caballo. Habían abierto las puertas de par en par. ¿Fui el último en pasar? Oí: «¡Ahora! ¡Ya! ¡Ya!» Oí el estruendo del portazo, el caer de las gruesas trancas, los primeros mandobles encolerizados contra los maderos chapados. Oí el griterío sobre las murallas. No distinguí si era de pena o de alegría. «También los derrotados aman la vida a veces...» A favor de querencia, mi caballo, con el que todavía no me había hecho del todo y que no obedecía mi voz, subía igual que un rayo, a pesar de su agotamiento, la cuesta de la Sabica camino de la Alhambra.

—Perdóname –era Farax, que se ponía a mi altura. No le quise mirar.

—Has sido tú, ¿verdad?

—Perdóname.

—Todo me ha traicionado: tú y la muerte.

—Perdóname.

—Creí que morir era mucho más fácil.

—Cuando llega la hora de cada cual, lo es.

Farax retrocedió unos pasos, e insistió con voz suplicante:

—Perdóname, señor.

Dejé pasar unos momentos:

–Esta mañana me llamaste Boabdil.

Él avanzó de nuevo hasta mi altura, y atravesamos juntos la puerta de la Alhambra.

A la mañana siguiente los granadinos vimos, desde las murallas altas, un extraordinario movimiento en el lugar donde había estado el real cristiano. Al principio nos regocijamos creyendo que se preparaban para levantar el cerco y retirarse. Por la tarde supimos la verdad. La reina había llegado temprano con sus hijos desde Alcalá la Real, donde residía. Conversó aparte con su esposo, y los dos comunicaron su resolución a los maestres y a los capitanes: no era prudente dar su brazo a torcer; no era prudente aplazar la tarea. Las decisiones había que tomarlas en caliente, «y más caliente que después del incendio es imposible», bromeó la reina. A partir de ese mismo día –es decir, ya– se comenzaría a construir un campamento que no pudiera arder: una ciudad de fábrica, con cimientos de piedra verdadera, y verdaderas calles y verdaderos pozos. A medida que el asedio se prolongara, crecería y se asentaría la ciudad. Con más motivos que antes, se llamaría Santa Fe. Los musulmanes tendríamos que bebernos con los ojos la inamovible provocación de los cristianos. Se proponían levantar ante nosotros una prueba tangible, la mejor, de que no se irían: una demostración a prueba de lluvias y de fuego, de desalientos y vacilaciones. La reina lo había dicho:

–No quiero ejércitos con los brazos caídos. Mientras se rinden los infieles, haremos algo bueno: un cuartel atrincherado como una ciudad, que dure más que nosotros mismos, y que haga preguntarse a los que después vengan si es que estábamos locos. Por esta Santa Fe subiremos a la Alhambra. ¡A trabajar, soldados! Nuestro Dios no es sólo el Dios de las batallas, sino el de los hermosos campamentos con torres, fosos, muros, puertas y caballerizas. A santiguarse y a trabajar, soldados.

445

Los granadinos y los evacuados de las proximidades, después de ver cómo cavaban las primeras zanjas y trazaban con cal el extenso contorno; después de ver clavar los estandartes y distribuir las batallas; después de ver llegar en carros, desde las alquerías destruidas, los materiales para una duradera construcción, ya no tuvimos dudas. Aquella noche nos acostamos pronto: nos fuimos a nuestras casas en silencio; cuando dejó de divisarse el asiento cristiano, se vaciaron las plazuelas. A pesar de ser mayo, no tenía nadie ganas de cantar. El agua de los aljibes y las fuentes corría solitaria, no escuchada por nadie. Desde mi alcoba –Farax seguía durmiendo desde la noche anterior–, Moraima y yo oímos gorjear un ruiseñor. Pensé que estaba fuera de lugar aquel canto de intrepidez y gloria. A punto estuve de mandarlo matar.

Contar lo sucedido en los meses que siguieron no es empresa sencilla. Procuraré –ahora que me es posible– olvidarme de mí; procuraré quedarme al margen, aunque al margen estuve un poco siempre, o consiguieron que estuviese. Procuraré ser objetivo, y no mezclar en el relato mis sentimientos de fracaso y decepción, la inestabilidad, e incluso el desequilibrio, que me poseían, y que me empujaron a mudarme, sin razones evidentes y con frecuencia, desde la Alhambra a la alcazaba del Albayzín, y viceversa. Procuraré enumerar los hechos de manera ordenada, si es que se puede enumerar con orden el desorden sin falsearlo: para describir los objetos que componen un informe montón hay que extraerlos de uno en uno, individualizarlos, catalogarlos, aunque volvamos luego a revolverlos como estaban.

Después de mucho reflexionar sobre el episodio más trascendental de mi vida pública (aquel en que el destino me había acorralado, y en el que ni siquiera se esperaba de mí otro gesto que el de acatar su fallo), he concluido que a las negociaciones con los reyes cristianos se llegó por tres vías, conducentes las tres a la misma meta, pero no siempre paralelas. A través de ellas me propongo exponer los hechos con la visión de hoy, más completa y más clara que la que entonces tuve. Los cronistas –aun los más afectos, como Hernando de Baeza– sólo tendrán en cuenta una u otra de las vías, y las tres eran simultáneas.

La primera fue la situación de la ciudad, más desastrosa cada día, que saltaba a la vista, aunque no en todo caso saltasen a la vista sus orígenes o sus agravantes. La segunda vía no fue nada físico, ni perceptible por los ciudadanos granadinos, desdichados protagonistas –no agentes, sino pacientes– de la primera; esa segunda vía la recorrieron subrepticiamente mis apoderados y los del rey de Castilla. La tercera, invisible no sólo para los granadinos sino hasta para mí, fue una tortuosa maraña de infidelidades, subterfugios y argucias, con la que ciertos personajes de ambas cortes –doloroso es reconocer que, sobre todo, de la mía– se beneficiaron a costa de mi Reino. Y, finalmente, será innecesario insistir en que la realidad es siempre más compleja que el relato de la realidad; como aquel informe montón de objetos a que me refería es más complejo que la suma o la enumeración de todos los objetos. Porque estas tres vías de que hablo no eran independientes entre sí, ni siquiera estaban trazadas con nitidez; según la conveniencia de quienes las utilizaban, ellas se enfrentaban o coincidían, se entrecruzaban o se superponían. Eran los cambiantes intereses de las personas y los pormenores acumulados del ambiente general los que las dibujaron y rigieron.

A partir del mes de junio Granada fue una ciudad que había perdido la cabeza, y no aludo solamente a mí, que continuaba siendo su cabeza más nominal que efectiva. De una forma impalpable, pero progresiva y rápida, fue siendo dominada por el pánico y por una sombría sensación de catástrofe. Al comienzo, el pueblo reaccionó con una especie de taciturna resignación: como en esos casos en que, dada por supuesta una inevitable desgracia, no se menciona en las conversaciones. Las gentes intentaban no ya hacer su vida habitual, pero al menos que pareciera habitual lo que hacían; salvo salir fuera de las murallas –impedimento que ya era mortal para los agricultores–, se conseguía una imitación bastante tolerable de la normalidad. Pero, poco a poco, lo que había de falso en esa convivencia exacerbó los ánimos. No sólo el estar encerrados, sino la conciencia de estarlo, y la muda y recíproca interdicción de reconocerlo en público, crearon tensiones, suscitaron reyertas y fomentaron pendencias. Unos barrios se pregonaban preteridos ante otros; unos gremios friccionaban –lo que no había ocurrido antes– con los vecinos; unos ciudadanos conminaban a la abolición de lo que calificaban de privilegios ajenos. De modo imperceptible, o apenas perceptible, los pobres, que en Granada se habían caracterizado por su particular alegría tan a menudo envidiada por los ricos, al perder tal alegría, se sublevaron contra éstos, que, según los pobres ahora entristecidos, nunca habían perdido, y no perderían aunque la ciudad se perdiera. Las levas, que afectaban a unos y a otros, pesaban más sobre los pobres, cuyos medios de subsistencia dependían de sus manos, llamadas a servir al Reino, por cuyo bien común abandonaban o relegaban el propio. Las exacciones, imprescindibles para el armamento y el sostén del ejército y para la construcción de las defensas con que oponernos al cerco, afectaban por el contrario principalmente a los ricos. Con lo cual el costo de la guerra –ni siquiera de la guerra, sólo de la resistencia– desagradaba a todos. Y aún más si consideraban, como lo hacían, que era inútil seguir. La ilusión era irrecuperable para ricos y pobres, y el derrotismo los agobiaba por igual.

Los campesinos, ante los campos incultos, se hundieron en una consternación hostil. Se les veía, no bien amanecido, acodados en las murallas, columbrando con ojos húmedos las eras de la Vega, las almunias, los huertos, las pardas rastrojeras en que se habían convertido sus lujuriantes plantaciones. Es imposible que quien no ame la tierra como nuestros labriegos la aman, quien no haya trabajado en su minúscula y mimosa artesanía, con la que no doblegan, sino que acarician y embellecen a la naturaleza, adornándola hasta transformarla de abrupta en dócil con sus bancales, sus acequias y sus puntuales riegos, es imposible, digo, que sienta, como sentían ellos cada mañana, la voz de esa naturaleza que llamaba a cada uno por su nombre y lo reclamaba y lo añoraba, por encima de quienes fueran los dueños por razones políticas, asunto que a ellos no les concernía y que habían acabado por odiar. Tanto que, ociosos y resentidos, se dedicaban por entero a conspirar, a urdir venganzas y a atajar por el camino que más derecho los llevase a su reencuentro con la tierra.

El comercio, que se desperezaba en cada alba y se enriquecía en nuestros zocos; que proporcionaba bienestar y comodidad a nuestros artesanos, cuyos productos salían de Granada en las manos de quienes aportaban los de otras geografías; que creaba apretados lazos, los únicos irrompibles en principio, sobre montes y mares, se ausentó. La ciudad consumía lo que ella misma fabricaba, pero no todo lo que fabricaba, ni a medida que lo fabricaba. Muchos mercaderes, ocupados en el lujo, quedaron sin empleo, y los demás, ante la disminución o desaparición de las demandas, dejaron de producir las cantidades que antes producían. Las operaciones de mayor envergadura, los cambios de moneda, las importaciones, los tráficos internacionales y marítimos, fueron abolidos. Y los perjudicados tampoco hallaban una razón ideológica o cordial que los compensase de su pérdida.

En cuanto a los soldados, se veían en tal inferioridad de condiciones, y contaban con tan poca simpatía de los ciudadanos, que inspiraban pena en lugar de admiración o de respeto.

Ser soldado en tiempos de derrota es tan ingrato como ser alfaquí en tierra de infieles. Por otra parte, la flor de nuestro ejército había perecido, durante los inmisericordes meses anteriores, en las algaras emprendidas para mantenerlo saludable y vibrante. En las tierras de Alfacar y Puliana, en Maracena o en Tafía, en Yamur, en el Jaragüi, en Armilla y en el Rebite o el Monachil, quedaron muertos nuestros mejores guerreros, o de allí regresaron inutilizados por sus heridas. Tal era nuestra realidad, aunque las pérdidas de los cristianos fuesen dobles o triples, que nunca fueron tantas; aunque, para no darnos por vencidos antes de que nos vencieran, nos hubiese parecido vital esa sangría.

Moralmente, pues, la situación era irremisible. Y lo era desde mucho tiempo antes de que se manifestase como tal para los granadinos.

En cuanto al abastecimiento, nuestra insuficiencia no era aún comparable a la que padecieron hasta su rendición Málaga o Baza; pero también es cierto que los granadinos y los refugiados ya no podían achacar a nadie el hundimiento del Islam: su rendición no era una rendición más, ni su entrega otra más, sino la entrega y la rendición de cuanto sus creencias y sus abuelos fueron, les enseñaron a ser y los animaron a defender desde hacía siglos. ¿Qué les importaba que Granada no pudiese conquistarse por asalto ni por sorpresa, y sí sólo por un sitio que sería muy largo y que acaso diera tiempo a alguna alternación? ¿Qué les importaba que el aislamiento infligido por los cristianos no fuese total, y quedaran exentas de él las cuencas altas del Darro y del Genil, con los frutos de la huerta y de la ganadería de las vegas de Zenes, de Dúdar, de Quéntar y Beas, de Pinos Genil y Güejar-Sierra, aparte de los caminos arriscados pero andables de las alquerías y aldeas alpujarreñas, muchas de las cuales aún eran musulmanas? Los granadinos, aunque no se lo confesasen, ardían en deseos de zafarse como fuese de unas circunstancias que se les hacían insostenibles, y salir de las cuales como fuese, por el sólo hecho de salir, se les antojaba un bien inapreciable.

Y tampoco les importaba contar con defensas que eran otro bien inapreciable: la resistencia de Alfacar, por ejemplo, con la que todos los arranques cristianos, reiteradamente lanzados contra su fortaleza, no habían podido; o tener dentro de sus muros las dos ciudadelas mejor guarnidas y más grandes de Europa según mis noticias: la alcazaba del Albayzín y la Alhambra (entre las que yo oscilaba con Moraima y mi hijo Yusuf, acompañado por Farax, sin ton ni son en apariencia, aunque generalmente por causa de amenazas y atentados que había de eludir). Y se manifestaban asimismo indiferentes los granadinos a las heroicas gestas que para animarlos toleraba yo, aunque estaban oficialmente vedadas; me refiero a las acciones campales, aceleradas y efectivas, que denodados jóvenes emprendían aún, y que sembraban la inseguridad hasta en el campamento de Santa Fe, cuyos muros algunas noches alcanzaron, matando centinelas, sorprendiendo guardias y asaltando convoyes. Pero los granadinos sólo tenían ojos para su mal, no para lo que los debía de alentar, y tampoco para el mal de sus enemigos, que en cierta amarga forma contrapesaba el suyo.

¿O es que se encontraban los cristianos en condiciones óptimas? A causa de la suciedad y de la inmundicia de piojos, chinches y pulgas se desencadenaron en sus reales epidemias que, por alto que fuese el nivel de sus hospitales, ocasionaban bajas y fugas. Faltaba el dinero, que no siempre lograban recaudar, ya porque se negaran los pueblos, ya porque los recaudadores los sisaran, ya porque se aprovechara el papado y lo escatimaran las órdenes religiosas, abrumados todos por la prolongación de las campañas: ni a los súbditos ni a los aliados puede exigírseles un gran esfuerzo duradero. El agotamiento de los concejos, el desconocimiento de Castilla sobre qué era Granada, qué su Reino, cómo se desenvolvían las conquistas y qué se adquiría con su dinero, eran muy perjudiciales. La necesidad de hombres aumentaba al ritmo de nuestros asaltos; hubieron de establecerse por la Vega grupos de lanceros en turnos de día y de noche, y, alrededor de Santa Fe, trincheras, parapetos y avanzadillas surtidos por soldados, en una incesante actividad que los desalentaba al transformarlos de asediadores en asediados. Era tanta la perentoriedad que los reyes tenían de apresurar la entrega de Granada, ya que no su conquista, que tuvieron que intervenir con decisión, por procedimientos sesgados, para empeorar las condiciones físicas y morales de los granadinos y apremiarnos así a la negociación. Recibíamos noticias del malestar de los cristianos, que presenciaban el correr del tiempo y el gasto de sus arcas y de sus márgenes de recuperación, sin avanzar ni un solo paso. Recibíamos noticias de la acuciante tentación que sufría Fernando de levantar sus tiendas, dejar una guarnición como testigo y aplazar hasta el próximo año, en que estaría ya deshecha Granada, la arremetida final. Recibíamos, a través de nuestros escuchas –que eran de vaivén en la mayor parte de las ocasiones–, los ecos de las desfavorables nuevas que les llegaban desde fuera a los reyes: el incendio de Medina del Campo, una de las ciudades más ricas de Castilla y la mejor proveedora por devoción a su reina; la muerte del príncipe heredero de Portugal, hacía tan poco casado con la hija mayor de los reyes, a la que le abrieron las puertas de Santa Fe transformada en una casa de duelo, hasta el punto de que tuvieron que enviarla a Illora, con don Gonzalo de Córdoba, a que él la consolase, ya que bastante tenían los soldados con sus propios desánimos. Pero los granadinos, desde que vieron blanquear el campamento, que encalaban los cristianos casi a diario precisamente para que fuese divisado y admirado, vivían obsesionados por sus propias heridas, y no cesaban de contemplarlas y agrandárselas a fuerza de hurgar en ellas. Con lo cual, cuando al acercarse el invierno se agravaron esas heridas para todos –sitiados y sitiadores–, la depresión de los granadinos llegó a su ápice y se produjo el estallido.

Los víveres empezaron a faltar en cuanto las nieves y los hielos obstruyeron los contactos con las Alpujarras, menguaron las posibilidades de viajes productivos, y los cristianos, más duchos que antes en atajos y en trochas, se adiestraron en impedir entradas y salidas. Con ello se produjeron motines de los más poderosos, que no veían suficientemente protegidos por los justicias sus bienes, sus casas y posesiones. Hubo saqueos, con los que los pobres buscaban su manutención a costa de los ricos; saqueos desenfrenados, en los que se llegó a matar propietarios, a arrasar mansiones, o a instalarse por las bravas en ellas, destruyendo sus jardines, acampando en sus suntuosos salones y atropellando a las mujeres de sus harenes. Las discordias civiles, que antes se basaron en diferencias políticas, se basaban ahora en profundas diferencias económicas, más insalvables todavía y más tajantes. El hambre, como consejera desatentada, hizo su aparición en este paisaje, incitando a quienes la padecían a una especie de locura. Los hambrientos se asomaban a las murallas a las horas de comer, e imaginaban cómo se saciaban los cristianos de los alimentos de que aquí carecíamos. Ya nadie recordaba que, no mucho tiempo atrás, cuando hacían presa nuestras tropillas en rebaños cristianos de vacas o carneros, hubo tanta abundancia de carne en Granada que por un dirhem pudo comprarse un arrelde de ella; hecha la digestión, el cuerpo olvida, y reclama una ingestión nueva. Ver a las mujeres con sus hijos en brazos, por las callejuelas, voceando su laceria y su indigencia; ver a los viejos sentados al sol contra los blancos muros, resignados a una muerte anticipada contra la que no hallaban remedio alguno; escuchar los gritos de numerosas cuadrillas que, sin otro quehacer, requerían que se llegase a un arreglo con los cristianos, o que se les permitiese a ellas mismas hacerlo; escuchar a los más exaltados pedir que se abrieran las puertas, y se les dejara ir al real de los enemigos para rendírseles; presenciar los continuos retos de caballeros cristianos bien atalajados y sustentados, aunque fuese sólo en apariencia, que se acercaban con plumas y estandartes para provocarnos y excitar a los súbditos a la rebelión, todos eran cuadros que originaban en quienes gobernábamos –aunque, como luego diré, no en todos– graves escrúpulos sobre nuestras decisiones.

¿Y cuáles eran éstas? Sospecho que, tanto las nuestras cuanto las de los adversarios, eran involuntarias y movidas por idénticas causas. Nuestra persistencia en no ceder se fundaba en lo mismo que su persistencia en asediarnos: ambos estábamos convencidos de que, con el invierno, se imposibilitaría la resistencia del contrario. Ellos, de que nosotros nos veríamos, por hambre, forzados a capitular; nosotros, de que ellos se verían forzados a abandonar el sitio, como en las campañas anteriores. Pero el tiempo corría, se ennegrecían las circunstancias, y ni unos ni otros nos supeditábamos a ellas, aunque en Granada los partidarios de resistir eran cada vez menos: una parte no mayoritaria del ejército, los alfaquíes, mis familiares y yo: quizá los que más teníamos que perder, si es que aún nos restaba algo no perdido. Imposible expresar qué violencia me hacía, ante la ilusa esperanza de que se alzara el cerco, para no atender las razones del pueblo; un pueblo espantado de que, si la rendición se hacía como consecuencia de la guerra, sólo la muerte o la esclavitud le aguardaban. Se necesitaba un sutil y enorme don de la oportunidad para acertar hasta qué momento podrían mejorarse las condiciones de la capitulación, y a partir de qué momento serían destructivas. Y era justamente yo quien tenía que tomar, en definitiva, esa resolución, insoportable en especial para unos hombres como los míos, no hechos a cargas semejantes.

Fueron estas consideraciones, que se hospedaban despóticamente en mis noches, las que pronto me movieron a iniciar contactos imprecisos que facilitasen, llegado el caso y la hora, las pertinentes diligencias. Esos contactos constituyeron la segunda vía de que hablé.

La impaciencia de Fernando lo hizo precipitarse. Apenas comenzada la construcción del segundo campamento, me envió un mensajero, no personalmente a mí, sino a través de Abrahén el Caisí. Se llamaba Juan de Bazán. Ya había recibido yo por medio de él hacía meses, antes de que se interrumpieran los últimos contactos, varias cartas del rey. En ellas –aparte de reiterarme su gran amor y sus muchos deseos de hacerme mercedes, y excusarse por los daños que nos causaba, atribuyéndolos sólo a los escasos deseos de servirle que teníamos mi ciudad y yo, y a nuestro afán de alteración y discordia– insistía siempre en llevar a cabo lo pactado; pero en ninguna de sus cartas explicaba sus flagrantes incumplimientos. En la ocasión de que ahora trato, Juan de Bazán permaneció unos días en Granada. Fue alojado en el Albayzín, en una casa por bajo del Castillo del Aceituno, con el más riguroso sigilo. Los vigilantes que le puse me informaron de que muchos palaciegos y ministros míos –muchos, en relación con los que poseía– acudían de noche y disfrazados a entrevistarse con él. Conociendo ya cómo se las gastaba el rey cristiano, imaginé las ofertas que les haría por traicionarme o persuadirme. Y para darle una lección, sin duda inconsecuente, me negué a recibir la carta. El Caisí, puesto de acuerdo conmigo, la devolvió cerrada a su portador; un secretario mío se había esmerado en cerrarla y sellarla de nuevo, después de leída por mí. [En ella se me repetían los ofrecimientos de costumbre, quizá algo acrecentados si entregaba sin más dilaciones la ciudad; pero no se refería sino a mis ventajas personales. Yo, del mensaje y de la actitud del mensajero, deduje dos consecuencias: la primera, la urgencia que, pese a sus baladronadas, tenía el rey de resolver cuanto antes el tema de la entrega; la segunda, que trataría de segarme la hierba bajo los pies empleando toda clase de ardides.]

Ya antes habíamos tenido alguna correspondencia el rey Fernando y yo, a través de personas interpuestas. El marqués de Villena se dirigió con insinuadas promesas a algunos nobles de mi corte poco escrupulosos, o fáciles de abordar, o destacados por su enemistad hacia mí. Otros nobles cristianos –no don Gonzalo Fernández de Córdoba, ni don Martín de Alarcón, mis más allegados– habían esgrimido discretas amenazas, sugeridas más que enunciadas, ante los padres de aquellos muchachos que permanecían en Córdoba como rehenes. Y el mismo Abrahén el Caisí, so capa de sus andanzas comerciales, había llevado algún despacho mío en el que, aparte de interesarme por el estado de mi primogénito, abría –o dejaba abierto– algún portillo a unas futuras y previsibles conversaciones. (Incluso me trajo una carta de Ahmad desde Moclín; tanto alegró a Moraima aquella carta que el llanto no la dejó leerla, y se la leí yo. Le remitimos, con el mismo conducto, unas pocas monedas de oro y unas cosillas para que se vistiese a nuestro estilo en la pascua. Moraima besaba las telas que rozarían la carne de su hijo, y yo miré mucho tiempo el papel, y pensé que mi hijo crecía y ya escribía con gracia las letras, y sus frases, tan cortas, me sonaron mejor que nada en este mundo.) Sin embargo, de ninguna de estas inconcretas gestiones podía darse cuenta al pueblo, que las hubiese malogrado quién sabe si sublevándose o magnificándolas. Su esencia era el secreto, y su valor exclusivo el estar hechas con la mano izquierda, de forma que la derecha pudiera negarse no sólo a cumplirlas sino a reconocer su existencia.

Del mismo modo, de una manera no oficial, el alguacil mayor Aben Comisa y el visir de Granada El Maleh mantenían relaciones difusas –o eso pensaba yo– con la corte cristiana, a alguno de cuyos secretarios conocían ya de las negociaciones expresas anteriores. En el campo cristiano hallaron un fidelísimo espejo de ellos, Hernando de Zafra. Él y El Maleh intercambiaban votos de sincera, afectuosa y recíproca amistad, en los que sospecho que ninguno de los dos confiaba; pero Zafra agilizó bastante las gestiones, empujando a los míos a plantearme clara y rotundamente los asuntos. Los míos, por lo que yo sabía, y según lo que yo les había sugerido, se resistían, balbuceaban, se hacían de rogar. Mis órdenes eran que aplazaran, sin romperlos, los tratos; que aseguraran que mi resolución de no entrar en el negocio era veraz e inflexible, y que arguyeran, contra cualquier apresuramiento de Zafra, que no osaban arrostrar mi indignación si aludían, ni sesgadamente, a la entrega de la ciudad. Pero Zafra era aún más artero que su rey, quizá por proceder de más abajo. (Fue criado de Enrique IV, y luego secretario de ínfima categoría de la reina; con servilismo y paciencia, había medrado: llegó a confidente y consejero de Fernando. Y cuando éste, desvanecido su optimismo, se resignaba a aplazar la solución del cerco hasta la siguiente primavera, él lo disuadió y se comprometió a hacer la torva labor de zapa que el rey personalmente había llevado a cabo en Baza, y de la que se encontraba muy cansado.) Fue con este villano inteligente, al que nada le impedía arrastrarse con tal de alcanzar lo que deseaba, con el que entablaron negociaciones –creí que en exclusiva– mis principales mediadores.

Lo que ignoraba yo –por lo menos en sus detalles– era que, desde el mes de abril, no sólo Aben Comisa y El Maleh, sino muchos más personajes de mi corte, habían abierto tratos ya. Todo eran ambigüedades; todo, supuestos; todo, palabras en el aire, porque a cuanto se hiciera a espaldas mías tendría yo que dar mi visto bueno; pero entretanto se hacía. Quizá la otra parte confiaba en que yo sabía más de lo que sabía, y en que tácitamente autorizaba y ratificaba esas gestiones como las más arriba expuestas del alguacil mayor y del visir. En la diplomacia la habilidad consiste en revestir de autenticidad lo hipotético o lo inventado, en adornar lo ilusorio, y en presentar como verdad lo imaginario; apoyándose, entre otras cosas, en el anhelo del engañado de que sea firme cuanto se le insinúa. Así, entremezclados los pasos oficiales con los semioficiales, e incluso, por desgracia, con los privados en estricto sentido –opuestos a veces a los intereses de Granada–, era muy arduo para cualquiera –sin exceptuarme a mí– discernir cuáles eran los límites de unos y de otros. Cautivos liberados sin mi consentimiento llevaban a Santa Fe propuestas que yo desconocía; traidores siempre a punto para venderse iban y venían con recados que sólo la parte interesada en darlos –o sea, el rey Fernando– se tomaba el trabajo de fingir.

[Pero ¿cómo iba yo a suponer que, mucho antes de que yo decidiera negociar, aquellos en quienes más confiaba lo hacían ya en la sombra?] ¿Cómo iba yo a suponer que El Maleh, al que siempre tuve –y aún tengo– por fiel, se oponía desde meses atrás a que interviniera en las conversaciones Aben Comisa, a quien tachaba en sus cartas a Zafra de estúpido y de avariento, y exigía el monopolio para él, cosa en la que coincidía con Aben Comisa, que también opinaba que habían de hacerse por una sola mano: la suya en su caso, por supuesto? ¿Cómo iba a suponer que los dos personajes habían ya fijado con el enemigo el precio exacto de sus intervenciones: 10 000 castellanos de oro cada uno, además del Temple con todas sus alquerías, en donación que había de hacerse a juro de heredad, con pleno dominio en poblado y despoblado, en lo alto y lo bajo, más todos los pactos, salmas, diezmos, pechos, derechos y jurisdicciones privativas? ¿Cómo iba a suponer que, más adelante, cuando ya me había implicado en la correspondencia, El Maleh me entregaba las cartas pero se reservaba unas hijuelas que en el mismo sobre le incluía Zafra para que las leyera él solo a escondidas del alguacil mayor y de mí mismo? ¿Podría creer a El Maleh –y sin embargo lo creí–, cuando me explicó que así me convenía, y que también él le mandaba otras hijuelas secretas a Zafra, pues no es bueno que un rey pueda enojarse demasiado, o poner en riesgo su dignidad real, o enterarse de las pequeñeces y cicaterías con que sus súbditos obran compelidos por su servicio, o estar al cabo de las mentiras e hipocresías que tan precisas son, para impedir que hasta de esos súbditos, leales aunque no siempre limpios, acabe por desconfiar? Cierto que yo sabía más de lo que aparentaba, porque no convenía asustar a la liebre con un ballestazo prematuro, y porque los personajes de mi corte no eran tan respetables como para no denunciarse ante mí los unos a los otros; pero de ahí a conocer el auténtico estado de las cosas había, por desgracia, un trecho demasiado grande.

Tardé tiempo en caer en la cuenta de que los motines que se producían en Granada eran provocados por agentes más o menos explícitos del rey Fernando –y con su dinero–, que soliviantaba lenta pero seguramente hasta a los alfaquíes. Como eran provocados (los primeros; luego ya se encadenaron unos con otros, porque no hay nada más difusivo que la subversión bien gratificada) los saqueos de las casas ricas, que tenían el efecto reflejo de poner contra mí, por falta de firmeza, a los robados. Tardé tiempo en darme cuenta de que se me alentaba a ser especialmente duro con los amotinados, insistiéndoseme mucho en que las represalias contra ellos y sus fortunas, aparte de tranquilidad, me proporcionarían medios suficientes para continuar la resistencia: ¿cómo iba a suponer que quienes así me aconsejaban eran precisamente los que pretendían que la resistencia cesase? Y así, entre las sediciones de las clases altas contra mí, las ásperas represiones con que se me impulsaba a reaccionar, y los robos continuados del populacho, me fui quedando poco a poco sin ricos, sin comerciantes, sin notables influyentes en los plebeyos y sin el respeto en general de los granadinos, a los que se daba una versión de los hechos opuesta por completo a la que se me daba a mí.

A todo esto hay que agregar que mi madre solía tomar partido en mi contra, movida por su perpetua animosidad y por su amistad con Aben Comisa, que era quien proponía mano dura contra los levantiscos. Mi madre no olvidaba que la aristocracia era más bien legitimista, y había estado siempre de parte de mi padre y luego de mi tío; ella había contado más con los ricos y con buena parte del ejército, es decir, con los más resentidos y rebeldes ahora: ambos eran ya fuerzas en plena decadencia. Su enemiga por la nobleza, de la que desconfiaba y a la que encontraba peligrosa, se acentuó por influencias del alguacil mayor, y propugnaba la necesidad de asestarle golpes certeros en la cresta, y aun de prescindir de ella por eliminación.

–No puedes permitirte el lujo, a estas alturas, de albergar enemigos dentro de tu alcoba. Son gentuza que te venderá cuando una puja les compense. Si se atreven a gritar aun delante de ti, imagínate cómo obrarán detrás.

–Lo que no puede hacerse (a estas alturas, como tú dices, madre) es diezmar a los ciudadanos. Todas las fuerzas nos van a ser precisas. No actuemos nosotros como si fuésemos nuestro peor adversario. Fieles o no fieles a mí, son granadinos, madre; son musulmanes, madre. Quizá no se te mete en la cabeza –yo había empezado a emplear ante ella expresiones tan bruscas como jamás hubiese soñado– que no me estoy defendiendo yo, ni estoy defendiendo mi trono, que titubea y se hunde: estoy tratando de defender Granada. Seamos sinceros: si la ciudad se salva, poco importa que no se salven la monarquía ni el Islam. Y, si no se salva el Reino, ni la monarquía ni el Islam podrán salvarse.

Me niego a transcribir lo que mi madre me respondió. Aparte de acusarme de traidor a mi sangre y de blasfemo, me reprochó defraudar las tradiciones y los preceptos que un emir ha personificado desde el principio de la Dinastía.

–Mi mayor desdicha –me lanzó, entre otras cosas, a la cara– es que tú seas imprescindible. Un emir es un dueño y, como dueño, ha de proteger a su reino y a sus súbditos. Sólo como dueño; si dejase de serlo, la ciudad y su gente habrían de protegerse solas.

La diferenciación, y hasta la oposición, que yo hacía entre Granada y nosotros –ella decía *nosotros*– era un fraude. Nosotros y Granada, nosotros y el Islam, éramos la misma cosa, y lo que fuese de uno sería de todos. El hecho de que el rey Fernando estuviese allí enfrente, sentado como una cocinera que va a matar un pollo, o que acaso lo da por muerto ya, y lo despluma sin prisa, y le arranca los miembros uno a uno: alones, patas, barba, cresta, cuello, pico, ese hecho lo demostraba bien a las claras. ¿Qué era el pollo en último extremo? ¿Dónde residía el verdadero ser del pollo? ¿Dónde se terminaba? ¿Cuándo dejaba el pollo, despojado y descuartizado, de serlo? Granada, sin cortijos, sin fortalezas exteriores, sin puertas, sin murallas, sin habitantes, seguiría siendo Granada mientras *nosotros* estuviésemos en la Alhambra y la Alhambra tuviese una mezquita.

–Te recuerdo –le dije– que yo resido ahora en la alcazaba de enfrente.

–Ya lo sé. Es una más de tus torpezas.

–Si vivo de vez en cuando en la alcazaba es para ir perdiendo la costumbre de vivir en la Alhambra: aquí siempre tengo la impresión de que alguien llegará en cualquier momento con una sentencia de desahucio.

–Muy ingenioso –contestó con los dientes apretados–. Este pueblo está convencido de que el señor de la Alhambra es el señor del Reino. Tu desidia y tu falta de respeto por los símbolos me obligan a vivir en el palacio que ocupó tu padre y su favorita, lo que no es para mí un plato de gusto.

Yo sabía que eso no era verdad, pero no la contradije: preferí aplicar mis esfuerzos en otras direcciones.

–Me temo que, por lo que he alcanzado a saber de gestiones demasiado particulares –subrayé la expresión–, la violencia con que Aben Comisa y tú habéis sancionado los motines, muy exagerados en buena parte por intereses bastardos, ha sido contraproducente. Habéis conseguido dejarme sin ciudadanos de alcurnia y de fortuna; sin ciudadanos cuya honradez y cuyo valor eran los que los animaban a decir la verdad a cara descubierta; sin ciudadanos que me habrían ayudado mucho en la hora de la sacudida, tan cercana: los únicos que habrían de ayudarme. ¿Y con quién cuento ahora? ¿Con un pueblo, cuyas iras alguien se ha ocupado en desatar, que ha acuchillado a los notables y desvalijado a los poderosos? ¿Con los nobles supervivientes, que se han ido de la ciudad, disfrazados de campesinos, para salvar la vida en aldeas y cortijos? ¿Con quienes están ansiando que entren aquí los cristianos para implantar un orden y una seguridad que se han hundido? ¿Con los comprados y los compradores que, con el pretexto de actuar en mi favor, me han aislado, para conseguir de ese modo no ser desenmascarados, de quienes me ofrecían su honestidad, su apoyo y su consejo? ¿Con quién cuento? Dímelo, madre, porque yo no lo sé.

Era verdad: no contaba con nadie. Yo había llegado a recelar de todos, y el pueblo recelaba de mí. Cada vez más a solas conmigo mismo, reduje al máximo el número de mis servidores: había días en que Moraima guisaba nuestra comida. Y nunca dormíamos más de tres o cuatro noches en el mismo lugar, temeroso yo de ser asesinado, y sin saber ni remotamente cuál sería la mano que iba a asestar el golpe.

–Deja de hablarme, madre, de la esencia filosófica del pollo. Porque de desplumes y de desmembraciones tengo más experiencia que tú. En la Casa de los Amigos del Generalife recibía hace meses a un par de docenas de granadinos, cuyas familias son tan de Granada y tan Granada como puedo yo serlo: ministros, primos lejanos, alcaides de las torres, jefes de barrio, o jeques, o caídes, o wasides. Me asombraba que, de uno en uno, fuesen faltando a mis reuniones. Debí adivinar que los que no habían sido expulsados o asesinados o condenados por ti, empezaban sencillamente a visitar otra casa de otros amigos: la regentada por Fernando de Aragón. Pluma a pluma y miembro a miembro, me he quedado sin pollo. «Está indispuesto», me decían los otros, o «tenía que hacer», o «ha ido a firmar una compraventa», o «su mujer está de parto». Hasta que caí en cuál era el enredo, y ya pensaba oyendo al excusador: «Mañana serás tú el que no venga.» Y no venía, en efecto. Ahora estoy solo, madre. Va a naufragar el barco; a la tripulación me la habéis tirado por la borda; a mi alrededor, sólo hay ratas, y ya se sabe lo que las ratas hacen cuando peligra la nave. ¿Te gustaría que habláramos también de la esencia filosófica de las ratas? ¿Dónde empieza y acaba una rata, quién la mantiene; qué se necesita arrancar de una rata para que deje de serlo?

–No me hacen gracia tus ironías. Ni te las consiento. Si quieres conocer mi opinión, cosa que dudo, te aconsejo que convoques una reunión de notables y consejeros, y los oigas. Sé que ellos piensan como yo, pero tú preferirás escucharlos a ellos antes que a mí, igual que has hecho siempre.

–Así se hará –corté.

Y convoqué, para dos días después, una asamblea de alcaides, adelantados, alfaquíes, dignatarios y comerciantes representativos de los gremios. En el Salón de Comares, por supuesto, testigo de los esplendores de la Dinastía. Fue en él donde coincidieron por fin definitivamente las tres vías de las que escribí hace unas páginas. No sé si por desgracia o por fortuna, todos los asistentes estuvieron de perfecto acuerdo. En aquel salón y en aquel día aparecieron, aflorando las ocultas, las líneas fundamentales que dibujaban con los trazos más negros la triste realidad.

Detrás de un plato con membrillos y granadas veía dorarse el atardecer de fines de septiembre. Abstraído, había dejado transcurrir el tiempo. Nasim me avisó de que era ya la hora.

–Refrescará, señor.

Me puse sobre los hombros un manto oscuro. Al pasar cerca de un espejo, miré de refilón involuntariamente; me encontré con un rostro ojeroso y delgado. Me costó reconocerlo como mío.

Fuera del Palacio de Yusuf III jugaba Farax con mi hijo y el perro *Hernán*. El niño, manoteando, montaba sobre el paciente perro, auxiliado por las recias manos de Farax. Yo había encargado a un sillero –por precaución, no de la familia abencerraje, a la que según su apellido le correspondía– una minúscula silla para Yusuf. Se mantenía sobre ella con garbo y con donaire. Me detuve un momento. Mi hijo llamó mi atención gritando. «El bienestar desafecto y ruidoso de los niños», pensé.

–Vamos, Farax.

¿Sabía él dónde íbamos? Daba igual: me habría seguido a cualquier parte. Puso al niño en el suelo, tomó su albornoz y se dispuso a seguirme. La tarde era vulnerable e íntima: demasiado, para lo que yo tenía que hacer. Me hubiese agradado más pasear con Farax por los jardines, en silencio, presenciando la caída de las primeras hojas, la huida de la luz, los misteriosos cambios del cielo hasta acabar en el azul profundo de los anocheceres que eran por aquellos días especialmente bellos. Caminé hacia la salida. Dudaba el perro si seguirme o quedarse con el niño. A un perro le perturba siempre una separación; quizá ellos piensan –y, piensen o no, aciertan– que cualquier separación puede ser la última. *Hernán* volvía la dorada cabeza de uno a otro, indeciso y acaso desgarrado. Quise ayudarlo:

–Quédate, *Hernán*; guarda al niño. Volveré pronto. En el Salón de Comares habrá bastantes perros. –Supe, sin mirarlo, que Farax había sonreído–. Mucho peores que tú.

Al entrar en el patio, el sol resplandecía aún sobre uno de sus costados; al otro lo amortiguaban ya las sombras; la alberca, inmóvil, parecía mucho más profunda de lo que es. Por sus canales de mármol entraba en ella el agua susurrante. Su color verde oscuro me entristeció. «Una fatal serenidad.» Se olían los perfumes quemados en los pebeteros; avanzaban hasta nosotros por el aire quieto. Mi madre, saliendo de sus habitaciones, se situó a mi lado. Entramos. Los convocados me saludaron con un inesperado calor. Junto al habitáculo central me aguardaban el alguacil mayor y el visir de Granada. Se inclinaron. Me senté sobre los almohadones e invité a todos a sentarse. Debió de sorprenderles, porque tardaron en hacerlo. Estaban expectantes. Yo había decidido no darles facilidad ninguna; no haría más que escucharlos.

–Hablad –dije.

Nada más. No aludí al motivo de la convocatoria; no señalé un orden de intervenciones; no le concedí a nadie la palabra. Todos sabíamos qué hacíamos allí. Y ellos, mucho más que yo, sabían lo que se morían por decirme. Después de una vacilación, supongo que fingida, en que se consultaron unos a otros con un apagado murmullo, se levantó uno, al que creí identificar como alguien con un puesto importante en el mercado de la ciudad, quizá el zabazoque mismo, pero no recordé de momento su nombre. Comenzó a perorar. Supuse que iba a perorar durante mucho tiempo. Vi cómo el atardecer abría sus alas despacio entre la Sabica y el Albayzín. «Quizá no me queden tantos atardeceres en la Alhambra como para desperdiciar uno en algo presupuesto.» Mi madre, con una túnica ocre, se hallaba a mi derecha. «El Chorrut.» El que había comenzado a hablar se llamaba Mohamed Ibn Halimet el Chorrut. Quizá fuese cadí; no estaba seguro; no importaba. Con el pulgar derecho me acaricié los dedos de la mano izquierda. Respiré hondo, o suspiré quizá. Busqué con los ojos a Farax; estaba pendiente de mí. No cambió de expresión, como si, pese a que nuestras miradas se encontraron, no hubiera notado que lo miraba. Consentí que mis ojos lo dejasen. Amainaba la luz del patio. En el interior nos envolvía un delicado lubricán: ¿se iba la luz, o, sin irse, accedía a compartir el salón con la penumbra, que brotaba desde los rincones? Prendieron los hacheros. La luz del día iba a hacer frente a la del fuego. La primera, suave y carnal, ganó al principio; luego se rindió a la otra, menos uniforme y menos cambiante a la vez, a la vez temblorosa y estática. «Ya será visible, en el cielo de Dios, sobre este cielo del artesonado, encima del centro exacto de la torre, más alta que todo, convergiendo en ella los vericuetos de todas las simetrías, amiga o enemiga según el que la mire, ya será visible, orientadora y desdeñosa, la estrella Polar.»

—Ellos —el orador persistía— viven en las mismas condiciones en que podrían vivir aunque el cerco durase años. Sus soldados son innumerables. Han levantado como por arte de magia la ciudad que vemos desde la nuestra: con muros, con defensas inasequibles, con calles rectas y lisas, con hospitales, con establos. Tienen mercados donde abundan los alimentos, las ropas finas y las de abrigo; no carecen de cuanto Granada, en sus mejores tiempos, disfrutaba; celebran fiestas y organizan torneos; acuden sus damas a distraerlos y animarlos desde las poblaciones más o menos vecinas; están instalados, por tanto, en la seguridad y en la esperanza.

—Da la impresión de que has estado allí —le interrumpí.

Él enrojeció, o pensé yo que enrojecía.

—No es necesario ir. Por desdicha, se ve desde nuestras murallas —continuó—. Y, además de lo dicho —subrayaba—, tienen en su poder a unos cuantos mancebos, hijos nuestros, que fueron el precio de tu libertad. En cambio, nuestro pueblo, famélico y desmoralizado, ve cómo sus adversarios se satisfacen con aguardar, al pie del árbol, la caída del fruto que no ha de tardar en madurarse. Igual que el niño que tiene un pájaro atado de una pata se portan con nosotros. ¿Nos sentiremos libres porque podamos reunirnos hoy aquí? ¿Nos juzgaremos libres porque no nos juzguemos aún esclavos; porque se nos permita alzar un poco el vuelo, sólo un poco, lo que la cuerda dé de sí, lo que al niño se le antoje? —Pensé en mi hijo, en mis hijos—. Quién sabe si, aburrido un día o harto, nos pinchará los ojos con un alfiler, o nos estrangulará con una sola mano.

—Sí, todo eso es posible —murmuré—. Los niños son crueles; quizá también los pájaros. Todo depende del tamaño de sus enemigos.

–No hay posibilidad de resistir. Con los abastecimientos de los silos y de los almacenes, en cuanto desaparezcan bajo la nieve los caminos, no contamos ni para dos meses; para cincuenta días como máximo. Ahora se distribuye harina a los hornos para que la gente recoja el pan que quiera; pronto sólo recogerá el pan que pueda dársele.

Me distraje otra vez. La luz de un candelabro, en un extremo del salón, incidía sobre una sola túnica galoneada en oro, y la hacía vibrar, destelleante y marchita, en la sombra. No, no me distraía por despreocupación de lo que exponía el cadí, o quien fuera: es que eso lo había oído decir cientos de veces; me lo había repetido yo a mí mismo hace cientos de días.

El orador, quizá desalentado por mi displicencia, concluyó antes de lo previsible. Sin poder evitarlo, aunque nada más contrario a mi deseo, pensé en el camino recorrido para llegar aquí; no en el recorrido por mí, sino por mis antecesores. Épocas gloriosas según nuestros poetas; victorias que estremecieron de alegría los eslabones de una cadena que, lo mismo que un puente, nos condujo vinculados hasta este momento; sonoros triunfos. «Sólo Dios vencedor...» La fatua y ofuscada presunción en el respaldo de la Divinidad. ¿Ninguno de mis predecesores había presentido que llegaríamos a esto? ¿Se engañaron todos hasta el punto de creer que esto se mantendría en un persistente equilibrio? ¿No sería que yo aspiraba a sacudirme la responsabilidad, culpando de obcecación a los que, antes, se habían sentado en donde yo ahora? ¿Está verdaderamente todo escrito? ¿Era reo yo de que este hatajo de vientres egoístas me estuviera dando hoy la monserga con sus quejas? ¿Qué habían hecho de meritorio ellos? ¿Defenderme –¡defenderme!– frente al *Zagal*, o defender sus intereses radicados en Granada, yendo y viniendo a su conveniencia, mudando de opinión según el que reinara en la Alhambra? ¿Y qué pretendían ahora? Cambiar de dueño nuevamente, echar al dueño de siglos y sustituirlo por otro más rico, más potente, más estable, con cuyo orden prosperarían sus negocios. ¿Yo era el traidor? ¿Yo era el indiferente? Ellos, que van con su tahelí portador del Corán fingiendo que en algo esencial les afecta; ellos, cuyo corazón está donde su tesoro, y su fe, donde su tesoro, y su Dios y su todo. Los miré casi de uno en uno. Resbalé los ojos por sus vestidos, que habían despojado de recamados y bordaduras para no provocar al pueblo; por sus relucientes mejillas; por sus gruesas tripas insaciables. Habría preferido tener ante mí a un pueblo vociferador y gesticulante, desharrapado y hambriento. Ése sí que me hubiese dicho con exactitud y brevedad qué era lo que quería: vivir, vivir a costa de lo que fuese. «Dios no conduce a las gentes infieles. Dios no conduce a las gentes injustas», dice el Libro que llevan colgado de sus cuellos o de sus cinturas. «¿Es que Dios y su Enviado sólo nos prometieron un engaño –le preguntaría a ese pueblo–, o es que no nos merecemos el apoyo de Dios? ¿Qué hemos hecho? Guerrear entre hermanos, matarnos entre hermanos, mordernos y desangrarnos como fieras. Y ahora esperamos que el Todopoderoso nos proteja.» «Vivir –diría el pueblo–. Eso es lo que queremos. Si hasta la doblez religiosa la admite el Profeta porque la vida es el mayor bien que nos otorga Dios, y es lícito salvarla aun renegando en apariencia de la fe, ¿cómo se nos va a prohibir rendirnos y entregarnos por vivir?» Eso me diría el pueblo. Pero ¿no me bastaría hablarle con calor y a voces de su Dios y de su Paraíso, de su honra y de sus abuelos, para conseguir encenderlo otra vez? Al pueblo, quizá sí; a éstos les dije:

—Estamos en un lugar donde la gloria del Islam resplandeció como el ornato más brillante del mundo. Leed los versos de vuestro alrededor. Los sultanes de mi Dinastía construyeron y decoraron los muros que nos acogen para que entre ellos se desplegase el orgullo de nuestra religión, la sabiduría de nuestro pueblo y la gracilidad de nuestras artes. Habéis venido desde vuestras casas a este palacio con el que unos hombres que ya no viven, pero que es imposible que mueran, nos hicieron el legado de lo mejor que poseían para que nosotros lo enriqueciéramos. Granada es mucho más que una ciudad y mucho más que un reino: es una forma de haber sido, una forma de estar siendo, una forma de llegar a ser. Y hoy, en este mismo sitio, en el corazón de la granada, sólo tenéis ideas pesimistas.

Yo sabía que era retórica, que era ruin hojarasca cuanto estaba diciendo; pero nunca como cuando se es ajeno a él se dominan los pormenores de un discurso, las eficaces inflexiones de la voz, la emoción simulada. Yo deseaba insultarlos; pretendía demostrarles que ya eran incapaces de sostener la patria, de nutrirla y de sentirse suyos. Su patria era su ambición, y yo no iba a tolerar que le dieran la vuelta al argumento, y justificaran su defección con el sacrificado amor a su pueblo y con sus conmiseraciones. Pero ni siquiera me admitirían que se lo escupiera a la cara: todos juntos –y estaban todos juntos– podían más que yo. Vi que los ojos de Farax, los únicos que sostenían los míos, brillaban llenos de una devoción absoluta. Concluí:

–¿Estáis conformes con lo que vuestro portavoz ha declarado?

Todas las cabezas, como apesadumbradas, se inclinaron aún más. Dejé que el silencio se enseñorease, contundente y pesado, del salón. Me volví a Aben Comisa; luego, a El Maleh. Uno con los labios y otro con las cejas, me transmitieron un recado que me negué a entender.

–Yo, no. Mi portavoz no es ése. –Era mi madre, con el tono grave y bien modulado de sus mejores intervenciones–. Yo soy mi propio portavoz, y mi voz es mi sangre. Por voluntad de Dios, los nazaríes hemos sido depositarios de la fe. A nosotros se nos ha encomendado, desde hace cientos de años, traspasar a nuestros herederos esta gran mezquita de Dios que es Granada, para que ellos a su vez la traspasen a los suyos.

Eso se lo había oído yo decir en Córdoba, de ellos mismos, a los reyes cristianos. Todos los gobernantes que no se erigen en dioses se vinculan, antes o después, a la Divinidad: es su manera de perpetuarse y de vanagloriarse. De tejas para arriba es más fácil conciliar a los hombres, con promesas que no son exigibles de inmediato, con intimidaciones que otros poderes impalpables se encargarán o no de cumplir. Seguía mi madre:

—¿Es que no os avergüenza que seamos nosotros quienes rompamos las ligaduras que nos atan a Dios? ¿Qué queréis decir cuando afirmáis que la situación es insostenible? A lo largo de mi vida yo no he atravesado sino situaciones insostenibles; la vida misma es una de ellas: de ahí que nos muramos. ¿Qué clase de granadinos sois, que alardeáis de que los cristianos viven mejor que vosotros? ¿Es que vivir mejor es lo que importa ahora? Si decís que ellos tienen víveres y armas, ¿por qué no añadís la hora en que hemos de arrebatárselos? ¿Aspiráis a imitar al traidor y vendedor del Reino, Abu Abdalá, al que tantos entre nosotros aclamaron como *el Valiente*? ¿Qué es lo que os proponéis? Yo no os entiendo. Quizá soy vieja ya. Quizá mis muertos, emires en su mayor parte, tiran ya de mis miembros hacia abajo. Quizá no me queda otra cosa que defender sino mi honra y la honra de mi Reino; un reino que pertenece a mi familia por derecho de conquista: recordadlo. ¡Recordadlo! Pero, mientras haya en él hombres con sangre en las venas, yo seré su portavoz, porque me ensordezco a otra voz que la de esa sangre. Creí que, después de purgas lancinantes, de tantas amputaciones de miembros gangrenados, Granada, al fin, se había quedado con los hijos cabales, con los apiñados. Creí que, después de tantas aflicciones, de tantos sinsabores; después de haber luchado como un hombre de una ciudad en otra cuando mi hijo el sultán padeció cautiverio, vosotros tendríais por mí la veneración que se merece una enseña. ¿No es así? —Aguardó con habilidad unos momentos. Levantó el tono—. ¿No es así? ¿Decepcionaréis tanto a vuestra sultana que prefiera mil veces haber muerto antes que contemplar lo que contempla? Si nuestro pueblo está desesperado, es de tal desesperación de donde recabará su mayor ímpetu. Si nuestro pueblo está hambriento, es de su hambre de donde obtendrá la saciedad. Vayamos contra los cristianos; que llamen los pregoneros a los hombres. Yo permaneceré en Granada con las mujeres, y juntas la defenderemos. Id vosotros contra los enemigos de la fe; prended de nuevo fuego a su campamento. Los que regresen encontrarán una ciudad prevenida para la felicidad y para la vida; quienes mueran resucitarán en el Paraíso. ¿O es que nuestros antepasados nos mintieron? ¿Será mentira todo aquello por lo que lidiamos y en lo que creímos? ¿De pronto es ya mentira? Contestad. ¡Contestad!

A sus elocuentes interpelaciones no le contestó nadie. Fue como si el contundente y pesado silencio que precedió a su discurso lo hubiese rechazado. Como si sus palabras se hubieran desvanecido por el aire –*flatus vocis*– sin que nadie las escuchara. Es inútil repetir lo que está cansado de escuchar a alguien que ya ha desviado la vista en otra dirección, y al peligro, convertido en carne de su carne, lo ha sustituido por una intacta y peregrina perspectiva. Acaso si no hubieran existido los cristianos, los musulmanes que estaban delante de nosotros se los hubiesen inventado. Lo que a muy pocos les parecía un suicidio, a la mayor parte le parecía un renacimiento. «Están hasta el turbante de nosotros, madre –pensé–. No malgastes tus centelleantes y baldíos recursos. Ya no hay nada que hacer.» Farax miró a su alrededor; dio un paso al frente. Yo lo detuve con un gesto invisible para los demás. E interrumpí el silencio:

–Sé que estáis examinando vuestras conciencias. Sé que medís con tiento los pros y los contras. –Por descontado, no era cierto–. Si decidís resistir conmigo, reconstruiremos entre todos el Reino. Las potestades de Dios nos son desconocidas: ¿quién puede vaticinar lo que, después del invierno, nos aguarda? ¿No irrumpe siempre detrás de él la primavera?

El razonamiento era muy débil; no era un razonamiento. Ni siquiera cabía ser razonable en unas circunstancias como ésas. Cabía ser heroicos; pero la heroicidad usa un idioma que mi auditorio no entendía. Mis súbditos no habían oído hablar jamás de Numancia o de Sagunto, y se echarían a reír si alguien tuviese la audacia de relatarles semejantes historias. Los razonables eran ellos. Ellos se agruparían, pero para sobrevivir; se solidarizarían, pero para durar, no para inmolarse. Yo era su sultán; en teoría mandaba sobre ellos: una farsa más; para sobrevivir, como primera providencia, me destituirían; como segunda, me cortarían el cuello. Y sin ellos, yo no era sultán de nadie. Ni con ellos, tampoco: su silencio lo confirmaba a voces.

Dando unos breves pasos, se adelantó un hombre muy bajito. La barba le cubría todo el rostro. Tenía ojos menudos y escudriñadores, y unas manos velludas, más grandes de lo proporcionado. Era un alfaquí que en las semanas últimas había adquirido un gran predicamento. Venía de Huenejar, o de Huájar, o qué sé yo de dónde. Se llamaba, por supuesto, Mohamed el Pequení.

—Señor, señora: no confundáis la voluntad de Dios con la vuestra. Hay contingencias en que sus juicios son oscuros; pero hay otras en que revisten una inequívoca claridad. Si en el Libro de Dios está escrita la ruina de Granada, nada adelantaremos con oponernos al destino. Él sabe cuándo recompensa y cuándo castiga; cuándo se es digno y cuándo se es indigno de ser su paladín. No porfiéis en prolongar la agonía de nuestro pueblo; su agonía no lo conducirá a la salvación ni al triunfo. Por eso, si al enfermo lo alivia un cambio de postura, ayudémosle a cambiarla. Mirad, señor, señora, en la hondura de vuestro corazón: quizá no sea Granada, ni la fe, ni el Islam, lo que esté en juego, sino sólo vuestra Dinastía. Permitidme advertiros que este pueblo nuestro, tan sufrido, nos inspira más respeto y más compasión que ella. Entre la desaparición del uno o de la otra, no nos puede caber la menor duda al elegir.

El Pequení, que era casi un enano, había enunciado a la perfección lo que pensaban todos; también yo. Me levanté de golpe. Con un suspiro de liberación, se levantaron todos dando por concluida la asamblea. Pero yo, sonriendo por dentro, alcé las manos para detenerlos.

–¿Eso es lo que opináis? ¿Estáis de acuerdo? De este salón no saldrá nadie sin decirlo.

Quería comprometerlos. Quería acorralarlos. Desde antes de iniciarse sabía el resultado de la reunión; pero ahora necesitaba oírselo decir en alta voz a cada uno. No me bastaban ya las compungidas actitudes, las generosidades embaucadoras, los gestos histriónicos de encogerse de hombros y resignar su póstuma opinión en el «estaba escrito». Me dirigí primero al alguacil mayor:

–Tú. Dilo tú.

–Sí –respondió Aben Comisa después de un titubeo.

Me planté frente al visir:

–Tú.

–Sí –respondió El Maleh.

Luego pasé de uno a otro, sin prisa. La cólera me hacía levantar la cabeza, erguir el cuerpo; acaso nunca he ostentado tanta majestad. De uno en uno, sin prisa, fui escuchando sus síes. Mi cólera, de todas formas, era relativa: no me la originaban sus respuestas, sino sus semblantes, sus asquerosos egoísmos que procuraba desenmascarar. A medida que interrogaba a más, los síes eran más resonantes y robustos. No me detuve frente a Farax: habría dicho que no. Al encararme con la última fila, me había acercado a las puertas del salón. Fuera, caía o se levantaba una noche plácida y tibia. Venía de los jardines un olor a jazmín. Oí el ligero deslizarse del agua en los extremos del estanque. En algún sitio cantó un pájaro.

–Sí –contestó el último.

–Os agradezco que me hayáis hecho partícipe de vuestro dictamen.

Ellos y yo sabíamos que las negociaciones habían empezado hacía ya tiempo. Probablemente cada uno de ellos había recibido una remuneración ya o una promesa. Se escuchaba el piar del pájaro, agrandado por el silencio.

–¿Vienes, madre? –Estaba pálida, desencajada, casi invisible bajo su decepción–. ¿Vienes, madre? –repetí.

Su voz fue como un chorro de agua hirviendo:

–No. Me quedo. Me quedo aquí. Y no saldré de aquí. Déjame sola. Bien pensado, creo que estuve sola siempre.

Cuando regresamos al Palacio de Yusuf III, Farax me dijo:

–Ellos no te merecen. Eres el mejor sultán que ha tenido Granada. Has estado admirable.

–No lo soy; pero, aunque lo fuese. Como has podido ver, ser el mejor sultán en el peor momento no sirve para nada.

Quise entrar en la alcoba de Yusuf para tocar algo limpio. Moraima me sonrió con un dedo sobre los labios:

–El perro y el niño están durmiendo juntos. Han venido agotados los dos.

–También yo he venido agotado. Creo que definitivamente –dije, y le pasé un brazo por los hombros.

–No es hora de recriminaciones –les advertí a Aben Comisa y a El Maleh cuando los tuve delante un día después.

Y, al ver que se miraban de soslayo, les previne:

–Tampoco es hora para que os culpéis el uno al otro: sois culpables los dos. Es hora de actuar. Y de actuar con arte, de modo que ganemos lo más posible; o de modo que perdamos lo menos posible, será mejor decir. En cuanto a ese arte, en vosotros y en el rey Fernando he tenido, hasta ahora creí que por desgracia, los más eximios maestros. Mostradme las cartas que el apoderado de los reyes os haya dirigido, y la copia de las que vosotros le dirigisteis por vuestra cuenta a él. No repliquéis –se aprestaban a hacerlo–, y mostradme las cartas. Evidentemente me enseñaron las que les convenían, y las minutas de las suyas quizá rehechas. Al alguacil mayor, Hernando de Zafra le llamaba «honrado señor»; a El Maleh, a quien había escrito mucho más, «especial y grande amigo y como verdadero hermano». De la lectura se desprendía que llevaban conspirando mucho más tiempo del que yo imaginaba. Cualquiera que lea estos papeles se preguntará por qué acepté que ambos continuaran representándome. Mi posición era tal que ni siquiera lo dudé.

Más tarde, al reflexionar, comprendí que estaba resuelto de antemano. En primer lugar –los hechos consumados tienen suficiente elocuencia–, ambos, por separado o unidos, tenían ya un camino hecho, lo que era sustancial en un trance en que yo no podía andarme con finuras de protocolo, y además, para encarecer su labor, ya habían insistido ante el contrario en lo difícil y costoso que resultaría convencerme. En segundo lugar, desconfiaba de los otros más aún que de ellos. Al fin y al cabo, ellos me asesoraban desde la primera época, y eran ya conocidos por los cristianos como representantes míos en otros tratos angustiosos; de lo que, por supuesto, también se habían aprovechado. En tercer lugar, según se deducía de las cartas, habían sido recompensados ya con mercedes y sobornos; y eso, si no colmado, sí habría atemperado su codicia, con lo que algo adelantábamos.

Y de cualquier manera, estaba solo; la responsabilidad final, en última instancia, iba a ser mía. Sobre todo, en cuanto saliera mal.

Como de pasada, me pregunté a mí mismo qué era la lealtad, y quién era capaz de ella en los días que estábamos viviendo, en los que el «sálvese quien pueda» era la consigna. Yo, desde que me conozco –y no sé si me conozco del todo–, he buscado leales. Cuando fui débil, o mejor, cuando fui niño, tuve unos pocos junto a mí y todos eran más débiles que yo. Ahora no podría exigir a nadie una fidelidad a ultranza; ésa, sólo el amor la otorga [con sus a veces injustas exclusivas]. Por el ansia de tener aunque sólo fuese una persona leal es por lo que ciegamente he incrustado mi corazón en mis asuntos, o mis asuntos en mi corazón. Farax ha sido tal persona; desde otra perspectiva, también Moraima. Son las dos lealtades únicas que poseo; aunque en cierta forma, porque más bien son como yo mismo. Pero una certeza semejante, a quienes nos ayudan a gobernar no es prudente pedírsela, y menos aún a quienes intentan sustituirnos. ¿Es que un rey sabe alguna vez –sobre todo si se plantea un dilema entre él y el reino– quién le es fiel? ¿Y no cabrá la eventualidad de que el infiel y desleal al rey sea, por ello mismo, fructuoso para el reino?

Por otro lado, la deslealtad conmigo que habían tenido –y tendrían– Aben Comisa y El Maleh se compensaba de una lamentable manera con su deslealtad recíproca. Ésta era la que me pondría en guardia, por medio de sus delaciones y sus celos y envidias, si uno de ellos tramaba algo de veras peligroso. Y, al fin y al cabo –y con esto cerré la reflexión–, más desleales serían con los otros: con los cristianos y con el resto de los dignatarios granadinos. Aben Comisa y El Maleh barrerían para adentro, pero para su adentro nada más, y el tema era demasiado amplio como para detenerse en excesivos fililíes. Aunque no me sirviese de un gran consuelo, tenía la seguridad de que, entre los demás y yo, me elegirían a mí; aunque no era menor mi seguridad de que, entre ellos y yo, se elegirían ellos.

Mi decisión –tomada a bote pronto, lo que los enorgulleció y los puso literalmente a mis pies– fue, por tanto, que el alguacil mayor del Reino y el visir de la ciudad emprendieran, ahora oficialmente, las negociaciones. Hasta el menor movimiento de ellas tendría que llevarse entre nosotros tres con el más inexorable, rígido y absoluto de los mutismos.

Me informaron –aunque yo ya lo sabía, y ellos supongo que sabían que lo sabía– de que su emisario habitual era Hamet el Ulailas, un medio renegado medio comerciante, elegido por Hernando de Zafra y carente de toda moral, pero quizá por eso utilizable. A partir de ahora, sin embargo, convendría arbitrar el medio de tener algunos encuentros personales, porque desconfiaban –¡ellos, Dios mío!– del traductor, un judío llamado Simeón. Les pregunté si desconfiaban más de la persona o de sus traducciones, y me respondieron a la vez que de todo.

La primera carta, cuyo borrador tengo ante mis ojos, se la escribió El Maleh a Zafra delante de mí. Era la respuesta a una suya anterior. Empieza: *Especial señor y verdadero amigo,* y despliega tal ristra de cumplidos respecto a Zafra y a los reyes que no pude sofocar la risa.

El Maleh leía al escribir:

–*Sus altezas, a los que no podré olvidar hasta la muerte...*

–Ni yo –le interrumpí.

Él me miró con reproche, y continuó:

–*...porque conozco el bien que han hecho con nosotros.*

–Será contigo –dije.

–Así debe decirse, señor. Si no, no sigo –me advirtió entre amoscado y cómplice.

Yo aprendí la lección.

–*Por Dios y por mi ley que, si pudiese llevar Granada a cuestas, se la llevase a sus altezas, y esto lo habréis de creer de mí, y Dios me destruya si miento.*

–No te excedas, El Maleh.

Se sonrió a hurtadillas, y continuó escribiendo:

–*Y asimismo deseo mucho bien para mi señor, porque yo lo crié, y su bien y su merced está sobre mí y sobre mi casa, y querría que saliese por fin de esta loca gente con bien, aunque ella me ha tratado muy mal.*

–Luego se precavía de las precauciones de Zafra–: *No quiero que sobre cada palabra que os escriba me pongáis una adarga por delante, y no penséis que respondéis a un enemigo, sino haceos cuenta de que soy un servidor.* –Y volvía del revés los argumentos de Zafra, dándole la razón para beneficiarse–: *A lo que decís de los enemigos que tiene en esta ciudad el rey mi señor y nosotros, y de que está poblada de gentes de muchas maneras, todo lo que decís es la verdad, y por eso ha resuelto mi señor no hablar en ninguna cosa, porque la gente no está aún madura.*

Levantó la vista de la carta y me dijo:

–Con esto comenzamos a demorar la fecha de la entrega y a mantenerla en nuestras manos. Ahora les hablaremos del secreto, que mucho nos importa.

Y le contó que su mensajero Ulaila trajo de Santa Fe mercaderías y las dio a un primo suyo para venderlas en la alcaicería, y que la gente se arremolinó, y hubo pesquisas, y yo y la gente quisimos saber su procedencia.

–*Y yo disimulé mucho, y quiso Dios que, en un encuentro con la gente, desbaraté todo su consejo.* –Y seguía–: *Me dijo mi señor que no le deis más cartas a Hamet y que, si quisierais escribir, tomaremos un cristiano cautivo y hablaremos con él y harémosle que se torne moro y le enviaremos con la carta.* Y, de no poder ser, le pedía que estuviera diez o veinte días sin utilizar a Hamet el Ulaila –«Otra prórroga», me dijo–, hasta que los granadinos olvidaran lo sucedido. Y, para enturbiarlo más, le relataba que un gomer preso había huido del campamento cristiano, y alardeaba en Granada de tener más noticias que nadie y de saber que el cardenal llegaría pronto, y que el real iba a alzarse, y que si no lo había alzado ya el rey Fernando era por no hallar jefes y capitanes que aceptaran quedarse.

–Esto le preocupará, y le enterará de que estamos enterados de lo que él nos oculta –comentó–. Vayamos concluyendo:

–*El sultán y la sultana mis señores tuvieron mucho placer con la ropa que mandasteis dar al infante su hijo, y se encomiendan mucho a sus altezas, y querrían mucho por Dios que se quitase esta enemistad, y trabajan por Dios en ello mucho y yo con ellos.*

Firmó y selló. Me miró con cautela. Yo comprendí que no había hecho con él una mala elección.

Pronto, legitimadas las relaciones, propuso Zafra que mis representantes se entrevistaran en persona con él y con los reyes, e insistía en todas sus cartas. El Maleh le respondió que sería más fácil y reservado que el propio Zafra se reuniese con mis representantes, si ése era su deseo. Pero había encontrado la horma de su zapato. Zafra le aclaró: *No os escribí que me quería ver con vosotros, sino que vinieseis a ver a sus altezas,* porque *así se tomaría más breve y más sana y mejor conclusión en los hechos* (que era lo que nosotros tratábamos de evitar para alargar los tanteos y obtener más ventajas). Cuando Zafra le habló de nuestras *necesidades* –palabra misteriosa e inconcreta–, y le ofreció concurso, El Maleh lo rechazó negando que tuviéramos necesidad ninguna, para impedir que creyera que estábamos ansiosos y oprimidos. Zafra le replicó plegando velas y a la vez soltándolas: *Lo que con buena voluntad se escribe y a buen fin, no se debe tomar y responder de aquella manera, y, si tan sin necesidad estáis como, hermano, decís tanto, es mejor mi consejo para que no vengáis ni os veáis después en ella. Y tanto cuanto más sin necesidad estéis, tanto más servicio recibirán sus altezas* (y tanto más os recompensarán, daba a entender). *Las cosas que con amor se ofrecen, con amor se han de responder y recibir. Así que, hermano, dejemos todo lo que no aprovecha y vengamos a lo que hace al hecho. Porque sus altezas* –agregaba– *no andan en todo sino por el camino de la verdad, que, si otra cosa quisiesen, buenamente podrían tener para ello; de modo que si sin necesidad estáis vosotros, mejor aparejo y disposición para esperar cualquier tiempo y negociación. Ya que sus altezas tienen gana de que esto se concluya en seguida, y ése es vuestro provecho, lo mismo debíais querer vosotros.* Más claro, el agua. Pero metía dentro del sobre una hijuela para ser leída sólo por El Maleh. Se quejaba en ella de Aben Comisa, *que no anda muy claro ni cierto en el servicio y bien del sultán y vuestro, y sospecho que ha gana de buscar algunas dila-*

ciones para guiarlo por otro camino (lo cual no es bueno ni para el sultán ni para vos, decía entre dientes, porque os quedaréis sin estipendios). *Y el alguacil –*remataba*– no mira lo de adelante, ni que el hijo de su señor está cautivo, ni que su señor todos los días y horas y momentos tiene su persona y estado en peligro.* Traducido: tenlo también tú en cuenta y muy presente, *pues vos sois tan cuerdo que sabéis por qué lo digo y todo lo entendéis bien.* Y cerraba con la aclaración de que, si nosotros no teníamos necesidades, *sus altezas, Dios los guarde, con muchísimas menos necesidades están.*

Yo no oculto que me solazaba con una esgrima en que cada cosa que se decía quería decir más que nada lo contrario, y precaver de otra no dicha, y sugerir muchísimas más, y anunciar otra que tampoco se iba a decir jamás. El Maleh, por orden mía, postergaba la visita a los reyes que reclamaba Zafra. Yo quería cerciorarme antes de que la representación que Zafra se arrogaba era auténtica, y eso era lo que los reyes, con la visita, querían a su vez ratificar respecto de Aben Comisa y El Maleh. Pero nosotros tuvimos más paciencia y más habilidad. A la petición de El Maleh de que convendría que los reyes nos escribieran a Aben Comisa y a mí para ablandarnos (lo que de verdad perseguía era que confirmaran, bajo su fe y su palabra, que les darían buen trato, protección física, seguridad y gratificación), los reyes, incomodados, escribieron dos cartas: una para mí y otra para mis representantes.

La mía era taxativa; la había redactado seguramente Zafra. *No pudiendo creer ni creyendo, según la voluntad que en nosotros hallasteis y conocisteis, y según lo que de vuestra bondad conocíamos, que cosa alguna de lo pasado procedía de vuestra voluntad, y asimismo no queriendo por todas estas causas ver el fin de vuestro perdimiento... en tanto que tenéis tiempo de servirnos, tuvimos por bien que nuestro secretario escribiese a vuestro alcaide y criado lo que creemos que habréis visto, y porque todo ha procedido y procede de nuestra voluntad y ello escribió por nuestro mandado, acordamos de escribiros así para que de esto fueseis sabedor.* O sea, la petición encubierta había sido admirablemente comprendida, y no menos admirablemente satisfecha.

Si mi carta era diáfana, la de los otros dos, más aún: *Hemos visto el deseo y gana que decís que tenéis de servirnos, lo cual no dudamos, dada la voluntad que siempre tuvimos de haceros mercedes... Creyendo que para atajar y enmendar todo lo pasado, con nuestra ayuda y mediante el favor de Dios, el sultán y vosotros tenéis ahora entero poder... Pues de venir luego a nuestro servicio os vendrá todo bien y seguridad y reposo, y somos ciertos que en todas las cosas el sultán vuestro amo está a vuestro consejo y pensar, os encargamos que deis pronto, en todo, aquel fin y conclusión que a nuestro servicio y al bien de vuestro amo y de vosotros cumple, certificándoos que, poniéndolo así en obra, recibiréis de nos señaladas mercedes... y haciendo lo contrario –lo que dudamos– de aquí en adelante, en todo lo que se hiciere, no tendréis justa causa ni razón de quejaros, y la culpa de todo será vuestra. Y no penséis que alargar este hecho aproveche vuestros negocios, antes sed ciertos de que toda dilación os es dañosa.* Y se despedían con una garantía frente a la competencia de otros negociadores: *No creáis que nos placerá que este trato se trace por otra vía ni por otra parte*, pero con una admonición: *pues por esta manera habrá más breve y mejor conclusión para lo que os cumple.*

Aquella tarde nos reunimos los tres en la alcazaba para comentar las dos cartas y responderlas. ¿Cómo continuar aplazando la entrevista con los reyes?; porque, si estaban tan impacientes, cuanto más nos resistiéramos, mejores condiciones obtendríamos. El Maleh resolvió escribirle a Zafra que estábamos contentísimos con las cartas reales; de ellos dos añadía: *Besamos su muy honrada carta, y la pusimos sobre nuestras cabezas, y determinamos con entera voluntad servirles y hacer cuanto nos mandaren.* Para que no mintiera del todo, yo le obligué a ponerse la carta sobre la cabeza, y así lo hizo burlando. En cuanto a la entrevista, ponía muchos inconvenientes: había de tenerla uno de ellos dos, porque introducir una tercera persona prolongaría el negocio y arriesgaría el secreto; secreto que también se arriesgaría yendo ellos, puesto que *no podemos estar una hora ausentes de nuestro señor, porque es costumbre que todos los caballeros y la gente nos hallen de continuo juntos para desempacharles,* y entrarían en sospecha de no encontrarlos, y, si la gente se enterara de las negociaciones antes de concluirlas, no sería bueno. Así que proponía aplazar la entrevista *hasta que acabemos con sus altezas y tengamos vuestro despacho en nuestro poder y estemos seguros de vosotros; entonces daremos orden y pensaremos cómo se hará el negocio y se ablandará la gente.* Luego, con destreza, transigía: *En todo caso, vaya uno de nosotros, pero ha de ser de manera que ha de ir y volver en la misma noche, y que en amaneciendo esté en su casa.* A tal fin era necesario el seguro de sus altezas para la ida, la estancia y el retorno, y que el silencio fuese total salvo para sus altezas y Zafra.

A los reyes, Aben Comisa y El Maleh les respondieron poniéndose como una alfombra a sus pies. *Nuestra voluntad y gana es enteramente servir a vuestras altezas hasta que alcancen su voluntad y querer, y por esta causa escribimos a vuestro servidor, vuestro secretario, nuestro hermano, Hernando de Zafra...*

Mi respuesta fue simple. A sus bífidas declaraciones de amor, respondí repitiendo una docena de veces la palabra honrado: yo, su carta, ellos, su secretario, mis alcaides, otra vez su carta y otra vez ellos. Protestaba de que *nunca se quitó nuestra amistad ni se quitaría,* y aclaraba que, a su petición de *que viniésemos pronto a vuestro servicio antes de que nos alcance alguna necesidad y alguna falta* (para que comprendieran que había comprendido su amenaza), les hacía saber que, *si vuestro servidor no estuvo a vuestro servicio, fue por la necesidad de la gente de esta ciudad, que él nunca se quitará de vuestro servicio, con necesidad o sin ella;* si no cumplí, fue *por el inconveniente de los tiempos y a causa de lo que nos acaeció con la gente de esta ciudad,* que atentaban contra mí *diciendo que estaban muy fuertes y que no tenían necesidad ninguna* (esto debía ser subrayado), *porque aquí hay mucha gente, y eran descorteses con su señor, y solían levantarse contra él en tiempos de las divisiones* (ya no), *y han menester quien los ablande y allane.* Al final reconocía que mis servidores me representaban. *Saludos muy honrados, y la bendición y la piedad de Dios sobre vuestras altezas.* Por la noche vino a verme El Maleh con una hijuela que, a espaldas de Aben Comisa, iba a agregar a su carta a Zafra.

—Zafra, señor, desconfía de Aben Comisa.

—Si Zafra desconfía, yo debo confiar.

—Si desconfía es porque el alguacil es torpe, no porque sea leal a ti.

—La torpeza también puede ser útil: tú la finges a veces, y más se ganará.

En la hijuela le decía a Zafra que, *por Dios,* la carta de sus altezas no habría sido, *por Dios,* necesaria, sino que Aben Comisa lo expresó mal. *Éste es un lerdo y ha menester que lo aconsejen. Yo, con la ayuda de Dios, le enderezaré a él y a los otros con la buena voluntad que tengo de servir a sus altezas. Yo le aquejo que vaya él a entrevistarse, y no puedo con él,* que parece que está muy temeroso (era mentira: quería ir él), *y por esta causa pedí el seguro para los dos* (¿no acusaba al otro de haber pedido la carta de los reyes?), *porque yo, yendo o no yendo, soy servidor.* Después se enredaba al insistir en que él guardaba el secreto *hasta con Aben Comisa,* para insinuarle a Zafra que él hiciera lo mismo, y *juro por Dios que yo querría ver a sus altezas antes hoy que mañana, y que el día que ahora pasa sobre mí me parece un mes;* pero que había tenido una malísima caída de caballo, y que poco a poco se recuperaba *gracias a Dios y con la buena dicha de la carta de sus altezas. Plegue a Dios que no mienta mi pensamiento de vos ni vuestro pensamiento de mí, y seremos causa del bien de nuestros señores, y ganaremos los dos* (ahí no quería ambigüedades: sólo los dos) *la honra y el honor y la fama y las mercedes en la casa real.*

A mi amonestación de que echaba de ver algunas contradicciones, me replicó:

—Las contradicciones mías, señor, ayudarán a que ellos también se contradigan. Y, entre unas y otras, algo sacaremos en limpio.

La noche en que El Maleh fue por fin a entrevistarse con los reyes, yo madrugué mucho, y lo aguardé paseando entre zozobras. Había amanecido un día gris y frío de octubre. No mucho después, llegó cojeando El Maleh.

–Sólo por ti lo he hecho. No hay favores, ni dádivas, ni premios que paguen estas cosas. Otra vez, que vaya Aben Comisa: él es más listo, él es más cultivado, él es más valeroso.

–Pues no es eso lo que le dices a Zafra. ¿Has corrido peligro?

–Si andar de noche cerrada, solo, entre enemigos, te parece poco... Me recogieron en la alquería de Churriana. Qué camino, señor. Los reyes me esperaban. Los dos han envejecido. Se ve que vivir al raso con estos relentes no les prueba. Ella, sin embargo, y eso que está de luto, ha engordado.

–¿Qué fue lo que pasó?

–¿Que por qué ha engordado? Comprenderás que no iba a preguntárselo.

–No me preocupa si ha engordado o no. Las condiciones, digo.

–Ah, creí. Leí las notas y memorias que habíamos redactado en favor de los ciudadanos, las exigencias del común, tus privilegios y los de tu familia.

–Y los tuyos, supongo.

–Sí, y los míos. Y los míos también: ya me dirás por qué no iba a leerlos. Bueno, pues bien. Muy bien. Asentían sin gran dificultad. Se miraban entre sí, y asentían. Zafra estaba en la gloria. Sin regateos, decían que sí con la cabeza. Y, de repente, me interrumpieron los dos a la vez: querían saber la fecha en que se les entregaría Granada. Hubo una pausa. Hubo una larga pausa. A mí se me hizo eterna. Después dije: «Lo antes posible.» «¿Cuándo será lo antes posible?», preguntó ella, aunque es más listo él, que dejó que ella lo preguntase y que pasara por más lista. «Pronto», contesté yo. Él golpeó el brazo de su asiento: «¿Pronto para vosotros, o para nosotros? ¿Cuándo?», y golpeó otra vez. «Haciendo un gran esfuerzo, puede ser el último día de mayo venidero», dije. Él se puso de pie, imagino que para dar con más firmeza la patada que dio en el suelo. Discutieron enojados muy de prisa entre ellos. Tanto discutieron y tan enojados estaban, que me atreví a rebajar tres meses del plazo porque pensé que, si no, allí mismo me cortaban el gañote. Volvieron a negarse con parecida irritación. Yo traté de seguir leyendo la memoria de las condiciones, pero me dijeron que habíamos terminado; que si no se entregaba la ciudad en un viernes (tiene que ser un viernes) dentro de los próximos treinta días, veintinueve ya, no seguiríamos con las conversaciones. Yo pensé: «Aquí me acabo yo.» Para defender mi vida, dije que te lo consultaría, y me retiré más corrido que un toro y más avergonzado que una abubilla sin moño. Y aquí estoy.

No pasaron dos días sin que escribieran los reyes y Zafra ratificando su propuesta a El Maleh y proponiendo otra entrevista personal. De nuevo era preciso ganar tiempo: hasta que el invierno no se asentara y se acentuase la escasez de alimentos, el pueblo granadino no estaría dispuesto; por otra parte, si accediésemos a acortar el plazo propuesto por nosotros, sería por la mejora de las condiciones de la entrega en pro de mis vasallos. Le aseguré a El Maleh que ya contestaríamos a Zafra y a los reyes, que se desentendiese. Lo despedí; pero no había pasado mucho tiempo, aunque era ya de noche, cuando volvió a verme, demudado.

–Señor, he descubierto, por coincidencias que no vienen al caso, que el alfaquí Mohamed el Pequení se cartea con Zafra.

–Seguramente porque has interceptado a su mensajero, o porque le pagas más que él para que te enseñe sus cartas.

–No hace al caso, señor. Lo importante es que nos han vendido.

–Estoy al tanto –lo tranquilicé echándome a reír– de que Zafra se cartea con muchos que no sé, y con algunos que sé, pero no sé qué le escriben: mis amigos del Generalife van desapareciendo día a día...

Se me heló la risa; aquella misma tarde había estado casi solo. Me entristecieron la hora y el lugar. Despedí a los tres amigos que me acompañaban, pedí a Farax que me aguardara en el camino de la Alhambra, y contemplé cómo a mi alrededor y sobre mí se desmoronaba la tarde. Sentí la infinita melancolía de las aguas que corren y se van, que cantan en surtidores y se van, siempre las mismas y otras siempre. «Igual que los amigos, si es que algún día los tuve.»

«Aquí –me dije– amé y no me amaron, y luego amé y me amaron, inhibido del mundo y sus batallas, inhibido de las ruinas cuyos escombros hoy me ahogan... Ningún amor sustituye a otro amor. Lo de ahora no sé si es más o menos: es una identificación, una unión plena de amistad que, de vez en cuando, se expresa en una unión de cuerpos. Es así con Farax, y es así con Moraima...»

Se ponía el sol entre la Alhambra y el Albayzín; entre la colina roja y la de enfrente, con sus huertos rampantes y armoniosos. Cuando cayera el sol, habría acabado todo una vez más, como un juego de magia, cuyo truco sabemos. En el mirador movía el aire mis ropas, acaso demasiado ligeras para la hora. Veía la Alhambra de torres esbeltas y amontonadas, pálidas con el sol tras ellas; la Sierra, blanca y muda. Se dejaba caer el sol sin resistirse, naufragado en su sangre más morada que roja. En el Albayzín surgió una música de unas manos y de una boca inhábiles. Detrás de mí el quejido de las acequias, que tan alegre me pareció otras tardes, era hoy igual que un llanto. Qué solo estaba. «Qué solo estoy.» Me volví hacia la Quinta casi al alcance de mi mano, soberbia e inservible como yo mismo ahora...

La ciudadela había vuelto a su color porque se hundía el

sol: roseaba y se doraba. «Quizá es bueno que el sol se ponga para que todo sea de veras como es. Ya no hay fieras en los bosques de la Alhambra, ni pájaros exóticos bajo la Torre de Comares; sólo queda la leyenda. El sol se ha ido. Aún veo la terca lozanía, a pesar de todo, de la Vega. Sin sol, todos somos iguales: todos hemos extraviado nuestra sombra.» El olor de algunas trepadoras trasminaba los dedos remisos de la noche; cantaban los mirlos últimos. En su estremecimiento final, el cielo era amarillo y verde lo mismo que un limón. «Aquí yo amé y me amaron, y todo continúa lo mismo, menos yo...»

Me había distraído de El Maleh; él me acechaba. Volví a sonreírle.

–Que no te desazone El Pequení: tengo sus cartas.

–Señor, ¿por qué no lo dijiste?

–¿Cómo puedes hacerme tú, hijo de las tinieblas, esa pregunta a mí?

–¿Me las enseñarías?

Se las enseñé. Leyó en alto unos pasajes, y otros, para sí.

–*Lo que me parece a mí que aprovecha a sus altezas es que ablanden mucho al sultán, y que pongan miel, y asimismo con la gente, porque las ciudades grandes no se toman sino con buenas maneras y buenas blanduras... La reina nuestra señora debe escribir a la reina madre del sultán y a su mujer para ablandarlas... Los locos han menester quien los ablande.* Con tanto ablandarnos vamos a acabar deshechos –dijo despectivamente El Maleh–. *Yo os aconsejo que este negocio lo tengáis encubierto de los moros y de los cristianos hasta que se acabe de concluir.* Los moros debemos ser Aben Comisa y yo.

Tomó otra carta:

–*Menester es término que será de dos meses a lo menos* (qué puerco es este alfaquí), *y en este término se ablandará la gente y hará el sultán con la gente todo lo que quisiere, y el camino de soler, que es la sierra nevada, no se pasará, y entrará el tiempo de la sementera y se manifestará la gente... El sultán ha de hablar por fuerza, pero quiere alargar...* Señor, ¿qué es esto?

487

—Sigue –le dije.

—*Escriba vuestra merced a El Maleh sólo para apretarle que vaya a vosotros, y no recibáis de él más habla por carta, y que vaya con un alfaquí no nombrado por él.* Por fin cantó la gallina: él quiere meterse en el negocio. *No tengáis recelo en quitar el habla con ellos, porque en todo caso han de venir a vuestras manos.* Nos está desacreditando y desfavoreciendo.

—No: los está confiando a ellos. ¿O es que tú obras por caminos derechos? El Pequeñí les sugiere que, aunque hagan una pausa, que es lo que, en el fondo, deseamos, nada se habrá perdido. Tú escribirás a Zafra abundando en lo mismo, que yo también escribiré a los reyes. Dile que yo me dolí de que no recibieran la fecha ofrecida por ti con la buena voluntad que se hizo; y que te dije: «Por ahora, basta. Ya veremos. A otra vuelta será», dando por cancelada la cuestión.

Yo les escribí a los reyes que si El Maleh había rebajado el plazo tres meses fue por servirlos, sin comisión mía, pero que lo daba por bueno. *Os hago juramento ante el poderoso Dios que es como os digo, y no puedo certificaros cosas dudosas, y no querría prometer más de lo que pudiese cumplir... El plazo sería a primero día de marzo que es próximo de abril, y no alarguemos más las hablas y las cartas... Si no lo reciben así vuestras altezas, no será más en mi mano, y no podré hacer más, y quedará el negocio hasta que Dios quiera.* Para cerrar –y a la vez abrir–, los animaba: *Con la ayuda de Dios, hablaré con la gente y enviaré por los alguaciles de las Alpujarras y procuraré concluir antes del término.*

—No entiendo lo de primero de marzo más próximo de abril —dijo El Maleh frunciendo las cejas.

—A ese intento está escrito. Mientras se aclara, ganaremos algo. Hay que agarrarse a la confusión de nuestro calendario y el suyo, y a las diferencias de la semana, y a los errores de la traducción. Cuanta más niebla, mejor avanzaremos. Escribe tú a los reyes.

Bajo mi orden, les comunicaba: *En el término que piden es im-*

posible hacerse, y no cabe en ningún seso que el hecho de Granada fue-
se tan de prisa, y juramos a vuestras altezas en nuestra ley que, si po-
sible fuera hacerlo en aquel término, no quedaría por nosotros, que por
Dios desde el día que nos lo dijisteis no podemos comer ni beber, sino
pensar cómo podremos cumplir para que vuestras altezas alcanzaren su
voluntad.

–Muy bien. Despídete. Besa sus pies. Y ponle fecha en domingo.

–Hoy no es domingo, señor.

–Lo sé. Tú pon domingo. Cada día de sitio para ellos significa un sacrificio y muchísimo gasto. Y con los años se multipli-
can más, como si cada día fuesen mil. Si retrasamos, o levantan
el sitio o dan lo que pidamos.

–O atacan.

–Mal ataque con el invierno en puertas. Hay que dar largas,
hasta que todos los granadinos echen pie a tierra –y añadí,
mientras él me miraba con pasmo–: Ser astuto no tiene tanto
mérito.

Así fue. De tal modo urgía el asunto a los reyes, que Hernando
de Zafra me pidió un salvoconducto para venir a Granada de
incógnito. Se lo di. El Maleh lo hospedó en la misma casa en
que estuvo Juan de Bazán.

Pasada la medianoche, bajé a verlo desde el Generalife.
Era como me lo había imaginado: con cara de ratón y manos
de ratón y ojos de ratón. Estaba inmóvil, y todo él se movía:
se le mordisqueaban los labios, le vibraban las aletas de la nariz, le parpadeaban los bigotes, le tabaleaban unos dedos sobre otros, y se le meneaban los ojos de acá para allá. Todo a
pesar suyo, porque él seguía, de pie o sentado, lo mismo que
una estatua.

La cuestión batallona era el plazo de la entrega. Zafra no traía poderes para negociar; sólo una propuesta: treinta días. Yo le pregunté:

–¿Tan mal se hallan sus altezas, tan rebeldes sus súbditos, tan agotadas sus arcas, que no pueden aguardar a que madure el fruto? ¿No escribisteis que no tenían ni la menor necesidad?

–La única que tienen es concluir este negocio, que está ya concluido. Porque deben realizar muchas más cosas: bodas, navegaciones, pactos y conquistas en Europa, y esta arenilla de Granada les molesta los ojos.

Los suyos se movían como si la arenilla le molestase a él.

–Esta arenilla de Granada la han tenido Aragón y Castilla metida en sus ojos desde hace siglos –le repliqué–. No pienso que por llevarla tres meses más los ciegue.

–Precisamente porque llevan así varios siglos, cuanto antes se resuelva, mejor. Sobre todo, porque es un asunto terminado. Como cuando hay un muerto (perdonadme la comparación) en una casa: cuanto antes diga el físico que es muerto y se saque el cadáver, antes descansará la familia.

–La familia, primero, habrá de convencerse de la muerte, y llorarla, y hacer el duelo, y velar el cadáver. Pero si la familia desconoce hasta la gravedad del enfermo, no ya su muerte, ¿quién la convencerá de que debe enterrarlo?

–Se os pudrirá el difunto entre las manos.

–Consentid que sigamos nuestras costumbres, y lo lavemos y lo perfumemos y lo embalsememos para evitar que se nos pudra. Nada se adelanta si matamos, por las prisas, al agonizante, salvo que nos señalen como asesinos. Más sabe el loco en su casa que el cuerdo en la ajena. Dispuestas están ya las jofainas y las toallas. Y el llanto, señor, también está dispuesto; que si vuestros reyes tienen arenilla en los ojos, en los nuestros hay lágrimas. Pero no queráis meter vuestras caballerías por la fuerza en un alfar, porque no quedará cacharro sano.

–Por eso, alteza, os damos treinta fechas para colocarlos en las estanterías y anaqueles; si quisierais, de sobra tendríais. Y nuestra ayuda también, para poner cada cacharro donde le corresponde –su intención se afilaba–, y hasta para romper los que convenga.

Comprendí que los argumentos que uno usara los retorcería el otro a su favor. Por eso le hablé más o menos así:

–Si se os ha permitido entrar en nuestra casa no es para que olisquéis ni para que fisguéis, señor Zafra, sino para que atendáis mis razones, que las tengo y son muchas, y las conozco yo mejor que nadie, como vos conocéis mejor las vuestras. Con El Maleh remití a vuestros reyes las condiciones que exijo para que en todo se respeten la religión, las haciendas, las leyes y la independencia de mis súbditos. Punto por punto quise que fueran leídas y confirmadas, que más me atañe eso que todos los privilegios y títulos y tierras que a mí se me concedan. Mío es este Reino y de él soy responsable. Vuestros reyes no tratan sino de lo que a mí personalmente me ofrecen y del plazo en que debo aceptarlo. Ignoro si sus súbditos son muy diferentes de los míos, y si los quitan y los ponen los reyes como peones de ajedrez. Los míos, lo crean ellos mismos o no, tienen en mí su salvaguardia. Yo soy el que ha de velar para que, faltando yo (que yo, y no mi pueblo, soy aquí el cadáver de que hablaba), quede el pueblo bien guarnecido. Y también soy yo el que sabe cuándo ha de decirle que ya no soy su dueño, que tiene ya otro que lo respetará igual que yo lo respeté. Si no es así, señor Zafra, nada se ha dicho. Llevad al ánimo de vuestros reyes esta misericordia: antes de tratar de las fechas, tratemos de cuanto debe hacerse y debemos firmar en tanto llegan. Lo otro es poner los caballos detrás del carro, y pedir que lo empujen.

Mientras le hablaba, y aun después, Zafra era un puro hormigueo.

Como supuse, Hernando de Zafra recibió y conferenció en Granada con bastantes notables, y los llenó de regalos y de halagos: verde de Florencia para jubones, terciopelos para sayas y grana de Londres para calzas. Como si a fuerza de telas se pudiesen cubrir otras vergüenzas que las que en serio no lo son. Con disfraz de acemilero entró en el Albayzín el despreciable, y en sus dos acémilas llevaba un cúmulo de sobornos con que corromper albedríos. Pero ¿qué me importaban diez o doce traiciones más, cuando era el acomodo de mi pueblo lo que yo más quería?

Nada más regresar Zafra a Santa Fe, escribieron los reyes a Aben Comisa. Quizá a El Maleh lo daban por perdido; por lo menos, yo tuve que resignarme a escuchar sus lamentos. *Recibiréis de nos las mercedes que merecéis... no podemos pensar qué cosa os mueva a querer alargar este hecho, pues con ayuda de Dios, estando aquí nosotros, no es muy grave al rey ni a vosotros tomar luego conclusión en lo que a nuestro servicio cumple.*

Y también me escribieron a mí, tachándome con suavidad de no haber quizá entendido sus peticiones. *Porque parece, por lo que habéis escrito, que no habéis entendido bien lo que sobre esto escribimos, mandamos aclararos lo que antes os habíamos escrito* (ésa fue la razón de la visita de Zafra, que no me aclaró mucho, pero a quien yo sí le aclaré algo), *que es que a nos placerá que, rebajando vos mucho del término que pedís, y alargando algún término más de los treinta días que os dimos, se os cumplirá lo que solicitáis.* Tan a la ligera aceptaban mis condiciones que me daba muy mala espina, como si ya por adelantado pensaran infringirlas. Diez días me daban para mandar a uno de mis representantes a la reunión definitiva, y, en otro caso, me conminaban: *No queriendo vos cumplir en la manera que aquí decimos y antes os lo escribimos, no penséis ni creáis que quedamos obligados para cumplir con vos cosa alguna de lo que de nuestra parte se os ha dicho o escrito.*

Estaban tan nerviosos que convenía, en consecuencia, ponerlos más aún. No mandé a nadie en los diez días; sólo mandé a El Maleh que le escribiera a Zafra con subterfugios. La carta era como tenía que ser: incoherente. Le informaba que había recibido una suya con el salvoconducto, *y estoy maravillado de que Hamet el Ulaila no os dijera mi enfermedad* (era una fantasía), *porque desde el día que de aquí partisteis no me levanté de la cama, y yo os juro en Dios y por mi ley que toda la noche me levanté al bacín, con perdón, diez y doce veces, y creo que tengo frialdad, y asimismo creo que tengo diviesos en el brazo* (¿quién podría, pese a la gravedad de la situación, no reírse?), *y no puedo vestir salvo la camisa sola, y hoy pienso que el cirujano me los abra.* Por tan diversas y lastimosas peripecias no fue a ver a los reyes: *Juro por Dios y por el quitamiento de mi mujer, que soy servidor de sus altezas de corazón y voluntad limpia, y como vos deseáis que esta ciudad sea suya, ese mismo es mi deseo.* Y, puesto que porfiaban que bastaba de cartas y se remitían a una entrevista personal, y él no podía ir, *ved vos, si os pareciese, que vengáis y que traigáis poder de sus altezas para que concluyáis acá. Enviadme a Hamet y yo os enviaré a mi primo y a la guardia, si quisiereis, para recibiros.* En una hijuela secreta le ofrecía ir, si mejoraba; pero que no podía estar más de una hora en Santa Fe y había de tornar la misma noche, *porque esta gente no me deja holgar, y me exige en los negocios como si estuviese sano: bien lo visteis cuando estabais aquí.*

Yo me figuraba a Zafra, enloquecido, mandando a diestro y siniestro mensajes y billetes. En sólo un día supe de cinco personajes granadinos a los que trataba de seducir. A los míos y a mí no nos convenía excedernos: las negociaciones tenían que hacerse con El Maleh y sin el conocimiento de nadie; aunque no creía yo que Zafra tirase, publicándolas, piedras contra su tejado. Por eso, El Maleh volvió a escribirle. Le confesaba que había mejorado del vientre, aunque se le quedó dolor de cabeza. *Con todo, determino con la ayuda de Dios ir a la presencia de sus altezas y paréceme, si a vos os parece bien, llevar conmigo al hijo de Aben Comisa, porque llevando al hijo se atará el padre y trabajará con nosotros.* La cita era para la noche del viernes al sábado; el consentimiento se daría el jueves por la noche; y el viernes, de día, habían de hacerse ahumadas, que era la contraseña, en la alquería de Churriana, a la que debía ir, para que él se encontrase seguro, don Gonzalo Fernández de Córdoba. El final de la carta era un galope: no podía estar sino una hora; las capitulaciones del común de la ciudad, y las mercedes y sobornos, tenían que estar ya escritas; los privilegios de la familia real quedarían para después de la entrevista con sus altezas; sus dos mil reales por año habían de doblarse a cuatro mil; saludos a don Gonzalo, y *al escribano Samuel, que tenga todas las escrituras sacadas en arábigo y saludos, y fecha lunes.* En la hijuela privada le agradecía los dos zamarros que le había regalado para abrigarse, y le interrogaba sobre el tipo de poder mío que debía llevar: *Lo pediré a mi señor, aunque para conmigo no será menester nada de esto, que con lo que quedare con el sultán mi señor aquello ha de ser.* No sé si lo escribió para que lo leyera yo y descansara más en él; pero tampoco sé si incluyó en el sobre una segunda hijuela además de la de los zamarros. Prefería creer que no.

Esa misma noche intercepté una carta de El Pequení que él no me había mostrado. La copié, y le di paso libre. Proponía mejorar las condiciones: un plazo de dos meses o de cincuenta días; la entrega de un lugar o dos –Mondújar o Andarax o Dalías– antes del fin del plazo, con lo que se *ablandaría* la gente, y serviría para ver su voluntad; petición de un salvoconducto para un mensajero; licencia para la sementera una vez que estuviesen las voluntades *blandas* (qué manía la de este alfaquí, como la de todos los sacerdotes, por ablandar a golpes); permiso de ir y venir para la gente, *lo que la ablandará mucho; en cuanto a los cautivos, cuantos más sean más bien hay en ello, y mucha blandura, y que de las tahas de las Alpujarras sea yo alcaide como era Muley Zuleigui, y lo pido desde ahora porque creo que otros lo pedirán, y en lo de mi ida allá, tengo un huésped que me la estorba* (fantasía también). *Téngame por excusado, que yo iré la primera vez que venga Hamet.* (Hamet era el que me dio la carta. En el fondo, todos lo mismo: traidores de ida y vuelta: vender bien el burro, que no era suyo además, y no arriesgarse a dar la cara, inventando para ello huéspedes o diarreas.)

Cuando al amanecer del sábado volvió de Santa Fe El Maleh, lo encontré ensimismado y pensativo.

—Ni yo mismo sé por qué —me explicó—. Todo ha ido bien. Todo ha ido demasiado bien. Quizá por eso me preocupo. No logro fiarme de esos reyes. Esta vez no han hecho hincapié en el punto del plazo. Dan la impresión de que esperan conseguirlo por otras vías, gracias a otros manejos. Algo me huele mal. Y, por si fuera poco, en el camino de vuelta se me han ocurrido algunos capítulos del común, y otros tuyos (incluso algunos míos) que faltaban. Puesto que están en buena disposición, apretemos las tuercas, que luego será tarde. Si me autorizas, escribiré a Zafra ahora mismo, y que complete con esta tanda los legajos.

Se sentaba a escribir, cuando agregó:

—Vi a don Gonzalo, y me dijo que aceptaría una invitación tuya a visitarte.

Lo que escribió fue un anuncio del envío de nuevas solicitudes, y otro del envío de unos alpargates para la mujer de Zafra. Y, por supuesto, la petición para él de la alhóndiga del pescado, con derechos y provechos y, si no, la plaza de los zapateros y el provecho del degüello de ganados de la aduana, *aunque la mayor merced que me habéis de hacer es que tenga yo favor en casa de sus altezas y con todos sus servidores, y que me cuenten como uno de ellos, y que me quede la casa de sus altezas abierta para suplicar por todos los que me vinieren a rogar, como tengo hoy en casa de mi señor; no sea que se haga lo que han menester de mí, y después me echen.* Y rogaba el secreto una vez más, y que, para guardarlo, se castigase en Santa Fe a quien hablara con cualquier moro en donde fuera, y que se pregonara la prohibición, porque él había escuchado lo que no le gustaba en el real. (Por lo que me dijo, le habían llamado hijo de puta.) Y, como en un rapto, añadió una posdata: que habían llegado dos navíos a Adra con mil fanegas de trigo cada uno y con noticias de que, en Vélez, once navíos desembarcarían trigo de limosna y caballos, *y estoy maravillado de vuestra armada cómo los deja pasar. Poned esto a buen recaudo y encomendadles que guarden mucho la mar. Y saludos.*

–¿Es cierto eso que escribes?

–Qué más quisiéramos; pero así queda claro que, si fuese cierto, nosotros no estaríamos tan mal, ni serían ellos tan buenos sitiadores. El que ría el último será el que mejor ría.

–Me temo que a nosotros para entonces se nos hayan cortado las ganas de reír.

El Pequení, por su parte, machacaba a Zafra con la insistencia de que a los firmantes de las capitulaciones los acompañara un alfaquí: como sacerdote, legalizaría mejor el documento, y *ablandaría* a los otros alfaquíes, y daría al acto mayor solemnidad. Puesto que Zafra había sugerido, a instancias del propio interesado, que fuese él mismo, El Pequení reforzaba: *yo lo querría también, pero El Maleh no llevará consigo sino a quien sepa menos que él y a quien aprecien menos sus altezas.* El resultado fue que, en contra de El Maleh, se eligió a El Pequení para acompañarlo.

Pero el resultado inapreciable fue que, en este largo toma y daca de dos o tres o cuatro cartas diarias, avanzaba noviembre.

El mensuar de la guardia entró precediendo a una figura encapuchada y encapotada de negro hasta los pies. Cuando se descubrió, vi a don Gonzalo. No lo esperaba tan pronto, aunque era ya noche cerrada. Así que, con la sorpresa, no pude evitar que me besara la mano.

–¿Qué hacéis? –exclamé.

–Ya lo veis, señor: manifestaros mi respeto.

Hasta ese momento, empeñado en tantos pormenores y accidentes que me excedían a diario, no había encontrado el tiempo –o acaso no deseaba encontrarlo– para reflexionar sobre la magnitud de lo que sucedía. Y, de improviso, ante el gesto más compasivo que devoto de don Gonzalo, se me impuso.

Me pasó a mí lo que supongo que le pasa a alguien cuyo joven hijo ha muerto: se ocupa de los trámites y de las recepciones, y de que esté a su hora la comida, y atendidos los huéspedes; hasta que llega el pariente que más quiso a su hijo, y en ese instante todo el tamaño de la pérdida se manifiesta, y recuerda de golpe la luminosa infancia del niño que nunca iba a morir, y sus dulces ojos y su dulce esperanza, y toma cuenta de que ha ocurrido lo que nadie hubiese pensado y de que él sigue vivo todavía, y se derrumba llorando en brazos del pariente. Tuve que sacar fuerzas de flaqueza para no caer en los de don Gonzalo. Logré esbozar una pobre sonrisa, y abrí los míos en signo de impotencia, y, sin saber qué hacer con los brazos extendidos, le indiqué una jamuga. Él aguardó de pie a que yo me sentara, y se sentó en el diván cerca de mí.

–No represento a nadie, señor; no hablo en nombre de nadie. Agradezco que hayáis autorizado esta visita, que no tiene fundamento ninguno, ni otro propósito que el de expresaros mi afecto.

Sentí un picor en la garganta; tragué saliva un par de veces para que desapareciera. Algo ascendía tras de mis pómulos, y me avergonzó que los ojos se me llenaran de agua; tenía que evitar que resbalara. Desvié la cabeza hacia otro lado. Dejé pasar un tiempo.

–¿Puedo ofreceros algo de comer o beber? –le pregunté, una vez recuperado.

–Ya me habéis ofrecido lo que vine a buscar y lo que pronosticaba: la lección de vuestra impavidez. El triunfo no es la mejor medida de los hombres, y menos de los reyes.

–Me conforta oíroslo decir. Creo que no se le ha ocurrido nadie, y seguro que a nadie se le ocurrirá nunca, juzgarme como vos me juzgáis. Si es que no se trata de una adulación o de una cortesía.

–No habría venido hasta aquí, tan a escondidas, para halagaros sólo. Ni me importan lo que escriban quienes escribirán estos sucesos que nosotros vivimos. Ellos vendrán después; traerán limpias las manos, y con ellas dibujarán un cuadro comprensible, y una frontera insalvable entre nosotros dos. Y contarán, con laudatorias o amargas frases, según su bando, cómo por fin se arruinó esa frontera. Las crónicas conviene que las comprendan los pueblos y los niños: tienen que ser muy simples, y enaltecedoras de lo que les beneficie enaltecer. El malo es el que pierde, y el bueno es el que gana. El que gana es siempre además el que cuenta la historia.

–En este caso, don Gonzalo, yo no me hago ilusiones; los dos bandos coincidirán en una cosa: para uno y para otro, el malo seré yo. El malo es el que autoriza con su sello el desastre, el que abandona, el que se va.

–Pero yo sé lo que no sabrán otros: todos los vuestros, de uno en uno, os han abandonado de antemano; se han ido en busca del sol nuevo; os han dejado solo. Yo los he visto en Santa Fe, señor: cuanto más ricos, antes; cuanto más poderosos, más sumisos. Fiables en Granada no quedan sino los que no tienen nada que perder más que la vida, y ni ésos. Delante de la tienda de mis reyes, han tropezado unos con otros con las prisas; se han arrebatado unos a otros la palabra; han intentado venderos siempre que les supusiese una ventaja; han firmado su contrato de alquiler con el nuevo amo de la casa antes aún de que el antiguo la desalojara.

–Lo sé, lo sé; pero la historia la van a contar ellos.

–Perdonadme lo que os voy a decir, si es que os duele: con un pueblo como el que vos tenéis nada se puede hacer; sólo castigarlo como a un niño sin darle explicaciones, o distraerlo como a un niño, para que no moleste, sin darle explicaciones.

–Quizá la obligación de quien manda es educar primero.

–A nadie se le educa *in articulo mortis*. Vos recibisteis, con el trono, un pueblo sentenciado. Y habéis logrado diferir la sentencia y suavizarla para que hiera menos. Vuestro pueblo no entiende que se pueda perseguir algo, durante cientos de años, sin descanso; por eso el triunfo final ha sido nuestro. Vuestra grandeza personal, señor, consiste precisamente en lo que acaso se os reproche: en haber conseguido no ser ya necesario. Habéis luchado en estos meses últimos para que todo continúe lo mismo que hasta ahora, pero sin vos de ahora en adelante. Y además cargaréis con la ingrata y borrosa responsabilidad que la Historia necesita volcar sobre unos hombros únicos.

Me temblaba la voz al murmurar:

–*El Zogoibi*, traidor.

–Por esa majestuosa resignación es por lo que estoy aquí. Vuestro tío *el Zagal* será siempre *el Valiente*. A vos os ha tocado la peor parte, y la última. Perdéis cuanto tuvisteis; salís de vuestra Alhambra dando un portazo que se oirá en el mundo, y es por esa generosidad justamente por lo que seréis injustamente acusado. Que el débil es el fuerte lo sabremos muy pocos.

–Conviene que sea así. Es difícil apoyarse en la virtud de la docilidad cuando desde niño le inculcaron a uno la de la rebeldía. En todo caso, la trama en que me he visto envuelto es tan espesa que ni yo mismo soy capaz de decir dónde comienza la culpa y de quién es. Todo se me ha ido acumulando encima de un modo indescifrable. Acaso la vida me dé tiempo para desembrollar esta madeja; pero ahora no lo tengo: puede que sea mejor... Ahora necesito dejar de lamentarme, y suplicaros unas cuantas cosas.

–Contad conmigo.

–Oídme. Cuando Granada sea de vuestros reyes, no quedará esperanza para ningún cautivo musulmán, esté donde esté.

Los alcaides y los muftíes y los sabios de esta ciudad opinan, como yo, que Dios no nos perdonaría el pecado de no liberarlos antes.

–Eso lo opináis vos, señor, no los muftíes.

–Y Dios también lo opina. Por eso yo pido a sus altezas la libertad de todos, sean de Granada o del Albayzín, o de sus arrabales y de sus alquerías. Que no pierdan más ellos de lo que todos pierden. Y que sean sus altezas los que paguen a los dueños que los tengan, porque mis granadinos no entran en otra cuenta que en recibirlos libres.

–¿No veis, señor? Lo que os decía.

–Y os pido asimismo, don Gonzalo, que sea vuestra palabra la que avale que nada le ocurrirá a los quinientos rehenes, hijos y hermanos de los principales, que se me piden por diez días para garantizar la posesión pacífica de la ciudad. La palabra del rey, tan incumplida con los mudéjares, no será para mi pueblo garantía bastante, y se provocarían insurrecciones y motines que yo sería el primero en comprender.

–Por vos me comprometo. ¿Alguna cosa más?

–Que los judíos gocen de los beneficios de esta capitulación en el mismo grado que los musulmanes. Juntos hemos vivido la historia de este Reino, y no es cabal que, aunque entre los cristianos muchos los aborrecen, les demos nosotros de lado en esta hora. En un naufragio, todos los que van en la nave son iguales. –Hice una pausa–. Y escuchadme: cuando se acerque vuestro ejército... –Me temblaron los labios. Don Gonzalo, por delicadeza, apartó los ojos–. No será menester que vuestro ejército entre en la Alhambra sino por fuera y poco a poco, por el amor de Dios. Puede entrar por la Puerta del Refugio, que tenéis tan a mano, o la de la Loma, ya sabéis, entre la Acequia Grande y la Acequia del Cadí, si es que os viene mejor. Y me atrevería a pedir que se encargaran de ocupar los palacios aquellos capitanes vuestros que les dan mejor trato a los mudéjares: don Rodrigo de Ulloa, que tiene Ricote, o Portocarrero, que tiene la Palma, o vos, señor, que tenéis Illora y me tenéis a mí. —Una lágrima rebelde me mojaba los párpados; pasé la mano, rápida, por ellos—. Y que se miren bien las cláusulas todas de las capitulaciones: las del común de la ciudad, sobre todo, y las de la sultana madre; que ningún ulema ni ningún alfaquí hallen nada que oponer, ni se deshagan unos puntos con otros, ni se contradigan, porque será escarbar con el cuchillo en las heridas. Y os encarezco que lo testifiquen de veras, con responsabilidad plena, vuestro príncipe heredero y vuestros grandes, además de los reyes, y vuestros obispos y vuestro padre de Roma. Porque todas las precauciones son pocas cuando se entrega un reino y se confía a los súbditos en manos forasteras.

Se me quebró la voz. Don Gonzalo, al notarlo, dio un quiebro a la conversación.

—Para vos, sobre lo estipulado, ¿nada pedís?

—Como hasta mis monturas estarán contadas —le sonreí—, me atrevería a pedir cuatro acémilas buenas y dos mulas, que sea la una de ellas alta y ancha, para que pueda sufrir a El Maleh, que es también alto y ancho.

Rió don Gonzalo y dijo:

—Ya El Maleh tendrá mulas que lo lleven, según lo que ha sacado de los reyes; pero se hará como decís, aunque tenga yo que pagar esa mula que cargue con el peso del más grande traidor.

—Unos con otros, allá se van todos. Y, por fin, don Gonzalo, hablad con vuestra reina, a la que tanta afición tenéis como ella os tiene a vos. Todo lo pactado se escribió para ser cumplido en el plazo que se concierte; pero ¿y si no se llega a un concierto en el plazo? ¿Se deshará lo que con tanto esfuerzo hemos conseguido? ¿No tendremos siquiera sesenta días para ordenarlo todo desde aquel en que se firmen las capitulaciones?

—Yo, que vine a veros en mi nombre, no en el nombre de nadie, me vuelvo al campamento lleno de recados que dar en nombre vuestro.

Me miraba y se sonreía. Yo le repuse:

—A los hombres y a los reyes se les mide en la derrota, dijisteis antes; pero se les mide también en la manera de saber ganar. Yo era un adolescente cuando os vi por vez primera. Mi padre os recibía con otros caballeros. Los temas fueron entonces muy distintos; pero algo dentro de mí me dijo que vos erais también distinto de los otros. Aquella primera vez no me engañé... Hoy es la última que nos vemos a solas.

—¿Quién puede asegurarlo? —me interrumpió.

—Cualquiera, don Gonzalo. Habría deseado que a esta conversación asistieran, detrás de esos tapices, los míos y los vuestros. La verdadera historia de esta Península que es una piel de toro va a terminarse ahora; sé que no estáis de acuerdo, pero así es. Ahora vendrán capítulos dorados en que nosotros no estaremos. Digo nosotros, y me refiero a los musulmanes; vos sí estaréis como protagonista.

—¿Cómo no vais a estar? Se os respetan todas vuestras diferencias de una en una: lo habéis firmado vos.

—No estaremos. Vuestros reyes se encuentran demasiado seguros de sí y de lo que quieren; los criados nunca marcan la conducta de la casa. Y, sin nosotros, la historia de España será otra. Cristianos y musulmanes, durante ocho siglos, hemos vivido y muerto los unos por los otros; nos hemos observado, odiado, perseguido, imitado; hemos convivido. ¿Cómo viviréis ahora sin el otro, en qué espejo miraros, qué Granada añorar, qué Paraíso perdido para reconquistar, qué quiméricos jardines echar de menos en medio del invierno? Tendréis nostalgia de nosotros, porque no sabréis qué hacer con Granada... Todo lo que colorea nuestra vida, la nuestra, se considerará pecado y crimen: la variedad de los amores corporales, la pasión esencial por este mundo, el refinamiento y la indolencia. ¿Qué será, fuera de ellos, Granada, sino un bien decorado túnel que no conducirá a ninguna luz? Vuestras plegarias han sido concedidas: quizá eso es lo peor que a un pueblo guerrero le puede suceder; ahora tendréis que inventaros aventuras nuevas, nuevos proyectos inimaginables, enemigos diferentes. Porque, ¿qué es Castilla sin enemigos, don Gonzalo? –Rompió a reír–. Vos y yo, en esta helada noche, representamos la verdad verdadera: el frío de Granada y, en él, el abrazo de los dos contrincantes. Para los demás se queda la calidez embalsamada de una ciudad que tantos siglos anhelasteis, y que es mentira, y el asalto y el poderío con el que la adquirís, que también es mentira. Para los demás se quedan Dios y Santiago, las banderas al viento, la cruz sobre los minaretes, el *plus ultra* y la Y y la F de vuestros reyes rompiendo la geometría de nuestro alicatado; es decir, la fanfarria y la excitación. Aquí todo se ha reducido a una forzada operación de compraventa; para que todo siga lo más parecido posible a lo que hay, desaparezco yo. Sin embargo, no os bastará con eso: se procurará que desaparezca todo; se tratará de borrarnos cuanto antes, con nuestros bienes y nuestra religión, pero sobre todo con nuestras costumbres que llamáis licenciosas, y nuestra lengua y nuestra cultura, que estorbarán a la unidad artificial que buscan vuestros reyes. No sólo cambiará de dueño el Paraíso, sino que el tiempo durante el que fue nuestro será raído de la historia. Ocho siglos se comprimirán entre dos parpadeos. Después, hasta nuestros nombres sonarán ajenos y serán abolidos, y nuestro rostro quedará, encadenado por el cuello, tan sólo en el escudo de dos nobles como símbolo de lo que nunca debió ser. Todo ha de volver a su cauce anterior; para eso, desarraigar religión, lengua, usos y leyes es una precaución que hay que tomar... Y aquí estamos, despidiéndonos, las dos últimas personificaciones de lo que la desmesura de estos siglos ha sido. Del choque de dos mundos, en este campo que ya se llama España, saltaron chispas que han enseñado todas las ciencias y todas las artes a los extraños; pero uno de los mundos se ha deshecho en el choque. De la unión de dos cuerpos, en esta yacija que ya se llama España, ha brotado una fascinación inolvidable; pero en el amor uno de los amantes pierde siempre... No nos olvidéis, don Gonzalo, vos al menos. El alma de un pueblo es algo que no puede morir; puede ocultarse como se oculta una rosa, o secarse como una rosa, pero permanece como permanece su olor. Decidme, ¿cómo fueron los muchachos beduinos ya olvidados? Nadie lo sabe y, sin embargo, dentro de mí, esta noche, late el corazón de un muchacho beduino.

Me levanté al mismo tiempo que él. Me abrazó. Fue a apartarse, azorado por su gesto impulsivo, pero lo abracé yo. Me dijo:

—Ojalá, *inch Allah*, a esta reunión hubiesen asistido los vuestros y los míos. Así no olvidarían nunca la enamorada y tormentosa aventura que han vivido en común.

Sólo cuando se hubo ido don Gonzalo caí en la cuenta de que habíamos empleado en la conversación indistintamente el árabe y el castellano. Sin embargo, él habló más en árabe, y en castellano, yo.

Por fin estaba persuadido de que se había hecho más de lo humanamente posible. Gracias a nuestras fingidas reticencias, las capitulaciones eran para mis súbditos las más ventajosas que jamás se firmaron por unos reyes cristianos para recibir ciudad alguna. Yo era quien más perdía, pero también quien tenía más: de soberano pasaba a ser vasallo. Ganaba, en cambio, esa paz casi fúnebre que proporciona la desgracia una vez que se consuma y que se asume.

No obstante, la misma largueza de Fernando me hacía desconfiar. Por su ansia de Granada y por su prisa había aceptado un tanto a la ligera. Por eso exigí que cada cláusula se expresase con toda nitidez en privilegio fuerte, firmado, rodado y sellado. Y solicité la confirmación del príncipe [entonces no sabía que jamás iba a heredar las coronas de sus padres] y del Cardenal de España y de los maestres de las órdenes militares y de los prelados y arzobispos, por lo que sirvieran para más adelante, y de los marqueses, condes, adelantados y notarios mayores. Quería que todas sus firmas estuviesen allí, y que fuesen conocedores y testigos y avaladores de lo concertado, y que la palabra de cada uno reforzara las ingrávidas palabras de los reyes, de forma que lo contenido en las capitulaciones valiera y fuera inamovible ahora y después de ahora y en todo tiempo para siempre jamás. Y, recelando aún de la firmeza de todos esos hombres, solicité que el Papa de Roma verificase con su firma lo acordado; con ella salvaría de la precariedad las palabras humanas. Todo se hizo tal cual yo lo pedí; sin embargo, no se obtuvo ese último recaudo: los reyes se resistieron a mezclar en sus asuntos –que cuando les convenía eran temporales y, cuando no, ocupación de Dios– a la cabeza de la Cristiandad. Con la disculpa de que la recogida de esa firma alargaría aún más la conclusión de los tratados, declinaron la exigencia. Y ofrecieron bienes y dinero a mis emisarios, que se los embolsaron en la seguridad de que ni rechazándolos se llevaría a cabo la firma del pontífice. Cuando leí los códices, se me antojó su falta un mal presagio.

Lo más importante, de lo que el resto era una enumeración de previsiones desglosadas, se resumía en esto:

Sus altezas y el señor príncipe don Juan, su hijo y sus descendientes, tomarán y recibirán al dicho rey Muley Boabdil y a los dichos alcaides, cadíes, alfaquíes, sabios, muftíes, alguaciles y caballeros y escuderos y comunidad, chicos y grandes, machos y hembras, vecinos de la dicha ciudad de Granada y del dicho Albayzín y de sus arrabales y villas y lugares de su tierra y de las Alpujarras y de las otras tierras que entraren bajo este asiento en capitulación, de cualquier estado o condición que sean, por sus vasallos y súbditos y naturales, y bajo su amparo y seguro y defendimiento real, y los dejarán y mandarán dejar en sus

casas y haciendas y bienes muebles y raíces y leyes y religión y costum-
bres, ahora y en todo tiempo para siempre jamás, sin que les sea hecho
mal ni daño ni desaguisado alguno contra justicia, ni les sea tomada
cosa alguna de lo suyo, antes serán de sus altezas y de sus gentes hon-
rados y favorecidos y bien tratados como servidores y vasallos suyos.

El único descanso de mi alma era que a todos se nos tratara mejor como servidores y vasallos que como enemigos; mi
única inquietud, que así no fuese. Acertó la inquietud.

Aben Comisa no se avenía a que El Maleh hubiese acaparado
las negociaciones. Casi en vísperas de las firmas escribió al conde de Tendilla, recién llegado de Alcalá la Real, con el que
mantenía buenas relaciones y del que supo que iba a ser nombrado máxima autoridad militar y civil de Granada. Tales relaciones se habían afirmado meses atrás, cuando el conde apresó
a una sobrina de Aben Comisa que se dirigía a Tetuán para contraer matrimonio con su alcaide. Las gestiones del rescate fueron laboriosas. Yo ofrecí la entrega de unos cuantos sacerdotes
cristianos y de otros cien cautivos. Tendilla trajo a la joven Fatima a las puertas de Granada, pregonando entre los cristianos
que era el suyo un ademán caballeresco y que, por si no era bastante, al enterarse de su rango y de sus circunstancias –como si
no los supiera de antemano–, le había hecho un presente de
joya por su boda. Todo fue una faramalla del conde que, de tal
modo, consiguió sus propósitos y una fama de galantería y gentileza que no le era debida.

En su carta de ahora, el rastrero Aben Comisa le advertía in-
dignamente que, dentro de la ciudad, no marchaban las cosas
tan bien como se sostenía; que era *dificultoso reducir a un pueblo*
tan grande si una vez se alteraba, y que todos conocían *lo incons-*

tante de la condición del sultán. Ante estas amonestaciones, quiso el conde entrevistarse conmigo para cerciorarse de la situación. Lo recibí en la Alhambra, en el Cuarto de los Leones.

Yo llegué un poco antes de la hora, y mandé que me dejaran solo. Me despedía de cada capitel, de la luz, del agua y de mí mismo. Chispeaba el pálido azul de la luna tras el encaje espeso de las arquerías como una travesura y una risa. «Ni las arquerías ni la luna están aún enteradas», me dije. Sentía que me rodeaba una presencia múltiple: la de quienes vivieron allí y se ilusionaron. Pensé en la multitud de quienes habían visto, desde algún mirador, platearse el jardín como ahora se plateaba, y escuché el líquido rugido de los leones, que se hacían espaldas en círculo unos a otros, defendiéndose de un peligro que hasta hoy había sido imaginario y que ya era real.

Plata fundida corre entre las perlas,
a las que se asemeja en belleza sin mancha y transparente.
Agua y mármol parecen confundirse
sin que sepamos cuál de los dos se desliza.

Tenía razón el poema que enriquece los bordes de la taza. Nada pesaba allí. El patio entero estaba sostenido en el aire; suspendido de algo, no apoyado en la tierra. Las habitaciones de los testeros eran el minucioso y frágil producto de un ensueño: no había dureza ni resistencia en ellas, tan sólo agilidad. Nunca tuve la certidumbre de que a lo largo de toda la noche permanecieran aquella arquitectura y aquel embrujo; quizá se evaporaban entre las brumas del anochecer, y al reconstruirse en cada alba no lo hacían de la misma manera...

Alguien, un centinela, pisaba con apresuramiento las galerías y se acercaba con una tea en las manos. Se estremecieron los quioscos, cambiaron de lugar, ondularon las delgadas columnas, como si una rama destrozase agitándola una imagen reflejada en el agua. Arriba se afirmaron las estrellas ante la luz del hacha que portaba el intruso; abajo se hizo el agua más ruidosa, como afirmando su potestad absoluta. Me oculté en la Sala del Mediodía. Acaso el centinela me buscaba y, al no encontrarme, se alejó. Todo retornó a su sueño, a su tenue inexistencia, a su serenidad sepulcral, como un disciplinado bosque durmiente o quizá desvelado para siempre. Tuve un sobresalto: los leones me parecieron agruparse acechantes, decididos a saltar sobre mí, como cuando era niño.

Quien contempla estos leones amenazadores
sabe que sólo el respeto al emir contiene su enojo.

¿El respeto a qué emir? La lividez de la luna se cuajó, consternada; se hicieron más opacos los atauriques y más densos. Se me aceleraba el corazón. Vi, en la fuente de la Sala, reflejarse la enjoyada y rielante indiferencia de su cúpula de almocárabes. Y, al retroceder, reflejado también, vi el pórtico de la Sala del Norte.

Jardín soy yo que adorna la hermosura.
Mi ser sabrás si mi belleza miras.

Así es, como dice: sólo hermosura; sin motivo, sin objeto, sin término... «No puede ser», me dije. «¿Cómo es que alcanzo a verlo en esta pila de agua? Estoy dormido o muerto.» No; sólo estaba abrumado y de rodillas. Sin saber por qué –¿o sí?– ni cómo, me había postrado; alcé los ojos desvalidos. Tropezaron con la incesante cascada de estalactitas del techo, conjuradas en estrellada asamblea. ¿Contra mí, conjuradas? Sollocé: el agua, siempre el agua. Tomándola en las manos, humedecí mi cara. *Es un amante cuyos párpados rebosan de lágrimas y que las esconde por miedo a un delator*, decían los versos de la fuente. Me sequé con el manto. Hacía frío. Oí una voz que me llamaba. Supuse que el conde de Tendilla había llegado. Caminé lentamente hacia el fondo del Cuarto, hasta el Salón Real.

El conde es avellanado y seco, de aire desabrido, cara estrecha y larga, nariz grande, ojos muy juntos, y la boca, que apenas si se mueve al hablar, sin labios, plegada en una mueca de desdén o de asco; sus manos son huesudas y nerviosas. Con nosotros estaban Aben Comisa, El Maleh y Hernando de Baeza, que nos traducía cuando era necesario. Ahora leía Baeza uno por uno los puntos de las capitulaciones. Levantaba la vista del papel, y me miraba para confirmar que yo estaba de acuerdo. En algún caso se agregaba una aclaración, o se emitía un comentario que hiciera explícito lo leído. El conde inclinaba la cabeza con un gesto de aprobación. Era palmario que el acto le cansaba, y que, más que a recoger mi conformidad y mi sello, había venido a plantear una cuestión fácil de adivinar.

Recuerdo, por ejemplo, que, en cuanto a la obligación de entregar a los cautivos cristianos por parte de sus dueños, yo pedí que se añadiese: *Si alguien hubiera tenido alguno y lo hubiera vendido al otro lado del mar, no esté obligado a darlo, en caso de que jure y aporte testigos bajo juramento que demuestren que la venta se efectuó antes de estos asientos, y que no es suyo ya, ni se encuentra en su poder.* O que los judíos que antes eran cristianos tuvieran un plazo de tres meses, contados desde el 18 de diciembre siguiente, para embarcar a África. O que los cristianos que se hubiesen tornado moros no fuesen forzados a hacerse cristianos contra su voluntad. O que las rentas de las cofradías y de las escuelas coránicas y las limosnas quedasen bajo la vigilancia de los alfaquíes para que las gastaran y distribuyeran como fuese menester, sin que los reyes se entremetan, ni las tomen ni embarguen. O que mis súbditos no sean llamados a guerra alguna a la fuerza, y que, si los reyes necesitan caballeros con armas y caballos (que fue lo que opuso el conde), vayan cuando los reclamen, pero no fuera de Andalucía, y con un sueldo desde el día en que salgan de sus casas hasta el regreso a ellas. Y asimismo pedí que se estableciera que los nombramientos para oficios y puestos recaerían en miembros de nuestra comunidad, y que las plazas y las carnicerías de los cristianos tenían que estar apartadas de las nuestras, y sus mercaderías lejos de nuestros zocos, y que se castigase a los infractores.

Al concluir la lectura con la descripción del documento de pergamino y del sello de plomo pendiente de hilos de seda, comentó el conde:

–La generosidad de sus altezas es cosa probada. Justo es que ahora vos correspondáis. –Callé, aguardando lo que me temía–. Quizá es lo primero que don Hernando debiera haber leído.

Le tendió un papel escrito. Hernando de Baeza lo leyó:

–*Es asentado y concordado que el rey de Granada y sus principales y la comunidad de ella y del Albayzín y de sus arrabales han de entregar a sus altezas, a su cierto mandado, pacíficamente y en concordia, realmente y con efecto, dentro de los treinta días primeros siguientes contados desde el día veinticinco de este mes de noviembre, que es el día del asiento de esta escritura...*

–No leáis más –interrumpí a Hernando de Baeza–. Teníais razón, esto era lo primero que debió de leerse: habríamos concluido mucho antes.

Con un gesto de desentendimiento, desvié los ojos por el Salón, reluciente a la luz de las antorchas. Vi las pinturas de la cúpula, que representaban el opulento y alegre pasado; me vi a mí mismo vestido de blanco y amarillo, cosa que no había observado antes; hice girar la sortija del sello en mi meñique izquierdo; traté de que el silencio se sentara, como un huésped de honor, entre nosotros...

–¿Queréis darme a entender que no estáis de acuerdo en el

plazo? –preguntó el conde con un asombro tan desmesurado que pareció fingido.

–Eso os digo.

Su boca se curvó, con un mayor desdén, en una sonrisa que nos insultaba.

–Señor... –empezó a decir Aben Comisa, pero lo detuve con los ojos.

–¿Qué solicitáis vos entonces? –dijo el conde tras una pausa y muy a su pesar.

–Sesenta días como mínimo, para ablandar al pueblo –me vino a las mientes El Pequení–, para preparar las entregas y para evitar las posibles revueltas. Es algo que interesa tanto a vuestros reyes como a mí.

–Todo eso se resuelve en menos de los treinta días que os ofrezco. Sólo con uno, podría yo poner a punto la ciudad y *ablandar* a sus habitantes –se recreó en el *ablandar*.

–Vos, puede; yo, no. Nuestros procedimientos son distintos; precisamente es eso lo que más me conturba.

El conde se revolvió en la jamuga donde estaba sentado. (Al llegar declinó sentarse sobre cojines, según nuestra costumbre, que también era ya la suya: fue su manera de no dejarse seducir.)

–Señor, traigo la orden de plantear tajantemente el problema del plazo: o entregáis la ciudad en esa fecha, o mañana mismo la asaltamos a sangre y fuego.

–No sé si ésa es la orden exacta que traéis, aunque me extrañaría; de haberos sido factible el asalto, no estaríamos sentados aquí juntos, bebiendo jarabe de manzana y comiendo pasteles de almendra. Por cierto, ¿deseáis una bebida algo más fuerte?

–Sí –exclamó irritado–: me gustaría algo mucho más fuerte. Si de mí dependiera, hace tiempo que estas necias discusiones habrían terminado.

–Señor conde... –comenzó Aben Comisa.

–¡Dejadme en paz! –le atajó Tendilla, y supe que el exabrupto me estaba dirigido.

Habló El Maleh:

–Ya contestes en el contenido, el tema del plazo podríamos postergarlo para una próxima entrevista. Iríamos nosotros...

–Nada de postergar. Por vosotros estaríamos postergando la entrega hasta el juicio final. ¡Ahora o nunca!

–Señor –dije en voz baja–, soy el sultán de este Reino, dueño de darlo o de negarlo. Y dueño, en consecuencia, de señalar la fecha en que lo dé. Vuestros reyes proponen condiciones, que yo puedo aceptar o rechazar.

–Os atendréis a las consecuencias –casi gritó.

–¿Es que he dejado de atenerme a ellas ni un solo día? Lo menos que cabe esperar de los fuertes es que tengan buenas maneras.

–Ya me habían dicho de vos que erais dubitativo y veleidoso.

–Sí, no acostumbro a entrar a caballo en casa ajena. Sé que os lo habían dicho. –Miré a Aben Comisa, que desvió los ojos avergonzado–. Por cortesía no os repito lo que a mí me dijeron de vos, y aun lo que he visto.

Su irritación se desbordaba:

–Nos obligaréis a hacer lo que no quisiéramos. Mañana, quinientos cautivos moros de los que tenemos en Santa Fe serán libertados. Y vendrán a Granada, cada uno con una copia del tratado secreto en que vos y vuestros consejeros conseguís insolentes ventajas personales. El pueblo sabrá así cómo ha sido subastado.

–Os respondo, señor conde –repliqué sonriendo–, porque estáis en mi casa y porque no tengo cosa mejor que hacer. Mi hijo duerme ahora; si no, me iría a entretener con él: perdería menos tiempo. Si podéis hacer en una noche quinientas copias de cualquier documento, tenéis el real de Santa Fe mejor organizado de lo que imaginaba. Si lo que deseáis es que mis vasallos me asesinen, habéis tenido mejores ocasiones de lograrlo, porque los motines que he sufrido fueron todos provocados por sus altezas. ¿Para qué, pues, esperar hasta hoy? –El conde había vertido un poco del jugo de su vaso–. Os excitáis demasiado. Y amenazáis demasiado también: o un asalto, o una delación pública. Y delación, ¿de qué? ¡De haber obtenido *insolentes ventajas personales*! No hablo de mis consejeros: lo que les hayáis dado a espaldas mías es cosa vuestra y de ellos; yo lo ignoro, no meto mis narices en las jugadas de los criados. Pero ¿de veras llamáis un buen negocio a trocar todo mi Reino por unas tierras yermas en Andarax y Ugíjar? ¿Lo hubierais hecho vos? ¿Llamáis *insolentes ventajas* a que mi madre la sultana conserve sólo una parte de las propiedades que como horra le corresponden, y que son patrimonio privado de ella, no del trono? ¿Llamáis *ventajas personales* a salir infinitamente peor parado que cualquiera de mis vasallos, que conservará, según vos, cuanto posee? ¿Y, con la prueba de esa mala venta, los queréis sublevar en contra mía? Señor conde, no me gustáis, ni me gustan vuestra actitud ni vuestro tono; pero os voy a hablar en él, para que oigáis cómo suena. –Alcé la voz–. Yo soy el propietario de este Reino. Si habláis de vender, yo vendo lo que es mío; pero a mi pueblo, no. En lo que hemos leído creo que queda claro. Y en el plazo que exijo, también queda.

–Os conozco. He pasado mi vida en Andalucía. Conozco las tretas y las mañas de los de vuestra raza.

–De tretas y de mañas nos faltaba a los andaluces mucho por aprender; desde hace unos cuantos años, sabemos mucho más. Yo también os conozco, señor conde. Incluso he leído los versos de vuestro abuelo Santillana, lo que no sé si vos mismo habréis hecho, y sé que sois sobrino del Cardenal de España, lo cual os califica frente a mí. Pero, por mucho que hayáis vivido en Andalucía, aunque hubiesen nacido aquí todos vuestros abuelos, sangre andaluza no lleváis, ni la llevaréis nunca. Afortunadamente, diréis vos... Andalucía la hemos hecho nosotros, señor; a vosotros os cabe el dudoso laurel de deshacerla. No nos vengáis con fatuidades. Vuestros títulos, que os parecen tan grandes, los ganaron soldados de fortuna a costa de la nuestra. –Hizo una mueca soberbia y colérica–. Sosegaos. Para hacer olvidar tales orígenes se necesitan muchas generaciones. También los tuve yo; pero los sultanes de mi Dinastía hemos sido treinta y uno, y mi tío *el Zagal* fue, sólo de los nombrados Mohamed, el decimotercero: un número decididamente infausto. –Me temblaban las manos; así fuerte la sortija que antes acaricié para que nadie lo notara–. Vos sólo sois el segundo conde de Tendilla; hace muy poco que empezasteis a encumbraros: por eso justifico vuestros ímpetus. Fijaos, en cambio, en mí: yo no soy ambicioso. Gracias, claro, a que mis lejanos antepasados sí lo fueron. Yo lo he tenido todo ya, señor conde; no aspiro a tener más. La ambición, en el fondo, es cosa de vasallos. –Señalé a Aben Comisa y a El Maleh–. De estos míos, pero también de los de vuestros reyes. Quien empieza a medrar es siempre codicioso; quien se apea, ya no. –Podía cortarse su ira; la sentía a mi alrededor como un reptil. Cambié la entonación–. Dispensad que os haya aburrido con estas reflexiones. Si no traéis el poder suficiente para negociar el plazo que os propongo, llevad mi proposición a vuestros reyes. No sé si ellos la aceptarán, pero en cualquier caso la entenderán mejor que vos.

La provocación dio resultado. Saltó el conde:

–¿Es que dudáis que traiga poderes suficientes de representación?

–Ni entro ni salgo en ello. Si es así, resolved.

–Sólo pensando en la largueza de ánimo del rey y en la caridad maternal de la reina, me he contenido al escuchar esas torpezas que llamáis reflexiones: los fuertes hemos de tener para los vencidos una actitud cortés.

–Un poco tarde lo recordáis, señor.

–Para que certifiquéis una vez más la grandeza de miras de nuestra religión, que no desea que muera el pecador, sino que se convierta y viva; para que certifiquéis qué ciertos descansamos en la alianza con la divina providencia, y cómo lo que podríamos tomar por las armas lo adquirimos con fraternales pactos, en nombre de sus altezas los reyes de Castilla y de Aragón, os concedo la prórroga del plazo tal como lo pedís: sesenta días a partir de la firma, que escribiréis ahora, día veinticuatro de noviembre.

–Con la amable conversación, ha avanzado la noche: ya es día veinticinco.

–De esa forma contaréis con un día más para vuestros manejos.

Hernando de Baeza derritió la cera sobre el pergamino que me presentaban. Con la sortija la sellé. Me asaltaron unas incontenibles ganas de llorar: el esfuerzo y el freno habían sido excesivos. Aben Comisa y El Maleh suspiraron, y se intercambiaron miradas ufanas.

–Señor conde –concluí–, lamento que sea a vos a quien se encomiende el gobierno de la Alhambra y Granada; pero vaticino que serviréis muy bien a sus altezas. Por lo menos, a ellos.

–A eso, y no a otra cosa, es a lo que aspiro.

Fue a salir con brusquedad.

–Aguardad, señor. –Se detuvo y se volvió hacia mí, apretadas las mandíbulas–. Buenas noches. –Hice en el aire un levísimo gesto de adiós–. No debo reteneros más aquí, donde estáis por última vez como invitado. Os doy permiso para que os retiréis.

Salió en silencio, tras una insignificante reverencia.

A la noche siguiente mis delegados tenían que tomarles juramento a los reyes cristianos. Durante la tarde me acerqué al Palacio de Comares para poner en antecedentes a mi madre. Estábamos los dos solos. Mientras le enumeraba las condiciones, una lágrima, que ella creyó que yo no veía, resbaló por su rostro ya arrugado. Su respiración se alteraba, y brotaban de su pecho unos ahogados suspiros, que yo fingí no oír. Me arrebató el escrito, y se retiró a la luz de un ajimez. Leyó, sentada, durante largo rato. Luego plegó los papeles y permaneció muda, mirando sin verlo el dorado paisaje.

–Esto es hecho –murmuró–. Nunca lo hubiesen presenciado mis ojos.

Por si le servía de consuelo, me aproximé con un gesto solícito. Me atreví a acariciar su hombro. Se levantó de súbito.

–¿Cuál es el protocolo de la entrega?

–Los ejércitos entrarán por las puertas de arriba...

Me interrumpió:

–En cuanto a ti concierne, digo.

–Las dos cancillerías han estimado que debo entregar personalmente a don Fernando las llaves de la ciudad.

–¿Besándole la mano? –gritó como quien mira un nido de alacranes.

–Creo que sí –balbuceé.

–¡Jamás! Aún nos quedan alientos y recursos y hombres para arrojarnos contra ese sucio campamento y echar abajo sus malditas cruces. ¡Jamás! Si por mí fuera, les obsequiaría con un montón de cenizas y huesos. Si por mí fuera, cuando estuvieran dentro sin posible salida, los desmenuzaría: Dios bendice las celadas contra los enemigos si se hacen en su nombre. Si por mí fuera, mandaría a seis u ocho renegados que, con astucia y afilados cuchillos, asesinasen a esos reyes usurpadores...

–Lo sé, madre, lo sé: si por ti fuera.

–¿Y vas a arrodillarte tú, y a besar la mano que nos humilla y que nos roba? Esto no es una rendición, es un concierto entre dos partes por igual soberanas. Aunque lo parezcas, tú no eres un vencido, sino un emir que ejecuta un acuerdo: un acuerdo que no has de consentir que te degrade. Ahora aquí se resuelve un viejísimo pleito, pero por medio de una transacción; no hay más. Queden al margen los ejércitos y los alardes de victoria. Haz con tu honra lo que quieras; pero yo, que soy hija de sultán, viuda y esposa de sultanes...

La interrumpí:

—Y madre y cuñada de sultanes. De acuerdo: se hará lo que se pueda.

—Se hará lo que se deba. Yo, con algún fiel que aún tengo, escupiré a los reyes a la cara, haré que me degüellen, y mi sangre amotinará a los granadinos —dijo, y salió de la sala.

Dicté una carta que Aben Comisa le llevó al rey Fernando a la hora de jurar. En ella, aunque era el alguacil quien la firmaba, referí la conminación de la sultana, tan comprometedora si se cumplía. «Ella —le avisaba— se propone morir antes que ceder, y tendría falta de consejo quien hiciese más caso de que le besaran la mano que de que le entregaran un reino.»

El rey, más sagaz y más práctico que mi madre, cedió respecto a lo secundario; ya había cedido en Córdoba. Se me dijo que yo no había de hacer más que un acatamiento, que consistiría en sacar un pie del estribo y en llevar mi mano al bonete; en ese momento el rey me impediría seguir y me abrazaría como a otro rey. Pensé que era mucho más difícil aprender y ejecutar aquel rito que el que estaba previsto: los movimientos incoados y a medio concluir siempre me han parecido de gran complicación. Me asaltó la duda de en qué instante preciso debía detenerme y aguardar la interrupción del rey, sin que la maldad de éste me dejase colgado en una estúpida postura. Luego pensé que llevaba mucho tiempo colgado en la peor.

En las fechas posteriores hube de hacer la vista gorda ante ciertos trajines. Supuse —y así me lo ratificaron Farax y Nasim— que los reyes, por medio de Zafra, de El Pequení y de El Maleh, enviaban dineros y regalos *para ganar amigos*, como decían ellos, con que fomentar una opinión favorable entre los alfaquíes y las personas prestigiosas.

El 29 de noviembre, con idéntico fin y con el de empujarme a no demorar mi información a los granadinos, los reyes dirigieron una carta *a chicos y grandes.* En ella ratifican –la conservo y la estoy releyendo– su resolución de mantener ejército y real frente a Granada, *Dios queriendo.* Y advierten que si los ciudadanos con brevedad vienen a su servicio y les entregan sus fortalezas, *no serán causa de su propia perdición como los de Málaga, sino que estarán seguros en sus personas y bienes, o de pasar a África* gratuitamente, después de vender su hacienda a quien les plazca, y podrán salir a labrar sus heredades, y andar por donde quisieren de sus reinos. Pero lo importante era el final: señalaban un término de veinte días, desde la data, para que el común enviase a un representante que capitulara; pasado tal plazo, juraban por su fe que *no admitirían ni oirían más palabras sobre el asunto, quedando a los destinatarios de la carta la responsabilidad y culpa de su perdición.* Contra la ruda idea de los reyes y contra su matrera intención, yo me alegré de que se entendieran directamente con el pueblo.

El estado de la ciudad, entre las nevadas crecientes de la sierra y los acaparamientos de provisiones, empeoraba. El 16 de diciembre, muy temprano, vino a verme una comisión de alfaquíes, alamines de los gremios, jeques, alarifes, viejos y sabios; me suplicaban, sin aludir en absoluto a la carta de los reyes, como si no hubiese existido, que convocara sin demora por pregoneros a la gente de la ciudad y que les plantease los auténticos extremos en que ella se encontraba: subsistencias menguadas y, lo que era más grave, irrenovables por la intransitabilidad de los caminos y la falta de cultivos y brazos; quebranto del ejército, por ausencia tanto de caballeros como de peones, y falta de ayudas africanas, en las que nunca confiamos mucho. También reconocieron, con sonrojo, que habían desertado muchos granadinos, y que se hallaban sirviendo a los cristianos de exploradores y guías para sus incursiones.

—Estamos en invierno, señor –añadieron–, y los cristianos han suspendido sus hostilidades. Si ahora tratamos con ellos, nos escucharán; pero si no lo hacemos, aunque lográsemos mantenernos hasta la primavera, lo que es irrealizable, reunirían un ejército mayor con que atacarnos, y entonces estaríamos la ciudad y nosotros al descubierto y sin seguro frente a su ira. Te rogamos, señor, que digas esto al pueblo.

Yo les respondí que comprendía sus razones, y que, si bien consideraba más prudente que fuesen ellos, por su predicamento, quienes hablasen con el pueblo, no tenía inconveniente en ser yo quien lo hiciera, siempre con su sostén y su presencia.

Convoqué la asamblea de ciudadanos para aquella misma tarde en la Tabla, el lugar donde mi padre se empeñó en celebrar aquel alarde con el que se emprendió el decaimiento. Subieron gentes de todos los barrios, aun de los más lejanos, a pesar de no ser a una fiesta a lo que subían, y en sus rostros se echaba de ver que no lo era. Yo no podía impedir que mi memoria, a rachas, me trajera canciones, risas, juegos, marchas de trece años atrás y también la desflecada calamidad en que todo acabó. Sólo faltaron representantes de los barrios de la Alcazaba y de la Puerta de Elvira.

Me estaba yo dirigiendo, rodeado de notables, al gentío, que era muy numeroso, cuando se escuchó un ruido de armas o voces que anunciaban ruido de armas. La turba se alteró. Yo volví a recordar el siniestro remate del alarde. Las gentes del Albayzín y las de los Alijares me gritaron: «No tengas miedo, señor, que hemos de morir nosotros antes que tú», y se lanzaron en tropel cuesta abajo.

Un hombre, cuya delgadez era tan grande como sus ojos, que dijo habitar en la Antequeruela, fue quien dio cuenta de lo que sucedía: los de la Alcazaba y Puerta de Elvira, determinados a pelear, habían levantado empalizadas en sus calles, y clausurado la Puerta de Guadix y la del Osario, a la otra orilla del Darro. Pedí al hombre que se aproximara. Avanzó entre la multitud. Era manco del brazo izquierdo.

—¿Por qué? —le pregunté.

Pensé inmediatamente que me iba a contestar la causa de su manquedad, pero no.

—Porque dicen que de ellos saldrán los rehenes y que no volverán más, igual que tú no has vuelto a la Alcazaba desde hace días, y que entrarán los cristianos y les robarán sus casas.

—Son cosas de almogávares y de gandules, señor —gritó otro hombre muy grueso con dos niños en brazos.

—¿No son soldados ellos? Pues que sean ellos quienes vayan a la guerra. Nosotros ya tuvimos bastante —voceó un anciano, apoyado en un retorcido bastón.

—Venid —dije a los notables, y me fui, con ellos y muchos ciudadanos, en busca de los descontentos.

Cuando me vieron llegar, agarraron con más fuerza las herramientas que estaban usando para empalizar. No era momento de andarse con rodeos. Les hablé con parsimonia.

—He sabido que un número abundante de caballeros granadinos y algunos alcaides de aldeas negocian con los reyes cristianos contra mi parecer. Vosotros y yo somos, en común, quienes hemos de hacerlo. Así han venido a pedírmelo vuestros superiores, y de lo hecho en su nombre no pienso desdecirme. Si alguien quiere pelear con ellos y conmigo, nos hallará en la Alhambra; pero si alguien tiene algo que pedir, o algo de que asegurarse, o entiende que algo no se realizó con rectitud, hable en su pro con su alamín y dele su poder, y que vengan a exponerme qué es lo que les inquieta y qué lo que les falta. Y no salga yo de Granada sino para bajar al cementerio si dejo a mis vasallos indefensos. No otra cosa que ésa es ser sultán.

Tropecé, lo mismo que otras veces, con los ojos de Farax embebidos en mi voz; me escuchaba con la boca abierta, y yo, incapaz de evitarlo, sonreí. Fue entonces cuando la población entera resolvió enviar una embajada pública a los reyes cristianos. Muchos, por descontado, opinaron que todo era una estratagema, y que al cabo el pueblo me había venido a pedir lo mismo que yo ya había pactado. Quizá tampoco la política sea otra cosa que esa anticipación. El hecho es que la embajada la condujeron Aben Comisa y El Maleh, y encontraron al rey propicio y *ablandado*, y les otorgó cuanto le pidieron; a nadie se le ocurrió pedir más de lo ya concedido en las capitulaciones. A los embajadores les regaló doblas y alhajas: unas para ellos, y otras para seguir *ablandando* resistencias, aunque dudo que las segundas llegaran a su destino.

Sin embargo, las embajadas particulares a Santa Fe eran más de día en día, y llegó a mis oídos lo avanzado de las negociaciones con los alcaides de Alfacar, la única fortaleza exterior que aún quedaba en mis manos; unas negociaciones que se desarrollaron sin mi consentimiento, y se firmaron precisamente el 20 de diciembre.

Dije precisamente, porque ése fue el día en que saqué de la Alhambra los restos de mis antepasados. Yo, que para muchos era su ultrajador, tenía que impedir que fueran ultrajados. Ya al margen de nuestras contiendas, ellos tenían derecho a descansar en paz.

Eran tantas las tumbas que me abrumó la idea. Pedí a Farax que me ayudara; pero necesitábamos a alguien más de total confianza. Recurrí a un secretario que, al término de una asamblea de las que días atrás menudeaban, se me había acercado con una sinceridad rara entonces y me había dicho:

—Señor, sobre lo que sucede, si es que sucede algo, no tengo yo opinión. Sólo tengo mi brazo, y ése es tuyo.

Lo miré, agradecido ante una declaración que poco antes

habría resultado obvia, descansé la mano, y quizá más que ella, sobre el brazo que me ofrecía, y le contesté:

–Acaso antes de lo que creemos me veré obligado a usarlo. Gracias.

Lo usé con el motivo que ahora digo. El nombre del secretario es Bejir el Guibis.

Sin participárselo a ningún familiar, porque temía la barahúnda de juicios en un caso que exigía ser solventado aprisa, decidí llevar los restos a Mondújar. Allí se encontraban ya los de mi padre, y me pareció sensato reunirlos a todos en ese valle de Lecrín, rojizo y fértil como un vientre de mujer, bajo las agrias estribaciones de la Alpujarra, y lo más semejante al Paraíso que yo podía ofrendarles.

Pusimos manos a la obra en cuanto anocheció. Me entristecía tener que hacer a escondidas, como si se tratase de un crimen, una ceremonia que habría requerido tanta solemnidad; pero no era razonable exasperar más la sensibilidad a flor de piel de los granadinos. No convoqué a ningún alfaquí: los muertos gozan ya, o eso espero, de las promesas con las que alentaron, y no precisan intermediarios que les hagan de puente con la Divinidad. Habíamos conseguido una decena de hombres del pueblo de lealtad confirmada, ocho de ellos jardineros de la Alhambra lo mismo que Faiz. El secreto, tanto de la exhumación como de la inhumación en el nuevo lugar, y el nombre de éste, era esencial para mi propósito. Creo que lo conseguimos.

Al atravesar la puerta de la rauda, con su portentosa y alta cúpula que tanto me sedujo desde niño, me invadió un ligero mareo, quizá provocado por la tensión a que los acontecimientos venían sometiéndome. Se me nubló la vista; me apoyé contra el muro. Creí escuchar la voz de El Maleh de hace veinte años, cuando me dio, por vez primera, la explicación de aquella puerta un tanto incomprensible.

–Esto –me dijo señalándola–, y el aljibe que surte el Cuarto de Comares y sus baños, son los únicos restos –en mi cabeza resonaba el eco de la palabra *restos*– del palacio del primer Ismail, el asesinado –ahora era *asesinado* lo que en mí resonaba–, que yace con los otros sultanes en la rauda. Su hijo Yusuf agrandó ese palacio, y lo transformó en el de Comares. Y su nieto Mohamed construyó el Palacio de los Leones y le añadió a Comares sus bellísimas puertas... Todos duermen ahora en esta rauda, tan próxima a sus obras inmortales... –*inmortales*, oía, y volvía a oírlo.

Me repuse, auxiliado por Farax, y entramos. Era quizá mi jardín preferido. Mínimo y doméstico, acompasado y mecido por el agua y los pájaros, siempre me figuré que en él se dormiría bien. En verano se esparce en su ámbito una suave penumbra, verdosa y fresca; en invierno, su orientación y los árboles altos lo resguardan de los vientos. Pero como en la Alhambra había otros cementerios dispersos, anteriores a éste, a cinco de los diez hombres los enviamos a ellos, y nos citamos cuanto antes en Mondújar.

La labor fue intermitente y melancólica. Era imposible realizarla con la pulcritud que habría deseado; el tiempo trabaja en contra nuestra hasta cuando ya hemos salido de él. Los ataúdes estaban quebrantados, sueltas las osamentas, fracturadas las piedras de las estelas y las magabrillas. Hube de sobreponerme a la angustia de acumular los restos sin saber con certeza de quién eran, o de quién habían sido. Disponía su colocación sobre los carros en el orden inverso al de la inhumación del día siguiente. Y a mi manera, oraba; pedía perdón a mi manera por esta intromisión perturbadora antes del Día del Juicio y de la Resurrección.

Allí estaban los soberbios sultanes de los mejores años, los príncipes frustrados, las sultanas madres de nuestros emires y adalides, los muertos a mano airada de la segunda rama de la Dinastía... Cuanto hubo de relumbre y de usurpación había descansado allí por fin: el brillo y la ceniza, los sueños, las vanidades, los anhelos, los cuerpos armoniosos, los infinitos y coloreados mundos que caben en la reducida calavera de los hombres; los esqueletos esbeltos o combados, engarzados aún o desmandados ya; el breve relato exagerado de hazañas no siempre verdaderas, caligrafiado con primor sobre las alargadas losas, que duran mucho más que lo que narran... «Aquí concluye todo», me decía; pero me lo decía de prisa y sin fijeza, porque tenía que ordenar aquel osario, aquel tremendo zoco de humildad. Entre las cenizas relampagueaban de cuando en cuando perlas desparramadas de algún collar, o filigranas de oro. De lo nombrado, ni su nombre queda: ¿quién aprende el discurso de las ruinas? ¿Cómo meditar sobre lo baladí de nuestra vida, ni sacar consecuencias que me consolaran del desdichado extremo en el que yo –o con pretexto de mí, o en mi tiempo– había puesto al Reino? ¿Cómo acusarme, o suplicar excusas? Mi labor ahora era sólo, bajo la espectral iluminación de la luna y unos pocos candiles, amontonar cuanto restaba de quienes, desde el húmedo silencio de sus fosas, habían depositado tácitamente su legado en mí, y a quienes yo sin duda había defraudado. Mi misión consistía en librarlos de las fatídicas contingencias provocadas por mí. Y la cumplí sin miedo en la noche más fría de diciembre.

Ahora, reunidos en una imponente asamblea, yacen en Mondújar. Allí seré yo también enterrado. Si la muerte le proporciona al hombre la sabiduría de que carece, supongo que ellos me habrán justificado y me recibirán cuando me llegue mi hora. Si la muerte no perfecciona al hombre, dará igual, porque ellos continuarán siendo tan escasamente virtuosos como fueron. Si la muerte es el paso a la nada, nada seremos todos, ellos y yo. Quizá esto último sea lo preferible; incluso lo probable. Después de haber tenido entre mis manos tantos despojos taciturnos e inexpresivos, ¿qué Día del Juicio cabe, o qué Resurrección? Pocos hombres hay tan perversos que merezcan un juicio condenatorio póstumo; pocos, tan excelentes que merezcan una resurrección. Resucitar no es imprescindible para quienes, por sus actos, aún viven en la memoria de sus agradecidos; es la mejor manera de inmortalidad que reconozco. Quizá la vida no se extingue jamás, sino que se transforma, irisada y ubicua. Y no porque triunfe de la muerte, sino porque lo invade todo, y todo es uno u otro aspecto de la vida mientras viene la muerte, y la muerte también. Pero el hombre, que no entiende casi nada más que su propia vida –y eso apenas–, a lo único que aspira es a resucitar para volver a ella. Cuánta es su pequeñez y, sin embargo, qué ansia de perdurar. De perdurar él mismo, siendo el mismo, en vez de confundirse con la naturaleza, que es la gran madre que no da explicaciones, porque, aunque las diera, resultaría inexplicable. Ella es el manantial y ella es el mar. No es cruel, ni piadosa. No se rige por nuestros cicateros e inminentes niveles. Cada oleada suya trae a unos seres y se lleva a otros. No es que se mueva la vida: la vida sigue inmóvil, cercada de fronteras misteriosas que lindan con la muerte. Nosotros entramos o salimos a ella o de ella –es decir, *estamos*–, mientras que ella *es*.

¿Podría decirse, entonces, que la vida es quien tiene la razón? No, no la tiene; no la necesita. Como no tiene alas, ni fragancia, ni exaltada lujuria: eso es cosa de pájaros, o flores, o de yeguas y percas; son peculiaridades. Y una fútil peculiaridad del hombre es la razón, como la de ruborizarse o la de sonreír, que lo distinguen de los animales. Pero él piensa –pensamos– que la razón es una corona y un camino infinito, y pierde la oportunidad de ser feliz. Es su inmodestia la que lo estropea. La felicidad consistiría en atenerse a su insignificancia y hacerse cargo de ella; en usar la razón para crecer, para multiplicarse y alegrarse, para ruborizarse y sonreír. Pero, no: el hombre se hincha y se enmascara; desea aparentar más fuerza y un tamaño mayor...

Vanidad, vanidad. Como si nuestra forma de vida fuese toda la vida; como si los astros incontables fuesen un lujo de nuestro artesonado. Cuánta necia soberbia. Somos como mi madre, como esos viejos trastornados que reducen el mundo a sus alcobas, y viven convencidos de que el exterior entero los acata, y el exterior no sabe ni que existen. Cuánta jactanciosa insistencia en permanecer siempre. Ni este desabrigo de tener que inventar a Dios y una vida futura y una recompensa inverosímil, nos da la pauta de lo pobres que somos. Porque si a un principio superior a nosotros es a lo que llamamos Dios, nos rodean los dioses; y si lo amenazante y lo terrible es Dios –lo cual sería muy triste–, es casi todo Dios... La vida sí que lo es. Un Dios perpetuamente de manifiesto y a la vez silencioso, providente y materno, creándonos y usándonos como se crea y se usa un instrumento, sosteniéndonos y dejándonos. Pero nosotros no queremos eso, no queremos sólo eso: queremos perdurar, y perdurar en la felicidad. Es decir, queremos ser precisamente dioses.

IV. TODA MÚSICA CESA

—

Si hoy presto oídos, escucho una música que viene de muy lejos, del pasado también, de cuanto
ha muerto, de horas y signos distintos de los de
hoy, y de otras vidas. Quizá la nuestra –y nosotros
mismos no somos otra cosa que ella– no sea más
que tal música. Porque todos fuimos alguna vez
mejores, o más felices y más dignos. No obstante,
toda música cesa. Hasta en nuestro recuerdo
toda música cesa.

BOABDIL

Ya ordenados los hilos de esta costosa trama, para eludir que
otros convenios de los reyes perjudicaran los que habíamos firmado, transigí con adelantar el día de la entrega. Se fijó el 6 de
enero. Yo percibía, pese a que los más cercanos a mí me lo ne-
gaban, chispazos de malestar entre los granadinos, ciertos alborotos y descomedimientos como de quienes, sus causas ya
perdidas, se desmandan y tratan de vivir a cuerpo de rey –¿de
qué rey?– los días que les quedan. Se habían asaltado casas de
judíos, y de noche aumentaba la delincuencia. Era prudente,
pues, apresurar los acontecimientos.

    El día primero del año solar fue domingo. Nunca vi uno tan
lóbrego. Había resuelto mandar en ese día los quinientos rehe-

nes, con Aben Comisa y El Maleh a la cabeza. Apenas descendieron las sombras de la noche, no mediada aún la tarde, se agruparon los rehenes cerca del barrio de los alfareros. Pero no pudo evitarse que, aunque el frío había recluido a la gente en sus casas, se corriera la voz, y se formó un tumulto en torno a ellos, que yo había mandado salir, desde la Huerta Chica de la Almanjara, por la Puerta del Poniente. Temí que un litigio cualquiera perjudicara la pacífica marcha de las cosas, e invitase o excusase la intervención del ejército cristiano, lo que acarrearía derramamientos de sangre. Con el pretexto de que recogiera un par de caballos y una espada que yo obsequiaba al rey Fernando, hice volver a Aben Comisa y le di una carta para que se la entregara en propia mano. En ella le pedía que aquella misma noche, con el mayor sigilo, mandara tropas a hacerse cargo de la Alhambra; al día siguiente, los que eran todavía mis vasallos, ante lo irrevocable, aceptarían, sin la tentación de levantarse en armas, la entrega de Granada. Así se eliminaban riesgos y contingencias.

Desde que recibió mi aviso, no dejó pasar ni una hora el ávido Fernando. A la medianoche envió una tropa capitaneada por Gutierre de Cárdenas, el comendador mayor de León. Vino, envuelta en el frío, por la parte de los Alijares, cuyo camino era el más discreto y apartado. En la Torre del Agua aguardaban a los cristianos Farax y Nasim; los introdujeron en la Alhambra por la Puerta de los Pozos. El amanecer, si es que iba a amanecer, aún tardaría.

Yo me encontraba en el salón del Cuarto de los Leones con doce dignatarios. Vi entrar, un poco pálido, a Farax, y comprendí que el destino había llegado. Despedí a mis caballeros, y les ordené retirarse a la ciudad. Yo pasé solo al Cuarto de Comares. En el trayecto me quité las insignias reales y se las di a Farax, que me besó las manos al tomarlas. Don Gutierre había distribuido sus soldados, que no eran muchos, en dos alas, para tomar posiciones por si fuera preciso. Lo recibí en el Salón de Comares. Lo había mandado adornar con diecisiete estandartes, arrebatados en diferentes épocas a los cristianos: alguno de ellos llevaba dos siglos y medio con nosotros. Al comendador lo cercaban unos pocos capitanes; vi en sus rostros tal fervoroso estupor ante el palacio como si se encontrasen con Dios en el Paraíso. «Sevilla, comparada con esto, es una casa pajiza», oí decir a uno. Tan absortos estaban, que hube de adelantarme hacia don Gutierre con las llaves de la Alhambra en las manos; se las tendí en silencio. Él me reconoció, y me besó también las manos al tomarlas. Después de él, hicieron lo mismo los demás.

Yo le rogué al comendador de León con voz muy baja –el estupor y la expectación de la noche la agrandaban– que me diera un papel firmado con su nombre en que testificase como recibía la fortaleza y como el acto se hacía a su satisfacción. El recibo lo escribió un sacerdote de su comitiva; era rollizo y calvo y sacaba la lengua al escribir. Don Gutierre me lo alargó sin una sola palabra; sólo una acobardada sonrisa en algún rincón de su rostro. El patio todo era una muda bóveda. Alguien dejó caer una espada; el estrépito se desparramó sobre el pavimento y sobre el agua aterida del estanque.

–Ya no tenemos nada que hacer aquí. Vamos –dije a Farax. Y a Nasim–: Tú acompaña a los huéspedes. Y quédate con ellos, si es tu gusto.

Al salir de la Alhambra para ir a la Alcazaba, donde por la tarde había mandado instalar a mi madre y a Moraima con sus damas, vi que las tropas de don Gutierre ocupaban ya las torres y los puntos más fuertes del recinto. Me cayeron encima los versos de Yarir:

¿Qué mansiones son éstas que a un triste no responden?
¿Es que han ensordecido, o es que son sólo ruinas?
Regresad, regresad a aquella venturosa e inolvidable tarde;
porque, si hubiesen muerto estas moradas, nosotros moriríamos.

El día anterior había sido tormentoso; éste, por el contrario, amanecía limpio y azul. Si no hubiera sido por la temperatura, se habría dicho que era primavera.

–¿Y Aben Comisa y El Maleh? –le pregunté a Farax.

–No venían con don Gutierre: prefirieron quedarse en Santa Fe.

–Cobardes hasta el fin –murmuré, y miré el inabarcable cielo.

Nos cruzamos con un grupo de cautivos cristianos que subía la ladera de la Sabica. «Ya nadie me reconoce», recuerdo que pensé. Y dije:

–Van a unirse a los otros. Celebrarán juntos una misa de acción de gracias. –«¿Qué sitio habrán elegido para profanarlo el primero?», me pregunté. Y me respondí: «No me importa: eso es cosa de Dios.»

Entrábamos en la Alcazaba cuando oímos tres cañonazos. Farax me miró sobresaltado.

–Es la señal para advertir al campamento.

Me volví hacia el Levante.

–El sol no es fiel: acaba de salir cuando empieza para el Islam la luna nueva.

Luego, cerca de mis habitaciones, dije a los que me seguían:

–Aquel que pueda debe dormir algo.

–¿Me permites permanecer contigo? –me preguntó Farax.

–¿Es que lo necesitas? –Él asintió con desolación–. Pasa entonces.

Hacía frío en la alcoba, o lo tenía yo. Mandé avivar los braseros; uno despedía tufo.

–Que lo retiren –pedí–. Y que quemen un poco de madera de olor.

Farax puso su mano sobre la mía:

–¿Cómo te encuentras?

–No me encuentro. Y no quiero encontrarme. No me preguntes nada. Quisiera dormirme, y despertar cuando todo esto empezara a olvidarse. O mejor, no despertarme nunca.

No conseguí dormir. Apretaba con tal fuerza los párpados que eso me lo impedía; puse tal fuerza en cerrar los oídos a lo que temía oír, que escuchaba mil ruidos interiores, como si tuviera la cabeza llena de vientos. Apreté tanto las mandíbulas que sentía dolor. Mi cuerpo tenía la tensión de las cuerdas de un laúd. No conseguí dormir. Farax me propuso que fuésemos al baño. Acaso el calor y el masaje me aliviaran. Lo miré largamente, largamente. Y, de pronto, se echó a llorar con rabia igual que un niño, y me estrechó contra su pecho. Luego, tragándose las lágrimas, me separó de él. Yo le envidié que pudiese llorar y también que pudiese dejar de llorar.

A mediodía vino a buscarme Hernando de Baeza. Estaba muy conmovido y, por circunspección, trataba de disimularlo, lo que le hacía parecer más conmovido aún.

–Se han quitado el luto, señor.

–¿Qué luto? –pregunté desconcertado.

–El que llevan por la muerte del príncipe de Portugal.

–Ah, ellos. Te refieres a ellos. El nuestro empieza hoy.

Yo no veía nada; no oía nada. Procuraba inútilmente lo contrario de lo que había procurado inútilmente en el lecho. Ahora sí quería ver y oír, y no podía. Me habían bañado; me habían perfumado; me habían vestido. A la puerta me esperaba una cincuentena de caballeros. Monté también yo. El barro me manchó un borceguí. El mundo entero se redujo de repente a esa mancha de barro. No conseguía separar mi vista de ella.

Marchaba y la miraba. En el cuero claro, era como un cuajarón de una vida extraña y repugnante.

Días más tarde Hernando de Baeza, seguro de que estaba viviendo un día señalado e inolvidable –cuánto daría yo porque fuese olvidado–, me entregó una página con el orden del alarde que había organizado el rey Fernando. Igual que aquel alarde de mi padre, era excesivo: no sé si más para infundir temor que en señal de júbilo; no sé si para imponerse *a la morisma, liviana y levantisca*, o para exhibir su gloria ante nosotros. Yo, por mí, no puedo hablar de esa gloria: no la vi, no escuché sus instrumentos, ni sus aclamaciones, ni sus cantos. Por lo que leo en esta página, la delantera del ejército castellano la formaban –y no me asombra– el alcaide de los Donceles, junto al duque de Alburquerque, aquel Beltrán de la Cueva que fue amante de su rey, y los mariscales. En la vanguardia, el maestre de Santiago con los caballeros de su orden y casa y la Hermandad; en sus alas derecha e izquierda, respectivamente, las tropas de los duques de Plasencia y de Medinaceli. Detrás marchaba el marqués de Cádiz con la gente de Gonzalo Mejía. La tercera batalla la componían el conde de Ureña y don Alonso de Aguilar. La cuarta, la gente del arzobispo de Sevilla y las de Pedro de Vera y las del alcaide de Morón. La quinta, el duque de Medina Sidonia. La sexta, el maestre de Calatrava. La séptima, el conde de Cabra. La octava, el cardenal don Pedro González de Mendoza. La novena, el duque de Nájera. La décima, el conde de Benavente, el alcaide de Atienza y don Álvaro de Bazán. La batalla real la formaban un nutrido grupo de lanzas y peones gallegos, asturianos, vizcaínos y montañeses, y figuraban en sus alas los contingentes de Sevilla y de Córdoba. Al guión le daban cortejo 400 caballeros continuos y gente de corte de sus altezas. La custodia y la guardia del fardaje estaba a cargo de 200 jerezanos y una nutrida dotación de infantes. Por fin, a la zaga iban Francisco de Bobadilla con la gente de Jaén y de Andújar, y Diego López de Ayala, con la de Úbeda y Baeza. La artillería, que entró en Granada por distinto camino, marchaba escoltada por gran número de escuadrones y peones, y mandada por el maestre de Alcántara, el conde de Feria, Martín Alonso, el alcaide de Soria, Henao y Lope Hurtado.

Todos los descendientes de los que habían luchado en la mal llamada reconquista se hallaban presentes ese día en su culminación.

No supe por dónde íbamos. No había nadie en las calles. Me preguntaba: «¿Dónde están todos? ¿Dónde han ido?» Ahora supongo que estarían en las murallas contemplando el espectáculo; acaso distraerlos era su única finalidad. Y de él formaba parte yo. A cierta altura del trayecto, no puedo decir cuándo, me di cuenta de que junto a mí iba don Gonzalo Fernández de Córdoba; fui incapaz de saludarlo. Junto al arenal del Genil, delante de un morabito que a mí me gustaba ver de niño cuando íbamos a Alhama porque era la señal de que salíamos de Granada –en cierta forma, lo mismo que un ensayo de este día–, vi un reducido grupo de caballeros al que nos dirigimos.

–Ahí está el rey, señor. –Era la voz de don Gonzalo.

–Gracias –le dije. Pero no distinguí cuál era: don Gonzalo lo notó.

–Es el del centro –me lo señalaba con el dedo–. No le beséis la mano.

Fue entonces cuando me decidí a mirarlo; el capitán tenía el rostro tenso, y también me miraba. Avancé. Saqué un pie del estribo. «Está manchado de barro –me dije–. Esa mancha de barro...» Me llevé la mano derecha a la cabeza, y la izquierda al arzón. No sabía qué significaba aquello; quizá que iba a descabalgar. Vacilé. Giré los ojos. El rey se adelantó con una mano extendida, como para detenerme. Tampoco sé lo que significaba, porque, cuando iba a tomársela, la retrajo. Me dije: «Quizá ha entendido que se la solicitaba para besársela. No, me habían dicho que no.» Le alargué las llaves que me daba uno de los míos, no sé quién.

–Éstas son las llaves de vuestro Paraíso. Mucho os quiere Dios –dije sin saber por qué, ni si me comprendió. Creo que sí, porque Hernando de Baeza me tradujo. Después lo tradujo a él:

–No dudéis de que cumpliremos lo prometido. Que no os falte la fortaleza en vuestra adversidad.

Mientras oía a Baeza observé lo mal que encubría su exultación aquel rey, y la mancha de barro del borceguí otra vez.

–Dadle el sello al conde –me apuntó don Gonzalo.

–¿A qué conde? –pregunté.

Me lo señaló con los ojos. Era el de Tendilla, que aguardaba altivo. Le tendí la sortija. No dije nada. Vi su boca sin labios. Hernando de Baeza murmuró unas palabras. Después me enteré de que habían sido: «Con esta sortija he gobernado Granada. Que Dios os haga más dichoso que a mí.» Baeza asegura que yo lo dije, pero no consigo acordarme.

Seguimos al trote bastante trecho hasta llegar a un cerro alto, por Armilla, desde donde se domina la ciudad y la Sierra. El caballo, desmandado, se me volvió en una corveta y las vi. Parecía como si la ciudad también hubiese abdicado: la Alhambra se exhibía no en la cima como se la ve desde Granada, sino formando parte de un conjunto mucho más elevado que ella, blanco y aun más altivo que Tendilla. «Así sucede a los reyes cuando tropiezan con otros más poderosos que ellos.»

–La reina, señor –me advirtió don Gonzalo–. Entre el cardenal y el príncipe heredero.

Levanté la cabeza y la encontré en seguida. Había otras mujeres detrás. Tuve la impresión de que una de las damas me era muy conocida, pero no reparé sino un instante en ella. Saludé a la reina igual que a su marido. «Acabaré por hacer bien estos gestos incomprensibles.» Hernando de Baeza, cerca de mí, me hablaba:

–Dice su alteza que conservaréis siempre su amistad y su ayuda, mientras no traspaséis los límites de lo que se ha firmado.

–Eso no es siempre –dije con una amarga sonrisa.

–Y el cardenal os dice que los días del hombre son cortos y llenos de pesares; que Dios da y Dios quita, y que tenemos el deber de bendecir su santa voluntad.

–Es más fácil bendecirla si da. Pero no traduzcáis –murmuré; mi caballo se inquietó; también yo me inquietaba–. Volvamos. ¿En dónde está mi hijo? –Inicié un movimiento hacia don Gonzalo y casi le grité–: Yo he cumplido. Quiero ver a mi hijo.

Don Gonzalo cruzó una mirada con otro caballero que iba a su par, y que luego me enteré que era don Rodrigo de Ulloa.

–Está en el real de Santa Fe, señor. Vamos ahora a buscarlo.

–De prisa. Estoy harto de tanta ceremonia. Para vosotros puede que sea un bautizo o una boda; para mí es un torvo funeral.

De mi cohorte seleccioné a Farax y a Bejir, del que me atraía cada vez más su laconismo y la inteligencia de sus ojos; al resto lo mandé regresar a la ciudad. Salimos al galope por la vía más recta. Se retrasaba Hernando de Baeza, y hubo que aminorar la marcha. A mitad de camino transcurría un arroyo, que venía crecido por las nieves. El agua no alcanzaba el pecho de los caballos. Fui a espolear el mío.

–¡Señor! –exclamó Bejir–, ¡señor!

Él y Farax se me arrimaron flanqueándome. Se proponían cumplir el protocolo tradicional de proteger los estribos del sultán con los suyos.

–Eso ya terminó. Os lo agradezco, pero ya terminó.

Don Gonzalo se había situado a nuestra altura.

–Para nosotros serás siempre el sultán –dijo Farax.

–Pues vamos a librar a mi heredero –murmuré al entrar en el agua.

Don Gonzalo se echó a un lado, e inclinó a mi paso la cabeza.

A punto ya de entrar en el real, el aire todo se transformó en estruendo. Nos alarmamos. Don Gonzalo sonrió un poco, señaló a nuestras espaldas y nos tranquilizó; era el adorno último de la proclamación de los reyes cristianos como los nuevos señores de Granada: una atronadora salva de toda clase de armas de fuego e instrumentos de guerra; se mezclaban bombardas y cañones con clarines, arcabuces con trompetas, mosquetes con atabales y tambores. Parecía que la tierra temblaba, y no digo yo que no lo hiciera: tenía motivos; también temblaba yo, no sé si por los mismos.

No me fijé en el campamento. Debía de tener una plaza central, de la que partían cuatro calles derechas principales; otras menores las cruzaban.

—El cardenal Mendoza os brinda su aposento —me dijo don Rodrigo de Ulloa.

Me guiaron a un gran pabellón situado en la plaza cerca de otro de aspecto muy rico, que presumí ser el de los reyes. Desaparecieron los capitanes cristianos. Yo no tuve la paciencia de sentarme a esperar, y me movía sin cesar en aquella gran tienda, delante de uno que me habían presentado como hermano del cardenal, y a quien se encomendó mi custodia. «¿Mi custodia?» Por la expresión de Hernando de Baeza y de Farax —la de Bejir era más impenetrable— deduje que se traslucía demasiado la agitación de mi ánimo. Traté de sobreponerme, pero seguramente no lo conseguí. Para disimularla, fingí que me distraía mirando el mobiliario: un altar portátil muy bello, con estampas de la vida de Jesús, las lámparas y los candeleros de plata sobredorada, un reclinatorio de oro y púrpura... No, nada de aquello me interesaba. Quería recoger a mi hijo. Quería recoger a toda mi familia y salir de Granada. Se demoraban don Gonzalo y don Rodrigo. Cuando regresaron, venían tan cariacontecidos que presentí algo malo.

–Señor –me dijo don Gonzalo con un tono azorado–, ha habido una orden mal dada, o una contraorden. No os alteréis; nada ha ocurrido que sea irremediable. Don Martín de Alarcón, desde Moclín, ha llevado a vuestro hijo a la Alcazaba. Es de suponer que a estas horas se encuentra en brazos de su madre. No hice ningún comentario. Temía algo peor. Era cuestión de una hora más.

En ese momento entraron en el aposento Aben Comisa y El Maleh. Traían unas caras que a ellos les parecían de circunstancias; estuvieron a punto de hacerme reír. Falsamente contritos y serviles, me besaron el brazo y la mano. No les pregunté por qué no volvieron la noche anterior a la ciudad: lo sabía; ni por qué no se habían ocupado en recoger a mi hijo Ahmad. Ellos, sin embargo, se apresuraron a darme una miserable explicación.

–Se nos ha rogado, señor –fue Aben Comisa quien habló–, que permanezcamos junto a los rehenes que ayer trajimos de Granada. Nuestra asistencia, según sus altezas, reforzará su seguridad. –Luego balbuceó como si dudase en decirme, o en cómo decirme, lo que seguía. Me puse en guardia–. El jefe de este campamento, señor, me pide que os suplique que permanezcáis en él, en este aposento del cardenal, donde hay orden de que nada os falte, hasta que vuestros vasallos... –otro titubeo–, hasta que vuestros súbditos de Granada entreguen sus armas a los conquistadores...

De improviso, me invadió una gran frialdad. Me senté.

–No son conquistadores, Aben Comisa. Tú mejor que nadie, puesto que tanto has trapicheado, deberías saberlo. –Me volví a don Rodrigo–. ¿Qué armas han de ser entregadas?

–Todas –me respondió–, tanto ofensivas como defensivas. Y han de hacerlo persona por persona; eso alargará los trámites. Las espingardas y los tiros de pólvora los entregará después el jefe de la ciudad.

–En las capitulaciones –hablé muy despacio–, salvo esos tiros de pólvora, se estipula que sus altezas no tomarán a los granadinos sus armas, ni se las mandarán tomar. Ni sus armas, ni sus caballos, ni ninguna otra cosa. Ni ahora, ni en tiempo alguno, para siempre jamás. –Sobrevino un silencio–. ¿No es así, El Maleh?

–Por lo que yo recuerdo, así es, señor.

Intervino don Gonzalo:

–Quizá para garantizar estos primeros días el sosiego de la ciudad y de la toma, se haya estimado prudente tal decisión...

–Aun así, debió ser consultada conmigo. Es excesiva la presteza con que comienzan a incumplirse las cláusulas. Hasta a mí, tan hecho a traiciones, me maravilla.

El hermano del cardenal, para descargar la tensión, nos ofreció un almuerzo. Yo me propuse comer algo, más que nada por complacer la cariñosa y muda petición de Farax; pero me fue imposible. Mientras masticaba interminablemente, me descubrí pensando en dónde podrían ocultar mis súbditos sus armas. «No son mis súbditos.» Qué fácil les sería esconderlas en sus casas, puesto que nadie podría entrar sin consentimiento de nuestros jueces, y qué fácil encontrar una cueva común, ignorada por los cristianos, donde acumular un arsenal crecido... Dentro de mí se levantaba un arrebato; me remordía, como una carcoma, el arrepentimiento, y hasta escuchaba el ruido de esa carcoma. «Pactar con estos reyes es pactar con el aire.»

La luz se retiraba; encendieron hachones. Don Gonzalo y don Rodrigo se despidieron: si les daba permiso, tenían algún quehacer.

–¿Soy yo el rehén por la entrega de las armas, caballeros, o se prohíbe mi presencia en Granada para que no se rebelen, viéndome, mis vasallos? ¿Es que no he demostrado en demasía mis buenas intenciones?

–No sospechéis, señor, que ni don Rodrigo ni yo estemos implicados en este asunto. Hemos recibido noticia de él a la misma hora que vos.

Se notaba en su voz, en sus ojos, en sus manos el disgusto que le causaba; no quise aumentarlo con mis quejas. Les di venia para retirarse. El hermano del cardenal, gordo y bobo, anadeaba por la tienda.

–Vos también podéis retiraros, si así lo deseáis –le dije, y eso hizo.

El tiempo se había detenido, y, sin embargo, era ya de noche. Hernando de Baeza y Bejir jugaban al ajedrez en un tablero de ébano y marfil, colocado sobre un ataifor. «Salvo el altar, todo es morisco aquí. Cuánta dificultad van a hallar en tacharnos.» Farax y yo guardábamos silencio. Si lo miraba, lo descubría mirándome, y él desviaba los ojos. Me hizo recordar tanto a *Hernán* el perro que le golpeé con dulzura la cabeza. Me vencía el cansancio; quise tenderme a solas. Un servidor me pasó, detrás de unos recargados tapices, a una alcoba donde había un amplio lecho. «¿Con quién dormirá aquí el cardenal, cuyos pecados (cuyos hijos) son, según creo, tan bellos?» Me tumbé suspirando. Cerré los párpados de plomo. Iba a dormir en seguida...

No fue así. Al contrario: tomaron más cuerpo y más voz y más hostilidad los fantasmas. Imaginaba lo que en la ciudad estaría sucediendo, e imaginaba lo peor, es decir, la verdad. Unos, ante la absoluta indefensión que suponía la entrega de las armas, habrían huido a la Sierra, y se hallarían allí, desarraigados, desprovistos, derrotados en todos los sentidos, entre la nieve, maldiciendo mi nombre. Otros, dentro de la ciudad, sufrirían infracciones, que yo no sabría nunca, de los pactos firmados: soldados en sus casas mirando a sus mujeres con ojos lúbricos; oficiales acogidos por azorados y temblorosos cortesanos; los salones de la Alhambra abarrotados por una soldadesca ebria de vino y de excitación tartamuda; calles repletas de una tropa indómita y zahareña; el cardenal, cuyo aposento ocupaba a la fuerza, entonando cánticos a otro Dios, que escandalizarían nuestros muros y estremecerían el agua de nuestras albercas, que ascenderían hasta los artesonados conmoviéndolos de consternación y de tristeza; caballos cristianos relinchando en nuestros establos, si era en nuestros establos y no en nuestras mansiones donde habían instalado sus pesebres... ¿Y mis hijos? ¿Y Moraima? ¿Llevarían los cristianos su avilantez hasta un extremo que no me toleraba ni temer? Sentí un violento impulso de escapar de allí y de ponerme al frente de mis granadinos, o de ordenar a Farax que galopase hasta Granada y transmitiese de boca en boca una sentencia de muerte contra cuantos cristianos tropezasen, de degüello contra los borrachos, de estrangulamiento contra los dormidos, de acuchillamientos de los centinelas por la espalda. Se desplomaba el mundo sobre mí; me veía trastabillando y a tientas por lóbregas e insondables calles desconocidas en las que me cruzaba con gente de rostro confuso y empapado de sangre, con mujeres que gritaban injurias contra mí y en los brazos acunaban niños muertos, con soldados a los que les faltaban piernas o brazos, o que caminaban erguidos y solemnes con su cabeza cortada entre las manos... Y me dolía, como cintarazos rítmicos y salvajes, el ruido de las armas que caían, amontonadas unas sobre otras, en medio de una plaza, bajo un almez negro cuyos frutos eran globos de ojos sin rostro. Grité. Grité... A mi lado estaba Farax.

—Has tenido una pesadilla. —Sudaba, tiritaba, y un ronco quejido salía de mi garganta—. ¿Deseas esperar el día para volver a la Alcazaba?

—¿Es que puedo volver? —pregunté con ansiedad.

—Si quieres, sí.

—Vamos cuanto antes.

El camino a Granada lo entorpecían carros de guerra, artillerías, mulas que transportaban mantenimientos y provisiones. Nos escoltaban unos caballeros cristianos, y avanzábamos con mucha dificultad. Tardaríamos mucho más de lo previsto. La noche estaba clara; el frío pulimentaba el cielo y bruñía las estrellas; un viento alto barría los últimos girones de nubes, que galopaban más de prisa que nosotros. Por fin entramos en la ciudad por la Puerta de la Acaba. En la Alhambra había luces; quizá Nasim, tan fiel a ella, se atareaba en mantenerlas y en hospedar a la tropa y a los señores. Quizá se había acomodado ya en el Palacio de Yusuf el antipático conde de Tendilla. ¿Qué más daba? Cuando apremia empezar una vida, se ha de hacer cuanto antes.

En la Alcazaba me informaron de que a mi hijo Ahmad lo había traído don Martín de Alarcón, y de que dormía en el piso superior, en la misma alcoba que su hermano menor. Me descalcé ante la escalera. Siguiendo otra vez el protocolo, Bejir recogió mi calzado.

–Perdona, señor, pero no hay nadie aquí con títulos mejores. Que mi intención supla los escasos míos.

Estuve a dos dedos de echarme a llorar. Cogí con delicadeza mis borceguíes de sus manos y los dejé en el suelo.

–De ahora en adelante, amigo Bejir, olvida el ceremonial de los sultanes. Puesto que hay que hacerse a costumbres más duras, comienza por desterrar las más ligeras.

Entré en la alcoba de mis hijos. Una masa inesperada saltó sobre mí y me empujó con fuerza. Era el perro *Hernán*. Movía el rabo con júbilo imparable; saltaba en torno mío como si yo fuese su piedra de la Kaaba; corría desde el lecho hasta mí y desde mí hasta el lecho. Me acerqué. Los dos niños dormían con abandono, una mano del pequeño colocada sobre el pecho del mayor. Eran muy distintos y parecidos a la vez. A la luz que Farax sostenía, las curvas pestañas les sombreaban las mejillas, tersas y sonrosadas. Sus labios estaban entreabiertos; oía su acompasada respiración. Ahmad tenía las manos, sin mancillar aún y bien formadas, casi perdidas entre las ropas del lecho; en la izquierda, una pequeña herida: una zarza quizá, o un puñalito de los que a los niños entusiasman. Esta mano chiquita era testigo de cómo un mundo se venía abajo: el mundo que habría tenido que regir. La tomé para cubrirla con el embozo; la besé antes; acaso la apreté sin querer. Mi hijo se despertó. Me miró con ojos turbios de sueño, había miedo en ellos. No me reconocía. Le sonreí; pero el miedo seguía redondeándole los ojos.

—Soy tu padre, Ahmad —le dije.

Fui a acariciarle el cuello. Él se apartó de la caricia echando hacia atrás la cabeza. Esa postura le dio un aire de reto.

—¿Por qué me has despertado? —Su tono era insolente.

Farax me cogió del brazo y me sacó de la alcoba.

—Necesitas descanso. —Me acarició con ternura el cuello—. Ahora no puedes hacer más que descansar.

Hernán, meneando aún el rabo, pero ya con mesura, había salido de la alcoba tras de mí. Puse la mano sobre su cabeza.

Caí en el sueño como una piedra dentro de un pozo. Era mediodía cuando surgí de él.

En seguida me comunicaron los nombramientos que había hecho el rey Fernando para el gobierno de la ciudad: alcaides, almocadenes, jueces y almoharriques o porteros. Todo estaba resuelto de antemano: le había sobrado tiempo. Las designaciones confirmaron lo que yo adivinaba; los nombres de quienes habían ido faltando a mis reuniones del Generalife aparecían en la lista. Y El Pequení, en los puestos más productivos, y El Chorrut, y todos aquellos que habían colaborado, con mi aprobación o sin ella, con El Maleh y con Aben Comisa. Cuantos eran menester para el despacho de los asuntos ordinarios, allí figuraban ya elegidos. Tenía razón don Gonzalo Fernández de Córdoba: mi mérito principal era no ser preciso.

Como una ironía, entre los señalados para el regimiento de

la ciudad, se encontraban Farax y Bejir. Ambos, incrédulos ante su nombramiento, me suplicaron que los llevase conmigo cuando me ausentara, y que entretanto los tuviese a mis órdenes. Había tal amorosa ansiedad en los ojos de Farax, y era tan hostil el resto de mi entorno, que demoré un momento en aceptar para saberme necesario a alguien.

El mayordomo de la ciudad y los contadores –me dijeronse escogerían en la primera junta del ayuntamiento esa misma semana. Los alamines o jefes de los gremios habían sido señalados, en Santa Fe, días antes de la entrega, y ya se habían hecho cargo de sus cometidos. El asunto de los oficios, que tantos piques y roces y disgustos nos proporcionaba, y tan arduo era de resolver, lo había solucionado de un plumazo el rey Fernando.

–¿De todos los gremios? –pregunté asombrado.

–Hasta del de los pregoneros; su alamín es Mohamed al Azeraqui. Sin duda llevaban meses preparando las sustituciones.

–Me alegro. Así Granada no me echará a faltar. De eso era de lo que se trataba.

Una bocanada de tristeza me subió desde el corazón.

Pedí ver a mi madre. Una camarera me trajo el recado de que la sultana se encontraba indispuesta; cuando mejorase, ella me llamaría. Estaba claro que, de momento, se negaba a recibirme.

Moraima, en cambio, apareció con unas flores en las manos como si nada de particular hubiese sucedido. Sonriente y muy bella.

–¿Has visto a Ahmad? –Se ensanchó su sonrisa.

–No –mentí.

–Ha crecido tanto... Está tan guapo... Se parece a ti mucho más que antes. Ve a verlo en cuanto puedas. –Se acercó mucho a mí–. ¿Cuándo saldremos de Granada?

La miré con curiosidad y con detenimiento. «¿Finge? –me pregunté–. Frente a todo este desatinado descalabro, ¿se propone animarme, o es que de veras está contenta por abandonar este nido de fracasos, de envidias, de alevosías, para encontrarse otra vez, como en la prisión de Porcuna, sola conmigo?» «Sea como quiera –me respondí–, ella me ama. Actúa así porque me ama.» La besé. Ella me echó los brazos al cuello, y me miró con unos ojos absolutamente francos y absolutamente incapaces de mentir.

–Te amo más que nunca, Boabdil. Me parecía imposible, pero así es.

Eso me confirmó algo de lo que no estaba seguro: es cierto que la felicidad perfecta del hombre no existe, pero tampoco existe la perfecta infelicidad. Me refugié en ese pensamiento.

Mi familia y yo habíamos sido bastante menos previsores que los reyes cristianos. Dadas las circunstancias, era imprescindible decidir lo más conveniente para Moraima, mi madre y mi hermana respecto de sus heredamientos: sus huertas, hazas, molinos, baños y casas de recreo, tanto en Granada como en Motril y en la Alpujarra. A mí me parecía que venderlos era romper toda relación con nuestra vida, pero también significaba una soltura que nos permitiría inaugurar con mayor libertad otra enteramente nueva, sin tener que apoderar a nadie para cobranzas y derechos que, de no estar muy sobre ellos, irían amenguando. Quizá el momento para vender no fuese malo, puesto que muchos nobles cristianos aspirarían a instalarse en Granada; sin embargo, también era probable que la inestabilidad y el descabalo convirtiesen el momento en el peor de todos. Se lo expuse a Moraima. Ella prefería que continuasen administrando sus bienes las mismas personas que hasta ahora lo habían hecho.

–En todo caso –añadió–, que sean nuestros hijos los que

vendan, si es su gusto, cuando llegue la hora. Me dolería dejarlos sin algo mío en una tierra que habría sido toda suya.

No se dejaba traslucir ni un reproche en su voz: sólo sencillez y naturalidad. Sonreía de forma encantadora. Yo aproveché la oportunidad:

–Tu hijo Ahmad no me quiere. Estoy seguro de que reprueba lo que he hecho.

–Tiene once años, Boabdil. Nadie le ha hablado con conocimiento de causa. A su edad sólo se espera de un padre que sea un héroe: el amor se confunde con la admiración.

–Tú nunca te sentiste defraudada por el tuyo; y, de niño, yo por el mío, tampoco.

–Hay heroicidades más evidentes, Boabdil. La tuya es recóndita, difícil de descubrir para cualquiera, cuanto más para un niño; ya la irá descubriendo. Que no te angustie eso. Ahora nos quedaremos solos, como una familia corriente que se reúne y no tiene otro oficio que ella misma. Te garantizo que Ahmad te quiere más que a mí, y por eso te exige más que a mí. Su reacción es la prueba más clara.

Mi madre, que seguía enferma al parecer, me transmitió un recado que no dejó de sorprenderme: «Por lo que a mí y a tu hermana se refiere, despreocúpate de todo: te sobrará con tus propios desvelos.» Ellas ya habían tomado las resoluciones pertinentes en cuanto a su fortuna inmueble. Incluso –agregó la camarera– mi madre había solicitado de los reyes, y obtenido, una escritura separada de las capitulaciones que le atañían. Esa copia, firmada por sus altezas, tenía fecha del 15 de diciembre, o sea, era más de dos semanas anterior a la entrega. No supe si entristecerme por la desconfianza, o alegrarme por el respiro que representaba. Una cosa era innegable: imposible darme a entender mejor que mi madre iba a seguir siendo la mujer horra e independiente que había sido hasta ahora.

Tanto para la interpretación e inteligencia de las cláusulas acordadas cuanto para la resolución de los problemas jurídicos, no siempre simples, que nuestro exilio planteaba, todos los familiares recurrían a mí. A mí, que era quizá el menos hábil y el menos enterado, puesto que me había volcado por completo en otros asuntos menos personales. Eso me hacía aplazar la salida de Granada, que me apremiaba más cada hora.

Pasados unos días, un anochecer borrascoso, me trajeron la noticia de que el príncipe Yaya sería nombrado alguacil mayor de Granada, en sustitución de Aben Comisa; por ese cargo iba a corresponderle la custodia de las capitulaciones. Al saberlo, no pude menos de sonreír. Dos días después solicitó ser recibido por mí. Lo rehusé, entre otras razones porque estimaba que él tampoco deseaba de veras que lo recibiese, y que su petición respondía a una mera exigencia de la etiqueta del caído emirato. Él había decretado la muerte de mi hermano Yusuf; él había traicionado y vendido al *Zagal* y a mi pueblo; él se había puesto contra nosotros al servicio del enemigo. Después de tanto tiempo y tantas amarguras, ¿qué sentido tendría nuestro encuentro, a no ser el de tomarme la justicia por mi mano? Era mejor venganza dejárselo vivo a los reyes.

En uno de los salones de la Alhambra –como no volví a ver a Nasim, ignoro en cuál exactamente, pero alguien me aclaró que en el del Consejo– se había instalado provisionalmente una iglesia cristiana, a la espera de decisiones posteriores; yo me figuraba cuáles serían, y arreciaba mi impaciencia por irme. Una de las primeras ceremonias religiosas que allí se celebraron fue la del bautizo de Cad y Nazar, mis hermanastros, los hijos de Soraya. Ella, que confesó públicamente haber sido violentada para renegar, recuperó su nombre de Isabel de Solís. Sus hijos se llamaron Fernando y Juan, porque sus padrinos de bautismo fueron el rey y el príncipe heredero.

Me estaban poniendo al tanto de estos pormenores y del título de Infantes de Granada que los reyes les habían concedido, cuando caí en la cuenta de que aquella dama de la reina cuyo rostro me pareció ya visto el día de la entrega era precisamente Soraya. Con los ropajes cortesanos de Castilla, peinada y tocada de otra forma, no la identifiqué. Pero en ese instante me vino a las mientes, como si lo estuviese volviendo a ver, su porte desafiante y altanero y el indecible desprecio con que me contemplaba. También a mi pesar, sonreí; me pregunto por qué me hacen sonreír siempre las pequeñas miserias de los hombres: ¿acaso no soy yo un dechado de ellas?

Estábamos almorzando en la Alcazaba, con la informalidad no del todo desagradable que da a ciertos actos el ser accidentales, cuando llegó un mensaje del conde de Tendilla. El conde, como supuse bien, residía en mi palacio de la Alhambra *por ser el mejor acondicionado y el más habitable, no por otra razón*, según había explicado. Su mensaje decapitó el almuerzo. Era una carta en la que, aparte de fórmulas corteses, aunque no excesivas, me comunicaba que se agradecería que abreviase cuanto me fuera dado mi estancia en Granada. Como no escaparía a mi penetración, se prestaba a malas interpretaciones, alentaba ciertos sentimientos adormecidos en el ánimo de los ciudadanos, soliviantaba el lógico desenvolvimiento de las transmisiones, y obstaculizaba la sedimentación de unos procesos que los reyes deseaban acelerar. El conde, en nombre de sus soberanos, salvo que mi opinión fuese diferente, lo que no les complacería, osaba sugerirme que la alquería de Andarax, en el centro de la taha de ese nombre, era el lugar ideal para mi retiro con toda mi familia. *Con toda* –apostillaba–, *excepto con los príncipes Ahmad y Yusuf, que han resuelto los reyes que permanezcan en Moclín* bajo la custodia de mi ya conocido don Martín de Alarcón. Seguramente no era mucho pedir de mi comprensión que entendiera que mis hijos serían no unos rehenes –eso de ninguna manera–, sino un lenitivo para el recelo que acaso podrían sentir sus altezas ante la posibilidad –no dudaban que improbable– de un alzamiento de los naturales de *esta tierra*, en tanto el que había sido su régulo habitase en ella.

–No lo puedo entender, porque no lo veo claro –dije–. Si me voy de Granada, mis hijos me acompañan. Eso es lo que quiere decir *esta tierra*.

–Su sentido es algo más amplio, al parecer –me aclaró el mensajero–. Yo diría que se refiere a todos los dominios de sus altezas.

Moraima sollozó. Me resistí a mirarla.

No nos valió de nada que Moraima tratara de entrevistarse con la reina Isabel: no se le otorgó audiencia. Yo, por mi parte, busqué a don Gonzalo por toda Granada; tras muchas indagaciones, se me sugirió que, no conforme con el cariz que tomaban las cosas, se había retirado a su alcaidía de Illora. Intenté llegar hasta él saliendo de incógnito de la Alcazaba; fui descubierto, sospecho que por la delación del mismo centinela que yo había sobornado. Se me requirió a abandonar Granada dentro de los dos días siguientes, y a no mostrarme entretanto fuera de mi residencia, a cuyas puertas se puso una discreta guardia. Volví a sobornar a unos altos caballeros cristianos –por fortuna gente venal que cumple, no como el centinela, hay en todas partes, no sólo entre nosotros–, y les encomendé una carta mía a don Gonzalo. Le exponía en ella el caso que nos atribulaba, y le recordaba con infinita pena sus ofrecimientos.

Todo nos decía ya adiós. Partimos de Granada el día 25 de enero. Aún no había amanecido.

La tarde anterior Moraima y yo nos despedimos de nuestros hijos. Don Martín de Alarcón vino a llevárselos. No intentaré expresar lo que sentíamos. La certidumbre de que ningún sacrificio, de que nada de lo dolorosamente aceptado, ni nuestras renuncias, habían sido mínimamente útiles, nos hacía mordernos los labios para no romper en lamentaciones delante de los niños. Ambos nos miraban sin comprender por qué nos separábamos. En vano procuré explicarle al mayor la desdicha que envuelve a veces el destino de las familias regias, y cómo los privilegios son contrapesados siempre por deberes crueles.

–Eso lo sé –me asestó mirándome con provocación.

Por un lado me sentí orgulloso de él, y por otro, herido ante mi impotencia de aclararle muchas cosas, acaso imposibles de aclarar a quien por sí mismo no las imagine. Se me ocurrió confiarle la guarda de *Hernán*, como prenda de que muy pronto los tres estarían con nosotros, y los dejamos irse hacia Moclín, rota el alma, en manos del comendador, que ahora los guardaba a ellos como antes me había guardado a mí.

El resto del día lo pasé ante un ajimez contemplando la Sabica, ribeteada por la portentosa diadema de la Alhambra. En la Torre del Homenaje se alzaba una alta cruz; en la de Comares, los pendones de Santiago y el real. Me habían dicho que la cruz era la del cardenal Mendoza, y que la levantó el confesor de la reina, al que habían consagrado ya obispo de Granada: un fraile desmedrado, de una gran nuez y ojos centelleantes que vi pasar un día, montando un asno sucio, por la puerta de la Alcazaba. Gutierre de Cárdenas plantó el pendón de Santiago, y Tendilla, el de los reyes. Locura parecía que una ciudad pudiese cambiar tanto en tan corto plazo. Mientras se desplegaba sobre el valle y las colinas una gélida noche de seda, se pusieron de pie dentro de mí mi infancia toda, mis gracias y desgracias, mi obstinado e incomprensible deseo de vivir, que ahora me abandonaba. Escuché las voces de los centinelas, que ya ni se gritaban ni se respondían en mi lengua, unos relinchos, la percusión de unos cascos sobre un empedrado: ruidos algunos sólitos, y otros que en tal grado no lo eran que podría engañarme pensando que me había dormido y que soñaba. Ascendía desde el patio la voz de Farax, ocupándose de la expedición, porque él y Bejir, como Aben Comisa y El Maleh y El Caisí y otros muchos, nos acompañaban. Las tajantes órdenes de mi madre habían dejado de oírse hacía ya rato. Ella vendría con todas sus mujeres; sus literas estaban dispuestas desde el día anterior. Un silencio total y súbito llenó el paisaje, la ciudad, la casa. Querría haber escuchado, para mi consuelo, la callada música visual de las estrellas. En cambio, escuché a Ibn Zamrak:

La Sabica es una corona sobre la frente de Granada
en la que aspiran a engarzarse los astros.
La Alhambra –Dios la guarde hasta el fin–
es un rubí en la cimera de la corona.
Su trono es el Generalife; su espejo, la faz de los estanques;
sus arracadas son los aljófares de la escarcha.

«Granada –pensé– es para mí lo mismo que fue Jalib: alguien a quien se ama y que se deja amar, pero a quien le es imposible correspondernos. Huir de ella –me dije–, y convencerme de que ha dejado de existir, de que nunca ha existido. Pero ¿y Subh, y Faiz el jardinero, y los amados puntales de mi niñez, Yusuf mi hermano, el mismo Jalib, muerto en una de las estribaciones de esa Sierra que blanquea en la noche? ¿Y yo? ¿Es que yo nazco ahora, sin pasado, sin presente siquiera?» Me cubrí la cara con las manos, abrumado por un peso insoportable, más oneroso cuanto más trataba de disimularlo ante los otros... Alguien me acarició el pelo como se hace con un niño despeinado; una boca maternal emitió esos leves chasquidos con que se tranquiliza a un niño que despierta, aunque no del todo, en medio de un mal sueño. Moraima, porque era ella, se inclinó y me besó en la frente. No sé el tiempo que llevaba junto a mí, ni cómo había entrado sin que yo la sintiera. Seguimos juntos hasta que fue la hora de emprender el viaje. No nos dijimos nada.

Hay un punto, camino de las Alpujarras, en las alturas del Padul, desde donde por última vez se divisa Granada y se deja luego de ver. En él se dividen las aguas del Genil y las del Guadalfeo; en él se dividía mi ayer y mi mañana. Ya estaban las más altas cumbres doradas por el sol, y una niebla, anunciadora de una mañana hermosa, sumergía en pereza la Vega. Mi intención era haber llegado antes a ese punto, o pasar por él sin advertirlo. Sabía y sé a la perfección, con ojos ciegos, lo que desde él se ve: colinas, caseríos, cármenes, alquerías, mezquitas, minaretes, almunias, arboledas, murallas: cuanto Granada tiene de incitación a la codicia para quienes no son sus amos; cuanto tiene de placentero para los que lo son; cuanto tiene de pesadumbre para los que han dejado de serlo. Ibn al Jatib también lo supo:

Aquel funesto día en que me obligaron a alejarme de ti, acosado por la adversidad,
no hacía sino mirar hacia atrás en el viaje de la separación.
Hasta que me preguntó mi compañero: «¿Qué es lo que te has dejado?»
«Mi corazón», le respondí.

Apretaba el paso de mi caballo, cuando escuché voces que me suplicaban hacer una pausa. Yo no quise volver el rostro; no quise ver Granada una vez más; no quise sentir, como una espada de fuego, la expulsión del Paraíso. Farax, que lo intuyó, se puso a hablarme atropelladamente de las minucias de la organización y la llegada, de los problemas que habían surgido en la carga de las acémilas y con los conductores. Yo oí los alaridos de las mujeres, sus plañidos que se trenzaban y se reforzaban unos a otros igual que enredaderas. Se despedían del lugar del mundo sin el que no concebían sus vidas. Éramos ya los desterrados; éramos la caravana que abandona el oasis de la abundancia y la felicidad, y ve aún las estacas de las tiendas, las huellas de los lechos en la arena, las lomas en que el amor la acogió, el rostro de la amada mojado por las lágrimas en el momento del adiós. Yo no quise volver la cara más; no quise ver Granada. Sentí que no iba a poder resistirlo y, sin escuchar el parloteo con que Farax quería distraerme, espoleé mi caballo y me lancé al galope para huir, cuanto antes, de lo que yo había sido.

Decimos o leemos: «El sultán destronado fue recluido en Salobreña, o se refugió en Almuñécar, o se le permitió exiliarse con su corte en Guadix.» Qué fácil; pero qué distinto cuando uno es el destronado. Y aún más, cuando uno es el que cierra, al salir, las puertas del palacio. ¿Qué tiene que ver la historia con la vida? ¿Acaso la historia trata, ni le importa, de cuál es el contenido del corazón? ¿Habla de la aspereza del camino que se pierde de vista y que no vuelve? ¿Qué lector reflexiona sobre la tribulación del desterrado, que siente la indiferencia de este mundo a una y a otra orillas de su viaje? Un viaje que ni siquiera sabe adónde lo conduce, ya que ha perdido su sentido, su meta y su porqué. ¿Qué es la esperanza, cuando no queda ni la menor posibilidad de recuperación; cuando se derrumban los escombros de los recuerdos, y el que se va de ellos no se asemeja ni aun a la víctima de un terremoto, que sobrevive ocho o diez o doce días, sostenida por el difícil consuelo de ser salvada, de que alguien atienda el inaudible ritmo de su respiración, de que una mano mueva en la superficie el cúmulo de desechos y la descubra? Tal salvación no se hizo para él; él no tendrá ninguna. Oculta su cabeza acongojada, y ya no aspira ni a salir de su devastación, porque en la superficie no reconocería la ciudad, ni la calle, ni la alcoba donde antes fue feliz o estuvo vivo al menos. Y tampoco sería reconocido por esa ciudad, ni esa calle, ni esa alcoba, que tienen ya otros dueños. Y examina los escombros, su único patrimonio, de uno en uno, y busca una seña de lo que fueron y lo que significan, y apenas si comprende que un día no remoto formaron parte de él, que un día fueron él... ¿Es que su vida será desde hoy estos escombros, o es que ellos, muertos, arrastraron su vida verdadera y aquí ya no hay ninguna? ¿Es el hombre una historia coherente, o una sucesión de inconexos momentos? ¿Por qué se rige, qué persigue, o es sólo como un corcho que las olas trasladan sin objeto y sin término? ¿Es el aniquilado que yo soy, *el Zogoibi* que yo soy, todos los Boabdiles a través de los cuales he llegado hasta aquí, a este muro definitivo e insensato, o, lo que es peor aún, a nadie representa? ¿Es el desventurado el mismo que fue ayer, pero hoy mordido ya por el fracaso, o es otro diferente, recién nacido de la muerte de tanta vida como tuvo, de tanta vida como le cantaba en torno canciones que no iban a acabarse? ¿Y qué más da, en la sima en que se halla, quién sea o lo que sea? Está solo –porque el amor no es un aliado en esta soledad–, y a un solitario no se le otorga sino el trivial alivio de que entre lo que es, si es algo todavía, y lo que haga, si le queda algo por hacer, exista un somero equilibrio. Un equilibrio, aunque sea imaginario, que le impida hundirse, ahora ya sin testigos, en la más terminante y la más profunda de las oscuridades.

La sierra próxima a Lújar aún exhibía los estragos de las escaramuzas, las arboledas taladas, la incuria y el descuido. Bajo el cielo gris, el gris de la piedra verdeaba. Avanzábamos entre rocas puntiagudas al pie de los altos montes amoratados, que se erguían envueltos en nubes rabiosas. De trecho en trecho, sobre las lomas de pizarra, unos manchones anaranjados recreaban los ojos.

Al entrar en la Alpujarra, unas campánulas nos dieron su grácil bienvenida; azules, blancas, rosas, con tenues y amables dedos acariciaban las vaguadas, las ciclópeas heridas sin cicatrizar, los atroces derrumbaderos. Ellas y el agua suavizan el paisaje. Y el agua lo redondea y lo mece con su perenne urgencia, y entona una canción sin estrofas ni fin. Me conmovían las casitas de los bancales, donde habita el amor a la tierra de mi pueblo, la agricultura convertida en geometría, el lujo y la largueza con que la mantienen quienes malviven en cuevas o entre adobes. Me conmovían –y en eso sí era el mismo de antes– la abnegación del hombre sobre las tajaduras pedregosas [los inmóviles ojos de quienes están configurados por el silencio y por la soledad]; los aliviaderos que traza el agua entre las alquerías; las sendas rampantes que el trabajo y la constancia se esmeran en delinear; los implacables lechos de los torrentes, transmutados en minúsculos huertos; el destello de las lajas, que parecen al sol siempre mojadas por la lluvia; el palpable mutismo rayado por los pájaros y los insectos inmortales; la bruma que, para no descorazonar a los viajeros, sólo les autoriza a percibir tres o cuatro lontananzas... Todo aquello me conmueve mucho más que las vituperables inquietudes humanas; el grandioso mundo sin concluir, detenido en un segundo de su perpetuo movimiento, roto, dentado, erosionado, rechazador, repleto de sorprendentes formas agudas o truncadas, como una gigantesca gruta de estalagmitas cuya bóveda fuese el ancho cielo. Si las cúpulas de las salas de la Alhambra no pretenden asemejarse a esto, ¿qué pretenden?

El frío nos cortaba la piel. Moraima me inquietaba; pero cada vez que retrocedía para interesarme por ella, tropezaba con su sonrisa inalterable.

–¿Vas bien? –me decía ella a mí–. ¿Quieres algo? ¿Precisas algo?

Entonces yo le arrojaba un beso con mi mano gruesamente enguantada.

La noche la pasamos muy juntos. Éramos como dos beduinos que se aprietan bajo la congelación nocturna del desierto; éramos dos compañeros de armas que ignoran lo que será de ellos en la jornada siguiente, y se estrechan uno contra otro para darse aliento y calor, y desentumecerse.

Frente al verde oscuro o el añil, frente a los azules violentos de las otras sierras, la de Gádor tiene reflejos sonrosados. Es más blanda y más femenina. Sus cerros son redondos, y hasta las grandes piedras que los forman son benignas y suaves. Después de su estridente afirmación, muestra en ella la Naturaleza su afabilidad.

Cuando llegamos al valle de Andarax estábamos rendidos. Fue ese benevolente cansancio el que me impidió recordar –lo cual hubiera sido aún más desgarrador– la escena con mi tío Abu Abdalá. Pensé que el rey Fernando, en castigo por mi conquista de entonces y por la posterior sublevación del *Zagal*, había designado Andarax como sede de mi destierro, y centro del agreste señorío que se dignó adjudicarme.

Miré a mi alrededor como el preso que contempla su celda cuando le empujan a ella y escucha rechinar tras él la reja. Serrijones sin gracia, bajo una llovizna, asistían nada acogedores a nuestra aparición. La tierra se mostraba inculta y mustia por los vaivenes de la guerra. Junto a la nava, una hondonada, y luego un lento ascenso. A la derecha se iniciaba una sierra de matojos sombríos. En la rasa habían construido, y destruido, la alcazaba, contra una suave ladera, frente a una cadena baja y agallonada de montes áridos que, cuando el sol logró hacerse sitio entre la lluvia, se embelleció muy lentamente. El arco iris abrió su precaria cola de pavo real en medio de los cielos. Miré a Moraima, y ella me miraba. Una bandada de torcaces giró arriba en el aire... ¿Lo que nos restara de vida lo tendríamos que vivir aquí? «Por el momento, ésta es mi casa», me dije.

Mi madre, antes de entrar en la alcazaba, detuvo en mí sus ojos, secos y muy duros. Las mujeres lloraban; los cortesanos que me habían seguido empezaban acaso a arrepentirse; la servidumbre se había arrepentido hacía ya mucho. Moraima me aguardó para entrar a mi lado.

–Ahora yo soy tu reino: ¿qué importa lo demás? –me dijo con ternura.

Farax y Bejir nos rodeaban con un respeto no exento de ceremonia, como si aquellas ruinas fuesen uno de los palacios de la Alhambra. Detrás de nosotros entraron Aben Comisa, El Maleh y, más alegre que ninguno –para lo que no se necesitaba demasiada alegría–, Abrahén el Caisí.

Es aquí donde he escrito estos papeles últimos.

Hoy me han dado por meditar sobre una cuestión muy relacionada con mis penas. Si la religión nos es otorgada por Dios, se nos otorgará para nuestro consuelo: ¿y cómo puede malograrse hasta convertirse en fuente de los mayores males? El hombre, aunque lo olvide, es un ser débil y efímero, que vive un poco y muere; un ser que transcurre a través de un universo indiferente. Las religiones tienden a solidificarlo, a darle fuerza y peso, como las piedras que algunos campesinos ponen en los bolsillos de los niños para impedir que el viento los derribe. ¿De dónde viene, pues, ese afán, en apariencia desprendido, que lanza a unos contra otros porque sus formas de adorar a Dios son diferentes? ¿No fueron hechas quizá para coexistir? Cuántas contradicciones en el comportamiento de los hombres, y no sólo en su comportamiento, sino en su misma esencia. A no ser que se halle bajo tales contradicciones una idea persistente; pero ¿cuál?

Nuestra religión es, en principio, respetuosa: el judaísmo y el cristianismo no son para nosotros religiones extrañas; la salvación es susceptible de ser alcanzada también por sus caminos, y no puede la fe coaccionarse. ¿No fue Ibn Arabí quien dijo: «Mi corazón es pasto para las gacelas, un convento para los monjes cristianos, un templo de ídolos, la Kaaba del peregrino, las tablas de la Torá y el libro del Corán»? ¿Y no añadió: «Practico la religión del amor; en cualquier dirección que progresen sus caravanas, la del amor será mi religión y mi fe»? ¿O es que son sólo los que más se elevan, los que más progresan, quienes entienden los preceptos? ¿Y por qué no imitarlos? ¿No será que los hombres vulgares –y los reyes vulgares– no se rigen ni actúan, en realidad, bajo preceptos religiosos?

Nuestra enemiga contra los judíos se apoya en que denigran al profeta Jesús; nuestra enemiga contra los cristianos se apoya en que lo divinizan: porque lo que el Islam pretende es renovar la religión de Abraham, de la que nace el Libro que a las tres las concreta. Y aun así, según el Enviado, la guerra santa grande es la que se desenvuelve dentro de nuestra propia religión; la pequeña, la dirigida contra los atacantes exteriores. Más todavía: si éstos se rinden antes de ser vencidos, gozarán del *aman*, es decir, de la inmunidad y del perdón. Las sinagogas y las iglesias se conservaron; fue tolerado el ejercicio de sus cultos. El impuesto personal con que los andaluces gravamos a los cristianos y a los judíos sólo era un sustituto del servicio militar: quienes no estuviesen obligados a él –mujeres, niños, monjes, inválidos–, tampoco estaban obligados a pagarlo. ¿Acaso el Islam no mejoró la vida de la mayoría? ¿No fueron repartidos y mejor cultivados los amplios latifundios anteriores? ¿No se libertaron los esclavos por su conversión, porque ningún musulmán puede serlo, o por su rescate, cosa que antes no estaba autorizada? Y la conversión, ¿no se reducía a la aceptación del Islam como una ley social? Lo obligatorio es solamente la conducta exterior que el Corán marca; el grado en que se interiorice esa conducta no es objeto de mandato. (Ocurre con esto lo contrario que con las arquitecturas: la nuestra se concibe desde dentro y para dentro; su aspecto nos es indiferente; el exterior se contempla por ventanas con celosías que resguardan la plena intimidad. Por el contrario, los cristianos construyen para ser vistos por quienes pasen por la calle, y procuran ser por ellos envidiados.) Sin embargo, por esa única obligatoriedad de la conducta aparente es por lo que los cristianos nos acusan de hipócritas, siendo así que ellos, al exigirse a todos una perfección imposible, lo son en mayor grado. Es algo similar a lo que sucede con los místicos que adelantan por las vías espirituales: entre nosotros, son sólo los reclamados por una vocación imperativa; entre los cristianos, a partir del bautismo que es su rito iniciático, son todos los llamados, aunque muy pocos perseveren. De tal razón –de tales razones– dimana que las conversiones al Islam fuesen mucho más numerosas que las contrarias. No fueron provocadas por nosotros: los musulmanes siempre hemos asistido con curiosidad a las celebraciones cristianas, y nos ha seducido visitar sus monasterios en las festividades de sus santos; jamás empleamos la fuerza como palanca de abjuración, aunque sólo fuese por una causa ruin: por cada cristiano que se convertía, perdíamos un tributo.

Me pregunto cómo ha sido posible alcanzar este punto de encarnizamiento de hoy. La religión, en los comienzos musulmanes de España, no dividía. La guerra no era una cuestión esencialmente religiosa; los cristianos andaluces combatieron a menudo contra los ejércitos del Norte al lado nuestro; los del Norte enviaban a sus hijos a educarse entre nosotros, y casaban a sus princesas con nuestros caudillos, más cuanto más notables: ¿con cuántas hijas de reyes, Sanchos y Garcías y Alfonsos y Bermudos, se casarían nuestros Almanzores? Los cristianos, con quienes convivíamos, aprendieron el árabe hasta el punto de que Álvaro de Córdoba se planteó traducir a él la Biblia, no para convertirnos a nosotros, sino para que pudiese ser leída y entendida por ellos. ¿Qué sucedió después? La batalla de Zagrajas, con Yusuf el almorávide ortodoxo, al que los andaluces tuvimos que recurrir para ampararnos contra Alfonso VI, lo cambió todo. La guerra expresamente política, por una geografía que los del Norte trataban de recuperar, se transformó en una guerra religiosa, mucho más despiadada e implacable. Entonces se planteó si era el Islam o el cristianismo quien dominaría la Península. Pero ése no era de ninguna manera un dilema andaluz; era un dilema importado de África. Nuestra debilidad reclamaba socorros exteriores; de allí vinieron, y con los africanos no teníamos otro punto en común sino la religión. Para desgracia de todos –sea quien sea el que se haya favorecido–, fue tal sentido de la guerra el que se impuso hasta ahora desde entonces. Sin embargo, a pesar de los pesares, como yo le decía a don Gonzalo Fernández de Córdoba, cada vez menos, pero hasta ayer, entre luchas y rapiñas, entre esperanzas y desesperaciones, musulmanes, judíos y cristianos, cada cual con su credo, hemos aspirado y respirado en un mundo espiritual no sé si idéntico, pero sí recíprocamente comprensible. A partir de ahora ese mundo no existe. La historia que ha empezado es otra historia. «En la realidad más profunda, ¿qué es lo que ha sucedido? –me vuelvo a preguntar–. ¿No se habrán tomado las religiones sólo como un pretexto?» Los hombres son con frecuencia manejados por circunstancias que ellos mismos no entienden, como quien es arrastrado sin poderlo impedir por un torrente.

El rey Fernando *el Santo* de Castilla fue el primero que se equivocó al contradecir nuestra partición de los latifundios, y al decidir darles a los nobles, como cebo para que le auxiliasen en la conquista, las extensas tierras conquistadas. Los ricos señoríos de los monjes o de los seglares fueron configurando un poder grande, sin que el poder reducido de los plebeyos o de los comerciantes de las ciudades constituyese un contrapeso suficiente. Fue Pedro I quien se dio cuenta de ello, y contra ello reaccionó; pero él era exótico en Castilla: él era, por supuesto, arabizante. Su hermano, por el contrario, cimentó su ambición sobre los nobles perjudicados; contó con el apoyo de los señores, cuyo predominio peligraba. Y la redención incoada se deshizo: para ellos y también para nosotros. Porque Castilla es de una pobreza contagiosa; cuando sus pastores descendieron a nuestra Andalucía, trashumando al amparo de las órdenes religiosas, trajeron su hambruna y su miseria, y hundieron la riqueza de nuestro califato. Castilla no produce: consume; no trabaja: guerrea. Tal ha sido su oficio. Y con el militarismo que bajaba de ella, bajaba no sólo el empobrecimiento para la economía, sino para la cultura y para nuestra organización social más justa.

La pretensión integradora del Islam, por la que los habitantes de una ciudad o un pueblo se compenetran y equilibradamente se combinan, tocó a su fin; la batalla de la justicia se había perdido ante el abuso de los privilegiados.

Este efecto destructivo no hizo más que acentuarse con el tiempo. Se vaciaba Castilla: todos deseaban refugiarse en el Sur; paralizaron su tosca agricultura; se expandieron las grandes y depredadoras trashumancias de la Mesta; se admitieron negociantes extranjeros que compraran la lana, lo único que Castilla produce, aparte de su frío. Y, ante la ruina, se recurrió a las bolsas hebreas, también andaluzas en su mayor parte. Los castellanos, para continuar comiendo y para continuar gastando, no han contado más que con dos fuentes de ingresos: las expediciones contra nosotros y las matanzas de judíos. Los malos pagadores emplean el decisivo método de asesinar a sus acreedores para saldar sus deudas. Tal situación era propensa a encubrirse bajo un exterior de religiosidad; cuanto más fanática, más ciega y, por tanto, más práctica. Pero ¿combaten los castellanos por su fe, o combaten por su subsistencia? ¿No es por el dinero por lo que luchan contra quienes lo tienen? No obstante, desacostumbrados a ejercer un oficio o una técnica –en lo primero, nosotros, y en lo segundo, los judíos, éramos los versados–, de poco les sirvió poseer la tierra si no la cultivaban, u ocupar los puestos si no sabían hacer uso de ellos, ni cómo administrarlos. ¿Es verdadero dueño de una clepsidra o de un astrolabio o de una brújula quien desconoce su utilidad, o de un jardín quien no lo labra ni disfruta sus flores? El pueblo menudo de Castilla sólo se mantuvo a fuerza de botines de guerra y saqueos de aljamas; por interés, siempre estuvo dispuesto a secundar la voz que lo condujera contra Granada y contra las juderías. Y sus reyes, desde el extremo opuesto, se adiestraron en emplear con impune seguridad tales argumentos homicidas: no argumentos religiosos, que miran hacia la otra vida, sino económicos, que miran hacia ésta, aunque finjan devoción con los ojos en blanco.

Estos reyes de hoy, Isabel y Fernando, han aportado dos novedades: la de reunir en sus personas el Aragón, que vivía de fuera, y la Castilla hambrienta, y la de fortificarse contra los señoríos, una vez enardecido, colmado de promesas y dominado el pueblo pordiosero. Los dos de consuno se fortalecen y mutuamente se sostienen: para fundar una monarquía consistente, el poder ha de estar en una mano sola. Por las noticias que tengo, el primero que adivinó sus intenciones fue el cardenal Mendoza, que con habilidad sometió su gran familia a ese mando exclusivo; no en función de la patria, que es para ellos un concepto inexistente, sino del propio beneficio: los Mendoza inundaron las administraciones de la iglesia, del reino, de los ejércitos, de las ciudades; pero ya no en nombre propio, sino al servicio de quienes los nombraban. La ganancia, si no la dignidad, seguía siendo la misma.

Con qué claridad veo que el pueblo menudo y menesteroso no cree con sinceridad en su Dios, ni los grandes señores en sus pueblos, ni los reyes en sus vasallos chicos o grandes, del tamaño que sean. Los reyes mienten cuando exclaman postrados: «No para nosotros, Señor, sino para ti el poder y la gloria.» Cada hombre busca su provecho; a veces lo disfraza con vistosos ropajes de desprendimiento, y lo denomina Dios, rey o patria; a veces lo deja desnudo, y se bate como un lobo solitario. Para que renuncie a la violenta codicia de un cubil, de un alimento, de una pareja, ha de unirse con otros hombres bajo un poder común que satisfaga esas tres necesidades, y que después le invite a vivir en una ciudad justa, donde la convivencia con los otros enriquezca la vida de cada uno, sea cual sea el Dios que adore, la lengua en que se exprese y el matiz de su piel. Eso fue lo que, dentro de la Península, el Islam intentaba.

Anoche he sufrido una aniquiladora pesadilla. Soñé, con toda clase de detalles vívidos y exactos, cómo perdía Granada, y cómo la entregaba, y cómo era expulsado de ella. En el sueño, no obstante, había una nebulosa mitigación del sufrimiento: de un modo enigmático, que sólo obra en los sueños, sabía que soñaba. Para sacarme de aquella angustia que me hacía gemir, me despertó Moraima. Con ello me indujo a otra pesadilla peor: la de esta realidad de la vigilia, en la que todo lo que soñé se había producido de antemano.

Las crónicas, no sé si para facilitar su acceso a futuros lectores, o para simplificar las historias, que son siempre inenarrables, reducen cada reinado y cada batalla a una partida de ajedrez. Yo mismo tiendo a ello: tan grande es la pasión del hombre por el juego, que de alguna manera disculpa sus errores con el azar.

Cuando se conquistó Toledo, un sabio, Abu Mohamed al Asal, lanzó un grito de alarma:

Habitantes de Andalucía, espolead vuestros corceles.
Detenerse ahora sería una hueca ilusión.
Los vestidos suelen rasgarse por los bordes,
pero España empezó a desgarrarse por el centro.

Por el centro del tablero –y cada tablero ostenta a los adversarios de un mundo, sea grande o sea pequeño– avanzaron los peones de la partida. Temerarias fueron las apuestas, y la baza, cuantiosa; las jugadas se llamaron irremisiblemente unas a otras. Con razón lo que en árabe denominamos *al sak mat* lo denominan los cristianos «jaque mate»: para nosotros significa *el rey ha muerto.* Tal es lo que en mi partida y en mi tablero ha sucedido. En lo esencial se identifican todos los idiomas.

A veces, en estas noches tan prolongadas que parecen detenerse, cuyas horas son como días oscuros, juego al ajedrez con Bejir o Farax; ríen cuando me ganan, es decir, ríen siempre. Moraima levanta sus ojos de la labor y les regaña; ella, cuando juega conmigo no juega contra mí: se olvida de hacer el movimiento que le daría la victoria. Sin embargo, con Aben Comisa o El Maleh me niego a enfrentarme: aunque no me hagan trampas, no consigo evitar la sospecha de que me las hacen. Prefiero ver cómo juegan entre sí, y se traban en eternas discusiones, que conducen a un empate final al que ninguno de ellos se resigna.

Me traje de la Alhambra mis libros predilectos y otros aún no leídos. Muchos están encuadernados bellamente en cuero rojo o azul con abrazaderas de plata cincelada. Pero los que antepongo a los otros son los usados y envejecidos por el roce de manos que me precedieron, y que percibo que se unen a las mías mientras los sostengo. Numerosas generaciones leyeron las páginas que, al albur, leo hoy. El libro se ha transmitido, como un emisario silencioso, de siglo en siglo, de país en país y de hombre en hombre. Él acoge la memoria del mundo y también la profecía del mundo; la historia pretérita de la Humanidad y la brumosa historia venidera. Todo está resumido y prevenido en esa antorcha que va de mano en mano iluminando la tiniebla.

Evocar la casi infinita continuidad y la inabarcable herencia de los libros, en cuyo regazo se apacienta la sabiduría y la curiosidad y el cataclismo y el amor de los hombres, me enaltece y me emociona. Ellos me conducen a una compartida serenidad, y cada día me imagino menos sin su compañía generosa.

En éstos de la Alhambra, no sólo me instruye su contenido, sino el ambiente que los rodeó y los saboreó: las negligentes estanterías en las que descansaron, el meticuloso trabajo de quien los escribió y de quien los copió y de quien los cosió y encuadernó, un inmarchito aroma de humedad y de piel, sus palabras que fueron susurradas, las vibraciones que provocaron en algún corazón, o las llagas que restañaron. Los objetos, a los que nunca respetamos lo bastante, son enriquecidos por quienes los usaron a través de los años, a través de los siglos. Tomo en ocasiones libros que pertenecieron a mi antepasado Mohamed *el Faquí*; tomo otros que provienen de la biblioteca omeya de Alhaquem II, que reunió en Medina Azahara más de 600 000 volúmenes, antes de que la barbarie humana la destruyera, y me quedo sobrecogido, sin atreverme a leer, como con un corazón entre los dedos, o como con un pájaro inmóvil y anhelante que podría, de súbito, romper a gorjear. Aquí en Andarax hay horas en que el libro es en sí mismo, independientemente de lo que contiene y significa, el que palpita y emana y quema y apresura el ritmo del mediodía y satura las tardes. En esas horas es la fusión de quienes lo escribieron y confeccionaron y de los lectores previos a mí lo que más me conmueve; el engarce con los dueños sucesivos que acaso un día, como ahora yo, volvieron su imaginación hacia atrás y se vincularon con el pasado, igual que yo hago hoy con el mío, del que ellos forman ya parte. O quizá miraron hacia su futuro y me entrevieron o me adivinaron a mí, lector también, o sultán derrocado, tataranieto suyo. O vieron todavía más lejos de mí mismo, después de mí, cuando yo forme parte del pasado de otros, a los lectores que vendrán, ya desprovistos de la Alhambra y del trono, o incluso ajenos a nuestra Dinastía y a su ansiedad. Me alegra suponer que unas manos que ya no existen —me pregunto si no existen— abrieron esta cubierta, pasaron estas hojas; que una mirada que no existe —o existe acaso sólo por este libro— se deslizó sobre estas líneas, descifró esta frase, se sumergió en el laberinto de esta caligrafía. Me rejuvenece pensar que alguien como yo hoy, pero hace siglos, interrumpió un momento la lectura y reflexionó con un dedo entre estas mismas páginas, mirando como miro yo al vacío, entre muros quizá ya derruidos y ante un paisaje quizá irreconocible.

Aparece la vida —o aparecemos nosotros en la vida— avasalladora, ecuestre, verde, jocunda; nos deslumbra, y luego continúa sin nosotros. Hoy está aquí, en esta apartada fortaleza, en esta virginal mañana de fines de febrero en que se infiltra ya la primavera; una mañana que han hecho posible mis predecesores porque me hicieron a mí y a estos libros ilustres. De ahí que, pese al sentimiento de fracaso que me impregna, esta intensa mañana yo me sienta comprometido a oír y a ver y a acariciar —a vivir, en una palabra—; porque con mis ojos y mis oídos y mis manos, ven y oyen y acarician los que llamamos muertos acaso desacertadamente. Otra limpia mañana vendrá, y yo ya no estaré. Estarán estos libros y algún otro lector. Y acaso él recordará mi nombre sin facciones, y yo veré por medio de sus ojos, y escucharé la armonía del mundo por medio de sus oídos, y acariciaré el aire azul y gozoso con sus manos. Para mí entonces, dormido sin remedio, se rendirá y se consumará la impetuosa carrera de la vida: la carrera que hoy me toca a mí seguir en el puesto de quienes antes la corrieron.

Leo la poesía de los viejos poetas de Bagdad o de Córdoba, de Sevilla o de Murcia, o de los más antiguos aún y de más remotas tierras, cuyo lenguaje es casi incomprensible porque la expresión de la vida se ha transformado más que la propia vida. Con los poemas viajo

> *en compañía de guerreros de pelo crespo, que afrontan la*
> *   muerte*
> *sonriendo, como si perecer fuese su fin único:*
> *beduinos de pura sangre que, cuando relinchan los caballos,*
> *saltan impetuosos de la silla, llenos de brío y de placer...*
> *Lo que más les complace es matar adversarios, pero el destino*
> *tampoco les prolonga mucho su plazo, después del de sus*
> *   víctimas...*

Estos versos los escribió un poeta de Cufa, que pensó de sí mismo lo que yo de los libros:

> *Irán mis versos al Oriente, hasta donde ya no hay más Oriente,*
> *y al Occidente, hasta donde se acaba el Occidente.*

En los poemas de los viejos poetas leo las quejas tan vivas de sus amores, y leo la agitación de sus corazones cuando fueron correspondidos.

La poesía me alcanza más cuando brota del libro, y se despierta de él, como de un lecho, y es abrazada por la voz y desperezada por la música. Me gusta leérsela, armonizada con algún instrumento, a Moraima y a Farax, cuando los demás se han retirado, y provocar en ellos el *tarab*: la alteración física por la tristeza o por la alegría, el éxtasis, el rapto.

–En tanto que el *tarab* te bambolee –me dijo anoche Moraima–, nada se habrá perdido.

Y me lo dijo ella, que, recostada entre los almohadones, había sollozado irreprimiblemente con el poema que le leí, mientras Farax arrojaba, delirante, los dátiles de una bandeja por la ventana, y se golpeaba después con la bandeja en la frente. Decía así el poema:

> *Grita mi nombre cuando muera.*
> *El llanto aquí no cabe:*
> *todavía la boca no me sabe a ceniza.*
>
> *Inmóvil esta luz*
> *se rezaga sobre el jardín.*
> *Cansada y no marchita*
> *retorna a las constelaciones de las que descendía.*
> *Sobre nosotros caerá lo oscuro en vano,*
> *porque el sol, al acecho en su cubil,*
> *maquina la venganza.*
>
> *Desterrados del mediodía,*
> *la oquedad pronto de la tarde*
> *nos sorberá como el jugo a una toronja.*
> *Astros desorbitados nos vigilan.*
> *De par en par abiertos estamos a la noche;*
> *el insomnio es nuestro único armamento,*
> *y, alrededor del agua, la planicie perfuma.*
>
> *Descuelga el lubricán desde la nieve*
> *su fatigado verde y su amarillo...*
> *¿Quién cerrará estos ojos, esta boca, esta carne?*
> *Nadie se librará del postrer día, ni del luto.*

La luz se aleja, pero
la vida y tú permanecéis.

Cuando muera la luz, grita mi nombre.
Mi nombre y tú ya estáis
a salvo en el jardín:
fuera del tiempo, su maleficio no os perturbará.

Como alcaide de Andarax, Bejir ha escrito ya dos cartas en mi nombre a los reyes de Castilla para implorarles –¿qué otra cosa puede hacer un vencido?– que me devuelvan a mis hijos. Moraima y yo, aunque no hablemos de ello, no los apartamos de nuestro pensamiento. El pequeño Yusuf nos echará aún más de menos que Ahmad, educado en la separación, a pesar de que Moraima me recrimina que opine de este modo.

Aben Comisa y El Maleh van con frecuencia, si bien nunca juntos, a Granada. Se entrevistan allí con Hernando de Zafra, ahora regidor perpetuo de la ciudad, con el que El Maleh ha estrechado una amistad muy útil para nosotros y nuestra información, aunque supongo que será aún más útil para ambos. Me cuentan, y así debo creerlo, que el rey se porta muy generosamente con los musulmanes: les administra justicia con equidad, les dispensa de los tributos, y es con ellos solícito y respetuoso. Por lo visto, los cristianos se lo echan a los nuestros en cara: «No os quejaréis –les dicen–: más ensalzados y honrados por nuestro rey sois vosotros que nosotros.» Sin embargo, El Maleh conjetura que la intención del rey es conseguir lo que está consiguiendo: confirmar la opinión de la gente en que durará tal clemencia para que se resuelvan a vivir con los cristianos y compren casas y tierras y se arraiguen. Al rey viene que abandonen la ciudad para pasar a África: ¿quién trabajaría sino ellos, quién conoce las tierras y los riegos, quién realizará las labores humildes que ningún cristiano aceptaría, porque para eso no salió él de Castilla? Sobre mis hijos sólo les ha dado Zafra, hasta ahora, buenas palabras y una muy breve carta de Ahmad.

Moraima lleva unos días muy pálida. Desganada y absorta, pasa las horas muertas sentada ante una ventana sin darse cuenta de que se ha ido la luz, o deambula por la casa sin detenerse en ninguna labor ni habitación concretas. Yo la observo en silencio, y se me cae a los pies el alma. El médico, que también es judío y se llama Yusuf, asegura que nada grave le sucede. Se trata de una pasión del ánimo –¿no es eso nada grave?–, que le estruja el corazón con una fuerza insoportable cuando recuerda a nuestros hijos.

–Quizá si tuvieseis uno aquí, se curaría –me ha sugerido hoy.

–Pero no tenemos a ninguno de los dos –repuse suspirando.

–Me refiero a que la dejases embarazada y diera a luz aquí.

–Tendré que consultarlo con ella. El remedio puede ser peor que la enfermedad. Quizá, hasta que nosotros no alcancemos la certidumbre de que amamos la vida, no debamos engendrar otra nueva.

–Yo amo la vida –me confesó hace días Moraima– porque tú estás en ella. Si así no fuera, dejaría de amarla.

–¿Es que a nuestros hijos no los amas?

–Sí; ellos son como una prolongación tuya para mí. Son, para mí, tú mismo de otra forma. Tú aquí estás incompleto.

Llevo una vida reposada y perezosa. Quizá la felicidad consista sencillamente en este adormecimiento. Por la mañana, salgo con Farax a vigilar cómo construyen el breve jardín. Hoy le decía, y me escuchaba él con una atención de discípulo:

–Nuestra sabiduría sobre los jardines proviene de los nabateos, que convirtieron los ásperos desiertos de la Arabia pétrea en una tierra fértil. Ellos poseían grandes conocimientos de la relación que hay entre los movimientos celestes y los crecimientos vegetales. Todos los primitivos pueblos agricultores han considerado el cielo como la fuerza activa y generadora, y la tierra como la fuerza paciente y receptora del universo.

–¿Igual que el hombre y la mujer?

–Más o menos. Y en esa teoría se funden los dos sentidos: el espiritual e ideal, y el material y práctico. La agricultura siempre la ha referido el hombre al culto de la Divinidad. Cuando no ha sido así, no la ha amado, ni la ha desenvuelto con la debida unción. Eso es lo que le sucede a los cristianos, y a los romanos antes; ellos son agricultores de secano, de los que sólo usan el agua cuando la tienen cerca. Para nosotros, el jardín es un reflejo, o mejor aún, una anticipación del Paraíso. ¿Ves? –y le mostraba lo que le exponía–. Aquí he dispuesto la alberca: en el centro de dos ejes, que se cruzan en ella y señalan los cuatro puntos cardinales del horizonte, a semejanza de los ríos del Edén. Nuestros primeros antepasados árabes, estudiosos de otras culturas, tomaron esta iconografía de los mandalas budistas, y la difundieron por el mundo. El jardín representa de ese modo un símbolo de vida, un esbozado laberinto, como una miniatura del cosmos. En nuestro idioma, jardín y Paraíso se expresan con la misma palabra, y también jardín y cementerio. Porque todo es uno y lo mismo. Yo opino que la tierra y el cielo son recíprocos, se miran y se anhelan... –Y añadí–: Aquí estoy preparándome mi tumba como un imperecedero domicilio. No quiero que me lleves a Mondújar: he renunciado a aquella compañía; en mí se rompe la cadena de mis antepasados.

–¿Piensas que vas a morir antes que yo? –exclamó Farax riendo.

–Te lo ruego, Farax. Nunca me has decepcionado; no lo

hagas al final. No te perdonaría... Yusuf III, el constructor de mi casa, mandó grabar en su estela fúnebre:

Que empape este sepulcro la lluvia de las nubes, y que lo vivifique.
Que el húmedo jardín haga llegar hasta él el frescor de su aroma...

»Cuánto ha sido siempre nuestro fervor por el agua. Nunca la malgastamos: es preciso lograr grandes resultados con cantidades mínimas; no hay que usar el agua como fuerza estruendosa, sino como un murmullo pacificador. En realidad, seguimos siendo gente de los desiertos, que no se acostumbra a tenerla a la mano. Por eso en ella juntamos el deleite y la utilidad –le señalaba una raya imaginaria aún en el jardín–. Hasta aquí el agua se derrama, trina, goza, y en este templete nos curará de la melancolía. Desde aquí, la pondremos a trabajar: rociará verduras y frutales. En su tratado sobre la agricultura nos aconseja cómo hacerlo Ibn Luyún. Yo pienso que hay que crear el silencio para que el agua rompa ese silencio; hay que aceptar el calor para que el agua lo refresque; hay que crear el secreto para que alguien lo comparta.

De repente, Farax se detuvo y musitó:

–No tengo cuerpo ni alma, pues pertenezco al alma del amado.

–¿Dónde has leído eso? –le pregunté con asombro.

–En uno de tus libros.

–Gracias, amigo –le dije, y proseguí–: El jardín, si no representa nuestra alma, es que no está bien hecho. Ocurre con él como con la arquitectura; pero, así como una muralla puede tenerse en pie mil años, un jardín es más delicado y más efímero: necesita solicitud, constancia, miramientos. En una palabra: como nosotros mismos, necesita de amor.

Mis horas, sin apresurarse en absoluto, resbalan de puntillas y equivalentes. ¿Tienen razón los relojes de sol de los romanos: «Todas hieren; la última, mata»? Hoy no sé si el sol tiene razón: no lo hay. Hace días que llueve. Separo los ojos del libro, y se anegan con las cortinas de la lluvia, mansas ahora, pero no ayer. Ayer reinó el viento con una indiscutida tiranía. Incansable y acezante, recorría el endeble jardín y el campo entero. Se erguía colérico, retumbaba, se revolvía como un toro invisible. Destrozó cuanto se opuso a su no sé si ciega voluntad: desgajó ramas, asoló los rosales que habían traído de Granada, zarandeó los grandes árboles del monte. Alzaba, sobre un constante bramido sordo, silbidos hoscos y acelerados; sobre un movimiento, alzaba otro dispar; llegaba al paroxismo en rachas súbitas, como si por irritación se hubiese propuesto destruir el mundo, y le irritara aún más no conseguirlo. El viento fue ayer un rey desconcertado e insomne, que a todos nos traspasó su insomnio y su desconcierto. Con un mohín asustado, Moraima me rogó que le permitiese pasar conmigo la noche. El viento gimió fuera, se retorció, se enredaba en sí mismo, trepó, se derrumbó, serpeó, erigió altas torres vanas, expolió los retoños, ignoró el olor de las jaras y de los romeros y, olvidado de todo, balanceó la tierra. Moraima se arrebujaba contra mí para no oírlo.

Hoy la lluvia, liberada del viento, cae con misericordia.

Leo a Ibn Hudail, el experto en paladines:

Se derrama la crin por su ágil cuello
como lluvia que cae sobre guijarros lisos.
Cuando otros purasangres, exhaustos,
arrastran polvaredas sobre el pedriscal,

él se impacienta fogoso todavía,
bulle su furia, y el fragor de sus cascos
es igual que el hervor de un caldero.
Raudo es como la peonza liada con un cordel
que un niño descorre y suelta de su mano.
Cuando galopa, levanta las piedras,
las parte con sus patas que marcan como hierros al rojo.
Montado solo en ellas, esbeltas y seguras,
salta con ligereza, y es vigoroso en todo.

Obsesionado por el clima, no sé si habla de la lluvia, del viento, o de un caballo.

En la última carta que Bejir el Gibis escribió a los reyes reclamando a mis hijos, les pedía que los enviaran a Andarax conmigo y con su madre. «Tener a los hijos –le recordaba a la reina–, no es sólo darles la vida, sino prepararlos para la suya con el calor y el roce.» Yo añadía una sugerencia nueva: que los manden pasar a África. Por una parte, quizá eso sea menos dificultoso de obtener; por otra, mi deseo es que mis hijos se eduquen con arreglo a la cultura y a la acepción de la vida a las que sus abuelos y su padre pertenecen. No estoy seguro, sin embargo, de lograrlo en África.

El Maleh me ha traído, desde Granada, la opinión de Zafra. En definitiva, ésta precede o se adhiere a la de los reyes: coincide, en todo caso. Parece que se duda si enviar a mis hijos a África o no. A favor de una decisión positiva está que, una vez allí ellos, yo me determinaría a trasladarme también con el resto de mi familia. En contra, que, si por cualquier aciago accidente, mis hijos mueren, o caen en poder de un reyezuelo interesado en utilizarlos en su provecho, yo no pasaría jamás a

África. Y, en el fondo, que pase es lo que están procurando los reyes. Les estorba mi estancia en su territorio, aunque sea tan reservada y tan mansa, como estorba una mancha de sangre, por muy seca que esté, en un traje de fiesta.

Hoy Moraima ha sufrido un desmayo. Habíamos salido a ver los brotes del jardín. Siempre me ha impresionado observar cómo la delicadeza de un tallo –que no es nada, sino un presentimiento verde, una debilidad que un niño pequeño quebraría con su dedo– rasga un tronco agrietado y robusto, que ha resistido años y tempestades, y lo sobrepasa. Ante un retoño lo comentábamos Moraima y yo, cuando de pronto se ha llevado una mano a los ojos, ha movido la cabeza a un lado y a otro con suavidad, y se ha desplomado. Sólo me ha dado tiempo a alargar los brazos para evitar que se dañara contra el árbol o el suelo. Aturdido y sin saber qué hacer, le hablaba en voz baja, repetía su nombre, la sacudía con dulzura, le pedía que volviese pronto en sí, no sé qué le pedía. Por fin –no ha tardado mucho en reanimarse–, Moraima ha abierto los ojos, ha sonreído un poquito, y me ha dicho:

–Estabas diciéndome algo, Boabdil. Perdóname, pero no te he oído bien.

La he besado en los labios, y se ha ensanchado su sonrisa.

–No hay mal que por bien no venga –ha susurrado–. ¿Me quieres ayudar a levantarme?

A instancias de Moraima, he empezado a salir de caza. No me atrevo a alejarme mucho, ni a pasar fuera más de dos o tres días, porque me preocupa ella. Está notablemente más delgada. Hasta mi madre, que no se fija más que en lo que le atañe, lo comentó la semana pasada.

–Quizá deberías de fijarte un poco más en Moraima, ahora que no tienes nada más acuciante que hacer –me dijo con elocuente ironía.

Nunca he sido un ardoroso aficionado a cazar. Comprendo que un infante de Castilla, en una época en que la realeza no estaba reñida con la cultura, escribiese que la caza es «cosa noble y apuesta y sabrosa», pero, por mucho que lo intento, no logro que me guste su sabor. Reconozco que ayuda a paliar los daños que trae el ocio para el alma y el cuerpo. Y el ejercicio que supone, y la congregación de los amigos, y la sana rivalidad, y las huidizas aves, y la prodigiosa presteza de los perros, me atraen. Sin embargo, una vez ojeada y localizada la presa, yo detendría la marcha que ha conducido a ella. Porque también me atraen la elegancia de las garzas y la sombría tozudez del jabalí y el lastimero ajeo de la perdiz y la coronada agilidad del venado.

Esta actitud no creo que proceda, contra lo que dice Farax, de un exceso de blandura o de sentimiento; ni siquiera de una identificación con las víctimas, comprensible puesto que yo soy una. Es más bien porque hallo tan espléndida la vida de los animales, tan sujeta y bien regida por las leyes de la naturaleza, tan en consonancia con ella, que la caza por juego la considero como la infracción de un código que desconozco y que nos sobrepuja, al que un día estuvimos subordinados todos, y que el hombre comenzó a desdeñar cuando comenzó a perder, frente a lo que él opina.

Hasta mí no llegó la colección de animales exóticos que hubo en el bosque bajo de la Alhambra, que tanto me ponderaron en mi infancia como un dato de la disipada refulgencia familiar. Y es cierto que tampoco he cazado mucho en los bosques de la Sierra. Mi experiencia es muy corta: siendo adolescente, durante un mes de octubre, fui con mi tío a los montes de Fiñana, y maté un jabalí. Tardé mucho en olvidar –no lo he conseguido del todo– el rojizo rencor que había en su ojo, sólo vi uno, con el que me odió mientras moría. ¿Por qué inescrutable instinto supo que era precisamente de mí de quien su muerte provenía? Si rememoro con nostalgia aquellas jornadas es por la proximidad de Abu Abdalá, que con el aislamiento se acentuaba, y no por la mortandad que sembramos a nuestro alrededor (por descontado, él mucho más que yo). Matar a un ser cuya única posesión es la vida –no complicada, ni multiplicada, ni embellecida como la de los hombres puede ser, sino la vida pura y simple– es acaso el más grave de los delitos para mí. Dice Pero López de Ayala, un canciller cristiano, que en la caza los hombres toman el placer sin pecado, sirviéndose y aprovechándose de las cosas que Dios crió y puso a su servicio. A mí me gustaría estar de eso tan persuadido como él. Aunque es posible que este razonamiento sea un mero y superficial ejercicio de dialéctica. Yo no desprecio un asado de buey o de cordero, y los tengo por excelente comida; en la Fiesta de los Sacrificios, aunque sobreponiéndome, yo degüello al carnero; y no se me ocurre hacerle ascos a un guisado de liebre: anteayer lo he comido. Acaso es una prueba más de mi egoísmo el que procure no ser yo quien extinga una vida, pero disfrute después de que otros lo hayan hecho. O a lo mejor, en definitiva, no es una cuestión de ética, sino de estética: cortar en flor un salto, un vuelo, un canto, un bramido de celo, no me produce satisfacción ninguna, sino más bien remordimiento por haber interrumpido su hermoso frenesí.

Claro que, aparte de mis libros, ¿qué otras distracciones puedo encontrar aquí? Durante unas semanas he mezclado ambos ejercicios: la lectura y la caza. He traído conmigo varios libros sobre ella. El mejor –del que todos proceden– es el de Isa Ibn Alí Azadi, tan sabio en cetrería e ilustrador de los cristianos. Su minucioso tratado se refiere, aparte de las aves y los perros, al modo de correr liebres y preparar las redes, al tiempo del reclamo y a los parajes favorables al rececho. No creo que nadie haya entendido de animales tanto como él.

Moraima me oyó un día hablar, entre suspicacias, del *Libro de la caza* de don Juan Manuel, y de las dieciocho aves amaestradas que, a su juicio, ha de tener todo gran señor para lograr una caza cumplida. Con habilidad y paciencia, encargando a éste, comprometiendo a aquél, la constante Moraima, en poco tiempo, ha reunido el bando entero: un gerifalte y un sacre, que son garceros competentes; cuatro neblíes abaneros, que no proceden precisamente de Niebla, sino de muchísimo más al Norte; seis baharíes de patas muy rojas, que mantienen entre ellos sigilosas y crueles enemistades; un azor, cuya ralea son las perdices; otro, cuya ralea son los ánades, y un tercero, cuya ralea son las garzas; un borní, que Abrahén el Caisí descubrió en una zona pantanosa cercana, y que es perseguidor de liebres; un gavilán, para dedicarlo a las garcetas y pájaros pequeños, y un esmerejón, muy parecido al azor, y al que yo ni de nombre conocía. Por si esto fuera poco, superando el elenco de don Juan Manuel, Moraima lo ha completado con dos halcones, malhumorados y cejijuntos: uno proviene del norte de Europa, y su precio ha sido un buen caballo, y el otro, un alfaneque, proviene de Marruecos.

–Y su precio ha sido un buen camello, ¿no es eso? –bromeé.

–No –me contestó Moraima riendo–, es un regalo del sultán.

–El Albayzín fue durante mucho tiempo el arrabal de los halconeros –agregué, y me volví a extraviar en el profuso bosque del recuerdo.

–Boabdil –me reclamó Moraima tocándome la mano–, aún sigo aquí. Sé en qué pensabas; pero ¿tú sabes en lo que pensaba yo? En un poema que me recitaste en Porcuna: aquel que le destinó un secretario a Mutawaquil, el valiente sultán de Badajoz. Me olvidé del principio; lo sustancial es esto:

Tú, que adornaste mi cuello con el collar de tus favores, adorna mi mano con un halcón ahora.
Hónrame con uno de alas límpidas, cuyo plumaje se haya combado frente al viento del Norte.
Lleno de orgullo saldré con él al alba, y jugará mi mano con el viento para apresar lo libre con lo preso...

–En Granada había halcones –murmuré.

–En Granada sigue habiendo de todo, Boabdil.

–Quizá; menos sultanes –lancé un suspiro–. Tienes razón, Moraima. Recordar en sí no es ni bueno ni malo: depende de lo que se recuerde.

En una alquería, dentro de los límites de la alcazaba, han instalado la jauría. Los perros de montear son todos muy parejos; de una rudeza cariñosa, como pastores hechos a lo abrupto. Agradecidos y atentos a la voz del perrero, saben, no obstante, con una increíble sutileza, que yo soy el amo, y que en la cacería a mí será a quien sirvan. A veces alguno ha de ser apartado de los otros: entre ellos surgen extraños resquemores –sin duda fundados, pese a nuestra torpeza en entenderlos–, o peleas, que suelen ser mudas y a muerte, y que se desenfrenan como un rayo entre dos. Entonces, al apartado le atan una argolla a la carlanca, y la argolla puede correr por una larga cuerda fija a dos árboles distantes: eso le permite una amplia movilidad, que suaviza su traba. «Habría estimado en mucho este invento –pensé– durante mi cautiverio de Porcuna o de Castro... Aunque quizá fuese aún más estimable ahora, en este cautiverio de Andarax.»

Cuando contemplo el campo que nos rodea, tan fragoso y a la vez tan abierto, donde él sería feliz, echo a faltar a *Hernán*. ¿Qué hará ahora? ¿Se sentirá investido por un deber de vigilancia y escolta de mis hijos? ¿Cómo se llevará con Ahmad? ¿Y Ahmad con él, lo que es más peliagudo? Los perros y los niños se percatan, sin planteárselo siquiera, de quién los quiere y de a quién querer. (Me gustaría que a mí me ocurriese lo mismo: tampoco en eso he sido perspicaz.)

Esta tarde, cuando saltó un gazapo debajo de mis pies, imaginé la sorpresa de *Hernán* y su alborozo al perseguirlo. O quizá, hecho a los hombres, su instinto se haya deteriorado –qué mala es nuestra influencia–, y prefiera su cazuela de arroz con zanahoria y carne, o las porquerías que come a hurtadillas y que, por ser prohibidas o robadas, le parecen manjares. Entre los buidos galgos, formados sólo de viento, cuyo flexible y ondulado espinazo se curva bajo el halago de mi mano, hay uno negro, al que llaman *Prisa*. Es un prodigio de armonía. Tiene los ojos verdes, y está tan imbuido de su belleza que, salvo a la hora de la loca carrera, apenas si se mueve: permanece hierático, casi soñoliento y envuelto en su propia dignidad: como se figuran los que no han sido reyes que un rey debe de ser.

He llegado al convencimiento de que Hernando de Zafra me ha provisto de espías en Andarax. Me es indiferente: aquí no se conspira; cuando no puede sostenerse el trono desde el trono, ¿cómo va a recuperarse, ya perdido? Lo que me importuna es no saber quién es o quiénes son. Supongo que forman parte de la servidumbre, y que quizá su cometido sea espiar, más que a mí, a Aben Comisa y a El Maleh, que son quienes transmiten a Zafra las más fidedignas noticias sobre mí, si es que para los intrigantes hay alguna noticia fidedigna. No quiero obsesionarme con este espionaje; pero, en un lugar en que no ocurre nada sobresaliente, se propende a concentrarse en lo insólito: un ruido que se ha creído oír tras un tapiz, unas pisadas furtivas que se alejan, o, como anoche, un cuenquecillo que, en la oscuridad, se cae desde una taca (por propio impulso al parecer, como si los cuencos de aquí se suicidaran).

Farax se propone interrogar a todos los habitantes de la alcazaba, los criados los primeros. El alma de Farax es tan transparente que está seguro de que la profesión de espía se trasluce en los ojos. Le he prohibido que lo haga. Me conformo con decir frases contradictorias, sembradas a voleo en la conversa-

579

ción: «En cuanto nos devuelvan a los príncipes –digo, por ejemplo–, cruzaremos el Estrecho.» Para añadir unos momentos después: «Andarax, con los príncipes, será otra vez la Alhambra; no añoraremos nada. Será bueno terminar aquí, retirado, mis días. Los espliegos y los mirtos del jardín crecen de prisa: en un par de años...» Y enmudezco de pronto. Un par de años de cansino tedio, de voluntario letargo para desmemoriarse, para desaprender, para postergar el pasado. Qué inmenso plazo visto desde ahora. Quizá antes de mirar al futuro, si es que eso existe, haya que cerrar mucho tiempo los ojos: dormir, o simular dormir. O quizá lo contrario: abrir los ojos como platos, pero sólo para el presente, para observar con minuciosidad cómo crecen el mirto y la alhucema.

Por la ventana entra el sol como un lebrel dorado. Se arrastra hasta mis pies sobre la alfombra; lame estos papeles en que escribo. Cada día es más fuerte; el clima es extremoso aquí. El que se acerca va a ser un verano candente. Hoy he tenido que refugiarme en el interior; fuera, hasta la sombra ardía, a pesar de la hora. He paseado a solas. Me alejé más de lo que suelo de la casa, y de súbito descubrí que estaba canturreando. Sentí, no sé por qué, un poco de rubor. ¿De qué? ¿De estar alegre? ¿De estar alegre sin conciencia de estarlo, que es la mejor, o la única, forma de la alegría? Muchas tenebrosidades me rodean; sin embargo, el corazón del hombre es como un pozo: puede haber alacranes en él y también agua clara. ¿Habré de resistirme a esta bonanza porque sea un poco torpe? ¿No será mi desvelo por olvidar, diariamente reiterado, lo que me impide de veras olvidar? ¿Cuándo aprenderé a abandonarme, a desasirme, a dejar que la vida me maneje sin tratar de imponerle mis criterios?

Aunque el alba sea oscura, el día está al llegar;
cualquier rostro que gire hacia el sol será tan luminoso como el
amanecer.

Ayer lo leí. El poeta que lo escribió, como todo auténtico poeta, tiene razón porque tiene mucho más que razón.

> *La noche partió el labio de mi alma con la dulzura de su conversación; estoy sorprendido de que alguien diga «la verdad es amarga».*
>
> *El alimento de los mortales procede de su exterior, pero el del amante de la vida está dentro: él regurgita y mastica como lo hace un camello.*
>
> *Ningún hombre razonable conocerá nunca el éxtasis que cabe en la cabeza de un borracho.*
>
> *Si el Paraíso no girara perplejo y enamorado lo mismo que un derviche, se cansaría de su giro y gritaría: «Basta. ¿Hasta cuándo, hasta cuándo?»*

Anoche entró Farax en mi alcoba. Todo el campo era grillos que habían reemplazado a las chicharras; no a todas: algunas persistían, alentadas por el calor que no cedió con el crepúsculo. Farax, sin hablar, se quedó de pie frente a mí mucho tiempo. Hasta que yo, entendiéndolo, sonreí. Hizo entonces además de marcharse; pero antes preguntó:

–¿No necesitas nada?

–Sí –contesté.

Moraima no mejora con el calor. Permanece inmóvil, con los ojos perdidos y las manos cruzadas sobre el regazo. Sólo cuando yo le hablo finge algún interés; pero hasta tal punto ha de hacerse violencia para fingirlo, que dudo si obro bien al dirigirme a ella. Un anochecer en que la temperatura se suavizó, quise animarla. Le propuse recitarle poemas, solos los dos, o llamar a los músicos, o visitar el jardín que ya está tachonado de jazmines. Había luna creciente y se exhibía la noche casi obscena. Moraima, sonriendo, negaba con la cabeza.

–Cuanto quiero está aquí –pasaba su mano por mi barba–;

cuanto tengo está aquí. No te inquietes; no me sucede nada. A veces, cuando se ha deseado mucho y por mucho tiempo alguna cosa y por fin se nos concede, nos embarga el corazón una cierta soñera. Hasta a nosotros mismos nos sorprende que no saltemos de gozo. Y no saltamos –sonrió más–; pero si tú me lo pides, saltaré. –Luego añadió en voz más baja aún–: Con frecuencia la vida, que es muy descuidada, nos inunda las manos de flores y se olvida de darnos un florero.

El silencio que siguió a sus palabras fue tan grande que escuché, tras los grillos, el chasquido del agua en el estanque. Me senté junto a Moraima. Le cogí las manos. Ella, sin dejar de sonreírme, comenzó a llorar; las lágrimas le mojaban la sonrisa. Yo las besé con profundo e ignorante respeto.

El Maleh engorda con la inactividad, que no es completa en él pues no cesa jamás de maquinar. Por el contrario, Aben Comisa está cada día más enteco y desmedrado: no se halla bien aquí. Componen, las pocas veces que se les ve juntos, una irrisoria pareja. Y, cada cual por su lado, traen de Granada noticias poco gratas.

He sabido que el día 1 de mayo, aprovechando sin duda la gentil alegría de la primavera, los reyes cristianos han dado tres meses de plazo para abandonar sus reinos a los judíos que no se conviertan. Pueden sacar sus bienes –me aseguran–; pero no oro, ni plata, ni moneda. ¿Qué sacarán, entonces: sus casas y sus tierras a cuestas? ¿Se cargarán a la espalda sus sinagogas, sus tiendas, sus caballos? Cuánta crueldad y cuánta cerrazón. Aunque el único verdadero Dios sea el suyo, tendrá que castigarlos. Imagino a los judíos, que habitan en esta Sefarad desde hace dos mil años, trocando un viñedo por un asno en que transportar a sus hijos; o un palacio, por una carreta; o un huerto, por un lienzo grueso con que cubrir el arca de sus liturgias. Aquí fundaron su Sión, aquí prosperaron y colaboraron a la prosperidad de todos. Y ahora les fuerzan, a patadas, a decir adiós; adiós al sitio en que sus mujeres parieron, y en el que enterraron a sus difuntos; adiós al sitio en el que basaron su esperanza como una torre sobre piedra. Sus haciendas, desparramadas; desvanecidas sus familias. Otra vez al desierto; otra vez a colgar, enmudecidas, sus cítaras de los árboles... Lo que va a ser eterno se acaba en sólo un día. Sola la fe les queda, y es precisamente la fe a lo que se les exige que renuncien. En su cabeza conviene que escarmentemos; en su espejo temo que un día tengamos que mirarnos.

El Maleh me ha dicho:

–¿Te acuerdas, señor, de aquel menesteroso que me extrañaba ver en el real de Santa Fe cuando fui a entrevistarme con los reyes? Se parecía a los hidalgos castellanos, que no tienen qué comer y se las dan de nobles; que hurtan un trozo de tocino y lo devoran con aire regio, o lo conservan para restregarse a la hora del almuerzo los bigotes y fingir que han comido. Era un hombre harapiento, liado en una capa raída, con ojos muy brillantes. Deambulaba sin dormir, noche y día, por las calles del campamento. Extrañado por su apariencia, le pregunté a Zafra quién podría ser. «Nadie –me contestó–. Es un loco. Habla de hacer la ruta de las Indias por el lado contrario al que siempre se usó. Repite, venga o no a cuento, que la Tierra es redonda. De esas cosas no entiendo; tengo de sobra con el negocio de Granada. Pero si de mí dependiera, ya lo habría echado. Porque aquí, no asamos todavía, y ya pringamos. Estos locos no son peligrosos hasta que se desmandan, o hasta que alguien les fía.» Pues ahora resulta, señor, que le han dado tres naves para que intente su viaje a la viceversa. Dicen que ha sido cosa del rey, que es más navegante que la reina; Castilla no ha visto el mar ni en las cartografías. Y dicen que Portugal estaba interesado a medias, y adelantársele era buena política... Estos reyes, señor, están en alza: de eso no cabe duda. Por remota que sea una posibilidad, rompen a andar. Son como aquellos que encuentran un tesoro, y, en lugar de ocultarlo, aparentan y gastan en esto y en aquello, y lo derrochan todo. Lo único que no tengo claro es de qué sitio sacan los dineros. Porque un tesoro no han encontrado, que yo sepa. Como no sean los judíos... Pero tesoro, no: ¿qué opinas tú, señor?

Y me miraba de hito en hito pesquisándome, como si yo me hubiese dejado en la Alhambra uno enterrado.

–Si no lo sabes tú –le dije–, es que no lo encontraron.

Acicateado por el relato de El Maleh, rebusqué entre mis libros. Llevo bastante tiempo inmerso en los de ciencia, astronomía y náutica. Dos conclusiones voy sacando: una, que por muy grande que yo creyera la sabiduría de los andaluces, la realidad prueba que fue mayor aún; otra, que los estudiosos, si son fieles a su vocación, están más unidos y se asemejan más entre sí que el resto de los hombres: no importa para ellos cuál sea su rey y su reino, porque su ciencia es universal y única, y no puede ser puesta al servicio de ninguna soberanía ambiciosa, ni de la destrucción.

Nuestros descubrimientos astronómicos y nuestros manuscritos científicos, con la colaboración de los traductores mozárabes y de los judíos, fueron asimilados por los cristianos. Es el Islam andaluz el que inspira al rey Alfonso, al que los castellanos llaman *el Sabio*, que fue contemporáneo de mi antecesor *el Faquí*. Y los eruditos granadinos, incómodos por las ajetreadas circunstancias del Reino, emigraron a África Menor y a Oriente, y provocaron así intercambios mundiales. Es curioso observar cómo la cultura andaluza procede de los rincones más lejanos del universo, y aquí se sedimenta, y viaja de nuevo a los más lejanos rincones. La ciencia y la sabiduría están muy por encima de las enemistades de los gobernantes y de las furias de ias religiones.

Me ha complacido descubrir que matemáticos andaluces trabajaron para el visir persa Rachid al Din y hasta para los mogoles. Ibn Aquín, que fue discípulo de Maimónides el cordobés, y Yaya Ibn Abu Sukr, el granadino, son ejemplos de lo uno y de lo otro. Y me he enterado, por la narración de un astrónomo viajero, Malik Ibn al Haizán, en uno de los libros de la Alhambra, que durante la segunda mitad del siglo XIII se llegan a realizar en tres lugares distintos a la vez observaciones que conducen a unas semejantes tablas astronómicas. De un lado, el soberano mogol Hulagu, el que destruyó la fortaleza de los asesinos de Alamut, y su visir Al Din (que tuvo el mismo nombre que mi perro) construyen en Oriente las tablas ilyaniés con la ayuda del andaluz Abu Sukr. De otro lado, en el extremo Occidente, Alfonso X, a través de los conocimientos de Yabin Ibn Afla, construye las suyas, redactadas por Ichaq Ibn al Sid. Y, por fin, la más vieja de las culturas trabaja sobre el mismo asunto en Pekín, donde Cha Ma Lu Ting afinó sus exactos instrumentos de experimentación en los eclipses. Lo que más llena mi alma de alegría es adivinar que el nombre Cha Ma Lu Ting resulta de la adaptación a otras gargantas del nombre, asimismo árabe, de Jamal al Din. (Dios sea loado, también como mi perro.)

Y es que el hombre –sobre todo, el musulmán–, cuanto más sabio, más se incrusta en la Naturaleza y la examina con detenimiento y la venera como la fuente de su sabiduría. Si todos los hombres se pusieran de acuerdo por medio de su inteligencia, quizá aquel heterodoxo no habría escrito:

Desconfío del hombre, que engrandece su poder sin acatar los poderes que desconoce.

Quizá quienes habitan en las estrellas indecibles sean más dignos que nosotros;

en ellos reside nuestra esperanza última.

Hace poco –¿qué es poco?– he leído sobre las máquinas para medir el tiempo. Mi antepasado *el Faquí* convocó a Granada al murciano Ibn al Ragán, que fue su astrónomo y su médico y que supo más que nadie de relojes de sol. De clepsidras, esos arcanos relojes de agua, el que más supo fue Abul Kasim Ibn Abderramán, que trabajó perseverante y oscuramente en Toledo, en cuyas afueras, a orillas del río, construyó grandes estanques, que se llenaban o se vaciaban según las fases de la luna –la luna los gobernaba como gobierna las mareas–, hasta que un rey cristiano, para averiguar su funcionamiento, consiguió que dejaran de funcionar. Y ya entonces había una tercera forma, más misteriosa aún, de medir el tiempo: el reloj sideral, que consiste, por lo visto, en un sencillo círculo de cobre agujereado, en cuya periferia dos circunferencias marcan las horas y los meses; a través del orificio hay que mirar a la imperturbable estrella Polar, manteniendo el disco a medio palmo del ojo, e inclinado a la distancia de un palmo hasta la barba y medio hasta la frente.

Mandé construir un artilugio como el muy simple descrito en los libros, pero en mis observaciones no he tenido ni paciencia ni éxito. No soy un sabio; no soy siquiera un aprendiz de sabio.

Muchísimo antes, desde el siglo XI, conocíamos en Andalucía las tablas de la declinación solar a lo largo del año. Las utilizaban los muecines para fijar las horas de la oración. Yo he visto algunas en la Alhambra con millares de cifras; una de ellas había sido calculada por el granadino Ibn al Kamad hace trescientos años. No me extrañaría que el estrafalario navegante de El Maleh se haya provisto en Granada de alguna parecida. Siempre se ha dicho que los musulmanes –cuyo origen, en el desierto, es tan poco marino– éramos malos nautas. Yo he corregido esa opinión ahora.

¿No inventó el astrolabio Saraf al Din al Turi (también Din

como mi perro, Dios lo tenga en su gloria), y no lo trajo a Andalucía Ibn Riduán al Numairi, *el Guadijeño*? ¿No estuvo en manos andaluzas toda la matemática aplicada a la navegación? ¿No fue la marina más diestra y la más arriesgada la del califato de Córdoba, cuyas flotas, al mando de Ibn Rumayis o de Ibn Galib, viajaron desde Irlanda hasta Messina, con adelantados e innovadores medios de orientación, de situación y de medida y mantenimiento del rumbo; unos medios que muchos ni siquiera aún han llegado a conocer, o que acaso ese estrafalario navegante empieza a conocer ahora, cinco siglos después?

Por lo que deduzco de lo que leo, no sin mucha fatiga y con toda aplicación, la brújula es también un invento andaluz. Al Udri nunca habría podido describir sin ella la geografía de Al Andalus. En este momento yo tengo ante mis ojos una copia del siglo XII de ella; Al Udri habla, y parece cosa de magia, de la pesca de ballenas en Irlanda, y cita los puertos africanos que están situados frente por frente de otros de la costa andaluza: exactamente enfrente, lo cual habría sido imposible de establecer sino con una brújula, sea cual fuese su sistema.

Uno de los libros que provienen de Medina Azahara es el de *Las maravillas de la India*. Lo estudio con prolijidad, pero también con ineptitud. Hay una información que relaciono con la teoría de la Tierra esférica que El Maleh atribuye al navegante de Santa Fe. En el siglo X, un gaditano viaja en un barco por el golfo de Bengala; sobreviene un temporal, y el golfo se cubre de fuego; el andaluz apacigua a la tripulación y a los pasajeros, porque él ya ha presenciado ese fenómeno frente a sus costas maternas. El autor del libro comenta que también se da esa luminiscencia –¿cómo denominarla, si no?– en el golfo Pérsico. ¿No es una admirable coincidencia? Y en el mismo fragmento de ese códice hay unas alusiones a la orientación que me sumen en conjeturas probablemente equivocadas. «Ya no se ve –dice– ni día, ni Sol, ni Luna, ni estrellas con que podamos orientarnos: hemos entrado bajo la influencia de Suhail.» Consulté otros libros más elementales –porque ahora son míos los días y las noches–, y aprendí que Suhail es la estrella equivalente a Yudai; equivalente en el sentido de que, mientras que ésta es la Polar del Norte, fija como una atalaya, la otra se llama Canopo, y sería la que guiase las navegaciones por la otra media esfera.

Mirar a la inmensidad del cielo, enjoyada por astros titilantes, desde esta tierra casi yerma, me produce escalofríos y a la vez un gran reposo. El hombre no es más que una centella que cruza el ancho pecho de la noche; pero la noche es infinita. Quizá eso a la chispa la consuele.

Me enorgullece, como a un niño que empieza a deletrear, adquirir y combinar estos datos. A menudo no los descifro bien; he perdido demasiado tiempo en naderías. Pero me compensa de tal pérdida el haber sido, aunque indigno, sultán de lo que restaba de un pueblo que, durante una destelleante época, ostentó en sus manos el cetro del conocimiento.

Me asegura el Maleh que el navegante de la capa raída se llama Cristóforo Colón, y es de raza judía. No me sorprende nada; judíos son todos los del entorno de esos reyes: sus secretarios, sus administradores, quienes les prestan y quienes les guardan los dineros. Son judíos hasta quienes les han preparado los documentos para expulsar a los judíos.

Los más sufrientes de esa raza no se me van de la cabeza. Cuentan que bajan en un puro sollozo desde Castilla a los puertos andaluces en donde embarcarán. Por lo que tienen prohibido llevarse y por lo que es materialmente imposible que se lleven, los que los expulsan, o los que se han bautizado y se quedan, les han dado unos pañizuelos, y han tenido que morderse los labios y el alma y contentarse con lo que los abusadores les brindaban. Hay judíos que han muerto a consecuencia de comerse su oro para atravesar las aduanas con él en el vientre; me asegura El Maleh que a una mujer la abrieron, ya cadáver, y le encontraron dentro más de setenta ducados. La desesperación los empuja a la muerte.

No lejos de aquí han cruzado algunos camino de Adra. Me ha informado Bejir de que riegan literalmente la tierra con sus lágrimas. Muchos viejos se sientan a la orilla del camino a dejarse morir; rechazan, al final de su vida, reiniciarla en un sitio inimaginable para ellos. Se arrastran como animales los enfermos, los tullidos, las preñadas, los niños de pies ensangrentados, y todos parten desvalidos, con el terror en los ojos, desprovistos de ajuares y de enseres, sólo amparados en su fe.

Los cristianos, como todo socorro, les ofrecen, por los pueblos que pasan, conversión y bautismo. Dice Bejir que sus rabinos, para alentarlos, llorando a mares, les hacen cantar himnos y salmos, y tañer panderos y adufes como si fuesen de romería, hasta que las mujeres, de tanto pesar, se caen de las monturas, los hombres se mesan los cabellos, y no saben los mancebos hacia dónde mirar que no sea muerte.

Yo he evocado hoy al médico Ibrahim, que ha resultado ser profeta de su ley. Me congratulo de que muriera antes de cumplirse su propia profecía.

Estas últimas semanas se han escabullido con mucha más velocidad que las anteriores. Quizá todo consista en que yo no me he detenido a ver cómo pasaban.

Sólo una novedad. Con siete días de diferencia, en agosto, han muerto nuestros dos principales enemigos: el duque de Medina Sidonia y el bermejo marqués-duque de Cádiz. Felices los que descansan, si es que ellos descansan, nada más concluir su tarea.

Entre estos dos próceres todo fue contrario: su físico, sus opiniones, sus familias, sus gentes. Sin embargo, la muerte se ha negado a separarlos; si hay otra vida, ¿qué iban a hacer el uno sin el otro, si en ésta se dedicaron sobre todo a enfrentarse entre sí, más aún que contra nosotros? Como en una burla, la muerte ha sorprendido al primero en Sanlúcar, tan cerca de los dominios del segundo; al segundo, en Sevilla, donde tuvieron lugar sus más grandes reyertas con el primero, y de la que fue obligado a salir.

Hoy, bien avanzada la mañana, he oído caballos y ruedas. Como estaban aquí Aben Comisa y El Maleh pensé que sería algún visitante granadino (aunque no doy aliciente a sus visitas por no encender la curiosidad de los espías, ni las sospechas de los reyes). En seguida he escuchado gritos de las mujeres, que llamaban a Moraima y a mi madre, y el bullicioso ladrido de un perro. A mí mismo me parece inverosímil; pero, sin razonarlo –quizá el mejor camino del saber–, he tenido la certeza de que ese perro era *Hernán*.

Corrí hacia el compás de la entrada. Rodeados de alborozo, allí estaban mis hijos. Moraima, muy seria, con los ojos cerrados y en cuclillas, abrazaba a los dos. *Hernán*, perdido todo recato, se me abalanzó de un salto. Las manos de Moraima se movían sobre el rostro de los muchachos como si estuviese confirmando sus facciones. «Les da más crédito a ellas que a sus ojos, y *Hernán*, más a su lengua», pensé. Cuando, bastante después, los ha abierto, Moraima era otra mujer. Reía a carcajadas, saltaba sobre uno u otro de sus pies, batía las palmas en el aire, y hasta ha empujado a mi madre para arrebatarle a Yusuf de los brazos. Luego ha abierto los suyos de par en par y, con el rostro en alto, deslumbradora, me ha gritado: «¡Boabdil!» Yo pensé: «Así ha de ser el Día de la Resurrección.»

Por encima del hombro de Moraima, que se estrechaba contra mí, he visto a Farax. (Pensé también que no era ésa la primera vez que sucedía.) Estaba con los brazos cruzados y una encendida expresión de júbilo. Le hice un gesto para que se acercase, y los tres hemos cercado a los niños, como en el juego infantil en el que todos giran: un juego en el que cinco cuerpos, a disposición de cinco almas, se acariciaban unos a otros las manos sin saber de quién eran. Entretanto, *Hernán* nos lamía vorazmente a todos a la vez.

Sin previo aviso, comenzó a caer una lluvia menuda, y todos, gritando y riendo –hasta *Hernán* se reía–, hemos corrido dentro.

Durante muchos días di de lado a estos papeles. No porque me haya dedicado a otra cosa: tampoco he leído, ni he cazado, ni he recibido a nadie.

Me da miedo escribirlo, pero es cierto: no he hecho más que tomar posesión de mi felicidad.

Nunca creí que Andarax fuese tan bello; ni el jardín, con las primeras lluvias del otoño, tan fragante; ni mi madre, tan afable y comunicativa; y había olvidado cómo suena la risa de Moraima y cómo recrea a las mañanas la gallardía de Farax. ¿Cómo no voy a entender que el mundo sea una esfera, y que este hemisferio de la felicidad, al que he llegado desde el de la desdicha, es un regalo que sólo la mano de Dios puede dispensar?

Si hoy he escrito estas líneas es porque me ha asaltado el pavor de perderlo. De que lo tuve, quede constancia aquí.

Desde Granada nos han traído nuevas milagrosas. El navegante de la capa raída ha regresado de la mar después de unos meses de ausencia. Todos se figuraban que había naufragado. Nada de eso: ha descubierto ignotas tierras del Cipango y del Katay, con hombres distintos de nosotros, de color diferente a los que conocemos, que usan lenguas de sones peregrinos, menosprecian el oro y adoran a ídolos numerosos y extraños. Ahora va camino de Barcelona, donde los reyes lo aguardan. El mundo, como si se hubiese vuelto loco, nos llena de pasmo y de alegrías; pero las alegrías sobrecogen más que las penas al desacostumbrado corazón de los humanos.

Si, contra tanta luz, me permitiese reconocer alguna sombra, sería el rechazo, no del todo visible, que Ahmad siente hacia mí. Intuyo que no me perdona su destronamiento, consecuencia del mío, o la humillación que ha sufrido en mí. Pero quizá se trata de imaginaciones: es lo que me asegura Moraima. Sin embargo, me incomoda la influencia que en mi hijo ejerce mi madre, y que él consiente.

–Si hubiera llegado a sultán, nada habría sido como ha sido –dogmatizó mi madre el otro día–. Ahmad es duro, callado y tiene buena memoria para los agravios. Yo hubiera hecho de él un rey extraordinario. –Y luego, con un hermético fruncimiento de cejas–: Quizá es posible aún.

Farax enseña a montar a Yusuf, que se sostiene sobre su pequeño caballo, responsable y airoso como un gomer. Moraima, vestida ahora de colores muy claros, dice que no puede estar en ningún otro sitio que en la explanada porque teme que el caballo lo tire; la verdad es que se envanece con la gracia de su hijo menor, y no es capaz de estar sin mirarlo ni un instante. Las mujeres se desviven por agasajar a los dos muchachos, y se disputan la honra de servirlos. Si uno se fija, echa de ver que *Hernán* ha envejecido. Cuando nota que no se está pendiente de él, se tumba al sol, da unas cuantas cabezadas y dormita como los niños que, muertecitos de sueño, se niegan a irse a dormir a su alcoba.

Yo los miro a todos. No tengo gana de hacer otra cosa que mirarlos, lo mismo que Moraima. Hasta que de pronto me descubro sonriendo y me sonrío aún más.

Incluso Aben Comisa y El Maleh (que tenían, por separado, barruntos de la venida de los muchachos, aunque, empedernidos en desconfiar, nada hubieran anticipado) actúan de un modo más familiar y agradable: envían de sus casas platos y dulces para los almuerzos, o compran en Granada para Moraima velos, agremanes y babuchas doradas. Quizá a quienes no son malos –y el hombre no lo es en general, sino sólo egoísta–, contemplar la felicidad ajena los incline a la suya; de ahí el anhelo de participar como sea en el bienestar de los otros por si redunda en el propio bienestar.

Anoto embarulladamente cosas sin importancia; son ellas las que me hacen feliz. Las importantes disturban y arrastran a la meditación. Me gustaría tener la natural ecuanimidad de *Hernán*, al que veo echado junto a un muro bajo el sol: los cínicos de Grecia no andaban descaminados. Embarulladamente –repito– y con premura.

Farax me ha persuadido. Mañana salimos para cazar durante unas semanas por los campos de Berja y de Dalías. La expedición es tan numerosa y complicada como la que organicé cuando la toma de Alhendín. (Esta broma carece de toda gracia.)

Gradualmente les he ido tomando cariño a estas extensiones desoladas y agrestes; acaso es la necesidad lo que me mueve. O se trata de una ley de vida: en la mía ya concluyó la edad de los jardines. Me impresiona la desnudez de las tierras sin labrar, de los eriales, de los cabezos ásperos. En las tres semanas en que estuvimos fuera hemos cruzado arroyos que, llegado el verano, desaparecerán; hemos guardado silencio en los bebederos de invierno, donde la caza, que no conoce al hombre, baja despacio cuando el sol se pone, al descolgarse sobre los campos la hora de la tregua, durante la que toda contienda se aplaza hasta mañana; hemos asistido a la abundancia celeste de luces y tonalidades irrepetibles, más llamativas todavía sobre estos ocres, que, según el momento del día, toman matices de oro, de carne, de topacio, de rosa.

La Naturaleza es aquí una familia incalculable, todos cuyos miembros se asemejan y conservan entre sí el aire común que siempre caracteriza a los hermanos. Piedras, promontorios, animales, nubes, árboles centenarios, florecillas, guardan un evidente parecido. En este despojamiento de las cosas se ve mucho más claro. Sólo el hombre parece ser ajeno, como un usurpador sobrevenido que no hubiera encontrado su puesto verdadero, y él mismo se excluyese. ¿Qué éramos sino eso nosotros, cazadores, infringiendo las normas no escritas de la vida? De ahí que, cuando ya regresábamos, al volverme hacia los campos imperturbables, me despedí de ellos con unas palabras de Ibn Hafaya, el poeta de Alcira. Me vinieron, sin pensar, a la boca:

¡Adiós! Todos estamos condenados: vosotros a permanecer, y yo a partir.

No obstante, acaso el que esté en lo cierto sea Farax. Desde los días de la guerra no lo había visto tan audaz e incansable. Y ésa es su esencia; yo lo había perdido, yo había perdido al Farax verdadero. Pero en la guerra buscaba, a sabiendas o no, la muerte; aquí se desprende de él un exceso de vida: un exceso que provoca muertes también, como en la guerra. La montiña, bajo la neblina, apenas late; adormilada aún yace la mañana; es opaca la luz, denso y mate el cielo; entre las matas bajas sólo vive el olor, y arriba, una oropéndola. Pero cuando levanten las nubes desgarradas y la partida empiece, todo hervirá de vida. Los galgos, azuzados, quiebran el cuello a los conejos, transformándolos en un andrajo sucio que ellos traen orgullosos. Las rapaces despedazan en pleno vuelo a otras aves más débiles; sus plumas quedan flotando por el aire, mientras las cetreras regresan erizadas al guante. Implacable, la rehala suelta saca al venado de su encame, lo expulsa de sus tupidos rincones, lo acosa, lo aturde, lo dirige hacia los cazadores escondidos, y el ciervo, traspasado por la flecha, voltea sus ojos para no ver la mano de la muerte.

Entre el vocerío de los monteros y el diálogo de las trompetas, Farax saltaba, con las mejillas rojas, la ropa ensangrentada, alzados los trofeos, como un victorioso y antiguo dios pagano. Yo he cazado muy poco; he preferido observar fascinado cómo unos animales, amaestrados por el hombre, cumplen su oficio de arma mortal contra otros animales. He preferido observar cómo el hombre –Farax, Bejir y los demás amigos– es inconsciente y cruel: impone una sangrienta realeza sobre los más débiles, y se rebela a que los más fuertes la impongan sobre él. Ante una tempestad de truenos y rayos que desplegó su sombría majestad sobre nosotros, los reyezuelos depredadores nos cobijamos bajo las tiendas con rostro compungido. Yo sonreía mirando a los demás sin que ellos interpretaran el porqué.

Una noche vi danzar las risueñas llamas de la fogata en los negrísimos ojos de Farax. No conseguí saber en dónde se fijaban. A la mañana siguiente íbamos a cambiar de lugar de acampada; pero, cuando ya me retiraba, la mano de Farax se posó sobre la mía con la suavidad de una paloma. Hacía tal frío que vaciaba mi cabeza y no me permitía razonar.

—¿Estás contento de haber venido? —me preguntó.

—Sí, por ti.

Sus labios se abrieron en una sonrisa más delicada que una flor. «¿Es éste el mismo hombre —me pregunté— que remata, descuartiza, desuella, trocea y escarnece?»

—Ve a descansar —dijo—. Mañana será un día abrumador.

Me levanté. Me acompañó a mi jaima sin soltarme la mano y, con una voz dulce y espesa como la miel, añadió:

—¿Quieres que entre?

Ahora en sus ojos me veía yo.

Me había retrasado a propio intento. Escuchaba las llamadas de los monteadores y un zureo de palomas ocultas. Para recrearme en la paz, me recosté contra el tronco de un castaño. Sentí un leve silbido y luego un golpe seco. Una flecha se había clavado a menos de un palmo por encima de mi cabeza. Su astil se cimbreaba. La sorpresa me dejó inmóvil un instante. Después empuñé la ballesta que había soltado al recostarme. No oía a nadie; no veía a nadie. Las voces se alejaban. Casi en seguida se reanudó el arrullo. No dije nada a Farax; pero, a su regreso, di la orden de volver.

He mantenido una conversación reservada con El Maleh. El episodio de la flecha no le ha impresionado tanto como yo esperaba.

–Más pronto o más tarde, tenía que suceder. Dudo mucho que quisieran matarte.

–¿Es que eran varios?

–No lo sé. No hablo de quien la disparó. –Sus ojos expresaban más que su lengua–. Si lo hubiesen querido, lo habrían hecho: estabas en sus manos. Supongo que lo que desean es que te sientas amenazado y en peligro.

–¿Por qué?

–Es fácil: les molestas.

–¿Estás hablando de los reyes?

–¿De quién, si no? Les quema tu presencia. Eres como una espina en sus pies. Tu señorío es un enclave perturbador dentro de su reino. Te lo concedieron a trancas y barrancas a cambio de Granada; pero, una vez suya, lo quieren todo.

–Igual que el rey David deseó a Betsabé.

–Sí, y mandó a la primera fila de la batalla a su marido Uría, que no era dueño más que de ella. Al que lo tiene casi todo, no lo detiene nada. Ellos pretenden atemorizarte (matarte sería provocar demasiado) para que les vendas tus tierras y te vayas a África. Tú eres el testigo incómodo de lo que ya les hiere recordar.

–No me iré nunca, El Maleh. Díselo; que lo sepan. Si les he dado mi Reino para estar en paz, no voy a irme ahora a un reino ajeno para estar en cuestión. Y menos aún a tierras musulmanas, donde se me reprobaría mi conducta.

–¿Es que crees que ellos te dejarán en paz?

–¿Quiénes son ellos esta vez?

–Los mismos, Boabdil. No te hagas el tonto. Ellos, para ti, serán ya siempre ellos.

–¿No has sido tú quien me contó lo sucedido en Tremecén con *el Zagal*? Lo han juzgado entre ulemas y alfaquíes, y lo han condenado por la disensión que sembró entre los creyentes. ¿Sería en mi caso más favorable su sentencia? Comunícale a Zafra mi respuesta a su flechazo: no saldré nunca de mi patria. Soy andaluz; nací en Andalucía de un infinito linaje de andaluces, y en Andalucía moriré. Si son *ellos* los que provocan mi muerte, caiga mi sangre sobre ellos y sus hijos.

–Tienen anchas espaldas, Boabdil. Han resistido muchas sangres ya.

–En todos los sentidos –repliqué–, porque sus sangres son confusas. Qué ciega voluntad de no entender. A África, dicen como si de allí procediésemos. ¿Cuántos africanos hay en Granada? De los doscientos mil habitantes, no llegan a quinientos; el resto son españoles. Españoles, con menos mezcla de sangre que *ellos* todavía: la reina tiene más sangre portuguesa que castellana; el rey, más sangre judía y castellana que aragonesa. En España, purasangres, no hay más que los caballos. Y menos cada día.

Me han venido a ver unos abencerrajes. Adiviné, por su aspecto severo, a qué venían. Habían dejado antes a sus mujeres y a sus hijos en las Alpujarras, y les di la bienvenida. Se han deshecho de sus haciendas y de sus bienes en Granada. Se disponen a partir allende a fin de marzo. Según ellos, la mayoría de la gente significativa dejará estas tierras, que fueron nuestras hasta donde la memoria de nuestro pueblo alcanza. Para el verano, no quedarán en la ciudad más que artesanos y labradores; puede que tampoco en la Alpujarra.

–Tal como van las cosas, no tardarás en reunirte con nosotros –me dijo el mayor de la familia–. En los cristianos todo es fingimiento; nuestra ley no durará en Granada. Nos despedimos de ti deseándote la paz.

Fue a besarme. De uno en uno los besé y los bendije. No hallé palabras de ánimo para ellos: tampoco las tenía para mí. Nos hemos dado un adiós terminante. Juntos hemos hecho muchas cosas, y soportado juntos más aún. De ahora en adelante no verán ni el cielo ni el paisaje que son consustanciales a su vida. Aquí dejan las cenizas de sus afanes y las cenizas de sus muertos...

Pensé decirles: «Cuando durmáis en África, quizá veáis en sueños a Granada.» Me contuve recordando mi amarga pesadilla. Granada fue la desposada que se nos mostró, llena de adornos, el día de su boda; el día de nuestra boda. Los países remotos a los que ellos se van no le sirven ni siquiera de dote a la que amamos.

Los vi alejarse anonadados, con ese aire de indecible agotamiento que dobla el cuello a los rendidos.

Anoche, cuando todos se hubieron retirado, se acomodó Moraima muy cerca de mí. Con su boca en mi oreja, me recitó un poema que yo, que creía haberle enseñado cuanto sabe, no identificaba.

¿Has olvidado los años en que las noches transcurrían sobre un lecho de pétalos?
En él estábamos unidos por un solo cinturón, y componíamos un collar armonioso;
en él nos abrazábamos como se abrazan en el aire las ramas, y nuestros talles se fundían en uno,
en tanto las estrellas, en el alto cielo, eran semejantes al oro que tachona el lapislázuli.

Yo, hechizado, respondí con otros versos. Y a continuación, de una boca en otra, se confundieron los de muchos poetas. Estuvimos a punto de morirnos de amor. Le dije:

El respeto que siento por ti hace que tenga miedo de tu cuerpo. Y,
sin embargo, él es el objeto de mis deseos.
Soy como el que se recupera de una borrachera, y se retrae y tiembla
ante una nueva copa.

Ella escondió su cabeza en mi hombro:

El amor ha hecho de mi cuerpo una sombra: tan ligero se siente y
tan poco se muestra.
Mi aliento es tan débil que su hálito desaparece y no se oye; pero mi
cuerpo aún es menos visible, y hace aún menos ruido.
Aspiro a serte grata. Tu consentimiento será mi curación; gimo
como gime el enfermo al venir la mañana.

Y, en efecto, gemía. Sellé su gemido con un beso:

He implantado tu amor en mi corazón, en el lugar preferente que
ocupa la riqueza sobre las manos del avaro.
Busco un refugio en tu amor para huir de mi propia resignación,
lo mismo que el cobarde busca en las armas su socorro.

La apreté tanto contra mí que temía hacerle daño:

Contra mi pecho te oprimo como el guerrero su sable. Caen tus tren-
zas sobre mis hombros igual que un tahalí.

Ella separó la cabeza y me miró en los ojos:

Antes de quitarte el tahalí, estrecha de prisa a la que posee el cin-
turón, y toma en su amor tu revancha.
Despacito, despacito. Mira bien el lugar en que te mueves, no de-
vastes con tus manos la que va a ser tu única morada.

Muy poco a poco, nos habíamos ido aproximando al lecho. Desde anoche sé de cierto que el amor a la vida es lo que engendra vida.

No sé si es que han puesto en mi casa más espías, o es que los que hay tienen orden de multiplicarse; o quizá es que yo me estoy volviendo loco. Me siento acechado hasta en el último escondrijo; escucho respiraciones detrás de los tapices; cambian de lugar cosas que dejé, como prueba, mal colocadas adrede. Sospecho que han husmeado hasta en estos papeles carmesíes.

Hoy, mientras me servían, habían depositado mi comida sobre la acitara de un ajimez. Alguien dejó entrar a *Hernán* en el salón. Yo aún estaba fuera. El perro metió su hocico en un cuenco y se comió la vianda de mi almuerzo. Desde el patio oí los gritos; sólo llegué a tiempo de presenciar su muerte. Me trastornaron el corazón sus ojos despavoridos, su lengua mordida y colgante, su cuerpo sacudido por convulsiones. «Esto fue *Hernán*.»

Yusuf sollozaba, agarrado frenéticamente a la ropa de su madre. Ahmad, sentado en el suelo, tenía entre las manos la dislocada cabeza del perro. Me dirigía una mirada aguda y acusadora, como si yo fuese el culpable. Sólo se me ha ocurrido –y Dios sabe la pena que sentía– prometerle un cachorro para él solo.

–No quiero otro perro –me ha dicho–. Quiero a *Hernán*.

Desde el envenenamiento de *Hernán*, Ahmad me huye. Farax ha dado a los sirvientes la orden de probar la comida antes de que la coma yo. El terror se dispersa por la casa. Han huido algunos criados. Moraima, que está encinta, por primera vez no sabe qué decirme ni cómo confortarme.

Para distraer a mis hijos de este enrarecido ambiente, le he rogado a Farax que los instruya y los ejercite en la monta y en el manejo de las armas. En otras circunstancias, me habría sido muy grato rememorar cómo lo hacía conmigo mi tío Abu Abdalá en Almuñécar; sin embargo, ahora mismo estoy viendo casi con aflicción los delicados brazos de Ahmad guiados por los fornidos de Farax. Tienden entre los dos una ballesta. Yusuf, mientras –los más pequeños se aferran al presente–, corretea dichoso.

Les he prometido que, cuando estén preparados –confío en que se demoren–, nos iremos un mes entero de cacería a la sierra de Lújar donde hay osos y jabalíes y venados. Ahmad, en cuanto se levanta –y aun antes, porque creo que sueña con ello–, corre en busca de Farax, su maestro, del que no se despega. Farax, a veces, en mitad del ejercicio, levanta los ojos a la ventana, desde la que yo los contemplo.

Quizá entre los criados desaparecidos estaba el espía o los espías. La tensión se ha suavizado. Todos intentamos convencernos de que el peligro ha desaparecido.

Moraima, a quien se le nota la incipiente preñez, está más hermosa que nunca.

Dos perros de la jauría han muerto, pero Bejir le ha restado importancia: afirma que nada tienen que ver esas muertes con los atentados contra mí.

Yo, en secreto, he escrito una carta a los reyes. Es en Barcelona donde ahora está su corte. En la carta les propongo ir allí a tratar con ellos para dilucidarlo todo y suplicarles la paz en mi retiro. Por si a los reyes no les llega la suya, he enviado con El Maleh otra semejante a Zafra.

Ahmad me ha dado hoy las gracias por una nueva ballesta que le mandé hacer en Granada. Se me acercó de la mano de Farax. Quizá ha sido éste el que le recomendó que me la agradeciera.

Mi hijo es guapo, esbelto y bien plantado. A su abuela le satisface ver cómo tiende la ballesta y dispara, y cómo se aproxima cada vez más al blanco. A Moraima, por el contrario, no parecen gustarle estos juegos de guerra. Apenas si sentimos deslizarse el tiempo. Pronto el frío empezará a entibiarse.

Hoy he recibido respuesta de los reyes. Es breve; lo suficiente para declararme su propósito. Eluden darme la licencia para viajar a Barcelona: una ciudad lejana, dicen, cuyo camino podría fatigarme. Y me sugieren que, en mi lugar, envíe a Aben Comisa. Todo, a su entender, tendrá una solución satisfactoria. No debo preocuparme: tanto yo como mi familia estamos bajo seguro, que ellos me garantizan.

Pero después añaden, inesperadamente, que, con la misma fecha, han expedido otra carta al gobernador de Almería en estos o parecidos términos: «Desde la hora en que esta carta llegue a vuestras manos, no pondréis obstáculo alguno a que Muley Boabdil embarque hacia el lugar de África que más le plazca. Y que haga lo propio todo el que tuviese noticia de esta carta, guardándose fielmente lo pactado con él. El cumplimiento de todo lo cual será exigido con el máximo rigor.»

Cuando los fuertes aspiran a ser además astutos, sólo consiguen ser despreciables; un león no puede comportarse como un zorro sin inspirar repulsión.

En cualquier caso, Aben Comisa viajará a Barcelona.

Los ciruelos y los albaricoqueros les han arrebatado su turno de flor a los almendros. Pronto los sustituirán a ellos los membrillos.

Se ha hundido el mundo. Farax murió hace una semana. Ha sido todo tan inimaginable y tan injusto que sólo a un Dios malvado puede atribuirse.

La mañana era suntuosa. Ahmad disparaba con su nueva ballesta. Farax corrió hasta el blanco, señalándole el centro para que atinara mejor. Lo animó con la risa y con los brazos.

–Vamos –le decía–. ¡Ahora!

La saeta le entró por el ojo izquierdo.

Todavía no me he convencido de que es cierto, de que no volveré a ver más su joven hermosura, ni escucharé su voz. Ahora descansa en el jardín que mi cuerpo tenía que haber inaugurado.

No he salido desde entonces de esta habitación. Me es imposible resignarme. Lloro hoy, y lloraré el resto de mi vida. Farax y muerte eran las dos palabras más contrarias; ahora son una sola. Me reprocho no haberle confesado cuánto lo amaba. Me reprocho no haberlo amado más.

El Destino se burla de nosotros: murió en un juego aquél a quien la muerte acarició mil veces en la guerra.

No se ausenta su rostro de mis ojos; no se ausenta su risa de mi oído. Hoy lo amo más que nunca. Si estuviera en mi mano, empezaría a creer en la eternidad con tal de recobrarlo.

No quiero ver a nadie. No quiero comer: comería sólo si tuviese la certeza de que aún me envenenaban las comidas. Me ha golpeado tan de plano el filo de su muerte que juro que la mía es lo que más deseo.

Farax, Farax: tu cuerpo se ha deshecho bajo el jardín que trazamos y vimos crecer juntos. ¿Cómo iba yo a pensar que tú serías su abono? ¿Por qué te escondes de quien te ama más cada día? ¿Cómo voy a dormir, cuando detrás de mí tu muerte está acechándome: tu muerte, no mi muerte?

Mi madre, con el pretexto de que la presencia de Ahmad reaviva mis recuerdos, se lo ha llevado a vivir con ella. Yo, como un sonámbulo, veo pasar con infinita lentitud los días ante mí. Sé que Moraima siempre está cerca, al alcance de mi voz; pero me siento incapaz de llamarla. Me siento incapaz de cualquier cosa. He intentado quemar estos papeles, que ahora son sólo un testimonio más de mi infortunio. Moraima lo impidió. No quiero ningún lenitivo para mi dolor. El de la muerte de Farax, que culmina los anteriores, quiero que no tenga atenuantes. La única manera de terminar con el dolor es dejar que él termine conmigo. Me propongo no reflexionar sobre lo sucedido: eso sería comenzar a aceptarlo. Porque no se trata sólo de que me duela el alma, me duele todo: la piel y la carne y los huesos. Me he vuelto frágil; me he vuelto quebradizo, propenso a las heridas. Me hiere el fulgor del sol, y la temperatura agradable, y el rosa intenso del amanecer o el del Poniente. Levanto contra todo mis reproches. La realidad es que me aborrezco.

Hoy recojo estos papeles en que momentáneamente me había reflejado. Hace tres meses que no escribía en ellos. Los recojo como si se refiriesen a una persona distinta, y acaso fallecida. ¿Cómo no reflexionar? Para llegar a la soledad no deseada, sino impuesta, pocos atajos tan directos como el dolor. Pero qué ambigua es esa palabra; tan ambigua como hablar por separado de alma y cuerpo. Cuando digo dolor, no me refiero sólo al del espíritu, sino al físico, y uno y otro están más imbricados de lo que creemos. Si en un instante lográramos diferenciarlos con precisión, afirmaríamos que el moral es más participable, más susceptible de compasión o condolencia, mientras que el físico nos enajena y nos aísla. Pero ¿se dan el uno sin el otro?

He estado enfermo. La enfermedad provoca un alejamiento que nos deja olvidados y desnudos. El dolor del cuerpo nos enfrenta sólo con él mismo y con la amenaza de la cual nos advierte, ya que tal advertencia es su único sentido. Si el dolor físico fuese gratuito, sería una incomprensible maldad de la Naturaleza.

Dicen que cuando el dolor nos emplaza, cualquiera que sea, no hay que escurrirle el bulto, sino sacarle el máximo partido: abrazarlo, asumirlo, hacerlo sangre nuestra, no pérdida de sangre. Dicen que ningún sufrimiento, si no es asimilado, nos hará ni más nobles ni más dignos. El sufrimiento es en sí torpe y feo y humillante como una mala digestión: por eso yo me oculto; pero dicen que en la incognoscible retórica de la vida, actúa igual que una parresia, que transforma el insulto en elogio. Para ello, sin embargo, sería preciso dominar tal retórica. Puede que la vida, como el viejo rey Midas, convierta en oro cuanto toca; pero eso sólo sucede si se ha convertido de antemano en provechosa la soledad que produce el dolor. Cuánta generosidad se necesita para alcanzar tal cima.

Al principio, el dolor atrae un ofrecimiento mayor de compañía, más comprensión, más amabilidad. Pero, si se prolonga, desanima y hastía a los acompañantes, inmunizados por sus continuas manifestaciones. El dolorido acaba por quedarse con su dolor a solas. ¿Qué define el dolor precisamente más que el ensimismamiento del que lo padece? No es algo cuya esencia se observe, ni algo que se comunique o se contagie, ni algo que se mida, por muy afinados que sean los aparatos de los físicos. Para quien no lo siente, es incomprensible e inaccesible: por eso yo me callo. Él se apodera de un cuerpo y de un alma, y los envuelve, y los transporta a su lóbrego reino. El único testimonio que da de sí es un comportamiento externo –llantos, quejas, gemidos, expresiones descompuestas–, un lenguaje que comprendemos, pero que, como todos los lenguajes, puede ser falseado por quien lo emplea y malentendido por quien lo percibe. Porque un lenguaje no es sólo un vocabulario, sino mucho más; un lenguaje no se posee hasta que no se es poseído por él. Y eso es lo que sucede con el dolor: no se entiende hasta que uno mismo es el doliente, su vasallo exclusivo, inhábil para aprender o entender otro idioma, o acatar otras órdenes. Y, aun así, ningún dolor es el mismo para todos, ni jamás se repite. El que siento hoy por Farax es diferente del que sentí por Jalib, e incluso del que sentí ayer por Farax mismo. El dolor (por eso yo me aíslo) es lo más personal que existe. Más que la salud, que es un equilibrio y una euforia relativos a un ambiente; más que el amor, que requiere su espejo; más que la felicidad, que es difusiva y necesita un campo donde obrar, y nos radica en él y de él nos baña.

El dolor, hasta como síntoma de una enfermedad o de un estado de ánimo, se percibirá de formas diferentes según las épocas y los países y las circunstancias de quienes lo provocan y de quienes lo sufren. He oído hablar de esclavos a los que se acostumbra azotar antes de darles su condumio, y que, mantenidos en la inanición, al sentir los azotes, expresan en su rostro, presintiendo la comida, su voracidad y su agradecimiento. Y es que, según los sabios, el deseo de supervivencia está por encima y por debajo de toda otra consideración. Yo, no obstante, conozco a un sufriente que preferiría morir.

¿Existe algún remedio para esta soledad del dolor? Los estoicos romanos afirmaban que su percepción depende de cómo lo atendamos; pero ¿es que le quedan al doliente resquicios por donde su atención se diluya? ¿Tiene otra distracción u otro punto de mira que su propio dolor? Asegura Avicena que oír cánticos gratos lo mitiga, porque empujan al alma fuera de sí misma, y Al Arabí aconseja combatir el dolor con la meditación sobre temas divinos, que arrancan al hombre de su empedernida soledad. Dice Yalal al Din Rumi:

Rumío el dolor por ti como un camello; como un rabioso camello saco espuma.

¿Me resguardo contra mi dolor escribiendo, por instinto, esta página? ¿No será un desahogo del dolor de mi alma este dolor del cuerpo que aún me tiene postrado? Como el agua que, desbordada de la acequia, inunda el huerto y lo destroza. No puede separarse lo que no es separable –lo que no es ni siquiera distinguible– sin llegar a la muerte. Alma y cuerpo son, juntos, una misma cosa. Cualquier puente con el mundo –aunque sea el liviano puente levadizo de estos papeles– acaso logre que yo no me confine en la miserable conmiseración de mi pena. Quizá el solo hecho de exponerla me acerque a los otros; porque, en definitiva, todo dolor es una forma de destierro. Pero no me encuentro con fuerzas para implorar ayuda. Ayuda, ¿contra qué? Contra mí mismo, porque este dolor no es que sea mío, es que yo soy sólo él: en él consisten hoy todas las entretelas de mi ser.

Esta mañana, por primera vez después de aquello, me he mirado a un espejo.

–¿Quién eres? –le he preguntado a mi imagen–. ¿O quién soy? ¿Somos tú y yo el mismo? ¿He sido el mismo siempre?

Nadie había junto a mí, ni en el espejo ni en la realidad. Moraima no me habría entendido; no entendería a la parte de mí de la que hablo: la que está siendo hoy enjuiciada y quizá condenada.

–¿De quién son esos ojos que me observan, bordeado el iris de un turbio arco grisáceo? ¿Qué tienen que ver conmigo las huellas de un cansancio tan largo? ¿Dónde estuve durante tanto tiempo como parece haber pasado? ¿Cómo es posible que tantas canas me blanqueen la melena y la barba? ¿Qué camino he seguido para llegar aquí, para tropezarme con este deterioro, que no suscita mi inquietud por sí mismo, sino por su subitaneidad? ¿Cómo se puede envejecer de pronto? Cuántas cosas mezcladas en la honda y vidriosa alacena de la memoria. Qué pereza ordenarlas. Cuántas muertes alrededor. Cuántos cadáveres colgados de los hombros como un siniestro manto que ha de arrastrarse, tan pesado al andar... ¿Y para qué andar más?

–Todo pasa, y también pasas tú –me decía mi imagen avejentada, si es que es la mía–. La vida es lo que importa: no tú, ni tus talentos malversados, ni tu vida tampoco.

–Irreparable, irreparable –repetía yo.

–No puedes dictaminar con estos ojos fríos de hoy –me replicaba la imagen– las acciones entusiastas y fogosas de ayer, los despilfarros y las culpabilidades del corazón. «El tiempo derrochado será nuestro tesoro», afirmabas entonces. ¿No ha sucedido así? Contéstate a ti mismo.

–Yo no soy ése. Soy quien está detrás de ése –me defendía–. Soy el niño que acechaba con ojos deslumbrados al mundo deslumbrante; cuyas cejas levantaba la sorpresa, y no agobiaba la desilusión. Soy el adolescente de ojos redondeados por la espera, verdeados por la espera, que miraron con fiereza al amor y fueron por él correspondidos: no amados, no, que es otra cosa, pero correspondidos por el amor. Soy el estremecido por la impaciencia, el perpetuo insatisfecho de sí y de los demás, el insaciable. El joven que volvía ahítos los ojos a su interior, cuando no resistían ya la saciedad de la hermosura, y permitía besar así mejor sus párpados. Pero ese que ahora veo no soy yo.

Y mi imagen –o una voz dentro de mí– decía:

–Puesto que fuiste el otro, éste, cuyo nombre la muerte está aprendiendo, ¿quién será? ¿No te haces cargo de él? Ahora que el fin se acerca, ahora que has recibido mensajes y advertencias, ¿lo vas a repudiar? Hay días en que escuchas pasos que no da nadie: ¿cuánto tardará en rozarte la muerte todavía? ¿Alarga ya la mano hacia tu hombro? ¿Cómo vendrá: lo mismo que un relámpago, o minuciosa y tarda? Sea como sea, no hay que hacer muecas delante de un espejo. ¿O es que quien fuiste (el niño, el compungido, el ansioso que fuiste) no imaginó el final del fútil incidente que es tu vida? No, no digas: «A estas alturas, ¿para qué moverse, para qué ilusionarse de nuevo y recomenzar la inequívoca trayectoria del amor, para qué desvivirse viviendo?» No lo digas. Métete dentro de esos ojos que ves marchitos a través del espejo; atraviesa su mustio arco senil: es tu arco de triunfo. A su sombra te encontrarás con todos los viajeros que aquí te han conducido, y que tú reconoces como tú mismo hoy. Tú eras la marcha y el camino; los caminantes eran sólo los que te hacían a ti. Y ahora, tan próximo a la llegada que alcanzaste por ellos, ¿los vas a defraudar? A ellos, que se afanaron en cubrir jadeantes su tramo establecido; a ellos, que arrimando su hombro te acompañaron sudorosos hasta este espejo de hoy, tan veraz como amargo... Esta imagen la has de llevar más allá de ti mismo, porque no sólo le pertenece a este tú de ahora, sino a los tús de ayer y de anteayer. Porque no es tu imagen, Boabdil, sino la vida: la verdadera vida palpitante y sangrante. Quisiste y te han querido; es decir, los sucesivos apoderados que te representaban fueron queridos y quisieron. Dieron de sí (diste de ti a través de ellos) casi cuanto estaba en tus manos: nunca se da la deseable totalidad. Se afanaron ellos para que tú fueses cada día más tú; cada día que se acercaba lentamente a hoy.

–Pero, si soy el mismo de ayer y de anteayer –decía, ya en voz alta–, ¿no he fracasado? ¿No fracasaron ellos en mí?

–La vida –me contestó la imagen desde dentro de mí– no es

implacable; es comprensiva y misericordiosa; lo que sucede es que no la desciframos hasta después. La vida sólo exige ser vivida con ciega confianza y con gozo creciente, porque el gozo que correspondía a los muertos tiene que ser cumplido. Tú, el meditabundo de hoy, el desentendido, has dejado de respirar el aire de la alegría, atareado en tu duelo tenebroso y en tu deber adusto. Te hablo de la alegría que ondea por encima de todo, de la radical y subyacente alegría que es la vida. Ten cuidado, porque ésa es la primera y, en el fondo, la única obligación de cada ser. Nadie está aquí para enriquecer la vida (¿qué vanidad es ésa?), sino para gozarla. Mira tus labios yertos; ábrelos; sonríe. Perdónate tu torpeza, y sonríete. Si pierdes la desengañada y compasiva alegría de estar vivo, es que la muerte irremediable avanza, alma adentro, por ti. La esperanza (esperes o no esperes, da lo mismo) ha de durar hasta los mismos umbrales de la muerte. O quizá más allá.

Llevaba tanto tiempo mirando con fijeza el rostro ajado del espejo que tras él vi la imagen, fugaz e improbable de Farax. Me volví. Nadie. Sólo yo. Mi rostro en el espejo estaba aún más pálido.

–¡Moraima! –grité–. ¡Moraima!

Apareció serena bajo el arco de la entrada. Apoyó una mano en la jamba. El embarazo le ha abultado el vientre y le ha ahondado los ojos. Me interrogó con ellos. Su calma me calmó. Le dije algo imprevisto:

–Tengo canas, Moraima. Me han salido canas.

Sus labios se plegaron en un asomo de sonrisa.

–Hace mucho que el blanco dejó de ser el color del luto en Al Andalus, Boabdil. No trates de insinuarme que esas canas son el luto que llevas por tu juventud.

Pensé: «Es buena, me ama, y me conoce bien.»

Mientras se aproximaba continuó:

–Hemos pasado juntos toda la velada; la noche ha sido larga y terrible; pero ahora, ya lo ves –me acariciaba el pelo que blanquea–, aparece la aurora.

Pensé: «Amarse quizá sea sólo esto: no el éxtasis, no el enloquecimiento, sino envejecer juntos, estropearse juntos.» Miré la silueta deformada de Moraima y me complací en ella; puse mis manos donde antes estuvo su cintura. Era cierto: para engendrar la vida no hay necesariamente que amarla, sino entregarse a ella; es ella la que hace lo demás.

Por eso le rogué a Moraima que se quedase conmigo. Desde hace meses no lo hacía. Ella asintió y, con alguna dificultad, se sentó a mi nivel. Yo, estremecido por esa continuidad de la vida, que se sumerge en un sitio y surge en otro, acaricié su vientre.

Estuvimos así, callados, mucho tiempo. Luego ella dijo:

–Tienes que hablar con Ahmad; que sepa que no lo consideras responsable. Será el mejor modo de que él no te considere responsable a ti de lo que no lo eres. El destino se esconde a menudo detrás de nosotros, y nos empuja, y nos utiliza como arma suya. Es nuestra obligación hurtarle el cuerpo, ponerlo al descubierto, y dejar que sea él quien cargue con la culpa de sus propias catástrofes.

He recibido a los vasallos de Andarax –¿tengo derecho a llamarlos así?– que durante las semanas que estuve enfermo se interesaron por mí, o solicitaron audiencia. Se me ha ido la mañana procurando resolver con tiento sus pleitos, sus carencias, sus disputas. Me he sentido como un niño que imita los gestos de un sultán a la puerta de su mezquita, y juega a administrar justicia, y se cansa de pronto de jugar. Abrevié cuanto pude la reunión, y salí con suspicacia y cautela al jardín. No lo había visto desde entonces. Está en flor.

Ignoro cómo los vegetales trabajan en su sigiloso taller de savias y raíces. Yo me despierto, como el jardín, cada mañana, con la sensación de haber soñado la solución de todo y de haber olvidado el sueño al despertar. He percibido hoy la soledad del jardín contra la mía; no en torno mío su soledad, no, sino lidiando contra mí. Igual que si nuestra alcoba predilecta se hubiera convertido en una sala de tortura, y en ella hubiesen amordazado a alguien dentro de mí: alguien que necesita expresar algo con una urgencia ineludible. ¿Por qué no lloraré? ¿Por qué he reprimido el llanto desde hace tanto tiempo?

Hoy me asalta el temor de haber extraviado no sé el qué no sé cuándo, o de haber omitido un quehacer: el más escncial, para lo que nací. Después he hallado muchos, cientos de ellos, y he trabajado y fracasado en muchos; pero ya distraído, con la memoria apasionadamente vuelta atrás, y el alma suspendida de una alegría ya no recuperable. Hoy me encuentro –y me parece que también el jardín que Farax y yo amamos– igual que quien escucha en vilo un complejo relato, y deja de atender un solo instante, y desoye un minúsculo fragmento, y a partir de ahí zozobra, y todo es ya un ininteligible laberinto y un enmarañado ovillo en el que, cuanto más persigue el hilo, más se enreda. Hoy estoy como alguien, sumergido en tinieblas, a quien se hubiese prometido que se hará una instantánea luz sobre una recóndita salida, pero sin decirle exactamente cuándo, y, confiado en la promesa, acecha, se desoja, aguarda aquel destello, aquella salvadora chispa, sin atreverse a reposar ni a moverse, porque ignora cómo y en qué momento sobrevendrá la efímera ocasión de volver a la claridad.

En esta blanca mañana de primavera, ¿es el jardín quien habla en mi favor? ¿Es Farax quien me habla, a través del jardín del que ya participa, o es la vida, que nos incluye a todos, vivos y muertos, y cuyos drásticos y maternos mandatos he desobedecido? ¿No estaré yo sin saberlo, igual que Farax sin saberlo también, a salvo en el jardín?

Balbuceantes y agridulces pasan así mis horas. Estériles en busca del destino, siendo así que es al destino a quien le corresponde la labor de buscarme. O quizá mi indecisión provenga, como la de este jardín primaveral, de haber perdido lo que era más mío que yo mismo. Sin embargo, ¿no es ahora el jardín quien lo posee? Cuando pase la ardiente batalla de las rosas, tendremos que firmar una ardiente paz este jardín y yo. Quizá una paz eterna.

Aben Comisa volvió de Barcelona. Me esquivaba, pretextaba cansancio, se hacía el huidizo; tanto, que sospeché una mala pasada. El Maleh daba largas también a mis preguntas: algún atisbo había de tener. Superando mi desgana, convoqué irrevocablemente a Aben Comisa. Una vez en mi presencia, ante mi rigidez, eligió cortar por lo sano. Me alargó un legajo. Mientras lo leía –aunque no necesité más que echarle una ojeada para saber qué era–, él intentó amortiguar el golpe ponderándome las ventajas obtenidas, lo benigno de las condiciones, y su prudencia al adelantarse a unos acontecimientos que se habían hecho, según él, inevitables.

Dejé de leer los papeles. Supuse que él, al tanto de mi marasmo, imaginó que una vez más yo iba a pasar por alto su vil comportamiento. Lo fleché con los ojos.

–¿Qué significa esto? –pregunté agitando los papeles.

–Los reyes han sido generosos porque, en vista del amor que te profeso...

–¿Qué significa esto? –insistí.

–Cuando lo leas despacio, comprenderás cuánto hemos de agradecer...

Lo interrumpí. Me había acercado a él. Entre su cara y la mía no cabía ni un puño.

–¿Qué significa esto? –le golpeé con los papeles en el rostro. Retrocedió asustado. Había palidecido–. ¿Es esto una escritura por la que vendes, en mi nombre, todas mis propiedades a Castilla? ¡Perro traidor! ¿Es esto un compromiso de abandonar mi tierra y no volver jamás? ¡Hijo de puta!, ¡dilo!

–No quedó otra salida –balbuceaba–. Los reyes lo exigían. Tu vida está amenazada. Si no hubiese firmado, habrías muerto...

No sé qué aspecto tenía yo; él temblaba. Vi sobre un arca un alfanje, y ya no vi otra cosa. Se había borrado todo. Sólo estaban la traición y el alfanje: el alfanje, que lo llenaba todo, y la traición, que todo lo ensuciaba. Debí de apretar tanto las mandíbulas que me duelen aún. Cogí el alfanje, lo desenvainé, lo enarbolé con una frialdad tan consciente como maquinal, y asesté un golpe contra el pecho de Aben Comisa. Se retiró de un salto, pero no lo bastante como para que el filo no rasgara la tela de su traje. Gritó con voz aguda:

–¡A mí! ¡El señor me mata! ¡A mí! ¡Me mata!

El Maleh debía de estar a la escucha en un lugar muy próximo. Apareció en el momento exacto: ni antes, ni después.

–Sal, perro –le dijo al alguacil–. Por fin has mordido a tu amo. ¡Vete! –Le empujó fuera de la sala–. ¿Cuánto has cobrado, infame? –Luego se me acercó con los brazos muy abiertos, como para indicarme su indefensión–. Calma, señor. Estudiaremos esos documentos. Los miraremos. Cálmate. Ese cobarde apestoso fue a Barcelona sin poder tuyo. No te representaba. Lo que ha hecho es nulo. Tendrá remedio; pero cálmate.

Arrojé el alfanje contra la pared. Rebotó. Miré dónde caía. Cayó junto a la puerta por la que en ese instante entró Moraima. Me sorprendieron a la vez su rapidez, mucho mayor de lo que su embarazo le permite, y una sonrisa que la rejuvenecía. Pensé: «Voy a marchitar esa sonrisa, pero...» Iba a contarle la felonía del alguacil. Aún sostenía –no entiendo cómo– en mi mano los papeles.

–Lo sé todo –me dijo.

–¿Por qué sonríes entonces? –Levanté el legajo–. ¿Sabes lo que quiere decir esto?

–Sí; que estás vivo, Boabdil. –Se agachó con dificultad, recogió del suelo el alfanje, y lo apretó contra su pecho–. Que estás vivo otra vez. Nadie quiere matar si no está vivo. El resto no me importa.

No he vuelto a ver a Aben Comisa. No fue preciso desterrarlo de este pequeño señorío: sin despedirse de nadie, ha desaparecido. Se llevó a su familia, y al mismo tiempo que él me han dejado bastantes de los que me siguieron. Los comprendo muy bien. Yo mismo me pregunto qué hago aquí, cercado y vendido en la tierra que me tuvo por rey. Mis vasallos no llegan ya a dos mil.

Hoy, 10 de abril de 1493, después de tratarlo con Moraima y en presencia de ella, he llamado a mi secretario Mohamed Ibn Nazar, a El Maleh, a Bejir y a Abrahén el Caisí. Redactada por el primero, he otorgado autorización al segundo para que llegue, con Hernando de Zafra, a un acuerdo sobre la venta de estos estados que me quedan y sobre mi partida a África. El texto lo ha traducido El Caisí. Con esta decisión sé que agoto mis últimos poderes; acaso no existían. Oponerse a la fatalidad es dar coces contra el aguijón. Al ver la fecha, he pensado que otros abriles me fueron más propicios. Inmediatamente deseché el pensamiento: no quiero refugiarme en el pasado; no lo haré nunca más. Firmé con mi nombre, y sellé el documento con mi sello privado; es el único sello que conservo.

No es que el hombre se solace en su desgracia, pero se amolda a ella. Vivir sin esperanza es un dislate, o quizá un imposible. Se sacan fuerzas de la flaqueza con la espontaneidad con que crece la yerba en un estercolero. O en una tumba.

Moraima, frente a mí, tiene su postura habitual: las manos recogidas sobre su regazo ya muy protuberante, y los ojos volcados hacia la vida nueva. Yo he cubierto sus manos con las mías.

–No son sólo nuestras manos lo que apoyamos aquí, Moraima.

–El sol es el mismo en todas partes –me ha respondido con su voz templada–. Tú y yo juntos con nuestros hijos, fuera de tanta agitación y tantas mezquindades, indiferentes a la avidez de los poderosos y de quienes tratan de serlo, conseguiremos finalmente la felicidad. –En aquel momento era para mí la madre que nunca había tenido–. En una tierra que no te haya sido robada, y que no nos haya robado a su vez a los seres que amábamos y amamos.

El Maleh regresó de Granada. Sólo ha tardado cinco días en extender con Zafra la escritura de mi entrega total. Sin duda los reyes acucian mi partida, que redondea sus propósitos. Tienen ya virtualmente la Península entera bajo su cetro, y proyectan nuevos viajes a los mundos recién descubiertos. Si Dios está con ellos y les vale, ¿qué necia resistencia puedo oponerles yo?

Me planteo ahora la elección del lugar en el que emprenderemos otra aventura, si es que es factible semejante quimera. Moraima y yo deseamos uno pacífico y salubre, en donde se preparen nuestros hijos para un porvenir que se les ofrece acaso demasiado versátil, y en donde a nosotros se nos permita descansar. Barajamos los nombres de Orán, de Túnez, de Fez, de Alejandría. Túnez me atrae por encontrarme en él con mi tío Abu Abdalá, del que nada había sabido en los últimos años, y que recientemente parece que ha pasado allí desde Orán; pero hay nuevas de que esa tierra se halla afligida por la calamidad, la carestía, la escasez y la peste. Por otra parte, Alejandría está en exceso lejos de esta patria, de la que aún confío que Dios no haya desarraigado el Islam para siempre.

La opción –y eso sí que es nuevo– depende en exclusiva de nosotros. Quizá me pavoneo hablando así; pero, ilusionados con tal libertad, proponemos sin prisa pros y contras como niños que vacilan, en las vísperas de su fiesta, sobre qué regalo pedirán a sus padres.

Aún no he ratificado las escrituras; sin embargo, he prometido a Zafra que, cuando pasen los calores del verano y antes de que las tormentas encrespen el Estrecho, pasaré con los míos al otro continente. De momento somos libres –o nos sentimos, lo que es suficiente y habitual entre los hombres–. O, por lo menos, nos empeñamos en sentirnos libres.

El embarazo de Moraima avanza a velas desplegadas. Mis hijos y nosotros, y confío que los que bien nos quieren, estamos consagrados a él. De él hablamos; a él nos remitimos de continuo. Nunca antes he estado tan unido a mi esposa; en sus desfallecimientos, en sus caprichos un tanto inusitados, en sus vacilaciones al subir y bajar una escalera, siempre estoy cerca de ella. Creo que mi encomienda fundamental es ahora ésta: preparar la bienvenida a lo que venga. Deseo que mi tercer hijo nazca en Andalucía, aunque el resto de su vida –¿quién lo sabe, después de mi experiencia?– se desarrolle en una tierra extraña. Extraña para mí, no para él. Quizá sea eso lo que nos separe.

Mi madre, entre las decepciones y la edad, está más insufrible, si es que cabe. Ha empezado a sentir –y a exteriorizarlos, que es peor– celos del niño que va a nacer, porque acapara nuestra atención, y porque Ahmad, que ha vuelto con nosotros a petición mía, lo ha adoptado como algo de él y protegido suyo.

Imagino que mi madre echa de menos sus intrigas con Aben Comisa, que fomentaba sus baldías presunciones para tenerla de su lado; que la contraría que no la consultemos en el asunto de nuestro traslado (Moraima y yo nos resistimos a llamarlo exilio), y que la mortifica tener que reducir su pasión de mando a los estrechos límites de una alcazaba provinciana. Ella, que sobre el mapa de Granada, trazó en un tiempo estrategias y fronteras, ahora ha de conformarse con decidir si se muda un palmo más allá o más acá la orla de espliegos de un arriate, o si se aplaza la poda de un laurel.

Los meses de mayo y junio, con sus amenas horas indolentes, me han hecho acordarme de Faiz, el jardinero de mi infancia. Cómo me gustaría tenerlo, entre zafio y perspicaz, al cuidado de este jardín que pronto dejaremos y que, como si lo adivinara, se esfuerza en prodigar perfumes y en regocijarnos el olfato y los ojos. Y aun los demás sentidos, porque todos reciben gusto de él.

En este preciso momento acaricio el pétalo amarillo que acaba de desprenderse de una rosa sobre estos papeles carmesíes. Fresco y más suave y carnoso que la más cara de las sedas; con unas sutiles nervaduras que apenas si la vista percibe, y que matizan e intensifican su color; redondeado como una conchilla de las playas, y rematado en una suave punta igual que la comisura de unos jóvenes párpados. Lo huelo, y está en él todavía el mensaje húmedo y vivificador de la tierra. En él, más terso que el pómulo de una muchacha, se resumen las raíces, el tallo, las hojas, la comunidad entera y apiñada de que procede. Si lo muerdo, saboreo los jugos misteriosos que sostienen la vida.

De repente, han caído sobre los papeles casi todos los otros pétalos de la rosa amarilla. Son como una lluvia dorada; una muerte muy bella...

Moraima ha leído, por sobre mi hombro, lo que estoy escribiendo y me dice, mientras juega con los pétalos:

No era la marchitez de la rosa: era la mejilla de la bienamada cuando el miedo a perder tu amor la hace palidecer.

Yo le he respondido con los versos de Ibn al Labana con que sigue el poema, jugueteando a mi vez con sus sienes, sus pómulos, su boca:

No hay posible comparación entre la rosa y la mejilla de aquella que no quebranta el pacto de fidelidad que a mí la unió.

Confrontadas con su expresión, nada valen las cualidades de la rosa; frente a su voz, nada significa el gorjeo del pájaro.

La aurora y el arrayán copian su movimiento de los latidos de su cuello, y su esplendor lo copian de la luz de su rostro.

Los dos hemos reído, porque este juego de acertar la continuación de un poema nos divierte de un modo extraordinario.

Los pétalos de la rosa amarilla, desde los papeles, han resbalado al suelo.

Hoy he encargado a dos joyeros de Granada, si es que todavía responden a la tradición que los hizo famosos, que hagan para Moraima un collar y un pectoral. Deseo que el primero esté compuesto de menudas flores con esmeraldas y rubíes: esas que aquí llaman flores del pajarito. El pectoral quiero que reúna –por sus destellos, ya que no por su olor– todo el jardín. Me proponía entregarle el obsequio el día del parto; pero no voy a resistir: se lo daré en cuanto me lo traigan. Ya estoy impaciente por ceñirlo a su cuello, y por presenciar la infantil manifestación de su agradecimiento y su deleite; seguramente palmoteará.

Ayer le pregunté si recordaba una primavera tan generosa con nosotros.

–Conmigo, no –me respondió–. Ahora tú estás a mi lado todo

el día y todos los días. Cada minuto junto a ti me es más precioso que la menuda estrella embalsamada de los jazmines.

La besé muy despacio a la sombra de los redondos algarrobos y, casi vencida ya la tarde, ofreciéndole una copa, le recité:

Bebe a traguitos el vino, en tanto sea dulce la brisa y tremole como una bandera la húmeda sombra.

La flor es un ojo que acaba de despertar y llora; la acequia, una boca que sonríe con dientes fulgurantes.

Ella, bebiendo de un trago su copa, prosiguió envanecida:

El jardín, para mostrar su bienestar, agita sus mantos esmaltados lo mismo que un borracho que, doblado por el viento, se inclina a punto de caer.

Por fin, los dos a la vez concluimos riendo a carcajadas:

Esta mañana el rocío plateó el cutis del jardín; el atardecer ha venido con esmero a dorárselo.

No le cuento a Moraima que, ciertas noches, mi sueño se colma de terrores, que no quiero luego ni recordar ni referir. Serán la secuela de tantas persecuciones y amenazas; el fiero e imborrable reato de los pecados que no tengo la certeza de haber cometido.

Al amanecer, con el agua de la primera ablución me lavo de ellos; pero es más costoso borrar su huella que la huella de un crimen.

A mis hijos los introduce y educa en nuestra poesía, que tiene un sentido tan lato y abarca tantas enseñanzas, el mismo que a mí me formó, El Okailí. Me produce la impresión de ser más bajo que hace veinte años; quizá es que yo he crecido. Lo evidente es que ha engordado mucho; si se le midiese con imparcialidad, se comprobaría que se ha vuelto apaisado. Su pasión por las sortijas no ha remitido, sin embargo; yo le habré regalado dos o tres por año, y cambia de ellas no sólo cada día, sino casi cada hora.

Hace quince días traté con él sobre la oportunidad de escribir una carta al jeque El Watasi, soberano de Fez. Le rogué que fuese muy sencilla –lo conozco demasiado bien–; que expusiera mi vehemente deseo de exiliarme en su reino, y que le solicitara su hospitalidad: nada más que eso.

Hoy me ha traído, para revisarlo, un borrador eterno, en verso y prosa rimada, que él titula con orgullo *Jardines de flores del que gusta de los perfumes e impetra el acceso de mi Señor, el Imán sultán de Fez*. Con la extensión del título quizá habría bastado para toda la carta.

Moraima y yo hemos disfrutado con la improcedencia de algunos párrafos:

«Antes de que el silencio y la oscuridad sobrevengan, también yo evoco lo que el día fue, y lo que fue el ardor del mediodía, y el suave amanecer, en que no se imagina que la pisada de la luz se alejará. Pero ya es tarde: un púrpura final, en que naufragan todos los colores, ensangrienta la lejanía. Contra el horizonte, los árboles despojados y secos: la luz sólo embellece a la belleza. Hay edades en que el anochecer es preferible, porque deja caer con piedad su perdón sobre todas las cosas.»

Pero también hemos paladeado la exactitud –no sé si su lugar es el adecuado– de otros pasajes:

«Se dice que los ángeles no distinguen si andan entre los vivos o los muertos. Puede que la vida sea para ellos un simple parpadeo; lo que dura es la muerte. A nosotros nos ocurre a menudo lo mismo que a los ángeles: vivir es despedirse, estarse despidiendo. La vida es sólo un cambio de sitio o de postura; también, quizá, la muerte sea eso sólo.»

A raíz de la carta (que, para no discutir, he aceptado íntegra, he firmado y la he mandado llevar a Mohamed al Nazar), Moraima y yo hemos discurrido, a nuestro aire, sobre el tiempo.

¿Cómo rememorar desde hoy nuestro pasado? Su ambigüedad la hemos convertido en certidumbre; lo despojamos de todo cuanto hoy nos parece accesorio y acaso no lo fue; lo interpretamos como algo lineal y definido. No es así; no fue así. Desde nuestro punto de vista de ahora, el pasado es simplemente lo que nos ha hecho como somos; pero ¿era ésa su intención, era su esencia ésa? ¿Tenía siquiera alguna intención? Y su esencia, cuando fue presente –o sea, cuando fue–, ¿no era, como la de hoy, su transitoriedad? El pasado indeformable y pétreo que hoy vemos no es más que una invención; sin embargo, el presente sin él no habría existido... Y es que la historia carece de principio y de fin; es como un río: el cauce sí comienza y termina, pero no el agua. Nadie se baña en la misma dos veces: ya lo advirtió un griego.

–El presente –le decía a Moraima– es el último momento de nuestra historia... por ahora. Pero ¿cómo interpretaremos mañana este momento de hoy, tan lleno de contingencias y posibilidades? ¿No dependerá esa interpretación de cómo sea el mañana en que desembarquemos?

–Si no te emperrases tanto en comprender la vida –me ha replicado–, sería para ti una sonora fiesta.

–¿Quién es capaz de no emperrarse en comprenderla?

–Yo –ha contestado sonriente.

–Pues yo no. No porque mire, que sí miro, con más reiteración hacia atrás que hacia adelante (lo hago porque tengo más trecho por detrás, y el trecho resulta que soy yo); no porque me sienta viejo (la diferencia entre una edad y otra no se discierne con un número); no porque olfatee más próxima la muerte (la muerte está en la vida, y más en la medida en que transcurre). Por lo que procuro comprenderla es para sentirme yo.

–No mires hacia atrás, Boabdil: mírame a mí.

–Si no miro hacia atrás (y además allí estás tú tanto como delante) tropezaré: ésa es la paradoja. Y si miro sólo hacia atrás, tropezaré también: ése es el callejón sin salida en que reside la tragedia. De ahí que procuremos concebir el pasado y falsearlo, para asirlo mejor y hacerlo nuestro y asegurarnos por lo menos de él.

–¿Es que el pasado no es cambiante? –ha repuesto Moraima–. No sólo las cosas pudieron suceder de otra manera ayer, es que de verdad sucedieron de otra manera distinta a aquélla como la recordamos. Yo lo veo muy claro: confundimos lo imaginado y lo vivido. Y es porque deseamos referir nuestra propia historia con nitidez, y nuestra historia fue nítida en muy cortas ocasiones.

En mi opinión, Moraima arguye, sin quererlo, mejor que yo. La vida es, en efecto, una enrevesada continuidad de rupturas, un rumor de manos agitadas que nos dicen adiós. Nos ausentamos de ciudades, de casas, de cuerpos, de amores y de desamores, de soledades y de compañías, de convicciones y de debilidades. ¿No estoy yo violentando este presente desde la mañana en que murió Jalib, o desde la mañana en que me derrotaron en Lucena, o desde la mañana en que entregué Granada, o desde la mañana en que enterré a Farax? ¿Y es en esa violencia en lo que la libertad consiste? ¿Retornaría por mi voluntad a la hora que precedió a alguna de esas, o de otras, mañanas? ¿Y el dolor ya sufrido? ¿No se reducirá el presente, sobre todo, a defenderse de ciertos aspectos del pasado por medio de una selección de las despedidas; una selección que a nuestros ojos es inteligente, pero acaso sólo a nuestros ojos? Porque vivir no es más que estarse diciendo adiós a uno mismo, mucho más que al resto del mundo. Vivir –¿cómo iba yo a confesárselo a Moraima?– es una soledad resonante de adioses. Tal es su única melodía: una melodía que tratamos de no oír.

–Toda historia –dijo Moraima y rompió el silencio– estará siempre mal contada, porque todo narrador elige siempre lo que quiere contar, y porque cualquier cosa cabe dentro de cualquier historia.

Hoy, 8 de julio, he firmado por fin la capitulación con los reyes de Castilla. Les vendo los bienes que me reconocieron hace un año y medio, y me comprometo a pasar a África, desde el puerto de Adra, con cuantos deseen acompañarme.

Los reyes han retirado sus defensas de las costas de Almería, lo cual quiere decir que se hallan en buenas relaciones con los sultanes africanos. Ahora espero con impaciencia la contestación del de Fez. El Maleh me asegura que no he de preocuparme: al mismo tiempo que yo envié a Mohamed Ibn Nazar, Zafra envió un emisario de los reyes para certificar que mi exilio contaba con su beneplácito. Estos reyes cristianos son ubicuos, casi como su Dios.

Me han llegado a la vez dos comunicaciones: la respuesta de El Watasi y una carta de Zafra. La primera es también un poco inacabable: me acogerá en su reino con todo el placer de que es capaz –no será mucho: los africanos no han avanzado por esa senda aún–, como si se tratase de su misma persona. Zafra, por encargo de los reyes, me traza el itinerario que he de seguir hasta Adra. En Adra hallaré surtas dos carracas genovesas para mí y los míos. Hasta el final y más allá tendré que dar las gracias a mis verdugos, que encomiendan con caridad «mi vida y mi salvación a las manos de Dios».

Moraima, ya muy incómoda, y yo nos proponemos uno a otro proyectos muy prolijos.

—Necesitaremos dos o tres vidas para cumplirlos todos —le advierto.

—¿Y es que no vamos a tener dos o tres vidas? —me replica simulando una gran decepción.

Ahmad y Yusuf, liberados a veces de sus ayos y de sus mentores, se agregan a nosotros en nuestros paseos. Ahmad lleva consigo a todas horas el cachorro de alano que por fin me aceptó. Es feo y muy gracioso, como una talega plegada que el tiempo se ocupará de rellenar. El primer día quiso que le pusiese nombre.

—¿Te parece bien *Din*? —le sugerí.

—¡*Din*! ¡*Din*! —vociferó Ahmad. El cachorro arrugó el entrecejo como si se supiese llamado—. ¡*Din*! —repitió su dueño una vez más, abrazándolo.

En este mundo ya hay otro perro *Din*. ¿No se muere del todo? Quizá es el nombre lo que más importe.

El calor, sofocante, mortifica a Moraima. Ojalá su buena hora no se retrase mucho.

Las mujeres dan por descontada la facilidad del parto. El médico Yusuf me tranquiliza: el embarazo ha sido tan normal que los estudiantes de la madraza podían haber aprendido en él cómo han de ser los embarazos.

Si supiese cantar sin asustar a los que me oyen, entonaría el viejo zéjel de Ben Quzmán:

Bendito sea aquel
a quien dan parabienes por su hijo.

Echad velos sobre el niño,
formulad votos de buena ventura,
sahumad a su alrededor
y escribid sobre la cuna en rojo:
«Niño, di "No hay más Dios que Dios".»

Moraima ya no me sigue la corriente en los proyectos; se niega a hacer planes remotos: siente el más inmediato demasiado próximo. El orden de la casa lo ha dejado en manos de mi hermana, que no sirvió nunca para tal menester. Mi madre mete su nariz por doquiera, y todo anda manga por hombro; pero eso, al involucrarnos a todos en un grato desorden, aumenta más la común expectativa. Es como si todos ayudáramos con nuestro sacrificio y nuestra resignación al parto de Moraima. Ahmad y Yusuf conspiran en los pasillos, seguidos por *Din*, apostando cómo será –si rubio o moreno, o sea, si como uno o el otro– el hermanito que ya adoran.

Las mujeres han preparado toda clase de amuletos, de supersticiones no siempre conocidas, de incontables y delicadas ropas. Sé que se suavizan las manos con piedra porosa y se las tiñen con la mejor aleña. La alcazaba entera se adorna y se adereza para darle la bienvenida a mi hijo.

Éste sí va a llamarse como yo, por si verdaderamente es el nombre lo que más importa...

He vuelto de Mondújar, de dar tierra a Moraima y a mi hija.

Al cerrar para siempre estos papeles, ha caído de entre ellos el pétalo seco y mordido de una rosa amarilla.

Han pasado dos años desde la última anotación que hice en estos papeles.

¿Es eso lo único que ha pasado: dos años? Se diría que ha pasado todo cuanto puede pasar.

Estoy instalado de una manera provisional –¿de qué otra puede instalarse el hombre?– en Fez. Algunos de los míos me rodean; son los que, fuera de mí, no tienen otro medio de vida, y los que no la conciben sin servirme.

Fez es una ciudad en declive; yo sé bien cuándo lo es una ciudad. Su decadencia política es muy visible: los mariníes han perdido el impulso inicial; aquí una dinastía no dura mucho sin debilitarse (ni aquí ni en ningún otro sitio). Su declive económico lo provocan las anarquías y las guerras, que entrecortan los intercambios comerciales con la Cristiandad. Su declive intelectual, si es que en algún momento estuvo en alza, es el más evidente. Aunque la fachada es todavía brillante (las ciudades, como la luz de las estrellas, tardan en apagarse aun después de muertas), tras ella hay un vacío muy profundo. Un vacío que se acentúa cada día, porque el sultán, en lugar de mirar hacia el Sur, que es de donde siempre le ha venido el peligro a esta nación, mira a Europa. Sea como quiera, no es cosa mía.

Salí de Andarax (alguien que los demás tomaban por mí salió de Andarax), sin levantar los ojos, el día en que cumplí 31 años.

En Adra, a pesar de que el calor se prolongó ese otoño, corría un aire fresco.

No sentía nada, ni ganas de llorar: las despedidas son mi oficio.

En la dársena, tranquila y temblorosa, flotaban dos carracas, «horras y libres y francas de todos los fletes y derechos»: fue la única palabra que cumplieron los reyes con tal de que me fuera. A la que me habían reservado y a la otra subieron 1 120 personas, entre mi familia y mis alcaides y las suyas, y los criados de todos. Mientras lo hacían vi, entre los malecones que forman la bocana, una raya oscura que separaba la plata del mar libre –ya no mío– de la plata del puerto –ya no mío–. «Como una loriga de escamas deslumbrantes –pensé–. El Corán dice que el primero que vistió una cota de malla fue David.» Luego pensé: «¿Para quién pienso?» Más allá el mar era ya azul. Y el cielo, arriba, azul; sólo unas nubes desdeñosas. Sobre el horizonte, sin embargo, aún era blanco el cielo. No quise verlo; me volví. En la tierra, una palmera con largas barbas sin podar. Alargué la mano señalándola como para decir: «No puede descuidarse una palmera así. ¿De quién es la desidia?» Me contuve; bajé la mano. Aquello nada tenía que ver conmigo ya. El extremo del velo, llevado por el aire, me cubrió la cara y me rozó los ojos. Había una excesiva luz, blanca también, aguzada e hiriente. Los ojos me lloraban. No yo, mis ojos.

Volví otra vez la cara. El pelado paisaje, en sucesivas ondulaciones, crecería desde las bajas tierras de Almería hasta las alturas próximas a Granada. Desde allí venían hacia el mar unas nubes espesas. Se insinuó un leve viento. Se estremecieron las velas de las naves. Yo, también.

En la atalaya de la alcazaba aleteaba el pendón de Castilla.

Lo último que veía de mi Reino andaluz no era hermoso. Agradecí a Dios que no lo fuera.

El viaje por tierra hasta Fez fue tan duro que mi madre, alegando la fragilidad de los niños, me rogó que volviéramos grupas y nos quedásemos en cualquier ciudad del Norte. Yo, hecho a penalidades, no quise ahorrarme ya ninguna. Cuando llegamos a Fez, nos habían precedido la peste y el hambre que se propagaron desde Túnez. Muchos de sus moradores, que la dejaban, se cruzaron con nosotros. A mí me pareció una buena ocasión de terminar; sin embargo, a muchos de mis acompañantes se les ocurrió que era una prueba a la que Dios sometía a mis leales, y consideraron llegada la hora de dejar de serlo. Unos se desparramaron por el reino; otros volvieron a Granada para convencerse de que, tras de lo malo, hay siempre algo peor. Yo estaba anticipadamente convencido.

En Granada, según he ido sabiendo, los mudéjares están obligados a llevar un capuz amarillo y una luneta azul sobre el hombro derecho. Los reyes, cuando comprobaron que los musulmanes más humildes habían decidido permanecer allí, incumplieron una por una todas las capitulaciones. Los han recargado de tributos; los tratan con menosprecio y crueldad, y los someten a tiránicas leyes. Se ha prohibido hacer desde las mezquitas el llamamiento a la oración, y se les empieza a expulsar de la ciudad que era suya, y a relegarlos a los arrabales y alquerías, en donde se retraen empobrecidos, envilecidos y afrentados.

Y si este primer rey, el más sujeto a su compromiso, no lo guarda, ¿qué nos reservarán sus sucesores? Nuestra caída no llegó todavía a lo más hondo. ¿Por qué se calla Dios?

He estado en Tremecén. Varios viajeros me notificaron que allí residía mi tío Abu Abdalá. Al principio, corrieron rumores de que estaba en Vélez de la Gomera, y de que, por su traición contra mí, lo habían cegado los jueces con una bacía de azófar al rojo, y que se alimentaba de la mendicidad.

—Anda lleno de harapos —añadían—, y sobre ellos lleva un cartel que dice: «Éste es el desventurado rey de los andaluces.» Con él conmueve a la gente para obtener limosnas.

Sentí que un puño me agarrotaba el corazón, y me propuse ir sin demora en su busca. Fue entonces cuando Ibn Nazar me acreditó, con pruebas, que habitaba en Tremecén. Cuando llegué, lo más velozmente que pude, había muerto hacía un mes. Sus hijos, no sobrados de dinero, me mostraron su tumba dentro de un cementerio popular. Estaba de pie ante ella cuando se me acercó balanceándose una mujer de aire humilde y muy gruesa, que me besó la mano.

–Soy Jadicha –me dijo, y se deshizo en llanto.

«No es Jadicha –pensé irritado–. ¿Cómo va a ser Jadicha, afilada y tonante, esta ballena?» Los ojos, no obstante –lo que se adivinaba de ellos entre los párpados espesos–, sí eran los suyos. No me atreví a besarla. ¿Cómo profanar mi recuerdo de Jadicha besando semejante estropicio?

Mandé grabar una estela muy rica, igual a la de los sultanes de la Alhambra. Yo mismo redacté el texto: «En el nombre de Dios clemente y misericordioso. Que Dios bendiga al Profeta Mahoma y a sus descendientes. Éste es el sepulcro de un sultán muerto en el destierro, extranjero, abandonado en medio de sus mujeres. Después de haber hecho la guerra contra los infieles, lo hirió con su decreto el destino inflexible; pero Dios le otorgó resignación a medida de su infortunio. Que el Señor derrame siempre sobre su sepulcro el rocío del cielo.»

Y acto seguido especifiqué: «Éste es el sepulcro del sultán justo, magnánimo, generoso, defensor de la religión, cumplidor, emir de los musulmanes y vicario del Señor de los Mundos, nuestro dueño Abu Abdalá, el Vencedor por Dios, *el Valiente*, hijo de nuestro señor el emir de los musulmanes Sad, hijo de nuestro señor el santo Abul Hasán, hijo del emir de los musulmanes Abul Hachach, hijo del emir de los musulmanes Abu Abdalá, hijo del emir de los musulmanes Abul Hachach, hijo del emir de los musulmanes Abul Walid, hijo de Nazar el Ansarí, el Hazrachí, el Sadí, el Andalusí.

»Que Dios santifique su sepulcro y le depare en el Paraíso

un lugar elevado. Peleó en su reino de Andalucía por el triunfo de la fe; se aconsejó sólo de su celo por la gloria divina; prodigó su generosa vida sobre los campos de batalla en los acerbos combates en que los innumerables ejércitos de los adoradores de la cruz caían sobre un puñado de caballeros musulmanes. No cesó, en los tiempos de su poder, de combatir por la gloria de Dios; dio a la guerra santa cuanto ella exige, y alentó a sus guerreros cuando vio que flaqueaban.

»Llegó a Tremecén, donde encontró la benévola acogida y el afecto que merecían sus desdichas. La muerte le sorprendió en tierra extraña, lejos del Reino de sus abuelos, los grandes sultanes nazaríes, sostenedores de la religión del Elegido.

»Dios lo llevó a las regiones de la felicidad, y lo vistió de su gracia, entre las dos oraciones de la tarde del miércoles de la luna nueva de Xabán del año de 899. Tenía aproximadamente cuarenta años.»

Cuando hubieron colocado la losa, la leí despacio. Sentí no saber su edad con mayor precisión. El lapidario, en la caligrafía, había cometido algún error; me pareció excusable: Dios también los comete. «Las historias de quienes tuvieron relación conmigo rezuman la desgracia, o se tuercen», pensé.

Para evitar el agradecimiento de su familia, sin despedirme de ella, monté a caballo y volví a Fez.

¿De qué puedo ya hablar sino de entierros? Ayer enterré a mi madre. Deseé que los últimos rezos los vertieran los alfaquíes sobre su cuerpo en la mezquita de los Andaluces. Fue difícil atravesar la medina con el ataúd. Yo había decidido derrochar un poco del dinero que me queda para complacer la que habría sido su voluntad, y para que supieran los fasíes que se enterraba una persona regia. La comitiva fue muy cara, y muy enrevesado el trayecto hasta la mezquita desde donde yo vivo; pero imagino que mi madre estaría satisfecha, perturbando a sus semejantes hasta después de muerta. Al ver abrirse paso al cortejo entre la turbamulta de compradores, vendedores, paseantes, niños, asnos y camellos, muchos decían: «Es una tía del sultán.» Sólo los andaluces, cuando me divisaban enlutado, comprendían que era alguien de mi casa; pero nadie pensó que era mi madre: probablemente suponían que había muerto hace mucho.

A todo conocido que me encontraba, me preguntase o no, le conté cuáles fueron sus últimas palabras: «Cuando regreses a reinar a la Alhambra, entiérrame en la rauda con los sultanes.» A ella le habría gustado haberlas dicho; ponerlas en su boca es lo menos que un hijo podía hacer. Al fin y al cabo, su vida consistió en imponerse y en dejar claro que estaba por encima de todos. Desde que salimos de Granada, muy pocas veces se había dirigido a mí. Ni siquiera cuando murió Moraima; entonces sólo dijo, sin mirarme:

–Creí que, por lo menos, sabría tener hijos. –Después volvió a la labor de aguja en que trabajaba, y añadió–: Ella remató su bordado antes de lo previsto; mejor, así no tendrá que soportar más degradaciones.

Anteayer mostró síntomas graves; se ahogaba. Una de sus mujeres me avisó. Cuando entré en su alcoba, agonizaba ya. Los ojos se le salían de las órbitas. Respiraba con un jadeo parecido al de una carreta atollada en el barro. Entre los dientes le brotaba un chirrido que me angustiaba más a mí que a ella. Empecé a toser, como si fuese yo quien tuviese una flema, o como si mi carraspeo pudiese servirle de ejemplo para librarse del nudo que la estrangulaba.

–¿Me oyes? –le pregunté.

Me contestó que sí con la cabeza.

Quise pedirle perdón por tantas decepciones como a lo largo de mi vida le he proporcionado. Me excusé, eligiendo los términos, por haber defraudado su esperanza, por haber cedido a los acontecimientos desde mi niñez sin enfrentarme con coraje a ellos. Quizá fue una exposición demasiado extensa. Mi madre, engarfiados los dedos de la mano con que me asía el brazo, me lo apretó y dijo con agrio tartajeo:

–Déjate de historias. Llama al médico.

Convencido de que era inútil ya, y resuelto a que me perdonara, continué exponiéndole mis puntos de vista, mis exculpaciones, la vacilante seguridad de que no habría podido actuar de otro modo.

–Un refrán reza –murmuraba yo con prisa–: más vale que digan *aquí huyó* que *aquí murió*.

Y no pensaba en mí, sino en los granadinos: se acabó el Reino, pero no los hombres.

Sus dedos se clavaron en mi brazo con una fuerza increíble para una mujer tan anciana y en tales circunstancias.

–No me importa nada de lo que dices –me escupió–. ¿Qué me importa Granada, si me voy a morir? Llama al médico. Quiero vivir. Lo único que me importa es que me estoy muriendo...

Cuando apareció el médico que yo solicité, ella había muerto. Sólo entonces me di cuenta de cómo se había reducido su cuerpo en todos estos años. Estaba allí fruncido, como el de una niña chica amohinada. Su rostro, arrugado y menudo, con todas las facciones apretadas, conservaba aún un gesto de desdén como si, hasta después de muerta, estuviese encolerizada contra mí.

Ante ella pensé que la historia de los nazaríes ha sido igual que la de cualquier otra familia, o la de cualquier otra persona; no hay de qué asombrarse, ni causas para elevar una querella. Algo nace, se eleva, se entusiasma, y después se debilita y cae: eso es todo. Igual que un juego en el que se apuesta con ilusión, y se gana o se pierde lo apostado; o se gana y se pierde al mismo tiempo. No se tiene nada firme hasta después, cuando el interés ya ha caducado; nada se sabe con exactitud hasta que ya pasó. Se aspira a la felicidad, y en tal aspiración reside acaso la felicidad misma. Como la vida de cualquier persona: un juego, un amor, una música. ¿Y es que hay un juego, un amor o una música que no cesen un día?

El médico que no llegó a tiempo para ayudar a mi madre a expirar me visita alguna tarde. Ayer salimos juntos. A la puerta de una mezquita me indicó:

—Asómate. ¿Ves ese estanque lleno de peces? Ahí traemos a los niños bizcos para que, siguiendo un pez concreto con los ojos, pongan a trabajar sus nervios y se les corrija el estrabismo. Es un método indoloro y grato a los bisojos, que juegan y apuestan, y aman cada cual a un pez como si fuese suyo.

El físico reía. Y, pasada la calle de los notarios, me mostró una plazuela con un frondoso nogal entronizado en el centro. Al fondo de ella, en un amplio edificio, me dijo que está el maristán donde se alberga a los locos. Él va de cuando en cuando también a visitarlos.

—¿Como a mí? —le pregunté.

—Con más frecuencia (con mucha más de la que quisiera) y con muchísima menos confianza. Confieso que me dan miedo.

—Quizá dan miedo porque sienten miedo.

—La mayor parte son peligrosos en grado sumo —continuó—. Cuando les asalta ese furor frenético que no repara en nada, procuramos calmarlos tocando desde el patio música andaluza. Parece que escucharla los aseda. Y hasta hemos observado que mejoran después de oírla unas cuantas mañanas. Se quedan entre sumisos y alelados, como si el mismo Dios les tocara en el hombro y les musitara un recado al oído.

—No me extraña —le dije con tristeza—. Por el contrario, lo que a mí me faltaría para enloquecer definitivamente es escuchar un concierto de esa música andaluza que no he logrado, ni en sueños, separar de mi oído.

He mandado construir un alcázar cerca del cementerio de los mariníes. Para los toscos gustos de aquí, se trata de un palacio refinado, réplica de la Alhambra; cualquiera que conozca la Alhambra comprenderá que nada hay en mi casa que se asemeje a ella. Ni en mi casa, ni en ningún otro sitio: el alma no se copia.

Eso me dicen los visitantes granadinos, huidos de nuestra ciudad. Eso, y muchas más cosas. Toda Andalucía se ha hecho cristiana, hasta el punto de no haber en ella quien diga en público: «No hay más Dios que Dios y Mahoma es su Enviado.» En los minaretes el obispo Cisneros ha instalado campanas; en las mezquitas, imágenes y cruces. Si alguien se rebela, es castigado con la tortura y con la muerte. Para que abjuren los musulmanes, se les dice: «Tu antepasado era cristiano y renegó, reniega ahora tú.» Se reconoce, pues, que la población de Granada estuvo llena de elches, de enaciados y de tornadizos, es decir, de gente que conservaba intacta la gana de vivir. Cisneros, desde junio a diciembre, bautizó a 70 000 musulmanes. La reina le decía: «Cuantos más cristianos y cuanto antes.» Las cabezas se bautizan, no el alma.

Y, como siempre, se ha alzado mi Albayzín, mi predilecto. «O conversión o muerte», es la consigna de los atropellos. Espero que, como me decía Faiz, muchos sigan adorando a Dios en los rincones de su corazón; pero también espero, por desgracia, que los sorprendidos serán quemados. Cuando se quiere extirpar lo que sea –una raza, una religión o una forma de vida–, el que tiene la fuerza no duda en emplearla.

Yo trato, sin embargo, de reanimar a los emigrantes andaluces diciéndoles:

–Granada pertenecía a Dios, y a Él volverá. Cuanto sucede está escrito en el libro del Altísimo, que no se cierra hoy.

A pesar de mi buena intención, no creo que eso les sirva de consuelo; a mí tampoco me ha servido nunca.

De tiempo en tiempo, en fechas indecisas, releo una o dos páginas de estos escritos con la vaga curiosidad que despiertan los asuntos ajenos. Tal arbitraria manera de leerlos ha acabado por introducir su incoherencia en mis recuerdos. Confundo la intensidad de lo que cuentan, lo que representaron y su cronología. Si me encuentro animado, agrego unas líneas en los márgenes, o anoto algo ocurrido después de lo ya escrito. Eso he hecho en este instante.

Hace unos meses me dio por pasear a menudo a través del infinito y diligente hormiguero que es la medina, donde todas las profesiones hallan incómodo acomodo. Posee, o la poseen a ella, tres círculos: el de los artesanos, el del zoco y el de las viviendas. Pero es todo confuso: dentro de ella el pueblo entero vive junto como en una gran casa. Las calles son, en realidad, pasillos breves. Sus habitantes oyen la misma voz: la del almuédano, paternal y esperada; huelen los mismos olores punzantes de aliños y de yerbas; van caminando hacia los mismos sitios; adoran al mismo Dios, y reposan o rezan sobre la misma estera. La medina es su única casa, no tienen otra; la de cada uno es demasiado pequeña para vivir en ella: es un simple cubil en el que duermen un poco para salir de nuevo, en cuanto amanezca, a aislarse o reunirse. Tienen una cultura –¿o ella los tiene a ellos?– diestra en largas paciencias. Son capaces de sentarse a solas y pensar, o capaces de no pensar en nada, o de agruparse en corrillos taciturnos, en los que a veces zigzaguea una sonrisa idéntica por todas las bocas y por la misma causa tácita. Una cultura que, al parecer, se resigna y dormita; pero al parecer sólo. Su común lujo es el verdor y el agua –la estancia en el desierto está aún muy próxima–, no la conversación; el narrador de historias es el que debe hablar. Veo aquí lo que en Granada, desde arriba, no tuve oportunidad de ver; y comprendo, más desde dentro, lo que en Granada ni me planteé.

Un hombre, que viene desde el campo, arrea a sus cuatro burritos hablándoles como si fuesen cuatro personas fatigadas y levemente tontas. En una puerta, tan baja que para poder pasar por ella es preciso descender dos peldaños, leo: «El ojo del envidioso tiene una espina.» La luz traspasa y juguetea con los cañizos que cubren las callejas. En las azoteas, las alfombras despliegan sus elegantes colores desvaídos. El secular martilleo de los latoneros marca el ritmo de la existencia. Un ciego canturrea su demanda –«Dadle algo a Dios»–, avanza con incalculable morosidad, y se lleva sin cesar la mano a la cara como si se lavase. Un hombre tan viejo como el mundo se aleja con dos grandes peces en la mano. Dos carpinteros aserran riendo las maderas de un ataúd, cerca de un almimbar ya casi concluido. Paso por la concurrida entrada de unos baños. Paso por una tienda de alcandoras rayadas, donde el sastre cose y trenza a la vez los hilos, sujetos –tirantes y cuatro en cada mano– por un niño de la estatura de un escabel. Paso junto a una jaula donde se arrullan amorosamente dos tórtolas desplumadas y sucias. Paso bajo pozos de luz, que se respetan como ninguna otra cosa, ante una esquina, delante de una puerta, en medio de un pasaje techado y oscurísimo. (¿Qué indica aquí lo que es una calle y lo que no, lo que es un zaguán o una travesía? Se ha conseguido una alta perfección: simular, en pleno día, la noche.) Paso ante montones de aceitunas sobre los redores de esparto de las almazaras: negras, moradas, verdes, como piedras preciosas; mientras las admiro extasiado, un burro que cruza defeca sobre ellas. Paso ante un babuchero, que sujeta su labor sobre la rodilla por medio de una correa pisada, y mueve la cabeza al son de una melopeya que no entona. Paso ante un metalista, que elige entre treinta o cuarenta broqueles diferentes como el que escribe elige una palabra. Paso ante la opulencia de las verduras:

desde el cilantro, cuyo sabor a vacío abre sitio a los otros, al apio, al perejil, a las rotundas frutas y hortalizas; entre ellas, los pescados verdes del río y los quesos de cabra apresados en diademas de pleita. Paso ante un carro de cabezas cortadas: terneras, ovejas, cabras, bajo la luz del sol que, hecha añicos, salpica de dibujos de oro la cochambre. Paso junto a los camellos de una caravana, de andar torpe y enredado, que me recuerdan a un hombre que conozco, día tras día afligido sin solución posible, un hombre que desea morir. (Jamás he asimilado el misterio del porte altivo de los camellos. Cargados, doblegados, hambrientos y sedientos, mantienen –a pesar de su extraña fealdad– la pausa y el compás de su zancada, y el cuello erguido. Al verlos, me hiere siempre un sentimiento de fraternidad; un rey no ha de ser como un caballo purasangre, sino como un camello: eso lo he aprendido cuando no me era útil.) Al querer salir de la medina, me extravío, y ya orientado, me vuelvo a extraviar. Sólo hay una cosa patente en este laberinto: su fin es descarriar a quien no le pertenece.

La ciudad de los vivos, en Fez, se levanta en un hoyo entre cementerios. Señalando las colinas llenas de tumbas, los fasíes sonríen y afirman que ellos prefieren el más allá. «Es más bello –dicen–. Los fundadores de la ciudad lo demostraron dejando para los muertos lo mejor.» Frente a la Puerta de la Ley –o del Hombre Quemado, que alude a mi paisano Ibn al Jatib, cuyo cadáver fue expuesto en ella–, junto a la que paso para ir a la medina, hay unas lomas suaves llenas de enterramientos entre olivos. Cuando los veo desde mis ventanas, como escarbabueyes posados, pienso que no sería un mal sitio para descansar, si es que la muerte mata.

Antes de descender a la ciudad, la contemplo desde el mirador de mi alcoba. Las azoteas la cubren. Ellas ofrecen, para el amor y otros encuentros, un camino más hacedero que los de la medina. Abajo y frente a mí veo, como desde la Alhambra, un Albayzín; con menos huertos y menor blancura, pero escucho sus aguas. Al fondo, no tan alta como la mía –¿es mía aún Sierra Solera?–, hay otra sierra igualmente nevada; pero no a mis espaldas, sino delante, como si mi transida cabeza hubiera enloquecido, o el horizonte de Granada se hubiese dado media vuelta. Según las estaciones –ahora es otoño–, bajo un cielo de un monótono azul, vela una bruma las colinas que circundan el hormiguero. Las alquerías desparramadas surgen apenas de ella; provoca el sol algún relumbro en las techumbres de las mezquitas; un humo calmo se iza y espesa la neblina; motea las laderas el blanco de las tumbas. Por fortuna, aquí la temperatura del invierno es mucho más cálida que la de Granada. Mi edad no soportaría sus noches de enero: es la única añoranza que no siento.

Para llegar al tumultuoso río de los curtidores y de los tintoreros que parte la ciudad es preciso atravesar un universo: calles bordeadas de humeantes calderos y madejas de colores chillones; el buen olor a maderas quemadas; los suelos, de piedra abrillantada por los ácidos, que se adentran hacia los hornos interiores... Un día bajé al infierno de las curtidurías por una cuesta resbaladiza y repugnante tapizada de pelos, lanas, boñigas, regatos pestilentes. Mis ojos, educados a huir de la fealdad, se refugiaron en una maceta de lirios rosas y albahaca: allí estaba, sobre un alféizar, incontaminada y portentosa; en un sitio tan inmundo, ¿qué es lo que hacía? (Quizá debería de preguntarme mejor por qué llamo inmundo a ese sitio y portentosa a esa maceta.) Al final de la cuesta, las pilas de mordientes, hechos con excrementos de paloma, y los muros que cierran esta mina fogosa, tachonados de pieles puestas a secar; en el verano, para que no las perjudique el sol, sólo de noche las extienden. Los curtidores y sus aprendices trabajan silenciosos y rítmicos. En medio de ese cráter hostil, sobre el filo de los pilones, semidesnudos, con las piernas teñidas, adoptan armoniosas y elegantes posturas, semienvueltos en vapores que brotan como un vaho de una garganta viva. Acuclillados, con cortantes y feroces utensilios, limpian de pelos y desigualdades el revés de las pieles. («Los animales jóvenes –me dicen– suministran mejores cueros»: es desalentador que hasta en la muerte sean los jóvenes los que alcanzan más éxito; a los viejos, ni la muerte los aplaude.) En esas tenerías, dentro de un tétrico zaquizamí, he conocido a un hombre que lleva trabajando en ellas setenta años; señalando a un invisible rincón, en el que se adivinaba un rebujo inmóvil, me dijo: «Ése es mi padre.» Un muchacho, con un bichero, recoge pieles que llevan uno o dos meses en la cal. Más allá, otro hace los movimientos de quien pisa en un lagar la uva, como si frotase las pieles contra el suelo, o buscase con los pies una trasconejada en el fondo de una pileta. Las norias verticales marean el sonoro caudal del río. Desde los altos secaderos se otean los terrados de la orilla de enfrente: es el barrio de los Andaluces; hacia él se van mis ojos...

El rostro de la medina se muda con las horas. Al mediodía, en el Zoco Grande, apenas se distingue una palmera contra el color arena del conjunto; apenas, las tejas verdes de una madraza, o la azulejería de un alminar; a la ropa tendida no la menea el aire. A las tres de la tarde, todo es un ruido vertiginoso y sin matices; de pronto, un griterío: el Zoco Grande reza. Si me descuido, súbitamente me encuentro solo... ¿Dónde se han ido las demás hormigas? Lo mismo que en la vida de un hombre, hay aquí horas en que se rompen todos los juguetes y sólo queda ensimismarse. Con poderosos pies, se acerca la profunda noche de la medina; ni una luz hay ya en ella, un crujido no más, un resbalar incógnito, y las calles cuajadas de olores naturales...

¿Cómo conocí a Amín y a Amina?

A un paso de la mezquita de los Andaluces tiene su minúsculo obrador un herrero. Uno de los obreros, el de tez más morena, me sonreía siempre que nuestros ojos se cruzaban. Mientras enderezaba los hierros sobre el yunque, o los retorcía para soldarlos luego al lujoso enrejado, no dejaba de mirarme. Cerca de la herrería estaba el taller de un tornero. Pero el tornero no me miraba nunca; tanto, que sentía su desatención con más intensidad que si no me quitase la mirada de encima. ¿Había visto antes aquella cara angulosa y hermética? ¿Quizá en el Zacatín granadino? Era inútil tratar de recordar; mi tarea es ahora olvidar cuanto viví, y cuanto supe y tuve. Aquel tornero, mediante un sencillo e ingenioso mecanismo, trabajaba a la vez con las manos y con los pies, enfrascado en una envidiable concentración –que yo notaba hostil– hasta después de ponerse el sol. Sus ojos, que parecían dormitar, no se levantaban nunca de los maderos de laurel. ¿De qué color serían? No lo pude saber. Una mañana me enteré, sin embargo, por el herrero de que era, en efecto, granadino.

Pocos días después apareció cerrada la tienda del tornero. Eché de menos su intrincada labor, que me divertía observar como se observan, entre la admiración y el asco, las contorsiones de un cuadrumano. Y eché de menos su intencionada ausencia de miradas. Una noche soñé con el tornero; tenía los ojos verdes.

Pasaron unos días más. El herrero cetrino y sonriente, por fin, me dijo:

–El tornero se ha muerto, señor. Aquéllos son sus hijos.

En los escalones de la mezquita había sentados dos muchachos idénticos de doce o trece años. Pese a una pequeña diferencia de estatura, saltaba a la vista que eran gemelos; pero por un error de la Naturaleza, si es que ella los comete, uno de ellos era varón y el otro hembra. Quizá el hecho de que su padre trabajara por igual con los pies y con las manos tenía algo que ver. Al darlos a luz, había muerto su madre. Esta circunstancia infeliz me los aproximaba. No tenían familia: sus padres vinieron de Granada cuando yo salí de ella. Me pareció obligado traerlos a mi casa; aquí están desde entonces. Son, para mí, el resumen de dos mundos: el de esa medina, que se me exhibe y se me esconde (un resumen, como ella, inexplicable, turbador y bello), y el de mi mundo de ayer, el resumen de los desperdigados y preciosos vestigios que hay de Granada por la tierra.

Los dos son agudos y despiertos, de genio vivaracho y expresión penetrante. Su mirada es avizoradora, atenta a todo, saltarina y desconfiada. Su sonrisa asoma con rapidez apenas se les mira, como una excusa previsora de una probable acusación. Su nariz es corta y no muy recta. Sus ojos, verdes como los de su padre en mi sueño, son tan brillantes que parecen encendidos en su interior; hasta el punto de que, si los detienen sobre mí, he de esforzarme para sostenerlos sin apartar los míos. Sus cuerpos son melodiosos: es la palabra que mejor les cuadra. El muchacho tiene andares gallardos y retadores, y separa un poco las piernas, dándoselas de hombre; por eso mismo trata a su hermana al tiempo con dureza y benevolencia, como se trata a un niño. El aspecto de ella es obediente y dulce –creo, sin embargo, que encubre una firmeza inamovible–, y, ante la menor duda, vuelve los espléndidos ojos a su hermano. Es notorio que hay un pacto entre ellos, explícito o no, que los vincula y los identifica frente al resto del mundo: un mundo del que yo formo parte todavía. A falta de otra ocupación, he vigilado a los muchachos, los he estudiado con detenimiento. Al principio, furtivamente; luego osé hablar con ellos. La diferencia entre nosotros era tan grande como un mar: ellos, o estaban muy distantes, o se ocultaban tras las olas. No obstante, a riesgo de precipitarme, saqué mis conclusiones: la vida no los ha dejado intactos, pero sí ilesos; el dolor los atacó, pero no los ha acribillado o, por lo menos, no dejó huellas en su alma. (No creo que se planteen siquiera ese asunto de su alma.)

Y reflexiono una vez más. Quizá el dolor y el amor sean sólo emanaciones de la individualidad. Sólo el verdadero individuo, es decir, el que tiene cubiertas ciertas necesidades inferiores, es capaz de sentirlos. El pueblo es sólo especie; como especie, es inmortal: incapaz de amor por ello, pero a cambio, por ello también, impasible.

¿Tengo derecho a hablar así? ¿He merecido yo lo que poseo? Más aún, ¿soy pasible? Después de tantas pérdidas, ¿lo soy? Sólo un peligro de dolor o de muerte que se corre con deliberación –un peligro no impuesto– hace pasar al hombre, de una vida latente y sólo física, a una vida esencialmente humana. Cuando no se expone la vida, sino que se conserva y perpetúa nada más a través de uno como un mero vehículo, no merece tal nombre. Yo lo sé: mucho tiempo he vivido para el conflicto, para el desafío, para el prodigio, lastimoso o benéfico, que encendía mis años; pero perdí el motivo y la razón del riesgo: me fueron total y absurdamente arrebatados. Y su carencia es hoy un reguero de fuego que lo consumió todo, hasta el dolor. (Ahora el dolor, anestesiado para seguir viviendo, se ha convertido en un sordo estado de melancolía, en un umbrío fondo de desdicha que no me permite ver, ni querer ver, el mundo. Ahora soy como un barco vacío a la deriva.)

Yo he despreciado a quienes se resignaban a sobrevivir; a los que, como estos dos muchachos, nacían destinados sólo a eso. «Porque vivir –me decía– no es continuar vivo, sino participar en el misterio, en las desalmadas siembras de la vida y en sus recolecciones: crear vida, y no sólo engendrarla.» ¿Acaso por eso están aquí Amín y Amina? ¿Serán ellos el último reducto donde debe latir mi corazón?

Los animales salvajes y el pueblo menesteroso, si los examinaba con detenimiento, me dejaban exhausto. Cuando la vida es un irresistible impulso, dirigido con exclusión de lo demás a no morir, se vuelve incomprensible y rígida, como un deber sordomudo desprovisto de cualquier recompensa. En la incesante noria, los cangilones se llenan y se vacían de un agua indiferente; suben y bajan, utilizados o inutilizados sin su consentimiento. ¿Y es vida eso, ese constante azacaneo, esa persecución del alimento, del cubil, de los hijos? El ser humano tiene una parte que pertenece a la indómita naturaleza, pero ¿no tiene otra en que la contradice? El amor, que en apariencia nos empuja a engendrar otra vida, ¿no mueve a los amantes a quitarse la suya en las mejores ocasiones? El náufrago que se ahoga es más grande que el mar; porque el náufrago sabe que se muere y el mar no sabe que lo mata.

Sobrevivir; pero ¿hasta dónde? ¿Será la ferocidad la única arma, una ferocidad tan inocente e irracional como la ternura con que el león lame a sus crías? Sobrevivir a toda costa no es humano. La muerte es seductora: la primera noche de veras relajada, el dócil almohadón en el que el cuerpo, con un suspiro, se evade y se disuelve. Morir es la irremediable meta de la casualidad, la conclusión del no solicitado encargo: reposar la cabeza, cerrar los ojos, y que cese el miedo. Ay, qué fácil sería: un leve corte en la vena precisa, y desaparece el temor a un mañana de ataques impensados, de hoscos aires de enemistad, de derrotas y de envejecimiento; un mañana que desmoronará la ferocidad imprescindible para sobrevivir, y que nos desamparará bajo la dentellada del más joven que empieza. Se terminó: el leve corte, y lo oscuro nos arropa con su maternal connivencia. ¿No será el hombre más hombre si exacerba lo que de menos animal hay en él: esa capacidad de interrumpir a discreción su vida? Y, sin embargo, ¿en qué afecta a la vida que un individuo muera, sea hombre, o fiera, o pez que sigue el ojo bizco de un niño pequeño?

No sé si eran éstas las razones que me movieron a acercarme, progresiva y lentamente, a Amín y a Amina, como quien se acerca a unos cachorros huérfanos de tigre. No sé si fue reemprender una tarea de experiencias y de enseñanzas, o defenderme detrás de su escudo valeroso, o suministrarle un sentido a toda esta oquedad, o sustituir a mis propios hijos que ya no están conmigo y que no me respetan, ni acaso me respetaron nunca, o tratar de que suplanten a una hija nonata que por lo mismo no me ha decepcionado, o acaso todo junto.

Mejor será no preguntarme si sobrevivir es también ir viviendo de una prórroga en otra.

Me inunda un aluvión de noticias de lo que, a lo largo de estos años, ha ido sucediendo en Granada. Los musulmanes de allí han podido irse haciendo a la idea; a mí se me desploma todo encima a la vez, y me abruma. Es cierto que el tiempo diluye y dosifica el dolor y la vida, y es él quien nos lleva de su mano, con benignidad –si le dan tiempo al tiempo–, camino de la muerte.

En la plaza de Bibarrambla encendieron una hoguera con libros: los que dejé en la Alhambra y los hallados en las casas en que, según las capitulaciones, no podían entrar. Nada se ha respetado: ni la ciencia, ni la filosofía, ni la medicina. Libros que representaban siglos de amor y de dedicación: nuestras oraciones, nuestras *qasidas*, nuestra mística y nuestra música. Todo ardió. Si cierro los ojos, veo el humo, ascendiendo como un árbol de insensatez, de resquemor y de contradicción, clamando hacia el limpio cielo de Granada. Veo consumirse en el fuego libros lujosos como pájaros, coloreados guadamecíes, platas chapadas, meticulosas filigranas, figuras que el refinamiento de nuestra cultura tardó cientos de años en crear. Veo arder mi cultura, y escucho las campanas enemigas repicar a gloria. ¿A qué gloria? ¿A qué unidad aspiran los feroces? ¿El camino de la unidad será el destrozo, la violencia de los cuerpos y de las fes y de las opiniones, la aniquilación de cuanto no sea idéntico? En Ronda han muerto tantos que la sierra Bermeja se llamará desde ahora bermeja por la sangre, no por el matiz de sus piedras; las sublevaciones de la Alpujarra se han ahogado en más sangre todavía. Toda aquella belleza sumida en sangre y llanto. Qué cristiana manera de cristianizar la de expedir al Paraíso a quienes les estorban. Qué falsía la de disfrazar la política con los recados de la divinidad. «O bautizarse, o pasar a África en las naves del rey, a diez doblas por cabeza»; pero previamente les habían arrapado las doblas. ¿Qué le dirán de noche a su Dios esos reyes, si es que de verdad creen en Él? Los criminales por decreto divino, los torturadores de la fe, ¿cómo rezarán a su Dios?

Muchos granadinos de los que pasaron al norte de África aún resisten dedicados a la piratería. Quizá no esperan volver ellos mismos un día, sino que luchan para sus hijos y para sus nietos. Hay momentos en que me devora la necesidad de poner mi nombre y mi bandera carmesí al frente de ellos y de morir con ellos. Su pasión es la que ha ratificado a los cristianos en que el único medio de vencer al Islam es cortar con el cuchillo de la religión las vías del Estrecho. Bautizar a los musulmanes de la Península, pero conquistar también y convertir, para mayor descanso, las plazas costeras africanas.

Y aquí se han presentado. ¿Se dejará engañar por ellos su Dios? ¿Se engañan a sí mismos? Conquistaron Orán por el puro botín; a nadie le interesaba convertir a nadie, ni convencer a nadie; la rapiña tan sólo: degollar, acuchillar, picar como toros a «la morisma» para acabar con ella. No han dejado más de 80 moros vivos. «Un moro muerto es el mejor de todos», dicen sus capitanes. Las dos mezquitas se consagraron a la encarnación de Dios y a Santiago Matamoros, para dejar bien claro a lo que habían venido: a escupir sobre nuestros cadáveres. El temor al solo nombre de los españoles ha hecho que la mayoría de los habitantes de Tremecén y los pueblos vecinos se precipitasen a huir. Aquí han llegado muchos; entre ellos, los familiares de mi tío Abu Abdalá, a quienes he tenido en esta casa hasta que hallaron hospedaje en la medina. La tumba del *Zagal* ahora está sola. Jadicha –o esa inflamación suya– se ha quedado conmigo en honor al recuerdo de mi hermano Yusuf. (Ahora mismo la escucho bambolearse por la casa; cuando intenta no molestar es cuando más ruido hace.)

Reyes católicos se llaman estos reyes de España. Si hay un Dios que se complazca en cuanto hacen, no desearía conocerlo jamás. Ay, andaluces: igual que ayer vuestra sabiduría, hoy vuestra simiente y vuestra sangre son esparcidas sin tino por el mundo, lo mismo que se aventan con un bieldo las mieses...

Terminando de escribir lo que antecede, entraron Amín y Amina, y me sorprendieron con la cabeza caída sobre estos papeles, sollozando. Sus demostraciones de afecto han sido tan extremadas y efusivas que me he abandonado, como un niño, a ellas. Me han cubierto de los besos y las caricias que entre ellos se prodigan con absoluta y encantadora carencia de pudor. Desde el primer día me propuse no interferir entre ellos; hoy una cálida y olvidada desazón se ha despertado en mí. ¿Qué se proponen con tales agasajos? ¿Qué me dan a entender?

El hijo mayor de El Maleh –hace tres años que murió su padre– ha almorzado hoy conmigo. Estimulado por mí, goza de un puesto relevante en la corte, y está al tanto de lo que acaece fuera de esta ciudad. Me ha contado la historia de Aben Comisa, desde que huyó de la alcazaba de Andarax. Había comprendido que para medrar era preciso convertirse; los reyes fueron sus padrinos de bautismo. Adoptó el nombre de don Juan de Granada, y advertido de que, por la influencia del obispo Cisneros, la orden franciscana le proporcionaría un porvenir brillante, tomó sus hábitos. No se resignó, sin embargo, a vegetar en un convento que aplazaba indefinidamente su ambición. Huyó de él, no sin llevarse el dinero de los frailes, que no era poco y, de nuevo musulmán fervoroso, se estableció en Argel. Allí se propuso llegar a valido del emir y, con halagos e insidias, lo consiguió. Con la misma inteligencia para el mal con que engatusó a mi madre, lo engatusó a él, y logró que le encomendase la defensa del reino. Entró entonces en negociaciones con el conde Pedro Navarro y, por dinero, vendió aquella plaza como vendió mi señorío. Cuando la escuadra española se presentó en Bujía, se desencadenaron, contra lo prometido por Aben Comisa, luchas inesperadas y terribles. Sus antiquísimas y elevadas murallas albergaban un pueblo más numeroso que el de Orán y más rico, pero menos guerrero y muy dado a placeres. Una vez que, durante el Ramadán, se rindió la ciudad, el pueblo entero fue pasado por las armas. Y cuando Navarro tomaba posesión del palacio, tropezó con un cuerpo apuñalado en el salón del trono: era el de Aben Comisa, muerto a manos del propio sultán, que había descubierto su traición. Supongo que, si existe otra vida y se castiga en ella la maldad, no habrá suficientes castigos para el mayor traidor. Pero, aunque así sea, Aben Comisa ya reposa; hay hombres a quienes sólo la muerte, a duras penas, es capaz de frenar.

El rey de Bujía, unos meses más tarde, trató de recobrarla. Los castellanos destruyeron sus tropas; él ha pedido refugiarse aquí, donde nos encontramos todos los destruidos.

Tanto que, si la indolencia no me desanima, pienso visitar

en Agmat las tumbas del último sultán zirí de Granada y del último rey de Sevilla, desterrados allí, en el lejano Sur, cerca de Marraquech.

Precisamente a ese Almutamid, que se impacientaba ante la tardanza de la muerte, le he escrito una elegía, que bien podría aplicárseme.

La noche anida silenciosa en el pecho de la mañana.
Cuando caiga, equiparará
al camellero de África y al porquerizo de Castilla
con el que más brilló en el alto cielo.

Añicos de tu corazón yacen en Córdoba y en Ronda;
con Itimad se enterró el último.
Para tus herederos no hay herencia:
ni trino, ni arrayán, ni limpia sombra, ni agua alegre.
Los cuervos te parecen, desde abajo, las aves de la misericordia.

La embriaguez de tu vida —caricia, espada y verso— se concluye en
esta resaca.
Amar fue poseer: tu desafío
no pueden mantenerlo manos cargadas de cadenas.

Pregunta a Silves, donde empezó el gozo, si te recuerda.
Aún las mismas palmeras se yerguen junto al mismo alcázar,
la misma luna, el mismo río que reflejó la faz de Rumaiquiya.
Todo igual y sin ti, y tú igual y sin todo.
Entre la alberca y los jardines, cuántos palacios para nada.

«Responde, Agmat», repites. «¿Cabe en ti tal grandeza sin romperte?»
Respóndeme tú a mí: ¿se rompe acaso
de dolor tu memoria, triunfante siempre del ansiado olvido?

Una certeza te apacigua sólo:
en el Día de la Resurrección tus ojos se abrirán otra vez en Sevilla.
Pero para resucitar hay que morir: es lo que más deseas.

Trípoli no ha tardado en caer ni tres meses. Los cristianos ya han puesto sus pies en África con fuerza. Y yo bien sé qué difíciles de parar son esos pies.

Hoy fue la fiesta del nacimiento del Profeta. Le he regalado a Amina el collar y el pectoral que, hace ya tantos años, encargué para Moraima, y que los joyeros granadinos no me enviaron hasta después de muerta. Nunca pude figurarme que unas alhajas produjeran semejantes transportes de alegría. Hacer feliz a alguien quizá sea la forma más modesta –pero también la menos peligrosa– de acercarnos a la felicidad.

Dos estremecimientos recorren el mundo islámico. Para unos, es la esperanza de la unión de todas las fuerzas fraternales; para otros, el miedo a que el Gran Turco conquiste él solo reinos islámicos que son independientes. ¿Es que no han cesado todavía las fantásticas conquistas del Islam? Para alivio de mis tribulaciones, los enemigos del sultán de Fez me instigan a una nueva ilusión. ¿Qué responderles?

Desde Bayaceto, que conquistaba Otranto mientras yo fui coronado por primera vez, hasta Selim, hay una sucesión de triunfos que asombra al universo. A Selim le llaman *el Torvo* o *el Feroz*: mató a su padre, mató a sus hermanos y a los descendientes de ellos, mató a tres hijos suyos. Algunos hombres no saben hacer más que avanzar, no saben mirar más que adelante: ¿son por eso admirables? No lo sé; quizá los pueblos, sin ellos, reptarían. ¿Qué no es turco a estas horas? A partir de

Constantinopla, un renovado orgullo se despliega: Serbia, Anatolia, Irak, la Arabia Desierta, la Pétrea, la Feliz, y Egipto, y Medina, y La Meca y Belgrado.

La Cristiandad vuelve a perder el sueño y a temblar con su Papa a la cabeza. Ya Pío II, por temor, le ofreció a Mehmed la corona imperial si se convertía; ya Inocencio VIII, por temor, acogió en Roma al hermano de Bayaceto. ¿Pierde el sueño la Cristiandad con causa? ¿Se alegran con causa quienes piensan que pronto serán turcas la Berbería entera, y Sicilia otra vez, y Cerdeña, y otra vez Andalucía? Entre el estremecimiento de júbilo y el de alarma, me pregunto: ¿es lo turco lo islámico? Ya pasó para siempre la bienaventuranza de los omeyas y de los abasíes, ¿sobre qué, pues, si no sobre la fuerza puede fundarse el nuevo imperio? ¿O es que sentimos la religión como habría de ser sentida? ¿Impidió ella, apenas muerto el Profeta, que ya el tercer califa luchase contra el cuarto? Con razón el Profeta habló más de la guerra santa interior que de la exterior. ¿No lo escribió, hace siglos, Ibn Jaldún?: los árabes –y nosotros alardeamos de ser como ellos o ellos– son, entre todos los pueblos, los menos propicios a subordinarse unos a otros; ásperos, orgullosos y ambiciosos, todos quieren ser jefes; rara vez sus propósitos y aspiraciones las logrará concretar y transmitir un portavoz; sólo cuando la religión actúa sobre ellos, a través de sus santos y profetas, alguna disciplina mengua su rebeldía. Y entonces el orden religioso los sojuzga y aúna en organizaciones comunales, hasta que de nuevo surjan entre ellos los odios de las tribus.

Pero ¿se repetirán las circunstancias favorables? Lo dudo; la Historia no reincide. Las fuerzas interiores disgregadoras del Islam, la afirmación de los países y de las naciones, son demasiado potentes como para dar paso a una unión religiosa. Ah, sí: si nos uniéramos dominaríamos el mundo. Y de continuo alguien nos lo propone a gritos; pero ¿cuándo se ha conseguido encarnar ese ensueño? Acaso permitirlo no está en los designios del Altísimo; puede que para todos sea mejor.

Nuestro destino, apenas y por poco tiempo rebatido, es ser reyes de taifas. Los demasiado poderosos no suelen ser muy hábiles; pero, aun aceptando que los turcos vinculasen a todos los musulmanes de modo continuado y convencido, ¿habría de alegrarme yo de que Granada volviese a ser islámica? Aunque se me restituyese el trono de la Alhambra, ¿qué tendría que ver yo con los turcos? Nuestra religión interviene, es cierto, en cada hora de la vida; pero ¿tanto como para que coincidan nuestras maneras de gozarla, de amar, de entristecernos, de contemplar el mar, de embriagarnos con la libertad o de movernos con la música? Abismos nos separan de los cristianos, pero quizá haya entre muchos de ellos y nosotros menos distancia que entre nosotros y los turcos. Granada no será nunca más Granada: nosotros, que la hicimos, lo sabemos muy bien. ¿Y puedo yo regocijarme de que los otomanos pisen la Vega y la Sierra Solera? En el nombre de Dios, como musulmán, sí; pero como andaluz, jamás. Y, en el fondo, más que otra cosa alguna en este mundo —y en el otro, si lo hay—, ¿qué soy, sino andaluz?

El amor —¿por qué no llamarlo valientemente así?— de Amín y de Amina ha levantado un tibio clima en torno mío. Pronto voy a cumplir sesenta años. Me he ido quedando solo. Ellos se ocupan de allanar los obstáculos y las contrariedades que siempre existen alrededor de un extranjero viejo y solitario. Son, y lo digo con un conocimiento muy profundo, un ser único con dos cuerpos de sexos diferentes. Me mantienen vivo con sus risas, con su deseo auténtico de festejarme y agradarme, y, enamorados como están uno de otro, jamás persiguen fuera de esta casa lo que encuentran sobradamente en ella.

Nadie comprendería ni justificaría nuestras relaciones: ni

las de ellos conmigo, ni las que gozan entre sí. Yo no aspiro a una comprensión tal: los hombres pocas veces entienden aquello que no sienten, pero, por el contrario, justifican lo que sienten sin el menor escrúpulo. Quizá ése sea mi caso; no lo sé; no voy a preguntármelo. Acepto el último obsequio de la vida como se acepta un postre jugoso y agradable; en él, contra lo que cualquiera podría imaginar, no hay ni la menor sombra de complicación.

Ignoro cuándo comenzaron ellos a ser amantes, y voy a continuar ignorándolo; también ignoro cuándo resolvieron, si es que hubo una resolución, ofrecerme su amor y requerir el mío. Todo ha sido el resultado de muchas noches apacibles en que hemos leído juntos, bebido juntos, aprendido juntos, compartido canciones y conversación. Son dos criaturas gentiles y dadivosas de sí mismas. Sé que habrá quien juzgue que, si me aman, es por mi fortuna. Se equivocan: mi fortuna, en su mayor parte, está ya en manos de mis hijos, y, aunque no me amaran, el resto habría de ser para estos jóvenes que iluminan mis noches y recrean mis días. Ellos me dan más de lo que reciben. En ellos he encontrado una compensación y una tarea; alguien en quien depositar lo poco que aprendí, lo poco que obtuve de la vida, y la escasa capacidad de cariño, curiosidad y sorpresa que aún retengo. Eso no quiere decir que me aferre, por medio de sus manos, a la supervivencia. No me engaño. He alcanzado algo que jamás supe lo que significaba: la serenidad, con todo cuanto acarrea de indiferencia y de resignación. Y sé que un postre, por gustoso que sea, lo único que puede hacer –no otro es su oficio– es concluir con dulzura una comida, y sugerir a los comensales que ha llegado la hora de levantar la mesa. Esa hora no la esquivo, ni la apresuraré. Ya me han cansado las iniciativas.

PAPEL AGREGADO AL FINAL
DEL MANUSCRITO

—

Fui a la batalla del sultán y he regresado vivo. Más de una vez lo he escrito aquí: todo me ha traicionado, hasta la muerte. No ha querido concurrir a la cita que le propuse; me rehuyeron las espadas y me evitaron los enemigos, acaso porque no lo eran míos. Ella me dio la espalda. De nuevo me someto a lo que no logro entender.

De ahora en adelante, no tendré otra tarea que aguardarla. Cuando la muerte llega a su hora —no a la que la citamos— es uno de los nombres de Dios. No hay fuerza ni poder sino en Él, el Excelso, el Omnipotente, el último heredero de la Tierra.

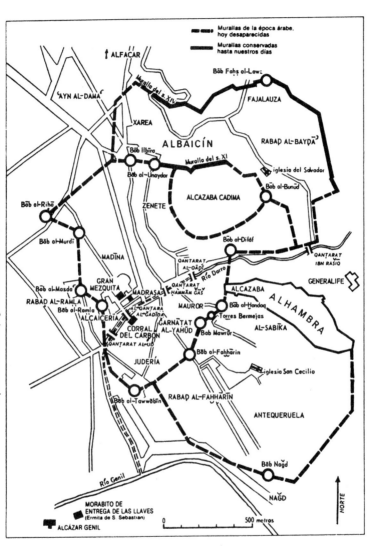

Granada nazarí

ÍNDICE

—

NOVELAS GALARDONADAS
CON EL PREMIO PLANETA

—

1952. *En la noche no hay caminos.* Juan José Mira
1953. *Una casa con goteras.* Santiago Lorén
1954. *Pequeño teatro.* Ana María Matute
1955. *Tres pisadas de hombre.* Antonio Prieto
1956. *El desconocido.* Carmen Kurtz
1957. *La paz empieza nunca.* Emilio Romero
1958. *Pasos sin huellas.* F. Bermúdez de Castro
1959. *La noche.* Andrés Bosch
1960. *El atentado.* Tomás Salvador
1961. *La mujer de otro.* Torcuato Luca de Tena
1962. *Se enciende y se apaga una luz.* Ángel Vázquez
1963. *El cacique.* Luis Romero
1964. *Las hogueras.* Concha Alós
1965. *Equipaje de amor para la tierra.* Rodrigo Rubio
1966. *A tientas y a ciegas.* Marta Portal Nicolás
1967. *Las últimas banderas.* Ángel María de Lera
1968. *Con la noche a cuestas.* Manuel Ferrand
1969. *En la vida de Ignacio Morel.* Ramón J. Sender
1970. *La cruz invertida.* Marcos Aguinis
1971. *Condenados a vivir.* José María Gironella
1972. *La cárcel.* Jesús Zárate
1973. *Azaña.* Carlos Rojas